民俗誌・海山の間

野本寛一著作集Ⅴ

岩田書院

『民俗誌・海山の間』野本寛一著作集Ⅴ　目次

Ⅱ　海山を結ぶ川――サケ・マスの循環と民俗――

Ⅲ 山の力 山への眼ざし

Ⅴ　海の力　海への眼ざし

序章　海山の間を歩く

一　海山を離《さか》る平地の民俗

越中五箇山《ごかやま》から細尾峠（七三〇ｍ）を越えて砺波平野《となみ》へ出たことがあった。それは夏で、散居村《さんきょそん》の屋敷が黒胡麻を撒いたように散在し、光に満ちていた。耕地に対して屋敷が黒々と見えるのはカイニョと呼ばれる屋敷林の中心が杉の木で、それに欅《けやき》などが混り、一戸一戸の屋敷が森をなしているからである。いつか、このカイニョに囲まれて暮らす人びとの語りに耳を傾けてみたいと思っていた。最初にカイニョに参入したのは昭和五十七年五月三日のことだった。そこは、富山県砺波市油田《あぶらでん》小字千代の西尾宇吉さん（明治四十一年生まれ）のお宅だった。

杉を中心としたカイニョが防風・防雪に大きな役割を果たしてきたのは当然のことだが、カイニョの杉はさらに多くの働きをしてきたのである。燃料としての杉の葉は大きな存在だった。西尾家では一年間の燃料の大半をカイニョの杉の葉でまかない、不足分は稲藁で補ってきた。この地ではイロリのことをイリナカと呼び、杉の葉も藁もイリナカで燃していた。砺波平野のような平地で山から離れたところではイロリに太い木を使いたくても入手が困難だったので、燃料として自家で調達できる杉の葉や藁が用いられたのである。太い堅木《かたぎ》をゆっくりと燃すのと、瞬時に火勢を増して燃えつきる杉の葉や藁を焚くのとでは当然対応が異なってくるはずである。西尾家のイリナカの天井部にはブリキで精巧に作った四角形の煙抜きが設けられていた。他地のイロリ部屋で一般的に見かけるイロリ棚やアマの簀天井はなかった。そして、イリナカで稲藁を燃やす時の技術が確かに伝承されていた。藁は、一把を三分して三回で燃やす。その際必ずカブ（根方）から燃やさなければならないと伝えられていた。トンボ（先）から先に入れると燃焼効率が悪いと言われていた。杉の葉も、一度にたくさん入れてはいけない。

昭和五十四年から五十五年にかけて焼畑にかかわる民俗を学ぶために、岐阜県の山間部や石川県の白峰村（現白山市）に足しげく通っていた。そのころはまだイロリが生きており、ミズナラの太い薪が焚かれていた。学びを終えての長旅の後、家に帰ってからもイロリに焚かれ燃された木の芳香が服にしみついていて、その芳香で心が豊かになったものだった。そんな山中のイロリに馴染んでいたので、西尾家のイリナカを見て、その燃料の話を聞いた時には驚いた。環境による燃料のちがい、山から離れた平地の人びとの暮らしについて学ばなければならないと思った。

富山県科学文化センターの長井真隆氏方には四十年を過ぎた杉が三三本あり、年間一トン弱の杉の葉を落とした。それは、プロパンボンベ三四本の火力に当たるという。

カイニョの杉は防風・防雪の力を発揮し、その葉を燃料として提供してくれるばかりではない。西尾さんは以下のように語る。カイニョの杉は四十年に一度伐ることができ、家の普請材にしたり、材木として売ったりしたのだが、カイニョの杉を一斉に伐り尽くすようなことはしない。一部を伐って再植しながらうまく循環させなければならなかった。杉を伐ったならすぐに苗を植えるのは当然で、マスヤマ杉・フクヤ杉など、有名な杉の苗をわざわざ求めに出かけたものだという。砺波平野の人びとにとってこのように大切な杉も、太平洋戦争中には供出を強いられた。西尾家でも一〇本伐り出して十余円を受けた。供出杉は皮を削って番号を書き、村でまとめて出荷した。

西尾家のイリナカのシモザとカカザの隅の灰の中には「ヌカガマ」と呼ばれる置き竈が据えられていた。ヌカとは稲の籾殻のことだ。杉葉・藁に次いで籾殻も燃料として重要な働きをしてきたのである。ヌカガマについては山から離れた横手盆地や越後平野でもたびたび耳にした。

　ちなみに西尾家のカイニョにあった植物についてふれる。欅をカイニョに植えると縁起がよいと言われ、杉と欅が混っていた。榛の木もあった。榛の木はイエから死者が出た時に伐って火葬の薪として使った。榛の板は畳の下の敷板にした。平素は榛の枝もイリナカで燃した。栗・梨・無花果《いちじく》・桃・梅など食用果実のなる木を植えてあった。柿は渋柿と甘柿があった。渋柿の実は一週間焼酎に漬けて高岡の市場に出した。棕櫚のことをショロと呼び、その繊維で蓑や縄を作った。桐の木は二十年経つと箪笥や下駄ができるとして女児が生まれると桐を植えた。他にクチナシもあった。カラタケと呼ばれる真竹はどこの家にもあり、様々な用材にし、筍も食べた。カイニョには淡竹も植えられていた。カイニョの植物群は暮らしをより自己完結的に展開できるように選ばれていたことがわかる。

　西尾家ではイリナカで、イモ（里芋）田楽・串魚などを焼いた。イリナカの四隅に塩を撒いておくと子供が火傷をしないと言い伝えていた。

　基盤整備をしてからカイニョの杉が枯れるようになったと西尾さんは嘆いていたが、その後、燃料の流通、電化、アルミサッシの普及、母屋の建て替えなどが進み、カイニョの杉も伐られがちになった。台風被害による倒木などもある。

　杉の葉・藁・籾殻などを燃やし続ければ大量の灰が出る。その灰と灰小屋については本書の「屋敷林」の項でもふれている。

　藁を燃料として燃やし、長持ちさせ、燃焼効率をあげるくふうは各地にあった。例えば、京都府城陽市の、山から離れた木津川べりの地では、藁束を小分けにしてそれを一旦結んでから燃やすという方法をとっていた。

　山から離れた平地では暮らしや生業には、山つきのムラでは思いも及ばぬ苦労があった。秋田県の横手盆地の真中では馬を養うための馬料の確保に心を砕いていた。東北地方の馬料の中心は萩と葛の葉だった。盆地の真中には萩もないし、大量の葛もない。山つきのムラムラから、乾燥させた萩の葉を萩の茎で編んだ俵につめ、葛の葉は縄で編みつけて横手市平和町の炭問屋に持ちこんだ。平和町には乾燥馬料を扱う店が五軒あった。平地水田地帯で馬料を必要とする人びとは横手の馬料屋まで萩や葛を買い求めに行ったのである。萩の茎の俵は捨てずに燃料にした。これとは別に、米と馬料を交換する形もあった。(1) こうした話を聞いた時には驚いた。「平地の民俗」「海山の間」は重要なテーマであることを強く意識した。

こうした視点にもとづき若干の調査を試みた結果、本書には、稲架材や燃料の調達に関するものも収めている。燃料ではこれまであまり注目されてこなかった津軽のサルケ、横手盆地のネッコといった泥炭系埋蔵燃料にかかわる民俗の調査結果も収めた。

山から離れた地の屋敷林は、防風・防雪や遮光などの機能を果たすにとどまらず、屋敷林を構成する樹木や、そこに集まる鳥獣などを含めたその総体と住まう人びととの関係は、里山と人との関係を凝縮したものだと見ることができる。ここでは、宮城県の大崎平野の屋敷林を中心に、その他諸地の屋敷林をもとりあげ、屋敷林と人との関係を見つめた。

山間の谷田や棚田とは別に、平地で広く稲作を営む地の灌漑についても考えてみなければならない。ここでは三重県伊賀市の上野盆地の事例を中心に、河川灌漑と溜池灌漑の両者について考えた。

いまひとつ、東北地方の稲作予祝儀礼である庭田植、雪上で行われる模擬田植に際して、前方に、見立ての山、造形の山を作っておいてから、その前で稲藁や大豆ガラを挿し並べるといった事例群を報告している。稲作にとって不可欠な水を、その水源たる山に向かって予祝的に求めたのだと考えられる。ここにも山への眼ざしがある。

二　海山を結ぶ川

川が山と海を結ぶ道であることは古来広く知られてきたところである。『日本書紀』仁徳天皇六十二年の夏五月の項に、遠江国司から「大きなる樹有りて、大井河より流れて、河曲に停れり。其大きさ十囲《とうだき》。本は壱《ひとつ》にして末は両《またまた》なり」との報告があり、これによって舟を造らせ難波津に運《めぐ》らせたとある。後年、大井川上流山間部からは伐採木材が管流《くだなが》し、筏などによって流送された。近世、架橋・通船が禁じられていた大井川に家山・千頭方面への高瀬舟が通じたのは明治三年のことだった。高瀬舟は、大井川中・上流域の人びとにとって、生活必需品とともに文化の香りを運びくるものでもあった、以下は、静岡県島田市伊久美の森塚金一さん（明治三十八年生まれ）による。上りの高瀬舟に帆が使えるようになるのは三月の彼岸からだ。使える期間は九月末まで。「帆風が吹く」「それ帆が来たぞ。春だなあ」などと会話されたという。高瀬舟の帆は明るい季節の象徴でもあった。高瀬舟の帆は六反帆だった。帆布を太糸や紐で縢《かが》ってつないだものだった。新しい帆は卵色（黄）をしているが三年ほどたつと白くなり、やがて汚れた。

大井川流域での最後の川舟船頭は静岡県榛原郡川根本町長島で生まれ育った松原勝二さん（昭和二年生まれ）である。以下は松原さんの伝承と戦後の体験による。高瀬舟は千頭または沢間までで、そこから梅地・長島までは細身の鵜飼舟に継がれるのが普通だったが、一部には梅地・長島と島田金谷を高瀬舟で通すものもあったという。帆を使わないで綱を使って力で曳きあげる舟は島田から千頭まで早くて三日、普通は一週間かかった。

大正七年八月改正の「大井川貨物賃金表」（大井川通船営業組合事務所発行）がある。上り荷は米・塩・醤油、苗木から自転車に至るまで多様で、おのおのについて運賃単位が設けられている。例えば、玄米は一六貫、苗木一二貫、瓦三〇枚をおのおの一俵荷とする。島田から梅地までの運賃は一円八七銭となっていた。下り荷は、特等品＝生糸・繭・猪・鹿など各一〇貫目が一俵荷。一等品は、茶・椎茸・和紙など一〇貫目が一俵荷、茶一〇貫目一俵荷。下り運賃は梅地から島田まで八四銭八厘だった。下りに限って人を乗せたのだが、梅地から島田まで九八銭。徴兵検査のために出張する団体は二割引き、茶摘み女一〇人以上の団体は五・六・七月には二割五分引きなど、運賃表からは時代と地域の特色をうかがうことができる。

松原勝二さんが川舟船頭をしたのは昭和二十三年・二十四年・二十七年・二十八年の四年間。区間は、梅地・長島と、千頭を出発点とする森林軌道の終点である市代の間だった。舟は長さ七間、幅六尺、前後ともに舳先がついているもので、帆は使わなかった。上り荷は、酒・米・醬油・焼酎・味噌・大豆（一〇〇kg袋）・雑貨など、他に発動機・製茶機械などもあった。配達先は白井の営林署の小屋や各部落の民家だった。下り荷は茶・椎茸・炭が多かった。運賃は一貫目単位、舟への積みおろしから軌道の貨車への積みこみ、営林署の小屋や民家への配達まで請負う形になっていた。営林署の炭は一俵につき米一勺の補助があった。炭は一度に八〇俵積んで下った。機械類は発注者も運搬に加わった。舟は四人で扱った。

溯上の舟曳きは苦しいものだった。舟の舳先の部分（両方）に孟宗竹を貫通させるほどの穴があけられていた。その穴に、「押し棒」と呼ばれる長さ四間の孟宗竹を挿しこみ、その棒を使って、舟を水中に押し出すことから始まる。一人がこの押し棒で舵をとり、他の三人が曳き綱で曳くのである。いうまでもなく、淵や岩場を避け、瀬を選びながら歩き、曳き続けなければならない。曳き綱は麻で、肩で曳くようにするので、首輪のような環状の部分が作られている。その輪の部分を肩縄という。両前肩に当たる部分が綱では痛いし、力を出しにくい。そこで、両前肩に当たる部分に木綿を編んでベルト状にしたセッタを使っていたのであるが、セッタの欠点は一旦濡れると乾きにくいところにあった。さらに、いつも濡れていると腐りやすかった。そこで、濡れにくい素材として、前肩に当たる部分に、製茶機械用のベルトを切って使うようになったのだった。荒瀬を曳いて溯る時には四ツン這いになって曳かなければならなかった。後に川舟を始めた犬間の菊田藤利さん（明治四十一年生まれ）は、四ツン這いになった時効率的に力を出すために右手に小型の杭状の棒を握り、それを砂利に挿しこみながら進んだという。三重県南牟婁郡紀宝町和気出身の水本周三さん（大正五年生まれ）は熊野川最後の川舟船頭だった。当地では川舟のことを「ダンベ」と呼んだのだが、上りの曳航、綱で舟を曳きあげる様を「ケツで天見るダンベ曳き」と口誦したものだという。四ツン這いの舟曳きは、まさに「ケツで天見る」といった有様だった。

上りの舟曳の水路は、単純な道ではなかった。迂曲する瀬の前方に岩が現れ、人と舟の前進を阻む。このように、岩によって前路が阻まれる地形のことを川舟頭は「ヒキヅメ」（曳き詰め）と呼ぶ。曳き進むことができないドンヅマリの地形を指す。こうした地形にぶつかる時はどうしてもセゴシ（瀬越し）をしなければならない。セゴシとは瀬を横ぎり、舟を対岸に移動することで、舟は、それまでとは反対の岸を進むことになる。上流部の峡谷地形でしかも迂曲の多い市代・長島間ではセゴシをしなければならない地点が多かった。目を閉じ、川筋をたどり、勝二さんが指折り数えたセゴシの数は市代から唐沢までで一二箇所だった。

川舟船頭のいでたちは、紺のモモヒキにシャツ、足ごしらえは、夏は素足に草鞋《わらじ》、冬はサシコの甲かけに草鞋だった。梅雨どきや台風の増水期はやむなく休むものの、その他は一年中舟を出した。冬季の水の冷たさは言語を絶した。舟の移動や、急流での制動のために　ロープを使った。冬季は麻のロープをたぐる時水に濡らさないように注意しなければならなかった。すばやくたぐらなければならないのだが指先がかじかんで思うようにならないこともあった。冬、ロープを濡らすとすぐに凍ってしまった。ロープが凍ると直線的に折れてしまうのである。そうして折れたところは翌日必ず切れるのである。船頭棹を使っていても、その棹先が凍り、次第に太くなり、重くなる。そんな時には棹先を舷に叩きつけて氷を落としながら進むのである。温暖化の現今では考えられないほど寒かったのである。明治四十年の、『長島尋常小学校校務日誌』一月二十九日の項に「今朝積雪、校地内ニテ五寸ノ大雪、平田ヨリ通学スル生徒ハ一人モ出席スル事能ハズ」とある。また、勝二さん自身の子供のころの冬季の遊びにソリ遊びがあった。二本の竹にウドン箱をつけ、仲間たちをそれに乗せたり、乗せられたりしたのだという。

冬季にはアカギレに悩まされた。万金膏・赤万膏などという膏薬を焼火箸で焼きこんだり、杉の木のヤニを塗りこんだりして手当をした。アカギレは、とにかく風に当てるとひどく痛んだ。頭から頬をかくすように、手拭で頬かむりをした。

筆者が最初に大井川右岸最上流部のムラ、静岡市葵区田代に入った時には、まだそこに落葉松《からまつ》のササ板葺きの民家があった。昭和五十一年のことである。天然の落葉松は田代よりさらに奥地に入り、そこで伐採し、冬季に田代まで河川流送したものだった。落葉松の板葺きは、南アルプスに最も近い田代や対岸の小河内で中心的に行われていた。ムラが天然落葉松から遠ざかり、より下流になるにつけて同じ板葺きでも素材が異なった。例えば、井川閑蔵では、樅・栂などが用いられ、さらに下ると萱・杉皮が屋根材となった。萱も杉皮も入手しにくい平地水田地帯の屋根材としては小麦カラや藁などが用いられた。大井川河口部では葭も用いられた。屋根材は植生や環境と連動するものであることを実感した。ところが、驚いたことに、河口部左岸に近い焼津市藤守の田中松平さん(明治二十八年生まれ)から当地の民家の脇屋には屋根を落葉松のササで葺いたものが何棟も見られたという話を聞いたのだ。増水時に南アルプスの山麓から落葉松が押し出され、流され、河口から一旦海に出る。それが風と潮によって藤守前方の浜に打ちあげられた。藤守の人びとはそれでササ板を作って屋根を葺いたのである。流着材のササ板には樅・栂もあった。大井川最上流部のムラと河口近くの藤守で天然落葉松のササ板屋根を葺いていた。これこそ、河川の流送力、山と海を結ぶ川の力の象徴と言えよう。

川舟の流通と筏流送については熊野川[2]や四万十川流域[3]で学び、おのおの報告を重ねてきた。バラ狩りとも呼ばれる管流しについては大井川[4]や天竜水系[5]で学び若干の報告もしてきた。山と海を結ぶ川、その流域には学ぶべきことが多かった。例えば、河川氾濫や河川漁撈などである。これらについても報告はしてきたのであるが、決してじゅうぶんなものではなかった。山と海を結ぶ魚の代表はサクラマスであり、サツキマスだ。マスが重い存在であることは承知していたのでこれについては『山地母源論2―マスの溯上を追って―』[6]と題して既にまとめた。しかし、サケ・マスと並称される母川回帰をする二種類の魚が一本の川に季節をたがえて溯上し、異なる季節に異なる河川環境で産卵するのである。サケとマスは一本の川の流れの中でどのように異なる生態を示すものなのか、そして流域の人びとはサケ・マスというサケ科の魚とどのようにかかわってきたのか、さらに学びを深めなければならないと思った。本書にはサケ・マスの溯上する河川流域で、サケ・マスとかかわった多くの人びとの体験や伝承を学んだ結果を収載している。

三　海山を結ぶ道

1　ある塩の道

〈塩の記憶〉　静岡県焼津市藤守の大井八幡神社で毎年三月十七日、稲作豊穣予祝の田遊びが行われる。その第十四番「孕《はら》み早乙女」では、役の青年がショッコと呼ばれる藁帽子をかぶって登場する。それも深々とかぶり、顔が見え

写真1　ショッコ＝シオビク・静岡県牧之原市教育委員会提供

ないほどである。邪視を防ぐ形になっていると見てよかろう。ショッコは藁で漏斗状に編まれたもので、たしかに帽子の形をしているのだが転倒させればそれは容器となる。ショッコは本来、「塩籠《しおこ》」の意であり、叺《かます》などから小出しにして、平素使用する分の塩を入れておく容器のことである。

筆者が少年期を過ごした静岡県牧之原市松本の農家の竈場の隅にはこのショッコにアラジオを入れて吊ってあった（写真1）。漏斗状の下部は滲みしたたるニガリで湿っており、その下にはニガリ受けのドンブリがあった。牧之原市ではショッコのことを「シオビク」と呼んでいた。アラジオを入れる藁製容器は、「塩ツトコ」（栃木県）、「塩ツト」（愛知県）、「塩ホゴ」（宮崎県）など各地で呼称が異なった。ニガリを豆腐製造に使うことは広く知られているが、アチック・ミューゼアム編の『塩俗問答集』[7]には、ニガリをためておいて豆腐と交換する風習や、ニガリが、肥料、田の虫除け、土固め剤、防腐剤などに使われたことなどが報告されている。勝手場の隅に吊られたショッコの塩が今でも鮮やかに目に浮かぶ。叺に入れたアラジオも、その下にニガリ受けの桶や甕を置かなければならなかった。

山形県鶴岡市郊外の賀茂地区は鶴岡をひかえた日本海の商港として機能した時代が長かった。同港の尾形・安達・菅原家などの塩蔵《しおぐら》には、塩叺を積む床の中央部に向かってわずかな傾斜を受け、滲み出る塩のニガリを集めるくふうがしてあったという（秋野賢吉さん・大正七年生まれ）。こうしてみると、アラジオの管理にはニガリ受けが必須の条件だったことがわかる。若狭から鯖街道を通って京都方面へ鯖を運ぶ際、一籠三〇匹の籠を三籠負い縄で背負ったのであるが、魚の汁や塩のニガリで背中が汚れるのを防ぐために桜の皮の背当てを使ったものだという。塩叺を背負って長距離を歩いた人びとや、塩を運んだ牛馬は必ずニガリ除けをつけていたはずである。

〈塩田風景〉　駿河湾に面する静岡県牧之原市相良から波津にかけて真砂の浜が続いている。渚の前方には波消しブロック・テトラポットの離岸堤がある。長さ一五〇ｍのものが七箇所にある。この工事は昭和四十九年に始められ、平成四年に完了したものだという。痩せる砂浜に対する対策である。波津に住む長野喜一さん（大正四年生まれ）は、現在、メロンや甘藷が栽培されている、砂丘と砂丘の間の平地を「塩場」と呼ぶ。専売制度以前に、ここが塩田として使われていたのだという。

昭和二十一年、相良の浜はまだ痩せてはいなかった。終戦直後の塩不足の時期、揚浜式塩田がこの浜で一時的に復活した。知人の縁故で母が塩田にかかわりをもった折、筆者が小学校四年生の夏、その塩田に立ったことがあった。浜一面がショーバタ（塩畑）になっており、区画ごとに濃縮鹹水を取るためのコシキ（濾し桶）が据えられていた。ショーバタの区画は砂の土手で囲まれ、メヒキでつけられた砂の縞に塩水がかけられていた。竈場で煮つめられたアラジオは、ヤミで飛ぶように売れたのだった。終戦直後には、まだ、専売前の製塩を経験した人びとが健在であり、製塩具の一部も小屋の中に眠っていたのである。それは、衰退した焼畑が食糧難の終戦直後一時的に復活した折、焼畑経験者の技術に頼ったこととよく似ている。

専売前の製塩を体験した、静岡県焼津市利右衛門の吉田近治さん（明治二十年生まれ）から製塩の話を聞いたことがあった。――鹹水は塩度二〇度で、潮水二〇荷から鹹水一荷を得るよう心がけた。塩度二〇度の鹹水を塩小屋に運び

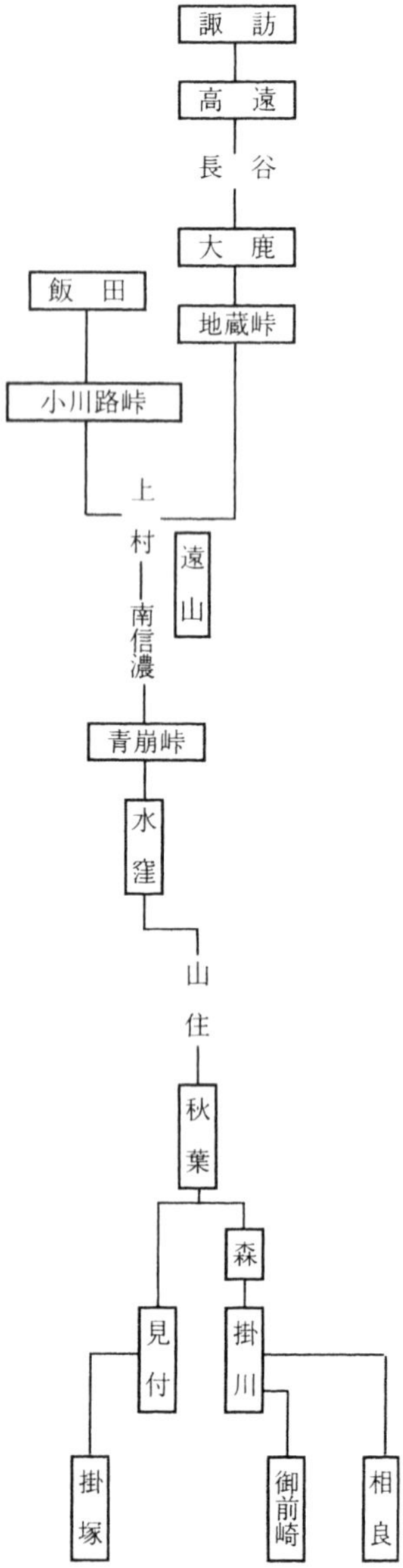

図1 『東国古道記』「秋葉と遠山道」概念図（□内は同書に登場する地名）

こみ、塩釜で煮つめた。火が強すぎると塩が粗くなり、弱すぎると塩が細かくなった。塩を煮ているうちに釜の中に泡が立ってくるのだが、その泡を取り除かなければ塩の色が悪くなる。——

〈『東国古道記』によせて〉 柳田國男の『東国古道記』(8)の中の「秋葉と遠山道」の中に示されている古道は、たしかに「塩の道」と呼ばれてもよい道である。その要所をメモすると図1のようになる。先に、「ショッコ」「アラジオ」「塩田風景」などで相良と塩にこだわったのは、相良が、太平洋側から信州へ入る塩の道の基点の一つだったと考えられるからである。柳田は「秋葉と遠山道」の中で、「御前崎では、毎度私は信州街道といふ言葉を聴いた。冬中は此筋を通って乾燥した風が吹いて来て、それで名物の薯切干しがよく乾く。それを荷造りして送り付けるのも、やはり主としてこの街道であった。即ち此道は東海道からの分れでは無くて、海まで出るのだから秋葉よりも古いと見てよい」と述べている。イモ切干しがこの道を移動したことが書かれているのだが、相良・御前崎から信州街道沿いに

写真2 蛭ヶ谷の田遊びに用いられるカジメ・静岡県牧之原市蛭ヶ谷

山間部へ運ばれたものは他にもあった。

〈塩〉 叺入りのアラジオを牛馬の背によって、あるいは人の背でこの街道を運んだことはたしかに考えられるのであるが、筆者はその体験伝承を直接聞いたことがない。ただし、この街道沿いの旧相良町と旧小笠町の間に「塩買坂」と呼ばれる坂があり、塩の移動を偲ばせる。先に紹介した吉田近治さんは、塩の移動の一つとして「行商型塩売り」について語ってくれた。まずそのコースは、吉永（焼津市）→青島（JR藤枝駅付近）→瀬戸谷（藤枝市山間部）→檜峠→伊久美（島田市山間部）、といったもので、日帰り可能な距離である。塩売りの運搬具は塩ザルと呼ばれる尺五寸四方、深さ四寸ほどの籠で、その籠に塩を山盛りにし、天秤棒で前後に担ぎ、途中一升ずつ売りながら山に入ったのだという。そして、帰りには、塩を煮つめるための燃料を担いで帰った。「天気の良い日を選んで塩売りに出かけた」というのが印象的だった。本格的な塩の移動の他に、このような行商があり、信州街道沿いのどのムラにも、こうした行商が盛んに入っていたのである。

〈海藻〉 ワカメ・アラメ・カジメといった海藻類が、行商人たちによって相良・御前崎から遠州の山間部に運びこまれた。アラメは筍とともに煮つけ、茶摘時の副食にした。カジメは褐藻類、コンブ科の海藻で、ノロカジメ・サガラメなどとも呼ばれる。サガラメと呼ばれるほどに相良・御前崎地方ではこれをよく利用した。乾燥・保存しておいたカジメを花鋏などで細かく刻み、それを一つまみほど味噌汁に入れると、刻まれたカジメがヌメリを出し、味噌汁全体が粘着液になり、独得な味となる。カジメはカチメとも呼ばれ「搗《か》ち布《め》」と表記されることもある。してみると、本来、カジメではなく、カヂメと表記すべきものであったことになる。鋏で細かく切り刻む方法以前に、バリバリに乾燥させたカジメを臼に入れ、杵で搗《か》ちて（搗いて）粉砕し、それを味噌汁などに入れる食べ方があったことがわかる。右のようなカジメの食法が信州街道沿いにどこまで入っていたかは今後の調査の課題となる。

〈塩鰯〉　相良・御前崎から遠州灘沿いの浜では盛んに地引網が行われ、鰯が大量に漁獲された。それを浜で乾燥させ、肥料としたのは当然のことであるが、一部は塩鰯として山中に運ばれた。塩鰯は単に動物性蛋白源であったばかりでなく、塩分の供給源としても重要であった。飢饉に際して塩分を補給するために囲炉裏のまわりに敷いた莫蓙を煮て汁をとったという話がある。海から山中に運ばれる海藻や塩鰯その他の塩蔵品は、単なる食物ではなく、塩分補給の貴重な食物だったのである。塩の道は、塩そのもののみならず、こうした塩分食物・海産物が運ばれる道でもあったのだ。

〈南塩古道のイメージ〉『東国古道記』の遠州古道、その山中の道はまことに蕭条たる長い道のイメージを喚起させる。相良の浜から町をぬけ、萓山原への坂道を登る。単調な風景の牧之原台地南部を過ぎ、下りにかかるところが塩買坂である。小笠・菊川から掛川に出、森町に至る。「山の道」「尾根道」の第一関門が遠江一宮の奥宮、神体山に当たる本宮山である。尾根道・聖山の道は次のように続いている。

本宮山（四八〇m）↓秋葉山（八六〇m）↓竜頭山（一三五一・六m）↓井戸口山（一三三四・八m）↓山住山（一一〇七・六m）↓常光寺山（一四三八・五m）↓麻生山（一六八五・一m）――この道は修験の道であった。本宮山はその最南端にあるが、遠州一円を眺望できる。本宮山の祭りは一月六日に行われるのであるが、かつては、相良・御前崎をはじめとし、遠州の漁民たちがこの祭りに参加した。それは、本宮山が、漁撈のための舟位確定の目標となる山当ての「当て山」(目印の山)だったからである。竜頭山は、「竜燈山」の意で、海神に燈火をささげる山だった。

秋葉山には秋葉山本宮秋葉神社が祀られ、山住には山住神社が鎮座する。遡行の視点によれば、山住峠の右が門桁、左が水窪の町となる。左の道を下り、水窪の町をぬけて青崩峠を越えれば長野県飯田市南信濃である。この道を逆にたどり、山住に至って左眼下を見ればそこが門桁の谷であるが、門桁は、「門気田《かどけた》」の意で、気田の入口ということになり、これは、秋葉街道の、信州側の眼ざしによる命名だった。

いつの日か、右に示した聖山の道・尾根道をたどってみたいと思っていたところ、平成五年二月十日、秋葉山本宮秋葉神社宮司河村豊氏の案内で、秋葉山から山住山までの尾根道をたどることができた。現在は尾根筋に自動車道路が開通しているのである。随所に千尋の谷を覗くがごとき箇所があり、遠く木曽御嶽を望むこともできた。古代にも、この尾根道が、生きていたにちがいない。柳田のいう古道である。観念的ではあるが、それが塩の道であった可能性は否定できない。塩を背負った人はどんな気持ちでこの尾根道をたどったことであろうか。「蕭条」という形容はその心情の推察から生ずる。

〈塩と山犬〉　狼、ニホンオオカミは明治三十八年以降この国から姿を消したとされている。山犬とも呼ばれるこの肉食獣は、神使として崇められており、秩父の三峯神社、奥多摩の御嶽神社、兵庫の養父神社、岡山の木野山神社などは山犬信仰で広く知られているのだが、静岡県の山住神社もまた山犬を神使とすることで名高い。山犬信仰の発生は、一般的には、山犬が焼畑作物や稲を荒らす猪・鹿を捕食するところを基層とすると考えられている。(9)三・信・遠の山地でも、山住神社の、山犬の絵姿神札を田や焼畑地に立て害獣除けとする例は多かったし、現今では、シイタケを荒らす猿を防ぐために山住神社の神札を立てる例が見られる。ところが、山住神社の山犬信仰については別な角度からの考察が必要になってくる。

狼即ち山犬と塩の結びつきを伝える伝承が各地にある。以下にその一部を紹介してみよう。

①ドンドンブチの近くにイヌモドリと呼ばれる切り通しのような狭いところがある。ある男がそこでイヌオトシの鹿（山犬が喰い残した鹿）を見つけた。その男は鹿の皮を剝ぎ、肉に塩を塗って、「皮をもらってゆくよ。塩のついた肉を食べとくれ」と言って皮を持ち帰ったが何でもなかった。イヌオトシを無断で持ち帰ると山犬が怒るという。また、山犬は塩好きなので塩を与えるのだともいう（静岡県浜松市天竜区佐久間町今田・高橋高蔵さん・明治四十一年生まれ）。

②山犬の遠吠えを聞いたら家の前へ塩を出しおけ（同榛原郡川根本町長島・大石為一さん・明治三十六年生まれ）。

③山の中で人の使った箸が喰いちぎられていたら気をつけよ。山犬が塩を欲しがっているからだ（同）。

④犬落としを拾った場合には、狼の恨みを買わないように、その場に食塩を置いてくれば、夜になってから狼に吠えられたり唸られたりすることがないという。このように狼は塩が大好物だったから遠山谷の梶谷では、犬落としを拾った場合には、塩の沢山入ったあずきめしをその場に置いてきたものである（松山義雄『狩りの語部』法政大学出版局・一九七七）。

⑤昔、冬の寒い夜、山犬が裏山の樫の木のもとにやってきて塩を欲しがって鳴いた。そこで、井上家の先祖が、ザルに塩を入れて樫の木の根もとに置いたところ、山犬はその塩をなめ、吠えて帰っていった。それからそこに山の神として山犬を祀るようになった（神奈川県足柄上郡山北町中川・井上団次郎さん・明治三十三年生まれ）。

⑥新宮市の高田と木の川の間に塩見峠がある。この峠は高田を中心とした山間部と、三輪崎方面の海とを結ぶ木の川街道の要所であった。狼は塩を欲しがる動物なので、三日に一度、狼が塩をなめるためにこの峠を越えて海へ通ったという。それで、この山道のことを「狼街道」と呼ぶ（和歌山県新宮市高田・川口きみえさん・明治三十九年生まれ）。

右に見る通り、狼・山犬が塩を求める動物であるという伝承は広く伝えられていることがわかる。この他、山犬が塩分を求めて民家の小便壺に近づくという言い伝えも広く伝えられている。(10) 山犬即ち狼が塩をほしがるという伝承は、狼をはじめ鹿、さらには牛馬に至るまで生命維持のためには塩分が必要であることにもとづいている。右の事例の中で、①④は天竜川流域の伝承であり、ほぼ、『東国古道記』「秋葉と遠山道」に沿うものである。

こうした伝承に耳を傾ける時、どうしても長い山中の道を通過せざるを得ない、塩買い人、塩の運搬人と狼・山犬の関係に思いを馳せざるを得ない。山犬の好物たる塩を担って山中を歩く人びとの山犬に対する恐怖はいかばかりであったろう。

事例①④を見ると、「塩」が山犬と人との親和関係を結ぶ鎹《かすがい》になっていることがわかり、塩が、霊獣山犬に対して献供の形式で与えられる形になっていることがわかる。こうして見てくると、奥深い山中の塩の道を、狼害なく安全に通過し、塩の運搬を完遂するためには、山中の要所で、塩の道の通過儀礼の一つとして山犬に塩を献供し、手向ける必要があったのではないかと仮説される。本宮山・秋葉山・竜頭山・山住山といったところはそうしたポイントであったと考えられるのだが、その中で、山住が、特に山犬への手向けをする場として意識され、山犬信仰の場となっていったものと考えられる。もとより、それは、塩の道の関所としての山犬信仰と、害獣防除の山犬信仰が複合して、より強固な山犬信仰の基点となったものであろう。

塩の道と山犬とのかかわりとしていま一つ見逃すことのできないのが「シッペイ太郎」の伝説である。静岡県磐田市見付の矢奈比売神社にかかわるシッペイ太郎伝説はおよそ次のようなものである。——毎年八月十日の祭りの前夜になると、どこからともなく白羽の矢が飛んできて見付の民家のどこかの家に当たる。この矢がささった家は娘を人身御供として天神様(矢奈比売神社)に捧げなくてはならなかった。延慶元年(一三〇八)八月九日、諸国行脚の修行僧が見付の宿にさしかかったところ、一軒の家からしのび泣きの声が聞こえてくる。事情を聞けば娘を人身御供に出さ

写真３　山犬の絵姿神札・左より、静岡県藤枝市鬼岩寺、静岡県浜松市天竜区春野町春埜山大光寺、静岡県浜松市天竜区水窪町山住神社、静岡県葵区田代大井神社、東京都西多摩郡奥多摩町御嶽神社

写真４　シッペイ太郎の像・静岡県磐田市見付、矢奈比売神社

ねばならぬという。僧は、怪物が「信州信濃国光前寺のシッペイ太郎はおらぬか。このことばかりはシッペイ太郎に知らせてくれるな」と叫ぶという話を聞き、光前寺からシッペイ太郎を借りてきて怪物退治をする。その怪物は狒々で、シッペイ太郎も深傷を負って命を落としたという――。

命を落としたシッペイ太郎の墓が『東国古道記』「秋葉と遠山道」の道沿い、青崩峠の静岡県浜松市天竜区水窪町側にある。シッペイ太郎という名は、疾風太郎の意で、犬の疾走力を象徴する。シッペイ太郎は別称をハイボー太郎ともいうが、ハイボーとは遠州地方で山犬（狼）の仔のことを意味する。シッペイ太郎は、地犬と山犬の混血だとする伝承もある。地犬と山犬の混血伝承は、山犬の強力な害獣抑止力と走力、地犬の柔順さを併せ持つ、山の人びとの描いた理想の犬である。磐田のシッペイ太郎伝説にも、山犬系の義犬が害獣としての猿を除くという基本構図がうかがえる。長野県駒ヶ根市の光前寺と静岡県磐田市の矢奈比売神社を結ぶ道は、柳田の想定した塩の道のルートに沿うものである。青崩峠のシッペイ太郎の墓も、山住神社と同様、塩買い人の手向けの場であったにちがいない。

御前崎にほど近い静岡県御前崎市佐倉に池宮神社が鎮座する。当社はその名の通り神池を祀る神社で、法然上人の師・阿闍梨皇円が池に入水して蛇身と化したと伝えられ、法然上人が檜の曲物の櫃二個に赤飯を入れ、一つは池中の阿闍梨に、いま一つは池宮神社に供えたと言われている。この伝承にもとづき、毎年九月二十三日、桜ヶ池において赤飯の櫃を沈納する「お櫃納めの神事」が行われる。お櫃納めにはさらに一つの伝説がある。桜ヶ池に納められたお櫃が後日信州の諏訪湖に浮かびあがると言い、桜ヶ池と諏訪湖とは底がつながっているというのである。さらには、桜ヶ池と諏訪湖の間に位置するもう一つの池にかかわる伝説もある。静岡県浜松市天竜区水窪町の町通りと天竜川左岸の白神というところの間に白神峠という峠があり、そこに「池の平」と呼ばれる地がある。そこは杉木立のなかで、平素は何の変哲もない平地であるが、七年目ごとに水が湧き出て池のようになった。水窪の人びとは、この水が湧く時は諏訪湖の竜が遠州の桜ヶ池へ遊びにゆく時だと語り伝えている。また、その水を飲むとマメ（健康）になると言って一升ビンなどを持っていって池を眺め、水を汲んで帰る風習が大正時代までは続いていたという。桜ヶ池↓池の平↓諏訪湖も、『東国古道記』の道に沿うものであり、塩の道を象徴していると見ることができる。

2　民俗垂直分布への眼ざし

海辺から山間部へ川沿いに溯り、道をたどって溯行してゆくと、高くなってゆく標高に応じて植生や林相、耕地の様相、栽培作物の種類、民家の屋敷どり、民家の屋根素材、屋敷にかかわる植物などが徐々に差異を示してくる。標高差にもとづく環境差によって生業構造や暮らしぶりにちがいがあることに気づく。

柳田國男の「方言周圏論」[11]や坪井洋文の「餅なし正月論」[12]は、いわば、民俗文化の水平分布論的分析と言えよう。そうした視座に対して民俗を垂直分布論的に把握し、分析してみる視点も必要ではないかと思われる。一本の川においてサケ・マスの生態と人との関係について考えることは垂直―高さの視座を含んでいると言える。標高差によって異なる屋根材や屋根の形態を見つめることも民俗を垂直分布的に見ることになる。そこには人びとの環境適応の実態、環境利用の知恵が見えるはずだ。

本書では、天竜川支流遠山川右岸最上流部の傾斜地における暮らしと生業をとりあげ、対して、天竜川下流部の、磐田原台地と天竜川の間の農のムラの生業と暮らしについてとりあげて報告している。こうした定点を流域で増やし、学びを深め、それをつないでゆけば、生活や生業を垂直分布論的に把握できるはずである。このことは、人と自然環境との関係をより精細に知ることになる。

標高差についてはいま一つの問題がある。標高差という空間差は気温差を生み、それが植物の発芽期、葉の生長度の差異を生む。空間差が時間差を生むのである。ここに生まれる時間差が農作業などをめぐって人の移動、季節労務にかかわる者の移動を促してきた。手のとどく過去において、こうした人の移動が、各地で組織的に展開されてきたのだった。

本書の中では田植にかかわる早乙女の移動、茶の芽前線を追う茶摘女の移動、桑の発芽生長にともなって移動する養蚕関係者その他を扱っている。

四　釈迢空・折口信夫の『海やまのあひだ』——その標《しるべ》に倣《なら》う——

釈迢空・折口信夫の歌集『海やまのあひだ』[13]は深い寂寥感に満ちている。標題は迢空の心意と深く結ぶ世界を象徴するものなのだが、この国の風土空間を象徴する表現でもある。大正十四年四月に刊行されたこの歌集について『折口信夫事典』には次の記述がある。[14]「「海やまのあひだ」は、折口信夫の造語である。折口信夫というよりむしろ、歌人釈迢空としての造語と言ったほうが適当かも知れない。……冒頭歌、「葛の花　踏みしだかれて、色あたらし。この山道を行きし人あり」に始まるこの歌集は、その特異な寂寥の歌境と共に、「海やまのあひだ」は、単なる一歌集の題名に留まらず、迢空短歌の脊梁をなすテーマとして、また、折口信夫の学問の根幹を支えるテーマとして捉えることのできる性質のものである。……」——同感である。

手もとに複製の迢空自筆歌集『うみやまのあひだ』がある。箱入り、黒表紙銀ぬきで『うみやまのあひだ』と記されている。昭和三十九年一月十日、明治書院刊の限定本だ。[15]原本の所蔵者は安藤英方、大正四年に安藤氏が釈迢空から直接手渡されたものだという。一六・六cm×一八・一cm、小型の四〇〇字詰原稿用紙、文字枡や枠どりの線は鬱金を帯びた黄土色。その原稿用紙一枚ずつに三行おきで四首ずつ自作歌が書かれている。文字は重みのある萌黄色のインクでのびやかに書かれている。冒頭歌は、「たびごころ　もろくなり来ぬ　志摩のはて安乗の崎に　赤き灯の見ゆ」である。これ以前の自筆歌集『安乗帖』[16]（大正元年）の冒頭歌も右と同じである。安藤英方氏の解説によると、迢空がこの歌集に強い自負と愛着を抱いていたことがわかる。『安乗帖』はもとより、前者に収載されている歌の中心は、明治四十五年八月、二十六歳の迢空が教え子二人をつれて志摩・熊野へ十三日間の旅をした時のものである。このほか、自筆歌集『ひとりして』[17]（大正四年）の第四部の見出しも「うみやまのあひだ」とされており、ここでも冒頭歌は「たびごころ……」である。

迢空が「うみやまのあひだ」という標題・主題にこだわっていた様子がわかる。第一歌集の題も同じではあるが、こちらは『海やまのあひだ』と「海」を漢字にしている。

迢空、明治四十五年の旅は、柳田國男が『山島民譚集』[18]に使い、池田彌三郎がこだわって検討を加えた「山島」[19]と無縁ではない。山島とは、山が直接海になだれこむような地形であり、それは熊野の海岸線のごときが典型である。初期の「うみやまのあひだ」の「うみ」は別にして「やま」は、熊野の奥地や日向の奥地、あるいは参・信・遠のくにざかい山地のような奥深い山ではなく、海岸線ぞいの道を阻む山、海からやや奥めいた山といったものであったと考えられる。

しかし、「うみ」については、後に「常世論」や「まれびと論」につながってゆく[20]、海彼につながる思念の核のごときものをこの旅で感知していたと考えることができる。次の歌が注目される。

・青海にまかがやく日の　とほ〳〵し母が国べへ　船かへるらし（『安乗帖』）
・青うみにまかがやく日や。とほどほし　妣《ハヽ》が国べゆ　舟かへるらし（『海やまのあひだ』奥熊野）

折口信夫の「妣が国へ・常世へ――異郷意識の起伏」の中にある次の記述はこの歌と呼応する。[21]「十年前、熊野に旅して、光り充つ真昼の海に突き出た大王个崎の尽端に立った時、遥かな波路の果に、わが魂のふるさとのある様な気がしてならなかった。此をはかない詩人気どりの感傷と卑下する気には今以てなれない。此は是、曾ては祖々の胸を煽り立てた懐郷心（のすたるぢい）の間歇遺伝（あたゐずむ）として、現れたものではなからうか」――さらには、「ほうとする話・祭りの発生　その一」[22]の冒頭、「若水の話」[23]の冒頭にも同じ思念が反復的に吐露されており、海彼の原郷は迢空・折口信夫の内部で長く持続され、熟成されてきたものであることがわかる。この思念は大正十年・十二年の沖縄への旅によってみのりを示してゆくことになる。

熊野の旅で得た海にかかわる、学的胚胎に対応する「山」にかかわる胚胎はこの時点ではまだなかったと見られる。山にかかわる思念も徐々に深められてゆくのであるが、その画期となる旅は折口三十三歳、大正九年の七月十七日から二十五日の間の、岐阜県・長野県・静岡県山間部の跋渉だった。地図の上に線を引き、それをたどったと伝説的に語られた厳しい旅だった。通念的には木地屋その他の山中の民俗を探る旅だったとも言われるのだが、折口は一体何を求めていたのだろうか。

この旅の軌跡が折口の「採訪手帖」に書きとどめられており、その翻刻がある。(24) 中で、静岡県にかかわる部分の足どりは以下の通りである。――水窪（現浜松市天竜区水窪町）・山住神社・門桁から京丸（現浜松市天竜区春野町）に至り、枝松峠を越えて上長尾に出、大井川左岸を歩き千頭（現榛原郡川根本町）に至る。そして小長井から富士城峠を越え静岡市に出る。――手帖を読み進めてゆくと、京丸への途中、「崖の様な処を苦労しておりてやっと石切道に出元の処に帰れた。傘と行李とが邪魔で困った」とある。洋傘と行李を持って山中の径《こみち》を歩いていたのである。行李の中には旅に必要な最小限のものが入っているのだが、途中で「蚤とり粉」「蚊とり線香」などを買ったとある。

柳田國男は、折口没後、『短歌』に「和歌の未来といふことなど」と題する一文を寄せ、中で次のように記している。(25)「折口君の通ったのは海山のあひだ、二度の南方旅行はまだ同行者もあったが、信州から遠江への早い頃の旅などは、聴いても身が縮むやうなつらい寂しい難行の連続であった。…歌はすぐれたものが幾つとなく伝はって居るが、それが生れて出るまでの心の置き所、何を考へつゝ、あるいて居たかといふまでは、日記があったにしても恐らくは書き留められて居まい」――。

・人も　馬も　道ゆきつかれ死にゝけり。旅寝かさなるほどの　かそけさ
・道に死ぬる馬は、仏となりにけり。行きとゞまらむ旅ならなくに

歌集『海やまのあひだ』において右の二首は「供養塔」の見出しのもとに大正十二年の作として収められてはいるが、モチーフは大正九年の旅によったものであろう。「採訪手帖」に、岐阜県恵那郡上矢作町で死んだ馬を見、長野県下伊那郡平谷村で野ざらしの人骨を見たと記されている。折口は行き仆れの人馬の慰霊習俗にとりわけ心を寄せた。この旅の七月二十三日、旧春野町京丸を尋ねた部分に次のような記述がある。「杉峰から三つに分れた道を石切りといふ。柴立て場が二ヶ所ある相だ。石切のねぎ老の話では順礼などの行き仆れたのをそこに埋んで、通る者が柴を折ってやるのだ相だ。高野聖といふ柴立て場もある相」――また別に、京丸道の大日に手向けられた柴のことも記している。天竜川・大井川・安倍川筋の山間部山中には柴立て場が数多く伝えられていた(26)。

折口信夫の晩年に折口と起居をともにした門弟で歌人の岡野弘彦氏は、先に引いた二首をふまえ、行き仆れた旅人、折口の説いた「まれびと」との間の水脈を見つめる。「……というふうにもっと低い、素朴な、みすぼらしいまれびとの姿ですね。そのまれびととは、とぼとぼと山道をつらい旅をつづけている折口その人と響き合う……」と述べている(27)。

感性を研ぎ澄まし、行路難死の人馬の霊や自然の霊気に感応し、思念を凝らし、イメージをふくらませる旅だった。文学的感性と学問的思索が交響し、深化される。釈迢空と折口信夫が渾然一体となる根源的な時間がそこにはあった。

山住峠には『海やまのあひだ』に収められている次の歌の歌碑がある。「山住み」と題する五首の中の一首である。

・青々と　山の梢のまだ昏れず。遠きこだまは、岩たたくらし

大正九年七月二十一日、折口は山住神社前の茶店彦平の家に泊った。

平成十七年十二月十日、長野県飯田市南信濃木沢の霜月神楽を見た。その後、川上隆志の車でヒョウ越峠を越えて水窪へ出た。折口が越えた山住峠にあらためて立ってみたいと思ったからである。十二月十二日、標高一一〇七ｍの山住には薄雪が積もっていたが、ふり返ると彼方に純白の御嶽山が小さく見えた。門桁へ向かう途中から雪が舞い始めた。散り残りのもみじはあるものの、谷は蕭条、荒寥としていた。この季節、折口が苦渋の歩みを重ねて入った京丸にも入ってみたくなった。前回京丸を訪ねたのは昭和六十二年十一月十六日、岩嶽山の紅葉がみごとだった。今回は雪で岩嶽山は見えなかった。折口の泊った藤原本家は今は無住だが表戸が新しく作り直されていた。前回はっきりと読めた表札の「藤原忠教」の文字はほとんど読めなくなっていた。

クルマ社会の現今、中央構造線沿いの長野県遠山谷から山住峠、京丸をたどって掛川へと一気に駆けぬけて新幹線に乗ることができる。このような動きをする現代人は折口の深い思いに至ることはできまい。こう考えてみると、あの、折口の厳しすぎる徒《かち》の山旅は、徒によって、自らの脚とこころによって「古代人の思い」「古代人の信仰世界」に迫るための旅であったことに思いが至る。

・山々をわたりて、人は老いにけり。山のさびしさを　われに聞かせつ―木地屋の家
・山深く　こもりて響く風のおと。夜の久しさを堪へなむと思ふ―遠州奥領家

大正九年夏の旅は、その後の折口の学問展開と文学活動において重い意味をもって反芻され続けた。大正九年の山旅で、迢空・折口信夫の「海やまのあひだ」の「海」と「山」との対応はバランスのある深みに至り、文学的にも学問的にもより深いものになった。さらに、大正十五年・昭和元年、三河の花祭り、新野の雪祭りの場に身を置き、以後、三・信・遠の山のムラムラに伝承される民俗芸能や祭りに参ずる旅を重ねつつ折口学は深められてゆき、「山」

と「海」との対応も究められていった。

折口の「海」についてはいま一つふれておかねばならない。それは「タブ」のことである。昭和四年・五年に刊行された『古代研究』国文学篇および民俗学篇1・2のグラビアに計五点のタブの杜、計三点のタブの枝葉が掲載されている。ここには折口の異常なまでのタブの木に対する執着が見られる。それにもかかわらず、タブに関する論考がない。『古代研究』以後にタブに関する論を試みる計画があったにちがいないのだがそれが果たされなかったのである。タブに関する総合的な調査研究を行い、丸木舟を含む船材としてのタブ、信仰とタブの関係などについても深く探り、折口の著作も読みこんでいる山形健介氏は以下のように述べている。(28)「南の国からやってきた私たちの祖々は、この列島にたどり着き、渚の一歩を踏みしめた。そこに繋るタブを見上げ、振り返っては渡り来た大海原を見た。さわやかであっても、「ここで生活ができる」と心の底からわき上がってくる安堵感が、「ほう」とした気分だった。折口は浦々を行脚するように歩きながら、「ほう」との思いを大切にして生きる人々を見てきた。自らも修行のような苦しい旅で、「ほう」とひと息つく経験を何度もしたに違いない。その時、渚や海に迫る山々には、青々としたタブがあった」――。折口の中では、若き日に直覚した妣が国とこの国を結ぶ舟、その舟に乗る者とタブとが、後年、能登のタブを見つめることによって深く結びついたことであろうし、山形氏にもまたそれが見えたのである。山形氏が用いた「安堵感」という表現には共感できる。

日本民俗学の中では、海山から離れ、とりわけ山から離れた平地に暮らしてきた人びとの思いや民俗に手がとどくことが少なかった。僅かではあってもそこを見つめてみたいと思い始めた時から『海やまのあひだ』という美しい響きが心から去ることはなかった。沼空・折口信夫の『海やまのあいだ』の感性・精神性・信仰世界へのつながりの深さなどに対して筆者の思い描くところはあまりにも即物的に過ぎるのかもしれない。しかし、平地の民俗以外にも、括りきれない多くの問題があった。ここでは憚りを超え、迢空・折口信夫の標《しるべ》に倣《なら》って、『民俗誌・海山の間』を用いた。本書で提示した問題は本書の中で閉塞するものではなく、後の人びとによって新しい展開を見ることを信じている。

註

（1）野本寛一『牛馬民俗誌』（野本寛一著作集Ⅳ・岩田書院・二〇一五）。

（2）野本寛一『熊野山海民俗考』（人文書院・一九九〇）。

（3）野本寛一『人と自然と・四万十川民俗誌』（雄山閣・一九九九）。

（4）野本寛一『大井川――その風土と文化――』（静岡新聞社・一九七九）、同「大井川流域民俗語彙」（近畿大学民俗学研究所『民俗文化』第二十六号・二〇一四）。

（5）野本寛一「道としての川」（飯田市美術博物館・柳田國男記念伊那民俗学研究所『遠山谷南部の民俗』二〇〇八）。なお、天竜上流部山地の豊かな山林資源は大量の木材を産出してきた。例えば、松原輝男氏は「信州大河原・鹿塩両村御榑木山の近世における林相・その1：諸木伐出の歴史に基づく検討」（名古屋大学大学院人間情報学研究科『情報文化研究』第六号・一九九七）、同「信州大河原・鹿塩両村御榑木山の近世における林相・その3：榑木の原木サワラとその採出」（名古屋大学大学院人間情報学研究科『情報文化研究』第十一号・二〇〇〇）などによってそれを明らかにしている。近世には榑木成村・榑木年貢などもあり、大量の榑木は天竜川を道として河川流送され、掛塚港から江戸へ運ばれた。

（6）野本寛一『山地母源論2――マスの溯上を追って――』（野本寛一著作集Ⅱ・岩田書院・二〇〇九）。

（7）アチック・ミューゼアム編『塩俗問答集』（『アチック・ミューゼアム彙報』第三十四集・一九三九）。
（8）柳田國男『東国古道記』初出一九五二（『柳田國男全集』19・筑摩書房・一九九九）。
（9）野本寛一『焼畑民俗文化論』（雄山閣・一九八四）。
（10）菱川晶子『狼の民俗学・人獣交渉史の研究』（東京大学出版会・二〇〇九）。
（11）柳田國男「蝸牛考」初出一九三〇（『柳田國男全集』5・筑摩書房・一九九八）。
（12）坪井洋文『イモと日本人』（未来社・一九七九）。
（13）釈迢空『海やまのあひだ』初出一九二五（『折口信夫全集』第二十一巻・中央公論社・一九六七）。
（14）西村亨編『折口信夫事典』（大修館書店・一九八八）には、持田叙子・伊藤好英両氏の執筆による「「海やまのあひだ」に纏わる発想」と題する項目（論考）が収載されている。
（15）原本所蔵・解説・安藤英方『迢空自筆　うみやまのあひだ』複製・限定版（明治書院・一九六四）。
（16）釈迢空『安乗帖』初出一九一二（『折口信夫全集』第二十二巻・中央公論社・一九六七）。
（17）釈迢空『ひとりして』初出一九一五（『折口信夫全集』第二十二巻・中央公論社・一九六七）。
（18）柳田國男『山島民譚集』初出一九一四（『柳田國男全集』2・筑摩書房・一九九七）。
（19）池田彌三郎「海神山神論」（『日本文学伝承論』中央公論社・一九八五）。
（20）折口信夫『古代研究（国文学篇）』初出一九二九（『折口信夫全集』第一巻・中公文庫版・一九七五）、『古代研究（民俗学篇1）』（『折口信夫全集』第二巻・中公文庫版・一九七五）。
（21）折口信夫「妣が国へ・常世へ――異郷意識の起伏――」初出一九二〇（『折口信夫全集』第二巻・中央公論社・一九五五）。

(22)　折口信夫「ほうとする話（祭りの発生　その一）」初出一九二七（『折口信夫全集』第二巻・中央公論社・一九五五）。
(23)　折口信夫「若水の話」初出一九二七（『折口信夫全集』第二巻・中央公論社・一九五五）。
(24)　岡野弘彦解説「折口信夫自筆「大正九年の旅の手帖」」（『折口博士記念古代研究所紀要』第四輯・一九八四）。
(25)　柳田國男「和歌の未来といふことなど」（『短歌』創刊号・角川書店・一九五四）。
(26)　野本寛一「峠通過の儀礼と文学」（『國學院雑誌』第七十八巻三号・一九七七）。
(27)　鼎談「折口学と古代学」岡野弘彦・三隅治雄・西村亨（慶應義塾大学国文学研究会編『折口学と古代学』桜楓社・一九八九）。
(28)　山形健介『タブノキ』（ものと人間の文化史165・法政大学出版局・二〇一四）。

Ⅰ　地形環境と暮らし

第一章　遠山谷の斜面集落

一　下栗へ、そして小野へ

遠山川は赤石山脈の聖岳《ひじりだけ》（三〇一三ｍ）に発し、長野県下伊那郡天龍村平岡で天竜川本流の平岡ダム左岸に注ぐ。五七㎞の流れはＶ字峡谷を刻む。途中、飯田市南信濃木沢で中央構造線沿いに下る上村川を併せるが、この上村川に対して合流点より上の遠山川本流を「本谷」と通称している。谷筋からは聖岳・兎岳（二七九九・三ｍ）などを眺望できる（写真1）。下栗は本谷右岸の南東向き斜面に拓かれたムラであるが、半場・帯山・本村・上区などが小集落をなして散在する。いずれも、二〇〜三〇度の斜面に定畑を拓き、その中に民家が点在する。半場の、小学校跡地に建てられた高原ロッジが一〇七一・六ｍ、本村から上区方面に向かう道の三叉路が八八一・六ｍ、この間の斜面に半場と本村の民家が点在する。その立地・景観から、下栗は、これまで「日本で一番天に近いムラ」「耕して天に至る」「日本のチロル」などと呼ばれてきた（写真2）。上区は、屋敷・小野・大野の小字から成り、最も奥の大野（戦前一〇戸、現在一戸）は本村より五・五㎞、その手前の小野（戦前七戸、現在二戸）は本村より四㎞、屋敷（戦前九戸、現在三戸）は本村より三㎞離れている。本村と屋敷の間に途中というムラがあったが消滅した。山中散在の感があり、過疎化が顕著である。

写真１　兎岳と聖岳・長野県飯田市上村下栗本村より

写真２　左下遠山川、右上長野県飯田市上村下栗本村。河岸が標高620m、本村の下端が881.6m、比高差200m以上。小野・大野はこれより奥地

この地の人びとは南アルプス高山地帯に直結する山地の厳しい環境の中で暮らしを組み立ててきた。大野の胡桃沢ちさ子さん（大正七年生まれ）は次のような戯《ざ》れ歌《うた》を伝えていた。

〽大野よいとこ箒はいらぬ　聖颪《ひじりおろし》の吹くところ

上区を含む下栗全体の生業や暮らしと環境については既に報告したことがあるが[1]、ここでは上区小野で生まれ育ち、暮らし続けた成澤徳一さん（昭和二年生まれ）と、同じ小野の胡桃沢家から成澤家へ嫁いだ福恵さん（昭和三年生まれ）の体験と伝承に耳を傾け、この地の暮らしや生業と環境との関係を探ってみることにしよう。

徳一さんは歌う。

〽小野はよいとこ見通しがよくて　四方八方陽が当たる

小野はたしかに陽当たりがよい。徳一さんは、ニホンミツバチの採蜜の巣箱を置いても小野に置いた巣箱は他地のものに比べて採れる蜜の量が多いと語る。蜜が多く採れるということは、草木の花々がたくさん咲くということであ

る。また、小野は陽当たりがよく日照時間も長いので、麦を栽培していたころには麦に対するウッタツ（霜柱）の害が少なかったという。

二　斜面畑と幼牛飼育

1　斜面畑の農耕

成澤家は、南々東に面する約二五度の傾斜地の一部を平らげて屋敷どりをしており、標高は九九〇mの位置にある。当地では屋敷前方の畑地のことをマエバタまたはマエガイト、屋敷の背後の畑地のことをノキバタまたはノキガイトと呼ぶ。ノキは、軒の意ではなく、「退き」の意である。さらに、斜面の畑が数段に段をなして形成されている場合、後の段つきの位置、すなわち、斜面畑の上端をハカチ、下端をコヂと称する。「ハカチは山が攻めるから一鍬でもうないこめ」と言われている。また、斜面畑の場合、どうしても土が下がるから、人が下方を向くようにかまえて土をあげるようにうなえと教えられた。斜面畑の場合は、一般的に上部の土地が痩せ、コヂに近い下の方が肥沃になる。したがって、堆肥はハカチに厚く入れよ、と言われた。冬作に麦、夏作に大豆・粟・コンニャクなどを栽培するにしても、コヂには二度イモ（馬鈴薯）・大根・トウモロコシなどを作った。豆類は、一枚の斜面畑の中でも

写真3　マエガイトでソバの刈り入れをする成澤徳一　福恵さん夫妻・長野県飯田市上村下栗小字小野

写真4　急傾斜畑のヨセ木と茶畝・長野県飯田市南信濃須沢、須沢は遠山川右岸、小野より下流部

より多く肥料を必要とする大豆を下方に、小豆を上方に作った。二度イモ収穫のあとにソバを栽培するという組み合わせがあったが、二度イモは連作を嫌うのでできれば間を二年おけと言われた。野菜類と循環させたのである。

斜面畑の土は降雨によって下方に流れる。放置すれば耕土が流失してしまう。それを防止するためのくふうがあった。それには以下の種類がある。a斜面に対して横木を置き、それを杭で止めるものである。畑の中に何段も横木を並べるのだ（写真4）。その横木のことをヨセ木と称し、樹種は栗または椹を適材とした。他に、斜面の中に横畝の形状に植物を植え、その植物の根張りを土止めにする方法があった。bクネカズ＝ヨセカズ、すなわち、楮《こうぞ》の株を畝のように横に並べて植えるのだが、もとより、楮は和紙の原料となる換金作物だった。cクネ茶＝ヨセ茶と呼ばれるもので、茶の木を横畝状に植えて土止めにした。茶は自家用にも換金作物にもなった。dクネ桑＝ヨセ桑と呼ばれるもので、桑の木を横畝状に植えて土止めにする方法があり、その桑は当然養蚕とかかわるものだった。

こうして見ると、斜面畑の耕土流出防止という農耕環境対応のくふうの中に、換金要素を持つ植物を以ってこれに当たってきた当地の人びとの伝承知を見ることができる。このような対応をしても、大雨が降ると斜面畑の土が流されアランドボリと呼ばれる溝ができた。アランドとは荒れた泥水のことで、畑地にアランドボリを作らないために、畑に泥水が流入しないように畑の周囲にアランドキリという水はけのための溝を作った。アランドボリができると、

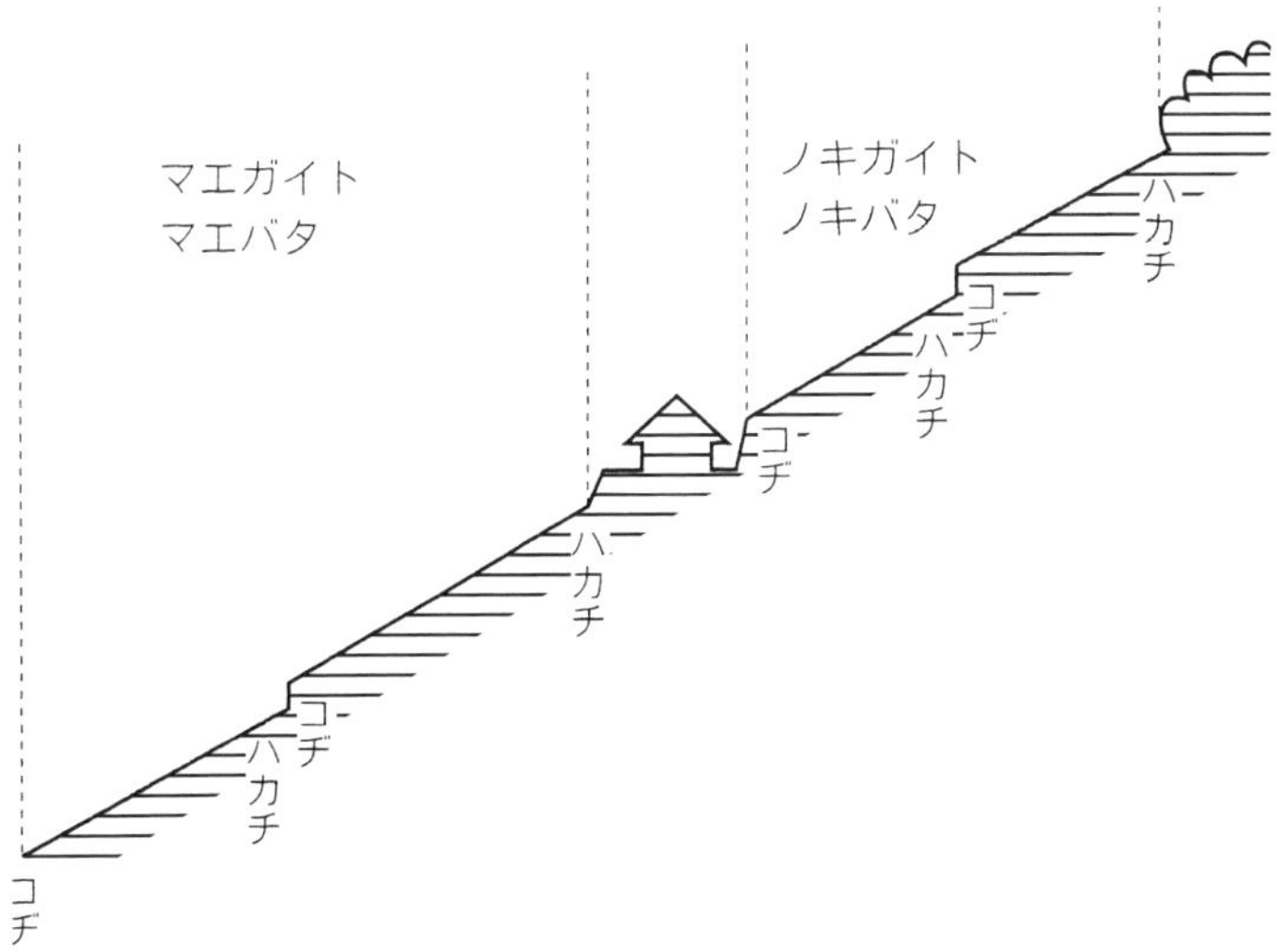

図１　畑地関係語彙・長野県飯田市上村下栗小字小野、成澤家

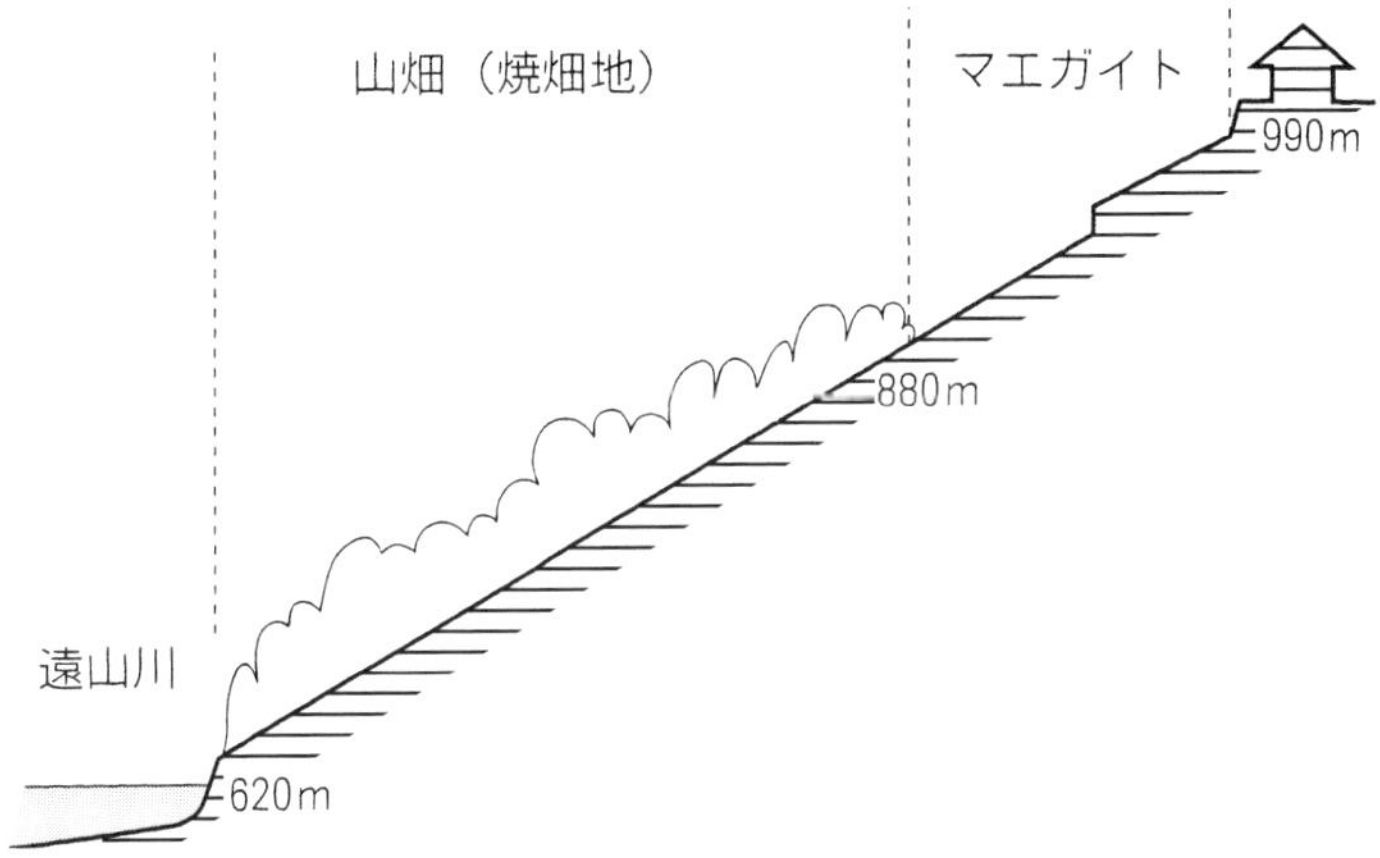

図２　河岸山地利用概念図・長野県飯田市上村下栗小字小野、成澤家

土を運んで埋めもどすのに多大な手数がかかった。

成澤家のマエバタは標高八八〇ｍから家のある九九〇ｍの間で、同家ではこれをヨコバタと呼んでいた。遠山川の右岸が六二〇ｍでそこからヨコバタ境の八八〇ｍの間は山である。樹種は、コナラ・ミズナラ・シデ・シナ・クルミなどである。この河岸の山で焼畑を行ったのであった。焼畑は昭和三十年代まで行った。焼畑は夏焼き型で、一年次＝ソバとナタネの混播、秋にソバを収穫する。二年次＝ソバを収穫するとナタネが芽生え、春、ナタネの収穫後粟を蒔く。三年次＝小豆。四年次＝良い場所だけに稗または大豆を蒔く。五年次も地力がある所には豆類を作った。四年次・五年次の焼畑地をクナッパタと呼び、クナッパタの下方をオチダマリまたはスナダマリと称してここに二度イモ（馬鈴薯）を作った。オチダマリには三年次から二度イモを作ることもあった。こうしてみると、定畑のコヂと、焼畑のオチダマリはともに肥沃で、ここに特別な作物を作ることができるという伝承知が生きていたことがわかる。四年次の六月下旬、杉苗を植え、焼畑山から杉の植林地に転換することもあった。

２　幼牛飼育とカイトバタケ

トーネッコ（当歳《とうざい》＝一歳）の仔牛を入れ、二歳または三歳で出し、追い金を受け取った。飯田のゑびす屋が扱いをしており、送り出す時には下栗本村までつれて行った。福恵さんの実家でも同様にしており、牛との別れの時には母も泣き、福恵さんも泣いた。仔牛を飼うのは厩肥を得るのが主目的である。牛舎は二間半に三間で、床が二尺掘り下げられていた。厩肥をためるためだった。牛は二頭である。小野は七戸だったが屋敷の親戚も加え、三月末に一〇戸の「結い」でマゴエ出しを行った。厩肥は背負い籠に入れ、大麦畑の畝間に入れた。糞尿を多く含んだ重い部分を近い畑に、上部の軽い部分を遠くに運ぶようくふうした。昼はぼたもちで、夜は兎か鶏をつぶして御馳走をした。イワナ・アマゴを焙ってツッコ(麦藁束)に挿して「これはマゴエ出し用」などと言って保存しておき、夕食時に焼き直して出した。他にテンプラ・煮しめ・酒も出した。大麦の収穫量は五〇俵、小麦は二俵だった。夏作は換金用の天然のコンニャクだったが、麦の畝間に大豆・小豆・コキビ(黍)などを蒔きつけておいた。牛のトーネッコ飼いは昭和四十五年まで行った。主食としての麦と換金作物のコンニャク栽培にとってマゴエは欠くことのできないものであり、そのために、耕作にも駄送にも使うことのできない仔牛を飼ったのである。遠山谷(旧南信濃村・旧上村)全体では当歳の仔馬を預かって三歳で返し、追い金を受け取って次の当歳を預かるという循環型の幼馬飼育の方が多かった(2)。幼馬飼育・幼牛飼育ともに、成馬・成牛を農耕や輓曳に使うことのできない斜面畑地、水田のない地という農耕環境ゆえに発生した特殊な形態だった。

牛の踏み肥のこともマゴエと呼んだのだが、三月下旬のマゴエは、第三回目の施肥・追い肥だった。麦蒔きは十月半ばが盛りで、下栗南に平人伯父《ひらとおじ》と呼ばれる人がいて、平人さんは毎年麦蒔きが遅れて、十一月三日の村民運動会の日になった。このことから人びとは、麦蒔きが遅れると「平人伯父ができた」とふざけ合った。麦蒔きには、第一の施肥とも言えるモトゴエが必要だった。当地の麦のモトゴエは灰と下肥だった。

マワシ山とは草刈り山の中で行う灰焼きの区画を循環的に回して利用すること、その山、草刈り山での灰焼きを意味した。草刈りの草は牛草と呼ばれる牛の飼料のための草である。牛の餌については後に述べるが、この草刈山の隣接地に生えているヌルデ・ウルシ・ウツギ・ヤマブキなどを平素伐り枯らしておき、それらと刈りたての青草を混ぜて九月下旬から十月初めにかけて焼くのである。焼く場所は草刈山の中で、径六尺、深さ二尺ほどの穴を掘り、その中で焼く。灰といってもジロー灰(地炉すなわちイロリから出るような白い灰)ではなく、青灰と呼ばれる黒色の灰である。青草を焼くから青灰と称するのだという。青灰を作るには、灌木・青草などが燃え、灰になったところで水をかけて火を消すのである。水は水ヤナや酒樽で背負いあげるのである。青灰は家の前庭まで運びおろし、モミアシ（揉み合わせ）と称して、灰・麦種・下肥を唐鍬で掻き回して混ぜる。それを南京袋に入れて畑地に運び、手桶に移して畝蒔きにしたのである。中肥としては下肥を使った。

牛には四月下旬から十月末までは畑地周辺の青草を刈って与えた。十一月から十二月にかけては麦稈や粟稈、これらは餌と敷草の兼用になる。一月から三月まではヤタ（大豆のサヤ）それに、麦稈を押切りで切ったものに熱湯をかけてから与えた。また、一月から四月下旬までは、草刈山で作った干し草も与えた。十月中旬、草刈山で刈ったカヤ（薄）を中心にして円錐状に立てて乾燥させるのだが、これをカッタテと称した。カッタテを傾斜地に作る場合、短い草を上方、長い草を下方にし、葛の葉なども混ぜて立てた。カッタテの草は先を餌にし、根方は敷き草にした。

さらに注目すべきは、三月下旬から四月下旬にかけてクマザサを与えていたことである。クマザサ刈りの場所は御池山（一九〇五・三m）の下方、一三〇〇mほどの大野山（大野の上の山）だった。

三　気象・気候への対応

1　ヤライの合理性

小野は陽当たりはよいが、冬季遠山川から吹きあげてくる風は冷たく厳しい。この風を除ける防風設備のことをヤライと呼ぶ。ヤライは母屋の前庭の前方、マエバタとの境の石垣にそって二間間隔で栗の木の柱を立て、それに椹（サワラ）の横木を七本（もとは一二段から一三段）等間隔に結わえつけたハザ（ハサ＝稲架）を利用して設置する（写真5・6）。普通栗の柱と石垣との間が二～三尺あくのだが、庭の平面とハザの横木との間に掛け出しのように割木・モヤ・モヤ束・厚板などを並べ、さらに、柱にそって、横木のナルに立て掛けるようにしてモヤやモヤ束・割木などを垣根状に並べる。これを断面的に見ると谷底・前面に対して「逆L字状」になっている。こうしておくと、谷下の遠山川から吹きあげてくる風が、庭や母屋に入るのを防ぐことができたのである。アルミサッシが普及する前、隙間のある戸や、紙の障子の時代に考案された先人たちの環境対応のくふうである。モヤとは焚木にする木の枝のことである。ヤライには主としてモヤを使ったが割木や薪を立てることもあった。上村地区全体で言えば、庭を広げる掛け出し状のものだけでもヤライと称する例もある。これでも谷風を防ぐ効果はあるのだ。モヤにしろ割木にしろコナラ・ミズナラ・シデなどの火持ちのよい木が好まれた。

写真5　庭前のハザ木に干されたソバ・長野県飯田市上村下栗小字小野、成澤徳一家

写真6　金属製のパイプのハザになってもナラの割木のヤライを立てる。石垣とハザの間に並べられている板もヤライの役割を果たし、同時に狭い前庭を補助的に広げる機能を果たす・長野県飯田市上村下栗小字屋敷(小野の隣集落)の成澤家

　ヤライという語について、辞典には「矢来」竹や丸太を縦横に組んで作った仮の囲い——などとある。実体はここでいう防風装置もこれに合っているのだが、ヤライという語の本来の意味は「遣《や》らひ」であり、敵対物を追放する意である。この場合は谷風、吹きあげ風の防除・追放に目的がある。ヤライは一年中設置するものではない。夏は、むしろ、谷からの風は涼気を運ぶものとなる。ヤライは、収穫穀物を掛けて乾燥させるハザから穀物の姿が消えてなくならなければ設置できない。収穫穀物のハザ乾燥が終了して初めてヤライが組めるのである。総体については後にふれるが、弘法稗と呼ばれるシコクビエの乾燥が終わる十一月二十日にヤライを組んだ。ちょうどこのころから谷底から吹きあげてくる風が強くなるのだ。そして、ヤライを解きはずすのは、上区と呼ばれる大野・小野・屋敷で祀る津島牛頭天王社の祭日三月十五日の前日だった。当地には、大野・小野・屋敷の上区の人びとと下栗本ムラの人びとの親戚交流の伝統があった。交流の形は、下栗本村では、上区の親戚を十二月十三日の拾五社大明神の祭日に招待し、上区では、三月十五日の津島牛頭天王社の祭日に下栗の親戚を招くというものだった。上区ではヤライを組む家が多かったのだが、三月十五日、下栗の親戚を招待するに際してはその直前にヤライを解き除き、春を呼びこむ形で客を迎えるという形がならわしだった。成澤家には、下栗の親戚二五軒から客が来た。一軒が重箱一つに米・粟・タカキビなどの餅を詰めて持ってきた。

　成澤家のハザが最も賑やかになるのは秋であるが、月のめぐりから見ると、二月の上旬にまずカズ（楮の皮）が干された。次に六月中旬に大麦、六月下旬に小麦が干された。当地には、「中に色まぬ大麦なし、半夏に色まぬ小麦なし」という口誦句がある。続いて、十月上旬にソバを掛け、十月中旬には大豆を掛けて乾燥させる。十月下旬には粟である。十一月上旬に小豆、十一月中旬に弘法稗となる。弘法稗は一斉に稔ることなく、穂ごとに徐々に稔るという特質をもっているので収穫に手がかかる。弘法稗は痩せ地にも強いので路傍に栽培した。

一月十五日の小正月飾りにコナラ・ミズナラなどの丸材を割って大ニュー木を作り、割られたニュー木の白い割面に十二月と墨書したものを何本も作るが、これはナラ類の木であるため、小正月が終わるとそのままヤライとして立て並べておく。そして後に焚き木にする。

成澤徳一家では一月十五日に、ハザ木に添える形で「オトコギ」と呼ばれる丸太を門状に立てる。そして二本のオトコギにおのおの笹つきの淡竹を結えつける。そしてその淡竹の枝に、径二・五cm、長さ三〇cmほどに切ったクルミの枝の端を割ったものを挟んで吊るす。これを粟穂と称しているのだが、三〇本以上吊るし、粟の穂の豊かな稔りを象徴する。写真7は徳一さんが一月十八日にこれを片づけているところである。徳一さんが持っているのはニュー木であり、これは、事後、薪にもヤライにもなる。ニュー木の上に束ねられているのが粟穂である。またハザの横木に振り分けに掛けられているのは、クルミの枝先の束で、これは刈り入れた粟を束ねてハザに掛けた形の象徴で、粟の豊穣予祝である。水田が全くない下栗という環境の中で、粟がいかに重要な作物であったかがわかる。なお、右のオトコギに結わえられているのは藁製の神饌器「ヤス」で、これを下向きにしていることは小正月が終わったことを示している。小正月飾りは、十四日に準備し、十六日におろすのが通常である。

写真7　小正月飾りを片づける成澤徳一さん・長野県飯田市上村下栗小字小野

十二月、モヤ伐りに入り、春、焚き木背負いをしたのだが、ヤライとして並べたモヤや薪は、春から秋の農繁期にかけてそのまま燃料にすることができ、合理的な仕組みになっていた。家の火所はイロリ・カマド・風呂・カズ

写真８　成澤本家の防風垣・長野県飯田市上村下栗小字小野

写真９　成澤本家の防風垣・長野県飯田市上村下栗小字小野

カマド（楮を蒸すための竈）で、カマドは焚き口が二つ、一つは飯、いま一つは茶釜用だった。カマドにはモヤと薪、風呂は薪、カズカマドは根株・丸太などだった。焚きつけにはカズ（楮）の芯かウダイカバの皮を使った。徳一さんは奥山に入り、樹木伐採・搬出の山林労務についていたのでウダイカバの皮を剝ぎ、二尺幅にして干しておき、これを三箇所縛って燃料用として背負ってきた。カズの芯はイロリの焚きつけとしてイロリのそばの棚に積んでおいた。イロリの炉縁《ろぶち》のことをヒセンブチと呼び、これにはサワグルミの木を使った。イロリの灰の中では、二度イモ・甘藷・塩サンマのブツ切を入れたソバ団子・渋柿・立石柿などを焼いて食べた。

ヤライの他に、谷からの吹きあげ風や台風を防ぐために杉または檜を防風垣として育て守る風習がある。成澤家には北東側にカコイがある。成澤家の右下にある成澤本家（成澤作男家）は、ヤライに相当する部分に防風のための石垣を築き、別に南微東および東微北に檜のカコイを作っている（写真８・９）。日照を確保するためにカコイの植物の梢を止め、高さを調整するのは当然のことである。

2 結氷・寒さへの対応

冬季、山道では雪や氷に悩まされた。雪道は草鞋でも歩くことはできるが、ナメと称する氷結の道は危険だった。白ナメと称して、白く鏡のように凍っているところはとりわけ危険だった。通学などに際しては甲かけ足袋に草鞋、爪先下に藁を敷いて先を結ぶネジをつけ、さらに、藁縄を三巻き巻いてナメに対応し、滑倒に対応した。山仕事・木出しなどをする場合には鉄の四ツ歯のガンリキをつけた。さらに、木綿で、表が黒、裏が白の、刺し子のハバキをつける。ハバキの上下は紐で結び、途中はコハゼで止めるようになっていた。甲かけ足袋の周囲二分ほどは甲かけ針を使って毎晩のように藤糸で巻き縫いをした。藤糸は次のようにして作った。這っている藤蔓ではなく、寒中に、立っている藤蔓の皮を剝き、蒸し、灰で煮てから叩いて細かく裂く。それに縒りをかけて糸にするのである。徳一さんの少年時代、祖母はこの藤糸で布を織っていた。その布をコイノと称し、豆腐を作る豆汁を搾る袋などを作っていた。藤糸で背板の縄綱を綯《な》い、五mのものを二本つけた。背縄は藁である。

冬季は体が冷えるので風呂の湯の中に様々な植物を入れることによって体を温めた。aカリンの皮または芯、bユズ、cミカンの皮を干して保存しておいたもの、d大根の葉を干したもの、eネナシカズラを乾燥保存しておいたもの。当地ではこれをネナシと呼ぶ。石川県白山市吉野ではこれを「牛の素麵《そうめん》」と呼び同様に風呂に入れた。fマツエビ（マツブサ）を乾燥保存しておき小さく切って入れた。新潟県中魚沼郡津南町大赤沢ではこれをマツフジと呼び、同様にした。福井県大野市貝皿ではこれをショウガフジと称して同様にした。この蔓性植物にマツとかショウガとかを冠して呼ぶ方名が多いのは、この植物が、松や生姜のような刺激のある芳香を放つからである。マツエビの実は食べることができた。

写真10　サブナギ・長野県飯田市上村下栗小字屋敷（遠山川右岸）より

3　気象予兆とナギの伝承

気象・天候の予兆伝承がある。当地では山地崩落や崩落地のことを「ナギ」と呼ぶ。ナギの細かな土砂は、凍結や湿度によって微妙に動くことから気象予兆の指標とされることがある。御池山の下方に赤ナギと呼ばれる崩落地がある。その名の通り、赤い岩肌が露出しているのだが、「赤ナギが黒ずむと雨になる」と言い伝えている。また、大野の対岸、遠山川左岸にサブナギと呼ばれる青灰色をした大きな崩落地がある（写真10）。冬季はサブナギが氷結したり、ウッタツ（霜柱）が立ったりしているのだが、春先、日照が続くと氷やウッタツが溶解する。溶解するとナギが小規模ながら新たに崩落を起こす。「サブナギがくむ（崩れる）と雨になる」という予兆伝承もある。福恵さんは、サブナギは、子供のころには足袋のような形をしていると思ったが今見ると、そのころよりも大きくなったようだと語る。崩落地は年を重ねるにつれて拡大する場合もある。半場の野牧久言さん（大正七年生まれ）は「サブナギは百町歩ある」と語る。帯山の熊谷定美さん（大正十五年生まれ）は「サブナギが崩れると風が出て雪が降る」伝えている。

遠山川左岸、帯山の向かいに「都ナギ」と呼ばれるナギがある。熊谷定美さんは「都ナギが崩れると風が吹き、雨が降る」と語る。昭和五十六年、下栗本村の大川長男さん（明治三十三年生まれ）から次のように聞いた。「都ナギの上の平の雪が消えれば彼岸がくる」——間もなく焼畑のある向かい山の出作り小屋に行かなければならないという心づもりをした。

下栗の向かい山のナギはこの地の人びとにとって季節や気象の指標になっていたのである。全国的に見ても山地崩落の跡が気象予兆や季節推移の指標となるというのは稀少である。このことは、この地の山地の傾斜・土質などが山地崩落を起こしやすい厳しいものであることを物語っている。

小野から大野に向かって自動車道路を歩き、前方の高位を仰ぐと大きなナギが仰望できる。アカナギである（写真11）。地元ではこれを赤崩と表記する。アカナギはたしかに赤茶色をした崩落跡である。肉眼でもその痕は痛々しいのであるが、カメラに装着した二〇〇㎜の望遠レンズを通して見ると、朱色を帯びた岩塊が点々と急傾斜地の途中にひっかかって留まっているのが見える。生々しくおどろおどろしい。アカナギは生きているのである。歩を進めると赤崩沢橋に至る。コンクリート架橋は昭和五十五年に竣功したものだ。ここはアカナギの真下で、橋の上流は岩壁状、冬季は水量が少ないが滝状をなすので増水時には危険である。

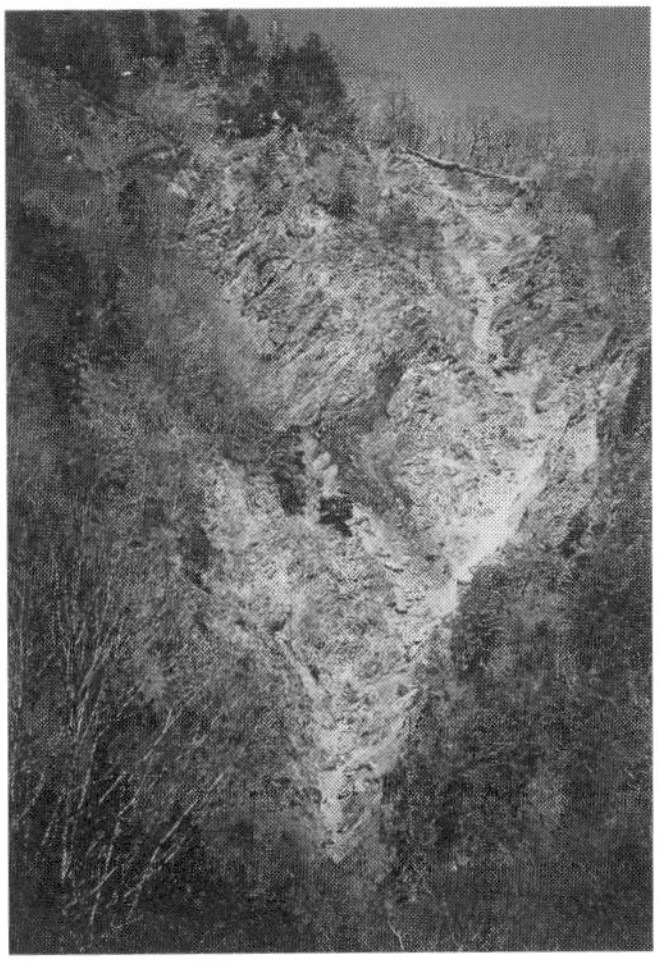

写真11　アカナギ・長野県飯田市上村小野にて仰望

大野の胡桃沢ちさ子さん（大正七年生まれ）によると、コンクリート橋以前には丸木橋で、夕立のたびに流され、そんな時には跳び石のように石を伝ってアカナギ沢を渡ったものだという。台風や地震の折にはアカナギの岩が崩落するなどアカナギ沢は奥山や大野と下栗本村間で最大の危険箇所だった。ちさ子さんは、大野の子安神社には、子安大明神・池大明神と並んで赤崩大明神が祀られているのだが、赤崩大明神は古くはアカナギ沢に祀られていたと語る。赤崩大明神は、本来アカナギがひき起こす土石崩落による二次災害から大野・小野の人びと、アカナギ沢を通る人び

写真12　新しいナギができ続けている・赤石大橋付近

とを守ってくれる神であった。

ナギ即ち山地崩落は地震によってひき起こされることが多い。当地でも、「雉子が鳴くと地震が起こる」「地震が起きるとナギが落ちる」といった伝承は一般的であり、飯田市上村中郷小字蟹久保の木下一さん（大正十一年生まれ）は、ナギの跡地にはハンノキが自生する、と語り、ニセアカシヤ・ヤナギなどを植えるとよいともいう。しかし、巨大なアカナギ・サブナギ・都ナギなどは人の再生努力をも拒む巨大な痕なのである。

下栗地区は総じてナギの恐怖と戦ってきた。本村と半場南の境の沢筋をナギナカ沢と呼ぶ。対岸の平畑からナギナカ沢を望むとそれは急傾斜地で溝状となり、土止め工事の跡もある。このナギナカ沢のラインを上部に延ばしてみるとその谷頭部に下栗地区の鎮守拾五社大明神の社叢があることがわかる。下栗というムラを拓いた先人たちが、ムラを、ナギを起こす地霊から守りたいという願いから、ナギそのものとも言えるナギナカ沢の谷頭に鎮守を祀ったのである。下栗本村は、拾五社大明神を頂としてその東微南下方斜面に畑地を拓き、屋敷どりをしている。南も、帯山もナギナカ沢を避けている。

雪に関する予兆もある。「聖岳に七回雪が降ると雪が里へやってくる」「青山に雪がかかると次の冬は暖かい」――下栗の人びとは皆このように語る。

自然暦についても便宜上ここに記す。

・八十八夜にネドチ山が青めばその年は陽気が良い。

・「ホッチョショッテコイ」（ホトトギス）が鳴いたら荏胡麻を蒔く。
・ウダイカバやヤマザクラの花がたくさん咲く年は莢《さや》もの（豆類）が豊作になる。
・中と半夏の間に小豆を蒔くとよく穫れる。
・米・粟・コキビ（黍）などでドブロクを作ることがあった。粟は強く、コキビはあっさりしている。粟とコキビを混ぜることもあった。寒中には温めて醱酵させるが、桜の花が咲くころには自然醱酵する。ドブロクは桜の花の咲くころのものが一番うまい。

四　奥山とのかかわり

徳一さんは山師として本谷の西沢渡、北又沢の大沢渡方面まで樹木伐採・搬出の仕事で入っていた。光岳（二五九一・一m）、仁田岳（二五二二・八m）、茶臼岳（二六〇四m）、上河内岳（二八〇三m）、奥聖岳（二九七八・三m）、兎岳（二七九九・三m）、大沢岳（二八一九・四m）、丸山（二三七三・五m）、奥茶臼山（二四七三・九m）、尾高山（二二一二・四m）などの山々に囲まれた深山域の樹木を伐り出す仕事に当たっていた。

伐り出した樹種の主たるものはモミ・ツガ・アカマツ・ヒメコマツ・サワラ・カラマツ・スギ・ヒノキ・ハリモミ・トウヒ・ミズメ・カツラ・サワグルミなどだった。鋸を使って伐り倒す場合、木の脂の抵抗に遭い、鋸が動かなくなった。そんな時には石油や菜種油を鋸に塗ったのだが、脂の最もひどいものは針樅（ハリモミ）、二番は唐檜（トウヒ）、三番は檜だった。春先は赤松もひどかった。石油はすぐ乾くのでよいが菜種油は乾きが悪く苦労した。樹々の主たる用途はパルプ原料だったが、椹や黒檜（クロベ）は桶材として搬出され、人びとの暮らしと深くかかわった。傾斜地に立つ樹木の、日受けの方をアテ、日の当たらない裏側をミキと呼ぶ。槻・黒檜などは、アテの方が木目が粗く、ミキの方が密であり、ミキは素直で狂いが少なく、アテの方が狂いが出やすい。こうした特徴をふまえて、樹種と桶の種類が決められた。サワラのミキからは風呂桶材・櫃材・水桶材を採り、槻のアテは汲み桶・肥桶・小鉢などの材に当てた。黒檜のミキの板目は味噌桶に使った。

桶材のことをガワと呼んだのだが、これは桶側《おけがわ》の省略である。ガワの中心は何と言っても風呂桶材だった。風呂桶のガワは長さ二尺五寸、幅一尺のもの六枚セットを一行李と称した。風呂桶一つは三行李でできると言われていた。そして、径尺五寸のサワラから一〇行李分のガワが採れるとも言われていた。ユニットバスが普及する前、タイル貼り浴槽以前、奥山から伐出される槻は、日本人の風呂の慣行を支えてきたのである。

槻は栗の木とともに板屋根材として用いられた。長さ尺六寸のもの一六枚で一把とした。別に、トチブキと称して長さ八寸の板を釘で止める形の板屋根もあった。トチブキは一〇年もった。石板屋根は六年はもつと言われたものの三年目に「結い」で屋根替えをした。屋根替えの「結い」にはボタモチを出した。

槻が畑のヨセ木に使われたことを先に述べたが、槻はステンボー＝チューインボーと呼ばれる便所の落し木にも使われた。長さは二〇cm前後、幅は二cmほどで、使用したものはためておいてドラム罐で焼いた。畑地に穴を掘って焼くこともあった。トイレットペーパーやウォシュレットトイレが普及した現今からすれば、隔世の感があるが、戦前期には各地で様々なものを尻ふきに使っていた。新潟県でウリハダカエデの葉、長崎県では蕗の葉、静岡県の浜名湖周辺では海藻の干したものを使った話を直接聞いている。チューイン棒とは「籌木《ちゅうぎ》」のことで、古くはむしろ正統であった。トイレットペーパー以前、紙以前の尻拭き素材にも環境との連動が見られたのだ。

栗材の伐出は奥山とは限らなかったが、これまでも、畑のヨセ木、ハザの柱、屋根材として使われてきたことを述べた。他に、栗の木は鉄道の枕木として搬出された。七尺に切り、山ではつり、軌道で搬出した。もちろん栗の実も毎年一俵ほどは拾った。よく干して貯蔵し、踏み臼で搗いて皮を除き、栗煮にしたり栗飯にしたりしたが、冬季、カズムキ(楮の皮むき)を「結い」で行う際に、栗の汁粉を作って食べた。鵜松明樺《うだいかば》の皮を焚きつけにするため奥山から剝いできたことについては先に述べた。

北又沢方面で森林伐採を行うにあたって、山入りの時には、北又沢の「神の石」の山の神にオタカラ(御幣)・神酒をあげ、山仲間とともに参った。昭和十八年と二十一年、奥山の田作の平という所で演芸会をやったことがあった。芸人の芝居・踊り・唄などがあり、軌道が大沢渡まで入っていたので、小野・大野・犀敷・下栗の人びとも弁当持ちで見に行った。旧暦二月七日と旧暦十月七日は山の神祭りの日で、山の講と称し、この日に木を伐ってはいけないと伝えていた。六尺以上のところで二股に分かれて生育した樹木は「神の木」だから伐ってはいけないという伝承がある。桂の木は伐ってもすぐ生えてくるので縁起が良いとされ、家の建築部材のどこかに使うものだとされた。また、藤のことをツタの木と称し、代々伝わるから縁起がよいとし、床柱や框に使った。

遠山川源流部、南アルプスに至近のムラという環境条件を考えてみると、奥山とのかかわりの中に河川漁撈を含めて考えることもできる。徳一さんも様々な仕事のあいまにアメ(アマゴ)・イワナの釣りをした。徳一さんの主たる漁撈範囲は、アメはムラの下から弁天岩まで、イワナは兎洞までだが、本谷筋はさらに奥まで入ることもあった。漁撈期間は三月から八月までで、漁法は、三月から五月までは餌釣り、六月以後はテンカラだった。餌は縞ミミズまたはセミと呼ぶ瀬虫・川虫だった。「三月のヘタ釣り」という口誦句がある。冬季に餌を喰わずに腹をすかせていたアメが貪欲になっているので三月にはどんな下手な釣り手にも釣れるという意味である。本谷奥の燕淵が魚止めで、そこで尺五寸のイワナを釣ったことがあった。あまりに大きいので二つに切って焼いた。仕事の関係もあり、釣りに出かけるのは雨降りが多かった。ヨシジロー淵という淵がある。ヨシジローという人が投網漁をしていてその淵で死んだのでその名がついた。ヨシジローが死んで、流れ着いたのが仏淵だと伝えている。アメ・イワナの食法には、塩焼き・甘辛煮、牛蒡を入れた魚飯などがある。

五 小動物との相渉

〈燕（ツバメ）〉 燕は彼岸過ぎにやってくる。「燕が来ると半纏を脱ぐ」という口誦句があり、燕は春を運んでくる鳥だとされた。一番巣・二番巣を掛けるのが普通だが、小野は標高は高いが陽当たりがよく暖かいので三番巣をかけることもあった。特に二番巣には青大将がつきやすかった。青大将除けには線香を三箇所ほどに立てた。燕の鳴き声を「土喰って虫喰って口渋い」と聞きなした。また、燕に対して悪いことをすると罰が当たると伝え、悪いことをすると、「親死ね子死ね弟は目つぶれ」と鳴くとも言い伝えた。

〈頬白（ホオジロ）〉 ホオジロのことを当地ではヒトトと呼ぶ。ヒトトの鳴き声を「チント一粒二升蒔けた」と聞きなした。柳田國男は『野鳥雑記』（初出一九四〇、『柳田國男全集』第十二巻、筑摩書房・一九九八）の中で、ホオジロの聞きなしについて次のように述べている。「物類称呼は宝暦年間の書物であるが、あの中には関東で〝一筆啓上せしめ候〟、遠江に於ては ツントイツツブニシュマケタ と謂ふとある。小玉銀五粒と二朱負けたといふのだから、是は明らかに博奕のことで……」とある。屋敷の胡桃沢菊男さん（昭和五年生まれ）の伝えるホオジロの聞きなしは趣を異にする。ホオジロの卵には赤い模様があり、「親死に子死に弟はつぶれ」と書いてある。ホオジロの巣の卵を捕るとこの聞きなしのようになるというのだ。飯田市下瀬の井上一久さん（昭和十年生まれ）は頬白の鳴き声の聞きなしを

「ツッン　ピヨピヨ　オコヨノオンタカラ」と聞きなし、巣づくりの邪魔をしてはいけないと教えられたという。

ホオジロはコキビ（黍）などについて荒らすこともある。福恵さんは子供のころ、ヒキオスでホオジロを捕って遊んだという。オスとは抑えのことで、篵《とおし》や押し板を支柱の棒で立て、棒に紐をつけ、抑えの下に餌を置き、ホオジロが抑えの笊や板の下にある餌を啄みに入るやいなや紐を引き、ホオジロを伏せて捕る方法である。雪が降るとホオジロが軒下に入ってくるのでオスを仕掛けた。餌には第一に粟を使った。秋、あらかじめオスの餌用に粟を穂のままで保存しておいたのである。コキビ（黍）はすぐに脱粒するので穂のまま保存することは無理だった。黍を餌に使う場合は、板の上に黍を撒き、水をかけて凍らせて使う。捕ったホオジロは焼き鳥にして食べた。

〈鳩〉　鳩は畑作物に対して最も大きな害をもたらした。大豆を筆頭として蒔いた種ものを喰ってしまう。大豆畑・黍畑・その他に一斗罐の鳴子を吊った。一斗罐の中に針金に太い釘をつけ、その先に薄板などの風受けをつけ、風鈴式に風で鳴らす形のものだった。鳴子の一種であるが「鳥のソメ」と呼んだ。ペットボトルの風車も使う。鳩に対してはテグスの先に釣針をつけ、大豆を餌としてつけ、テグスをまとめて木の根などに結んでおくという方法もとった。

〈雉子（キジ）〉　福恵さんは麦畑の中で、よく雉子の巣を見つけ、雉子の卵を採った。一二個そろっているようなものは孵化が近いので食べることはできないのだが、七、八個の場合は卵を食べることができた。茹でて食べるのである。一度は、ゴミをかぶっている親雉子を捕ったことがあった。

〈キリキリ〉　「キリキリ」というのは鳴き方から命名した方名で、正確な同定はできないが、カワラヒワの可能性がある。コキビ（黍）の稔りにホオジロとともに最も大きな害を与える鳥だという。

〈杜鵑（ホトトギス）〉　ホトトギスの鳴き声を「ホッチョショッテコイ」と聞きなした。

〈蟇（ヒキガエル）〉　蟇のことを当地ではヒキタと呼ぶ。イボのあるヒキタのことはドンビキタと称した。六月によく獲れた。前足と首、内臓を除き、皮を剝いて尻から串刺しにして焼いて食べた。塩または醤油をつけて焼く。小便の近い者、子供の寝小便などの薬になると伝えた。

〈山椒魚（サンショウウオ）〉　五月、焼畑うないに行くとボッタ沢の日陰むきのところの、サワグルミの腐木の下に山椒魚がいた。山椒魚を焼いて食べると寝小便の薬になると伝えた。

〈鼠（ネズミ）〉　鼠は貯蔵している穀物を喰い荒らす。粟・黍・大豆・麦に至るまで何でも喰う。米櫃から蚕室の蚕、大根モロ（ムロ）、甘藷・里芋のモロ、二度イモ置場にも出没する。杉の葉・ネズミサシの突刺性を利用して鼠除けに使うこともある。トラバサミ・ピッタンコ（粘着紙）も使う。最も特徴的な鼠捕りは、一斗罐半分ほどに水を入れ、そこにソバガラ（ソバヌカ）をびっしりと撒いて浮かべる。罐の上に鼠が乗って半分以上歩くと回転して鼠が水中に落ちこむような装置をつけておくというものだった。このように害をもたらし、捕獲すべき鼠ではあったが、鼠が山へひけて家からいなくなると火事が起こる、また悪いことが起こると言い伝えていた。鼠の肉を焼いて食べると小便が遠くなるとも伝えた。

〈螽蟖（キリギリス）〉　現在では差別用語だが、かつては、キリギリスのことをギッチョと呼んだ。困っている人に追い打ちをかけるようなことを「ギッチョの足をもいだようだ」と譬えた。またヒメギスのことをイノコトンボと呼んだ。イノコトンボは黒く、湿っぽく暗いところが好きである。

〈日本蜜蜂（ニホンミツバチ）〉　徳一さんはニホンミツバチの採蜜に力を入れている。設置する巣箱・桶の素材は杉または椹である。檜は匂いが強すぎる。杉は三、四年、椹は五、六年もつ。軽くて長もちする椹が最良である。巣桶は、山中に仕掛ける場合は縦に設置し、里に仕掛ける場合には横向けに置く。分封は、桜の花の終わるころから藤の花にかけてである。分封する蜂を止め、蜂を飛散させずに新しい巣箱に定着させるためには飛散を阻止するくふうをしな

事項/月	1月	2月	3月	4月	5月	6月	7月	8月	9月	10月	11月	12月
生態	←冬眠→	←集蜜活動		→←分封	→←集	蜜	活	動	→			←冬眠→
集蜜対象花		ナナカマド	ウメ・ジシャ、マメブシ・ジシャ	サクラ、モモ、フジッケ	フジ、クルミ、トチ	クリ・ミズブサ、ヤマガシ、ヤシャブシ・ハン・シナ・二度イモ	←草 ケンプナシ	カヤ、花 ソベ・イタドリ	ハギ・タラ→			
人為与餌		←砂糖と蜜カスを煮たもの→								←砂糖と蜜カスを煮たもの	→	
採蜜							←採	蜜→				

表1　ニホンミツバチの採蜜・長野県飯田市上村下栗小字小野、成澤徳一さん

ければならない。蜂の群に水を掛けたり、砂を掛けたりするという方法は広く行われるところであるが、徳一さんは、山桜の木の皮を一尺四方ほどに剝いたものを青木の下、地上一mほどの位置に笠状に吊り、そこに分封した蜂を集め、新しい巣箱に導くのである。新しい巣箱の内側にはそれまでに採取した蜜の蜜蠟を塗っておく。分封には雨の前の気象条件が選ばれる。表1は徳一さんの語るニホンミツバチ採蜜に関する体験と伝承を整理したものである。これは概略であり、集蜜対象花などは現実にはさらに多種に及ぶ。採蜜を続けるうちには様々な障害に遭遇する。例えば、オオスズメバチ（クマンバチ）にニホンミツバチが害されるという事実があり、オオスズメバチを除ける対策もとらなければならないし、蜂蜜は熊の大好物であるだけに、巣箱が熊の害に遭うこともある。山中に巣箱を置く場合、設置場所をよく考慮し、例えば崖状地に置かなければならない。戦前は巣をつぶして笊を通し、敷布で漉していたが今は蜂を生かす方法を考える。蜜は滋養に富み利用価値が高いのだが、一番カスを洗って二番蜜を採り、これを自家用にしたり、新しい巣箱に塗ったりする。一番カスは熊の檻罠の餌にする。

〈大雀蜂（オオスズメバチ）〉　オオスズメバチの蜂の子が最も太る時期に採取する。そのころあいは八月十五日ごろである。地下に巣を作るのでボロ布に石油をしみこませた石油玉を棒の先につけて点火し、穴口で親蜂の羽を焼く。巣をとり出し、蜂の子を出したらまず湯を通す。湯を通すと硬くなるので腹を押してハラワタを出す。湯を通さないで腹を押すと水分が出てしまう。まずフライパンに油を少し入れ蜂の子を焙り煎りする。激しく動かすと形が崩れる。次に砂糖醤油炒りまたは塩炒りにする。

〈黄色雀蜂（キイロスズメバチ）〉　樹木や岩かげなどに巣を作るので、石油玉を棒の先につけ点火して巣を捕る。タモ状の袋で受ける。蜂の攻撃を避けるためにゴム合羽を着たり、腕カバーをつけたりする。採取適期は八月下旬、食法はオスズメバチと同じである。

〈蜾蠃（スガリ）〉　当地ではクロスズメバチ、即ちスガリのことを地蜂・カナバイなどと呼ぶ。地下に巣を作るのでゴム製品やセルロイドを燃して蜂を酔わせて巣を捕る。採取適期十月末、蜂の子飯などにする。

〈蚊・蠅・虻など〉　牛舎の牛に蚊・蠅・虻などがつくので、牛舎の天井から松の枝を吊るしておき、牛が自分で背をその枝にこすりつけて虫よけをするようにくふうしていた。居間では蠅捕り紙、蠅捕り壺を使った。蠅捕り壺は口が一つで下部が二つの球状に岐れたガラス容器で、球状の部分に水を張り、蠅をそこに落ちこませるというものだった。木綿のボロと麦カラでカコ（蚊火）を作って点火し、農作業中の蚊やブヨを除けた。

〈蛇類〉　青大将は鼠を捕ってくれるとして大切にした。青大将のことはナブサと呼んだ。当地ではヤマカガシ（赤棟蛇）のことをヤマカチと言う。ヤマカチの大きなものは家のヌシだとして大切にした。マムシは焼酎漬けにし、薬用にした。

〈山蛭（ヤマビル）〉　四月から十月まで被害がある。ヤマビル除けには塩を塗る。また、タバコのヤニを塗っておくとつかない。上村・南信濃など遠山谷全体では鹿の異常増殖により鹿の棲息圏が広がっている。その鹿がヤマビルを運ぶのでヤマビルの棲息圏も広がった。人びとは茶摘みから茗荷の採取期までヤマビルに悩まされる。「露道は二番蛭道は一番」という口誦句も広く知られるようになった。ヤマビルは人の臭いに反応するのだという。

〈土竜（モグラ）〉当地ではモグラのことをシンネという。シンネは野菜を犂くので風車を立てて除ける。シンネはミミズを狙うのである。猫がシンネを喰うともどす。

〈狐（キツネ）〉「青山で狐が鳴いたら死に気をつけよ」という口誦句がある。

六　麦を食べたところ

麦に関してここで比較的詳細に言及するのは、施肥との関係で環境とかかわる点、水田皆無の当地の環境とのかかわりにおいて麦の総体にふれる必要があるからである。麦の色み、ハゼ掛け乾燥については先に述べたので、以下、脱穀・精白・食法等について若干ふれる。

〈カラオトシ〉茎から穂の部分を切り離すことを当地ではカラオトシと称した。カラオトシには、餅やソバを伸す伸し板を斜めに立てておいて一把ずつの麦をその板に叩きつけて穂を落とすようにした。

〈ノギウチ〉穂が茎から落ちたとしても、その穂は麦粒の塊であるから、それを一粒ずつの粒にしなければならない。その脱粒のことをノギウチと呼ぶ。ノギウチは前庭にムシロを敷きつめ、一〇人ほどで掛矢型の木槌を使って叩くという形をとった。カラオトシからノギウチまでをムギコナシと呼び、ムギコナシは「結い」で行った。祝いにはボタモチを作って出した。

〈精選〉続いて麦の実とゴミとを仕分けなければならない。精選は二段階で、まず篩に掛け、次に唐箕に掛けた。

〈精白〉　ａ粗《あら》搗《づ》き——麦粒一斗を踏み臼の中に入れ、柄杓一杯分の水を入れて二時間搗く。臼から出し、箕で簸出して糠を除く。糠は牛の餌になる。麦は一日天日に干す。ｂ二番搗き——柄杓一杯分の水を入れ、一時間ほど搗いて一日干す。糠は牛に与える。ｃ仕上げ搗き——茶碗半分ほどの水を入れ、三十分ほど搗く。簁《とおし》に掛けて精選する。麦搗きの際には、麦粒が飛散しないように臼の中に藁製の輪を入れた。また、麦が臼の中で固まることのないよう、飛び出した麦粒を臼の中へ返すために「返し役」がついた。返し役は「合わせ棒」を持ってこれに当たった。女の子も六年生くらいになると返し役を務めた。小麦の場合はさらに粉化を要する。

〈大麦の食法〉　大麦が主食の主座を占めていた時代が長かった。ａミクサメシ——三穀飯とも言う。三升鍋を使い、大麦一升・ウルチ粟三合・米二合の比率で飯にした。ｂヒヤシル——麦を煮ておき、細かく刻んだネギ・味噌・削り節をかけ、水を注いで食べる。夏の食物である。ｃ香煎——新麦を収穫すると香煎を作った。大麦を炒り鍋で炒り、石臼で碾いて粉化した。その粉を冷水で掻いて食べた。熱湯で掻いてもよい。イキリザマシと言って夏の蒸し暑さ除けに香煎水を飲むこともあった。

〈小麦の食法と石臼の伝承〉　小麦は粉化しなければならない。畑作地帯の当地では小麦以外にも粉化して食べるものが多かった。石臼を使って粉化したものは以下の通りである。ａ大麦＝香煎、ｂ小麦＝小麦粉——鍋焼き団子・スイトン団子・テンプラ・パンなど、ｃ米＝シンコ（ウルチ）・シラタマ（モチゴメ）、ｄコキビ（黍）＝カシワモチ、ｅタカキビ（ソルガム）＝団子、ｆソバ＝ソバ粉——ソバガキ・ソバ団子・ソバキリほか、ｇ小豆＝小豆香煎（タテ粉）、ｈ大豆＝キナコ、ｉヒエ＝稗団子、乳の出が良くなる、ｊ弘法稗（シコクビエ）＝掻き粉など。これとは別に、カラウスハタキと称し、粟・米・黍などを踏み臼で粉化し、団子や葉巻・カシワ餅などにする方法もあった。

石臼を使うためには石臼から出る粉を受ける受け皿が必要である。それは、径二尺・深さ三寸の、浅い桶で、ハンボと呼ばれた。ハンボは本来、半盫《ばんぼ》の意で神に供える黍・粟などを盛る深さの浅い器のことだった。ハンギリ（半切）と呼ぶ地方もある。厚さ五分の椹の板で、淡竹《はちく》の箍《たが》で締めた頑丈なものだった。このハンボの中に石臼を据えた。一つの石臼で稗のような小粒のものから小豆・大豆・小麦に至るまで多種の穀物を粉化するためには様々なくふうを要した。言うまでもなく石臼は上下二段の臼石を使い、上部の石を回転させ、上下に刻まれた溝の摩擦によって穀物の外皮を除去したり、粉化したりする民具である。下の石の中央には芯棒が立てられており、上の石は受け穴でこの芯棒を受けるのである。芯棒はカシの木で作られている。大粒のものを碾く場合には上下の石の間に微妙な隙間を作らなければならない。その隙間は碾く対象の各穀物によって実に微妙に調整しなければならなかった。その調整は、芯棒の基部に麻または藤の繊維を巻くことによって行われた。大粒の穀物を碾く場合にはその繊維の量を増やしたのである。この増減する調節繊維のことを「ウキ（浮き）」と呼んだ。概して、一度に穴に落とす穀物の量を増やせば粉は粗く、減らせば細かくなった。

〈ヨリダシ〉　小麦にはいま一つ注目すべき食べ方があった。それは、ヨリダシという作業とかかわった。ヨリダシとは、大麦の中に混っている小麦を選び出すことである。ヨリダシによって集められた小麦のことをもヨリダシと呼んだ。ヨリダシは、炒ると皮がとれて紙捻《こより》のようになった。それは、何もつけなくてもおいしく、オヤツとして食べた。

〈フルイ（篩）とトオシ（籭）〉　粉や穀物の選別具に篩《ふるい》と籭《とおし》がある。篩の方が、枠の底に金網や絹糸を張ったもので、細粉、より細かいものを選別する道具、籭の方は、底に銅線・蔓・竹などを網状・格子状に張ったもので大型で粗い篩である。畑作地帯で栽培穀物が多く、粉食の多い地では、多種の篩や籭が必要となった。これらも環境と連動する民具である。成澤家では次のような種類を使っていた。ａマメドーシ（豆籭）＝径二尺・深さ七寸丸枠は檜、網はトヅル（トヅラ＝クマヤナギ）、主として大豆・小豆を選別する。bトーシ（籭）＝径尺七寸、丸枠は檜、網は針金、主として麦・ソバを選別する。cフルイ（篩）＝径尺三寸、網は銅の針金、粟・稗・黍・弘法稗の選別に使った。dフルイ（篩）＝径六寸、網は銅針金で粗粉の選別に使った。eキヌブルイ（絹篩）＝径六寸、絹というが実際には銅の細針金の網が張ってあり、細粉の選別に用いた。篩の行商人は主として阿島から来ていたが木曽から来ることもあった。網の張り替え、修繕などをしに年一回巡回してきて、三、四時間で総てを修繕して帰った。

七　電灯以前

屋敷・小野・大野の下栗上区に電気が入り、電灯がともったのは昭和三十一年十月のことだった。下栗上区で電気の導入が大幅に遅れたのは、地域の中心地からの未発達な道路事情、厳しい山地環境によるものだった。電気導入に貢献のあった松下逸雄村長を森林軌道と人の背で小野の成澤作男家に迎え入れ、区民が集まって祝宴を張ったことは今でもよく記憶され、語られている。電柱は栗材で、山持ちが寄附し、区民の奉仕で設置された。昭和三十一年、それは高度経済成長期前夜であり、この時までの区民の、採光にかかわる苦労には計り知れないものがあった。以下は、徳一さん・福恵さんの体験と伝承による。

電灯以前の光源は石油だった。照明器具はランプとカンテラ、ランプは二種類があり、その一つは、タケボヤ（竹火舎）、ガラス製で竹筒状の覆いのついたランプである。そのホヤが油壺の上にかぶせられる。壺は石油三合入りで灯芯は二分芯、タケボヤランプは通常時に使用する。いま一つのランプはカブボヤである。何とうまい命名ではないか。カブとは「蕪《かぶ》」のことで、ガラス製のホヤの形状が、蕪のように丸く、球状になっているところからこう呼ばれたのである。ホヤが大きく球状であるということは、より大きな炎に対応でき、より明るい光を発することのできる構造だということだ。カブボヤの芯は五分芯だった。タケボヤに比べて芯の幅が広く、より多くの石油を吸いあげて燃焼させることができるのである。カブボヤを使う時は特別な時である。その一つは養蚕期で、夜間給桑のために使うのである。一人で給桑する場合はカブボヤ一灯でよいのだが、家族全員で給桑する場合には三灯必要だった。養蚕以外にもカブボヤランプを使う時があった。それは、例えば、先にふれた、津島牛頭天王社の祭りに下栗の親戚衆を招待する時などである。成澤家にはカブボヤランプが三灯あり、そんな時には三灯すべてを点した。この二種類のランプの他にカンテラを使った。カンテラの油壺は一合入りで、火も細かった。これは、例えば嫁が夜ナベに石臼で穀物を碾く時などに使った。カンテラの石油の消費量は、タケボヤランプの三分の一だった。

石油は可能な限り節約した。普通、一箇月二升で済んだが、春蚕の時には五升ほどは使った。石油の買い方は、「一升買い」、即ち、そのつど一升ずつ買うというものだった。購入先は上町で、平田屋または河内屋だった。いうまでもなく、徒歩で上町まで出たのである。夜間、青年団の集まりがある時などは提灯・蠟燭を使った。

成澤家にはアカシダキ（灯焚き）と呼ばれる鉄製の燭台があった。支柱は一尺、半ばから三脚で支える形になっており、上に径一尺ほどの鉄皿がついたものである。その鉄皿の上に松明《たいまつ》をのせて灯したのである。これは、徳一さん夫婦の前代に使われたものだが、石油がきれた場合には使うことができた。また、福恵さんはトウスミという言葉だけは知っているという。トウシミ・トウシンのことで、あんどん・ランプの芯、細藺のなかご（茎）の白い紐状のものを使う。昭和に入ってトウシミを使うことはなかった。

当地にはいま一つ灯火に関する重要な伝承がある。それはウダイカバの皮をタイマツ代わりに使ったことである。ウダイカバの皮は、先にもふれた通り焚きつけ燃料として使われたのであるが、これは灯火にもなった。徳一さんによると、焚きつけにする場合には横に剝いてもよいが、タイマツとして使う場合には縦に剝かなければならないという。それは、横に剝くと皮が反りかえり、丸まるが、縦に剝くと乾燥しても直状を保つからだという。

註

（1）野本寛一「環境と民俗」（飯田市美術博物館・柳田國男記念伊那民俗研究所『遠山谷北部の民俗』二〇〇九）。
（2）野本寛一「遠山谷のトーネ飼い」（『牛馬民俗誌』野本寛一著作集Ⅳ・岩田書院・二〇一五）。

第二章　磐田原台地と天竜川の間

一　富里へ、富里の景観

静岡県磐田市富里地区は天竜川河口部から左岸を約一二・二㎞溯上した地である。

ＪＲ磐田駅前から旧天竜市方面行きの遠州鉄道のバスに乗る。バスは磐田市街をぬけ、見返り坂とも呼ばれる加茂坂を下る。その後バスは二俣街道を真っ直ぐに進むのであるが、車窓右手に磐田原台地の西縁の崖状地が目に入る。崖状地といっても、開発の進む遠州地方にはめずらしく、スダジイ・アカガシ・ウラジロガシなどがこんもりと色濃く茂り、「山」の印象を与える。二俣街道の両側は水田の中に民家の屋敷が点在するといった景観である。十五分ほど走り富岡郵便局前でバスを降り、東に向かって三〇〇ｍほど歩くともう磐田原台地の「山根」にぶつかる。そこから迂曲する坂道を一五分ほど歩くと標高約六〇ｍの原に出る。この地では原、即ち台地の崖寄りの端を「ハブチ」と呼ぶ。「端縁」の意であろう。そのハブチに立って西方を眺めると富里地区はもとより、天竜川、そして対岸の浜松市とその後方の山まで一望することができる。

開けた水田の所々に数軒の民家が塊をなして点在するのであるが、それは、小さな島の点在とも比喩することができる。民家のほとんどは瓦葺きの屋根で、どこもみな母屋を南面させ、東側に脇屋を設けている。注意深く見るとカヤ葺き屋根にトタンをかぶせた屋根も見え、鉄筋を使った新しい構造の民家も数軒見える。このような屋根の種類の混在は囲炉裏・土間・ヘッツイ・外便所・外流し、という伝統的な住居構造の残存と、高度経済成長期の前後に、囲炉裏・土間・ヘッツイを捨て、便所・外流しをとりこむ形で内部を整え、応接間を設けて瓦屋根にするといった変化を経た民家と、さらに、冷暖房完備・水洗便所・個室優先といった形で鉄筋や新建材を多用した形の民家との鼎存を示しており、住居の変遷過程を示していると言えよう。

右のように屋根の景観に象徴される住居の多様性は認められるのであるが、屋敷が槇《まき》の木の囲いで囲まれているのがこの地域の一つの特色である。「遠州の槇囲い」とか「遠州の細葉垣」などと呼ばれ、槇囲いの家が多く見られるのは全国的に見てもこの地域の一つの特色だと言えよう。この地に槇囲いが普及した理由の第一は、遠州の空っ風と呼ばれる冬季の西風やイヌイハナシという北西の風から家を守るためであった。こうした風は、天竜川に面したこの地では飛砂を伴うことがあり、槇囲いや屋敷林の必要性は一段と強かったのである。

ハブチに立った瞬間は屋敷以外はすべて水田であるように感じられたのであるが、よく見ると、温室やビニールハウスも目に入る。メロンを栽培しているのである。さらに注意深く見ると、屋敷の周囲に若干の定畑が見受けられる。それに、ムラの中を通る道路が、縦横に何本も貫通しているのに気づく。このことは、何よりも、この地区が、耕地整理・水路整備・道路整備をくり返してきたことを物語っている。畦畔を整え、曲がった畦を真っ直ぐにしたのは明治二十三年の区画整理の時だったという。

集落の果てに川土手が見え、その土手の向こうにスレート屋根で、壁面の白い大きな建物が見える。静岡アサノコンクリートの工場である。そして、その向こう側にもう一本の堤防が見え、そのまた向こうに天竜川の水がかすかに光り、白緑色のヤナギやグミに蔽われた中洲も見える。手前の堤防が旧堤防、次の堤防が新堤防である。コンクリート工場は旧堤と新堤の間の河川敷に建てられているのであった。富里地区はこのように磐田原台地と天竜川の間にある農村である。景観の上からは水田稲作の農村なのであるが、現実には、磐田原を利用した畑作農業をも兼ねてきたムラであった。

先ほど登った坂は古くは小谷の馬坂と呼ばれ、気賀坂とも呼ばれている。その気賀坂を下って再度郵便局の前に立つ。信号のあるその十字路を渡って西進する。二俣街道を横ぎるのである。旧道の十字路は目の前で、そこに火の見櫓があるのだが、その数歩前方で整備された流水を渡る。ほぼ南流する形で豊かな水を運ぶこの流れが、天正十六年(一五八八)に開かれたという、名高い寺谷用水である。

写真1　磐田原台地のハブチより富里を眺望する。彼方に天竜川が見える(撮影・静岡県史編さん室)

用水を渡って五分ほど歩くとゲートボール場があり、その隣の森が諏訪神社である。諏訪神社の南一五〇mほどのところにも小さな樹叢が見えるのだが、これは、富里下組の「ノバ」即ちかつての埋め墓である。

ムラの中を歩くと、磐田原のハブチで見た屋敷周りの定畑には自家用の里芋やトマトなどが作られ、その他の畑の大部分にはネギが栽培されていることがわかった。原で見て想像していたよりも畑は広く、田の中に畑が作られている部分もある。これは、昭和四十三年の区画整理でまとめられたもので、このように田の中に島状に存在する畑をこの地では「タジマ」(田島)と呼ぶ。田島の大部分がネギ畑である。ネギが冬の農家の現金収入源の重要な作物となっているのである。

この地にはヤナギボサという言葉がある。荒蕪地で柳や雑草が茂っているところを指す語である。くり返された土地整理で現在はそのヤナギボサは少なくなっているのであるが、それでも富里区内に二箇所ほどヤナギボサがあり、かつて先人たちが天竜川の洪水と戦いながら荒蕪地を拓いてきた様を偲ばせてくれる。

二　ムラの構成要素

富里地区は、明治二十二年から昭和三十年までは磐田郡富里村に属し、大字匂坂西・匂坂下・気賀東の各一部であったが、土地改良事業に伴い、昭和五十一年より富里となった。平成元年現在、総戸数一二二戸、うち専業農家一四戸、兼業農家五六戸であるが、戦前までは典型的な里型農村地区だったと言えよう。富里地区は、天竜川の流れに沿って、北から南へ、匂坂上組(三二戸)、匂坂西中組(二四戸)、匂坂西下組(三六戸)と続き、下組の原寄りにある上気賀区(三〇戸)を併せた四組から成っている。各組は、例えば、下組の場合、さらに、「東アケ」「中屋敷」「北屋敷」「下屋敷」といった組から成り、上気賀区の場合、「山」「山根」「中山根」「西通北」「西通南」といった組から成る。こうした組は自治組織的機能を果たすために分割組織されているのであるが、その設定根拠は、地形・地理的条件によると言ってよかろう。富里地区の民家は、五戸前後が島状をなして集まっているものが多い。例えば、下区東アケ組も、よく見ると、五戸、三戸、二戸のシマを括ったものである。この地ではこうしたシマのことをヤシキと呼ぶ場合もある。景観的なシマが組と一致する場合もあるし、複数のシマが組に包括される場合もある。小さなシマが散在する富里地区の集落景観は、一戸一戸が散在するいわゆる散居村ではなく、また大型集落でもない。いわばその中間であり、小シマ散在型集落だとも言えよう。発生的には散居村的であったものが、分家を出して小シマ状居住区をなしたり、散居のうちの一軒に、後に数軒が加わったりしたものもあろう。また、当初より数軒でシマをなしたと考えられるところもあるなど、決して単純ではない。例えば、屋敷林の事例として後に紹介する内藤満家は、大井川流域に見られる散居村の民家と同じ屋敷どりで散居村型であるが、中区には全く別な事例がある。中区の東寄り、上区との境界に、東から青島茂平家・鈴木三千太郎家・中組生活館・渥美忠雄家と並んでいる。中組生活館のある位置にはもと、正林寺という寺があった。青島茂平さん（明治三十五年生まれ）によると、かつて、この寺をふくむ四軒の裏側、即ち北側に四軒を守る形で、高さ一・五m、幅一〇mほどの堤（土居）があり、そこには、真竹・椎・楠・椿・杉などが生えていたという。この土手は、明らかに、正林寺を含む四軒の民家を天竜川の洪水から守ろうとしたものであり、内藤満家の屋敷土手が個人の家を守るために築かれたものであるのに対し、こちらは、四軒のシマを守るために築かれたもので、古くは四軒を守る輪中的な土手であったことが推察される。

下区下屋敷の新井きぬさん（明治三十四年生まれ）によると、明治四十四年（一九一一）の天竜川洪水の際、下屋敷の年寄りと子供は造りのしっかりした新井八郎家へ避難して夜を明かしたという。富里区内のシマは、洪水その他の際、まず協力しあう最小の単位であったと考えられる。天竜川に身をさらすようにして生きてきた時代、シマは最小ではあるが強い運命共同体だったはずである。中組の土手や、下屋敷の伝承はそうしたムラの状況を暗示している。

したがって、富里では、シマ→クミ→ムラ（区）→大ムラ（行政区としての富里）という形で村落が構成されていたと考えてよさそうである。

富里地区のいま一つの大きな特色は、四つの組におのおの神社・寺堂・ノバ（埋め墓）が存在していたことである。上組――諏訪神社・高泉庵、中組――水神社・正林寺、下組――諏訪神社・薬師堂（東光寺）、上気賀――岩田神社・廃寺（名称不明）、とおのおの社寺を持ち、おのおのにノバを持っている。このことは、誕生後の宮参りから土葬、祖

写真2　諏訪神社社叢遠望。社叢西側の繁茂度が厚い。社叢西の民家の屋敷林も西側が厚い・静岡県磐田市富里

霊の寺院祭祀までの人の一生の基本的儀礼が、区という極めて小さな空間であるムラの中ですべて解決されるということを意味している。いかなる理由によってこのような状況が発生したのかについては多角的な検討を要するところであるが、一つの仮説としては、天竜川の氾濫に対する輪中集落的な共同体の存在を想定することができよう。

山つきのムラとしての上気賀を除いて、上・中・下の区の神社の社叢を見る限りでは下区の諏訪神社の社叢が古い（写真2）。下区の中で中屋敷と呼ばれる組は、地理的に中間であると同時にそこに社寺が存在したことも中心的な印象を与える。上組のことを「北ワキ」、中組のことを「ヨブン」と別称することもあったというが、その呼称からすれば、「北ワキ」は「東アケ」と対応する語で「北アケ」となり、「アケ」は「開墾」を意味する。何を中心として、「北アケ」「東アケ」と称したかと言えば、諏訪神社・薬師堂のある「中屋敷」であったことが想定される。富里全体の開墾展開の一つの仮説として、中屋敷を中心とした東・西・南・北への開発の矢印が考えられる。

上組の諏訪神社、中組の水神社、七蔵新田の子安神社はいずれも社叢が乏しく、しかも旧堤防の下に位置し、等間隔といった感じで並んでいる。いうまでもなくこれらの神社は旧堤築堤後に祀られたものである。しかし、これらの神社は、堤防という土木的な築造物と併せて信仰の力、神の力によって天竜川の脅威からムラを守ろうとするムラビトの心意を強く示しており、「水に対する信仰原理」を知る意味で注目される。ムラにおける環境と信仰という意味で重要である。上組と下組で諏訪神社を祀るゆえんは、天竜川の水源たる諏訪の神を祀ることによってムラを天竜川の氾濫から守ろうとしたものである。

三　ムラの立地地形と生業

磐田市富里地区は天竜川河口から約一二・二㎞溯上した地点の左岸に位置し、天竜川堤防と磐田原台地の山根の間約一・四㎞の間に開けた、里の村落である。富里の南二・五㎞には東名高速道路が走り、磐田市の中心地見付までは五・五㎞ほどである。地区内の東寄りに県道磐田天竜線が走り、バスの便もある。また、地区の西端は天竜川の新堤でこれも豊田竜洋線と呼ばれる県道である。さらに、地区内には寺谷用水・豊田川・山根排水路などがいずれも北から南に走っている。下流に向かって右が天竜川、左は磐田原台地で、台地の標高は約六〇ｍである。磐田原台地は磐田原礫層と呼ばれる厚さ五〇ｍほどの洪積世礫層で、かつての天竜川扇状地だと言われている。その台地を流れた天竜川の新しい流れが浸食谷的に形成したのが原に対する里の部分である。富里地区の人びとの生活空間は地形的に見ると図1（八二頁）のように要約でき、東西の空間区分は極めて明確なのであるが、南北は、幅の差はあるものの、富里と同質の空間配置が続くので南北における空間的なメリハリや境意識が薄い。

長い間の天竜川との戦いの中で、堤は次第に西進し、西進すると同時に堅固なものになった。それにともなって生じた旧河床は、長い間遊水池として機能した。その後も池・湿地浮田・荒蕪地を残存させ、富里の人びとに様々な恵みを与えた。耕地整理や水路の整備が重ねられ、地区内の耕地は平坦化され整備されている。屋敷どりをした時代、おのおの微高地を選び、屋敷の周囲に定畑を置いているのも特徴である。

屋敷も、古い形のものは、天竜川の氾濫を想定していくつかの配慮が成されている。例えば、富里地区内でも最も北に位置する内藤満家の場合、家の北側と西側に高さ一・二m、幅三mほどの土手がめぐらされており、そこに後出の図4（一一一頁）のような樹木が植えられている。天竜川に向かう戌亥隅には樹齢三百年、樹齢二百五十年のスダジイ、樹齢百年のタブの木が茂っている。さらに、その戌亥隅の巨木と母屋の間には土盛をした上に三間に四間半の蔵が建てられている。この形は大井川流域にも見られ、焼津市相川ではこれを水屋と呼んだ。大井川流域では蔵を二階にし、防水用の俵などを入れておき、洪水の際には二階に逃げるようにしたと伝えられている。いま一つ、内藤家の場合、この蔵の西側に地の神が祀られている。この地方では地の神は戌亥隅に祀る場合が多く、内藤家の場合も屋敷全体から見れば戌亥隅に当たる。ここで注目すべきは、戌亥隅の土手を強固にして洪水に備え、その土手の上に地の神を祀っていることである。地の神は、洪水の心配のないところでも屋敷とその家を守ってくれるのであるが、内藤家の場合、最も恐ろしい天竜川の洪水から屋敷を守ってもらうという形にもなっているのであった。

さて、富里の人びとが、地形・立地の条件をどのように生かして暮らしや生業を組み立ててきたかということについて、詳細は別項で述べることとし、ここではその骨組みの一部を図1に即して概説しておこう。

富里地区における生活空間・生業空間の拡大を原理的に見れば、里の開発は山根（ヤマネ）から天竜川の方向即ち西側に向かって進められ、原の開発はハブチから東側に向かって進められたことになる。原理的には寺谷用水や旧高木用水を通すことによって、山根から見れば沖地たる天竜川寄りが開発されたと考えてよいのだが、現実には、天竜川旧河道の残存的性格を帯びて山根川が流れており、ムラの中央部よりも山根の方がかえって比高が低いのである。このことは、富里の場合、山根から見れば沖地でも、諏訪神社を中心とした一帯もかなり早く開発されていたと想定されるのである。しかし、山根から沖地へという開発原理は根強く、旧堤防から新堤防への展開はこれを象徴する。新堤防によって、古代以来の暴れ川であった天竜川を、山根から最も遠いところで抑えこんだことになる、この調査の主たる対象時期である大正時代から昭和初年にかけては、後述する様々な面で、「里（サト）から川へ」の働きかけが見られ、里から西側への矢印は継承されていたことになる。一方、里住みの農家の原（ハラ）への働きかけも継続的に続いた。原の開発はハブチから奥地へと展開され、里の人びとは原への多様な働きかけによって原から様々な恵みを得てきたのであった。「里から原へ」の働きかけ、里から東側への働きかけは、里から川への働きかけよりも強かった。「里から川へ」の働きかけは、新堤防が構築される前は、天竜川の洪水に対する防御的側面が川の恵みを上まわるものであったにちがいない。新堤が築かれて四〇年を経た現今でもその痕跡の伝承をさぐることはできる。それに対して、「里から原へ」の働きかけは常に積極的・能動的なものであり、生活圏・生業圏の拡大にもつながった。ともあれ、富里地区の生活・生業空間にかかわるダイナミックスは、「里から川へ」「里から西へ」という動きと、「里から原へ」「里から東へ」という動きによって展開されてきたのであった。こういう動きの中で生産された米・茶・タバコ・甘藷の切干し、現在はネギ・メロンなどはすべて磐田のマチや鉄道に接続する形で南へ出ていたのであり、その代替えとして生活必需品は磐田の町から富里へ入ってきていたのであった。もっとも、渡し船による天竜川西岸とのかかわりもないわけではなかったが、太いパイプというほどではなかった。現今、兼業などで里から町への人の動きが強くなり農業専業の時代に比して人の動き、人の流れが東西から南北（主として南へ）へと変化してきたと言えよう。磐田という地方都市が至近の距離にあることによって、過疎・職場難等の阻害要因は出ていない。

以下、図1のⒶ～Ⓛにより、富里の農家の生活・生業環境とのかかわりについて概説を進めるのであるが、これは、すべての農家でこのように行っていたというわけではなく、あくまでも概説である。また、各項の詳細については本章の他節で述べる。

Ⓐは屋敷の周囲の定畑や、区画整理でまとめられた田の中の定畑、即ち「田島」との関係を示す。屋敷の周囲の畑

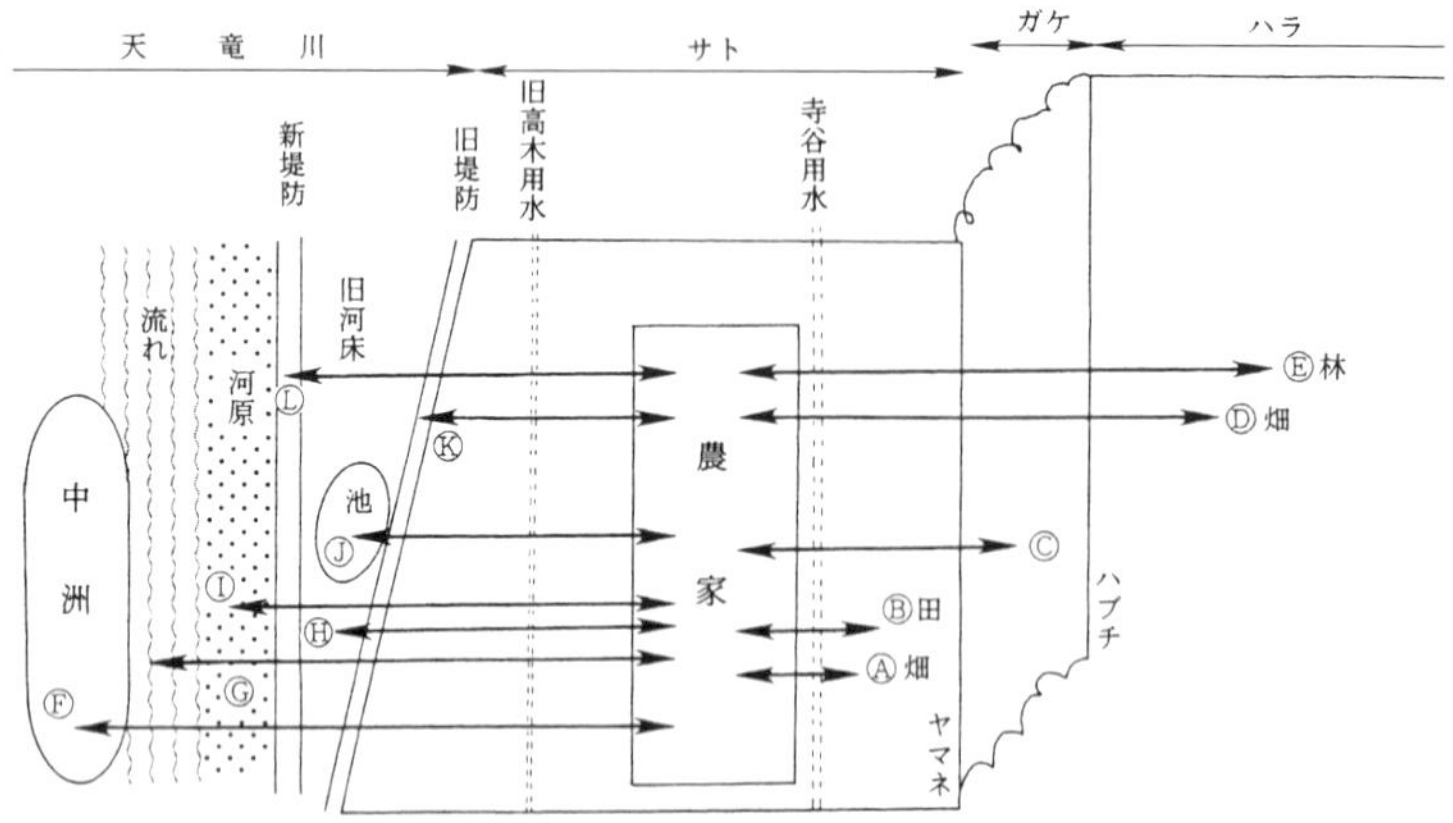

図1 静岡県磐田市富里の生活生業環境概念図

では各種の菜類、里芋・生姜・胡麻など自給すべき野菜類を栽培してきた。現在は余地があればネギを栽培する。整理され一定の広さを持つ田島にはネギが作られる。ネギは主要な換金作物なのである。

Ⓑは水田とのかかわりを示すものであるが、水田にも様々な種類があった。図の中の旧堤防ぞいの部分には腰までつかる深田や冷え田があった。新井きぬさん（明治三十四年生まれ）によると一枚の田の中に、人の手が入るほどの穴が五箇所ほどあり、そこからは年中水が湧いていた。夏は冷たく冬温かい水で、この水が出るところを中心として経一・五mほどの部分は青穂になってしまい、全体の収量は極端に少なかったが、こうした冷え田の米は特別うまかったという。

天竜川の伏流水が湧き出ていたのであるが、佐久間ダム建設（昭和三十一年完成）後の水の減少と、砂利採取のために水位がさがり、今ではこうしたところはなくなったという。

Ⓒはガケとの関係を示す。ガケからは焚き木・イナハズ（ハサ＝稲架）の杭・竹、年中行事に必要な植物などを随時選び出して使った。子供たちは椎の実を拾った。何よりも、常緑の照葉樹に

蔽われたガケは里の人びとの心をなごませてきた。

Ⓓは開墾した原の畑である。古くは粟・黍・蕎麦などの雑穀、甘藷などを夏作として、冬作に麦を栽培し併せて砂糖黍・タバコ・茶・桑・みかんなどの換金作物を時代に応じて栽培してきたのであるが、現在ではそのほとんどが茶園と化した。こうしてみると、原の畑は里の人びとにとって、米以外の自給食糧の確保、時代に応じた換金作物の栽培という点で実に大きな働きをしてきたことになる。その原の畑を確保するためには厳しい開墾作業を経なければならなかったのである。開墾はハブチから東へ東へと進められたのである。苦労して開墾しても、原の土は必ずしも肥沃ではなかった。「原の一旦水」という言葉があり、雨が降ると表土が流失して作物が作れなくなってしまうところがあった。概して、原で作物を作る場合には様々な施肥努力を必要とした。浜松や磐田の町から下肥をもらってきて入れるという努力もあったが、後述するような様々な肥料があった。気賀坂は、原での農作業のために登る坂というよりは、肥料を運び上げるための坂だと言ってもよかろう。その後初めて収穫が得られたのである。特に夏作には堆肥が必要で、堆肥は荷車であげていたが、昭和十年ころからは牛車になったという。

Ⓔは未開墾の林とのかかわりを示す。未開墾の林の多くはクロマツで、これが、建築用材、芋切干し・製茶・タバコ乾燥用の燃料として重要な働きをした。富里地区の農家は、原で甘藷・茶・タバコなどを栽培し、その加工にまた、燃料として原の松を使って収入を得ていたのであるから、原への依存度が大きく、かつその利用方法は合理的だったと言えよう。

写真3　天竜川の中洲・静岡県磐田市富里より

Ⓕは天竜川の中洲（写真3）との関係である。中洲からは様々な恵みを得ていたのであるが、その一つに茅がある。中洲から茅を舟で運び、里で堆肥にしてから夏作のために原へ運んだのであった。また中洲の柳の木は主として風呂焚き用の燃料として一～三月にかけて伐られた。中洲では、カモ猟、カモの卵の採取や、ヒバリの千本ハゴ猟などが行われるなど、中洲は野鳥と人びとのかかわる場でもあった。

Ⓘは河原、Ⓗは旧河床であるが、ここではゴクンドーと呼ばれる河原木、即ち流木を拾った。増水期や増水後、様々な形で上流から流れてきた木を拾った。この流木が日常生活で重要な燃料となった。これも主要な川の恵みの一つである。

Ⓖは天竜川の流れであり、ここでは様々な川漁が行われたが、鮎がその中心であった。Ⓙは旧堤と新堤の間の旧河床の一部にできた池で、この池でも鯉や鮒がたくさんとれた。

ⓀⓁは堤防とのかかわりを示す。堤防で重要なのは、草である。草刈場のない者が入札して草刈の権利を得て、肥草としてこれを利用した。その草の使い方の一つを新井きぬさんは次のように伝える。――堤防の草は堆肥にするのであるが、その堆肥は土とまぜて作るのである。土は、田の水口の部分の土を、稲刈後掘り出し、乾燥させておくのであるが、これをヌキツチと呼ぶ。水口の土は肥えているのである。大井川流域では、ヌマタメと称して田のそばに、川から流れこむ肥えたヌキツチをためておく小型のタメを作る習慣があった。川から運ばれるヌキツチは優れた肥料だったのである。

さて、そのヌキツチと堤防の草を使って堆肥を作り、それを先にふれた通り、地味の弱い原で麦を栽培するに際し、麦蒔きの時に牛車で運びあげるのである。「堆肥をやらないとケンツーになる」ときぬさんは語る。ケンツーとは、麦や稲の丈の短いもののことを言う。

中洲の茅、堤防の草が里を経由し、原へ運びあげられていたのであった。

なお、かつて旧堤防には松の並木があり、これが防風のために役立った。一部の田畑で麦を作ることがあったが、その際麦の種が舞うようなこともあったのだが、堤防の松によって助けられた部分もある。また、河原の飛砂防止にも役立った。堤防にはニガ竹があり、これが芋切干し用(甘藷切干し)用の簀の材料として大いに利用されていた。

四　洪水・開墾・水汲み――鈴木かずさんの半生――

1　光る台地へ

気賀坂を登りつめると急に視界が開けた。八月上旬、昼さがりの、重いほどの陽光に照らされ、磐田原台地の茶園ははてしなく広がっていた。舗装された自動車道路を五分ほど歩くと十字路があり、原には不似合な信号が点滅していた。十字路の北側に、煙出しの意匠に特色があるこの地方のタバコ乾燥小屋(写真4)のある屋敷が見え、地区地図によって、それが目指す鈴木かずさんの家であると知れた。乾燥小屋と、茶摘籠などの置かれた脇屋の間をぬけ、母屋の玄関で声をかけたが寂として音がない。かずさんからこの台地の開拓の話を是非とも聞いてみたかったので残念だった。――原の民家はお互いに「遠望」といった間隔で位置している。再び舗装道路にもどったが、思いの受け手の不在と暑さのために足どりが重かった。まぶしさに目を細めながら右手の畑に目

写真4　鈴木家のタバコ乾燥小屋

をやると、甘藷畑の向側の土手状のところに、陽除けの菅笠と陽除け蓑を背にし、背を丸めて何かに専念している人の姿が目に入った。瞬間、それがかずさんだと確信できた。そして、畑の横で肥料の整理をしていたかずさんの嫁と思しき中年の女性に確認をとり、かずさんに近づいた。声をかけると、ふりむいた笠の下に陽やけした丸い顔があり、やさしい眼ざしと白い歯があった。かずさんは畑境の土手の草とりをしていたのである。

２　生い立ちのころ

かずさんは明治三十八年、富里地区に隣接する旧磐田郡岩田村匂坂中で、堀内吉平・すゑの間に次女として生まれた。下に、弟三人妹一人があった。堀内家は父の吉平さんが新たに分家し、家を築いたという事情もあり、家に祖父母がいなかったので、かずさんは子供のころからよく働いた。小学校の四年・五年・六年の三年間は自分の弟を背負って子守をしながら学校へ通った。同級生は三〇人余だったが、中に、かずさんと同様弟妹を背負って登校する者が三名いた。授業中に背中の子が泣くと、一旦外に出て寝かしつけてから再度教室に入った。父の吉平さんは浜松と匂坂の間を往復する馬力引きだったので、稲作や、原の畑作はほとんど母のすゑさんが一人でやりぬいた。かずさんは、入学前や、入学後でも休み日にはその母について原の畑へ出かけた。それはダイラボッチの近くだった。

ダイラボッチとは、原にはめずらしい池のあるところで、かずさんはダイラボッチ（ダイダラボッチ）について次のような話を聞かされてきた。昔ダイダラボッチという大男が土を掘って富士山を作るためにここを通った時できた足跡に水がたまったのがこの池だ――。

原ではタバコとソバを作っていた。幼いかずさんにとって畑通いの楽しみは、母といっしょに過ごせることと、昼休みの弁当だった。

「原は遠いところだで、日が暮れる前に家に着くように早く帰るか」と母はいつも同じことをつぶやいた――その言葉が心に残っているという。

かずさんは、父親が話す「馬が寝ころぶとだめだ」という言葉を心にとめていたのだが、ある時、吉平さんの仕事を支える、家の馬の具合が悪くなり、とうとう寝ころび、やがて死んでしまった。

「いつも父ちゃんが話していた通りだ」と思って驚いた。馬は近所の衆がやってきて、原にある牛馬の墓地へ運んでいった。

写真5　鈴木かずさん(右)とたつさん(左)

3　洪水のこと

明治四十四年、かずさんが六歳の時、寺谷用水の圦下で天竜川の土手が決潰した。家の中に水が入り、水が腰まで来る中を、道板をつけて裏の家へ避難した。かずさんの家の隣の大津作さんという叔父さんが紙漉き用のフネ(容器)を持ってきて、かずさんと妹、それに近所の千代ちゃ、タケちゃ、新平さなど子供五人をその紙漉きブネに乗せて神主の家まで運び、石段のところでおろしてくれた。途中豚が流されていくのが見えた。神主の家からさらに山道を通って、原の堀内松太郎さという人の家へつれて行かれた。その家で子供たちは蚊帳の中へ入れられた。大藤の人たちがおむすびを持ってきてくれて皆でそれを食べたのを覚えている。

水が引いてから翌日裏隣の家へ帰ると、旧竜洋町(天竜川河口部)にある母の実家の人たちがお櫃いっぱいに赤飯を詰めて見舞いに来てくれていてとてもうれしかった。河原の末さの家が流されて、末さは屋根の上で流されながら助けてくれと叫んでいたと大人たちが語り合っていた。

同じ八月四日、旧磐田郡広瀬村掛下で、水防小屋に出かけていた森口嘉十さんは息子の秀保さん（明治三十五年生まれ）に向かって「とても堤防が持ちそうもないで逃ぎょう」と、上の方にあった母の実家の青島家へ避難するように命じた。秀保さんはその時の様子を次のように語る。「逃げる前に夕飯を食べてこうと思っても、鐘が鳴ってるもんで、飯がのどを通らなかった。県道を渡ろうとすると、もう渡れんくらい水が出てたっけ。在所へ行ったところ、〝今夜はガンマメ（ソラマメ）でも炒って脇屋のアマ二階へでも登ってよ〟などと言われた。そんな言葉を聞いているうちに〝ワー〟という大声がしたので、そのまま磐田原の坂の上へ避難した。その晩は一睡もしないで坂の上で夜を明かした。仔豚を飼っている家は、豚を風呂桶の中へ入れて、屋根裏につるくっといて豚の命を拾ったっちゅっけえ……。鶏《とり》ゃぁ参ちまってた。カボチャがたくさん流れてきたので三つ上の兄貴が泳いでってとってきたりして……、米でも何でもつるくっといたものは助かった。二階屋で、舟を二階へつけてちょうどいいほどだっけ……」。

富里の新井きぬさんもわずかながら洪水のことを覚えている。下屋敷と呼ばれる地区にあるきぬさんの家のあたりは、掛下・匂坂などに比べると決潰地点からかなり離れているうえに、高木用水の堤が家の東側にあったので被害が少なかった。それでも、家のへチマ棚が落ち、他家の勝手道具が流れてきたのを覚えているし、「堀の向こう」即ち中屋敷・下屋敷などではヘッツイがもぐって飯が炊けなかったという話を覚えている。きぬさんは、その夜、同じ下屋敷の中の新井八郎さんの家へ他の年寄子供と避難して一夜を明かしたという。きぬさんの子供のころ、母屋の東側の軒下に縦尺五寸、長さ一間の厚板に高さ尺五寸ほどの四本の足をつけたミズアゲダイと呼ばれるものが常時備えられていた。この台は、洪水時に米俵をのせて水から守るためのものであった。

紙漉きの水ブネの利用、水あげ台等の常備、洪水対策として屋内の天井等に物を吊り下げるという方法など、天竜川沿いの人びとは水に対する様々な対応を伝承していたのであった。

4　嫁入り

かずさんは大正十四年二月、現在の高見丘、磐田原台地の鈴木虎男さん（明治三十六年生まれ）のもとへ嫁いだ。この縁談は虎男さんの母すなさんが、匂坂中の堀内家の隣家の出であることによって始まったのだった。すなさんが、堅実な堀内家の暮らしぶりと、働き者で利発なかずさんを認めていたからである。この地方では当時、嫁とりをする若者や家族が、話が進められている嫁の家へ娘を見にゆく習慣があった。かずさんは、訪ねてきた虎男さんにお茶を出し、その時誠実そうな虎男さんの態度と大柄な体格を見て好感を持った。自分が小柄なので大柄な人のところへ嫁ぎたいと思っていたのである。

友だちには、あんな山ん中へ行かんでもいいと言われたが、縁があるのだと思って決心した。原の生活は水で苦労するということはその時からわかっていた。二月と言えば最も寒い時期である。この時期に婚儀が行われたのは、農閑期を選んでのことであった。嫁入りの道中は、夜行われた。叔父・叔母・姉・婿方の叔父・叔母・婿の虎男さんで、二俣街道を経て、提灯をつけて気賀坂を登った。丸髷に裾模様で式をあげ、次の日は親戚近所への披露だった。

実は、夫の虎男さんも、匂坂中のかずさんから見れば下流方にあたる上気賀の山根で、かずさんが洪水の難を受けた日に同じ洪水の被害を受けていたのであった。鈴木家の当主は虎男さんの父庄吉さんで、上気賀山根の斎藤家の隣に居を構えていた。洪水の日のことを、虎男さんはかずさんに、次のように語っていたという。「泥水がドスンという音を立てて家の中へ流れこみ、家がつぶされてしまった。〝米が濡れっちまう〟と親たちが話していた」――その後鈴木家は再度の洪水の難を避けるために、倒壊した家の材木を運んで磐田原台地に家を建てたのであった。あの日の洪水は後に夫婦共通の話題になったのであったが、それにしても、天竜川洪水の被害者同士が結婚するとは、かずさんが語る通り、二人は縁が深かったのかもしれない。

ここで、これまでふれてきた明治四十四年の洪水伝承から、甚だしかった場所を推察すると、富里地区の中では、台地に寄ったところ、崖下、即ち山根筋の方が天竜川寄りよりも被害甚大だったことがわかる。このことは、近代に入り天竜川の堤防が改良されたことはもとより、旧河道が山根筋を通っていたことをうかがわせる。山根筋はわずかではあるが土地が低くなっているのである。鈴木家のように洪水を避けて原へ移った家は他にもあったが、それは山根筋の家だった。『富岡村耕地整理区域旧図』等を見ると、崖の真下、山根筋に「イカリ」「上碇」「下碇」といった地名が記されている。碇は当て字であり、敢えて漢字で示せば「怒」になる。「イカル」という動詞の名詞化したもので、「水がイカル」は即ち「水が氾濫する」「水が増える」といった意味である。「イカリ」という名を持つ地は水の氾濫被害を受けやすい地という意味なのである。

5　磐田原の開墾

大正十四年、かずさんが原の鈴木家へ嫁いできたころ、鈴木家には白畑四反、茶畑一反、他に二反歩の水田があったが、家の周囲はまだ「山」だった。そのころの畑の利用は、夏作は甘藷を中心として、モチ種の陸稲一俵、モチ種の粟一斗、冬作は小麦一〇俵で他は大麦だった。後にはタバコも栽培するようになる。夫の虎男さんは十三歳の時に父を亡くし、小学校卒業と同時に製材所で働くなど苦労を重ねたが、後に屋根葺きの技術を身につけ、毎年三月・四月は屋根職人として働いた。その間、麦の土かけや開墾にかかわる仕事はかずさんと姑のすなさんで行った。

かずさんは、「嫁入ってきた時ゃ家のまわりは全部山だった」と語るが、「山」の主要樹種はクロマツだったという。毎年十二月から二月の間は芋切干しの製造に追われた。したがって開墾は農繁期前の三月・四月ということになる。開墾前に、黒松の伐採と搬出の仕事があるのだが、これは山間部から専門の木挽がやってきて行った。かずさんは、こうした人びとのことを「車力」と言う。車力は、伐採から運搬、さらに、松の枝の販売までを担当した。松の枝は芋切干し用の甘藷を蒸すための燃料として人気があった。車力を雇ったのは、里に住んで原の土地を持っている地主である。かずさんたちは、その地主から、松を伐採した跡地の開墾を条件としてその土地を借りたのである。松山の松葉を「ゴ」と呼ぶのだが、「ゴ」は自由に使ってもよかったし、松の根も自由だった。松の根を一つ一つ掘りおこし、土を落とした。そして、その松根を細かく割って干し、「家のクベ料」即ち燃料にしたのである。こうして開いた畑を少しずつ買いとって増やし、その後八反歩の茶畑を持つに至る。鈴木家にはタバコの葉が五反歩分ほど入る乾燥小屋があるのだが、後にそのタバコの乾燥に開墾の松の根が使われるようになるのである。見渡すかぎりの大茶園もかずさんたちが、ツルハシやヨシキリグワと呼ばれる細身で切れのよい鍬で、松の根を一株一株掘り起こすことによって始まったのであった。里の人びとの磐田原開墾は、総じて、里に近いハブチ(崖境)から順次東進していくという形で、この開墾方式は異口同音に語られるところである。その際、松の幹や燃料になる枝は運び出し、その他のものを焼くという焼畑式の方法も行われたという。松の枝や松の根は芋切干しやタバコの乾燥に役立ったのであるが、他にも磐田原台地の松は実に大きな働きをしてきたのである。

写真6　磐田原台地の茶園・静岡県磐田市富里

気質坂の下に住む杉浦庄司さん(明治四十一年生まれ)は、原の自然木の建築用材のことをノモノと呼ぶ。ノモノは三十～五十年の松材等で、台地西の民家で原のノモノを使った家は多いという。広い磐田原の松は建築用材になったばかりでなく、ホイロ時代の茶揉みから茶工場の時代になっても燃料の中心だった。冬の間に伐採してコナしておき、お茶の時期に使ったのである。大量に消費される松材は、二十年で伐採された。二十年サイクルで伐採するためには、一般的には苗を植えなければならないと思われるのであるが、杉浦さんによると、磐田原では苗を植える習慣はなかったという。かずさんの体験のように、伐採から開墾へという展開も多かったのであるが、松山を再生させる部分もかなりあったのである。その再生は、カザコによったと杉浦さんは語る。カザコとは風が飛ばす松の実のことである。お茶の燃料の他に、松は瓦屋の燃料としても買われていったという。「瓦屋束」という言葉があり、それは四尺の松材を径一尺にしたものだった。

磐田原の景観遷移は、現在の景観からはとても想像できない段階を経ている。富里在住の鈴木叶さんの父、故鈴木健太郎さん(明治三十三年生まれ)から次のような話を聞いたことがあった。健太郎さんは原の畑に粟・黍・蕎麦・甘藷・茶などを栽培したのであったが、かつては原の畑に、秋の稔りを狙って猪の群れが出没し、大きな被害をもたらしたらしいという。この地では、その猪除けのために、畑の周囲に猪除けの土手を巡らせたのであるが、これをシシドイと呼んだ。原のシシドイは、底部幅一間、高さ三尺、土手上部幅一尺五寸で、土手の外測に幅三尺、深さ四尺の堀が巡らされていた。シシドイには二種類あって、一つは、隣接する畑を持つ者同士が共同ドイを築くもので、広さは一町歩ほど、これを大ドイと呼んだ。他に約二反歩ほどの畑を個人で囲むドイがあった。こうしたシシドイの残骸を昭和十年代まで見かけることができたという。同じ静岡県内の牧之原台地にはシシドイ(猪土居)という地名が残っている。この他、富里には、磐田原の猪防除用として地区所有の鉄砲(火縄銃)があったということを健太郎さんは語っていた。

磐田原台地の本来の植生は、おそらく、スダジイ・アカガシ・ウラジロガシなどの照葉樹であったと思われる。それが、焼畑等の開発で植生を変え、黒松なども分布するに至り、やがて現在のような景観に至ったのであろう。磐田原は原に住んだ人びとはもとより、里である富里地区の人びととも深くかかわっていた。家ごとにみな台地に白畑・茶畑・林などを持ち、原通いをしていたのであった。

6 水を求めて

天竜川の水に追われて原に上った鈴木家、幼くして天竜川の洪水に遭遇したかずさんが、原の生活の中でまた別な意味で水に苦しむのはまことに皮肉なことであった。嫁ぐ前に、「水で苦労するのはわかっている」と予想した通り、原の暮らしは「水を求める」ことから始まったのである。

〈タリ水〉　鈴木家の母屋の裏には今でもタリ水井戸がある（写真7）。タリ水井戸は、別にシボリ井戸とも呼ばれる。図2のように、徳利型に口を小さく、胴を大きくしてあった。深さ約二間、胴部径約一間、口部径約三尺だった。井戸の底や内側は石灰・赤土をまぜたタタキで仕上げるのであるが、井戸の肩にあたる部分に、一部タタキを付けないで、屋敷の土がそのまま井戸の内側に出るようにしたところを作っておく。その部分を通して地中からしぼられた水が、垂れて井戸の中にたまるようにくふうされているのである。このことから、タリ水・シボリ井戸などという呼び方が出たのであった。鈴木家の井戸には、さらにもう一つのくふうがなされていた。それは、井戸に近い、井戸の北側に、深さ五〇cm、幅五〇cm、長さ三間ほどのホリンボー（堀）が作られており、降雨の際その堀に水がたまり、その後、徐々にその水がしぼられてタリ水井戸にたまるように作られていたことである。鈴木家のタリ水は水質がよく、

写真7　鈴木家のタリ水井戸の井筒・静岡県磐田市富里

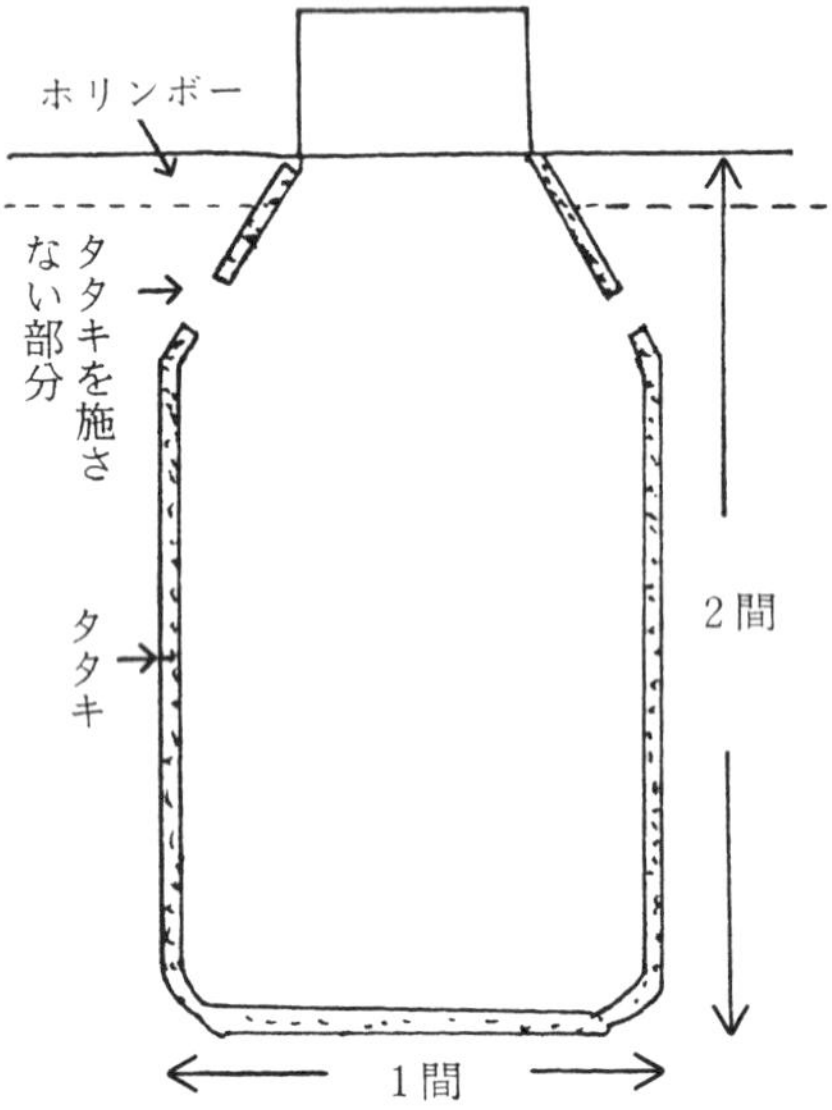

図2　タリ水井戸の構造・静岡県磐田市富里

夏、茶摘みのために里から原に登ってきた人びとがよくタリ水を求めて立ち寄ったものだという。

タリ水井戸の中には鮒が入れられており、鮒が元気なうちは絶対にタリ水は安全だと語り伝えられていた。原を含め、下の富里地区ではエビス様に供えた鮒を井戸に放す習慣があったのであるが、鮒は井戸水の安全を守る井戸神となるのであった。タリ水は「飲み水」である。平素は、蓋つきの桶に汲み置きにして大切に使ったのである。タリ水といえども、必ず煮沸してから使っていた。かずさんは、井戸にタリ水がいっぱいになると何とも言えずうれしかったと語る。

〈里の井戸〉　そのタリ水の井戸も冬期、雨の降らないときや夏の渇水期には水枯れした。井戸の水が減ってくると、かずさんはヨーガイ（用意）のために崖下山根の斎藤家の井戸へ水くみに出かけた。嫁ぎたてのころは水桶を二個天秤棒でかついで運んだ。水をいっぱいにして蓋に椎の枝葉を浮かせ、一歩一歩気賀坂を登るのであるが、家に帰り着くころには桶の水が半分になっていたという。往復するのに一時間かかった。その後、他の家より早くリヤカーを買って、リヤカーに桶を積んで水運びをするようになったのであった。毎年十二月から二月の間はほぼ一日おきに里の井戸へ水汲みに下ったのである。

〈ダイラボッチの池〉　鈴木家の東北方約二〇〇mのところにダイラボッチの池と呼ばれる池があった。かずさんが子供のころ母親と原の畑へ通った時見たことのある池である。かずさんは、その時、長じて自分がこの池から水を運ぶようになるとは夢にも思わなかった。ダイラボッチの池は、径三間ほどの小さな池が三つ集まったものであった。赤土で水持ちがよく、夏でも冬でも枯れることはなかった。ダイラボッチの水は、風呂水・洗濯水・芋切干し用の甘藷を蒸すための水などに使われた。甘藷蒸しは大釜の中に水を入れ、釜の上にセイロを三つ積んだ。一つのセイロに一荷半の芋が入った。一荷は約一〇貫目である。芋釜一釜で四荷半の芋が蒸されるのであるが、その一釜に、水は桶一荷半、即ち三斗の水が二回分必要だった。芋切り干しのシーズン中この水運びが続くのである。ダイラボッチにはフクガエル（ヒキガエル）がたくさんいた。「フクガエルが鳴くと彼岸が来る」と語りあったものである。夏は、ダイラボッチへ通う途中の甘藷畑にマムシがいるから気をつけよと言われた。ダイラボッチへは、近隣の人びとはもとより、大藤からも水汲みに来た。

〈天水〉　かずさんが嫁いできたころ、鈴木家の屋根は藁葺きだったが、天水を確保するためにトタンの庇がつけられていた。藁屋根の部分には樋をつけて流してしまい、トタン屋根の部分だけに別に樋をつけ、タツミの方角に水を集めて、家中の桶やバケツを総動員して水を取ったのである（写真8）。天水の用途は風呂・洗濯である。原の民家に

写真8　天水を樋で導き井戸に溜める・静岡県磐田市富里、磐田原

はこうした天水をためておく天水井戸を持っている家も多い。里に比べて原の民家の屋根がより早く草屋根から瓦屋根に変化したのは天水を得るためだったとも言われている。

〈山根川〉　かずさんは冬の渇水期や田植時に、洗濯物を持って里へ下り、山根川で洗濯をして持ち帰ったり、斎藤家の竿で干させてもらって帰ったりしたことがある。特に、夫が屋根葺職として活躍する三月・四月には、山根川での洗濯が多かった。屋根職人はどうしてもススをかぶるので初めから黒い衣類を身につけるのであるが、それでも毎日ススを除く洗濯が必要だった。

〈水の使い方〉　右に見てきた通り、鈴木家では、様々な水を用途に応じて使い分けてきたのであるが、例えば野菜を煮つけるに際して最後の水洗いをするのであるが、その水を桶に保存しておいて、野良から収穫した土のついた野菜を洗う、洗面に使った水を洗濯の一番洗いに使うといった具合に、一杯の水を何度にも使ったのである。原の家はみな外流しが充実しており、大小の桶、大小のバケツ、カナダライなど、里の家に比べてその数はずいぶん多かった。

「水道から水が出た時ゃうれしかった。そりゃあうれしかったが、しばらくは水を自由に使うことができなかった」「水が使えなかった」――かずさんの人生をかけた重い感想である。

7　風の伝承

「雨乞いをかけると台風がくるからなるべく雨乞いをかけないようにした」――水はほしくても台風は恐ろしいの

である。原は風当たりが強いので台風は特に恐れられた。かずさんは、それゆえ風に関する知識も持っている。図3はかずさんの伝える風位名である。「イセナガシになればシケが終わる」「シケの時タツミになると長い」「イヌイハナシになるとヤママワシになってシケが終わる」――その他、「東風になると雨になる」「冬のイヌイハナシは芋切干しによい」などとも語る。里である富里でも、この原でも芋切干しは重要な収入源だった。かずさんは「キリボシはシミがなければ四日で売れた」と語る。イヌイハナシやニシの風は切干しに良いのであるが、反対にタツミ風はいきれ（蒸し暑さ）、フジオロシは雨を持ってくるので嫌われた。南風も湿気を運ぶのでよくなかった。俗に、遠州の空っ風と呼ばれるニシやイヌイハナシと、甘藷生産地としての磐田原の開墾が遠州の芋切干しを育み育てたのであった。

風の恵みは他にもあった。かずさんがジイチャと呼ぶ、知り合いの、故鈴木次太郎さん（明治三十七年生まれ）によると、旧富岡村内に「動力用風車」が一〇基あったという。麦米の精白等に風車が大きな力を発揮していたのであった。遠州の空っ風は天竜川の砂を飛ばしたのであるが、堤防に松があったころにはそれが防砂林となり、里方のキリボシへの飛砂も防がれたという。現在、エンドウ豆などの栽培に際して、空っ風を防ぐために藁を折って一部を埋めこむ形の風除けが見られる。春になるとタツミの風やイセオキの風が吹き、その風をたよりに天竜川を帆かけ舟が上った。上流の久根銅山へ精米や味噌醤油などを運んでいたのである。

　台風は、原では風を、里では天竜川の増水をもたらすものとして恐れられていたのであるが、富里地区では別に雷の伝承も多い。田中という

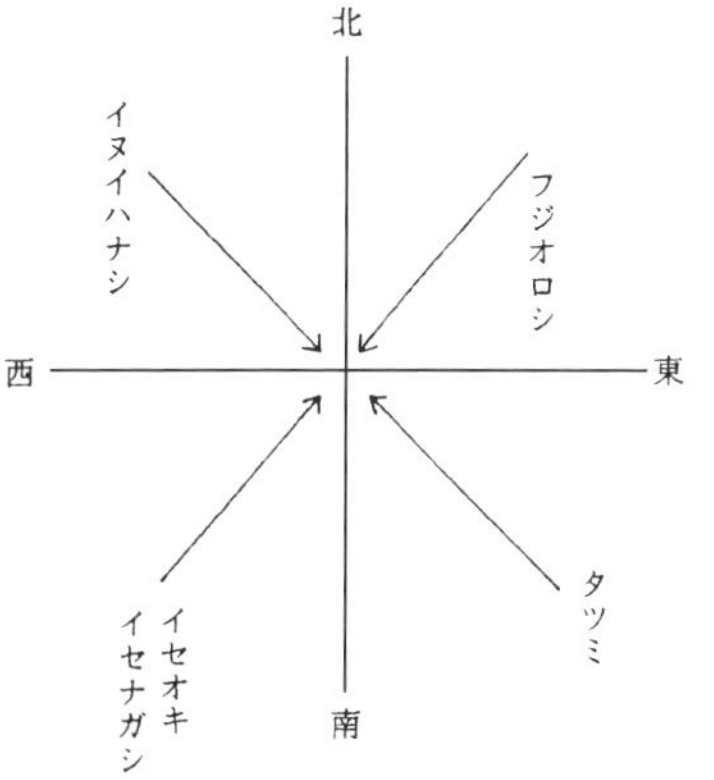

図3　磐田原における風位名

屋号を持つ本多家の屋敷にはかつて五本の松の木があったが、それがすべて、順次落雷のために枯れたという。

・イヌイ雷は雨が早い。馬に鞍をつける間もないほどだと語り伝える。
・東雷は雨があがる。
・ウシトラの雷はオシンボク。オシンボクとはケチのことで、落ちることもないし、雨も降らないというのである。
・雷が山へ入ると天気。
・雷が海に出ると雨。

8　生業の暦

表1は、かずさんが夫の虎男さんとともに家をとりしきっていたころの生業暦である。これを見ると、いわゆる農繁期と農閑期の割り振りが実に合理的にできているのに驚かされる。すべての農作業及び芋切干しづくりを協力して行う。芋切干しは人手と大きな労力が必要なので夫婦協力して冬期にこれを行い、芋切干しのシーズンが終わったところで、夫は屋根葺きの仕事へ、妻は開墾の仕事へとわかれたのであった。屋根葺きは、施主の方でも比較的暇になるこの時期が好都合だったのである。かずさんの水汲みはこれらの生業のあいまをぬって行われたものなのである。この他、三、四月には仕事のあいまをぬって中泉の町（磐田市）へ下肥を取りに行くこともあった。

原に住むかずさんたちは水汲みや稲作のために気賀坂を下ったのであるが、富里の人びとは畑作のために原へ通ったのである。甘藷掘りには午前三時ごろ登ってきたし、茶畑に霜が置きそうな時には時間に拘わらず登ってきた。こうして原の人びとと里の人びとは気賀坂で行き合い、あいさつをかわすこともあった。里の人びとはかつて、どの家でも原に二間四方ほどの茶小屋を持っていた。定畑の周囲にも、土止めのために「トーリ茶」（クネ茶と呼ぶ地もある）

表1　鈴木かずさんの生業暦

	農耕					その他		
	タバコ	甘藷	麦	茶	稲	芋切干し	開墾	大屋根葺
1月						↕		
2月	時付					↕		
3月		苗床 3/20	土かけ				↕	↕
4月	移植		土かけ	一番茶			↕	↕
5月	土寄せ			一番茶				
6月		ツルサシ	麦刈 6/15	二番茶	田植			
7月	収穫				田の草			
8月	乾燥			三番茶	田の草			
9月	調整							
10月	調整	芋掘り		四番茶				
11月		芋掘り	時付		稲刈			
12月						↕		

と称して茶の木を植える習慣があった。トーリ茶は流失しやすい表土の開墾地で農を営んだ人びとの知恵である。また、所有地の地境には境木としてクチナシ（梔）の木を植えた。クチナシが「口無し」に掛けられ、地境の論争が起こらないようにという願いがこめられたゆかしい民俗なのである。クチナシは、女の節供の菱餅を染めるのにも役立ち、両得であった。

春先、風がなくて冷えこむ時、遅霜がやってきた。遅霜が来そうな夜は、ゴンドー（木屑）を燻して霜除けをした。そんな夜は里の人びとも原の畑でゴンドー燻しをしたのである。

9　悲しみを越えて

「虎男という人は早くに親をなくして苦労したもんでできがよかったに。ケンカ一つしたことぁなかった」――昭和十三年、虎男さんに召集令状が来て豊橋の連隊に入隊したのであったが、平素の過労により体が衰弱していたため、たった四〇日で除隊され、その後虎男さんが戦地にゆくことはなかった。しかし、鈴木家には戦争中あまりにも悲惨なできごとがあった。当時十九歳になっていた長女のさわさんが青年学校から帰ってきて体の不調を訴えた。赤痢が流行していたのである。磐田病院はいっぱいで廊下まで患者で埋まっていた。「自分の家のタバコの乾燥小屋へ隔離して寝かせておけ」という医者の指示に従ったのであったが、さわさんは亡くなった。そればかりか、ともえ(六歳)、みつえ(三歳)という幼い妹にも感染し、鈴木家ではこの時三人の子供を奪われたのである。現在では想像もできない悪夢である。三人いっしょに火葬をし、大円寺で葬式をした。このことがどんなに悲しいことだったのか、この悲しみは長い年月を経たとしても薄らぐものではない。筆者との話が始まると、かずさんは、開口一番このことを語った。

現在、鈴木家は長男の正雄さんと嫁のたつさん夫婦によってしっかりと守られ、農業も順調である。かずさんの孫娘が婿をとり、良尚君という曾孫ができた。良尚君が原にある東幼稚園に通っていたころ、虎男さんはある日、曾孫の教室をのぞきに行った。その時幼稚園の先生に椅子を出してもらって、虎男さんは心ゆくまで良尚君たちの遊戯や勉強の様子を眺めていたという。それは、虎男さんが亡くなる一〇日前のことであった。「その良尚がもう四年生になった」とかずさんは汗をぬぐう。

五　動・植物との相渉――河原を中心として――

天竜川の河原を歩いてみると実に様々な植物が目につく。景観の中心をなすのは中洲や岸辺に群生している柳の類である。葉が小さくて背が高いタチヤナギ、葉が広いアカメヤナギ、葉が狭くて白いジャヤナギなどがある。カワラナデシコ・ノイバラ、可憐なヘクソカズラなども目につく。サワグルミ・ヌルデ・マルバハギ・ユリなど上流部から天竜の水に乗って旅をしてきたと思われる植物もある。川は道であり様々なものを上流部から運んでくる。河原には様々な植物があり、様々な鳥が棲息する。そして流れには魚が泳ぐ。天竜川と流域の人びとはどのようにかかわってきたのであろうか。その河原と流れに目をとめ、様々な角度から伝承をさぐってみたい。ここでは、様々な小主題についてまず天竜川の河原、天竜川をいとぐちとするが、富里地区全体の環境民俗を展望する意味で、時に川や河原から離れる場合がある。

1 野　鳥

天竜川には中洲が点在し、その中洲には様々な植物が生え、そこには野鳥も集まった。本多正さん（大正十三年生まれ）の家には、幅四尺、長さ二間の川舟があり、その川舟は様々な役割を果たしていた。毎年六月から七月にかけて、天竜川の中洲へチガヤ刈りに出かけた。チガヤは堆肥の材料にするもので、朝刈って夕方まで干してから舟で岸へ運んだ。そのころ、チガヤは二尺から二尺五寸ほどの丈になっており、チガヤ原の随所にカモの巣があった。長さ一間から一間半ほどの棒でチガヤの原を叩いて歩くとカモが驚いて飛び立つ。その位置に巣があるのだ。巣の中に卵二、三個あるものは産みたてなので家に持ち帰るのであるが、七、八個の場合は、太陽にすかして見て鳥になりかけの形が確かめられれば、そのまますべての卵を巣の中に残してきた。七、八個の場合、一つ割ってみて、卵の中に血がある時は他の卵をそのままにしておくということもあった。カモの卵は茹でて食べた。

チガヤは尺束三、四〇束を舟で運び、それから荷車に積んで家の近くに作った甘藷の苗床の土を使って堆肥にした。本多家では磐田原に麦を栽培していたのであるが、原は痩せ地なので堆肥がなければ麦はできなかった。諏訪神社の祭りの十二月一日前後が麦蒔きの盛りで、それに間にあうように、荷車で堆肥を原へ運びあげた。

持田家住さん（明治三十七年生まれ）はやはり川舟で天竜川中洲へ赴き、巣についてるカモを、投網を使って捕獲したことがあった。カモはもちろん食用になるのであるが、カモは苗代を荒らす害鳥でもあったのでカモ猟は害鳥防除にもつながった。苗代を荒らす鳥にはこの他ゴイサギがあり、苗代の害鳥除けには網を張ることがあった。ゴイサギは西瓜にも害を与えたので、苗代や西瓜畑にトモと称して、同じゴイサギの羽を吊るすこともあった。本多正さんは、「千本ハゴ」というカモ猟を伝えている。秋、稲架に掛けた稲を食いにくるカモを捕獲するために、稲架の下の両脇に、鳥モチを巻きつけた大量のハゴを立てておく方法である。ハゴは竹のヒゴで、長さは尺五寸ほどである。別に、糸に鳥モチをつけて稲架の足から足へ張り渡しておく方法もある。ハゴを使って鳥を捕獲する方法は多いが、この地では、千本ハゴでヒバリの雄を捕って飼育する習慣があった。五月ごろ、天竜川の中洲のツンバラ（ツバナ）の原の中に既に飼育しているヒバリの籠を置き、周囲に鳥モチを巻いた六寸ほどのハゴを、あたかもツバナの茎のように挿し立てるのであった。ヒバリカゴは、尺五寸の方体で、四囲は丸竹のヒゴ、天井は糸網でできていた。それは、ヒバリは高音《たかね》を張る時飛びあがる習性があり、ヒバリが体をいためないために上部を糸網にするという配慮をしているのであった。ヒバリの千本ハゴは田の畦で行うこともあった。

この地では小鳥の飼育が盛んで、ヒバリの他にも飼育のための捕獲が行われた。以下は本多さんの伝承である。ミソサザイは育てにくいが高音《たかね》を張るので好まれた。ミソサザイは、外便所の中へウジを食べにやってくる。そこで、一五cm四方ほどの板の中央に裏から釘を打ち出し、その釘にウジかミミズをさしておく。そして、板の端から端へ、餌の上を覆う形で、鳥モチをつけたハゴを半円弧状に固定しておく。ミソサザイは餌を啄もうとしてモチにかかるのである。これは六月から九月の間に行った。他に、冬期にはシバクグリを捕った。シバクグリも春、高音を張るのである。冬季、風の強い日、シバクグリは水の枯れた小川や溝の中に身をひそめている。そんな日に、蚕網の枠に三分目の茶色の網を張ったものを小川や溝の中に、両岸に対して斜めに置き、上流位置から下流位置に向かって口笛を吹きながら追いたてて生捕にする。ミソサザイは卵の黄味で、シバクグリは雑穀で飼育する。

磐田原では飼育用のメジロを捕った。モチ巻きのハゴは桑の枝で、時期は九月の彼岸から十月いっぱいで、場所は、原と崖の境のハブチと呼ばれる場所の朝日の当たるところ、時間帯は朝ということになる。この地にはメジロに関して「霜鳥は死ぬ」という口誦句がある。霜鳥は里の柿の木でも捕れるほどで、普通この時期のメジロは捕らないのであるが、もし捕った場合にはメジロの足をお茶で洗うのがよいとされている。一般的にメジロはその囀り方によって段階がつけられる。この地では次のように順位をつける。呼称はメジロの囀り方の擬声語である。

ａツヤツヤ（重ね鳴き）、ｂツイリン、ｃツヤチョン、ｄツヤ、ｅチー——。ａ～ｄが雄でｅが雌であり、ａｂが本鳴き長鳴きをするもので俗に高音を張るという。

天竜川の中洲では千鳥も卵を産んだ。持田さんは次のように語る。「千鳥は七月ごろスナンボー（砂）に卵を産み、自分が産んだものは温めないで他の鳥が産んだ卵を温める。昼は砂が焼けるので温めず、夜だけ抱くのである。雛は八月にかえるものだ」。

カワセミは女衆の血薬になると称して捕獲することもあった。巳歳の人のいる家には燕が来ないと伝え、燕が巣を作ると青大将がやってくるという。原で粟・黍などを作ると鳥害にあったが、その鳥除けには七夕の竿を立てておくとよいと言われた。

2 淡水魚

天竜川や、旧河道の遊水池などには様々な魚がおり、魚種に応じた漁法や伝承もある。天竜川では鮎がとれた。この地には「三月笹葉」とか「三月笹の葉」という口誦句がある。ノボリ鮎は三月に、ほぼ笹の葉の大きさになっているというのである。鮎のハイボー捕りという素朴な漁法が伝えられている。十月ごろ、落ち鮎を対象にするのであるが、流れの速い深さ五〇㎝ほどの瀬へ裸で入って流れを遮る形に、開いた右手を川に入れ、左手で追いたててつかむという方法である。「鼻の曲がった鮎が下ったらもう鮎の下りじまいだ」という口誦もある。鼻の曲がった大きな鮎は、一番山奥にいた鮎だと語り伝えている。

二歳ボラのことを「ハシリ」と呼ぶ。本多さんは祖父の弥平治さんから「ハシリの雷捕り」という珍しい漁法を教えられた。ハシリは音に敏感で、八月二十日、川施餓鬼の時舟の上で太鼓をたたくと舟の中に飛び込んでくるほどである。平素はハシリの群に近づくことは容易ではないが、雷が鳴って雨がドシャ降りの夜は、ハシリがしきりに飛びあがるのでその群の所在が知れる。しかも一定の場所を動かないのである。したがって群の所在を確かめた上で投網を打てば大量のハシリが捕れるのである。天竜川ではウグイも捕れ、ウグイを酢づけにしてその中に山椒の葉を入れておいて食べる方法もあった。

旧堤防と新堤防が合する部分に、かつて遊水池が作られていた。旧堤防の東には今も子安神社・水神社・諏訪神社などが点在し、かつて堤という土木的な面と、水神社という信仰的な面とを併せて天竜川からムラを守っていたことがよくわかる。遊水池の一部は池となって残り、池は水神西・シロベーニシなどの俗称を以って呼ばれていた。三角形をなす遊水池の跡には池の他、湿地・水田もあった。この遊水池全体は、富里や匂坂の人びとにとっては広い意味で天竜川の河原だったのである。池と湿地即ち葭地、葭地と田は水続きであった。本多さんは、この池で鮎やフナを様々な漁法で捕った。寒中、魚の動きが鈍くなるので、水鏡を使って銛で突いたり、筒状の籠で魚をおさえて手づかみにするという方法などがあった。本多さんは「鯉ミソ」と称し、味噌の中に大豆一、二合を入れ、ヒレだけ除いた鯉を姿のまま半日くらい煮こみ、シソの葉かショウガを匂い消しに入れる、という食法を伝えている。また、三月の彼岸ごろになると雨のため水が増え、フナが池から田へ産卵に出るので夜タイマツをつけて銛で突くという漁もした。寺谷用水でもウナギ・ナマズ・フナ・ハヤ・モロコ・カニ・エビなどがとれた。本多正さんは冬、よく山根川でナマズを捕った。ナマズのいるところは霜が降りていないからわかるのだという。

3　蛇と虫

原の開墾地や堤防などにはマムシがおり、時々人びとに危害を与えた。甘藷の畑にはよく鼠がつき、その鼠を狙ってマムシがイモ畑に出没した。この地には、マムシ除けに紺のハバキをつけるとよいという伝承がある。紺の匂いがマムシ除けになると伝えているのである。また、マムシに限らず蛇除けとして藁やボロ布のカコを燻すとよいと伝えられた。カコは農作業に際してブト除けにも使われた。一方、マムシのヌケガラを腫れものに巻きつけておくと治るとしてマムシのヌケガラを珍重した。また、マムシの眼玉は眼の薬になるとも言われた。畑を荒らすモグラ除けには夕方肥桶の縁を天秤棒でこすって鳴らすとよいと言われた。

子供たちは昆虫に親しんだ。ウマオイムシのことをツンギー、クツワムシのことをガシャガシャと言う。これらを捕って飼い、ジムシを麦の穂で釣って遊んだ。ヤンマのことをオンジョと言い、竹で輪を作って柄をつけ、その輪にクモの巣をたくさん受け、それでオンジョを捕って遊んだ。蛾を糸の先につけて舞わせてトンボを捕る方法もあった。

蝉や蛙が家の中へ飛びこんでくると大雨が降るという言い伝えがあった。

4　河原の恵み

先に、天竜川の中洲のチガヤを堆肥を作るために刈り取ったことについて述べたのであるが、河原の植物の中で、富里の人びとと最もかかわりの深いのは柳であった。子供たちは、カブトムシ・クワガタムシ・カナブンなどを求めて樹液の多い柳の古木をめぐった。杉浦庄司さん（明治四十四年生まれ）によると、杉浦家では、毎年節分の日に、柊・トベラ・柳を燃やして炭を作り、その炭を、径二㎝、長さ一五㎝ほどの柳の枝を二つ割にしたものの割り面に塗って門口に立てたという。この地では一般に節分には柳の箸を使うと言われている。その柳の箸に鰯の頭を挿してヤイカガシとして戸口に挿した家も多い。また、持田家住さん（明治三十七年生まれ）は、正月に柳の箸を使えば長寿がもたらされると語る。持田さんは正月にヤナギゴリという次のような飾りものを作る習慣があったことも伝えている。柳の枝を使って、深さ五寸、径八寸ほどの籠を編み、中に木の葉などを入れて、そこに松・竹・梅を立て玄関口の下駄箱の上などに飾ったのだという。本多正家では、十二月の大掃除の日に五目めしを作って柳の箸で食べるならわしがあった。こうしてみると、富里地区では節日、モノ日に柳の箸で食事をするということが民俗として定着していたことがわかる。「柳は逆さにさしても根づく」と言われるほど、柳の生命力は強い。前記の民俗の底には柳の生命力・呪力を導入しようとする心意があったものと思われる。いま一つは、天竜河原に群生する柳との親しい関係もかかわっていたのであろう。

新井きぬさんが語る新井家の燃料構成の伝承は注目される。冬、天竜川の中洲へ赴き、柳（ジャヤナギ）の木を伐って乾燥させておく。柳の木が乾いたところでそれを長さ三尺に切って家に運んでおく。柳の木は燃えにくいので風呂の焚き木専用とした。かつての新井家のヘッツイは焚き口が二つ、釜穴が、飯釜用と鍋用、さらに、その中間に茶釜用があった。鍋穴は、鉄輪によって大きさを調節した。ヘッツイ用の燃料はすべて天竜川を流れ下がってくる河原《かわら》木《ぎ》・河原薪であった。河原木は、様々な拾い方があった。秋、台風などによる天竜川の増水で遊水池にゴクンドーという小木が流入したものを拾うこともあったし、夏、増水のあと、女の年寄りが仕事のあいまを見てショイカゴを背負って河原に赴き、拾ってくることもあった。また増水期に風向きによって大量の河原木が寄るような場合は、家族総出で河原に赴き、男は大きいものを、女は小さいものを拾い集めた。一部には舟で集めた人もあったという。河原木は天竜川の恵みだった。さて、その河原木はヘッツイ薪以外に製茶工程で、茶を蒸すのにも使われた。ホイロの燃料は町で買った堅炭で粗揉機には石炭を使った。芋切り干しの燃料も、新井家では古くは原の松、後に石炭を使った。とにかく、天竜川に面した富里の人びとの燃料は、柳・河原木と、天竜川に依存していたのであった。なお、ゴクンドーとは別に、増水時には流送する所有者である会社名などを刻印した流木《りゅうぼく》も流れてきた。舟を持っている家ではこうした流木を拾って止めておき、「つなぎ賃」と称して持ち主から拾い賃を受け取った。自然に流れ下ってくる木を「河原木」、持ち主のある流送材を「流木」と呼び分けていたのである。

この地にはグミボロという言葉がある。川グミの叢のことである。子供たちは麦の稔るころこのグミボロに赴いてグミを採って食べた。匂坂中の故青島弥平治さん（明治三十七年生まれ）によると、この天竜河原のグミボロに雨よけをかけて乞食が住みつき、他の乞食ムラとの間で嫁入りがあったという。天竜の河原は実に様々に使われていたのである。

匂坂の青島寅之佐家から富里へ嫁いできた鈴木いねさん（明治三十五年生まれ）は娘のころ、岩田神社の真西で、渡船場のあったところの河原の窪地で太藺を栽培したことがあるという。生長した太藺は刈り取って天竜川の堤防で干した。刈り取った太藺は仲買人が集めに来たが自家用に使うこともあった。二個を振り分けにした縄巻錘計八個を又木の台にとりつけた棒に等分に配置して、その振り分けの錘を交互に動かしてコモを編むスノコアミを、この地では「八人小僧」という。八個の錘が小僧のように動くからである。いねさんはこの八人小僧のことを「コッチコイ　アッチイケ」と表現した。「太藺のゴザをコッチコイアッチイケで編んで上敷にしたり蚕室に敷いたりしたもんだ」と語る。いねさんによると、天竜の河原には桑も植えられていたという。また別に、河原や中洲で綿を栽培したという伝承もある。

草刈場のない家では天竜川の堤防の草を場所割にして入札で求め、代金は区費に入れるという形をとっていた。屋根萱は、原の萱場、天竜川の両方から運んだが、小麦稈を使う場合もあった。また、屋根材として最も優れているのは葭であるため、彷僧川沿いの浜葭を福田町まで買いに行くこともあった。塩を食った浜葭には虫がつかないのでこれが特に好まれたのである。地主と交渉して現地で刈って運んでくることもあった。

5　ガケと植物

富里地区と磐田原の間にカケまたはガケと呼ばれる傾斜地があり、傾斜が強いために自然の植生を残存させている。スダジイ・アカガシ・ウラジロガシ・ヤマモモ・ヤブニッケイなどの照葉樹が見られ、随所に竹藪も交っている。杉浦庄司家・持田家住家ではおのおのこのガケを三反歩ずつ所有している。両家ともに、年中行事に使う植物はこのガケから採ってくる場合が多かった。正月のウラジロ、一月十五日、小正月のニューギを作るモッチー(望)の木即ちヌルデ、節分の柊、仏事に使う樒などである。椎の実を拾い、椎の木は焚き木にし、樫の木は掛矢の頭にした。わずかに生えている杉の木は稲架の杭にした。山芋を掘ったりそのムカゴを採ったりすることもあった。

6　竹の競売

八月二十八日の前の日曜日、富里の諏訪神社に氏子が集まってヤブ掃除という行事を行う。午前中かけて境内社叢の掃除を行う。

その際、適期の竹を適当量伐り出して氏子に競売するという行事がある（写真9）。掃除を終え、氏子たちは、境内にムシロを敷き、持ち寄った酒食で歓を尽くし、一段落したところで二人の係が竹束を立てて競売にかける。落ちたものには一人が記名してゆく。

写真9　ヤブ掃除の日の竹の競売、慰労の宴会を兼ねる・静岡県磐田市富里、諏訪神社境内

ガケの中腹にある上気賀の共同墓地の下に上気賀分の真竹の竹藪が三畝ある。かつて上気賀は一九戸あり、毎年十月から十一月の間に二年目の竹を伐って長さ三間にそろえ、競売にかけた。値段を決めてクジ引きにすることもあった。竹の用途は、太いものはイナハズのナル、細いものは芋切干しの棚用、さらにタバコの干し竿、蚕棚にも用いられるなど竹の用途は生業と密着して多面的であった。

こうした竹の用途から、各地区共有地の竹の競売が行われるようになったのであった。上気賀の場合はおよそ地区内の竹藪で地区内の需要をまかなうことができたが、足りない場合は上流部の旧広瀬村から買うこともあった。天竜川の堤防にはニガ竹やハチク竹が生えていた。ハチク竹は籠細工に用いられ、ニガ竹は正月を伐りシュンとして芋切干し乾燥用の簀に編まれた。竹は生業にかかわる重要な植物だったのである。

7　屋敷と植物

屋敷の中にも様々な植物があり、身近なだけに暮らしとの深いかかわりと様々な伝承が伝えられている。富里地区でまず注目すべきは屋敷垣として多用されている槙である。細かい葉が密に茂る槙は強く、西風と天竜川の川砂の飛砂を除けるのに有効であった。杉浦庄司家にも槙囲いがあるのだが、杉浦さんは、「槙は浅植えの方が早く生長する」「切れば切るほど目がつむ」と語る。持田家住さんは、「槙は四土用のたびに芽が出る」と語る。槙の実のことをこの地ではヤゾーコゾーと称して子供たちが好んで食べた。槙にはミノムシがついて害をなすが、ミノムシの皮でガマグチができるともいう。

屋敷に渋柿を植える家をよく見かけるのであるが、これは柿渋を取るためのものである。夏、柿の実を取り、臼で搗いてから搾ってその渋をビンに入れ縁の下へしまっておく。後にこれを投網・唐傘に塗るのである。

また、屋敷ごとに柏の木を見かける。これはカシワモチを作るための用意である。古葉と新芽が連続するところが縁起がよいという。また柏の木にはなるべくたくさんのコブを作るのがよいとされている。切って一週間たてば芽が出るとも言われている。カシワモチの葉を用意すると同時に、この木の生命力を尊び、縁起ものとして植えるという面もあるのだ。新葉が出るに際して旧葉が落ちるという形で常時葉をつけているところから、この木には葉守の神が宿ると伝えている地もある。

磐田原の畑地にクチナシを境木として植える習慣については他でもふれたが、この地ではクチナシを屋敷に植える風もある。境木としては、「口無し」で境界争いがなくなるとし、屋敷木としては家内もめがなくなるというのであ

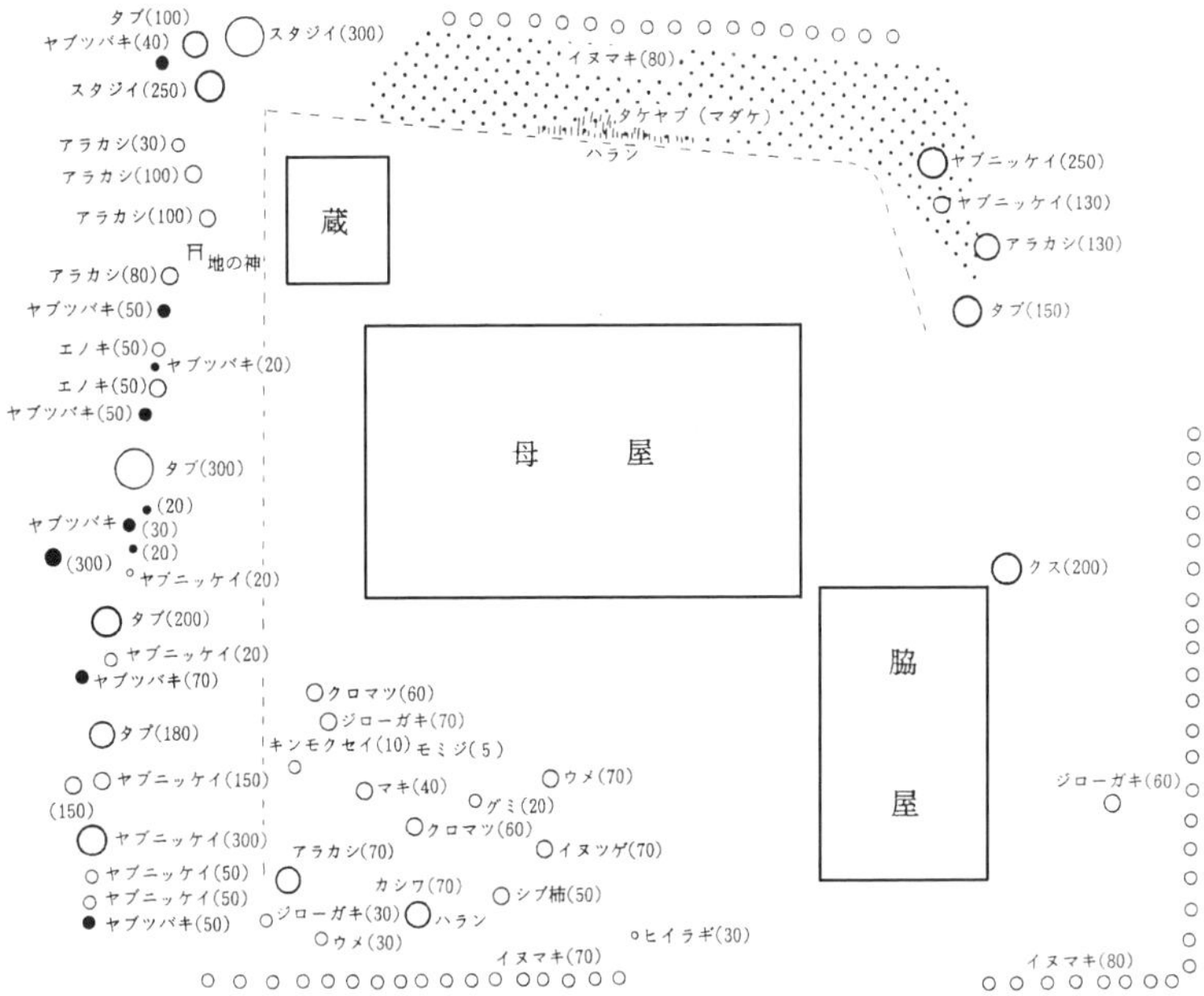

図4　内藤満家の屋敷林（　）内は樹齢を示す。
（この図は静岡県史編纂事業にかかわり、伊藤裕啓氏が作成したものである）

る。境木としては、この木が枝を張らないことも好都合で、食物染料としても役立つ。

南天を便所の脇に植えると浄めになるとし、また、地の神のそばに植えておくと安産が得られるともいう。「ナンテン」から「難転」を想起する言語呪誦をも含んでいる。柊は節分の魔除けとして使われるのであるが、門口に植えて魔除けにする習慣もある。

屋敷に植えることを忌む木としては、花の落ちる椿、病人の声を聞きたがるというビワの木、「スベル」という呼称を持つサルスベリなどがあげられる。もしサルスベリを植える時には、サルスベリと言わずに「百日紅」と言うのがよいともいう。孟宗竹を屋敷に植えると病人が絶えない、スイリュウヒバは枝がサガルのでよくないともいう。また、仏事に使う香の葉即ち樒を屋敷の中へ植えてはいけないともいう。

図4は内藤満家の屋敷林の植物分布概略で静岡

写真10　内藤満家の屋敷林・静岡県磐田市富里

県史編纂事業の際、伊藤裕啓氏の同定にもとづいて作成したものである。

内藤満家の屋敷林の遠望写真10の通り、みごとなシマ状をなしている。洪水に対する防備として屋敷土手は天竜川の流れに対して、西側と北側を重視している。屋敷林は全体にスダジイ・タブ・アラカシ・ヤブニッケイ・ヤブツバキなどと、照葉樹を中心としているのであるが、三百年に及ぶ樹木が数本見られ、屋敷の古さがよくわかる。特に、太く古い樹木が西側の土手に集中していることは、天竜川の河原から吹きつける西風を防ぐためにこれらの木々が防風林として重要な働きをしてきたことを語っている。母屋の南側にはいわゆる庭木が多い。門口にマヨケとして柊を植え、カシワ・渋柿を植えていることは先に述べた一般的な型と一致している。裏の竹藪の竹が暮らしの中で有効に利用されたことは「竹の競売」の項を参照すればわかる。他に、柿が食用に供されたことは言うまでもないが、古くは、ヤブツバキの実から椿油を搾っていたことが考えられる。また、藪や庭のハランが弁当などを包む葉として利用されたのも言うまでもない。

杉浦庄司さんは、屋敷にあって縁起のよい木として、山桃・柊・玉の木(タブの木)・柏、それにトウダイグサ科の常緑高木のユズリハなどをあげる。内藤家のタブの木はみごとである。杉浦家には今でも太い山桃の木があるが、杉浦さんは子供のころ、山桃の木の下にムシロを敷いておき、叩いて実を落として食べたものだという。

第三章　平地水田地帯の暮らし

一　稲架材・燃料などの調達

1 山形県庄内平野

羽越本線で鶴岡から酒田へ向かう。車窓には広々とした庄内平野がある。屋敷林に囲まれた民家と社寺の杜の集合がポツンポツンと海上の島嶼のように見える。山裾を岸とすればその集落はまさに沖の島々である。庄内平野の多くの集落の中から、山形県鶴岡市平形（旧藤島町下平形）・同酒田市天神堂・同丸沼の三つをとりあげ、平野部沖地島嶼型集落の生活・生業と環境について考えてみたい。下平形は一七戸、天神堂は農家四一戸、丸沼は六七戸である。この平野はササニシキの産地であり、いずれも稲作農業を生業とするムラである。庄内平野の人びとは、鳥海山や月山の残雪の形によって農耕を開始した。下平形では、「月山の残雪が苗代爺の形になったら苗代だ」と言い伝え、天神堂では「鳥海山のオミキドックリ（残雪の形）がはっきりしたら種おろしだ」と伝え、丸沼では、「鳥海の雪がトックリの口に紙蓋をねじりつけたかっこうになったら苗代だ」「徳利の首が切れるまでに豆蒔きをしなければならない」と伝承している。

下平形の熊木作蔵（明治四十五年生まれ）家では、水田三町三反、畑三反を作り続けてきた。平野部沖地集落では自給性を強化するために狭い畑地を効率的に用いた。熊木家では、年間の醤油をまかなうために大豆二斗・麦二斗を必要とし、味噌をまかなうために大豆一俵・米一俵を要した。さらに、自家用の油を取るために菜種三斗分を栽培した。菜種栽培は灯油を確保していたころからの伝統である。その他日常生活に必要な野菜も作らなければならない。熊木家では代々水田は男がとりしきり、畑は女がとりしきるという慣行があった。味噌・醤油・油・野菜の必要量を割り出し、必要な作物をうまく割りつけて栽培するのが女性の才覚・伎倆とされていたのである。

⑴イナグイ

コンバイン導入以前の庄内平野の秋——稲田には「ホニオ」が一面に林立した（写真1）。長さ七尺から七尺五寸ほどの杭を田に立て、地上一尺のところに「カンザシ」と呼ばれる尺五寸ほどの横木をしばりつけて、その上に、根と穂を交互にしながら稲束を井桁に積みあげてゆくのである。この杭を「イナグイ」と呼ぶ（写真2）。下平形では七尺の杭に稲五〇把を積み、丸沼では七尺五寸の杭に五ソク掛け＝五〇把、四ソク掛け＝四〇把という形で稲を乾燥させた。丸沼に五ソク掛けと四ソク掛けがある理由は、長く使って杭が傷んだり腐ったりしてくると一尺ほど切って短くして使ったから、短いものが四ソク掛けになったのだという。平野部沖地には山がない。厖大な量のイナグイの入手と利用には心を砕いたのである。

下平形の熊木作蔵さんはイナグイについて次のように語る。毎年、稲刈前に補足すべきイナグイを求めて東田川郡庄内町添川や、鶴岡市羽黒町手向の民家に赴き、山で必要な木を求め、杭の形にして運んだ。馬の背に片側一〇本ずつ振り分けにして運んだのである。杭を取った残りの枝も燃料にするために馬で運んだ。作蔵さんは杉・ナラ類の木を選んだ。天神堂の佐藤恒男さん（大正九年生まれ）によると、ここには旧朝日村の人びとが冬期に鶴岡のマチまで運び出したものをムラ共同で運びに行くという形があったという。木の種類は杉・栗・漆などである。丸沼では飽海郡松山町方面へ買いに行ったり、商人から求めたりしたという。旧朝日村鱒淵には、「山は六〇把掛け、里は四〇把掛け」という言葉があり、ここのイナグイは一丈で、杭のところどころに木の枝を残して稲束を掛けやすくしたものだった。平地では用済みのイナグイは焚き木として利用された。平野部沖地の暮らしの中ではその環境の宿命として山の恵みが欠落しているため、山との交流が様々な形で行われていたのであった。

(2) 燃料

平野部の沖地集落では燃料の入手にも心を砕いた。燃料は冬の暖房・保温ともかかわり、こうした集落の家々にはくふうをこらした燃料体系があった。カマド・風呂・イロリ・コタツでは当然燃料は異なる。カマドや風呂には菜種ガラ・豆ガラ・麦ガラなどを積極的に利用し、イロリには炭を使った。イロリで一旦使った炭を消し炭にし、これをコタツに入れて暖をとった。ここは雪国である。どの家のイロリにも、その隅に消し炭壺が置かれていた。下平形の熊木家では毎冬三俵ほどの炭を旧立川方面で求めていた。天神堂の佐藤恒男さんの家は「多右衛門」という屋号を持つ地主で、恒男さんの子供のころには下男三人・下女二人が住みこんでいた。佐藤家のイロリは冬

写真1　杭干のホニオ・山形県酒田市局

写真2　小屋に収納されるイナグイ・山形県鶴岡市藤島下平形

にはコタツになっており、そこで炭を使った。佐藤家のイロリ座には特色があった。主人の座がヨコザで、主人の右手がキャクザ、主人の左手がカカザであることは他地と変わりないのだが、ヨコザの向かい側が下男・下女の座になっているのである。ここを「末座」として下男・下女の座とする地は他にもあるが、佐藤家の場合、たとえ家族がその末座に座っていても、下男・下女がやってくれば必ずそこを明け渡さなければならないという強い約束ごとがあった。

佐藤家の炭の確保はすべて使用人によって行われていた。炭の入手先は旧東田川郡朝日村で、使用人たちは朝日村へ住みこみで炭出しに出かけた。山中の炭焼小屋から部落までの間はソリが利かないので、背負い出しをしなければならない。佐藤家の使用人たちはその搬出労務を担当することによって、その労賃を炭で得、それを佐藤家に入れていたのである。右の事情が、身分制度色を色濃く残存させる昭和初年の庄内平野佐藤家のイロリ座の構成を特殊なものにさせていたのである。旧朝日村と旧本郷村の間には炭の流通が多く、冬期はソリで、他の季節には赤川を利用してムタマと呼ばれる帆舟で行われていたという。

大雨が降ると赤川に大量の流木が流れてきた。天神堂では流木のことを「シダミ」と呼んで、大水の時にシダミ拾いをしてこれを燃料にした。拾ったシダミは立てて束ね、簀で囲んで藁・麦稈などで屋根をかけて乾燥させて保存した。この地では、シダミの利用は弘法大師が教えてくれたものだと語り伝えている。

(3)屋敷と樹木

庄内平野には西側の日本海から冬季には厳しい風雪が吹きつけるし、北風も厳しい。そうした風雪から家を守るために屋敷林が形成される。三川町天神堂の佐藤恒男家の屋敷には、欅＝一六本・榛＝八本・楢＝一本・樫＝一本といった樹木があり、欅が屋敷林の中心をなしている。庄内平野には欅の屋敷林が多く見られるのであるが、これは単に、冬期の防風・防雪に役立つのみならず、夏の涼気確保にも役立つ。欅に囲まれた屋敷の温度はマチ中などに比べると四、五度は低いという。これがまた米蔵の米の管理にも有効なのである。こうした欅利用の伝統を生かしたのが明治二十六年建造の酒田米穀取引所付属倉庫、「山居倉庫」の欅垣であった。民家の屋敷に植えられた欅の小枝は貴重な焚き木となり、葉は肥料にも焚ものにもなった。この他、屋敷には杉・檜なども植えられた。屋敷林の効用については別項で詳述する。下平形の熊木作蔵さんによると、この地には、自分が死んだ時火葬の薪にするための榛の木を屋敷内に植える習慣があったという。生長し易すく燃え易い榛の木を屋敷や田の畦畔に植え、稲架等に利用しながらそれを葬式薪にするという習慣は砺波平野・静岡県の大井川河口部にも見られた。これは、平野部沖地の特徴的な民俗である。

⑷「ヤチ」の民俗

庄内平野には多くの川が流れている。最上川以南に限ってみても、最上川・京田川・赤川があり、さらにそれらの支流が網の目のように流れている。平野部の環境において川が重要な役割を果たしていることは言うまでもないが、ここでは、河川における河原地利用の一つとして「ヤチ」をとりあげる。ヤチとは湿地帯・低湿地で草の生えているところを指すが、庄内平野では、各河川に沿った低湿地で、葭の茂るところを指す。ヤチは川の恵みの一つであり、葭は貴重な財産である。山のない平野部沖地においては、屋根を葺く薄(萱)を得る萱場もなく萱もない。庄内平野の民家の屋根はかつては葭で葺かれていた。そしてその葭はヤチで得ていたのである。

下平形の熊木作蔵家では京田川支流藤島川に個人割りとして一反歩ほどのヤチを持っていたが、一反歩の葭では、それをためておいても屋根替えには不十分なため、他家との葭の貸借によってまかなった。この地の葭利用は合理的で、葭を刈ると、まずその葭で、冬季、雪除けの簀垣を作って利用し、雪が消えるとその簀を除いて屋根葭として利用すべく保存したのである。熊木作蔵家の納屋には、母屋が瓦葺きになった今でも、雪垣用の葭が保存されていた。なお、庄内平野では葭のことを「カヤ」と呼ぶ。「カヤ」は薄のみを指すのではなく、屋根草の総称だったことがわかる。天神堂の佐藤恒男さんによると、天神堂のヤチ利用はおよそ次の通りであった。ここでは赤川のヤチを利用したのであるが、赤川西岸（左岸）のヤチは、川が東へ移動する傾向があったので、次第に東に向かって増大の動きを見せていた。天神堂のヤチには、個人割のものと共同のものとがあり、個人割は一反余、共同ヤチは約一町五反歩だった。共同ヤチの部分が河川氾濫によって増大した場合は、旧共同ヤチを農家数だけで均等割りにし、新しくできたヤチを新たに共有ヤチとした。葭のできは新しくできたヤチのものが圧倒的によいという。共同ヤチの葭刈りは日を定めて集合し、午前四時から午後一時まで刈り、葭の山を作って籤引きをした。寺と神社の分をも含めて、刈った葭を運ぶのに夕方までかかった。ここでも葭をためておかなければ屋根を葺きあげることはできなかった。

酒田市丸沼の場合はすべて共同ヤチで、丸沼分のヤチは最上川沿いではあるが、対岸（右岸）であった。面積は約一〇町歩と広大である。葭刈りは毎年十一月二十日から二十三日で、分配は十一月二十三日の田の神祭りの日と決まっていた。ヤチで分配されるので、そこからはハコ舟と呼ばれる幅四尺、長さ三間ほどの舟で運んだ。ほぼ藁の長さ分の束二〇〇が積めたという。葭は冬雪垣に使ったのち屋根に使った。昭和十年ごろ丸沼にはハコ舟が一五艘ほどあり、葭刈りその他に利用された。

この地ではハコ舟に二斗入りの肥樽を積み並べて酒田の町へ肥汲みにゆく習慣があった。水田の肥料にするためである。米や大根を謝礼として肥をもらい受けたのである。午前五時ごろ丸沼を出て肥を汲み、午後一時ごろのアイの風に合わせて上るのがならわしだった。鶴岡周辺で、舟の利かないところでは荷車で町の肥をもらいうけていたのである。

なお、平野部沖地集落の稲作にかかわる重要な問題として「水」の問題がある。水がなければ田植ができないのである。太い孟宗竹をそいで畦に打ちこんで水を盗んだ話、堰板をはずした話など多く、水番の夜警を組織化することは一般化していた。畦に蚊帳を吊って番をしたこと、雨具を着て、畦に寝ころんですかして見て水どろぼうを発見したことなど用水路が整備される前の水の伝承は多様である。下流部のムラが上流部のムラに対して例えば酒二升程度を持って水もらいの挨拶に赴くのは一般的なことであった。

環境民俗学として扱うべき問題の一つとして「環境の持つ負の条件」がある。山がない、木がない、山が遠いという環境条件のもとで人びとがいかにその負の条件を克服し、どのような民俗を生成してきたかに注目する必要があろう。庄内平野沖地島嶼型集落においても、イナグイ・燃料その他、こまかいことではあるがいくつかの発見をすることができた。

2　秋田県横手盆地

秋田県の横手盆地は南北に長い。東の奥羽山脈・真昼山地、西の出羽山地・旧由利郡境の山地などに囲まれており、東西の幅もあり、盆地の中央は山から離れている。ここでは大仙市横堀と横手市平鹿町の事例を見てみよう。

⑴ハサ道具

秋田県の大仙市横堀星の宮の長沢精一さん（昭和三年生まれ）は次のように語る。

当地のハサは稲杭型ではなく、柱と横木を組み合わせた四段組みだった。当地ではハサを組み立てる用材のことを「ハサ道具」と呼ぶ。ハサ道具には、柱・横木・マッカ（支柱の又木）があった。マッカはハサを斜めに支える木である。山から離れている当地ではハサ道具を買い求めなければならなかった。ａハサ柱＝栗材、長さ一四尺、ｂ横木＝杉材、

写真3　杭干の稲・彼方の広い田はコンバインによって収穫を終えている・秋田県湯沢市

長さ一五尺～二間、cマッカ＝栗材、栗材は大仙市太田町や仙北郡美郷町千畑の山師（仲買人）を通して購入した。横木の杉材は永代鉢山（五三一m）から出材した杉の梢の部分を求めた。四段の横木と横木の間は肱を立てて指を伸ばした寸法がよいと伝えられていた。横木は四段を基本とするが三段の場合もあった。三段の場合は一段と二段の間に縄を張って横木一本の代替えとした。毎年山師が注文をとりに回ってくるので一年に数本ずつ補足購入した。ハサ道具を買う時には、売り主・買い手・山師が現場に集まって売買した。ハサ柱を立てっぱなしにして使うものについては防腐処置として根方を焼き、炭化させてから立てた。風が強い時には支柱のマッカを風向に対する形にやりくりして移動させて使った。一本の横木に二段掛けにした。父は、田何枚分の稲がいくつのハサになるという計算をしていた。使用後の横木はまとめてドバ（コモ）を掛けて保護した。

長沢家で耕耘機を入れたのは昭和三十五年、コンバインを購入したのが昭和四十四年のことだった。この時からハサが姿を消したのである。

(2)屋根材

星の宮は終戦時に四五戸だった。そのうちコバ葺き（ザク葺き）屋根の家が二五軒、他はカヤ葺きまたはトタン葺きだった。コバ葺き＝ザク葺きとは板葺きのことである。ザクの素材は杉で、板の長さは尺二寸である。野地の上にザクを並べ、二段目で目ふさぎをしてゆくという葺き方である。太田町の川口にはザク板を売る専門店があったし、横堀には「ザクウチ」と呼ばれる職人もいた。ザク板の売買は坪単位で行われていた。ザクを葺きあげた上にコールタールを塗っておけば半永久的にもつと言われた。長沢家がザク葺きから瓦葺きに替えたのは昭和五十年のことだった。カヤ(薄)葺きの家は、原野・河川敷・水路の脇などでカヤを刈りためたが、山師の仲介で買い求めることが多かった。

(3) 燃料と馬料

クドは使わずに煮炊きはほとんどイロリで行った。燃料は藁で、一把を四分の一ずつ固めて燃した。風呂はアカマツの枝を燃料とした。枝は、横堀から約六km離れた太田町千本野のアカマツ林まで買いに行った。ムラの中で一〇人ほどの仲間を作り、山師を通じてパルプ材として出材されたアカマツの枝を買ったのである。田の草取り終了後から稲刈前の間に枝買いをした平地林に赴き、枝を焚木用に切りそろえて積んでおいた。それを、二月末から三月末の間、雪が堅雪になってから、夫婦で人力橇を使って家まで運んだ。早朝に家を出ても帰りは日暮れになった。

長沢家では昭和十三年、自家の馬が軍馬に徴発されるまで馬を飼っていたが、昭和十四年からは牛に替えた。六月から十月の半ばまでは畔草《くろくさ》を与えた。朝晩ひと背ずつ、一尋矢引の長さの荷縄で背負ってきて与えた。冬季に与える乾草および萩は山方のムラから買ったが西木村からが多かった。藁や畦豆の葉も与えた。馬は豆の葉のみを喰い、牛は豆の葉も茎も喰った。他に米糠・麩も与えた。敷草は藁だった。藁は片つかみ三株、六株で一把、一〇把で一束とした。これは稲の計量にもなる。一反歩で、良いところ一八〇〜二〇〇把、悪いところで一三〇〜一五〇把だった。

山から離れている当地では、山菜採りは盛んだとは言えないが、フキノトウによって春のよろこびを感じた。フキノトウの出るのを待ちかねて採取した。フキノトウのことをバッケと呼ぶ。バッケ味噌・テンプラ・和えものなどにした。苦みが強すぎると思えば炭を加えて茹でればよいと伝えている。「犬ッコバッケ」「馬ッコバッケ」など形状によって愛称で呼ぶなど、この地の人びとのフキノトウに対する愛着は強い。

⑷山から遠いムラの地名起源

秋田県横手市平鹿町樽見内の小川タイさん（大正六年生まれ）は次のように語る。――樽見内という地名についてはその地名起源伝説がある。昔、横手盆地の東から西にかけて綱を張ったところ、その綱が最も低くまで弛《たる》んだところが樽見内だったのでこのような地名がついた――。確かに樽見内は横手盆地の東山と西山の中間地点で山から最も離れている。先の地名起源伝説は、地元の人びとの山との距離感がその実感によって語り継がれているのである。

イロリには薪、風呂には薪とネッコ（泥炭）、竈の飯炊きには藁、後に、専用の移動竈でオガクズや籾ガラを焚いた。薪は樽見内九〇戸の共有林から伐り出した。共有林は雄物川町の三ツ森山（四一二・一m）の南、里見山財産区といって二〇〇町歩あった。樽見内から里見山までは片道一〇kmある。秋、収穫を終えてから薪切りに入り、作った薪を積んでおき、翌年二月、ハリギ（春木）と称して人力橇で運んだ。一日一往復で一週間かかった。昭和二十二年からはリヤカーで運ぶようになった。ネッコは大雄村から買った。飯炊きの燃料を藁からオガクズにしたのは昭和二十三年のことである。その年、オガクズ専用の鋳物製移動式竈を買った。径二尺、深さ二尺ほどで中央に円柱を立てた状態でオガクズを詰めこみ、槌で叩き、後に点火する。空気入れの穴があり、継続的に燃焼するようにくふうされたものである。オガクズは雄物川町沼舘から求めていた。なお、里見山ではワラビ・サク・ボンナなどの山菜も採った。

馬を飼うには敷き藁やカイバで、一町歩の藁が必要だと言われた。夏季には田の畦草を与えたが冬季の餌のために里見山へ萩刈り・葛刈りに出かけた。小字ごとに日割りがあり、順番が決められていた。萩は茎で俵を作り、葉と実を扱いて二〇貫俵にして運んだ。馬は田起こし・代掻き・稲運びに使った。そうした働きをする時は、葛・萩・麩などを与えた。代掻きの時には五尺の竹を使って馬の口とりをした。

樽見内の場合は二〇〇町歩の共有林があり、そこから燃料や、馬料としての萩や葛、山菜などを採取していたのだが、共有山林を持たないムラやイエもあった。横手盆地の沖地村落のイエイエでは農耕馬の飼育が盛んで、冬季の馬料として萩や葛を必要とした。そこで、山つきのムラと沖地のムラの間で、萩や葛の流通慣行が生まれた。

二　地下埋蔵燃料の民俗

平成十四年十一月、東北地方の里芋栽培の実態と伝承を知るために東北各地をめぐったことがある。その折、青森県五所川原市藻川で、燃料としてサルケと呼ばれる草炭が使われていることを知った。その時、山から離れた平野部、平地水田地帯の燃料をはじめとした様々な民俗を総合的に学んでみなければならないと思った。ここでは地下埋蔵燃料である、青森県津軽平野のサルケと秋田県横手盆地のネッコという泥炭の採掘と利用、その他の燃料などについて若干の報告を行う。思えば津軽平野も横手盆地も山から離れた平地を中心としており、山からの燃料獲得も容易ではない。しかも、両地とも、冬季には雪に埋もれ、多くの燃料を必要とする寒冷地、積雪地帯なのである。サルケもネッコも、この上ない恵みであった。

1　津軽の「サルケ」

津軽で燃料にしたというサルケとは泥炭の一種である草炭なのだが、草炭とはどのようなものなのか。高宮信夫氏は草炭について次のように説明している。(1)「草炭(peat,Torf)は沼沢や湿地帯において、諸種の植物が生長・枯死し、酸素の供給が不十分な水中で比較的低温の条件下で、数百年から数万年の間、分解不完全な状態で堆積したものである。草炭地（peatland,Torfmoor）は、草炭の堆積している場所をいう」。また、草炭の分類には次のような基準があるという。（1）生成層の位置による分類　（2）母植物による分類　（3）分解度による分類　（4）地域による分類――。

松木明氏の『弘前語彙』に、「さるけ（名）泥炭。草炭」として次の解説がある。(2)

「炭化の最も低い暗褐色の土塊状のもので、蘚苔類、イネ科の植物などが湿地に堆積して変成したもの。燃料または肥料にする。アイヌ語サルキ（saruki）にもとづく。サルは湿原で葭などの生えているような土地。キは葭のような湿原の草（稈茎類）の意である。津軽ではこれをサルケと呼び、猿毛の文字をあてる。サルガ（猿賀　南津軽郡）、シャリキ（車力　西津軽郡）などの地名もサルケと同じ意味であろう。サルケ地と呼ばれる湿原泥炭の地は、津軽地方のいたるところにあった。」

以下に、津軽平野におけるサルケの採掘と利用、その他の燃料等について紹介する。

①青森県五所川原市藻川小字蟹渕・外崎武夫さん（昭和四年生まれ）

〈サルケ〉　岩木川と赤堀放水路の真中の田でサルケを掘った。自家の田はもとより、地主の田を掘らせてもらうこともあった。田植前にカナベラを使って一mほど下にあるサルケを掘った。マコモの根の塊が多かった。煉瓦大にして乾燥させ、冬、橇で屋敷まで運び、ニオ（稲叢《いなむら》状に積みあげたもの）にして保存した。サルケはイロリ・コタツの燃料として使った。燃すと黴臭いような臭いがし、その臭いが衣類にもついた。藻川は水車のムラだと言われていた。田が高かったので、田植時期には足踏み水車で用水路から水をあげていた。昼間は多勢で水をあげるので水が少なくなる。昼のラッシュを避けて夜間に水車を踏んで水をあげることを「ヨガイ」と呼んだ。大雨が降ると沼が一〇箇所にできるほどで、「三年に一作」と言われた。そうしたことから、近隣のムラから「藻川へは嫁にやるな」などと言われた時代もあったという。水あげのために水車を踏まなければならないような水田立地なので、サルケ掘りは歓迎されたのだった。サルケを掘り出して田の位置を低くすることは灌漑条件を良くすることにつながったのである。集落の脇にも灌漑用水が流れており、用水の岸に家々の風呂小屋が並んでいた。洗いものにも用水の水を使い、馬の水も用水の水だった。

〈柴〉　秋の収穫が終わると五所川原市飯詰、金木町喜良市など山沿いのムラへ柴買いに出かけた。柴は、炭木を伐り出した後に残る枝で、樹種はクヌギ・ナラが中心だった。これは馬で運んだ。

〈流木〉　二月末から三月、堅雪になるのを待って流木を拾った。集めた流木を河川敷にシマダテにしておき、増水で流されたこともあった。燃料としてはこの他、藁・大豆ガラがあった。燃料の使い分けは、先にふれた通り、イロリ・コタツがサルケ、風呂は流木、竈の飯は藁・大豆ガラだった。柴は貴重で、右の燃料を補足するものでもあり、ハレの燃料でもあった。

②青森県五所川原市中長富小字鎧石・太田つよさん（昭和六年生まれ）

中長富は山に近いムラではあるがサルケ掘りが盛んだったのでとりあげた。中長富には二ノ沢溜池をはじめとしていくつかの溜池がある。サルケはこの溜池と水田の両方から掘り採った。

〈サルケ〉　昭和二十一年に嫁いできたが当時、太田家の燃料はサルケ八割、リンゴの枝二割といった比率だった。クドシボド（イロリ）は昭和二十五年までで、以後は鉄ストーブを使ったが鉄ストーブになってもサルケを燃やした。クドにも風呂にもサルケを使った。サルケを掘るにはテンツキと称するヘラ型の鋤を使った。ヘラの先に鉄の刃をつけたものである（写真4）。水田からサルケを掘る場合は、田床が低くなりすぎると困るので、サルケ一枚分の厚さ、約一

写真４　サルケ掘りのテンツキ・青森県五所川原市中長富、太田家

〇cmほど掘るだけでとどめた。田を掘るのは田植前の四月で、田のクロにあげて一間半の農道やニオ積み場に積んで乾燥させた。溜池から掘る場合、溜池の水を抜いてからでなければならない。それは、三番草を取った後行われるサナブリ終了後になる。サナブリには、モチ米八：ウルチ米二の比率で作ったシトギを油焼きにして食べる。若い嫁は、そのシトギをみやげにして里帰りをするのだが、中長富へ嫁いだ嫁は、里帰りもそこそこに、サルケ掘りのために嫁ぎ先へもどらなければならなかった。つよさんは、サルケ掘りのことを「サルケキリ」と言う。テンツキを使って、切り出し、切り分けるといった印象が強かったのである。溜池のサルケは、埋蔵量のすべてを切り出した。場所によって一段しか掘れないところもあるし、数段掘れるところもある。上部の土混じりの部分は横にはねておき、採掘終了後、穴にもどした。最下層は砂地で、土混じりと砂地の中間にサルケがある。溜池のサルケ掘りは祭りのように賑わう。サルケは煉瓦状に切って、溜池の水がぬけて干あがった岸近くに積んで干す。積み方は、田の場合と同じで、積み上げる際、風が通りぬける部分を設けるよう交互に空白部分を作ってゆく。乾燥したら家に運んで納屋の中に積んでおく。七、八個を凍み豆腐を吊るすように一本の縄で縛って吊り並べておく場合もある。

サルケはシボドでもクドでも年中燃やした。火もちがよいので煮ものにも適していた。シボドで燃やしたサルケの燠をコタツに使った。シボドのある部屋の天井はスガキ（簀掛け）・葭簀である。サルケの煤はスガキにたまる。梅雨時、湿気が多い時にはスガキにたまった煤が汁になって落ちてきて衣類をよごすことがあって困った。臭いもある。

「ヤーサルケ臭い」などと言ったものだ。泥の臭いがするのである。サルケと言っても様々で、「ツルメクサルケは良いがザラメクサルケはだめだ」という。ザラメクサルケには土が混じっているのである。長富におけるサルケの採掘量は、広大な溜池近くであるがため他地より多かった。このことは津軽平野でも良く知られており、柏村・鶴田町方面の人びとがサルケを買いにやって来た。

③青森県つがる市木造土滝・太田清志さん（昭和九年生まれ）

燃料としては、田の畦畔、湿池の岸の柳やバラ類を刈って乾燥させたもの、藁などと、サラケ（サルケのことを当地ではサラケと呼ぶ）などを使った。

〈サラケ〉　サラケは中ノ川橋の右の田で掘った。表面から六〇cmほど掘り下げるとサラケが出た。サラケ掘りは田植前の五月で、まず表土をスコップで除けておき、縄で計測しながら、オシギリと呼ばれる、先に鉄をつけた長さ六〇cmほどの箆《へら》状の鋤で掘り出した。一個のサラケは三〇cmに二〇cm、厚さ一〇cmほどだった。サラケは、カヅキと呼ばれる葭の根からできたものが多かった。掘り出したサラケは、田の畦・農道で干した。干しあげたものを稲刈り後リヤカーで家に運び、高さ二m×五m四方に積みあげ、藁のノマ（コモ）を掛けて保存した。飯炊きには、藁・柳・バラなどを使ったがサラケも焚いた。イロリのことをシボトと呼び、シボトではもっぱらサラケを焚いた。サラケはマサカリで切り、餅型にこなして燃やした。風呂はドラム罐を二、三軒が仲間で使った時代もあったが、風呂の燃料は藁だった。田の下が土のところ、砂利のところにはサラケはない。サラケをヤチ（湿地）から掘ることもあった。ヤチの表土を除け、サラケに至る。一枚目にはどうしても土が少し混じるのでよくない。二枚目・三枚目は混合物のない良質のサラケで、四枚目は砂や砂利が混じるので質が落ちた。こうして、一、二mも掘りさげることがあった。半ズボンや顔は泥だらけになった。サラケをシボトや竈で使ったのは昭和二十年代までのことである。

〈シクサ〉　この地では牛馬飼料のことをシクサと呼んだ。鰺ヶ沢町長平に草刈場があり、田植終了後、七月、そこへシクサ刈りに出かけた。ノマ小屋と呼ばれる小屋がけをして十日から二十日間ほどの泊りこみをした。藁を綯ったものを二本つなげてヒトマルとし、一駄八マルとして馬車のあるところまで馬でおろし、一車に八〇マルを積んで家まで運んだ。一日分の馬のシクサは箕一ぱいとし、藁・小糠を混ぜて餌とした。水田三町歩を作れば藁を餌・敷草としてじゅうぶんに使えると伝えた。

④青森県つがる市木造吉見・野呂長蔵さん（昭和十二年生まれ）

藁で飯を炊く家もあった。風呂は薪で、薪や杉の枝を、秋の収穫が終わってから屏風山まで買いに行った。カヤ（薄）も燃料にした。シボト（イロリ）と竈にはサルケを使った。

〈サルケ〉　サルケはヤチと田の両方から掘ったがヤチのサルケの方が良質だった。ヤチのサルケ掘りは、稲刈後から翌年の三月にかけて行った。ヤチの母植物は葭の根で、一個のサルケの大きさを一尺×八寸×六寸ほどにして掘ったのだが、これを四段分採掘することができた。採掘の用具は、篦型の鋤で、木部はナラ材、先に鉄の刃をはめたものである。掘り出したサルケはブロック積みのように積んで乾燥させたのだが、組み合わせの型は風通しの空隙部ができるようにくふうした。シボトや竈で燃す時には鉈で割って使った。竈で焚く時には、まず竈の穴に一本の棒を入れ、その棒の両側に刻んだサルケを合掌型に並べて点火するというくふうをした。良いサルケはガスを燃した時のような炎をたてた。シボトの脇にも、竈の脇にもサルケ箱と称して、サルケを手もとに置くためにリンゴ箱ほどの箱を用意し、その中にサルケを入れておいた。サルケは昭和二十五年まで使った。

〈ヤチ〉　ヤチは湿地帯のことで、そのヤチからサルケを採掘したことについては先にふれたが、ヤチは、その周辺に住む人びとに多くの恵みをもたらしてきたのであった。ヤチはまず、屋根葺き材としてのアシガヤ(葭)を恵んでくれた。稲刈りが済み霰が降るころになるとアシガヤの葉が落ちる。アシガヤ刈りには、カヤ刈り鎌と呼ばれる柄の長い鎌を使い、藁一本分の長さの藁や縄で束ねたものを一束とする。こうして刈りとったアシガヤは屋敷にニホにして保存した。屋根替えは、完全な「結い」形式ではないが、近隣・親戚で助け合った。その際アシガヤを一、二束持参するのが慣例だった。

ヤチから採取した食物に蓴菜と菱の実があった。鮒・鯰もとれた。これらは焼いて食し、また保存しておいて汁の出しに使った。ヤチには、雲雀・葦切・羽白鴨・真鴨などがやってきた。鴨類は卵を抱くと逃げないと言われた。鴨類は狩猟対象となった。ヤチには個人所有と共有地があったが、屏風山から土を運んで埋め立てたり、ヤチを池に転換したりして次第にヤチは減少した。

⑤青森県つがる市木造山吹・藤田勝博さん(昭和五年生まれ)

飯炊きには藁・大豆ガラを使った。シボトではサルケを焚いた。

〈サルケ〉　三月下旬、田を七〇～八〇㎝掘り、ブロック大のサルケ一枚分の厚さを掘った。用具は箆型の鋤である。年に三〇坪ほど掘った。畦や農道に二段積みにして乾燥させておき、稲刈後家に運び納屋にイナニオのような形に積んで保存した。サルケを掘ったところには馬が入れなくなるので荒起こしも代掻きも人が行った。低くなった田には、高い畑の土を堅雪になってから彼岸までの間に馬橇で運び入れた。サルケには「ボヤケサルケ」と呼ばれる、混合物がなく煙も出ないがすぐ燃えつきてしまうサルケと、「ネンドサルケ」と呼ばれる、粘土混じりで煙はたくさん出るが火持ちの良いサルケとがあった。山吹のサルケはネンドサルケだった。稲垣村のヤチで採れるサルケは質は良いが火持ちが悪いと伝えられた。稲垣にもサルケはあるのだが、火持ちの良いネンドサルケを求めるためにわざわざ山吹にやってくる者もあったという。木造の出来島から買いに来る者もいた。山吹のムラうちにも他村の者でも山吹のサルケを買った者がいた。ネンドサルケは焚木の上に積んで燃すのがコツだった。シボトでサルケを燃やすのは十一月末から三月末までだった。シボトの座称は、主人の座をヨコザと称し、その向かいをキシモトと呼んだ。キシモトの脇にはリンゴ箱状の箱が置かれており、その中にサルケが入れてあった。サルケを焚くのはキシモトに座った者の役目とされていた。

〈馬とシクサ〉　馬料の草をシクサと呼んだ。五月末からは　田の畦の草を与えた。一番草と称して稲垣村のヤチのカヤ（薄）や、岩木山山麓の、鰺ヶ沢町建石の草を七月に刈って干し、馬力で運んでシクサにした。岩木川の河原の草もシクサにした。河原の二番草は青草として与えた。河原は十一月に「河原焼き」をした。馬の働き時には大豆・小糠・青米・麩《ふすま》などを与えた。山吹五〇戸の中で、冬季、馬橇で種市・板柳方面へリンゴ出荷に使う籾ガラを運ぶ駄賃とりをしている家が三軒あった。橇一台で大型の俵三〇俵の籾俵を積むことができた。勝博さんは父について籾運びをしたことがあったが、籾は道で売れた。父は町で一杯飲んで帰った。馬の安全は馬頭観音に祈った。

⑥青森県つがる市稲垣町繁田・尾野桂さん（昭和十年生まれ）

〈サルケ〉　サルケは田またはヤチで掘った。時期は田植前の四月・五月、道具はテズキと呼ばれる箆型の鋤である（写真5）。表土から一尺～一尺五寸掘ればサルケに当たった。水田の場合、サルケを掘った跡には高い田の土を入れた。煉瓦状のサルケを畦や農道などに積んで乾燥させておき、夏、馬で家に運んだ（写真6）。サルケは、高さ一間

写真6　乾燥させたサルケ・青森県つがる市稲垣町、いこいの里収蔵館

写真5　サルケ掘りのテズキ・青森県つがる市稲垣町、いこいの里収蔵館

半・二間四方の角型のニオにして雨除けに藁の屋根をかけて保存した。サルケはイロリで燃した。家の中の土間の一部に当面使う分のサルケを積んでおき。前にムシロを垂らしておいた。さらに。イロリのヨコザの対位置であるキシモトの脇に小分けしておいたサルケをキシモトに座る者が燃やす。来客があると「よくきたね」などと言って種火を囲むようにして切餅状に割ったサルケを立てた。しばらくするとけむくなった。サルケを燃やすと土臭かった。金木の中学校へ通っていたころ、岩木川右岸、山つきの生徒たちから川向こう（左岸）の生徒はサルケ臭いと言われた。それに対して、山つきの生徒はヒバの匂いがするとも言われた。イロリの燃料の臭いが衣服にしみこむのである。繁田には山がないので、大晦日でもイロリに木を一本焚く程度であとはサルケばかりだった。

⑦青森県つがる市車力町牛潟小字鶴舞崎・佐藤良三さん（昭和三年生まれ）

〈サルケ〉　サルケはヤチで掘った。戦前、牛潟は約百戸あったが、ヤチからサルケを掘る権利のある家は三分の一ほどだった。ヤチは広かったが、サルケが良く掘れるところは五反歩ほどだった。ヤチでのサルケ掘りは盆前後で、雨が降らずに田に水を入れた時期だった。掘り出す場所を五mに定め、そこに隣接する五m幅の地を、掘り出したサルケの干し場にする。五m幅の干し場は翌年の掘り場となる。約一mほど掘ったが、表土を除き、四段から五段掘れた。五段取れるとすると、上の二段のものは軟らかく、次の二段は硬い、そして、一番下は土混じりだったという。用具はテンツキと呼ばれる鋤と鍬である。サルケ掘りは年寄の仕事、隠居の仕事だと言われていた。掘り出したサルケはブロックを積むように、干し場に積んで乾燥させた。組む時には風が通るように、交互に空隙を作った。一箇月干してから、場所を変えて積み直し、乾燥を促した。そして、稲刈り後、家に運んで小屋の中に積んだ。当地のサルケは手でもよく割れた。サルケはイロリで焚いた。木の上にサルケをかぶせて焚いた。客が来るとサルケを加えたのだが煙はあまり出なかった。イロリでサルケを焚いたのは昭和十年までだった。

〈カヤヤチとカヤ屋根〉　カヤヤチと呼ばれるカヤ(葭)刈り専用のヤチがあった。これは個人所有だった。カヤはアシガヤと呼ばれ、屋根葺き材として利用された。アシガヤ刈りは、雪の降り始め、葉が落ちてから始められる。カヤはニオに組んで一年間そのままにして乾燥させてから使う。因みに佐藤家の母屋は、厩や屋内作業をする土間を含めて四間半に七間だった。カヤ束は径八寸ほどだが、右の佐藤家の屋根を葺くためには四〇〇〇～五〇〇〇束のカヤが必要だった。屋根葺きはムラ中の「結い」で、五〇尋一マロの縄を一〇マロずつ持ち寄るのがならわしだった。牛潟には一組四、五人の屋根葺きのグループが五組あった。そのいずれかに前年のうちに予約しておくのだった。メスガヤと呼ばれる、芯に発泡スチロール状の白い塊が詰まっているものを下に、オスガヤと呼ばれる、中が空洞をなしているものを上にして葺いた。ツマ・ヒラすべて一気に葺きかえるのに一週間かかった。葭の屋根の耐久力は五十年だったが、二十〜三十年の間に挿しガヤと称して補修をした。

⑧青森県北津軽郡鶴田町大性・田沢由蔵さん（大正十二年生まれ）

〈燃料〉　当地ではサルケは採掘できない。竈での飯炊きには藁を使った。シボトにはリンゴの枝・藁・薪を使った。薪は、旧南津軽郡碇ヶ関村から求めていた。戦前は二坪ほど買い、荷車で運んでいた。現在でも薪ストーブ用に三坪以上買うので一〇万円かかる。現在、薪ストーブは十一月中旬から四月まで使う。碇ヶ関より岩木山の方が近いのだが、戦前、岩木山では炭を焼いていたので薪が買えなかった。そうした戦前からの関係で現在も碇ヶ関から薪を買っている。リンゴは戦前から栽培しているので枝を燃料に使うことができた。リンゴの植栽は、戦前は縦横ともに八間間隔、現在は、縦横ともに四間間隔である。樹間に作物を栽培することはできない。

〈馬料〉　六月から十月までは田の青草を喰わせ、十一月から五月までは干し草を与えた。夏季鯵ヶ沢町長平の採草地にノマ小屋を建てて泊り込んだ。一人なら一箇月も泊らなければならない。ムラの仲間七人と泊ることが多かった。二尋のシナゲを五本置き、そこに木を並べてから草を置き一マルにした。そして、八マルを一駄とした。一頭の馬が一年間に喰う干し草は一二駄から一三駄だと言われていた。

菅江真澄は天明五年（一七八五）八月、津軽平野を歩いた。その旅の見聞が『楚堵賀浜風《そとがはまかぜ》』に記されている。その中に「サルケ」が登場するのである。(3) 十日五所川原に泊り、翌十一日として以下のように書かれている。

「十一日　空晴たり。亀田村（鶴田町）、鶴田村（鶴田町）といふ処を過来て、つるかめのすめる田の面はちよ万八束にみのる例をやみん――野山より、さる毛といひ、又谷地綿《ヤチワタ》といふ、木のくちたるごときものを土そこより起し、うまにつけて行は、例の火にくべけるもの也」――まことに貴重な記述である。後に比較考察を示す。

2　横手盆地の「ネッコ」

秋田県の横手盆地で草炭を掘り、それを燃料として使ったという体験談を旧大雄村で聞いたのは昭和五十八年のことだった。その時にも、山から離れた平地で暮らす人びとの燃料確保の苦渋を思った。菅江真澄が当地の「根子」について詳述していることも承知していたのだが、聞きとり調査は平成十六年以降になってしまった。菅江真澄は『雪の出羽路』平鹿郡 七において細密な絵図入りで根子について報告している。それは埋蔵燃料にかかわる民俗を考える上で極めて重要であるので、やや長くなるがまず、根子にかかわる真澄の記述を紹介し、次いで筆者の調査資料を報告する。

秋田県横手市大雄《だいゆう》田根森に田村という字があり、田村神社が鎮座する。田根森・根田谷地・潤井谷地・大谷地など、旧大雄村には湿地や根子にかかわる地名が多く、この一帯が泥炭埋蔵地帯であったことを物語っている。『雪の出羽路』平鹿郡 七に「田村」という項があり、以下のような記述がある。

「東に根田谷地《コンダヤチ》、百万刈、黒川、下境なンどの村々あり。また西に阿気《アゲ》、桜森あり。南に八柏あり。北は角間川……此村薪乏しければ、根子《ネッコ》といふもの掘りて朝夕サ是を焚《タ》く。ここにいふ田邑根子これ也。秋田ノ郡に根子てふ村あり。根子《ネッコ》は根榾《ネコウ》の湯桶読《ユトウヨミ》にや。……田村の根子○雄鹿の浦の賀須《ガス》○津軽の猿毛《サルケ》○越後の谷地腸《ヤチワタ》、また三河、尾張の岩木《イワキ》、こは石炭《セキタム》(の＝脱)たぐひ也。また南部ノ海辺にて石炭《セキタム》をいしずみ、いわずみなンどいへり。伊賀のくになンとにて宇瀰と方言《イフ》也、上品を石宇瀰、下品を綿うにといふ。「香に匂へうにたく岡の梅の花」なンど芭蕉ノ翁の句あり。また此田村根子を、延享(一七四四〜四八)のころならむか最上かね山の羽長坊、「炭竈は遠し土焚く夕けふり」と作り

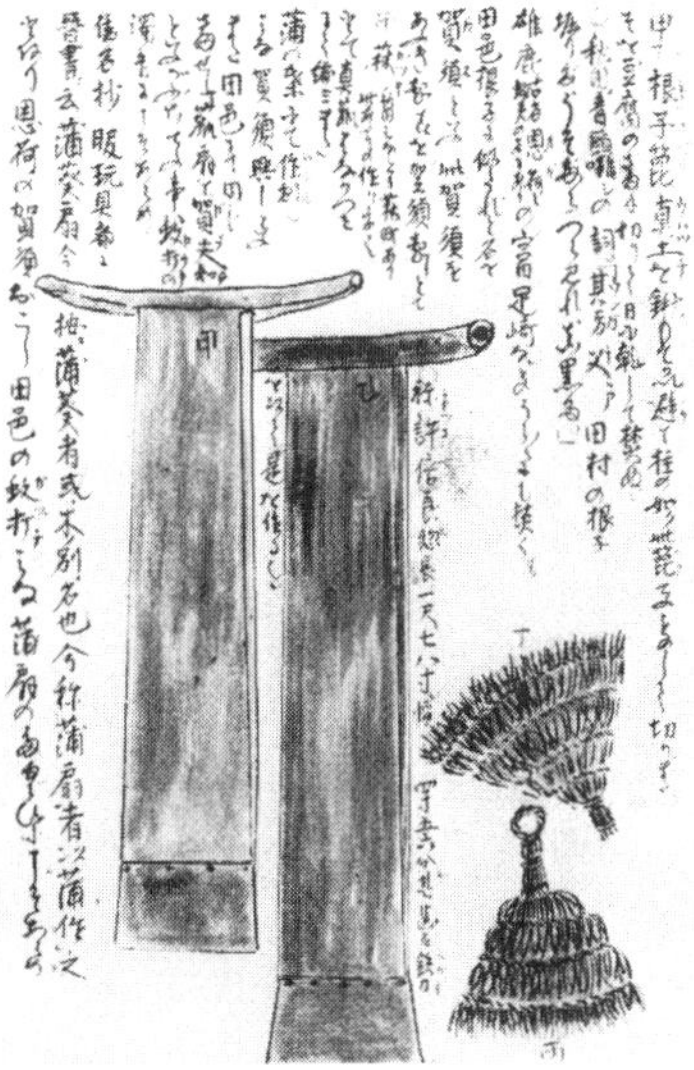

写真7　菅江真澄『雪の出羽路』平鹿郡七㋐（『菅江真澄全集』第6巻・未来社）

写真8　菅江真澄『雪の出羽路』平鹿郡七㋑（『菅江真澄全集』第6巻・未来社）

写真9　菅江真澄『雪の出羽路』平鹿郡七㋒（『菅江真澄全集』第6巻・未来社）

たる句あり。此根子を切ルに、一番掘《ホリ》は石雲丹《イシウニ》ノ如ク其色黒し。焚《タイ》て灰《ハヒ》と成れば、その色いと白し。二番堀りは綿うにのごとく品下《シナヨカラ》ず、その土の色赤し。これを焚《タケ》ば、灰もうす鼠色にして劣《オトレ》り、三番はいよゝおとりぬ。此一番堀の灰をこなし篩《フルヒ》にかけて、そのふるひたる灰を飯の液湯《トリユ》もて、其粘《ネバリ》して練りかためて、日に乾してまたその灰を焼ヶば、白き事雪のごとし。また羅合にかけて是(を＝脱)貢物《コモノ》、土産《ツチケ》ともしけり。田村灰とて、又たぐふかたなき品にして人みな是をめづれど一番はまれ也、とし久しう掘り尽して二番三番と掘る処多し。此根子てふ物も、むかしは他郷《ワキムラ》の人も銭《アタヒ》を出《イダ》して掘もて行しかど、正徳四(一七一四)年のころならん、別村《コトムラ》の人《モノ》には根子掘り取らすまじきよしの命令《オホセ》をかゝふりて、其事止《ヤミタリ》ともなもいへる。」

次に真澄絵図㋐㋑㋒の詞書きを引く。

㋐「甲乙根子篦《ネッコベラ》、真土鍬《ウハツチ》もてかい避《ノケ》て柱の如ク此篦《ヘラ》てふものして切り、またそを豆腐のさまに切りて、日に乾して焚ぬ。秋田ノ音頭ノ噺シの詞「其方父《ウンガテテア》田村の根子掘りだ、うそだらつら見れ、真黒だ」雄鹿古名恩荷(オガ)と蝦夷の名にありの宮田足崎なンどのうら〳〵にて焚くも田邑根子に似たれと名を賀須《ガス》といふ。此賀須をあふき起すを賀須起しとて、丙森《ガッキ》秋田みなとに森町あり此あたりの作字也とて、真菰はなかつみにて編み、また蒲の葉にて作《ツクル》制也。みな賀須興しといふ。……恩荷の賀須おこし、田邑の蚊打《カブチ》みな蒲扇のたぐひにこそあらめ。祢許倍良《ネッコベラ》、惣長一尺七、八寸、幅四寸五、六分、其歯は鉄刀《ハガネ》を以て是を作る也。」（写真7）

㋑「甲田村根子ノ一番掘リ、乙二番掘リ、丁恩荷の賀須《ガス》、丙津軽の猿毛《さるけ》、己南部のいしずみ是石炭也。庚三河、尾張岩木てふものの品々也。宇迩、わたうには岩木のたぐひあらむ。並てはもろこしにいふ土薪てふ品《モノ》にや、また異物《コトモノ》にや、なほ知れる人にとはまほしき事になむ。」（写真8）

㋒「根子《ネコ》新穂《ニヒホ》。黒根子ハ上品とし、赤根子ハ下品といふ。」（写真9）

写真10　ネッコのホッパとなる薄原・秋田県横手市大雄田根森字田村

まことに詳細な聞きとりと観察がなされている。

特に注目すべきは、田村根子を緒として、草炭・泥炭・石炭に至るまで地下埋蔵燃料の総合的検討を試みているところである。田村根子から田村灰に至る記録はまことに貴重であり、イロリを中心とし、冬季、とりわけ暖に執着した雪国の人びとの燃料の民俗の豊かさをみごとに記録している。

以下に、根子掘りにかかわった人びとの体験と伝承を記す。

⑨秋田県横手市大雄田根森字田村・森岡巳之吉さん（昭和四年生まれ）

当地は真澄の言う「田村根子」の本場であり、ネッコ利用の由来伝承がある。弘法大師が当地に巡って来られた時、この地は山も遠くて燃料を手に入れるのが大変だからといってネッコを掘って利用することを教えてくれたのだという。

〈ホッパ〉　ネッコが埋蔵されており、ネッコを掘ることのできる地、さらにはネッコ掘りの現場のことをホッパと呼んだ。ホッパは「掘り場」の意である。ホッパの地上植生は、萱（薄）・葭などを主とする地、萱がなく、灌木などの生えている原野といった二種があった。戦後は共有地を割地したところを利用した。萱も葭も屋根葺き材として利用された。既に真澄の記述の中に、良質のネッコは掘り尽くされ、二番・三番を掘っているとあることからすれば、昭和に入ってからの資源枯渇は厳しいものであったのだが、それでも田村地内を歩くと、薄原の原野、一部樹林と化した埋蔵地

写真11　ネッコ掘り篦・秋田県横手市大雄田村、森岡巳之吉家

が残っている（写真10）。採掘するネッコ一本分の単位は後述するが、一年分の自家消費量が三五〇〇本、それに必要なホッパは三畝だったという。ホッパに生えている萱や葭は貴重な屋根材となったのでこれを利用した。萱・葭刈りは、稲の収穫が終わってから行った。一五、六戸で「結い」を組んで屋根葺きをした。ホッパ候補地の原野で屋根材を調達し、その土中からは燃料を獲得する。一部はネッコを商品として現金収入を得るという。複合的で効率的な荒蕪地利用をしていたのである。地層は場所によっても異なったが、表土を除くと上層にアカネッコ、下層にクロネッコがあり、両者合わせると一〇尺はあった。

〈採掘用具と採掘技術〉　採掘にはネッコ掘り篦を用いた。前掲の真澄絵図㋐に描かれたものは木製の篦台の先に鉄の刃をはめた風呂鍬風のものであるが、森岡さんの使用したものは写真11のようなもので、逆T字型の鉄製の篦に木（杉）の把手をつけたものである。T字の横画に当たる刃の部分は鋼《はがね》で、二〇・五cm、T字の縦画に当たる部分は刃先から柄の付け根まで三八cmである。篦は鍛冶屋で作らせた。どうしても刃の部分が摩耗するので、冬季に鍛冶屋に頼んでハガネイレをした。ネッコ掘りにはもう一つの道具を使った。それは写真12のようなもので、T字型組木の横画に当たる部分に三寸の間隔で二寸五分釘を七本打ちこみ、馬鍬状にしたものである。表土を除いたホッパに釘を挿しこむ状態にして柄を持って引けば、ホッパの表面に三寸幅の土塊六本分の区分けができることになる。そうした線を正しく縦横に組み合わせて引けば、三寸角の正方形が三六個碁盤の目のように並ぶことになる。この三寸角が、真澄絵図㋐詞書きの「柱の如ク」と表現された、角柱状のネッコの上・下の寸法に当たるのである。概ね四尺幅で、順に一尺ずつ掘りさげてゆく。ネッコ掘り篦の刃の幅は、三寸角の一辺を二つ掘ることができるようになっており、篦の丈の分だけ篦をホッパの土に押しこむと、燃料単位としてのネッコの長さたる一尺が計測できるようになっている。自家用ネッコの形態は一部基準からはずれることもあったが、ネッコを商品とする場合は、三寸角で丈一尺を一本としていたのである。

ネッコ掘りに際しては、表土をあらかじめ除いておき、一人が掘り、二人が運びと整理に当たる。運搬は一輪車である。午前六時半、女性が食事の片づけをしているころ、男はホッパの表土掘りを始めた。ホッパの一部に干し場を作っておき、そこに通風を考慮して積み、乾燥させる。交互に隙を作るブロック積みのようにして空隙に風を通して乾燥を促したのである。

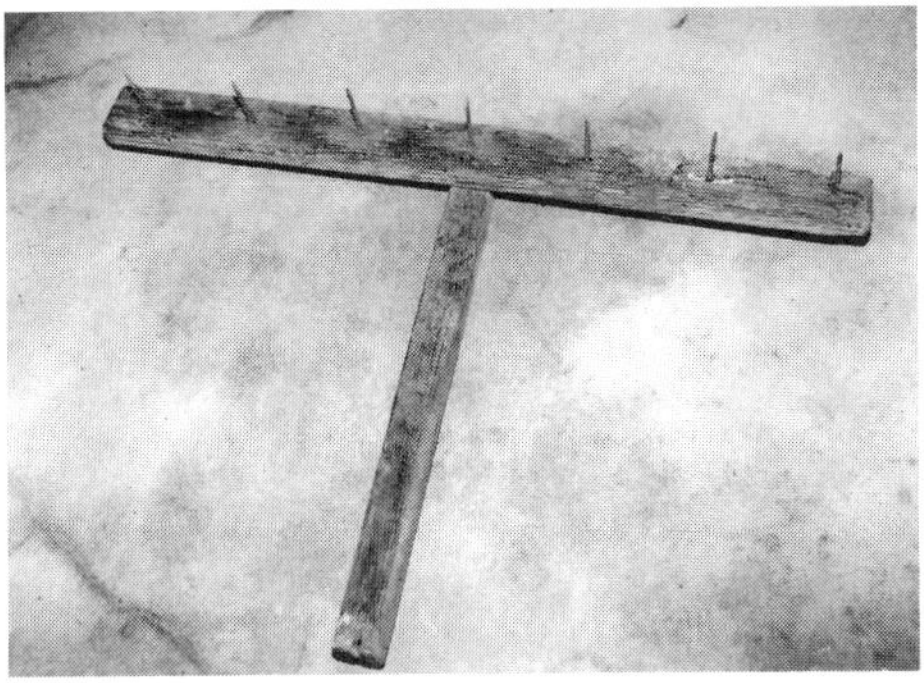

写真12　ネッコ掘りの線引き具・横手市大雄田村、森岡巳之吉家

〈ネッコ掘りから販売へ〉　ネッコ掘りの時期は四月末から田植前の五月末までで、七月末には一次乾燥を終了する。そこで積み替えをする。乾燥したものを屋敷に運び、真澄絵図㋒のようなネッコニオにして保管した。ひとニオは六〇〇本である。販売先の六割は大仙市角間川町、他は横手のマチへ売りに行ったり、仙南から買いに来る者に売ったりした。四〇本を一行李とし、戦前は人力ソリに一〇行李を積んで運んだ。三〇〇〇本で米一俵、年間四〇〇〇〇本は採掘していたので米一〇俵は入った。雄物川河畔の乗阿気ではネッコが出ないので、原野の権利を買い求めて掘りに来る人もいた。

〈ネッコの終焉〉　ネッコはイロリ・風呂・竈の燃料にした。当地では泥炭状のものをネッコと呼んでいるのだが、中に、桜・檜・松などの木が腐蝕し

写真13　保存されるネッコ・秋田県横手市大雄田村、森岡巳之吉家

ないで残っているものもある。これを当地ではネキ（根木）と呼んだ。ネキは、柴・薪とともに焚きつけ用にした。同じ東北地方でも津軽のサルケが葭などの禾本科植物を母植物にしているのに対して、田村ネッコの方が多様な植物を母植物とした泥炭であることがわかる。昭和五十八年六月二十五日の『秋田さきがけ』に、森岡さんがネッコ掘りをしている様子の記事が掲載されている。中に、この時現在で、旧大雄村において、風呂の燃料だけにネッコを利用している家が六戸あると記されている。森岡家で石油ストーブを使い始めたのは昭和六十年、風呂に石油を使うようになったのも同年だという。ネッコが暮らしの中から消えたのである。

イロリでネッコを焚いていた時代、梁も天井も屋根裏も煤にまみれた。梅雨期にはその煤が湿気を帯びて落下してきた。それは衣類を汚し、人びとを悩ませた。森岡家ではその対策として、入梅前に梁の上に葭・萱の簀を張り、梁を杉の皮で覆ったものだという。

真澄絵図㋐に見られる蒲の葉のカブチの伝承はない。森岡さんの時代、ネッコの燃えをよくするために煽ったのは渋団扇だった。

ネッコは昭和三十年前後に一番よく売れた。昭和四十年までは売れたがその後売れなくなった。高度経済成長期、母屋を建て替えるイエが増えた。新築の家を汚したくないのでネッコの使用はやめ、石油ストーブにしたのである。風呂も、台所もネッコを受けつけなくなった。戦時にはクロボクを使って豆炭を作って出荷したこともあった。——

森岡家の納屋には今でも使い残しのネッコが保存されている（写真13）。

⑩秋田県横手市大雄潤井谷地・佐々木倉太さん（昭和二年生まれ）・サダさん（昭和二年生まれ）

潤井谷地は雄物川と横手川の中間に当たる。潤井谷地を中心として大戸川より東、精兵衛より西にはネッコはない。当地にも、ネッコの利用は弘法大師に教えられたという伝承がある。

〈ネッコの環境〉　ネッコの母植物の中には松や桜なども混っていた。松葉は形が残っており切れにくい。松の幹はやわらかいうちに細かくしておかなければダメである。現在田圃になっているところは、既に先祖がネッコを掘ってあるので田を掘ってもめったにネッコはない。先祖がネッコを掘りながら開拓していった様子がよくわかる。ネッコを掘るのは原野だった。一〇戸で組を作り、地主から原野の採掘権を毎年三畝ほど買った。その三畝を一〇戸で均等に地割りしてネッコを掘った。地主への支払いは米で行っていた。原野には萱（薄）が生えているのでそれを刈り、防風・防雪の垣に使ったり、簀に使ったり、屋根萱にもした。ネッコの層にはクロボクと赤みを帯びた層とがあった。九尺から一丈掘ると青粘土層に至る。表土を除くと三尺がアカネッコ、六尺がクロネツコだった。ネッコが採れるところは酸性で、水田にした場合苗はよく生長するがその割に稔りが良くないという。また、ネッコのあるところは地震に弱いという伝承があるが、ネッコを掘った跡は安全だと言い伝えている。

〈ネッコの採掘〉　ネッコ掘りにはネッコ掘り篦を用いた。刃の部分が鋼鉄製で、刃わたりが二二・五cm、刃先から把手の付け根までが三三cm、把手の長さが二一・五cmである（写真14）。ズッシ

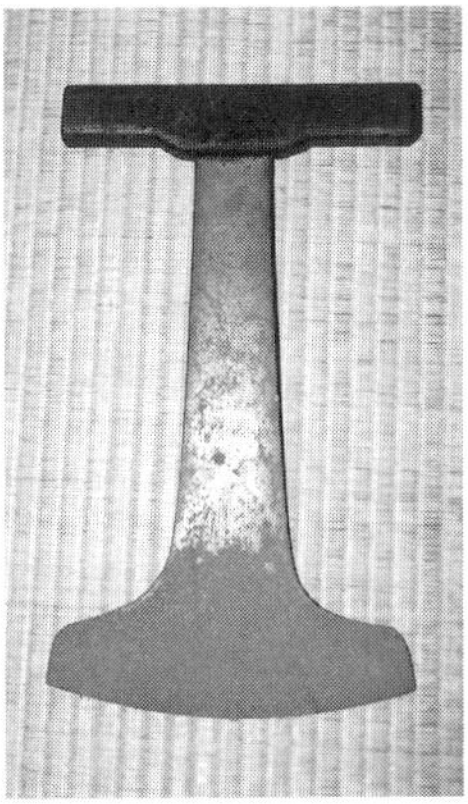

写真14　ネッコ掘り篦・秋田県横手市大雄潤井谷地、佐々木倉太家

写真15　一輪車でのネッコ運び（昭和20年代）・秋田県横手市大雄潤井谷地、佐々木サダさん

リと重く、折々研がなければ切れが止まってしまうので箆研ぎにも苦労した。一個のネッコの大きさは三寸角、長さは乾燥して八寸ほどになった。一回の採掘は右のようなブロック型のネッコ三段分とされた。採掘は三人一組で進められた。一人は表土を掘り除く係、一人は掘る係、いま一人は一輪車で運ぶ係である。採掘係は一度に二枚ずつあげ、運搬係がこれを受け取って一輪車に積む。一輪車には一回二〇本ずつ積んで運んだ。運び先は積み場で、よく乾燥するように空隙を設けながら八段組みに積んだ。田植終了まで干してから積み替えをする。ネッコ掘りにかかわる服装は、地下足袋・藁脚絆・職人前掛だった（写真15）。ネッコを掘る季節は四月から五月中旬にかけてだった。ネッコ掘りをすると爪が赤くなった。七月上旬に掘ったこともあったがそれはごく少々だった。七月に掘ったものは冬までに乾燥しきれないからである。干しきれないうちに霜や雪に当たって凍るとネッコがだめになると言われた。よく乾燥したものはニオに積んだ。ニオには丸ニオと角ニオがあった。真澄絵図㋒のニオは丸ニオである。角ニオは、四尺×四尺×三尺ほどだった。ニオの屋根にはドバを使った。ドバとは藁丈の三分の一の位置を綯いつけて腰蓑状にしてつないだもので、藁ノレンの長いものである。これをネッコニオの上部即ち屋根をなす部分の下方から上方へ、巻きつけるようにして何段も重ねる。数箇所に木の枝を垂木のようにして抑えとして固定する。雪が入らないように注意する。こうして保管しておいて冬季、横手の町へ売りに行ったのである。

〈ネッコの販売〉　販売先は横手の町の得意先だった。稲の芯をミゴと呼ぶが、そのミゴを縄にしてそれで編んだコモをネッココモと呼んだ。ネッココモは棄捨するものではなく、何年間も大切に使った。五〇本のネッコをネッココモに包んで三箇所を縛って荷造りし、一〇包をリヤカー一荷とした。こうしてネッコ売りに出かけたのであるが、値段は時代によって変動した。一本五〇銭のこともあった。ひと春一〇万本掘ることができると言われ、多くを販売用にしたが、不良品や一部は自家用として消費された。

〈ネッコのある暮らし〉　ネッコは主としてイロリと風呂に使った。ネッコの燃えを良くするために煽ぐ用具は真澄絵図写真7㋐にあるカブチのごときものではなく渋団扇だった。イロリでネッコを焚くとタンスの中の衣類までネッコ場の臭いがしみついた。梅雨期にはネッコの煤が滴となって落下し、衣類を汚すので、梅雨前に天井裏の梁を杉皮で覆っておき、煤露を防いだ。梅雨明け、盆前に梁を洗った。ネッコで沸かした風呂は体がほんのり温まると称して特に喜ばれた。サダさんの実家は雄物川に近い剰水だった。実家の燃料は薪七〇％、ネッコ三〇％だったが、ネッコはイロリ・風呂に使った。ネッコを使うと風呂の湯が軟かくなると伝えていた。佐々木家で風呂とイロリにネッコを使ったのは昭和四十年までだった。倉太さんがネッコ掘りをしたのは昭和十七年から同四十年までのことだった。昭和四十二年に耕地整理が行われ、ネッコの時代は完全に終わった。

⑪秋田県横手市大雄根田谷地西・世坂鉄男さん（昭和十二年生まれ）

昭和二十六年から同四十年までネッコを掘った。ネッコ掘りの最後の世代である。

〈ネッコの採掘〉　ネッコを採取する場所のことをホッパと呼んだ。ホッパには二種類あり、自家所有の原野で掘る場合と、地主の原野の採掘権を四戸ほどで買う場合とがあった。単位は一反歩ほどだった。原野の木は伐って燃料にしたが、ホッパを借りた場合、アカマツは地主が植木屋に売っていた。ネッコ掘りには春掘りと夏掘りとがあった。

写真16　ネッコ掘り箆を持つ世坂鉄男さん・秋田県横手市大雄根田谷地西

春掘りは四月下旬から五月五日ごろまで、即ち田植前で、六月二十から七月十五日の間に積み替えをした。夏掘りは七月・八月で、干すのに十日ほど長くかかった。採掘の作業分担は、表土を掘り除く者、若者一人、スコップを使って行った。ネッコを掘る者、一人、これには年寄が当たった。運搬整理は女性が二人で当たった。運搬は一輪車で父が家で作ったものだった。表土は六〇cm、その下がアカネッコ三段、さらにその下がクロネッコ三段、その下は粘土混りで使えない。ネッコ掘りの用具はネッコ掘り箆で、写真16のようなものである。鉄製で、刃の部分が鋼《はがね》である。刃わたり二二cm、刃先から把手の付け根までは三六cmである。把手は杉の木で作られている。一本のネッコは三尺角、長さは一尺で、乾燥させたネッコは、二尺四方、高さ三尺のニオにして藁で屋根をかけた。

〈ネッコの販売と利用〉　秋、稲の収穫を終えると五〇本ひとコモにしてリヤカーに積めるだけ積んで横手の町へ売りに行った。雄物川河畔の阿気からもリヤカーで買いに来た。原野を地主から借りた場合は、掘ったネッコの量に応じて借賃をネッコで納めていた。自家用としては、イロリと風呂に利用した。アカネッコは火力が弱いので風呂に使い、クロネッコは火力が強いのでイロリで焚いた。世坂家の燃料はネッコが八〜九割、残りが地下埋蔵の松を干したものだった。戦時中、ネッコの上のクロボクと呼ばれる土を水で練り、乾燥させて東京へ出荷していた。妻のキリ子さん（昭和十七年生まれ）は旧大雄村乗阿気から昭和三十年に世坂家に嫁いできた。そのころ、実家の藤谷家の燃料は七〇%がネッコ、三〇%が薪だった。イロリは薪とネッコ、風呂はネッコ、竈はネッコとヌカ（モミガラ）だったという。新町に、一段掘りで良質なネッコが出るホッパがあったのでその権利を買って掘っていた。イブリガッコと呼ばれる燻製の大根漬けがあるが、ネッコをイロリで焚くと家中がイブリ臭くなったものだった。

「とし久しう掘り尽して」と真澄が記してからも、現大雄村の人びとは、昭和四十年までネッコを掘り続け、自家用として利用し、商品として米や現金を得続けてきたのである。真澄の時代に比べ、埋蔵量が相対的に減少しているにもかかわらず、採掘量は増加し、商品としての出荷は増加していたのである。三寸角長さ一尺という規格が一般化し、五〇本ひとコモという流通単位も定まっていた。津軽のサルケ掘りに使われたテンツキ・テズキ（手鋤＝写真4・5）が風呂鋤型で、真澄絵図㋐の「根子箆」に似ているのに対して、大雄のネッコ掘り箆（写真11・14・16）がより鋭利になり、その形・寸法がほぼ一定しているのは、もとより泥炭の母植物、泥炭の質にもよるのだが、何よりも、大雄のネッコ掘り箆が、商品としてのネッコの計測、尺とりに用いられたからではあるまいか。また、その形態には採掘能率の向上の意図もうかがえる。真澄の言う「田村灰」は衰退しているものの逆に、戦時中、クロボクでタドン風の燃料が作られ、大都市東京へ出荷されていたのである。地主との間でホッパの採掘権の売買があり、その支払い形式が、米・ネッコなど様々であったことも注目される。

3　サルケ・ネッコから見えるもの

泥炭は主として湿地帯で生成される。湿地の状況、その乾化や開発・母植物の種類や状態によって採掘・乾燥の方法や時期も異なってくる。紹介してきた事例を見ると、津軽のサルケの場合は、現状も湿地となっているヤチからの採掘（事例③④⑥⑦）例がある。ヤチの採掘権を持つ者が掘り、採掘時期はヤチの水が減る盆前後（事例⑦）、稲刈後（事例④）など様々だが、サルケは掘れば直ちに利用できるものではなく、乾燥させなければならず、乾燥させたものを運搬・収蔵しなければならないので苦労があった。ヤチ採掘の場合は採掘範囲のそばにサルケ干し場も作らなければならなかった。サルケ地帯が降雪・積雪地帯であることをふまえると、作業工程にはくふうが必要だった。サルケの質は、事例④においては、田から採掘したものよりもヤチ採掘のものの方が良いとしている。

ヤチ以外の主たる採掘場所は水田だった。水田も、自家所有の田と地主の田を掘らせてもらう場合とがあった。水田で採掘する場合は、田植前に埋めもどさなければならないので極めて多忙な作業となった。事例②の場合、溜池からサルケを掘り出しているのだが、採掘時期は、田植後の二番草終了後、田への放水が済んでからだった。

横手盆地のネッコ採掘の場は原野だった。原野には、薄・葭の生えたところと灌木の生えたところの二種があり、水田の下は対象外だった。ネッコを採掘する場所はホッパ（掘り場）と呼ばれていた。水田の下のネッコは開発期またはその後、先祖が発掘を行い、残存するものはないという。真澄の時代、良質のネッコは掘り尽くされ、人びとは二番・三番を掘っていたというのだが、それにしては近代以降の採掘量が多かったと言えよう。採掘希望者が組を作って原野からネッコを採掘する権利を買い「結い」で掘り出すという形が多かった。泥炭の母植物は、サルケの場合、マコモ・アシ（ヨシ）などイネ科植物が多いというが、ネッコの場合は、イネ科植物に、サクラ・ヒノキ・マツなどが混ざったものだったという。ネッコの採掘時期は、乾燥・運搬・利用の時間と時期を考慮して田植前に行われていた。

表土からの掘削深度はヤチ・原野・水田いずれの場合も環境条件によって異なるが、おのおのについては事例で示した通りである。

津軽サルケの採掘用具は鋤先の切削部にクワガタの鉄を使い、それに木の台、木の握り把手をさしこんだ風呂鋤型である。事例（写真４・５）。大きさは写真５によってわかる。呼称は事例①＝カナベラ、事例②⑦＝テンツキ、事例⑥＝テズキ、事例③＝オシギリなどと様々である。テンツキ・テズキは「手鋤」の意である。農耕用の手鋤は刃先と把手が平行である。サルケ採掘鋤も写真4は平行であるが、写真5は刃先と把手が十字になっており、上から下へ押し切る際、体重と力をより多く掛けることができるようにくふうされていることがわかる。

横手盆地、田村ネッコの採掘用具を見ると、真澄絵図には、写真7のごとく、風呂鋤風であるが、木の鋤台の部分が異様に大きく、鋤先の鉄部の幅が把手とつなぐ位置と同じであるのが特色である。真澄はこれを「ネッコベラ」と記している。長さ一尺七、八寸、幅四寸五、六分と記されている。これに対して近代以降昭和時代まで使われてきたものは、写真11・14・16に見るごとく、逆丁字型の鋼鉄製で、下部に刃をつけ、上部に木の把手をつけたもので、刃は鋭利になっている。事例⑨刃渡り二〇・五cm、柄部（鉄・刃先から柄の先まで）三八cm、事例⑩刃渡り二二・五cm、柄部三三cm、事例⑪刃渡り二二cm、柄部三六cmとほぼ同じ寸法であることがわかる。このことは、商品として流通するネッコの寸法が、三寸四方に長さが一尺と定まっており、刃渡り寸法が三寸を二つ切り出すことのできる幅になること、刃先から柄の先端（把手の付け根）までで、それによってネッコの長さ一尺の尺とりができるようになっていることによる。横手盆地は事例に見る通り、ネッコの流通が極めて盛んであり、その運搬・売買のためにネッコの形状・容量が規格に合ったものでなければならなかった。そうした事情がこの地の採掘具の規格化を促したのであった。鋼製ではあるが「ネッコベラ」または「ネッコ掘りベラ」と呼ばれていた。横手にはいま一つの採掘用具としてネッコ掘りの線引き定規があった。それは写真12、事例⑨で説明した通りである。

サルケ・ネッコをブロック状にして掘り出したのだが、湿気を含んでいるのでよく乾燥させなければ燃料にはならない。サルケを田から掘り出す場合は、畦または農道で、ヤチの場合は仮設した干し場で乾燥させた。二〜三段のブロック積みにして、市松模様のように空隙部を通風口として乾燥を促した。よく乾燥させるためには適宜積み替えなければならなかった。ネッコ掘りは原野で行われたが、原野の一部にネッコ干し場を作った。採掘作業には、表土掘り、ネッコ掘り、一輪車で運ぶ係、ブロック積みの係などと作業分担があった。田植前に採掘したものはじゅうぶん乾燥させることができたが、夏掘りの場合は乾燥させるのに苦労した。乾燥させたものは馬・リヤカーなどで屋敷に運び、丸ニオ・角ニオに積んで保管した。

人の暮らしにかかわる火所は様々であるが、高度経済成長期以前にはその中心がイロリであった地域は広い。とりわけ積雪地帯においてはイロリが重い役割を果たしてきた。津軽ではイロリのことをシボト・シボドなどと称する、ホド・ホトは「火処《ホト》」の意であろう。津軽平野でサルケを焚いた中心的な場もイロリだった。サルケもネッコも当面使用する分量を木箱に入れてイロリのキシモト（ココザの向い）近くに置き、燃やす時には切餅型に細かく切って火の周りに並べた。来客に対してはまず切餅型のサルケを追加して歓迎したという（事例⑥）。

サルケ・ネッコはともに生成環境・生成条件、地層の層序などによって品質に差が出た。それは例えば「ツルメクサルケ」と「ザラメクサルケ」（事例②）、「ボヤケサルケ」と「ネンドサルケ」（事例⑤）、「アカネッコ」と「クロネッコ」（事例⑨）などで、（事例⑤）では、すぐに燃え尽きるサルケを不可とし、土の混合率が適切であるものは火持ちがするのでそれを良しとしている。事例⑨では火力の弱いアカネッコは風呂焚きに使い、火力の強いクロネッコをイロリで使ったとしている。サルケ・ネッコを燃やすと多量の煤が出て、それがたちのぼり、天井の簀や梁に付着する。その煤が梅雨どきの湿気で黒い汁となって落下して衣類を汚した（事例②⑨⑩）。サルケ・ネッコを燃やすと煙たさもあり、臭いもあった。サルケ・ネッコを燃した時の臭いは黴臭い（事例①）、イブリ臭い（事例⑪）などと表現されている。その臭いは衣類に染み着く（事例⑥）、タンスに収納しておいた衣類まで染み着いた（事例⑩）という。つがる市稲垣町の尾野さんが金木の中学校へ通っていたころ、山つきの生徒からかけられたという「川向こうの生徒はサルケ臭い」ということばを聞いた時には驚いた。「山つきの生徒はヒバの匂いがする」ともいう。環境差にもとづく「燃料のちがい」がこんなところまで響いていたのである。津軽平野のサルケは昭和二十年代、横手盆地のネッコは昭和四十年まで使われた。煤や臭いを伴う地下埋蔵燃料は、高度経済成長期以降の生活様式の変化、住居の建て替えに伴って過去のものとなった。

サルケ②にはシボトで燃したサルケの燠をコタツに入れており、ネッコ地帯ではクロボクを固めてマメ炭やタドンのように加工した例もある。真澄の記した「田村灰」のごときものは聞きとりの中では出てこなかったが、サルケ・ネッコが様々な形で利用されてきたことがわかる。サルケもネッコも売買されたのであるが、事例の中で示した通り、ネッコは流通・売販の単位が定められており、流通が盛んだったことがわかる。

草炭・泥炭・亜炭などが採掘利用されたのは津軽平野や横手盆地のみではなかった。松尾芭蕉の『有磯海』の詞書きに「伊賀の城下にうにと云ものあり。わるくさき香」とあり「香ににほへうにほる岡の梅のはな」という句がある。[5]ここに登場する「うに」は泥炭である。三重県伊賀市上野の市街は台地の上にあり、周囲の山から離れている。台地の一角で農業を営んでいた中森繁次郎さん（大正八年生まれ）は、タバコ栽培をし、その乾燥燃料にウニと松の割木を使用した。ウニの採掘は旧上野市郊外の上友生小字界外、向芝で行われていた。また、旧上野市西高倉の川森増一さん（大正十年生まれ）によると、西高倉にもウニの採掘所があり、昭和初年から終戦直後まで採掘され、大阪の日東紡績の燃料にされていたが戦争中には軍需工場へまわされていたという。静岡県藤枝市中藪田には湿原があり、その周辺にソブッ田と呼ばれる湿田があった。同地の福井金苗さん（大正十一年生まれ）は次のように語る。ソブとは葭の根が堆積したもので、それを掘って乾燥させると草炭になった。ソブの層は水田の底をなしており、その下がヌマ、その下が砂利だった。ソブの層を掘り出して二、三年おくと燃えるようになる。ソブの用途は燃料以外に二種類あった。一つはソブを乾燥させて壁材とし、いま一つはソブと人糞尿を混ぜて肥料にするというものだった。ソブを掘った跡地は池になっていた。草炭・泥炭の民俗調査はさらに深めなければならない。

イエの燃料構成はイエの置かれた環境や時代によっておのおのにちがいがある。山から離れた平地の場合、それはより複雑になる。事例①では、イロリ・コタツ＝サルケ、竈炊飯＝藁・大豆ガラ、風呂＝流木（河原木）、山から買った柴＝イロリ（ハレの日）。事例⑪は、燃料の八〜九割がネッコで、埋蔵木（松＝ネキ）と原野の灌木を補足として使った時代がある。事例②では、全燃料の八割がサルケ、二割がリンゴの剪定枝と、山地から買う薪とでまかなった。

山から離れた津軽の平野部ではヤチの葭にも屋根材・雪囲い材などとして活用したり、横手盆地ではホッパの萱（薄）を屋根材として確保してからネッコを掘ったり、灌木を燃料用に伐薙してからネッコを掘ったりした。サルケ・ネッコ地帯の柔軟な環境適応、積極的な環境利用には心を動かされた。

註

（1）高宮信夫「序説」（監修村井資長『草炭の科学――21世紀に役立つ新しい有機資源――』早稲田大学事業部・一九九八）。
（2）松木明『弘前語彙』（青森県図書教育用品株式会社・一九八二）。
（3）菅江真澄『楚堵賀浜風』一七八五（内田武志・宮本常一編『菅江真澄全集』第一巻・未来社・一九七一）。
（4）菅江真澄『雪の出羽路』一八二四〜一八二五（内田武志・宮本常一編『菅江真澄全集』第六巻・未来社・一九七六）。
（5）松尾芭蕉『有磯海』一六九五（井本農一・堀信夫『松尾芭蕉集』①全発句・小学館・一九九五）。

Ⅱ　海山を結ぶ川——サケ・マスの循環と民俗——

はじめに

マス（サクラマス）は日本海側、東北地方の太平洋側において、河口から一〇〇km以上、時に標高一〇〇〇m以上の山中にまで溯上した。山中で産卵し、卵は孵化して海に降る。母川に回帰し、奥深い山中に至り、また産卵する。この生命のサイクルの中でマスは山の人びとにとって大きな恵みとなってきた。マスはまた海と山を舞台として壮大な旅をする魚であり、海山を結ぶ存在だった。筆者はこれまでこうしたマスの生態に注目し、マスを中心とした山中の渓流漁撈が、河川源流に近い山地のムラにおける始原生業複合の重要な要素になっていたことを明らかにしてきた。(1)したがって、筆者のマスに関する民俗の調査地はいわゆる山村、しかも源流に近いムラに限られていた。

平成十年八月二十六日、福島県耶麻郡から山越えして山形県西置賜郡飯豊町上原に至った。同地の高橋要松さん（大正八年生まれ）からマスの話をうかがっているうちに、サナブリにムラの男たちが集まってマスの共同漁撈を行ったという体験を聞かされた。集団で渓流を溯上しながらマスを獲るという形の共同漁撈の話はこれまでにも多く聞いていたが、これまでの調査事例を回想してみても、サナブリにマスの共同漁撈を行い、サナブリにマスを食べる、という例は決して多いとは思えなかった。しかし、その時、これは重要な問題であると思った。「マスと稲との邂逅」という小主題が意識された。翌日の午前中、最上川支流寒河江川沿いの、西村山郡西川町石田に住む柴田市郎さん（大正四年生まれ）からマス漁の話を聞いた。途中で話題がサケに移ると市郎さんは「サケノスケ」の伝説をつぶやいた。――この地では旧暦九月三十日に刈りあげの祝いをし、必ず餅を搗いた。そしてこの日の夜、「サケノスケ今ノボル」「サケノスケ今通るぞ」と、大ザケが大声をあげて川を溯ると言い伝えられており、子供のころ、この日は早く寝かされた――。これは広く知られたサケの大助伝説の一つではあるが、「刈りあげの日」という日の指定に心を動かされた。思えば、サケの溯上期こそ稲の収穫期と一致するのである。サケもまた稲作との邂逅を果たしていたのである。そして、サケもマスと並んで海山を結ぶ魚であった。サケ・マスと稲の邂逅は大きなテーマであり、どうしても考えてみなければならないという思いが筆者の心の中で次第に強まっていった。もとより、サケ・マスとこの国の先人たちとのかかわりは稲作以前からのものであり、サケ・マスに重きを置いた食の複合、生業複合は縄文時代にこそ極めて盛んであったはずだ。これまでは、マスに関する民俗を一通り概観してからサケのことを考えようとしてきたのだが、同時に両者を見つめなければ見るべきものが見えてこないことに気づいた。サケはまことに大きなテーマであり、先行研究も多く(2)、腰がひけていたのであるが、思いきってサケの民俗探索にも歩を進めてみることにした。その第一の報告が第Ⅱ部の諸事例である。右のような動機で歩み始めた第Ⅱ部はマスとサケとの両者に関する資料を並べ、両者に言及する形になった。フィールドとして、水系は、東北地方を代表する最上川・雄物川・北上川・子吉川などを選んだのであるがポイントは決して十分ではない。阿賀野川水系については別に報告しているため、本書の収載事例は少なくなっている。

　第Ⅱ部では「サケ・マスと稲の邂逅」といったテーマの他に、「鮭の大助伝説」「年中行事と食の民俗」など考察しなければならないテーマが多いのであるが、いずれも中間報告にとどまり、サケ・マスをめぐる民俗、その全体構図のメモを示すにとどまっている。さらなる資料集積を重ね、後日を期したい。

　サケ・マスは稲作以前からこの国土と海の間を循環し、再生・増殖してきた魚である。サケ・マスにかかわる多様な民俗文化を認識することはこの国の文化の古層を学ぶことにつながるのである。とりわけ、マスは、河川上流部、山中奥深く溯上する魚であるため、マス漁は稲作以前の狩猟・採集・焼畑などと複合しやすいものだった。その実態をより深く理解するための資料として事例の中には漁撈以外の狩猟・採集・焼畑などについてのメモを加えたものもある。漁撈についてもサケ・マスを中心としてはいるが、その他の渓流魚・淡水魚についても、事例を収載している。河川漁撈の総体や生業複合のふくらみを知るためである。年中行事についても一部では言及している。

サケ・マスにかかわる民俗の多様性は、わが国においては東北地方の河川がぬきん出ている。よって、まず、東北地方の代表的な河川をとりあげたのだが、他に、遠く西に寄った広島県・島根県を流れる江の川、関東の那珂川（栃木県の範囲）のサケ・マス漁についても聞きとりをしてここに加えた。

註

（1）野本寛一『山地母源論2・マスの溯上を追って』（野本寛一著作集Ⅱ・岩田書院・二〇〇九）。

（2）サケ・マス、特にサケの民俗や歴史に関する先行研究の大方は谷川健一責任編集・日本民俗文化資料集成19『鮭・鱒の民俗』（三一書房・一九九六）に記載されているが、他に、谷川健一「北の異族の匂い〈鮭〉」（『神・人間・動物』平凡社・一九七五）、市川健夫『日本のサケ――その文化誌と漁――』（日本放送出版協会・一九七七）、岩本由輝『南部鼻曲り鮭』（日本経済評論社・一九七九）、神野善治「サケの精霊とエビス信仰――藁人形のフォークロア――」（『列島の文化史』一号・一九八四）、須藤和夫『三面川サケ物語』（朔風社・一九八五）、高松敬吉「川漁について――特に鮭・鱒漁法を中心として――」（国分直一・高松敬吉編『東北の民俗・海と川と人』慶友社・一九八八）、菅豊「鮭をめぐる民俗的世界」（『列島の文化史』七号・一九九〇）、赤羽正春『越後荒川をめぐる民俗誌――鮭・水神・丸木舟――』（アペックス・一九九一）、出口晶子『川辺の環境民俗学』（名古屋大学出版会・一九九六）、鈴木正崇「鮭と民俗社会――

岩手県宮古市津軽石の又兵衛祭りをめぐって――」（伊勢民俗学会編『民俗学の視座・堀田吉雄先生カジマヤー記念論文集』一九九五）、菅豊『修験がつくる民俗史―鮭をめぐる儀礼と信仰―』（吉川弘文館・二〇〇〇）、赤羽正春『鮭・鱒Ⅰ』（ものと人間の文化史133―Ⅰ・法政大学出版局・二〇〇六）、赤羽正春『鮭・鱒Ⅱ』（ものと人間の文化史133・Ⅱ・法政大学出版局・二〇〇六）など。

第一章　東北地方の水系

一　山形県　最上川水系

1　山形県西置賜郡飯豊町上原——最上川水系白川

飯豊町上原は標高三五〇m、白川の水源、飯豊山塊北斜面から約一八kmほど下った左岸にあるムラで、川の両側に水田が開けている。戦前は二六戸、現在は二〇戸である。以下は同地の高橋要松さん（大正八年生まれ）の体験と伝承である。

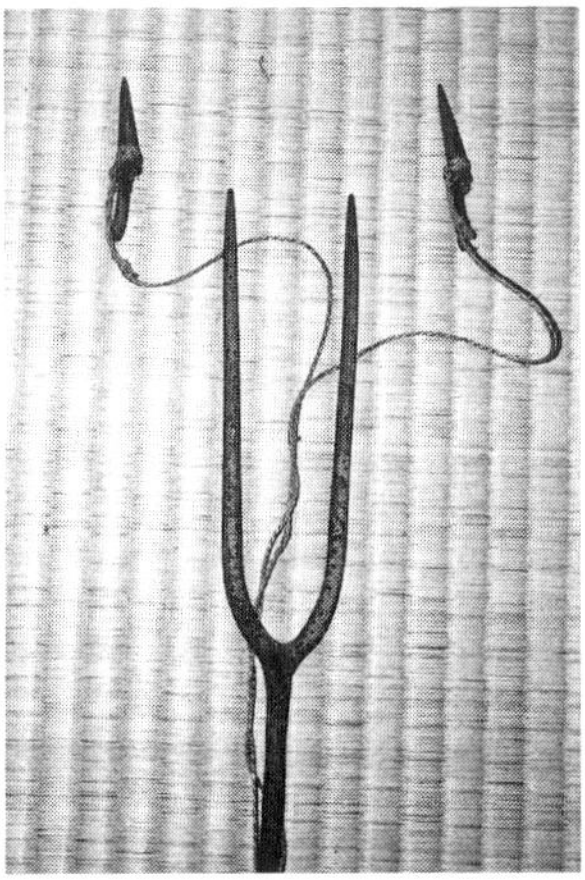

写真1　離頭式潜水用マス突きヤス・山形県西置賜郡飯豊町上原

⑴ 河川漁撈

戦前には毎年田植の時期にはマスが上ってきた。マスの漁法はヤスの潜水漁法で、ヤスは「クダヤス」と呼ばれる離頭ヤスである（写真1）。それは二本ヤスで、長さ一八cm、幅五cm、八二cmの鉄柄に一・一mの竹をつないで使った。食法は、味噌漬けにしたものを焼いて食べる方法が一般的だった。要松さんの父春美さんの時代にはマスのスシ漬けも作られていたという。十月にはホリ

（産卵）についたが、ホリマスやホッチャレマス（産卵後のマス）は獲らなかった。

イワナ漁は六月・七月で、洋傘の骨の先に幅一寸のヒッカケ針をつけ、針には紐をつけた。イワナがかかると鉤針が柄からはずれるようにしてあった。イワナの食法は焼いて味噌・醬油をつけるというものだった。他に、カジカヤスと呼ばれる長さ三寸五分、幅三寸の五本ヤスを用いてカジカも獲った。カジカは竹串に刺して焼いた。この地ではウグイのことをハヨウと呼ぶ。「ウツギの花盛りにハヨウのセハライ」と称し、ウツギの花盛りにウグイが産卵することを伝えた。ハヨウは、ブドウ虫・ミミズで釣ったり投網で獲ったりした。ハヨウは骨が多いので油で揚げてから煮た。

⑵サナブリマスの共同漁撈

一月十五日に大豆ガラと萱各一〇株を使って庭田植をした。「夜苗どり」と称して十四日の夜に模擬苗を用意した。田植始めをサツキ始めと称し、苗二把と尾頭つき（イワシまたはサンマ）を神棚にあげた。サナブリには朴の葉に大豆と切り餅を包み、萱で結んだものを二つ作った。これを俵と称し、御田の神様に供えた。サナブリ休みにはムラ中の男たちが出てマス漁を行った。サナブリのマス漁の漁法は二種類あった。一つはヤス漁で、いま一つは川干し漁だった。川干しは、水の分流点の一方を堰ぎ、水を涸らしてそこでマスを獲るというものだった。川干しをするとマスの他にイワナ・カジカも獲れた。獲物は各戸に分け、おのおの家で食べた。右の川干しは共同漁撈で、しかも最も素朴な漁法である。こうした方法でサナブリマスを獲っていたことは注目される。

当地では山菜やキノコの採取も盛んであり、栃の実を採集して栃餅にして食べる習慣もあった。また、カノヤキと称する焼畑を行い、ソバ・カブ・カノ大根などを栽培した。

2　山形県西村山郡大江町楢山――最上川水系月布川

大江町楢山は月布川左岸の河岸段丘標高二〇〇ｍの山つきのムラで、集落と川の間に水田が開けている。戦前は三四戸、現在二九戸のムラである。以下は同地の鈴木豊さん（明治四十五年生まれ）の体験と伝承による。

⑴河川漁撈

「柳の芽とともにマスが上る」と称した。五月上旬からのマスを春マス、七月のマスを夏マスと呼んだ。鈴木さんの漁法は投網漁だった。月布川漁協ではマスのヤス漁を禁じていたのである。当地では八月になるとマスの姿が見られなくなった。マスがさらに上流に上り、一方では獲りつくすということもあった。鈴木さんの漁場は決して広くはなく、七尋淵から楢山の橋の下手、即ちムラの下といってもよかった。

鈴木さんの漁撈時間帯は農作業の間の昼休みだった。三時ごろまでには帰って農作業をしようと思って川に入っても、おもしろくて帰れなくなることがしばしばあった。日照りが続くと水が減るので、手づかみでマスを獲ることができた。マスの食法は切り身にして焼いて食べるのが基本だが、頭は、ニンニクの葉とともに刻んで酢で食べた。塩びきにして保存することもあった。八月・九月には、火振り漁をした。松明を点してカジカヤスでカジカ・スナサビ・クキ（ウグイ）などを獲った。冬季のクキ漁にスガゼメと呼ばれる方法があった。寒中、川に氷が張った時、河岸の湾曲部の口の氷を割って雪をつめこんで本流と湾曲部を遮断する。続いて、シャベルを使って雪・氷を巻きたててクキを岸に追いつめるのである。冬のクキは脂が乗っていてうまい。塩焼きまたはカラアゲにしたという。「ガザヤツメ」という言葉があり、ガザの花の咲くころヤツメウナギを獲った。

⑵サナブリマス

サナブリの日には朴の枝の七段・五段・三段のいずれかを二本とってきて、その枝の葉のおのおのに大豆・干し餅

（アラレ）を包みこんで藁で縛り、お田の神様の分、山の神様の分として床の間に飾り、萱の箸を一膳ずつ添えた。サナブリには川マス（サクラマス）を食べるものだとし、これを食べた。漁をしない近隣の者や友人にはマスを分与した。

当地では稲作の他にカノヤキと呼ばれる焼畑も行われていた。豊さんの時代には輪作は行われておらず、一年だけ蕪・粟・蕎麦を栽培して、その後に杉の植林をした。

3　山形県西村山郡西川町石田――最上川水系寒河江川

西川町石田は寒河江川左岸、標高一七五ｍ、戸数は戦前四五戸、現在は五〇戸ある。以下は、同地に住む柴田市郎さん（大正四年生まれ）・同一彦さん（昭和十五年生まれ）父子の体験と伝承である。

⑴マス漁と盆魚

柳の芽が出るころ雪代で上ってくるマスを一番ノボリ・春マスと呼ぶ。六月・七月の梅雨どきの水で上ってくるマスを二番ノボリ・夏マスと呼んだ。一番ノボリは水が冷たいので獲らなかった。市郎さんが対象としたのは夏マスで、七月中旬から八月末までだった。漁法は二種あり、その一つはヤス漁。ヤスはカエリのついた三本ヤスで、長さ八寸、幅四寸、柄は二尺、杉だった。水中眼鏡をつけて潜水するのである。いま一つは巻き網で、網は二寸角、幅六尺、長さ一五間ほどだった。二尺おきに錘をつけた。川好きの者が一〇人ほど集まって巻き網を行った。一彦さんによると、大人たちが巻き網を行っている時、子供たちはその外側で石を投げ、網の外にいるマスを網に向かって追いつめ、刺し網状にして獲るように協力したものだという。獲物は大人たちが河原で分配した。巻き網の盛りは夏の土用だった。この季節のマスは切り身にして焼くと肉がふくれあがり、皮がはちきれそうになってとてもうまかったという。塩引きにして保存することもあった。頭は野菜を入れてザンパ汁＝粕汁にした。

当地ではサナブリにマスを食べる習慣よりも盆魚として、漁獲した川マスを食べる習慣が強かった。稲刈りのころマスを食べた。ホッチャレマスは大根と同じ味だといって、食べることをしなかった。一彦さんは、中学生時代、盆前後の夕方、マスが水上に跳ねあがるのをよく見かけた。そんなマスは腹を赤くしていた。一彦さんは、そのマスの習慣について、年寄りから、マスが腹をあたため、卵を大きくするために跳びあがるのだと教えられた。マスの溯上は昭和二十八年から三十年ごろが盛りで、昭和三十八年富沢の堰堤ができてから来なくなった。川にはマスの他、カジカ・ウグイ・ウナギ・ヤツメウナギ・ヤマメ・コイ・ナマズなどがおり、これらも漁獲した。

⑵サケノスケの伝説

かつては当地にサケが溯上した形跡がある。サケノスケの伝承があるからである。[1]当地では旧暦九月三十日に刈りあげの祝いをする。この日は必ず刈りあげ餅を搗いた。そして、この日の夜、「サケノスケ今ノボル」「サケノスケ今通ルゾ」と、大鮭が、大声をあげて川を溯ると言い伝えた。一彦さんは、子供のころ、この日、祖母から「サケノスケが来るから早く寝ろ」といって早く寝かされたものだという。もとより、市郎さんも同様の経験を持っている。石田よりも上流部に網取というムラがあるのだが、その網取以西のムラムラは刈りあげを旧暦九月二十九日に行う。その理由として、この地域も古くは三十日に刈りあげ餅を搗いていたのだが、官軍に餅を喰われてしまったので一日早めたのだと伝えている。

さて、右のサケノスケ伝説は他地のオオスケ・コスケ伝説に当たるものだが、この日が、サケ漁を休み、以てサケの産卵を安んじ、サケの種の保存・資源保全を図ることを告げる共同体の遺言的伝承として語り継がれたことについては既に述べたことがある。[2]刈りあげ餅は「サケノスケイマノボル」という声を聞かずに家に籠る「耳ふたぎ餅」[3]になっているのである。いま一つ、この夜、早く寝なければならないというのも重要で、この日が川漁・サケ漁を慎しむモノ忌みの日であったことを語っている。サケのオオスケ・サケノスケの溯上日、サケの禁漁日として、エビス講の日、水神祭の日を特定する地が多いのであるが、これらに対して、刈りあげの日を指定する事例があることを重視しなければならない。逆から見れば稲作作業の終了時がサケ漁の盛りになるということである。サケ・マス溯上河川の、しかもサケ・マス混交域の中心には、田植からサナブリまでに春マス、盆に夏マス、刈りあげの季節から正月にかけてサケを食することのできる地もあったのである。

市郎さんは若いころ、最上川支流の鮭川流域で働いたことがあった。鮭川では川筋を区切って、落札したものが一定範囲の鮭漁の権利を与えられるという制度が行われていた。市郎さんは若き日に鮭川で聞いたヌシ伝説を語る。——ある漁師が舟でサケの投網漁をしたところ、長さ五尺で目が金色の大サケがかかった。気持が悪くなりそのサケを逃し、また網を入れた。すると再度同じサケがかかった。いま一度放し、網を打ったところ三度目にも同じ大サケが入ってきた。舟にあげてみると舟幅の四尺を大きくはみ出していた。この大サケを食べたその男は間もなく死んだ。サケを組合員に分ければよかったなどと語られている——。

市郎さんは採集活動も盛んに行う。ムラの北山で、山菜・キノコを採取する。コゴミ・ジュウナ・トホイナ・ウド・モミジ・ゼンマイ・ワラビなどの山菜、アカボー（サクラモタセ）・ヌレボー・ホーキモタセ・アワモタセ・ムラサキシメジ・スシタケ・シメジ・マツタケなどのキノコを採る。

4　山形県東田川郡庄内町清川——最上川本流・支流立谷沢川合流点付近

庄内町清川は最上川左岸に立谷沢川が合流する合流点左角にあるマチ並である。本流は、古口・草薙間の観光遊覧船の運航コースの下限草薙に接する部分であり、観光船の運航はこの地の水量の豊かさと、両岸の景観の美しさに負っているのである。その豊かな流れが清川一帯を流域屈指のサケ・マス漁の盛地に仕立てたのであった。清川に住む鈴木春男さん（昭和十五年生まれ）は清川鮭増殖漁業生産組合長・最上川第八漁業協同組合副組合長を務める現役の川漁師である。以下は鈴木さんの体験と伝承による。

⑴マスの伝承

「山桜が咲くとマスの溯上が盛りになる」という自然暦がある。現在のマス獲りの漁法は刺網漁である。現在の刺網設置箇所は、①清川橋下流一三〇〇m、②内山、③立谷沢川合流点上約一〇〇〇m、の三箇所である。年間平均漁獲量は六〇尾である。マスの買い手は、地元の七十歳以上の人びとで、彼らは、戦前盛んに食べた川マスの味が忘れられないからだという。マスノスケという大マスが上ると天気が荒れるという伝承があり、その増水によって多くのマスが上るのだと伝えている。「雪代マス」という言葉があり、雪の多い年にはマスが多く上ると伝えた。水の多い年にはマスに限らずサケの溯上も多いとされている。サケ・マスともにその頭を細かく刻み、卵・千切大根を混ぜてナマスにして食べる。農家がサナブリにマスを食べたという話は聞いている。

⑵サケの伝承

昭和六十三年まで最上川本流の花崎・内山・草薙の三箇所にサケ簗を仕掛けた。各簗で三五〇尾ほどのサケが獲れていた。「サケは秋の彼岸には必ず上る」と言われた。現在は、立谷沢川の合流点から約七〇〇mほど溯上した地点に籠形式の鉄ウライを設置してサケを獲る。九月十二日・十三日に準備して、九月二十五日から翌年一月三十日までこれを設置する。清川はサケの味のとまりどころだと言われ、当地のサケの味を美味とした。年間五〇万尾の稚魚を放流しているが、例えば、平成九年のサケ漁獲量は三八〇尾だったという。十二年ほど前に北海道産の卵を入れたので、それからワセ（早期溯上）のサケが多くなったと言われている。

オースケと呼ばれる大ザケが溯上すると天気が荒れ、大水が出る。その大水に乗って多くのサケが溯上してくると言い伝えている。サケもマスも初物はエビス様に供える。この地方には不動尊を水神として沢に祀り、不動沢と称する例が多い。そうした不動を祀る日が十月二十八日と十一月二十八日である。不動様の祭りはサケを育む水の祭りである。この日は大きなサケと赤飯を供え、漁師仲間はサケのナヤギリ汁を作って食べる。ナヤギリとは簗切りが語源と思われるが、実際には、切身を大きく切ること、その大きな切り身のことで、土方弁当に入りきらないほどの大きさのサケの切り身を入れて汁を作るのである。稲の不作の年はサケが豊漁だとの伝えもある。昭和三十年代にはサケ・マスの数はほぼ五：五だったが現在はサケが増えつつある。しかし、地場ではマスの人気が圧倒的に高く、サケの人気は低い。

5　山形県東田川郡庄内町肝煎――最上川支流立谷沢川

庄内町肝煎は立谷沢川が最上川に合流する地点から約五㎞ほど溯った左岸の地、標高七二ｍの谷で水田が開けている。以下は同地に住む門脇金雄さん（大正七年生まれ）の体験と伝承である。

⑴サケ・マス漁の伝承

昭和三十年まではサケ・マスが溯上してきた。比率はサケ六〇％、マス四〇％といったところだった。金雄さんはホリマスは獲ったことがあるが春マスや夏マスは獲ったことがない。しかし、父の亀作さん（明治二十年生まれ）は川漁に力を入れた人で、門脇家には、亀作さんがサケ・マス漁に使ったヤスが残っている。それは、写真2・3のような四本ヤスで、カエリがついている。長さは一九㎝、先端幅九㎝、元幅一一㎝と大型であり、柄は杉で、三・一〇ｍと極めて長い。このヤスは、サケをメルクマールとしたもので、しかも、川岸からも狙えるものである。サケ用のヤスをマス漁に兼用したものであることは明らかである。

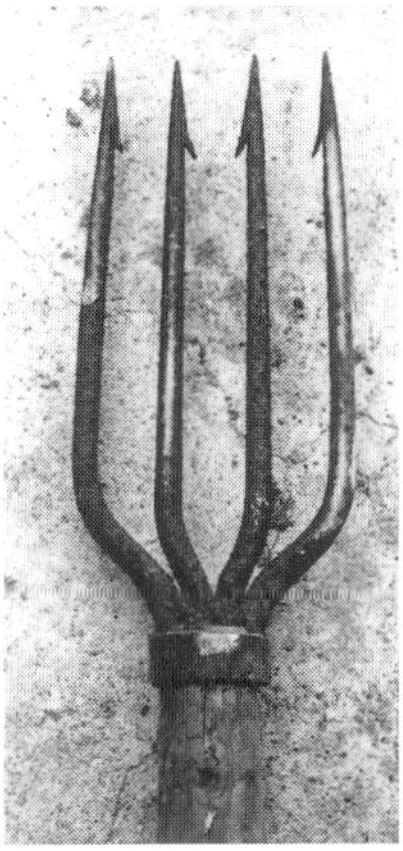

写真2・3　門脇家に残るヤス・山形県東田川郡庄内町肝煎

⑵ サケ・マスの儀礼食

盆に川マスが獲れればそれを盆魚にし、獲れない時にはマスかカレイを買った。切り身は煮あげ籠に入れて煮、頭と骨はイオ汁＝ドンガラ汁にして食べた。八月十八日の皇太神社・山の神神社の祭りにもマスのドンガラ汁を食べた。十二月、「土洗い」と称する刈りあげ・こきあげなどの農あがりの祝いに際してはサケを食べる習慣があった。その折のドンガラ汁には蕪を入れた。切り身は煮あげ籠で煮た。オスのサケが四〇〇〇円だとすればメスのサケは七〇〇〇円といったぐあいにメスの方が高値なのであるが、清川周辺のサケは味がよく、清川のオスサケは、海のメスサケと同じ値段だと言われていた。

6　山形県東田川郡庄内町大中島——最上川水系立谷沢川

庄内町大中島は立谷沢川を、最上川本流への合流点から約一六km溯上した地点の左岸山つきのムラで、河岸と集落の間が水田である。南方水源部は月山山塊で、東には虚空蔵岳（一〇九〇・三m）がある。水田はあるが標高二五〇mの山のムラである。戦前は六〇戸、現在は三〇戸となった。以下は同地で農業を営む有賀常吉さん（大正十一年生まれ）・同信子さん（昭和三年生まれ）の体験と伝承である。

⑴マスセメ（マス漁）――共同漁撈

「ガザの花ざかりにマスがのぼる」という自然暦がある。有賀家では、流しの水場までマスがのぼってきたことがあったという。この地のマス漁の方法には、投網と川干しの二種類があった。基本的には、投網漁が個人、川干し漁が共同漁撈であった。当地では川干しの共同漁撈が盛んだった。それは、aサナブリ、b盆前、c造林下刈り共同作業のあと、d道草刈りのあと、などだった。川干しのマスセメが盛んだったのは戦前のことである。川干しは、川中の分流点の一方を堰く方法である。石を並べ、草を刈って石に当て、さらに、カナジャクシと呼ばれる、先が三角になった鍬で砂利を掻いて堰を固めてゆくのである。共同漁撈のあとは、一軒の家を会場として、参加者全員が集まり、大鍋でマスを煮て共食したのである。獲物が多ければ家々にも分配された。

サナブリには、ムラ全体でマスセメをしてマスを食べたのである。さらに、サナブリには、餅を搗いたし、大豆とアラレを朴の葉に包み、藁で縛ったものを神棚に供えた。マスは盆魚としても重要だった。家から都会に出た者が盆に帰省した折などにはムラの共同漁撈とは別に家単位でザッコセメと称する川干しをすることもあった。ザッコセメとはいうものの、マスがメルクマールだった。信子さんの父鈴木春蔵はマスの投網漁に力を入れた人だった。雨が降り、川がササニゴリになると投網漁に出かけた。信子さんは、「父はハヤシたマスを近所や親戚に分けていた」と語る。ハヤスとは分割の意で、この場合切り身を意味する。一日、二日味噌につけたものを焼いて食べるのがうまいという。頭はドンガラ汁にした。

⑵ 採　集

常吉さんは採集活動にも力を入れている。山菜は、コゴミ・ウド・アイコ・シドケ・ワラビ・ゼンマイ・ミズ・アカミズ・フキ・タケノコ（月山タケ）などを採り、キノコは、トビタケ・シイタケ・マイタケ・モタシ・カナカワ・ナメコなどを採る。さらに、冬季、風呂に入れると体が温まると伝えられるトキを採取し、その葉を蔭干しにして使う（写真４）。布袋に入れてから風呂に入れるのである。根は茶のようにして飲む。

木の実では栗を採取した。毎年一斗ほど拾った。まず、塩を入れた水に三日ほどつける。虫を殺すためである。次によく乾燥させた上で赤土に埋めて保存する。必要に応じて掘り出し、茹でてお茶受けにする。常吉さんの子供のころには栃の実を採取し、木挟み型の皮むきで皮をむき、灰を使ってアクヌキをし、栃餅にして食べていたが今は食べていない。栗・栃・ヤマブドウ・アケビは九月下旬に採取したが、ブナの実は十月の前半に採取した。箒と箕と布袋を持ってブナ林に赴き、拾ったのである。毎年一斗ほど拾い、炒ってオヤツにした。

写真４　トキの葉の陰干し・山形県東田川郡庄内町大中島

⑶ 狩　猟

当地ではいわゆる猟師でなくても狩猟活動を行った。擬似鷹の威嚇具を使って兎・山鳥を捕獲する方法が行われた。これは積雪地帯で一般的に行われる方法であり、威嚇具には、薪状の棒、バタ（青森市入内）・バイ（福島県只見町入叶津・新潟県入広瀬村大栃山ほか）・バイギリ（山形県西川町大井沢）などと、鍋敷型の輪、ワッカ（秋田県北秋田市森吉町小滝・山形県西村山郡西川町大井沢ほか）・ワラダ（岩手県和賀郡西和賀町本屋敷・秋田県北秋田市阿仁打当）などがある。これらの威嚇具を兎の頭上に飛ばすことにより、これを兎の天敵たる鷹と錯覚させる。脅えた兎が木の根方の穴に逃げこむと、すかさず穴に雪を踏みこんで捕獲するというものである。庄内町大中島のものは径二寸、長さ尺五寸ほどの薪型で、これをツクシと呼んだ。ツクシ猟は二月・三月で、獲った兎や山鳥の肉はスキヤキ風にして煮て食べたが、残肉のついた肋骨などは叩きにし、団子にして食べた。

⑷カノと稲作

有賀家では戦前六反三畝、現在は四町歩の水田稲作をしている。戦前はカノと呼ばれる焼畑も行っていた。焼畑にはソバガノとカブガノとがあり、ともに毎年二畝ずつ拓いた。盆前に刈り、八月下旬に火入れをし、種蒔きをした。輪作はせずに一年で放棄した。特にカブは連作すると根がつかないとして毎年場所を変えた。カブは漬ものにしたり汁に入れたりした。

7　山形県最上郡戸沢村十二沢――最上川水系角川

戸沢村十二沢は角川の合流点から約六㎞ほど溯上した地の右岸山つきにあり、集落と河岸の間に水田がある。戸数は三〇戸である。秋保三郎さん（明治四十一年生まれ）は、現在は十二沢の上の本郷に在住するが青年時代までは十二沢に住んでいた。以下は秋保さんの体験と伝承である。

⑴サナブリマスと河川溯上の漁撈

この地には「ガザの花が咲くとマスとヤツメウナギがのぼってくる」という自然暦がある。マス漁にはアミブチ（投網）とクグリ（潜水のヤス漁）の二種類があった。田植のころは水が冷たいのでアミブチをした。六月二十日のサナブリ休みから水眼鏡をつけてクグリのヤス漁をした。六月二十日でもなお水は冷たいのであるが、男たちはその冷たい水にもぐってサナブリマスを獲るのを自慢にしていた。戦前十二沢は三〇戸だったがそのすべての家の男たちはマス漁を行った。サナブリにはマスを食べるものだとした。サツキ即ち田植どきには、コンビリ（小昼）と称し、朴の葉を十字に重ねた上に飯を盛り、キナコをかけたものを食間に食べた。同様のものをサナブリにも作った。キナコは稲の花の象徴である。男たちはサナブリ休みにマスセメをした。マス用のヤスはカエリのついた三本ヤスで、長さ六寸、幅三寸、柄は木か竹で長さは二尺ほどだった。イワナ用のヤスは四本ヤスだった。主たるマスの漁期はサナブリから八月末までで、土用までは角川本流で獲り、土用過ぎに角川左岸の支流、三ツ沢川・中沢川・鹿の沢川の上流部まで出かけた。一〇人ぐらいの組でゆくのが普通だった。クグリ漁をしながら沢をのぼり、ユキハシ（雪橋、即ち、両斜面からの雪が谷底にたまり、それが橋のような形状をなして残っているもの）のあるところを終点とした。雪橋はドームのような形をしていた。ナワハケゴ・ブンド皮ハケゴなどを持って行ったが、マスがたくさん獲れた時には柳の枝、または藤蔓にマスを通して持ち帰った。柳の枝に七尾、藤蔓に一〇尾さし通したことがある。支流の上流に入った時は、川を下って帰ると時間をくうので山越えをして帰った。

マスがたくさん獲れた時にはシオマスにした。シオマスは、ハラワタをぬき、塩をまぶし、塩叺に入れて重石をかけ、汁をぬくよう心がけて作った。サケの頭は大根とともに刻んでナマスにしたが、マスの頭は焼いて食べた。彼岸にはマスがホリについた。ホリマスは身が白くて大根のようだとし、食べることはなかった。ただし、メスマスにつくイワナは投網で獲った。マスを初めて漁獲した時は初エビスと称し、尾ヒレを大黒柱に貼りつけた。以後次々と貼りつけていった。サケは十二沢までは溯上しなかったが、十一月、投網で獲ったことがある。角川合流点から五㎞下流の中沢まではよくのぼった。十月十日のムラの契約と呼ばれる総会には必ずナマザケを求めて食べた。正月用には箱入りの塩ザケを求めた。

⑵狩　猟

秋保さんは狩猟も積極的に行った。対象獣は、熊・カモシカ・兎・マミ（アナグマ）などだった。狩猟組は七人で、親方のことをサキダチと呼んだ。熊狩は四泊ほどで、雪穴に泊った。肉・熊の胆は現物を均等分配し、皮は現金に換えて公平に分けた。アオシシ（カモシカ）狩は堅雪になってから高倉山（一〇五三・八m）を狩場とし、シノと呼ばれる岩穴に泊りながら二週間山にいた。アオシシ狩の目的は毛皮を得ることであり、猟仲間の中には米糠を使ってアオシシの皮を鞣すことのできる者がいた。山泊りには米・味噌・味噌漬の胡瓜などを持って行った。また、カトリボシ＝ズイキは軽くてよいとして好まれた。兎狩にも二、三泊で出た。マミの皮は毛皮として最高だとされた。

冬季の狩猟にはカンジキ・カシキ・マミの毛皮を備えることを必須とした。カシキ即ち杖は、イワシ（表層雪崩）を除けるのに効果があるとされた。また、マミの皮は、雪穴などに泊る時敷いて寝るのによく、防寒力が優れていた。若いころ、先輩の猟師から、「マミの皮を持たない者は猟につれて行かない」と言われた。また、先輩の猟師から、熊・アオシシ猟をする時には兎を撃つな、熊狩の際には絶対にしゃべるなと注意された。

⑶大黒様の年とり

この地では十二月五日を「大黒様の年とり」と呼び、この日は大雪が降ると伝えている。そして、この日、焼豆腐・豆腐汁を食べ、マッカ大根を供える。さらに黒豆をつぶして茹で、その黒い汁を白い大根おろしにかけ、黒く染めて食べる。この日の伝承、即ち「大雪の降る日」と、儀礼食、即ち、焼豆腐＝白い豆腐を黒く焦がす、黒豆の汁で白い大根おろしを黒く染める、といった食物を併せて考えるとき、ここに「克雪呪術」を見ることができる。雪と同色の白色を象徴する豆腐と大根おろしをともに黒くして食べ、呑みこむということは、吹雪・雪崩、その他冬季の暮らしに多くの障害をもたらす雪を克服する呪術になっているのではあるまいか。もとより大黒様だから黒豆を使うのだという理解もできるのであるが、その「大黒」自体、白の恐怖に対応する存在だと考えることもできよう。

なお、当地ではカノと呼ばれる焼畑を営み、蕪を栽培した。

8　山形県尾花沢市荻袋――最上川水系丹生川

丹生川は、北村山郡大石田町豊田で右岸から最上川に合流する。その合流点から約五㎞溯上したところに尾花沢市荻袋の丹生川橋がある。荻袋は丹生川右岸、標高は八五～九〇ｍ、平地水田地帯で戸数一三〇戸である。以下は当地でサケの孵化事業にかかわる矢作壽正さん（昭和六年生まれ）の体験と伝承である。

⑴稲作灌漑堰とマス漁

マスは春先から溯上したが矢作さんが漁獲したのは五月末、田植の最中だった。田植には水を確保するために堰をつくらなければならない。当地では丹生川の堰づくりのことをセキアゲ・ミズアゲなどと称して出合いで行った。荻袋関係の堰は、丹生川橋から約一㎞上流の下堰、丹生川橋のすぐ上の新田堰、バイパス橋下の押出堰の三つだった。そのうち下堰は荻袋総出でセキアゲをし、他の二箇所は水がかりの水田を持つ者の出合いで行われた。堰は石積みで高さ約四尺、その上流側に芝を二段、三段と当てたものだった。芝は、ムラの背後にある、旧陸軍の演習場から切り出された。セキアゲの日、作業が終わると、子供も大人もカジカを獲り、腰籠に入れてこれを集めて焼き、大人たちは河原で酒を飲み、子供たちはカジカを食べた。

取水堰の設置によって渇水したところを狙って投網でマス獲りをしたのである。取水堰によってマス漁が促進されたということになる。網目は一寸五分、錘は四～五㎏だった。サナブリにマスが獲れればこれを食し、マスのない者

写真5　鮭のふるさと祭りのためのシガラミ（柵）・山形県尾花沢市荻袋、丹生川

写真6　橋梁に描かれたサケの図・山形県尾花沢市荻袋、丹生川

はカジカを食べた。七月・八月は潜水し、ヤスでマスを獲った。食法は塩焼きだった。

⑵二十日講とサケ

「ナナカマドの実が赤くなるとサケがのぼる」と伝えた。漁法は投網で一寸八分目、錘は五kgだった。投網の他に、幅四寸、長さ七寸の三本ヤスで突くこともあった。柄は六尺、杉だった。いずれもホリ（産卵）にかかるところを狙ったのである。稲作にかかわる農作業の終了祝いをこの地では二十日講と称し、十一月二十日に行った。この日は一般にエビス講と呼ばれるのであるが、当地では特に秋あげと結びつけて二十日講と呼ぶのである。二十日講はサケ溯上の季節であり、この日サケを食べることをならわしとしたが、サケがなければコイを食べた。丸切りにして煮つけたのであるが、サケは頭・内臓を刻んで大根・白菜とともにザッパ汁にして食べた。サケがたくさん獲れた時には塩漬け・味噌漬けにした。

⑶鮭のふるさと祭り

十二月に入ると大きなサケが溯上することがあるが、いわゆるサケの大助伝説はない。昭和三十五年まではムラの前の河原にオチアユ漁獲のための簗を掛けた。期間は八月中旬から十月下旬までで、簗の素材は竹と木、平素は河原の高いところへ積んでおいた。その当時の簗による漁獲魚種の比率はオチアユ＝五〇％、マス＝三〇％、サケ＝二〇％だった。昭和二十年前後には、すべての漁法のトータルで、年間、マス＝二〇〇尾、サケ＝二〇〇尾ほど獲れていたという。

筆者が萩袋を訪れたのは平成十年十月三十一日で、その日は翌十一月一日に行われる「鮭のふるさと祭り」の準備の日だった。矢作さんは、川中に作られたイベント用のサケ放流場（写真5）に留め簀を立てたり、川底の様子を調べたりしていた。一日には五〇匹のサケを放ち、つかみどりをさせ、サケ料理をふるまうのだと語っていた。近代的な丹生川橋の橋梁には彩色でみごとな鼻曲りザケの絵が描かれていた（写真6）。

9　山形県最上郡舟形町長者原――最上川水系小国川

小国川は、舟形町堀内で右岸から最上川本流に合する支流である。長者原は合流点から三・五㎞ほど溯上した右岸のムラで、河原続きの低位置と段丘上との二箇所に水田を持つムラで、民家はすべて段丘上にあり、標高は九〇ｍほどである。小国川のサケは山形県の管理による採卵孵化事業が徹底しており、県からサケ採捕許可認定を受けた者でなければサケを獲ることはできない。権利を有する者でも、獲った魚はすべて採卵場に持ちこみ、卵・シラコの採取を受けなければならない。採取が終わってはじめて魚体が採捕権者に与えられることになる。小国川流域で採捕の許可を得ている者は、長者原＝三人、舟形＝四人、富田＝三人、一の関＝二人の合計一二人にすぎない。

長者原の相馬門策さん（明治四十四年生まれ）は平成六年まで現役のサケ漁師として活躍した。相馬家の屋号は門兵衛で、サケ採捕の許可認定は明治末年に祖父の門蔵が受けた。それを父門次郎が継ぎ、さらに門策さんが受け継ぎ、現在は門策さんの長男、衛さんが権利を守り、活躍している。相馬家のサケ採捕は四代に及んでいる。漁場は採捕権を持つ一二人に分割されており、相馬家の範囲は長者原橋（小松の橋）から長富橋までの約一・五kmである。小国川のサケ採捕権は世襲が基本となっている。それは、採卵の粒数確保のために、基本的な技術伝承が望まれるところから、県でもこれを良しとしてきたことによる。以下は門策さんの体験と伝承による。季節展開からすれば、本来はマスから述べるべきではあるが、ここでは便宜上サケから入る。

⑴サケ漁、その漁法

門策さんは溯上期によってサケを三つのグループに分ける。aワセ＝九月下旬から、魚体は尺五寸、b中ドコ（ナカテ）＝十月中旬から、魚体は二尺、cオク（大助）＝十一月下旬から、魚体二尺五寸以上、雪が降ると溯上しなくなる。昭和十年前後の三者の比率はワセ＝二〇％、ナカテ＝二〇％、オク＝五〇％ほどだった。味はワセよりオクの方がよいという。十一月二十日のエビス講の夜は、「サケの大助今通る」といってサケの大助がのぼるからこの夜はヤナの一部をあけるものだと言い伝えた。当地のサケ漁は採卵を第一目的としたために魚体を傷める鉤漁・ヤス漁は行わなかった。総ては網漁だったが、その網漁にはa投網、b刺し網（流し網）、cモモヒキ網、の三種があった。最も特色のあるのがモモヒキ網である。サケは川底にある湧水ポイントで産卵する。伏流水の湧出すところを「デミズ」または「デスイ」と呼ぶ。デミズのあるところを選んで、流れを横切る形で親綱として麻ロープを張る。その親綱に合わせて、網口（二m）を設けた袋網を並べてつける。袋網といっても、袋の底の末端が開くようにしてあり、そこを紐で縛って袋にし、袋網にサケが入ったらその末端の紐を解いてとり出せるようにしたものである。袋網の長さは長いもので一〇尺あった。親綱につける袋網は、長さ一〇尺のものを、最もサケの入りやすい中心部に二～三つけ、その両側には、短かく小さな網を並べてつけた。モモヒキ網という名称は、長い袋網が二本並んで流されている様子がモモヒキに似ているところからつけられたものである。[7] モモヒキ網の目は一寸八分で、編むのがめんどうだったが昭和五十年までは続けた。モモヒキ網を設置し、夜、舟に乗って水を竿で叩いて追いこみをした。モモヒキ網にサケが入るとエビスと呼ばれる横槌でサケの頭を叩いてから網の底部の紐を解き、サケを舟に入れるという方法をとった。

モモヒキ網がめんどうな時にはデミズの脇の上流部に杭を打ちこみ、それに浮子と錘をつけた、高さ一丈、長さ五丈の一枚網を結びつけて流し網にしておき、産卵に来たサケを追いこんで刺し網にして漁獲した。小松の下のデミズでホリをするサケを投網で狙った。雌を獲ってしまうと雄が来なくなるので、雌に網をかけないようにして雌の下流部に打ち、雄を獲るようにするのが投網漁の成績をあげるコツだった。その年最初に獲ったサケの尾ヒレは大黒柱に貼りつけた。

⑵エビス講と秋あげ

十一月二十日はエビス講で、この日、一二人の漁師が集まって会食した。サケの切身を煮たり焼いたりして食べたが、頭・内臓、それに大根・白菜を入れたザッパ汁も作ったし、ヒズナマスも食べた。ヒズナマスは、サケの頭の軟骨を刻み、味噌と酢で和えたものである。一般の家庭でも「秋あげ」と称する稲収穫作業を終えた祝いにはサケを食べる習慣があった。食法は前記のものと同じである。

採卵を終えたサケは販売した。販売といってもそれは行商で、門策さんの母ちゅうさんも、妻のきくえさんも行商に歩いた。ナマのサケを背負い籠に入れ、ゴザをかけ、長者原はもとより、舟形の町、遠くは新庄にまで出かけることもあった。秋あげにはサケがよく売れた。産卵を終えたサケをホッチャレと呼ぶが、ホッチャレすらその扱いは有権者に限られていたという。

⑶マスと盆魚

マスは柳の芽とともに雪代の中を溯上してきたが春マスは水が冷たいので多くは獲らなかった。岩場に立って投網

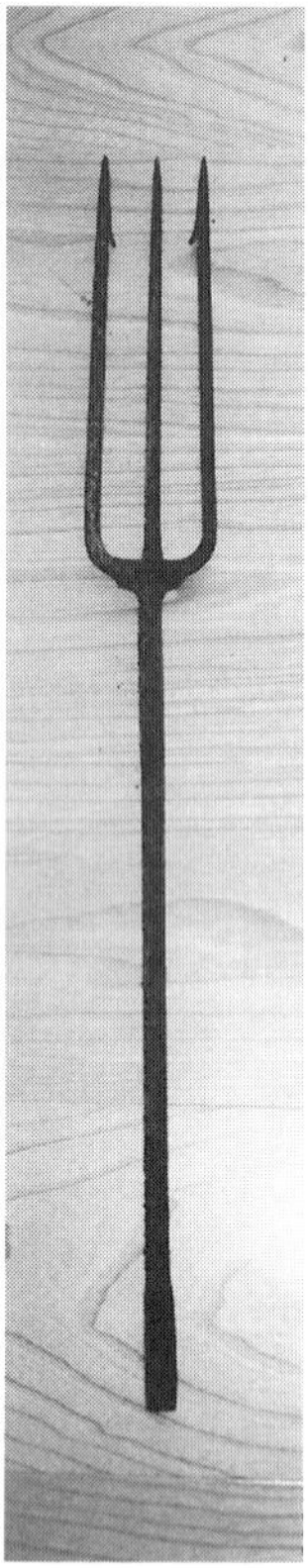

写真7　マス突きヤス・山形県最上郡舟形町長者原、相馬家

で獲ることもあり、サナブリあたりまでは特に美味だとされたが、サナブリにマスがゆきわたるほどは獲れなかった。稲作灌漑のための堰は、松の木の木枠を立方組に組み、その中に石を積み。上流部に柳の枝葉を当てて水制にするというものだった。これを作っても、前記の丹生川の場合と異なり、小国川は水量が多かったのでマス獲りに有利な状態には至らなかったという。七月・八月にマス突きヤス（写真7）を使い、水中眼鏡をかけて潜水漁をした。ヤスは三本ヤスで左右にカエシがつき、中央のものはカエシがない。幅五cm、長さ二一cm、柄も鉄で途中ネジで継ぐ形になっており、継いだ長さは一・三二mである。ヤスを使って獲った夏マスは盆魚として食された。切り身を焼いたり煮たりし、頭はヒズナマスにした。

写真8　アユ簗のある小国川・山形県最上郡舟形町長富橋より

⑷ザッコ（ウグイ）漁

サケ・マス漁は前述の通りであるが、小国川は魚種が豊富で、門策さんはサケ・マス以外の魚も獲った。当地ではウグイのことをザッコと呼ぶ。五月・六月のザッコは、人工的にホリバを作って投網で獲った。流れの中に一間半ほどの幅の間に杭を打ち並べ、杉の枝葉を上流側に当てて水を制し、小さな垂水を作り、その下流三尺幅ほど砂を除いて砂利場にする。そこに産卵のた

めに集まるザッコを獲るのである。食法は、焼くか、山椒の葉を入れて煮るかした。

一月・二月に寒ザッコを獲った。漁法はスガガエと呼ばれる方法だった。川に張った氷の沖方の一部を割り、雪をつめこんで魚を岸に追いつめる方法である。スガとは氷の意である。寒ザッコは脂が乗っていてうまい。現在スガガエは小国川漁協で禁止している。一網打尽の方法だからである。カジカのドウ（筌）は岸近くに斜めに石を並べ、筌口を下流に向け斜めの石と岸の間にその筌を据えるという方法である。

平成十年十月三十一日、長者原を訪ねた折、長富橋の上手左岸にアユの簗がかけられていた（写真8）。門策さんによると、さらに下流部には平成九年からサケを採捕するためのウライが設けられたという。

相馬家は漁業のみではなく、稲作農業も行ってきた。長者原からは月山が眺望できるのだが、門策さんは、「月山の残雪が右に四割残った頃が田起こしの始まり」という自然暦を語る。

10　山形県新庄市升形——最上川水系鮭川支流升形川

鮭川は新庄市金打坊で最上川本流右岸に流入する。その合流点から鮭川を約五・五㎞溯上した地点の左岸に東から流入しているのが升形川である。升形川を約四㎞溯った右岸に升形のムラがある。標高は六五ｍほどで稲作のムラだ。以下は升形に住む佐藤精さん（昭和六年生まれ）の体験と伝承である。

佐藤さんは漁師ではないがサケを獲ったことがあるという。それは、幅三寸、長さ三寸のカジカヤスを持ってカジカ獲りに行った時のことだった。尺五寸、二・五㎏ほどのサケに出合い、カジカヤスで突いたのだそうだ。「ナナカマドが赤くなるとサケがのぼる。それは稲の取り入れの時期と重なる」と語る。

当地の年中行事・農耕儀礼の一部を記し、中で魚類、特にサケにかかわるものに注目したい。

①正月＝良い年来いの「コイ」とかけて鯉の甘煮を食べた。また、正月からたらふく喰うことの象徴として鱈を食べた。
②ノンメ（農前）＝四月十七日に苗代前の祝いとして餅を搗き、酒を飲んだ。
③山の神＝五月八日に山の神祭りをし、ニシンを食べた。
④サナブリ＝六月五日ごろ田植終了の祝いをした。コノハモチと称して、朴の葉に餅を盛り、キナコをかけて神棚に供えた。また、笹巻きを作った。サナブリに川マスが手に入れば最高の御馳走だとして喜んだ。
⑤盆＝盆には鮎を乾燥させたものを入れた吸いものを作った。
⑥土洗い・秋ぶるまい＝十月末日に刈り入れの祝いをした。この時、ヨオ（サケ）を買い、次のようにして食べた。㋐三枚におろし、身を味噌焼きにする、㋑ザッパ汁、サケの頭・中骨・大根・白菜・ネギ・酒・塩を入れてとろ火で半日煮る、㋒ヒズナマス、頭の軟骨を刻んで大根おろしと混ぜてナマスにする。年齢階層別にグループを作って温泉場にゆく習慣もある。
⑦エビス講＝もと十一月二十日、現在は十一月第一日曜日にムラ組で集まり会食し、向後一年間のムラの動きを話しあう。例えば、前年不幸のあった家にどう対応するかなど。
⑧大師講さん＝一斗枡の中に新藁で作った扇を入れ、それに白団子を盛ったものと二つマッカ大根を大黒様に供えた。「大師講荒れ」と称し、この日は吹雪くと伝えた。
⑨カッキレ＝十一月二十九日、「乞食でも餅を搗く」と称してこの日は餅を搗く。また、サケを焼いたり、煮たり、ザッパ汁にしたりして食べた。カッキレとは「書き入れ」の意と思われる。
⑩大黒様＝十二月九日に九品の黒豆料理を大黒様に供えた。a黒豆をうるかしでつぶし、大根おろしと混ぜてナマ

スにする、b芋ガラ・馬鈴薯・黒豆を煮つける、c黒豆飯、d黒豆汁、e豆コヅキ、臼で搗いて粉化したものを練る、f千切大根に煮た黒豆を添える、g炒り豆、h黒豆だけの煮つけ、i随意の料理に煮た黒豆を添える――。

11　山形県最上郡鮭川村川口――最上川水系鮭川同支流泉田川

鮭川が最上川本流に合流する地点から約一三km溯上した地点に左岸から泉田川が注ぐ。川口という地名は、泉田川の川口という意と思われる。川口・鶴田野は標高五〇～七〇mで、水田稲作のムラである。鮭川・鮭川村はその名の通りサケの溯上が多く、サケ漁も盛んである。当地も小国川同様サケの採捕権を持つ者のみがサケ漁を行う形になっている。採捕権を持つ者の数は、川口・鶴田野地区＝一四戸、向居地区＝五戸、米地区＝四戸、真木・松沢地区＝二戸の計二五戸であり、小国川と同様世襲が行われている。以下は、川口、小字鶴田野に住む矢口夘吉さん（昭和二年生まれ）の体験と伝承である。季節展開からすればマスから始めるべきだが、ここではサケから述べる。

⑴サケ漁、その漁法

普通十月一日にはサケが鮭川に入ると言われているが、最も早い時には九月半ばに入る。矢口さんもサケをワセ・ナカテ・オクテと分ける。その概略は次の通りである。aワセ＝十月一日～十五日、体長尺五寸、目方一・五～二kg、bナカテ＝十月十五日～十月末日、体長二尺、目方四kg、cオクテ＝十一月一日～十一月二十日、体長二尺五寸、目方五kg以上、三者の比率はワセ＝二〇％、ナカテ＝三〇％、オクテ＝五〇％。比率は、放流の問題とかかわっている。ワセはマスのような魚相をし、オクテは鼻曲りである。当地にも「雪が降り始めるとサケは溯上しない」という言い伝えがある。

十一月二十日のエビス講の夜は、「大助小助今通る」といって大助小助が溯上すると言い、その声を聞くと早死にするという。この日川に出ると禍いがあるなどと伝え、漁を休む。

サケ漁の漁法は、ａモモヒキ網、ｂ投網、ｃヤスの三種で、夘吉さんの父巳之吉さん（明治二十五年生まれ）の代まではヤス鉤漁も行われていた。ヤスは、一二㎝、長さ二四㎝でカエリのついた四本ヤス、柄は川カチ用一間、舟用二間でいずれも杉だったが、今は禁止されている。

モモヒキ網は主としてノボリザケ、投網とヤスはホリザケを対象とした。モモヒキ網を設置するに先立ち、ノボリザケを誘導するために堰を作った。堰は杭を打ち並べ、柳の柴を当てて作った。堰は水流の三分の二ほどで、流れの三分の一はあけるようにした。当地のモモヒキ網は小国川のものとは異なり、上流から一番網・二番網・三番網と三段階に設けられた。おのおのの親網の口に尺八寸のコンバリ棒と呼ばれる棒を三〜四本立てて網口を開けておき、一番・二番・三番の親網に、各八本の袋網をつけた。袋網の長さは一間半、口径は尺五寸だった。一番・二番・三番網の間は網が接触することなく、サケが入りやすいほどの間隔をあけなければならない。袋網の末尾は、袋のままのものと、小国川のモモヒキ網同様、底に口をあけ、紐で縛って閉じ、サケが入ったら紐を解いてそこから舟にあげる形のものとがあった。袋網に入ったサケは頭をサケ叩き棒で叩いてから舟にあげた。

前記のノボリザケ用のモモヒキ網の他に、デミズの位置に仕掛けるホリザケ用の略式のモモヒキ網があった。ノボリザケのモモヒキ網は昭和二十五年まで行われていた。モモヒキ網に使った舟は長さ三間幅四尺で、サケの採捕権を持つ、川口・鶴田野の一四戸で一艘を持っていた。舟は大石田の舟大工が作った。昭和四十年からは泉田川の河口（合流点口）にウライ（後述）を設置した。

(2)サケと儀礼

当地では川宿をアジヤと呼び、それは仲間の一四人が座れるほどの広さだった　その年、初魚《はつな》・初ザケが獲れると川宿で宴を開いた。また、おのおのの初魚の尾ヒレは各自の家の大黒柱に貼りつけた。また、各漁師のサケ漁獲数が一〇〇本に達すると百本餅を搗いて自家を宿として権利仲間を招いた。二〇〇本には二白本餅を搗き同様に祝った。権利仲間の総会にはエビス様にサケ一本を供え、後に切り身、ザッパ汁にした。百本餅・二百本餅にも、ザッパ汁、ほぐれていないヨノコ（イクラ）を酒・醤油につけたものなどを食べた。

(3) マス漁

「雪代の長い年はマスが多い」と伝えた。矢口家は漁業の他に農業にも力を入れた。昭和二十年前後に水田三町四反歩、畑五反歩を作っていた。マス漁は、投網とヤスによった。八月渇水期に、ヨリマスと称し、デミズにマスが寄る。そこを投網やヤスで獲るのである。卯吉さんは田の草とりの作業の昼休み、十二時から二時の間に四八匹獲ったことがあったという。食法は味噌味のマス汁、ヒズナマス、塩焼きなどである。盆魚には海の塩物の他、マス・アユなども使った。昭和二十年ごろのサケ・マスの漁獲比は、サケ＝九〇％、マス＝一〇％ほどだった。

写真9　泉田川河口のウライ・山形県最上郡鮭川村

(4) 泉田川のウライ

卯吉さんは話し終わると泉田川河口、川口に設置したウライ（写真9）まで案内してくれた。水流を横断する形に鉄柵が立てられ、その中央にウライ（ドウ）が作られていた。ウライは幅一間、奥ゆき三間、高さ一間の鉄筋製檻型の筌である。筌口が下流に向かって開かれており、溯上するサケを筌口から受け入れ、一旦入ったサケの逃去を阻むために一本の鉄柱を立ててある。その鉄柱がある

写真10　サケを持つ矢口夘吉さん・山形県最上郡鮭川村、泉田川河口ウライ前

ためにサケは逃げることができず、ウライの檻の中にたまることになる。ウライを観察するために素足になって水中を歩いた。十一月一日、水は足につきささるように冷たかった。檻に近づくと、一尾のサケが柵の根方で体をゆるがせていた。夘吉さんはそれを瞬時に手づかみにした（写真10）。岸にはビニールシート張りの小屋があり、計量器やビニール製の魚籠が見えた。これが現代のアジヤ、川宿である。そして、川舟もポリ舟になっていた。泉田川河口のウライの設置期間は十月一日から十二月二十日まで、この間一〇〇〇匹ほどのサケがウライに入る。戦前、サケ一本＝米一斗という年もあったというが、今サケの人気が極端に落ちている。鮭川村ではこのところ毎年「サケ祭り」と称するイベントを行っている。三〇〇匹をつかみどりに、二〇〇匹を料理のために用意する。ずっと十一月三日に行ってきたが、十一月三日ではつかみどりの際水が冷たすぎるので平成十年には十月十八日に行った。

12　山形県最上郡鮭川村庭月小字西村――最上川水系鮭川

庭月小字西村は、最上川への合流点から鮭川を約一七・五㎞ほど溯上した地点の左岸である。この地は標高六五ｍほどで、水田の背後に一〇〇～二〇〇ｍ程度の山がある。この地を訪ねてみたいと思ったのは、矢口夘吉さんから、当地にサケの大助を祀った神社があるらしいという噂話を聞いたからであった。まず観音寺部落で尋ねてみると西村の庄司家が浮上した。以下は西村の庄司庄一さん（昭和九年生まれ）の体験と伝承である。

⑴川漁の家

庄司家は漁の家で、祖父の善蔵さんはサケ漁の権利を持っていたが、昭和六年、満州事変で戦死したためその権利は親戚筋の家に渡った。善蔵さんが健在だったころ、二貫目近いサケを三本獲り、その三本を一度に測った目方が一匹の目方として噂され、大助伝承が生まれたらしい。一方、善蔵が鮭川で石あげをしていた折にエビス様の形をした白石があがったので、池のそばに祠を建ててこれを祀った。その祠は鮭の宮ともエビス様とも呼ばれたが、善蔵の息子・善太郎の代に、ある人から「エビス様の外神はない」と言われたので、祠をムラに寄付し、石を庄司家の内神エビスとして祀るようになった。今でも庄司家ではエビス石に毎日水や食物を供えて祀っている（写真11）。右の二つのことが重なってサケの大助を祀っているという噂となったことがわかった。

写真11　庄司家で祀られるエビス石・山形県最上郡鮭川村庭月

先に述べたように庄司家はサケ採捕の権利を失ったので庄一さんはマス漁に力を入れてきた。「ガザの盛りにマスが多くのぼる」という自然暦がある。六月は投網、七月・八月は地引き網を主とした。投網漁は夜で、暗闇をすかして山見・山アケをし、山と木、山と岩など二箇所を結んで川底のポイントを確かめてから網を打った。これは海の漁撈活動における山当てと同様のものであり注目される。投網は二寸目の一六、錘は四貫目である。満月の夜は魚が散るので夜間漁に適さない。旧暦の十五日には休漁となった。七月・八月は地引き網を主とした。地引き網にはマスの他コイも入った。八月にはデミズに集まるマスを投網で獲ることもある。

写真12 鮭川のマス・山形県最上郡鮭川村庭月、庄司家

⑵マスと儀礼

当地には「サナブリマスはうまい」という口誦句がある。田植終了のサナブリにマスを食べる習慣があり、マスがよく売れた。マスを漁獲する漁師は庭月＝三人、京塚＝一人、西村＝四人、観音寺＝三人である。左岸の庭月・京塚・西村で戸数は約一〇〇戸、サナブリマスが行きわたった時代は長かった。庄一さんは昭和三十七年、三十八年ごろ、年間、一人で一〇〇匹のマスを獲ったという。ちなみに庄司家が農業を始めたのは昭和四十年のことである。現在、マスはサケよりも数倍人気があり、一〇〇匁一〇〇〇円で売れる。庄一さんの妻ナツ子さん(昭和十五年生まれ)が鮭川村小和田から庄司家に嫁いだ季節は春マスの獲れる五月十五日だった。六日目の里帰りにはマスをナイロンの風呂敷に包んでみやげにした。

マスの初魚《はつな》が獲れるとまず前述のエビス石に供え、一ヒレは主の庄一さんが食べ、尾ビレはエビス様に近い柱に貼りつけた。マスの食法は、切身は味噌煮、マス汁は、マスと山菜のミズ・ミョウガの芽・豆腐を味噌または醤油で煮た。ヒズナマスにはスジコも入れた。スジコは一晩塩漬けにしておいて翌日食べた。

⑶土洗いとヨー汁

稲の刈り入れ脱穀などを終了した祝いを土洗いという。この日はヨージル(鮭汁)即ちサケの汁を食べるものだとされた。サケの食法は切り身の塩焼きの他、頭・骨・尾などをハヤし(刻み)、味噌で煮こみ、最後にサケの切り身・大根・白菜・ネギ・豆腐などを入れるヨージル、他に新米の粥にヨノコ（イクラ）を入れ、塩味をつけて食べる粥なども、土洗いの御馳走になった。当地では土洗いを、ムラの年齢組で行う習慣があった。男たちはワカゼ組・親爺組・爺さん組。女たちは、すみれ組（新婚五年未満の嫁）・若妻会・カカたち組・婆さん組といった組で土洗いの宴を開いた。文字通り土洗い、農のいとなみに対する慰労の意がこめられていた。おのおのに宿を決め、毎年輪番で行われた。

⑷大師講と大黒様

十一月二十三日は大師講で、この日は小豆粥を作り、葭の長箸を作って粥を食べた。それは、大師講の神様は子供が多いので長い箸で食べさせたことによるのだという。また、「大師講吹き」と称して、この日は必ず吹雪くと伝えた。それは、大師様は足が悪いので、その足跡を隠すために雪を降らすからだという。

十二月九日は大黒様の日で、この日、黒豆を炒って枡に入れ、「大黒大黒きかず大黒」と誦しながら枡を振って豆を鳴らしてから神棚に供えた。また、この日、黒豆をつぶしてから煮たものを大根おろしにかけて食べた。

庄一さんは、マスの他にアユ・モクズガニなども獲る。祖父の時代のサケ漁はサシ網・モモヒキ網で、期間は十月初めから十二月半ばまでだった。庄一さんは、サケは荒木までは溯上すると語る。

二　秋田県　雄物川水系

1　秋田県仙北市西木町戸沢――雄物川水系檜木内川

西木町戸沢は檜木内川の水源部に最も近く、北秋田市境の山塊山麓・山襞にあり、標高は約三〇〇mである。かつてはマタギ集落の一つに数えられたところで、同地の鈴木久一さん（大正十四年生まれ）は、そのマタギの伝統を継いだ最後の世代である。以下は鈴木さんの体験と伝承による。

⑴マス漁

檜木内川本流に、径一五cm、長さ一・五mほどの杭を立て並べ、石を積んで作った稲作灌漑用の柴堰堤があり、大水で崩れることがあったので農閑期に補修していた。この柴堰堤があるため、マスの溯上には大水が必要となった。マスは雪代の大水で柴堰堤を越えて溯上したのであった。

マス獲りはまず六月下旬、田の植えあげにあわせて行われた。植えあげには祝いの御馳走としてマスを食べる習慣があった。この折の漁法は、追いこみ式の刺し網で、網は麻、目は二寸角、下流に張って、上流から追った。網の下部は石で止めた。田植休みの一週間の間にもマス漁を行ったが、これも追いこみ網だった。七月に入り、七月下旬までの間にもマス漁を行ったが、こちらはヤスが中心で、メガネまたはガラスを使った。ヤスで狙う場合は、柳の根株・淵などだった。淵でも水温の低いところほどマスが多かった。マスは塩焼きにしたが、頭を鉈で切って酢漬けにし、醬油・味噌をつけて食べるという方法があった。獲って食べたマスの尾を台所の柱や羽目に貼り並べる習慣があった。一年に一〇尾ほどは並んだ。「朴の葉が落ち始めるとマスがホル」という自然暦が伝えられており、マスの子をキリキリと呼んだ。ホッツアレ(産卵後のマス)は獲らなかった。

⑵狩　猟

鈴木さんの狩猟対象は、マタギとしての集団狩猟の場合は熊、個人狩猟の対象は山鳥・兎、それに川にやってくる鴨だった。鈴木家は代々マタギで、祖父の文蔵は狩猟儀礼に精通していた。父の友之助さん(明治二十九年生まれ)は、マタギで、かつ薬・毛皮の行商をしていた。熊の胆はもとより熊の骨を焼いたものを解熱剤・風邪薬とした。毛皮は、熊・カモシカ・キツネ・タヌキ・テンなどで、戸沢で集めた皮を青森県野辺地の毛皮屋へ送り、鞣して、裏をつけた上で戸沢へ返送させ、行商に出ていたのであった。行商の行先は、岩手県盛岡市・カラフト・大阪などだった。

熊マタギは春土用すぎの四月二十日から五月十日までの間に行われた。旧暦四月八日、森吉山（一四五四・二m）に登り、モロミ（モミの木）の一枝をいただいて帰り、乾燥させておく。そしてマタギに出る時、水垢離をとり、モロミの葉を焼き、神に参ってから出発する。まず、「山見」と称して見まわり役に熊の位置を確認させておいてシカリを中心として作戦を練る。そして、風向を念頭において布陣した。図1（a）のような布陣を基本としたが、地形によって図2（b）のような布陣を敷いた。熊を仕止めると、頭を北にして、仰位にし、皮を剝いで、皮の頭部が体の尾部に、皮の尾部が体の頭部に当たるようにして体に皮をかぶせる。解体時にモチグシを二本作り、ブナの巨樹の前に祭壇を作ってあげ、シカリを先に、マタギが後に並んで山の神様を祭る。モチグシに使う植物はトリキと呼ばれるクロモジの枝である。二本の枝におのおの心臓・肝臓・肺・背肉・足肉など一二種類の肉片を刺して火で焙る。焙り始めたらいくら熱くて

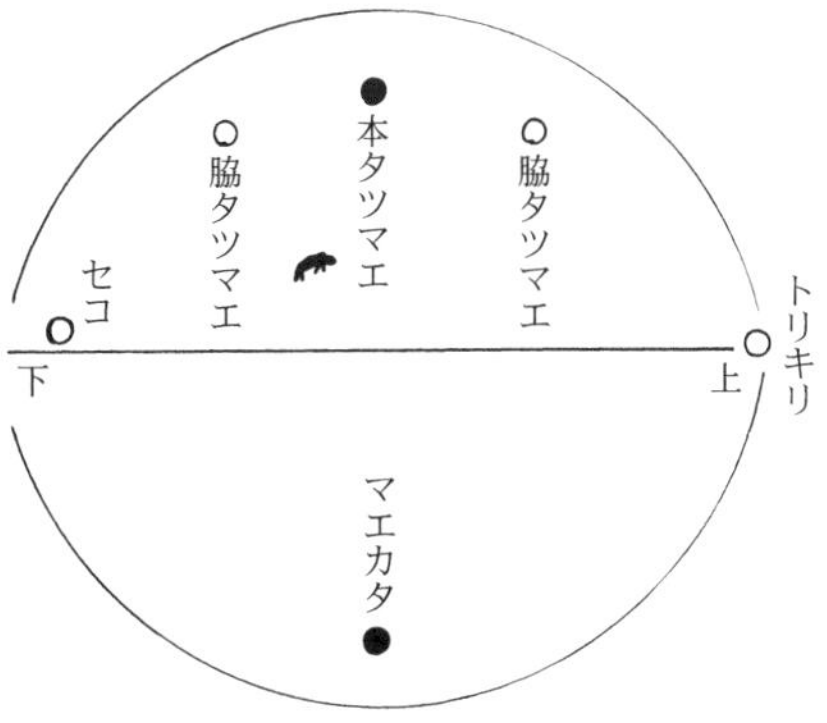

図1　戸沢マタギの布陣(a)

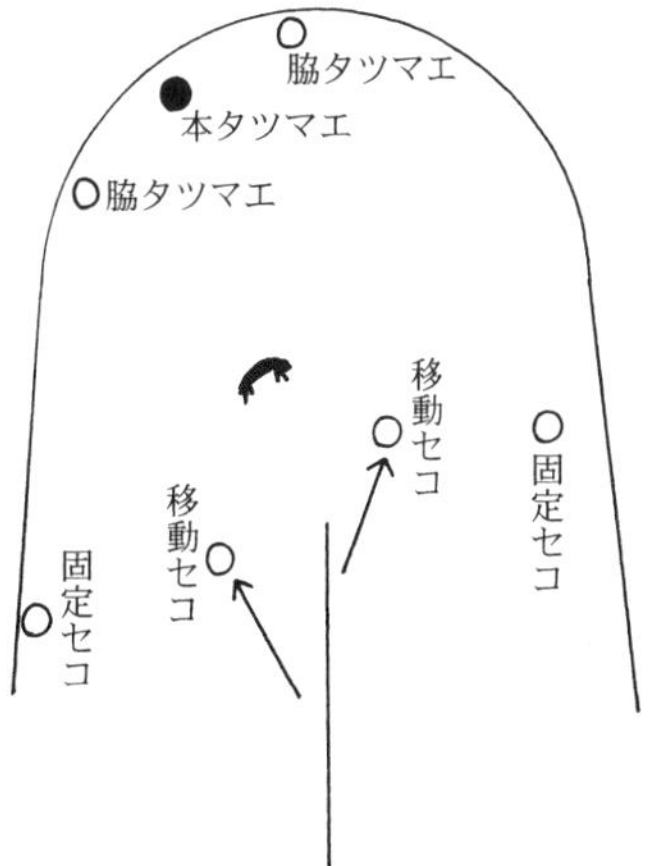

図2　戸沢マタギの布陣(b)

写真13　マス突きヤスを持つ門脇主彦さん・秋田県仙北市西木町上檜木内

も途中で手から離してはいけない。このことを以って「持ち串」と称するのだという。山の神は女だと伝えた。十二月十二日は山の神祭りで、この日はシトギ団子を三個供えた。

マタギは鉄砲をかついではいけないと言われ、平素は背負い、獲物を追う時は抱いて歩いた。お産があった家の男は猟に出てはいけないとされ、専業のマタギは家にお産があると親戚の家へ泊まりに行った。また、マタギ・伐採人・炭焼は「寒中に豆を炒ってはいけない」、「寒中にクルミを割ってはいけない」と言われた。音の刺激が雪崩を誘発すると信じられており、「音の忌み」が行われてきたのであった。

⑶ 採　集

栃の実はアクヌキして栃餅にした。二百十日はクルミの実に実が入る日だと伝え、その後拾って集め、薦をかけて一週間から二十日ほど放置する。こうしておくと外皮が腐るので、それを網に入れて川で洗い、四、五日干す。和えものに使い、餅・羊羹などにも入れた。

⑷ 焼　畑

当地ではカノと呼ばれる焼畑が営まれていた。夏の土用に伐薙し、乾燥後火入れをした。一年目は主としてソバ、他にカブ・大根など、二年目は小豆・大豆、続けて粟・黍などを作った。土地条件により、豆類や粟などを連続することもあった。

⑸ 参　考

仙北市西木町上檜木内に住む門脇主彦さん（昭和二十二年生まれ）の体験と伝承を参考として以下に記す。同家は代々マタギで、それは、父の吉郎兵衛さん（大正八年生まれ）まで続いた。曾祖父の寛一郎さん（明治四年生まれ）は、マタギと薬売りをしていたという。同家には写真13のようなマス突きヤスが残っている。三本ヤスでカエリがあり、幅七・五cm、長さ一九cmである。柄はミズナラで約九〇cmである。同地では、田植の植えあげにマスを食べる習慣があった。漁法は、サシ網を張りながらヤス突きをするというものだった。マスの食法は、塩焼きが基本であるが、塩漬け・味噌漬け・焼いて火棚に保存しておくというものもあった。

マスの他に、イワナはメガネでヤス、ヤマメは釣り、カジカはヤスで夜突きなどで獲った。山菜・キノコはもとより、栃の実・シダミ・ワラビ根の澱粉・葛根の澱粉を食べたという伝承もある。

２　秋田県仙北市西木町中泊――雄物川水系檜木内川

中泊に住む鈴木壽さん（昭和八年生まれ）は十六歳の時から、マタギであった父甚之助さんについて狩を習ったのだが、残念なことに壽さんが十九歳の年、甚之助さんは五十二歳の若さで他界してしまった。しかし、多感な時代に父から教えこまれた壽さんの山の知識は豊かである。以下は壽さんの体験と伝承による。

(1)マス漁

「マスは柳の芽が出るころ雪代の中を上ってくる」、雪代の水量によって溯上するマスの数が変わる。雪代の多い年はマスが多いのである。マス漁は、季節によって漁具・漁法を異にした。マスが檜木内川に溯上してきたのは昭和四十八年までだったという。雪代の中を溯上してくるマスは春マスである。この季節は水も冷たく寒いので、この地では投網漁によった。「大目」と呼ばれる三cm角の網を使ったのであるが、この地では「大目」と言えばマス用の投網を意味していた。夏マスは投網の他に、ヤス・鉤漁によった。鈴木家に残っているヤスはカエシつきの三本ヤスで幅八・二cm、長さ一八cm、柄はミズナラで長さ一・三mである。鉤は底部と先の幅が一〇cm、カエシのついた先の長さが一五cmほど、柄はミズナラで一・五mほどだったという。鉤を使う人は息の続く人で、それはムラで二人ほど、他の人びとはヤスを使った。ヤスや鉤は北秋田市阿仁の鍛冶屋が売りに来た。

「コスモスの花盛りがマスのホリ(産卵)盛り」と伝えた。ホリの最盛期より少し前にドウ(筌)を仕掛けた。ドウは萩の茎をミゴ縄または藤皮で編みつけたもので、口径三〇cm、カエシの口径八cm、長さ一mほどだった。このドウにはマスの他、メスのマスにつくオスのヤマメも入った。ヤマメは串焼きにして弁慶に挿して保存した。壽さんは、満月に、産卵しているマスを橋の上から突いたことがあったという。

当地の田植は五月末から六月十日くらいの間で、それは「結い」で行われた。したがって、植えあげの祝いも結い仲間で行ったのだった。田植終了の見通しがつくと男たちは二つの班に分かれ、一方は餅搗きをし、一方はマス獲りに当たった。二時間ほどの間にマスが五、六本〜一〇本獲れた。マスは炭火焼きにし、植えあげの膳を飾った。

マスの頭はカシラナマスにして食べる。細かく刻んで、酢・味噌・ネギと混ぜて食べるのである。秋マスは味が落ちるとして、あまり執着しなかった。頭だけをカシラナマスにする者、ホッチャレを味噌漬けにする者、スシ漬けにする者などまちまちだった。産卵前に獲ったものをスシ漬けにして正月に食べる習慣があり、そのスシは、飯・マスの他に、菊の花・大根・人参などを混ぜた。壽さんは、「上檜木内(中泊を含む)はマスを焼き、西明寺はマスを煮る」と、地区によるその代表的な食法のちがいを指摘する。

(2) 狩　猟

壽さんがかかわった熊狩の主たる狩場は高崎森(九三三・三m)・大仏岳(一一六六・八m)だった。冬眠前の熊の摂餌活動はおよそ次の通りであった。最初に食べるのはシダミ、次が栗で、最後がブナグリ（ブナの実）である。ブナにはナリ年とハズレ年がある。ハズレ年には「ホリバミ」と称して、熊は雪が積もってからも穴に入らず雪を掘って木の実をあさるのである。

当地の熊狩りには個人狩猟と集団狩猟の二種類があった。それがまた秋熊と春熊といった季節との関係で複雑な展開を示した。秋、熊が盛んに木の実をあさる時期にはシノビと称して熊のつきそうな木をめじるしとしてまわる単独狩猟を行い、熊が十分に餌を食べると穴に近づくのでそれを狙ってマタギ組で巻狩を行った。熊の動きは木の実の状態に連動するので、猟師はその年の木の実の状態を正確に把握していなければならなかった。また、春は、四月の初めから四月十五日ごろまでは穴熊を狙い、四月十五日から二十日の間に「デナガレ」と呼ばれる穴から出た熊をマタギ組で狙った。当地の集団は、シカリ・セコ（四、五人）・マチ（射手）で編成されていた。

壽さんは熊狩りに入る時の禁忌や儀礼を父から教えられた。a山へ入ったら口笛を吹くな。口笛を吹くと山の神に嫌われる。b山に入る時はオコゼを持って入れ。オコゼは見苦しい顔をしているので、女である山の神様は自分の方が器量がよいと思って喜び、獲物を授けてくれる。十一月、ハタハタを買うとその中にオコゼが混じっていることがある。そのオコゼを神棚にあげておき、猟に行くとき持ってゆくのである。cマタギが山に入っている時は家で豆を炒ってはいけない。――音・振動が雪崩を起こす原因になるという認識から「音のもの忌み」を行ったのである。d家に妊婦がいる者は狩猟に参加できない。e細い布袋を作り、その中に節分の炒り豆を入れ、袋の両端に紐をつけ、それを腰に巻いて行くと猟のお守りになると伝えた。この豆が緊急時の食料になったことはいうまでもない。また、別の布袋にカネモチ（米の粉の餅）の焼いたものを入れて持って行ったという。f熊を捕獲したら、まずシカリが唱え言をし、月の輪に刃を入れる。皮を剝ぎ終えると、皮の頭部が体の尾部に、皮の尾部が体の頭部に来るように逆にまわして皮を熊の体にかける。二本の串に、肝臓・心臓の片を混ぜ、おのおの一二切ずつ刺す。これを床の間にあげ、仕止めた者が代表で拝む。

獲物の分配は、発見者＝皮、射撃者＝前手一枝（一本）または頭、参加者＝肉および胆を等分にする、山の神の祭りは二月十二日で、この日は「山に入るな」「音を立てるな」と言って仕事を休んだ。

(3)採　集

鈴木家の持ち山には四〇本ほどのシバ栗があり、毎年三俵ほどの栗の実を拾った。まずブドウ皮で編んだダシに拾い、カマスに移した。十日間ほど水につけ、よく干して一斗罐に入れて保存するか、小屋の土間に盛り、川砂をかぶせて保存するといった保存方法をとった。食法は、煮て食べたり、菓子の代わりに食べるといったものだった。栃の実やシダミは食べたという伝承はあるものの壽さんの代には食べなかった。

なお、当地ではカノと呼ばれる夏伐、夏焼きの焼畑が行われ、ソバ・カブ・アワ・キミ・大豆・小豆などが栽培された。

3　秋田県仙北市西木町小山田小字鎌足——雄物川水系檜木内川

鎌足は檜木内川右岸山つきに一四戸の民家が並ぶムラで、河岸と民家との間に水田がある。前後の山の標高は三〇〇～六〇〇ｍほどで決して深い山といった印象はない。鎌足に住む小林徳五郎さん（大正五年生まれ）は稲作農業のかたわら河川漁撈にも力を入れてきた人である。以下は小林さんの体験と伝承による。

(1)マス漁

小林家の裏山に山桜の木があり、その山桜の花が咲くころ、毎年早いマスが上ってきた。それは四月二十八日、二十九日のころである。その時から八月末までがホリマス以前の春マス・夏マスの漁期となるが、実質的には田植終了後から七月末日までが中心となった。漁具漁法にはマス鉤漁とヤス漁とがあった。鉤は図3のような形で、袋の部分と柄の部分が繋ぎ紐で繋がれており、マスが鉤にかかると鉤が柄からはずれるようになっていた[8]。鉤の幅は内側で八cm、柄の材はミズナラまたはカエデ、長さは一・五mで袋に挿す部分が径一・五cm、根もとは径三cmで握りどめがつけられていた。

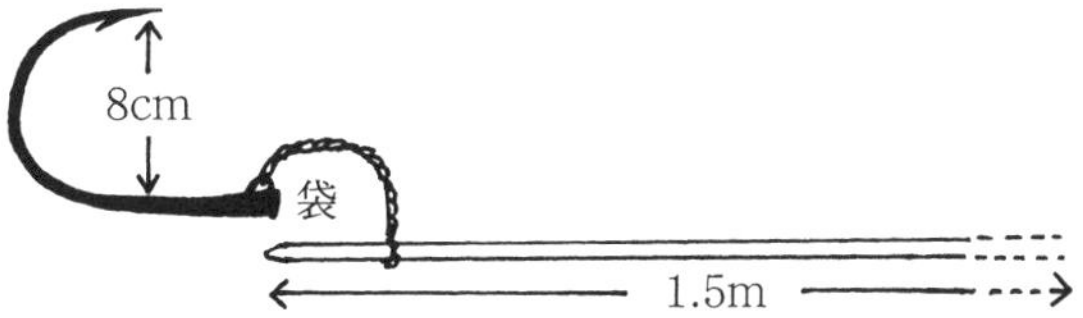

図3　小林徳五郎さんの使ったマス鉤

　戦前のヤス漁に使ったヤスはカエシつきの三本ヤスで、幅七cm、長さ一八cmで、柄は九〇cmのミズナラだった。ヤス漁ではマスが休みに入る柳の根株、石の間などのものを狙った。この時はメガネを使った。ヤス漁は基本的には個人漁撈だった。

　小山田地区の檜木内川には戦前次のような淵があった。（　）内の方位指示は、河流中の岸寄りを示し、数字は水深を示す。上流部から順に示す。ａスギの淵（右・五ｍ）、ｂハネワタリ淵（中・四ｍ）、ｃマキダテ淵（中・五ｍ）、ｄヘグリ淵（右・五ｍ）・カマタリ淵（左・五ｍ）・シヅ淵（右・五ｍ）・長淵（右・四ｍ）・栃ノ淵（中・四ｍ）、これだけの淵が小山田の鎌足を中心とした約三kmの間に集中しているのだから、この地は絶好のマス漁場だったことになる。マスの生態は、雪代で溯上し、夏は淵で休み、体を養って産卵期に流れの緩い瀬に出て産卵場所を選ぶというものである。してみると淵は夏マス漁の好漁場だということになる。

　淵の夏マス漁はマス鉤を使っての共同漁撈だった。戦前の小山田の戸数は、上流部から鎌足＝一四、八津＝二五、堀之内＝五〇戸だった。田植終了の後から七月下旬の間、天気のよい日にこれらのムラから有志が出て共同のマス漁を行った。小山田で、マス鉤を使う者が一〇人、

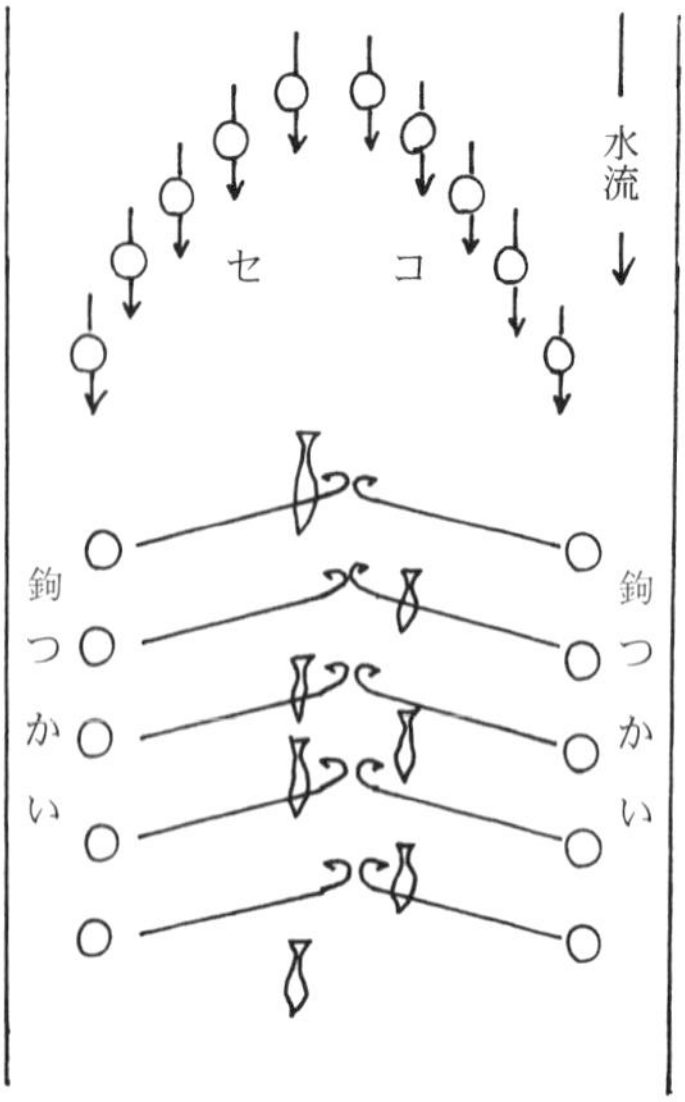

図4　秋田県仙北市西木町小山田地区におけるマス漁の布陣（昭和10年代まで）

セコが一〇人だった。セコには、年齢が若く、まだ馴れていない者が当たった。共同漁撈の布陣の概略は図4のごときものであった。基本的にはセコが上流の浅瀬からマスを淵に追いこみ、そのマスが淵の中を下流に向かって移動するところを淵の中に潜ってマス鉤を構える漁師が鉤に掛けて獲るのである。反転してまた上流に向かって泳いでくるマスを再度鉤で狙うのである。小林さんによると、下りでかかるものが三〇％、上りでかかるものが七〇％だという。その日の漁場、淵から淵への漁師の移動は、マスがたまっている順である。スギの淵・シヅ淵などでは巻網を仕掛けてから鉤漁することもあった。一つの淵だけで一日かかることもあったし、一つの淵で四〇匹のマスが獲れたこともあった。

鉤をもつ漁師の布陣は、剣道の試合で二人の選手が竹刀の先を向け合うように、二人の漁師が水中で向き合って鉤の先をさし出しあう。マスは、底から約三尺ほどのところを通るので漁師は水中メガネを掛けて潜り、川底の石に抱きついて鉤を構える。鉤漁師が一〇人いるとすれば、淵の中に適宜の間隔をおきながら向かい合いの組が五組潜ることになる。徳五郎さんの相手は赤倉色介（大正二年生まれ）という人で、二人の呼吸はよく合ったという。「マス鉤の柄が見えればマスは逃げる」と言われたので、柄は川底につけて構えた。マスの頭が鉤の位置を通過する瞬間に鉤を引くとマスの腹を掛けることになる。マスが眼の前に来たまま動かなくなるときもある。そんな時は、自分の息が切れるかマスが逃げるかで根気比べとなる。

息つぎをするのは当然であるが、水に入る一回の単位時間は二〇分である。二〇分潜水漁をして河原にあがり、焚火に当たって体を温める。休み時間は三〇分で、一日に一〇回くり返す。午前九時から午後五時ごろまでで、そんな日は、河原で体を干す時間も長くなるので夜は体がほてって眠れない。漁獲した夏マスは、作業小屋の中に青草を敷き、その上に載せて夕方まで休めた。マスを水に入れて管理すると魚肉の色が変わって軟らかくなってしまうのである。分配は参加者全員に対して平等だった。

角館で檜木内川に合流する玉川まで仲間一〇人ほどでマス獲りに出かけることがあった。玉川は河岸の山が岩山なので夏は岩が焼けて熱を持つ。そこに雨が降ると雨は湯のようになって川に集まる。そうなるとマスは一斉に檜木内川に移動するのだという。

秋の彼岸、「山漆の葉が色づくころマスがホル」と言われた。ホリマスは投網で獲ったのであるが、ホリの直前にドウ（筌）をかけて獲った。ドウは口径尺五寸、長さ四尺、竹ミゴを葡萄の皮で編んだものだった。昭和初年、金網の角ドウを使ったこともあった。ドウは、瀬の中に石の土手を作って水を分け、流れの緩いところへ口を下流に向けて仕掛けた。

写真14　マス突きヤスを持つ小林徳五郎さん・秋田県仙北市西木町鎌足

夏マスを獲るのに鉤を使ったのは昭和八年までだった。戦後は鉤の代わりにヤスを使うようになった。鉤に代わる潜水用ヤスは、戦前、柳の株や石のかげにいるマスを突いたヤスに比べて柄が長く、それは、一八〇㎝ほどだった（写真14）。戦後使ったマス鉤代替のヤスの使用法はおよそ次の通りだった。両側で向き合って構えるのは鉤と同じであるが、射程の間隔をおのおの二mほどとり、構える角度は三〇度を理想とした。ヤスとヤスとの間が広くあくので鉤の場合よりもマスが自由に上ってきたという。

マスの初ものは切り身にしてエビス様に供えた。尾ヒレは玄関の柱に貼りつけた。その後漁獲したものも尾ヒレは続けて柱に貼ったのである。その際、魚体が登りになるよう、尾ヒレは逆V字になるようにした。

(2) サナブリマスと共同漁撈

植えあげ即ちサナブリにはマスを食べる習慣があった。デキアガリの酒盛と称するサナブリの祝いにマスを食べたのである。鎌足での田植はユイッコ（結い）で行われ、時間勘定で進められた。最後は、上組・下組に分けて調整し、なるべく同時に終わるように配慮した。女が早乙女、男が苗取り役といった役割分担があった。田植最後の日、男たちは苗取りに特に精を出し、なるべく早く苗取りを済ませてサナブリ用のマス獲りに出かけたのである。

サナブリには家々で餅を搗いた。その餅を朴の葉に包んだものに萱の箸を添えて神棚・作業場に供えた。男たちは、川端か民家の庭に集まってマス汁を作って食べた。マス汁は、頭から骨まで鉈で刻んだマス、ササ切りにした大根、山菜のミズなどを入れた豪快なものだった。これとは別に各家々では切り身を煮たり焼いたり、またマス汁にしたりして食べた。家々はお互いに田植を手伝ってくれた人を呼びあったのである。小林家の場合、植手一三人、苗取り七、八人といったところだった。

サナブリの他に、盆にはマスのスシを食べた。塩マスに飯、夏蕪や大根を混ぜて一週間から一〇日ほど漬けこんだものだった。

漁／月	1月	2月	3月	4月	5月	6月	7月	8月	9月	10月	11月	12月
ハルマス					←―	トアミ ―→						
ナツマス							←ヤ―	―ス→				
ヤマメ				←釣―	―り―	――	――	――	――	――→		
							←ヤ―	―ス→				
イワナ				←釣―	―り―	――	――	――	――	――→		
							←ヤ―	―ス→				
カジカ								←ヤス→				

表1　秋田県湯沢市秋ノ宮・菅原孝太さんの漁撈暦（昭和30年代まで）

4　秋田県湯沢市秋ノ宮――雄物川水系役内川

秋ノ宮小字磯地区は標高三〇〇m、一二六戸の山間集落である。以下は同地の菅原孝太さん（大正六年生まれ）の体験と伝承である。

(1) マス漁

菅原さんの体験した渓流漁撈は表1の通りである。「マスは柳の芽が出ると雪代で上る」と言われた。マスの溯上は昭和三十年代までだった。五月末から六月末までのマスを春マスと称し、投網で獲った。養蚕・稲作に力を入れていた菅原家では、六月十日、蚕をマブシに入れ、田植を始めた。六月二十日田植が終了するころにマユアガリとなる。蚕に桑を与えなくてもよい状態にしておいて田植にかかったのである。田植終了の見通しがつくと、その日の午後はマス獲りに出かけるのが毎年のならわしだった。同時に年寄などがミズ採りに出る。ミズは刃物を使うと味が落ちると言い、ネジリミズと称してねじって採った。田植終了の祝いのことをヨテイと呼び、ヨテイには田植の雇い人をマスとミズでもてなし、もとより、家族もその御馳走を食べた。マスは三枚におろし、マス汁にした。夏マスはヤスで突いた。「山漆・カエデが紅葉するとマスがホル」という自然暦があるが、ホリマスは獲らなかった。

(2) 採　集

山菜はミズ・ゼンマイ・コゴミ・ウド・ワラビ・アイコなどを採り、キノコはナメコ・モタシ・マエタケ・トビタケ・ヌキウチなどを採取した。

カタクリは葉も食用にしたが根を擂鉢で擂って澱粉を採った。百合根は十月中旬、葉が枯れてから掘る。縁側の日当たりの良いところに保存しておいて正月に煮て食べた。

当地では焼畑のことをカノと呼ぶ。焼畑はソバを一年間だけ栽培する場合が多くソバガノと呼んだ。ソバガノの中の三坪ほどに白蕪を栽培する伝統もあった。

5 秋田県雄勝郡羽後町大久保——雄物川

同地は河口部から約九五㎞溯上した地で、皆瀬川との合流点、雄物川左岸に位置する水田地帯のムラで、標高六六mほどである。大久保は雄物川最上流部のサケの獲り場とも言われている。以下は川漁の経験豊かな中川宏さん(昭和六年生まれ)の体験と伝承である。

⑴ マスとカジカ

雪代でマスが溯上する。マスの漁法はヤス漁と刺し網漁で、ヤスは三本ヤス、潜水で水中眼鏡を使う。当地の田植は五月二十日から六月十日ころまでで、このころがマスの獲り始めになり、八月末まで獲る。「春マスは嫁に食べさせるな」という言葉もあり、早期のマスは脂が乗っていて美味だった。サナブリは六月十五日ころになり、マスが手に入ればマスを食べるが、手に入らないこともあるのでサナブリの魚には確実性のあるカジカを当てた。大久保の中の字大久保は五〇戸で、その中で川漁師と呼ばれる者は三人だったので、いつもマスが手に入るとは限らないのである。一人で三〇匹獲り、リヤカーで売り歩いた者もあったが、毎年豊漁とは限らなかった。宏さんは、サナブリ魚として、田植の加勢を受けた友人や親戚の者とともにカジカを獲った。漁法は板落としと呼ばれるもので、口幅三尺の袋網を受けとして、そこに、長さ三尺・幅一尺の板を又木で継ぐ形にしたものを使ってカジカを追いこむものだった。カジカは卵とじ、串焼きなどにして食べ、余りは焙ってベンケイに挿して保存し、出しにした。

(2) サケ漁

昭和二十年代、大久保に溯上してくるサケ・マスは、およそサケ七〇％、マス三〇％ほどだった。サケの溯上は九月中旬から始まり十一月末、遅くとも十二月上旬までである。当地の漁法はトメ網・四ツ手網・ドウ網の組み合わせだった。まず右岸から左岸にかけて、左岸側が上手になるよう、斜にトメ網を張りサケの溯上を止める。左岸の岸寄りに、トメ網と岸を二辺として、それに対応する二辺を以って四角をなすよう、長さ二〇〜二五mの網を張り、その下流の一辺の網下と河床の間を三寸ほどあけておき、サケがそこを潜って溯上できるようにしておく。下るサケは浮上するので三寸の間隔から逃げることはない。この四角い囲みのことをマス（枡）網と呼ぶ。マス網の上流部の一辺の岸寄りの五尺ほどはトメ網も張られていない。その、あいたところにモチ網（持ち網）即ち四ツ手網を設置する。四ツ手網の二方には高さ尺五寸ほどの網がついていて、入ったサケが逃げられないようになっている(9)。モチ網には、サケが触れると鈴が鳴るようにした脈糸がつけられている。岸に納屋（小屋）があり、漁協の組合員が毎晩三、四人ずつ泊りこんだ。宏さんも、昭和三十三年から三十六年までこのサケ漁に参加したことがある。六本ほどの脈糸をまとめて小屋に引き、小屋の中で鈴が鳴るようにくふうしてある。トメ網で止められたサケがマス網にたまり、それがさらにモチ網に入って漁獲されるというふうになる。四ツ手網については四の1を参照されたい。さて、モチ網とは別に、マス網の一辺をなすトメ網の一部にドウ網をも仕掛けた。ドウ網とは、筌型の網のことである。当時、一晩に一〇匹〜二〇匹獲れることもあった。特に水の出たあとがよかった。トメ網・モチ網で一秋に三〇〇匹、他の漁法もあわせると五〇〇〜六〇〇匹はとれていた。

(3)サケの食法

当地ではイネアゲと呼ぶ収穫祭をエビス講とも称した。近隣で集まってイモノコ汁を食べたが、本来サケを食べるものだったともいう。それはザッパ汁だったが、ザッパ汁は行事にかかわりなく作られた。当地のサケの食法としてはサケのシオカラに特色がある。①サケの切身を一晩塩漬けにする→②三日間酒に漬ける→③麴をやわらかくして三日間漬ける→④サケの切身を細かく刻んで塩揉みにし、麴と混ぜる、といったものである。サケのスシも作った。十一月末に漬けこみ、正月に食べる。サケの切身・米麴・ウルチ米の飯（麴と飯は半々）・人参・フノリ・南蛮を混ぜて漬けた。

(4)オデシコさんと大黒様

旧暦十一月二十三日をオデシコさんと称し、餅を搗いた。餅をツッコ（苞）に入れ、路傍の電柱の下などにあげた。旧暦十二月九日を大黒様の日として黒豆をつぶして大根ナマスと混ぜた。また、飯にも黒豆を入れた。

6　秋田県大仙市花館――雄物川支流玉川

大仙市花館は、支流玉川が右岸から合流する地点で、河口から約六五㎞溯上した地点に当たる。花館の中心は玉川の左岸にあるが、対岸の間倉地区も含む。標高は二四ｍほどで平坦な地である。砂洲状の合流点から一㎞上手に羽州街道の玉川橋が架っており、その下手にサケドメのウライ（写真15）が設けられている。ウライを設置しているのは雄物川鮭増殖漁業生産組合に所属する二一人で、その中心をなすのが間倉地区の三浦茂治さん（昭和五年生まれ）である。以下は、茂治さんと妻トシさん（昭和十年生まれ）、さらに、大仙市営水産ふ化場に勤める三浦正人さん（昭和三十四年生まれ）の体験と伝承による。

(1)サケ留めからウライへ

秋田県が個人の漁業権を一人三万円で買いあげ、それをもとに漁業組合が設立されたのは昭和三十二年のことだった。玉川河口部に現在設置されているような塩化ビニールパイプのウライが設置されたのが昭和五十七年のことで、それまで竹ウライ、ピアノ線を利用したウライなど試行の期間があった。ウライは、茂治さんを中心とした仲間が北海道のウライを見学にゆき、導入したものだった。ウライは一の11に述べる通り、筌檻に入ったサケが逃げようとするのを直立棒によって避ける装置を備えた筌である（写真15）。この筌檻にサケを集めるために、流れに柵を設けなければならない。その柵が竹から塩化ビニールパイプに代わったのである。

写真15　玉川に設置されたウライ・秋田県大仙市花館

塩化ビニールパイプの柵は幅一m、長さ五mほどの単位で六万円かかるという。昭和三十年からウライ設置の間までは、上流に向かって槍先型、ハの字型にトメ網を張り、その中央に筌型の捕獲設備を設けるサケ留めによった。それ以前のサケ留めは、次のようなものだった。流れを遮断する形で網を張り、さらに二〇m上流にも網を張る。下の網は河床と網の下端との間を三寸ほどあけて張り、サケが身をよじりながらそこを潜りぬけて溯上するように設置する。サケは下る時には体が浮くので下流に逃げることはできなくなる。二〇m上流に設置する網は下流の網とは異なり、河床との間を完全に塞いでサケが逃れられないようにする。さらに、上流の網の岸寄りの上流部分に、角型のトメ網を設け、そこに四ツ手網を仕掛けてサケを捕獲するのである。四ツ手網の脇には小屋（納屋）を建て、ここでサ

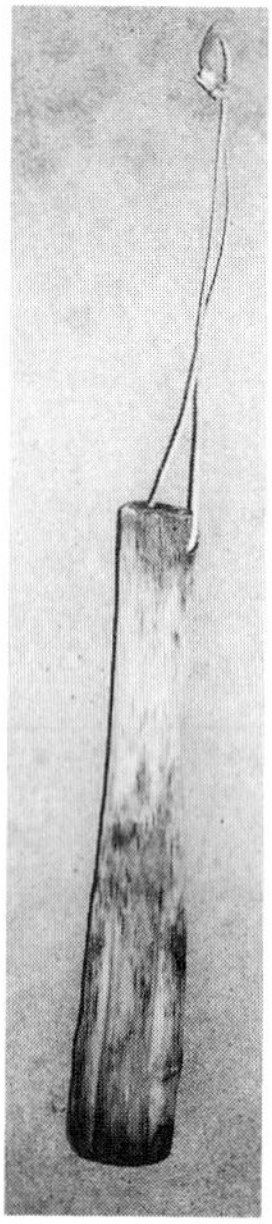
写真16 サケ叩きのエビス棒・秋田県大仙市花館

ケが四ツ手網に入るのを待った（四ツ手網漁については四の1を参照）。タテ網は網目を引き伸ばした寸法が三寸八分である。ミゴ縄で編んだこともある。これは一秋しかもたなかった。木綿網は二年もった。五、六人の仲間が部分部分を分担して編み、それを持ち寄ってつなぐという方式をとっていた。サケ留め漁の時代には魚屋が籠を背負って川までサケを買いにきたものだという。

(2) サケをめぐる儀礼と食法

サケの初漁の時には漁師仲間が玉川橋のしもにあるエビス様の前に集まり、エビス様にサケの一のヒレをあげ、豊漁を祈ってからサケを焼いたり、煮たり、頭を叩いたりして食べた。十月二十日はエビス祭りで、エビスの祠の前に組合員が集まり、神職を招き、サケを供えて祭る。納屋で宴会を開くのが本来の形である。サケの頭部からヒズだけを取り出してこれはヒズナマスにする。他の頭部は叩いて味噌を混ぜて食べた。切り身は焼いたり煮たりして食べた。当地には、稲を刈りあげ、収穫作業を終える十一月十日ごろ「秋休み」と称して嫁を実家に帰す風があった。嫁は一週間ほど実家で休むのであるが、その際、サケ一尾を藁苞に入れてみやげとして持たせた。嫁の実家からは餅が返された。

大曲およびその周辺にはサケのスシ漬けを作る習慣がある。十二月中旬につけて正月用にするのである。茂治さんの妻トシさん（昭和十年生まれ）は、米麹と飯を半々の比率にし、サケの切り身と交互に重ね、蕪・人参・生姜・フノリ（海藻）を混ぜる。米麹はモチ一割にウルチ九割といった比率であるがこれは家によって異なる。トシさんの実家、大仙市高畑の戸島家ではスシ用の麹を作るのに近隣と三軒で結いを組んでいたという。米麹の素材は二番米と呼ばれるもので、等級の下る米だった。コジャケと呼ばれる割れ米を使う家もあった。スシ桶は楕円型である。

⑶マス漁

桜の花の咲くころマスがのぼる。マス漁の漁法は舟を使ってのサシ網漁か潜水のヤス漁かであった。茂治さんは早くも四月八日には潜水漁をした。その日は蛭川薬師の縁日で、東の山には雪が残っており、雪代は身を切るように冷たかった。河原で焚火を焚いておき、頻繁に暖をとった。昭和三十年当時間倉の戸数は約九〇戸、その中に、茂治さんと同様に潜水のマス漁をする者が一〇人ほどいた。苗代から田の草とりにかけての期間がマス漁の盛りで、この時期のマスは脂が乗っていて美味だった。体が銀色をしているので銀マスとも呼んだ。茂治さんの手もとにあるマス突きヤスはカエリつきの三本ヤスで、幅七・五cm、長さ一九cm、柄は杉、一m三cmである（写真17）。食法は、焼く・煮る・酢かけなどだった。サナブリにマスの共同漁撈をしたり、サナブリに必ずマスを食べるという習慣は確立していなかったが、サナブリにマスが獲れれば御馳走にした。昭和三十一年に、一日に三一匹獲ったのが茂治さんの記録である。

写真17　マス突きヤスを持つ三浦茂治さん・秋田県大仙市間倉

昭和二十年代には、一年でマス一〇〇尾、サケ一〇〇尾は獲れた。サケが一〇〇〇本獲れると一〇〇〇本祭りと称してサケをエビス様にあげて祀った。オオスケ・マスノスケといった言葉はあるが伝説はない。茂治さんの獲ったサケで一番大きいのは三貫八〇〇匁だった。当地には、流しにサケ・マスの尾ひれを張っておき、他家に贈物をする時その尾ひれをはがして贈物に添える習慣があったという。

⑷サケ――在来種と北海道種

三浦正人さんはサケの溯上について次のように語る。在来種は十月初めから溯上し始め、十二月中旬まで溯上する。魚体は七五～八〇cmで約四kg、これに対して昭和五十年以降導入した北海道産の卵を孵化したものは、八月下旬に溯上を始め、十二月下旬まで溯上する。十月中旬から十月下旬にかけてのピークには、体長六五～七〇cm、三kg未満のものが多いという。北海道産導入以降、溯上期がのび、魚体が小さくなったのである。

サケの食法としては次のものを伝えている。aザッパ汁＝サケの頭・骨・尾などと里芋・大根・コンニャク・豆腐などを味噌味で煮る、b叩き＝頭・骨・身を叩き、焼味噌・ネギ・ニンニクを混ぜる、cヒズナマス＝ヒズに大根・人参・イクラなどを混ぜてナマスにする、dスシ＝前述、などである。

7　秋田県大仙市八圭――サケの食法を中心として⑴

以下は同地に住む菊地春枝さん（大正十年生まれ）の体験と伝承である。

⑴サケの伝承

〈サケの食法〉　aサケのスシ＝正月用のサケのスシを十二月十五日ごろ漬けこんだ。薄塩のサケを三枚におろし、塩ぬきをしてから、厚さ五㎜ほどの切り身にして一晩酢に漬ける。スシ桶は、楕円形で、尺二寸×八寸、深さは七寸で、幅一寸五分、高さ一寸五分ほどの脚が四本ついていた。そのスシ桶の底に笹の葉を敷き、その上に米麹と飯を混ぜて広げる。米麹と飯を混ぜ、さらに、それが冷めてから塩を混ぜるのである。その上にサケの切身を並べ、さらにその上に刻んだ蕪・人参をのせ、一cm×三cmほどに切った青昆布を置く。これを一段として、その一段の上にまた笹を敷き、前記の順で二段・三段と重ね、中蓋をかぶせ重石をのせる。こうして漬けておき、小正月に出して食べる。スシを出す時には、中蓋の上に滲み出てきた水分をいったん他の容器に入れておき、必要なだけのスシを出し、再度中蓋をし、容器に移した水を再びスシ桶に入れる。菊地家ではサケのスシは小正月の御馳走として漬けたものだという。桶から出したスシは家族各個の皿に盛った。

十二月中旬はハタハタの盛りでもある。この時期にはハタハタズシも漬けた。ハタハタを一晩酢に漬け、三切にハヤして、サケと同様に漬けたのである。スシは暖い時にはダメで、早くとも十二月に入らなければダメだと言われた。米麹は八圭の麹屋に頼んだり自家で作ったりした。良い米を麹屋に持ちこむ者もいたが、良い米を供出し、二番米やコジャキ（屑米）を麹屋に持ちこむ家が多かった。菊地さんのスシは、米麹三分の一、飯三分の二の比率だった。両者を半々にするとスシが甘くなってしまうという。菊地家ではスシ用の米にはモチ米を使った。

b ザッパ汁＝サケの頭・中骨を刻み、大根を鉈でそいで味噌味の汁を作った。ザッパ汁は寒中がよいと伝えた。

〈サケのみやげ〉　秋アゲと称し、稲の刈り入れ、脱穀などの作業が済むと嫁が実家に帰った。その際、みやげとしてサケを持たせるならわしがあった。また、一月二日に里帰りをすることもあったが、この時にもサケをみやげにした。

⑵暮らしのメモ

〈カヤク鍋とカヤク皿〉　菊地家では食事どきに家族一人一人に個人用の小型七輪が与えられていた。その七輪にカヤク鍋と呼ばれる径二〇㎝ほどの鉄鍋をかけ、それでタラ・ハタハタのショッチル煮などを作った。カヤク皿とはホタテ貝の貝殻の大きいもののことで、これを皿の代わりにした。小型七輪は、煮ものの用具であると同時に冬季の暖房にも有効だった。イロリは別にあったのだが、七輪も活躍したのである。小型七輪・カヤク鍋・カヤク皿（カヤキ

＝貝焼き）の使用は昭和十七年まで続いた。

〈与勢丸〉　春枝さんの祖父与一郎さん（明治元年生まれ）は三五〇俵積みの与勢丸という船を持っていた。雄物川流通の船で、八圭の船場と秋田の土崎を結び、戦前まで米を下し、タバコ・塩・石油・乾物などをあげていた。

〈お大黒さん〉　十二月九日をお大黒さんの日とし、次のものを作った。a大黒ナマス＝黒豆をつぶしたものに酢と砂糖を混ぜ、大根おろしの汁を入れて煮る。煮すぎないように注意し、大根おろしとクルミの実を混ぜる、b黒豆の甘煮、C黒豆入りの飯、d黒豆入りの汁、e黒豆・大根のイチョウ切り・タラを入れたタラ汁、これらとともにハタハタの尾頭つきを大黒様とエビス様に供えた。この日に豆を使うのはマメでよく働くようにという願いをこめてのものだという。

8　秋田県大仙市八圭――サケの食法を中心として（2）

杉山のぶさん（明治四十年生まれ）は隣ムラの藤木から八圭に嫁いできた。杉山家は魚屋で、普通は角間川の魚問屋「キ・「小・「シなどからハタハタ・サケなどを仕入れて六郷方面へ行商に出かけていたのだが、特に新しい魚が必要な場合は舅とともに秋田まで出かけたこともあった。角間川に前記のような魚問屋が集中したことは、雄物川の水運と後背消費地とのかかわりを語るものである。

以下は杉山のぶさんの体験と伝承による。

〈マスの伝承〉　当地ではサナブリのことをヨデと呼び、田植が終わったヨデには近隣の家々で互いに呼びあって御馳走をした。そのヨデの御馳走の一つにマスがあった。マスは、切身を煮たり吸いものにしたりしたが、頭や骨を叩きにして食べることもあった。また、盆にマスのスシを食べることもあった。

〈サケの伝承〉　刈りあげには嫁にサケと餅を背負わせて実家に帰す習慣があった。近いところはナマザケ、遠いところは塩ザケだった。刈りあげにはサケを食べた。サケの食法は次の通りだった。a切り身を焼く、b切り身を吸いものにする、cサケのたたき＝ナマザケの頭を庖丁の刃で叩き、皿に分けてから酢と砂糖で味つけをして食べる、dサケのスシ（概ね既述の菊地家のものと同じ）。十二月九日は大黒様を祀る日で、この日は黒豆をつぶして煮、大根とナマスにした。この日もナマザケを食べた。

9　秋田県大仙市清水――サケの食法を中心として（3）

以下は同地在住の森川チヤさん（大正十三年生まれ）の体験と伝承による。

⑴サケの伝承

〈エビス講〉　旧暦十月二十日前後で、日は決まっていなかったが、農作業の結いを組んだ五〜六戸でエビス講をした。この日は秋アゲの祝いとして必ずサケを買った。サケは切り身にして焼いた。頭はタタキにしてから酢漬けにしておき、正月の吸いものに使った。

〈正月用のスシ〉　正月用のサケのスシは十二月中旬に楕円形の桶（尺八寸×六寸ほど）に漬けこんだ。米麴五割に飯五割、飯にはモチゴメを用いた。四ツ屋か清水の麴屋に米を持ってゆき、麴と交換してもらった。味噌麴にはクズ米を使ったが、スシ麴はクズとは限らなかった。スシには蕪・人参・フノリを入れた。

⑵オデーシコ様と大黒さん

〈オデーシコ様〉　十一月二十三日をオデーシコ様と呼び、この日小豆粥を煮、神棚に小豆粥と長い薄の箸を一膳供えた。家族も小豆粥を薄の箸で食べた。オデーシコ様は子供が多くて食べるのが大変なので赤飯でなく小豆粥を煮て長い箸で子供たちに食べさせたという伝承にもとづく。「オデーシコ吹き」と称してこの日は吹雪になると伝えた。〈大黒さん〉十二月九日を大黒さんの日とした。黒豆、黒豆のない家は大豆を炒って大根オロシの中に入れ、ナマスにした。飯にも黒豆か炒り大豆を入れた。この日はマッカ大根を玄関に飾った。玄関にマッカ大根がある家は大黒様を祭ったことがわかった。

10　秋田県大仙市強首字熊ノ木――雄物川

大仙市強首は雄物川を河口から約四〇㎞ほど溯上した地の左岸のムラである。左岸一帯は見渡す限りの水田である。同地に住む佐藤時雄さん（大正十一年生まれ）は七歳の時から父の流し網サケ漁の舟に乗ったという人で雄物川漁撈に力を入れてきた。以下は佐藤さんの体験と伝承を中心にして一部に同地の三浦円一郎さん（大正十二年生まれ）の体験と伝承を加えたものである。

⑴サケの漁法

昔からのサケをシロザケと呼ぶ。シロザケは九月下旬から十一月末まで溯上する。最も大きいものは三尺余、四・五㎏もあった。他にコメスと呼ばれる体長二尺ほどの小型でオクテのサケがある。これは、十一月中旬から十一月末までのぼってくる。「コメスが来たらサケ漁は終わりだ」と言い伝えた。その他、孵化場ができてから出現したブナザケがある。

当地のサケ漁の漁法には、a流し網、b底引き網、cヨツデ網、d留め網、などがあった。流し網は雨降りの出水時を選んで溯上途中のサケを獲るもので、下流から上流に向け、舟を使いながら斜めに網をおろしてゆく。一人が櫂を使い、一人が網をおろしてゆく。網目は五寸～五寸二分目で網丈は一二尺、網の長さは一尋五尺で四〇尋に及んだ。

二尺四寸～二尺五寸おきに桐のアバ（浮子）をつけた。アバの長さは一尺で、真中の太いところの径が八分、両端の網に結びつけるところの径は五分ほどだった。錘はつけなかった。網おろしを何回もくり返しながら上流から下流へ下ったのである。戦前戦後の時期、流し網だけで一秋二〇～三〇匹のサケが獲れた。流し網の時期は十月二十日から十一月二十日の間で流し網はエビス講の日で終え、それ以降は四ツ手網漁になる。四ツ手網は一辺七尺だが、形状は箕の形にしてサケを逃さないようにする。麻糸を使って自分で四寸目の網を編んだ。エビス講を終え、大師講を迎えるころには寒さも厳しくなるので、夜、小屋に控え、酒を飲みながらサケが四ツ手網に入るのを待った。箕形にした網にテグスを使って三本の掛け糸を張り、それをまとめて脈糸につなぎ、脈糸を小屋に導き、その端を漁師が持った。テグスの掛け糸にサケがふれると直ちにその動きが脈糸を伝わって漁師の手に達するようにくふうされていた。反応があるとすばやくロープをたぐって四ツ手網をひきあげた。支柱には杉の木が使われていた。底引き網は三～五人で行った。

　時雄さんの母みねさんの実家は下流の隣ムラ木原田の佐々木家だった。木原田には「トメ」と呼ばれる留め網が掛けられていた。トメは流れの中に、幅五～六間、長さ六間、深さ（高さ）一間ほどの網場を作り、その中に溯上するサケを導いて閉じこめ、漁獲する方法である。さらに言えば長さ六間の中間に障子網と呼ばれる遮閉網を張るので、実際にサケを封じこめる網場は、五～六間×三間×一間といった大きさになる。河底の平らなところが選ばれ、川底に、五～六間×六間の底網を張る。高さ約一間の網張りを固定するために、上流部に三尺間隔に、横には六尺間隔に杭を打つ。障子網の下部、底網に接する部分に、サケを誘導する入口を四つほど作る。おのおの縦横七寸ほどである。こうしてサケ留めを設置しておくと溯上してくるサケが網に入り、たまってゆく。サケがたまると通口を遮閉してサケを漁獲しなければならない。底網と障子網・上流部の留め網の目は四寸、横の網は五～六寸である。障子網より下流の底網の末端の横綱にロープを等間隔に四本ほど結びつけ、そのロープを、障子網の上を通して、上流部から引きたぐる。この作業をするために、上流部の留め網に沿う形で板橋を架けておき、漁師たちがその板橋の上に立って底網末端のロープをたぐるのである。そうすると、障子網より下流の底網が起こされて、障子網と重なり、障子網の下部につけられた四つのサケの通口が遮閉されサケは外に出られなくなる。この作業を「起こしあみ」と呼ぶ。こうしておいてサケ留めにたまったサケをタモ網で掬いあげるのである。サケ留め漁は十一月二十日のエビス講の日まで行い、この日で終了した。

(2) サケの儀礼

当地には、「サケノスケという大ザケを獲ったらサケ留めの留め網の一目を切るものだ」という伝承がある。当地には、漁獲したサケの尾びれを大黒柱の上から下へびっしりと貼る習慣があった。こうして尾びれを貼っておくと尾びれはよく乾燥した。他家に贈りものをする折に、大黒柱に貼ってある尾びれを剝いで、贈りものに添えて贈るという注目すべき習慣があった。

佐藤家では獲れたサケを親戚に配ったが、漁をしない家に売ることもあった。当地には「刈りしまい」と呼ばれる稲作の収穫の祝いにサケを食べる習慣があった。切り身の塩焼きは当然だが、ザッパ汁も作った。頭・骨を刻み、ネギ・白菜・豆腐、それに蒜も入れた。ヒズナマスはヒズを刻み、大根おろしを混ぜた。他にエビス講にもサケを食べたり、サケが手に入った時はスシにつける家もあった。サケは、海から四〇～五〇㎞溯上した地点のものが一番美味だと伝え、強首のサケはそれに当たるとし、当地のサケの味は最高だと言われた。

産卵期のサケ・マスの魚体は黒みを増す。このことをサビと呼ぶ。産卵を終えたサケをホッチャレと呼び、強首ではこれは食べないが、ホッチャレも頭だけをコウベナマスにして食べるムラもあった。

(3)大師講

刈りしまい・エビス講に近接する年中行事に十一月二十三日の大師講がある。この日は大師講餅を搗き、餅と二尺五寸もある萱の長箸を膳に飾った。長箸は、大師講の神様は子供が多いのでそれでものを食べさせたことを伝えるものだという。また、この日は「大師講吹き」と称して必ず吹雪になると伝えた。大師講の神様が多くの子供たちにモノを食べさせるために巡回していた時に吹雪にあって倒れたとも語っている。

(4)マスの伝承

マスは普通雪代とともに溯上し、柳の芽が出るころ溯上すると言われるが、時雄さんは「寒マス」という言葉を使う。「マスは寒には川に入る」というのである。最も早いものは十二月だったというが、二月十五日ごろから三月末まで、刺し網でマスを獲った。夕方仕掛け、夜かかったマスを朝とりに行った。

吹雪で川に雪がたまると一旦溯上してきたマスが雪の塊や氷とともに押し流されて旧雄和町平沢の浅瀬まで下ると言い伝えられている。

四月・五月に溯上するマスを春マスと呼んだ。春マス漁は舟を使っての投網漁で、夜、山見・山当てをしながら川底の地形を読んで網を打った。

写真18　マス突きヤスを持つ佐藤時雄さん・秋田県大仙市強首

春マスは魚体の幅が広い。六月・七月・八月のマスを夏マスと呼ぶが、中でも六月後半のマスを「サナブリマス」と呼ぶ。サナブリマスは投網で獲る。七月下旬から八月の盆前にはオコリマスを獲った。オコリマスとは、暑さで弱ったマスのことである。三三度の日が三日続くと水温も上り、マスが弱る。弱ったマスは谷水が本流に流れこむところに集まる習性を持ち、オコリマスにはヤスを使う。ヤスは五木ヤスで、カエシがあり、幅一六・五cm、長さ一八・五cmという大きなもので柄には杉を使い、長さは一二尺である（写真18）。マスの集まるところをツボと呼び、ツボをめぐってマス獲りをしたのである。ヤス漁は昼も夜も行ったが、夜ははじめタイマツ、後にガスランプを使った。

サナブリマスという呼称は、田植終了の祝い即ちサナブリにマスを御馳走として食べたことによるのだが、サナブリの季節のマスをも指した。農家ではサナブリの御馳走としてマスを食べる習慣があるのでマスがよく売れた。マスは切り身を焼いて食べるという食法の他に、コウベタタキという食べ方があった。マスの頭を叩くのであるが、それにニラと焼き味噌を混ぜて叩くのだという。これとは別にコウベナマスもあった。こちらは細かく刻んで酢を合わせたものである。なお、マスノスケという言葉だけはあるが実体の伝承はない。

当地ではサナブリに三日間休む。一日目に背丈二尺ほどの鹿島様と呼ばれる藁人形を各家々で二体ずつ作る。顔は紙で作り、別に「鹿島大明神」と書いた紙幟を作ってともに床の間に飾っておく。この日子供たちは菖蒲叩きと称し、菖蒲の束を持って各戸を回り、家々の庭を菖蒲で叩いて回る。三日目には大人たちが藁や柳を使って長さ五mほどの舟を作る。ムラ中の人形を集め、この舟に乗せて川に送る。佐藤さんの属している強首下区は四八戸である。人形には木刀を佩かせ、餅を背負わせる。鹿島様は地震の神様だと伝えている。

⑸その他の河川漁撈

佐藤時雄さんはサケ・マス以外にも様々な川魚を獲った。「スモモの花盛りがウグイの産卵期」という自然暦があり、この時期に、サシ網で獲り、塩焼きにした。アユ漁には鵜縄を使った。四〇尋の麻縄に、カラスの羽を縄先につけたものを二尺間隔にたらしたものがそれである。鵜縄でアユを脅してタテ網に追いこんだのである。モクズガニ・ヤツメウナギなどはおのおのドウ（筌）で獲った（写真19・20）。他にシズミドウと呼ばれるドウがあった（写真21）。これは、底に、炒った糠・蛹などを土と混ぜて詰め、固まった上が次第に溶けてゆくうちに魚やカニが餌にひかれて入るというものだった。

時雄さんの川舟は長さ五尋三尺、幅二尺八寸、深さ尺二寸で、杉材、旧雄和町戸賀沢の舟大工に頼んだが、二十四年間もったという。

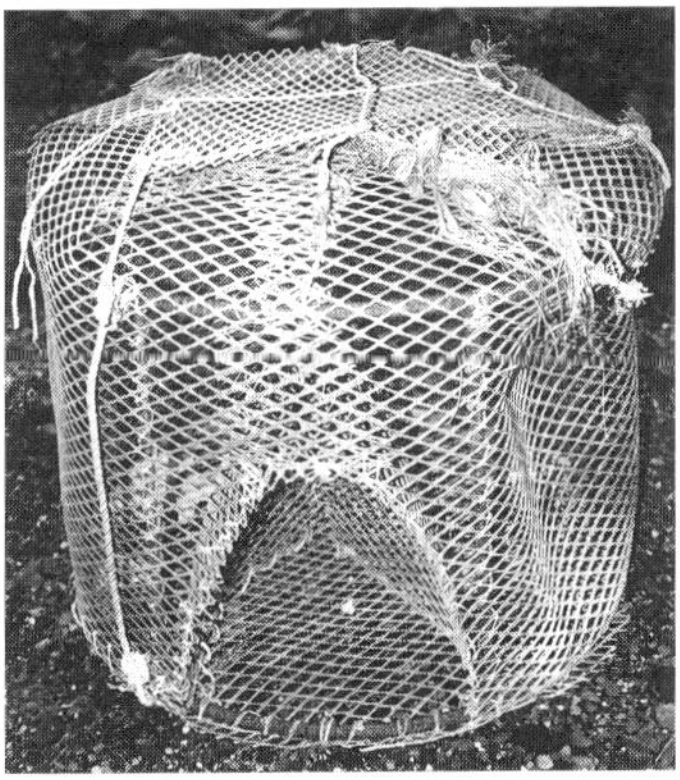

写真19　カニドウ（蟹筌）
写真20　ヤツメウナギドウ（八つ目鰻筌）
写真21　シズミドウ（沈み筌）

三 秋田県 子吉川水系

1 秋田県由利本荘市鮎川小字立井地——子吉川・支流鮎川

旧由利町立井地は、子吉川支流鮎川が左岸から合流するその合流地点を眼前にするムラで、鮎川の右岸に位置する稲作のムラである。河口から約一五㎞溯上した地点であるだけに標高も一五ｍと決して高くはない。以下は、同地に住み、河川漁撈に力を入れ、長く漁業協同組合理事長を務めてきた佐藤末治郎さん（大正十一年生まれ）の体験と伝承である。

⑴サナブリマスの共同漁撈

当地でも寒マスが獲れた。二月十日から二月末日までで、漁法は二寸目のサシ網、夕方に入れて朝あげた。三月下旬から四月・五月までが春マスで、ヤス漁、柳や杉の枝を水中に沈めてその上にムシロをかけて暗くする。これを「ヤブ」と呼ぶ。夜明け方、水を叩くとマスは驚いてヤブに姿を隠す。そこをヤスで突くのである。サケよりもマスの方が警戒心が強いので、マスは頭を外部に向けて隠れるが、サケはこんな場合、「頭隠して尻隠さず」の形になる。ヤスには三本ヤスと五本ヤスとがあった。ともにカエシはある。三本ヤスは、幅一〇㎝、長さ二〇㎝、柄は杉である。五本ヤスは幅・長さとも二〇㎝ほどだった。幅の狭いものは、潜水漁で岩穴などに潜むものを狙うのに適している。

六月・七月・八月のマスを夏マスと呼ぶが、六月上旬のものをサナブリマスと呼んだ。当地の田植は五月二十五日から一週間ほどで、六月二日ごろがサナブリになった。戦前は、田植の最終日サナブリの前日、マス獲りをする若者たちは苗取りを十時までで終え、マス獲りに出かけた。当時、共同でマス獲りにでかける若者が立井地に二五人ほどいた。若者たちはヤスと水中眼鏡を持ち、鮎川右岸の蒲田から水に入り、中畑↓平石↓田代↓屋敷へとマスを獲りながら川を溯上した。この間約八㎞である。一時間潜水すると水からあがって寄り木を燃やして暖をとり、暖をとってからまた入るという形をとった。獲ったマスは塩ガマスに入れて綱で背負った。立井地の若者たちの終点になる屋敷部落は標高一五〇mほどで田植は六月上旬、サナブリは六月十日ごろになった。屋敷の人びとは、自分のムラ、屋敷からさらに上流の釜ヶ台（標高三〇〇m）までサナブリマスを獲るために溯上した。若者たちの漁獲したマスは各人の漁獲数にかかわりなく、一箇所に集められ、公平に分配された。「等しくハヤシ分けをした」という。戦前立井地の戸数は二〇戸、その中から二五人の若者がマス獲りに出たというのだから各戸にマスが行きわたっていたことはいうまでもない。サナブリの祝いは各家庭とムラ組との両方で行われた。ムラ組のサナブリは宿を決めて行った。宿ではサナブリボタモチを作り、朴の葉に盛って出した。食べきれない者は朴の葉に包んで持ち帰った。ちなみに、田植時はタバコ飯と称して、朴の葉に飯を盛り、それにキナコをかけ、神様にも供えた。マスは切り身を焼いたり、ザッパ汁にしたり、ヒズナマスにした。ヒズナマスにはネギと大根おろしを混ぜた。各家庭でもボタモチを作り、マスもほぼ同様にして食べた。家々でも食べきれないマスは塩マスにした。

サナブリマス以外にもマスと稲作とのかかわりはあった。それは、川から水田へ水を引くための堰とマスの関係である。本流には堰が作りにくいので立井地関係は支流の鮎川に中堰と福田アゲの二つの堰を作っていた。堰は基本的に溯上してくるマスを阻むものであるから、堰の一部にドウ（筌）の口を下流に向けて仕掛けておけばマスが入ることになる。末治郎さんが福田アゲに仕掛けたドウは、口の底部尺五寸、高さ尺五寸、長さ六尺の竹製だった。ドウには一日四、五本のマスが入ったという。

六月中旬から八月二十日まで随時潜水ヤス漁をしたが、漁場が釜ヶ台方面の奥地の場合は魚が重すぎるのでスジコだけを持ち帰った。盆過ぎの八月二十日までの場合もスジコだけを採った。

なお、当地には伊勢講があり、毎月一回会食した。その五月の当屋ではマスズシを用意することになっていた。経一尺、深さ八寸ほどのスシ桶に、マスの切り身・麴・大根を二～三日漬けこんでおいた。盆魚としてもマスが使われた。

(2)サケの伝承

ワセヨ(早生鮭)が旧暦八月の盆すぎにはあがった。ある年の盆休み、オチアユ用に仕掛けた簗にサケが入ったことがあった。それは初魚で、見に来たもの全員に当たるように札をつけて均等に分けたという。一般的な溯上は、新暦九月十日から九月末日までがワセ、魚体は二尺、十月初から末日がナカテ、魚体は二尺五寸、十一月初から十二月末までがオクテ、魚体二尺八寸といったところだった。この他、十二月下旬に「大助」が獲れるという。特に大きいサケである。大助が獲れるとサケ漁は終わりだとされており、大助が獲れた時には近所の人びとを招き、大助をふるまうものだとされた。この地には、右の伝承と呼応するように「大助小助今さがる」といって大助小助がさがるという伝承もある。共通の心意は、「大助」がサケ漁の終了を象徴している点である。サケ漁の漁法は、二寸目の投網またはヤス漁である。ヤスはほぼ事例二の10の強首のマス用のヤスと同じであり、これを投げることもあった。末治郎さんの兄芳友さんは橋の上からヤスを投げてサケを獲ったという。

末治郎さんは昭和十六年、父の芳松さん(明治二十年生まれ)が「そろそろ千本祭りだ」と語っていたことを記憶している。ムラ全体でのサケの漁獲数が約千本を超すと祝いをしたのだという。立井地が二〇戸で、戦前サケ漁を行っていたのが一〇戸だったというから千本というのは大変な数字である。千本祭りは稲刈後、ドブロクとザッパ汁で祝ったのだという。また、当地では、サケもマスもその尾ひれを玄関の板戸の横の板張りの部分に貼る習慣があった

写真22　サケ簗・秋田県由利本庄市鮎川

写真23　サケ簗にかかったサケ・秋田県由利本庄市鮎川

というが、これはおそらく自家で食べたものについてであろう。販売する場合これは不可能である。当地には「サケが多くあがる年はケカチになる」「上作マスに不作なし」といった口誦句がある。マスの豊漁は稲作の豊作と重なるが、サケの豊漁の年は稲作が不作になり、稲が豊作の年にはサケが不漁になるというのである。

⑶サケと秋行事

稲の刈りあげにはボタモチを作った。稲あげ（ハサ掛け）が済み、脱穀を済ますと秋あげとなる。秋あげは各家庭で行われたが、必ずサケを食べた。切り身を焼く・ザッパ汁・ヒズナマスなどだった。ヒズナマスには大根おろしを入れた。サケの他に、ハタハタ・ニシンの塩漬けなども食べた。

十一月二十日はエビス講で、これはムラ組の家々の回り番で行った。米・味噌・小豆を持ち寄り餅を搗いた。エビス講にも必ずサケがついた。帰りにサケの切り身をもらってくることもあった。そんな折「〇〇のエビス様はサケが大きかった」などと語った。

十一月二十三日は大師講で、家々では餅を搗いた。他にゴシモチと呼ばれる、生のモチゴメ・ウルチゴメ半々の粢を作った。これを藁苞に入れて村はずれの路傍に置いた。この日は「デーシコーブキ」といって吹雪が吹くと伝えた。

十二月八日は大黒様で、焼き豆腐・黒豆を煮たものと大根おろしを大黒様にあげた。なるべく堅い豆腐がよいとして豆腐屋を選び、注文をつけた。

十一月中旬からサケのスシを漬けた。正月に食べるためのものである。スシはナマで食べたり焼いて食べたりした。

昭和三十年代に農薬のスミチオンなどの使用が増えサケ・マスが上らなくなった。マスやアユが、川一面真白になるほど浮いたことがあった。末治郎さんは昭和三十五・三十六年からサケ・マス溯上の復活を志した。サケの孵化事業が始まったのが昭和四十八年のことである。鮎川が子吉川本流に合流する合流点近くに末治郎さんの簗場がある（写真22・23）。現在孵化粒は三〇〇万粒、平成八年のサケ溯上が一三〇〇匹だったという。簗はすべて鉄製で頑丈に作られていた。

2　秋田県由利本荘市屋敷――子吉川支流鮎川

旧由利町屋敷は鮎川が本流子吉川に合流する地点から約九・五㎞溯上した地にあるムラで、標高は一五〇ｍ、山間で山田を作り、焼畑・炭焼きなどに力を入れたムラである。戸数は戦前三〇戸、現在は二四戸である。以下は同地の佐藤資郎さん（大正十二年生まれ）の体験と伝承である。資郎さんは川漁を得意とはしなかったが、マスとのかかわりがないわけではない。以下は資郎さんの体験と伝承による。

⑴マスの伝承

田植の季節に馬を冷やしにゆく――川へ馬を洗いにゆくとよくマスを見かけた。漁の上手な人はこれを容易に獲ることができた。田植終了の祝い、サナブリの前日、ムラの若者たちが集まってマス獲りに出かけた。漁法は潜水によるヤス漁で、家敷の若者たちはさらに上流の釜ヶ台まで出かけた。釜ヶ台は旧由利郡仁賀保町に属しており、そこまでは約六・五km、標高差は一五〇mほどである。サナブリマスの漁獲は一種の共同漁撈であり、獲物は均等に分配された。ほぼ六月十日ごろのサナブリには朴の葉を十字に組んだ上に飯を盛り、これにキナコをかけて神棚に供えた。また、モチゴメを笹に巻いて蒸す笹巻きも作った。サナブリにはマスが最高の御馳走だった。a切り身を焼く、bカシラナマス＝マスの頭を細かく刻み、ドブロクの塊を混ぜ、酢で処理した、cザッパ汁＝マスの頭・骨・白菜・豆腐・ネギなどを混ぜた。この他にサナブリにはタニシと韮の酢味噌和えも作った。屋敷の下の隣部落田代に佐藤資郎さんの従兄、佐藤五郎兵衛が住んでおり、彼が川漁に力を入れていたので資郎家ではそこからサナブリマスをもらった。五郎兵衛家の玄関の板羽目にマスの尾ひれが七つほど貼られていたのを思い出すという。

当地までサケが溯上することはなかった。したがって秋アゲに地元のサケを使うことはできなかった。当地の秋アゲはエビス講を兼ねていた。秋アゲの魚は本荘の町から買ってきたタラ・キンキン・ハタハタ・シオザケなどだった。十一月二十三日は大師講で、この日は吹雪くと言われた。十二月八日は大黒様の日で、この日は神棚に次の五皿を供えた。a飯、b大豆を水につけてつぶしたものとワラビの塩漬けをもどして煮たもの、c豆腐の田楽、d大根ナマス、e黒豆を煮たもの。

⑵焼畑の伝承

当地では焼畑のことをカナ（カノ）と呼ぶ。七月下旬には刈って八月に火入れをし、赤白のカブを栽培した。これをカナカブと呼んだ。カナカブは、漬物・カブ飯・味噌汁の具などにした。カナにはソバを栽培する家もあった。

江戸時代の凶作の年、ワラビの根から澱粉を採って食べたので屋敷だけは多くの人びとが助かったという伝承がある。このことを忘れないためだといって、資郎さんは母が作ったワラビの澱粉を食べさせられた記憶があるという。ワラビの根を石の上で叩き、桶を使って沈殿させ、できた澱粉の白い部分と色のついた部分を混ぜ、茶碗に盛って塩味をつけて食べたが、あまりうまいものではなかったという。

四　岩手県　北上川水系

1　岩手県一関市東山町岩ノ下
――北上川水系砂鉄川

東山町岩ノ下は砂鉄川が北上川本流に合流する地点から五㎞ほど溯上した地点で、両岸に標高二〇〇mの山が迫り、その間に決して広いとは言えない水田が連なる谷である。岩ノ下の橋の下手右岸に、モッパと呼ばれる四ツ手網漁のサケ獲り場がある。このモッパは、砂鉄川鮭鱒増殖協会の会員二〇人が設置したものである。川幅は一五mほどでサケが溯上する川としては狭いという印象を受けるが水量は比較的豊かである。以下は実地観察と、協会員の飯田吉夫さん（昭和十三年生まれ）の体験と伝承による。

⑴モッパ――四ツ手網漁の実際

岩ノ下を訪れたのは平成十年十二月二十日午後三時半だった。秋田県雄物川流域でたびたび耳にしたサケ漁の四ツ手網を目のあたりにできたことは幸いだった。写真24・25の通り、四ツ手網は、流れの中に八の字型に張られたトメ

写真24・25　北上川支流砂鉄川の四ツ手網・岩手県一関市東山町岩ノ下

網を受ける形で据えられていた。トメ網はナイロン製で五分目、耐久力が強い。四ツ手は四本の竹で支えられており、腕木は径三寸五分、長さ三間の杉丸太、網の一辺は二間、網は底網と三方の横枠網から成っており、トメ網を受ける辺には横枠網はなく、ここからサケが入れるようにしてある。横枠網の高さは三尺、網は金網で底網の目は一辺三寸である。「拳が通らなければサケは逃げない」と伝えられている。金網の耐用年数は一年だという。写真24の左の桟橋（足場）の隣に見える檻状のものは夜間漁獲したサケを朝の採卵まで生かしておく生簀である。

写真25の左端に見えるのが泊まりこみのための番小屋である。広さは二間に一間半、小屋からはかすかにテレビかラジオの音が漏れており、中に人の気配があった。その日サケ漁の当番として泊まりこむ飯田吉夫さんが電気コタツに入っていた。来意を告げ、飯田さんの話に耳を傾けた。

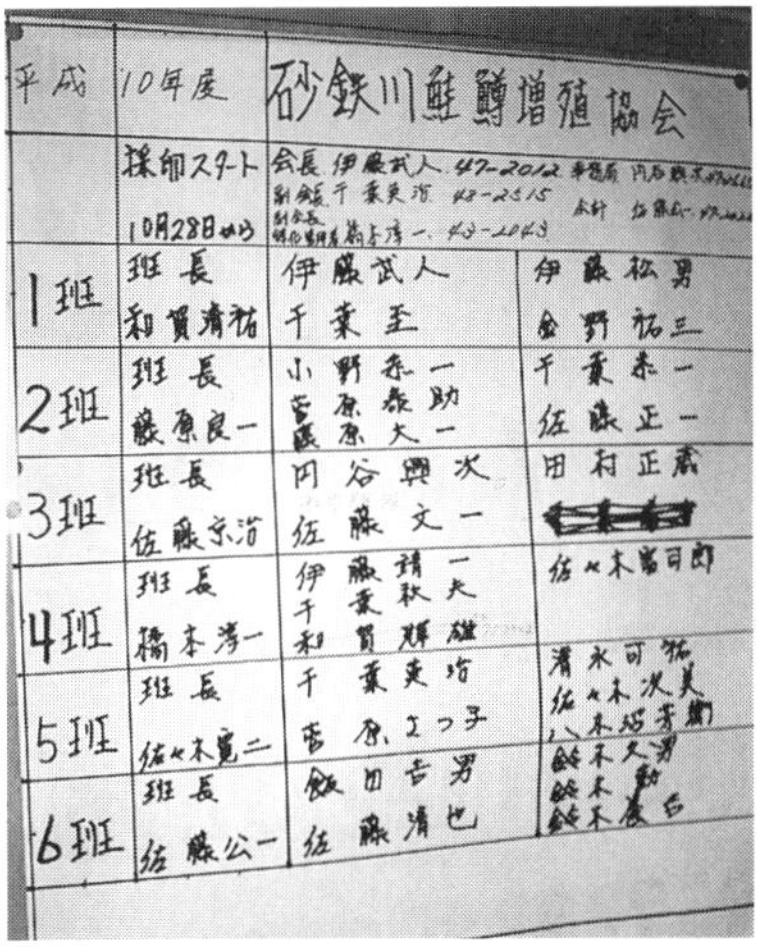

写真26　砂鉄川鮭鱒増殖協会員の班割表、岩手県一関市東山町

砂鉄川鮭鱒増殖協会の会員は二〇人で、それが六班に分かれてモッパの管理に当たる。小屋の壁面には平成十年度の班割り表が貼られていた（写真26）。泊まりこみは普通三人ずつである。サケの採捕目的の第一は増殖のための採卵で、協会の設立目的の第一はサケの孵化増殖だった。増殖のために行う砂鉄川でのサケ放流は昭和三十二年に始まった。増殖のための一秋のノルマは雌雄三〇〇〇匹、採卵六〇万粒である。そのうち七〇％が孵化し、放流回帰率は二五〇〇匹放流し、五匹回帰すれば良い方だという。ノルマの六〇〇〇匹を超える分が協会員のとり分となる。平年は六〇匹余のとり分があるが平成十年は台風の影響で漁獲量が少なく、

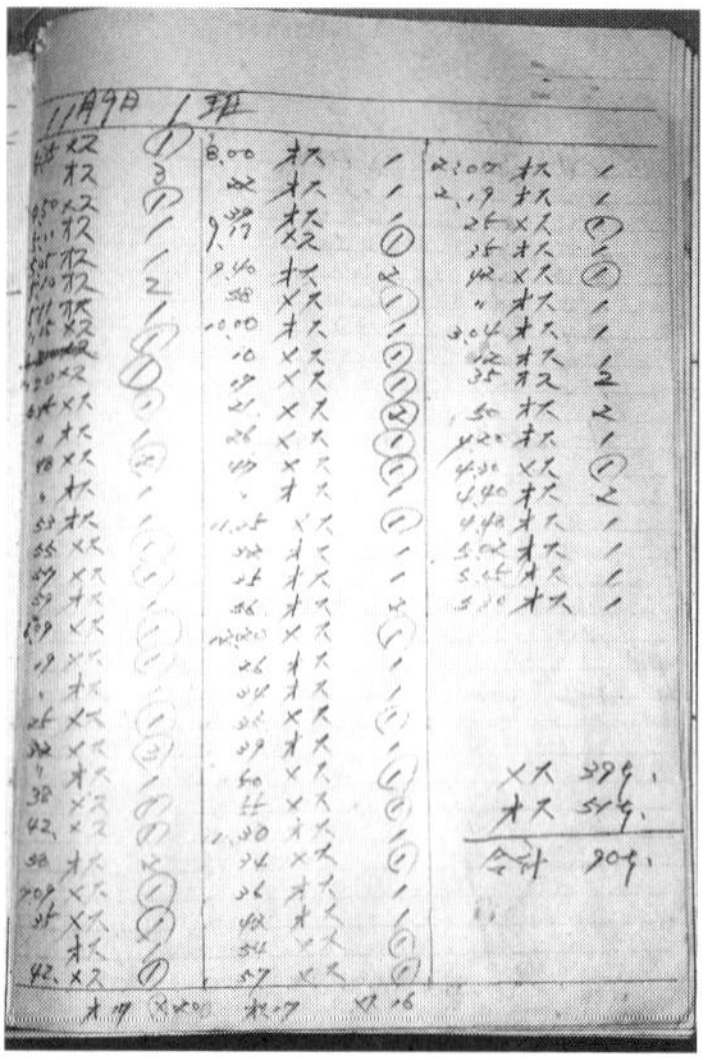

写真27 鮭漁獲日誌・砂鉄川鮭鱒増殖協会、 岩手県一関市東山町岩ノ下

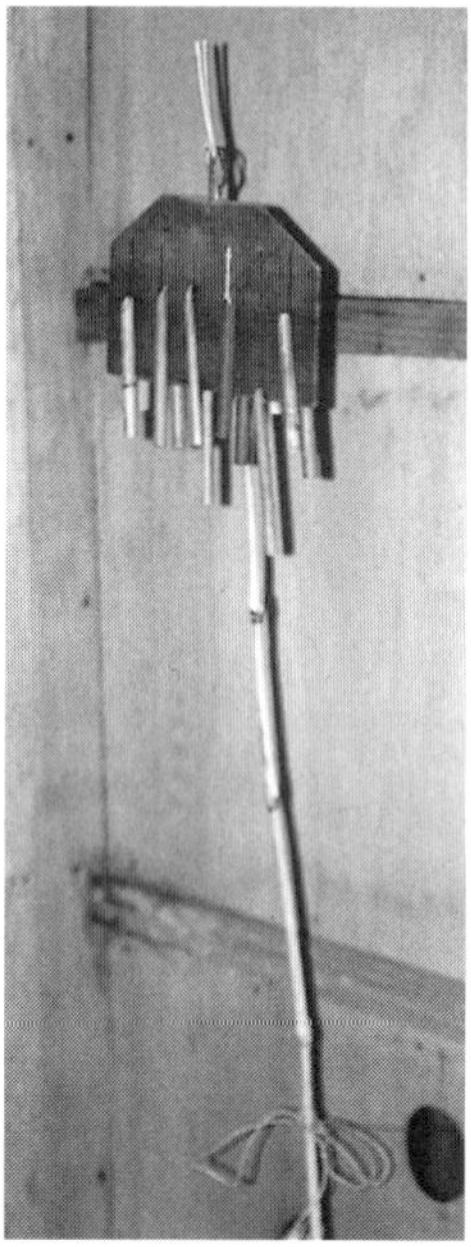

写真28 脈糸と連動する鳴子・砂鉄川、岩手県一関市東山町岩ノ下

写真29 四ツ手網の脈糸・砂鉄川、岩手県一関市東山町岩ノ下

一人二〇本ずつだった。とは言うものの、現在は川ザケの人気がなく、求められるのはイクラだけで、魚体をほしがる者はいないという。ということは、夜、小屋に泊まりこんでのモッパ漁は、漁の好きな者の奉仕作業になっているということになる。

サケの溯上期は十月初めから十二月末までで、最盛期は十月下旬から十一月上旬である。一晩一〇〇本獲れることがあり、そんな時は五分に一回網をあげなければならない。戦前は人力で網をあげたのだが、現在は電動ウインチであげる。それでも、一人がウインチを操作し、一人がサケを掬いあげなければならないので最低二人は泊まっていなければならない。午後三時に網をおろし、最盛期には午後四時ごろから獲れ始める。翌日の午前五時半まで獲って、採卵受精を終え、帰宅は午前七時となる。十二月下旬は魚も減り、一晩二、三本になる。筆者の訪れた十二月二十日はもう終了寸前で、その前日も、前々日も当番は泊まっていなかった。このことは当番日誌によって判明する。飯田さんは熱心で、そんな状況の中でもやって来て三時に網をおろした。「今夜は八時ごろ一本入ればよい方だろう」と語った。写真27は平成十年十一月九日分の日誌である。日誌には漁獲時間と雌雄別の本数が克明に記されており、この日、雌三九本、雄五一本が漁獲されたことがわかる。

小屋に入って、真っ先に目についたのは鳴子だった（写真28）。それは小屋の隅にあり、杉の柾板の両面にスズ竹を六本ずつ吊ったもので女竹の竹竿の先につけられている。川に面した壁面に径八cmほどの丸い穴があけられており、そこから引きこまれた脈糸が竹竿に結びつけられている（写真29）。モッパの中の脈糸にサケがふれると鳴子が鳴る仕掛けになっている。脈糸の構造は実に巧みにできている。モッパの上流面の横枠網の上部から五〇cmほど離して脈糸の親糸を張る。その親糸から二〇cm間隔を保ちながら一三本の支糸を底に向けて縦におろし、その先端を底網の針金に結んで固定する。モッパの中に、二〇cm間隔の縦糸が一三本並ぶことになる（写真29）。モッパに入ってからも溯上するサケは上流辺の横枠網に頭をぶっつけ溯上を遮られる。その障害を越えようとしてサケは推進のために尾ひれを左右に振る。その時尾が脈糸の支糸にふれる。尾を振る強い撥力によって脈糸は比較的激しくゆれる。それが親糸に伝わって鳴子が響くのである。脈糸に頭や胴がふれただけでは大きな音はしないが尾がふれると大きく響くものだという。モッパの上流辺横枠網と脈糸との間隔のとり方にはサケの生態をふまえた必然性がある。飯田さんは、鳴子に頼らず脈糸を握っているだけでもじゅうぶんサケの感触は得られるという。

十二月二十日は風の強い日だった。小屋の中のコタツで話し込んでいるうちに夕闇は迫っていた。風は一段と強ま

写真30 モッパ網電動ウインチのスイッチを持つ飯田吉夫さん・岩手県一関市東山町岩ノ下のモッパ網漁の小屋にて

り、サケが来ているわけではないのに鳴子が微細な振動音を発し続けていた。風が脈糸に当たり、その振動が伝わってくるのである。飯田さんは、「サケの反応を伝える鳴子はこんなものではない」といって脈糸を手で引いてみせた。乾燥した鳴子の板音が高く響いた。夜更け、静寂の闇に響く鳴子の音を思った。どんなに眠りこんでいても鳴子が響けば必ず目覚めるものだという。平成の現今、まだこのような夜が生きていたのである。

ワセは魚の肌が悪く、オクテは魚体がきれいだ。雌はワセが小さく、オクテの方が大きい。北上川への合流点から岩ノ下までサケが溯上するのに三時間かかる。雪は関係ないが小雨にごりの時に北上本流から多くのサケが溯ってくる。――月夜よりは曇りの夜、月のない夜の方がよい。風は吹かないほうがよい――。飯田さんのサケ談義は続く。モッパの最も重要な技術は、四角の四ツ手網をあげた時、桟橋寄りの隅が低くなるように調整し、その隅に魚が集まるように設定することだという。そう語りながら、飯田さんは電動ウインチのスイッチを入れ（写真30）、四ツ手網を吊りあげて見せてくれた。網はたしかに桟橋寄りの一角が最も低くたれさがるように設定されていた。

(2) サケと儀礼食

当地では秋の農作業終了のことを「秋あげ」「庭ばらい」などと呼び、十一月二十日のエビス講にこれを兼ねた。

エビス講には二匹の小魚を獲り、生きたままドンブリなどに入れてエビス様に供えたが、この日にサケを求めて食べる習慣があった。身は切り身にして塩のフリ焼きにし、頭と骨はブツ切りにし、アラ汁にした。アラ汁には大根・人参・牛蒡・豆腐を入れた。

正月用のスシは十一月の末に漬けた。サケの切り身をキヅケ＝アラヅケと称して一週間ほど塩漬けにした。当地では麹を使わず、ウルチ米の飯とサケとを桶に漬けた。

「柳の芽が出るころマスがのぼる」と伝えており、飯田さんの父・祖父の時代にはマスも多く、ヤス漁をしたというが、今では、マスの溯上は少ない。

砂鉄川鮭鱒増殖協会の総会は、サケの溯上が始まる前の九月末日に行われる。この時、班割り・役員などが決められる。モッパの撤去は一月七日で、諸用具は孵化場の倉庫に収納される。――午後五時半まで待ったが鳴子は鳴らなかった。飯田さんに別れを告げ外に出ると一面闇で寒気は増していた。

2　岩手県一関市川崎町門崎――北上川水系砂鉄川

当地は岩ノ下の下手、ＪＲ大船渡線で一駅離れたところである。以下は同地の小野寺清喜さん（大正十四年生まれ）の体験と伝承である。

⑴サケ・マスの伝承

「柳の芽が出るとマスが上り、漆の葉が赤くなるとサケが上る」という自然暦がある。戦前の両者の溯上比率はマス二〇％、サケ八〇％ほどだったという。サケの漁法は岩ノ下と同じモッパと、ホリサケを三本ヤスで突くヤス漁とがあった。モッパは神崎でも行われており、その形状は岩ノ下とほぼ同じだった。ただし、戦前の小屋は、丈高い萱

（薄）を円錐形に立てたもので、これをシボリ小屋と呼んでいた。いかにも素朴である。ここでも脈糸と鳴子を使っており、この方法が当地の伝統漁法であったことがわかる。鳴子には二形式があり、その一つは岩ノ下と同じもの、いま一つは、板を三枚ほど使い、板のふれあう音を使う形式だったという。戦前にはサケを旅館などに売り、他の漁もあわせて河川漁撈で食べる者もあったという。小野寺さんはモッパは観察のみで、体験したのはホリザケのヤス漁だったという。

(2)サケと儀礼食

旧暦の九月末日、新暦の十一月中旬、稲刈りから籾摺りまで終えた収穫祭を行った。これを「お刈りあげ」「庭ぱらい」と呼び、餅を搗き、サケを求めて焼いて食べた。正月用のスシは十一月下旬に漬けこむ。サケの切り身を米麴五割、ウルチの飯五割に人参を混ぜて漬けこむ。正月には各人に分けて膳に添える。スシはナマで食べたり焼いて食べたりした。このようなスシを「イイズシ」を呼んだ。

(3)秋の行事

〈大根の年とり〉　十月十日を大根の年とりと称し、神棚にマツカ大根と神酒を供えた。この日、大根畑に入ってはいけないと伝えた。

〈エビス講〉　十一月二十日のエビス講にはフナを獲ってドンブリに入れ、エビス様に供えた。この日は天気が荒れると伝えた。

〈大師講〉　十一月二十三日、弘法大師の杖だと称して萩の茎を八寸ほどに切り、三箇所ほど皮を剝ぎかけ、削りかけのようにした。この日は萩の箸を使った。お大師団子と称して米粉の団子に小豆餡をまぶしたもの、団子入りの汁粉、団子入りの雑煮を作った。汁粉と雑煮の団子の中に、団子一個につき、萩の茎を五㎜ほどに切った片を一片入れたものをいくつか作っておく。この片のことを「果報」と呼び、片の入った団子を果報団子という。子供たちは、自分の椀の団子から片を見つけると「果報が当たった」といってよろこんだ。この日は「大師講荒れ」と称して天気が荒れると伝えた。

〈お大黒様〉　十二月十日をお大黒様の日として「嫁御大根」とも呼ばれるマツカ大根を飾った。また、黒豆か、黒豆がなければ炒った大豆を硬貨とともに五升枡に入れ、「お大黒様　お大黒様　耳あいて聞かっしゃれ金のなる方さごされ」と唱えながら五升枡をゆすった。また、「福は内　鬼は外　鬼の目玉をぶっつぶせ」と唱えて豆撒きをした。

３　岩手県奥州市衣川区大平――北上川水系衣川上流北股川

衣川区大平は増沢ダムの下、現在は北股川流域最上流部のムラである。同地は胆沢川扇状地の扇要に近い南縁で標高一七〇ｍである。そこは、衣川が北上川に合流する地点から川沿いに約二五㎞ほど溯上した地である。サケの溯上限界は合流点から一七㎞の地点、衣川区雲南田だと言われる。マス留め、即ちマスの溯上限界は、現在の増沢ダムに流入する北股川支流増沢川上流で、大平から約五㎞溯上したところである。そのマス留めから上にはイワナが棲息する。同地の生業構成要素は稲作・炭焼・畜産（馬）・河川漁撈・採集・狩猟と多岐に及んでいた。以下は同地の高橋照夫さん（昭和十二年生まれ）の体験と伝承である。

写真31　マス突きヤス・岩手県奥州市衣川区大平

⑴マス漁

「雪代が出ると春マスが上る」「柳の芽が出ると春マスが上る」という自然暦がある。マス漁の漁法はヤス漁であるが、春から夏にかけてのヤス漁と、産卵期のマス、即ちホリマス用のヤス漁とは、ヤスも漁法も異なっていた。春マス・夏マスは潜水で、水中眼鏡を使い、ヤスは五本ヤスで、幅五・五cm、長さ一〇・五cm、柄も鉄で一mのヤス（写真31）を使った。ホリマス漁のヤスは三本ヤスで幅一二cm、長さ一五cm、柄は桜かアオの木、長さは、一・六mほどである。夜漁は火振り籠と呼ばれる木の柄をつけた鉄製の松明籠に松明を入れ、川に赴く。火をつけたままだとマスが逃げるので、マスのホリ場に近づくと火を消した。マスが動くと腹が光るので勘で突くのだという。ホリマスは稲刈りのころである。春マス・夏マスは昼のヤス突きで、有浦との間でマスの潜むところは決まっていたのでそこで潜った。例えば、トリコ坂の下・イクラ・本家後といったところがあった。一年に獲れる数は二五、六本で、サナブリにゆきわたるとは限らなかった。食法は、酢漬けにしておいて焼いたり煮たりするもの、頭や骨のアラ汁などだった。

(2) 盆　魚

当地には盆休みに川魚を獲る習慣があった。盆の十四日には漁に出ず、十五日から二十日の間に漁をした。ムラうちの川はもとより、上流部まで溯上した。仲間三〜四人で出かけ、それは一種の共同漁撈的でもあった。魚は、イワナが主で、他にマス・クキ（ウグイ）・カジカも対象にした。イワナは釣りで、毛針と餌釣りの両方だった　餌はハッタギ即ちイナゴ・赤トンボだった　マスとクキはヤス漁、カジカは網漁だった。漁獲した魚は家の庭で串焼きなどにして食べた。

旧胆沢町馬留出身の安倍喜臣さん（大正五年生まれ）によると、馬留の人びとの中には胆沢川の上流部の山中に入ってマスを獲っていた者があったという。衣川水系においても、増沢の人びとは春マス・夏マスを山中に出かけて獲っていたものと考えられる。増沢という地名は本来「鱒沢」だったとも考えられよう。

(3) クキ漁

クキは盆魚とは別に、産卵期に獲った。産卵期のクキは次のように獲った。一番クキ＝三月末・体長一五㎝、二番クキ＝四月十日ごろ・体長一二㎝、三番クキ＝四月二十日ごろ・体長八㎝、産卵期のクキを獲るにはクキマヤと呼ばれる産卵床を人工的に設置した。クキマヤは、川床に、径一間ほどの円型に石積みを作り、中には砂利を敷く。真中に径尺五寸ほどの石を二個置き、石積みの下流部を一尺ほどあけておく。クキの群が産卵のためにクキマヤに入ったところで、石積みの口に袋網を当てて追いこむ。この漁法は二、三人で行うことが多く、その際は魚を分けた。クキは串焼きにしてベンケイ（藁胴）に挿しておき、うどんの出しにした。寒のクキは雪積みと呼ばれる方法で獲った。川の湾曲部の岸から離れたところの氷を割り、そこに雪をつめこんで次第にクキを岸に追いつめて獲るのである。寒のクキは脂が乗っていてうまい。酢をかけてから焼いて食べる。クキマヤとは「クキ厩」の意であろう。

⑷兎の共同狩猟

大平には兎の共同狩猟をする習慣があった。時期は旧暦の正月四日から三月末日までの間の炭焼き休みの時、しかも雪があがった時だった。狩場は長塚山周辺で、コダシと呼ばれるブドウ蔓で編んだ袋に弁当を入れて一週間も通うことがあった。防寒には犬の皮を背皮として使った。犬皮は前沢の太田屋でなめした。布陣・人数はおよそ次の通りだった。山上に五〇ｍ間隔で射手が並び、下方から、ボイコと呼ばれるセコが八人ほどで追いつめた。杖で木を叩きながら「ホイホイ」「ホーホー」と大声で叫び続けた。一日で三五、六羽は獲れ、獲物は平等に分配した。山には、十羽山・十五羽山などという地名がつけられているところがあった。狩仲間で共食する分は除いて他は平等に分配した。皮を剥いだ兎は内臓を除き、外が凍り、雪のしばれるところに一週間吊るして凍らせた。凍み肉ともいうべき状態になる。こうして整えた肉に、凍み大根・豆腐を入れて味噌味で煮る。「兎汁」である。皮は水沢の皮屋に売った。昭和二十九年から三十六年ごろまでは防寒用の耳当ての素材としてよく売れた。上流村の増沢には秋田マタギも出入りしており熊狩が盛んだった。増沢は熊狩、大平は兎狩といった感じだった。

⑸馬産と採集

当地は馬産地で、馬に関する民俗も多様であるが、その大方は稿を改めるとして、ここではそのほんの一部にふれる。馬の目が白くなったり、虫が入ったりする目の病気がある。そんな時、栃の実を焼酎漬けにしておき、それをガーゼか綿にしみこませて眼にはりつけるという方法があった。ネラと呼ばれる馬の風邪には山百合の葉を干しておいて煎じて飲ませた。腹のガスつまりには竹の針で腹に穴をあけ、女竹を突きさしてガスを抜いた。踏みぬきには人間の小便をかけ、筋を伸ばしたり骨折したりした場合にはガザ(タニウツギ)の花と葉を干しておいたものを煎じて冷やした。馬の病の治療に採集植物が有効に利用されてきたことがわかる。馬料として萩・葛が用いられたことはいうまでもない。

栃は普通その実を食用にするのであるがこの地にはその習慣がなかった。その代わり、馬の目薬に使ったのである。栃の木の利用にも特色があった。イロリの炉縁には栃の木か朴の木を使う。栃には赤板と白板があり、床板には白板を使った。杉板や松板は、夏その上に裸で寝ると体が冷えるが、栃の板はほんのり暖かかった。もとより冬も暖かい。掃除するほどツヤが出るのも特色である。炉端や、見えるところには栃の板を使うのがよいとされた。

当地にはワラビの根から澱粉をとり、カテ飯に加えたり、湯でかいて食べる風があった。カテには、大豆・小豆・大根・大根葉・蕪・ミズ・ワラビネ澱粉などが用いられた。

4 岩手県胆沢郡金ヶ崎町——北上川水系胆沢川

金ヶ崎町は北上川本流に胆沢川が合流する合流点の町である。胆沢川のサケは江胆河川漁業協同組合が管理している。以下は同組合にかかわる小原正好さん(昭和十一年生まれ)の体験と伝承である。

(1) サケ漁

金ヶ崎の採捕許可数は一三〇〇尾だが、実数は五〇〇〇尾ほどに上るという。漁協ができたのが昭和二十八年で、孵化放流を始めたのだが放流後サケの溯上が増えた。当地の漁法は昭和五十五年までは止め網とコロガシ即ちひっかけだったが、五十六年以降タコ網と呼ばれる漁法に変わった。タコ網とは、流れを横断する形で、径四五cm、長さ三mほどの袋網を横につなげておき、上流部から斜めに張った追いこみ網で袋に追いこむ方法である。一個ずつのタコ網は石をオモシにして固定する。並んだ袋網がタコの足のように並ぶところからこれをタコ網と呼んだ。袋網は化繊で一辺三cmの目、追いこみ網も化繊で一辺六cmの網である。コロガシは三本針を四〇cmおきに二箇所につけ、ホリについた時のサケを獲る。

(2) 稲の収穫とサケ

止め網漁の時代、河原でサケのセリが行われたがいつも魚が足りなかった。当地のサケの食べ方は切り身の塩焼きの他、アラ汁・スシ、頭を漬ものに入れるといったものがあった。小原さんは、金ヶ崎町表小路に住み、讃岐屋敷と呼ばれる地で、七戸で結いを組んで脱穀をすることがあった。その時、いつも高橋喜市さん(昭和九年生まれ)が途中で姿を消すのである。午後三時——コビルになると、サケの頭、骨を刻み、大根・牛蒡・ネギ・人参などを味噌で煮たアラ汁を田に持ってきた。

当地では十二月中旬、農作業の終了を祝うニワバライという行事を行った。ニワバライの御馳走は餅が主で、アンコ餅・納豆餅・胡麻餅などが作られた。ニワバライに先立ってコイ・フナ・ウナギ・ナマズなどの川魚を獲ったが、漁業権のある者はサケを獲ってニワバライの魚に当てた。これを求める者もあった。

正月用のサケズシのサケは十一月に塩漬けにした。十二月初旬に塩ヌキをし、三枚におろして切り身にし、麴を入れる場合と麴を使わない形の二種でスシ漬けをした。人参・大根も入れたり入れなかったりだ。塩を強くすれば春田起こしの季節までもった。

(3)クキ漁

春のクキ漁は一坪ほどの産卵場を作り、投網で獲った。これをセヅクリと称した。塩漬けにしたり、焼いてベンケイに挿しておき、出しにしたりした。寒クキはスガ割りで獲った。スガとは氷のことで、川に張った氷を割り、そこに雪をつめこんでクキの群を岸に追いつめて獲る方法である。

柳の芽から桜のころにかけてマスが溯上した。七月が潜水漁撈の最盛期でヤスで獲った。サナブリにマスを食べる習慣はなかった。

5　岩手県花巻市高木――北上川本流及び猿ヶ石川

猿ヶ石川は遠野市方面から北上川左岸に流入する支流である。猿ヶ石川と北上川の一部を漁場としてサケを漁獲し、主として孵化事業を目的とする猿ヶ石川鮭漁業孵化組合がある。組合員は二六名で菊地功さん(昭和八年生まれ)が組合長を務めている。以下は菊地さんの体験と伝承である。

(1)サケ特別採捕申請書

現在、サケの採捕をするには漁業組合として岩手県知事・花巻市長に申請書を提出し、許可を得なければならない。平成九年に組合長として菊地さんが県知事に提出した「水産物特別採捕許可申請書」には次のようにあった。

目的―鮭資源の増大を図るため。採捕しようとする水産動物の名称及び数量―さけ・七〇〇尾。採捕の期間―平成

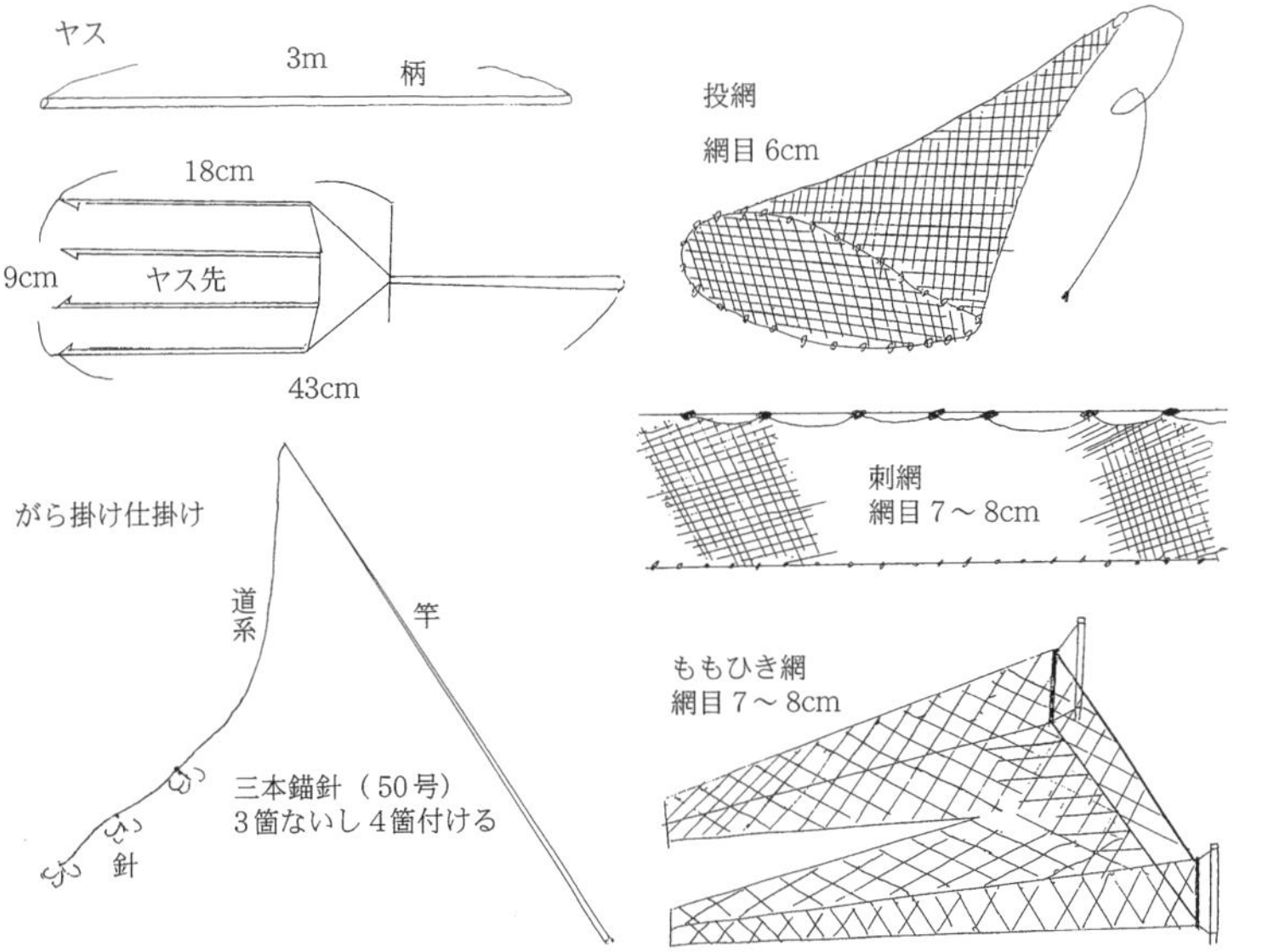

図5　岩手県知事　花巻市長宛・「水産物特別採捕申請書」に添付された「漁具及び漁法略図」(花巻市高木、菊地功さん作図)

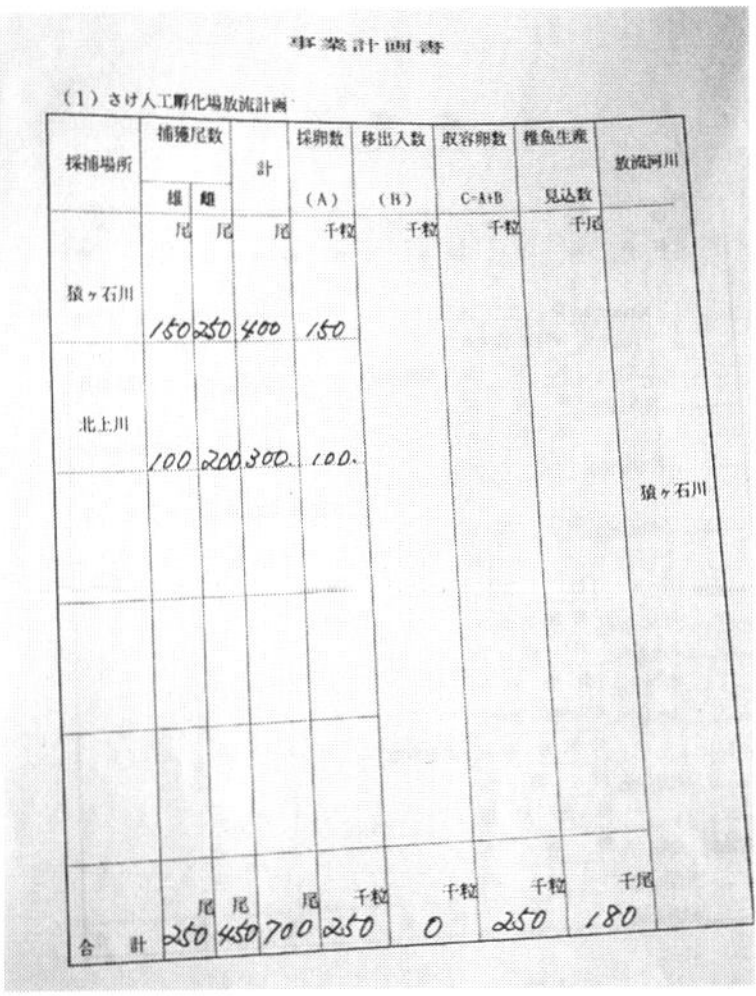

事業計画書

(1) さけ人工孵化場放流計画

採捕場所	捕獲尾数 雄	捕獲尾数 雌	計	採卵数 (A)	移出入数 (B)	収容卵数 C=A+B	稚魚生産見込数	放流河川
	尾	尾	尾	千粒	千粒	千粒	千尾	
猿ヶ石川	150	250	400	150				
北上川	100	200	300.	100.				猿ヶ石川
合計	尾 250	尾 450	尾 700	千粒 250	千粒 0	千粒 250	千尾 180	

写真32　猿ヶ石川鮭漁業孵化組合の事業計画書・岩手県花巻市高木、菊地功家

九年九月二十日から平成九年十二月三十一日まで。採捕の区域—北上川本流漆市河口から朝日橋上流端までの間の区域。使用漁具及び漁法—北上川〜投網・ガラ掛け・ヤス、猿ヶ石川〜投網・刺網・ももひき網・ヤス。採捕に従事する者の住所及び氏名—別紙組合員の名簿の通り。

これをもとにして、事業計画書(写真32)や、孵化能力に関する調書、予算書、鮭特別採捕区域の地図、漁具及び漁法略図(図5)といった書類が添えられている。実に厳正な管理である。

猿ヶ石川のサケ漁は、上流部にある発電所の田瀬ダムの稼働とかかわった。放水の関係でサケが獲れるのは午前四時から午後一時ごろまでとなる。

(2) 鉤漁の伝承

現在の猿ヶ石川と北上川のサケの漁法については前記申請書の通りであるが、昭和三十年代まではサケのホリバにおける鉤掛け漁もあり、菊地さんはそれを実際に見たことがあった。鉤は釣針を巨大化させたような形で、幅は約二〇㎝、柄の部分まで鉄製でその長さは三～四ｍもあった。場所は高木の堰袋、時間は夜、農作業を終えた老人が、この鉤をサケのホリバにおろし、斜めに構えて柄を耳につけていた。綿入半纏を着、寒気に耐えながら鉄の柄を通じて伝わってくる川床でのサケの動きを耳で感知し、機を見て鉤をひきあげたのである。

現在、七〇〇尾以上の漁獲があり、採卵後のカラはほしい人に与えられる。しかし、菊地さんがサケ漁を始めた昭和三十七年ごろはサケは貴重で、魚屋や農家に売れた。戦前から昭和三十年代まではサケを味噌漬け・醤油漬けにして保存しながら食べた。また、戦前には正月の膳にサケがついた。子供のころ、サケの尾を玄関のケタ木に貼ってあるのを見かけたことがあった。当地のニワハライにはサケが行きわたらず、餅料理を中心として鶏肉などを添える家が多かった。

猿ヶ石川漁業孵化組合では雌二五〇匹から卵二五万粒を採って孵化させるが稚魚となるのが一八万、一匹一円二〇銭で県が買いあげる。回帰率は三％だという。海の沿岸部におけるサケ漁が盛んだったころには沿岸漁協から一匹五〇銭の孵化助成金が出ていた。しかし、これも平成六年度から出なくなった。現在組合は、稚魚を売った金と組合費でまかなっているが、台所事情は極めて苦しいという。

6 岩手県花巻市石鳥谷町猪鼻――北上川水系稗貫川

稗貫川は北上川左岸に注ぐ。石鳥谷町には稗貫川漁業協同組合サケ部会に所属する漁師が三八人おり、内、農家が三五人だった。花巻の祭り、九月四日・五日・六日ごろからサケの溯上は始まったが、解禁は十月初めだった。以下は同地の藤根勝彦さん（昭和七年生まれ）の体験と伝承である。

⑴漁場と漁法

漁場はA稗貫川、B合流点より上、C合流点より下、に分かれており、組合員を三分し、三班、三箇所、日々交替で公平を期していた。漁法には以下のものがあった。a棒鉤＝長さ三～四m、幅五㎝ほどの鉄板にカエシのある鉤を四～五個固定させたものに長さ四mの真竹の柄をつけたもの。これを使ってホリにつくサケを狙った。サケの動きは柄のしなりや柄に耳をつけているとその音でわかった。機を得て強く引き寄せ、サケが掛かると竿を寝かせ、鉤を横たえた。サケがおとなしくなった時あげるのである。棒鉤はサケの体が裂け、卵が孵化に使えなくなるので嫌われ、昭和四十五年で廃止された。bヤス＝三本ヤス＝幅八㎝、長さ一七㎝、中央のみカエシあり。柄は竹で一一〇㎝。ヤスは濁水時の夜、カンテラをつけて使った。cパックリ＝鉤三本をカカリを外に向けて等間隔に固定し、鉄の柄の先端に紐をつけておき、鉄の柄を竿に連結する。浅瀬に来たサケを狙うもので、サケが掛かると直ちに竿を離して紐を持ってサケの弱るのを待つ。d追いこみ網＝流れに幅一mの網を張り渡らせ、水面を竿で叩いたり、石を投げたりしてサケを追い集める。サケがたまると網を巻き狭め、網で掬う。

⑵サケの儀礼食ほか

秋の収穫祭を「刈りあげ」と称し、塩焼きまたはアラ汁を作って食べた。アラ汁にはサケの頭を入れた。頭の軟骨をシュズと称し、これを酢漬けにして食べた。一般には、塩漬け・糠漬け(糠と塩)・味噌漬け・イクラの塩漬け・イクラの醤油漬けなどを作って保存した。正月用には塩をすりこんでアラ巻鮭を作った。アラ巻は毎年親戚に配った。その年食べたサケの尾ヒレを串にさし、すべてベンケイに飾る習慣があった。

共同漁撈の分配は、一匹単位とするか、サケの数によっては半匹、ヒト節、中骨つき頭に分け、藁の長さに長短をつけて籤引きして公平を期した。平成十二年漁協全体で三〇〇〇尾のサケが漁獲された。大助が獲れ戸板で運んだという話もある。

7 岩手県花巻市大迫町外川目小字下中井――北上川水系稗貫川支流・旭又川・八木巻川・中居川ほか

当地は旧大迫町の中心部から南々東の山中に約二kmほど遡った地で、マスが溯上した。以下は同地の清水慶八さん(大正三年生まれ)の体験と伝承による。

「早池峰山の雪が消えるとマスが溯る」という自然暦がある。それは四月のことで、五月から素もぐりでヤス漁をする。マスは五月・六月がうまい。八月になると味が落ちてくる。最もうまい食べ方は塩焼きである。ヤスは三本ヤスで幅七・五cm、長さ二一cmと長めである。柄も鉄で長さは尺三寸。もぐるのは一分で、深くもぐるためヤスを重くしてある。子を増やすためにホリマスは獲らない。サナブリマスという習慣はなかった。マスは多い年で七〇～八〇匹獲れた。雪代水が多い年にはマスが多いと言われている。

マス六割に対してサケが四割だった。サケは九月二十日から十一月末までだった。マスと同じヤスを用い、鉤も用いた。サケの溯上は大迫のマチの亀ヶ森までだと言われている。

8　岩手県花巻市太田――北上川支流豊沢川

太田は豊沢川右岸で、豊沢川は北上川の右岸に注ぐ。以下は同地の倉田信光さん（大正九年生まれ）・安藤慶志さん（大正十二年生まれ）の体験と伝承による。

(1)漁　法

サケは台風の水で溯上する。漁期の中心は十月だった。漁法は、投網・モモヒキ網・投げヤスなどだった。投網は産卵中の昼夜、モモヒキ網は産卵中の夜に仕掛けた。モモキ網は、麻を素材とし、幅二m、長さも二本とも三m、サケのホリバの下流に仕掛ける。網の両端を杭（鉄または木）で固定する。夕方仕掛け、夜見回りをして朝見にゆく。オスもメスもかかる。ヤスは四本ヤスで、幅一〇・五cm、長さ一七cm、柄はイタヤカエデで長さ一間、投げヤスとして使う。投げヤスでは産卵のサケを昼夜にかかわらず狙ったが、川岸にひそみ、頭隠して尻隠さずのサケを昼狙うこともあった。花巻堰堤ができた昭和四十年頃からサケが来なくなったが、それまでは年に三〇匹ほどは獲れた。

(2)刈りあげと里帰り

刈りあげにはサケを食べた。内臓を出し塩揉みをして二、三日重石をかけて焼いて食べたり、ナマのサケを切り、頭まで入れ、大根・ネギなどを入れ、味噌味の汁にすることもあり、頭と骨と大根を入れアラ汁にすることもある。刈りあげが済むと嫁が里帰りをするが、その時ナマのサケをみやげとして持たせた。正月用にはアラ巻きザケを用意し、正月にはサケを食べるものだとした。当地には、藤左衛門と呼ばれる仏を十二月十六日に祭る習慣がある。この日は念仏をあげてサケを食べる。「藤左衛門の日には冬荒れがする」という言い伝えがある。

五　福島県　阿賀野川水系

1　福島県耶麻郡西会津町端村——阿賀野川水系阿賀川

西会津町端村は阿賀川左岸の稲作を主としたムラで、部落の北側、対岸の同町滝坂との間から下流の約二kmの間に峡谷がある。その入口、部落に近いところが銚子の口と呼ばれる激流部（写真33）で、そこはマス・サケの好漁場として知られ、『新編会津風土記』にも紹介されている。端村は戦前一一戸、現在は一五戸である。以下は同地に住む高津新一さん（大正三年生まれ）の体験と伝承による。

(1)　銚子の口のサケ・マス漁

銚子の口でサケ・マス漁ができたのは豊実発電所ができる前までだった。銚子の口の漁場の権利は西会津町の端村と、左岸一・五km上流の隣ムラ下野尻とが持っており、漁師は二部落に対して使用料を支払う形をとっていた。高津さんはそれを税金と呼んだ。昭和十年前後、漁師は一五人いた。銚子の口一帯にサケマスを獲るポイントは四箇所あり、それは次の通りだった。aシダレマチ、bアイダキ、cコビタキ、dアカガミ——アイダキが一番魚がたまるところだった。各ポイントに二人ずつつき、タモ網で、サケ・マスを獲ったのであるが、公平を期するためにポイントは循環で利用することになっていた。

タモ網の直径は三尺、柄の長さは九尺、柄の径は一寸八分ほどだった。網の環と柄の素材はトリキ即ちクロモジで、

写真33　阿賀川の銚子の口・福島県耶麻郡西会津町端村

葉が落ちてから伐り、囲炉裏で焙って整形し、一年おいてから使った。網は麻糸を使って自分で二寸角に編んだ。深さは三尺である。サケにもマスにも同じタモアミを使った。マス漁は五月・六月、サケ漁は十一月だった。マスは一日九〇匹、サケは一日五〇匹獲れることもあった。獲物を入れる籠は背負い籠だった。漁場使用は割当の日が決まっているので落ちついて漁をすることができた。各ポイントの岩場の岩に穴をあけ、その穴に棕櫚縄を通してその縄の一端を環状にし、それを自分の肩から胴に襷状にかけて岩場から激流への転落防止にした。棕櫚縄は経二cm、長さ四mほどだった。命綱で体を守りながら、タモ網の柄を肩にかけて網を水におろすのであるが、タモは水につけてしまわず、外に出るくらいにして岩につけ、網を上流側にし、溯上する魚体を受けるようにするのがよい。

⑵サケ・マスと儀礼食

田植の終了、サナブリにはマスを食べる習慣があった。どの家でも早乙女を五、六人を結い形式で頼んでいたが、各戸でマスの切り身をサナブリの御馳走にした。端村で漁をしない家はもとより、多く下野尻の人びとがサナブリマスを買いに来た。ナマ売り以外のものは塩びきマスにした。サケは正月用に塩びきにして叺《かます》に入れておくと、これも下野尻の人びとが買いに来た。マスは平均尺八寸、サケは二尺五寸ほどだった。サケ・マスの頭は細かくそいで、大根とともに味噌味で煮て食べる方法があった。

サケ・マスのほかにアカハラ（ウグイ）も同じ漁場で獲った。アカハラの漁期は四月、漁法はタモ網漁で、網は八分で、径は尺五寸、深さは一尺ほどだった。アカハラも下野尻で売れた。寒ウグイは、当地の地形環境から川が危険になるので行われなかった。

端村の御陵神社の祭りは古くは旧暦十月一日で、この日にサケを食べる習慣があったという。

2　福島県喜多方市山都町川入――阿賀野川水系阿賀川支流一ノ戸川

当地は飯豊山の登山口の一つで、一ノ戸川沿いの最上流部のムラで標高四六〇ｍ、木地屋集落だった。以下は同地の小椋藤作さん（昭和二年生まれ）・小椋きみのさん（明治四十一年生まれ）・小椋久一さん（昭和二十一年生まれ）の体験と伝承による。

藤作さんが小学生のころにはマスがムラの川で獲れた。この地には、「ヨタカが鳴くとマスがムラまでのぼってくる」という自然暦がある。マスの漁法は二種あった。その一つは潜水の鉤漁で、鉤の鋒と底の幅は一〇㎝、鉤の底部の長さは二〇㎝ほどで、鉤の柄は桐の木でできていた。いま一つは、竹またはヨモギの茎で編んだ籠を使うものだった。籠の口部は角型で一尺五寸に一尺、深さは四尺ほどだった。この籠を渓流の、滝状をなす部分に、口を上にして仕掛けておく。こうすると、跳ね上がって溯上を試みるマスの中で、溯上を失敗したものが籠の中に落下することになる。一日に二、三本は獲れていた。食法は切り身にして焼いて食べるのが普通だった。

きみのさんが娘のころ、川入には一〇人の若者がいた。毎年、六月十四、十五日ごろからその若者たちがマス獲りをした。川を遮断する形に網を張り、上流からマスを追いこむ追いこみ漁だった。いま一つはタモ網漁で、タモは径三尺、柄三尺ほどで、これを使って三、四人でマスを獲ることもあった。マスは切り身にして焼いて食べた。九月の彼岸になるとマスがホリを掘った。産卵を終えたマスが川にゴロゴロしていたが誰も獲る者はいなかった。

久一さんの時代にはもうマスが溯上してくることはなかった。魚といえばイワナである。漁法は釣りである。イワナは春先の雪代に流されないようにするために砂を呑んで錘にする生態がある。イワナは六月・七月が一番うまい。塩焼きのほかにカスモミという食法がある。カスモミは次のようにする。酒粕を擂鉢で擂り、イワナを一㎝ほどに刻んで、塩を少々入れて擂り、最後にネギを加えるというものである。

六　河川流域とサケ・マスの民俗——東北地方の事例から——

サケ・マスの溯上する河川の流域をめぐり、溯上・産卵にかかわる自然暦・漁期・漁獲法・漁具・食法・儀礼食・行事食・伝説などについて聞きとり・観察を重ねてきた。右記の諸項の総てについては、他地域の事例と比較しながら確かめなければならないのであるが、ここではまず、わが国のサケ・マス溯上地の中心地たる東北地方の事例をふまえて、サケ・マスの儀礼食・行事食を確かめることから始める。当然のことながら、それは、サケ・マスの溯上期・産卵期・産卵環境といった両者の生態の相違にもとづくものである。

1　サケ・マスと稲作の出会い

(1) マスと儀礼食

a　サナブリマス

田植終了の祝いをサナブリ・サノボリ・シロミテ・植えあげなどと呼ぶ。本章が対象とした東北地方ではサナブリが一般的ではあるが、植えあげ・ヨテイ・ヨテ・ヨデ・テノリなども見られる。この日が稲作農民にとっていかに重要な日であったかということは、この日の儀礼・食物などを具《つぶさ》に見つめることによって判明する。この日の献饌は、最上川1・2・6・7、などによっても朴の枝や朴葉が饌の食器として重要な役割を果たしていることがわかる。朴の新葉の生長期とサナブリが一致しているからのことではあるが、葉包食、たとえば柏餅、炊《かわ》し葉餅淵源をも見ることができよう。現にカシワとして朴の葉を使う地は多い。最上川7・10、子吉川1・2などにキナコ、最上川1・12

に大豆が見られるが、サナブリ飯にキナコをかけるのは稲の花の予祝と見ることができる。

ところで、注目すべきはサナブリの日に食べる魚の種類についてである。表2は小論で報告した事例を要約したものであるが、三四例の中二〇例においてサナブリにマス（川に溯上するサクラマス）を食べている。表中の最上川8・10、雄物川6・7は、マスが獲れれば食べるというものであるが、その他は、「サナブリマス」としてこの日に積極的にマスを漁獲して食べるものと定めていた。本章で報告した事例以外にもサナブリにマスを食べる例はある。青森県十和田市奥瀬・長沢などではサナブリのことを「テノリ」と称し、この日はテノリマスと呼んで川で獲ったマスを食べることを慣例としていた。また、山形県酒田市中野俣沖でもサナブリマスを食べた。山形県東田川郡朝日村本郷――赤川水系大鳥川――の庄司二郎さん（昭和二年生まれ）によると、同家では、六月十六日のサナブリ日に早乙女たちにマスを焼いて御馳走したという。岩手県岩手郡岩手町南山形では六月十五日のサナブリには必ず川で獲れたマスを食べた。(10)また、新潟県中魚沼郡津南町結東においても植えあげの日にマスを食べる習慣があった。新潟県の荒川中流域でもサナブリにマスを食べたという報告がある。(11)

稲作農耕サイクルにおいて田植の終了は大きな節目であり、それは祝うべき日であると同時に農民自身にとって慰労と休息の日でもあった。この日に珍味で栄養豊かな食物を食し、疲労を癒すことは暮らしのサイクルにおいても重要なことであった。マス（サクラマス）溯上圏において、マスは「サナブリ魚」のメルクマールとなった。注目すべきはムラ単位の共同漁撈である。事例の中に共同漁撈が八例あるが、中でも飯豊町上原・庄内町大中島・仙北市西木町中泊などの場合、徹底した共同漁撈であり、大中島・中泊では共食にまで及んでいる。戸沢村十二沢・仙北市西木町鎌足・由利本荘市鮎川・由利本荘市屋敷なども共同漁撈であるが、こちらは村落共同体成員すべてが参加するという形ではなく有志男子がさそい合わせて出漁し、時には協力して漁を展開するという形である。北上川3奥州市衣川区大平もこの形と考えられる。マスの共同漁撈の一つには「結い」のグループで行うという形式があったと考えられる。さらにまた、魚資源の共同管理といった印象もある。

サナブリの御馳走を得るための共同漁撈はマス溯上圏のみの民俗ではなかった。例えば神奈川県足柄上郡山北町箒沢の佐藤貴雄さん（明治三十八年生まれ）は次のような体験をしている。貴雄さんは十六歳から十八歳まで田植準備の代づくりに馬の鼻どりをし、田植にも参加した。田植は、箒沢向山で結いを組んで行ったのだが、その最後の日の午後三時ごろになると男六人は、三人と三人に分かれ、一方は山へ、一方は川へ向かった。山組は狩猟で兎とカモシカを狙った。川組は渓流漁撈で、アユとアマゴを対象とした。兎は肉を煮るばかりではなく、アバラ骨を叩いて団子にし、馬鈴薯と煮た。アユ・アマゴはヒッカケで獲り、塩焼き・甘露煮にした。餅は三臼搗きアンモチにした。こうして、植えあげを祝ったのだという。マス溯上圏以外の地のサナブリやサナブリ魚については今後の調査を待つとして、ここでは、マス溯上圏においてはマスが第一のサナブリ魚として重要な位置を占めていたことを確認しておきたいと思う。

b　盆魚としてのマス

盆魚としてマスを漁獲して食する事例については既に報告したことがある。[12]青森県深浦町大山（奥入瀬川水系）・山形県朝日村八久和（赤川水系）・新潟県新発田市滝谷（加治川水系）・同朝日村岩崩（三面川水系）・同上川村（阿賀野川水系）などの事例がそれである。本章においても表2の通り一一例を見ることができる。中でも注目すべきは秋田県において盆にマスズシを食べた例が見られることである。

盆魚として、マス以外にもヤマメ・イワナ・アマゴ・アユ・カジカなどをムラ単位・組単位で共同漁撈で漁獲、均等分配した例は東北地方から九州に至るまで広く見られた。[13]それも、盆前、年一回に限って、共同でアメ揉み、毒流

表2 サケ・マスをめぐる民俗構造

水系	最上川水系（山形県）												雄物川水系（秋田県）				
	1▲	2▲	3▲	4	5	6▲	7▲	8	9	10	11	12	1▲	2▲	3▲	4▲	5
伝承地	飯豊町上原	大江町楢山	西川町石田	庄内町清川	庄内町肝煎	庄内町大中島	戸沢村十二沢	尾花沢市荻袋	舟形町長者原	新庄市升形	鮭川村川口	鮭川村庭月	仙北市西木町戸沢	仙北市西木町中泊	仙北市西木町鎌足	湯沢市秋ノ宮	羽後町大久保
標高	450m	200m	180m	25m	72m	250m	60m	90m	90m	65m	50m～70m	65m	300m	260m	100m	300m	68m
河口からの距離	150km	131km	117km	26km	31km	46km	42km	79km	59km	53km	54km	61km	118km	113km	95km	125km	95km
マス　サナブリ	サナブリ○	サナブリ○		サナブリ○		サナブリ○	サナブリ○	サナブリ（カジカ）○		サナブリ○		サナブリ○	植えあげ○	植えあげ○	植えあげ（イエ）○ 植えあげ（ムラ）○	ヨテイ○	サナブリ（カジカ）（○）
マス　共同漁撈	○					○	（○）							○	○		
マス　盆			○		○	○	（○）		○		（○）				マスズシ○		
マス　諸儀礼その他				初魚○ マスノスケ	8／18 山の神○			灌漑堰とマス漁						正月 マスズシ	初魚○		
マス　尾びれ貼り				初魚○			○				○	○	○		○		
サケ　秋の収穫祭					土洗い○			二十日講○	秋あげ○ エビス講○	土洗い○	エビス講○ 秋ふるまい（イエ）○ 土洗い（ムラ）○	土洗い（イエ）○ 土洗い（ムラ）○					稲あげ（○）
サケ　嫁のみやげ																	
サケ　正月							切り身○				切り身○						スシ○
サケ　尾びれ貼り									○		○						
サケ　諸儀礼				初魚○ 不動祭○			10／10 契約○			11／29 カッキレ○	初魚○ 百本祝○						
サケ　大助伝説			サケノスケ○	オースケ○					大助○		大助小助○	エビス石					
狩猟採集	○	○				○	○						○	○		○	
焼畑	○	○				○	○						○	○		○	

阿賀野川（福島県）		北上川水系（岩手県）								子吉川水系（秋田県）		雄物川水系（秋田県）				
2	1	8	7	6	5	4	3▲	2	1	2	1	10	9	8	7	6
喜多方市山都町	西会津町端村	花巻市太田	花巻市大迫町	花巻市石鳥谷町	花巻市高木	金ヶ崎町表小路	奥州市衣川区大平	一関市川崎町神崎	一関市東山町岩ノ下	由利本荘市屋敷	由利本荘市鮎川	大仙市強首	大仙市清水	大仙市八圭（2）	大仙市八圭（1）	大仙市花館
480 m	140 m	112 m	180 m	80 m	77 m	44 m	170 m	18 m	20 m	150 m	15 m	18 m	32 m	28 m	28 m	24 m
122km	90km	146km	170km	155km	140km	115km	105km	70km	73km	27km	14km	40km	75km	75km	75km	65km
	サナブリ○									サナブリ○	サナブリ○	サナブリ○		ヨデ○		サナブリ（○）
							（○）			○	○					
							○				○	○		マスズシ○		
											灌漑堰とマス漁 五月伊勢講○					
										○	○	○贈りもの				○贈りもの
		刈りあげ○		刈りあげ○		庭ばらい○		庭ばらい○	庭ばらい○		秋あげ（イエ）○ エビス講（ムラ）○	刈りじまい○	秋あげ○	刈りあげ○		
														刈りあげ○	秋あげ○ 1／2○	秋休み○
	切身○			アラ巻○	切身○	スシ○		スシ○	スシ○		スシ○		スシ○		スシ○	スシ○
		○贈りもの			（○）						○	○贈りもの				○贈りもの
	氏神祭○										初魚○ 千本祭○	エビス講○		12／9 大黒○		初魚○ エビス祭
											大助○	○サケノスケ				
							○			○						
										○						

▲＝サケの溯上しないムラ

を行った例が多く見られた。これはヌケガケを厳禁するもので渓流魚の資源保全・共同管理の民俗思想に支えられたものであった。中でも、マスを含んだ地としては、青森県深浦町大山・山形県鶴岡市大鳥・同上本郷・同田麦俣・新潟県村上市高根・同薦川などをあげることができる。

c　神饌としてのマス

サナブリ・盆以外の儀礼食・神饌として、本章においては、最上川5において八月十八日の皇太神社・山の神神社の祭りや、子吉川1において五月の伊勢講にマスを食べる習慣があったことを報告した。本章以外にマスを神饌とした次の例がある。青森県中津軽郡砂子瀬では六月十日の稲荷神社祭りにはマスを供え、切り身を焼き、ミズとともにミズタタキにしたり、ヒズナマスを作ったりして食べた。山形県西置賜郡小国町長者原（荒川水系）九月七日の山の神祭り、山形県鶴岡市中向（赤川水系）旧暦七月十九日の氏神皇太神宮例祭、山形県西置賜郡小国町樋倉八月二十五日の山神社などがある。

雄物川2に正月にマスズシを食べたことを報告したが、福島県南会津郡檜枝岐村・同只見町田子倉・山形県小国町樋倉・同長者原・鶴岡市中向でも正月にマスズシを食した。これらの地にはいずれもサケは溯上しない。

⑵サケと儀礼食

a　秋あげとサケ

表2によれば、サケ溯上圏において、稲作にかかわる秋の収穫祭ともいうべき、農作業終了の祝いにサケを食べる習慣が根強く行われていたことが一覧できる。その行事の呼称は、「土洗い」「秋あげ」「秋ふるまい」「稲あげ」「刈りあげ」「刈りじまい」「庭ばらい」などと多様ではあるがいずれも美しいことばである。食法は既に記してきた通りであるが、特に、ザッパ汁・ドンガラ汁・アラ汁などと呼ばれる、頭・骨を入れた汁や、頭部全体やヒズをナマスに

する食べ方が広く行われていたことがわかる。考古資料としてサケの骨の出土が少ない理由の一つにこうした食法もかかわっていたと考えられる。収穫祭を表2の最上川11・12、子吉川1のように、ムラとイエの両方で行う例もみられ、最上川10（新庄市升形）のように土洗いとカッキレ、雄物川8（大曲市八圭（2））のように刈りあげと大黒祭の二度にわたってサケを食べる例も見られる。秋あげとエビス講を兼ねる地もあり、秋あげとエビス講を別々に行い、おのおのサケを食べる習慣もある。ムラ契約の日、不動の縁日など、サケの溯上期には秋あげとは別にサケを食べる地も多い。またこれとは別に秋の収穫作業を終えての嫁の里帰り、「秋休み」にみやげとして嫁にサケを持たせる地、雄物川6・7、北上川8などが見られた。

b　正月のサケズシ

新巻鮭を年末年始の贈答品とする習慣は一般化しているのであるが、その民俗的基層としてサケをサケズシや切り身で正月に食べるサケ溯上圏の民俗がかかわっていたことを考えてみてもよさそうである。同時に、秋田県大仙市およびその周辺に見られる秋あげの折、嫁の里帰りに際してサケを藁苞に入れてみやげにしたことなども基層的な印象を与える。

秋田県の雄物川中流域および、岩手県の北上川水系の地に十一月末から十二月にかけてサケのスシを漬けこみ、これを正月～小正月に食べた例が多く見られる。大仙市およびその周辺は米所であるが、一番米を供出し、二番米を麹にしてこれをサケやハタハタのスシに使ったものだという。正月用に漬けこまれたサケのスシは、サケと米の出合いを象徴的に示すものとみてよかろう。

c　サケ・マスの溯上生態と稲作サイクル

さて右にマスとサケにかかわる行事・儀礼・儀礼食・神饌などについて見てきたのであるが、マス＝サナブリ→盆、

表3 サケ・マスの生態と諸儀礼

生態・関連儀礼／魚種	マス	サケ
溯上・産卵季節	春↓初秋	秋↓初冬
溯上・産卵環境	平地河川↓山中渓流	平地河川
関連稲作儀礼	サナブリ魚	収穫儀礼魚
関連年中行事	盆魚	正月魚

サケ＝収穫祭↓正月、という構図が浮上してきた。

本章においては、寒マス雄物川10、子吉川1を紹介したが、一般的にマスの溯上は、雪代・柳の芽・桜といった自然指標によって伝えられ、四月ごろから、六月中旬・下旬のサナブリを中心に、六月末ごろまでのものを春マスと呼び、七月・八月のものを夏マス、九月中旬・下旬の産卵期のものをホリマスまたは秋マスと呼ぶ。それに対して、サケの溯上は十月・十一月・十二月である。先に要約したサケ・マスと儀礼との関係の構図は、もとより、マスとサケの溯上・産卵の時期と生態と連動するものである。両者の対応構図はまことに対照的である。サケ・マスの生態および関連稲作儀礼・関連年中行事等を要約的に表示すると表3のようになる。

小論の事例や表2では一括して扱ってきたのであるが、サケ・マスにかかわる行事を、稲作儀礼といわゆる年中行事に分けてみると、稲作儀礼の骨格をなすサナブリと収穫儀礼が浮上する。年中行事も二大年中行事とも言うべき盆と正月が焙り出されてくる。マスはサナブリと盆、時間的に言うならばサナブリから盆へ、サケは収穫儀礼から正月へつながる。平地のサケ・マス混交圏では、理論的には、サナブリをマスで祝い、盆魚としてマスを食べ、収穫祭でサケを食べ、正月にサケを食べることが可能となる。表2子吉川1はそれに当たるのであるが、現実にはどれかを欠落させる場合が多い。サケ・マス混交圏において、たしかにマスも獲れるのであるが、マスの産卵は、基本的に山中の渓流でなされる場合が多いゆえ、マスは山の恵みと考えてもよい。

サケの溯上しない山地でマスのみが溯上する地でも稲作は営まれており、サナブリが盛んに行われ、盆魚としてマスが食される地も多い。マスは雪代及び梅雨期の増水で山中まで溯上するのであるから、両増水期に平地河川では漁撈が営みにくいこともかかわり、平地稲作地帯ではサナブリのマスを欠落させることもある。

d　サケ・マスと稲作系民俗

太古以来、降海回帰をくり返してきたサケ・マスが稲作と邂逅したことは大きなドラマだった　その展開が、マスとサナブリ、サケと収穫儀礼、サケズシのサケと米麹・米飯との結びつきとなった。マスと稲作の結びつきとしていま一つ忘れることのできないのは稲作灌漑の川堰設置によるマスの溯上阻害と、それによるマス漁である。稲作のためには川からの取水が不可欠である。そのための川堰設置は必須のものであり、この設置によってマス漁が容易になる場合があった。本章事例の最上川8（尾花沢市荻袋）、子吉川1（由利本荘市鮎川）にそれが見られるが、秋田県由利本荘市鳥海町牛越――子吉川水系笹子川のシバナガテと呼ばれる、灌漑川堰とマス漁も特徴的な事例であり、これについては別に報告したことがある(14)。

サケ溯上圏におけるサケズシの発達を見つめることは、麹の民俗を省察する契機ともなる。味噌・醬油の麹を併せ、その麹を、麹屋以前の段階でどうしていたのかは、技術的にも社会組織的にも重要なことがらである。麹を「結い」で作ったこと、スシ麹・味噌麹で米の等級を分けたことなど注目される。また、スシ漬け用の飯の、モチ種・ウルチ種の別、あるいは比率なども見過ごすことはできない。

2　山地始原生業の複合とマス

マスの主たる産卵地が山中の渓流であることは広く知られるところであり、マスは山の幸ともいうべき性格をもつ魚であることについてはこれまでもくり返し述べてきた。このことは、マスが狩猟・採集・焼畑といった始原性の強い生業要素とともに、山地民俗文化を構成する民俗文化クラスターの構成要素になることを示している。それは、山地のマス漁撈が始原的生業の複合を形成する一つになることにほかならない。その実態についてはこれまで多くの事例を報告してきているが、本章報告事例でもそれは明らかになる。平地河川流域の稲作地帯が、サケの恵みを享受する領域だとすれば、マスの恵みを享受する領域は、標高の高い、河口部・海岸部から離れた山地だと言えよう。表2を見てもそれは歴然としている。標高が高くなるほど狩猟・採集・焼畑などの生業要素との複合をなしやすくなっている。サケ・マス溯上河川でも、川の長さ、地形環境によってサケ・マスの溯上限界が異なる。溯上期にも若干の差が出るのは当然であり、サケ・マスにかかわる民俗に差異が出るのは自然のことである。マス溯上圏に暮らす山の人びとにとって、毎年季節を定めて遠い海から溯上してくるマスはまことに尊い神の恵みの一つであった。山地の始原生業複合の実態はマスを中心としてヤマメ・イワナなどを含む渓流漁撈を加えることにより実に豊かなものになっていたのである。冬の集団狩猟組織であるマタギ組が、夏、マスをメルクマールとした渓流漁撈の集団として泊まりがけで渓谷を溯上する慣行があったことについては既に報告したが、最上川7（戸沢村十二沢）、雄物川1（仙北市西木町戸沢）・2（西木町中泊）、北上川3（奥州市衣川区大平）などにもその傾向が窺える。

3　サケの公的管理

現在、サケの公的管理、サケの規制はみごとに徹底している。最上川9（舟形町長者原）・11（鮭川村川口）ではサケ採捕権が世襲的に伝えられている。雄物川水系・北上川水系においても河川サケ漁業者が公的規制に強く縛られている。本章の事例としてとりあげた河川においては、いずれも、サケの採卵・孵化・放流を前提として採捕権が認められる形になっているのである。最上川9（舟形町長者原）、北上川1（一関市東山町岩ノ下）などでその実態の一部を紹介し、北上川5(花巻市高木)ではそうした管理体系の中での申請についてふれた。このようなサケの公的管理は突如として出現したものではなく、各河川ごとにおのおの歴史があった。『秋田県史』は雄物川におけるサケ漁に関する文献をふまえ、次のように述べている。(15)「江戸の中期以降になれば新しい漁法＝漁網の導入を契機として、個人または一村が他村にまでわたる長い河川の一定水域を漁場として占有するようになってきたということである。それまでは、河川の専用権が他村のものに所有されたり、特定の個人に占有されるということはなかった。河川は地付の村の総有であるのが原則である。そうであったればこそ、藩はさきに漁業がさかんな村に対しては余業ありとして貢租負担力に加算したのであった」。同書は続けて、秋田の河川漁業漁獲物第一であったサケが江戸中期以降激減したことを指摘し、その原因に漁法の発達と酷漁乱獲、加えて沿岸漁業、とくに北海道漁業の発達による比重の低下などを指摘している。

秋田県は明治以降種川を施行し、明治十四年繁殖法を制定、明治二十八年、雄物川・子吉川・米代川に次の鮭採卵孵化場を設置し、孵化事業を開始した。(16)蛭川孵化場——仙北郡大川西根村字蛭川(雄物川)矢島孵化場——由利郡矢島町新処(子吉川)加護山孵化場——山本郡荷上場村加護山(米代川)花館孵化場——仙北郡花館村(雄物川)。

また、犬塚幹二氏は山形県のサケ漁について次のように述べている。(17)「明治初年、日本海沿岸の鮭建網漁が普及するようになると、鮭の溯河量は次第に減少し、明治二十年の新潟水産法の『鮭鱒取調答中』によると、山形県の海岸の建網の数は五十六統に及ぶとあり、溯上する魚を遮断する最も有害な網具として、河川に於ける鮭魚の急激な減少を記述している(『山形県史』による)。山形県でも明治十七年鮭鱒鮎などの資源保護策として、「河川漁業及び種川取締規則」を設け、河川漁業の期間、漁場の制限禁止等を定めている。又明治三十年頃からは鮭の人工孵化事業も行われるようになり、大正時代から鮭の漁獲高は大幅に増加した。山形県の鮭漁は日本海側でも有数の漁獲高をもっているが、その多くは沿岸漁業によるものであり、孵化事業に力を注ぐ河川漁業者との確執が鮭漁をめぐるひとつの課題となっている」。

右により、サケの公的管理の背景の一端は理解できる。公的管理による孵化放流を前提とした河川サケ漁を眺めるとき、その果たしてきた役割の重さ、効用が多大であったことはよくわかる。枯渇したサケ資源の復活維持がこれによってなされてきたのである。孵化事業は河川回帰のサケのみならず、沿海サケ漁に恵みをもたらしたことは、前記の引用文でもわかり、北上川5（花巻市高木）で猿ヶ石川鮭漁業孵化組合が沿岸漁協から放流稚魚一匹当たり五〇銭の孵化助成金を得ていたことによってもわかる。孵化放流事業の継続により、漁撈技術が伝承されたという側面もある。

しかし、一方、孵化を前提する場合、魚体に損傷を与える鉤漁やヤス漁は忌まれることになる。孵化放流のゆきとどいた河川ほど漁法は網漁に画一化されるのである。鉤漁・ヤス漁などは孵化事業の普及しない川により多く伝承されてきたと見てよかろう。また、孵化事業の徹底は漁業権の特定化につながり、流域農民一般のサケとの直接的なかかわりを疎くさせた。漁業権の少数占有化は、一定の漁業技術の伝承や特定の儀礼の伝承には有利なものではあったが、より多くの流域民とサケとの広いかかわりを前提とした民俗を稀薄化させたとも言えよう。

本章で紹介したサケに関する民俗がいつごろ形成されたものなのかは現段階では明言できない。稲の収穫儀礼や嫁のみやげ、正月のスシに用いられたサケは川漁によるもののみとは限らず、その中には当然海のサケも入っていたことであろう。しかし、収穫儀礼・嫁のみやげ・正月のスシなど、いずれも、本来は、その主体者たる平地稲作農民の至近に、それに間にあう季節に溯上してくる川のサケを用いたものであったことはまちがいない。そうした土着的な民俗構造が、流通機構の発達等により増幅され、結果的には正月用のアラマキザケにまで発展したものと考えるべきであろう。

4　マスの運命

サケ・マスは常に併称されるが、公的管理の厳正な漁業権の対象になってきたのはサケであった。魚体も大きく、一定期間に一定範囲に集中的に溯上してくるサケは魅力的であり、溯上期間が長く、しかも、雪代・梅雨期の増水といった漁撈活動を阻む条件のもとで溯上し、その条件の中で山中にまで上ってしまうマスは平地の人びとにとっては管理しにくい魚だったとみてよい。平地稲作地帯をうまくくぐりぬけたマスは規制を逃れ、山中にいたって山の人びとへの恵みとなった。

表2にも河口から一五〇km、標高四五〇mまで溯上したマスの例があるが、筆者は標高一二〇〇mでマス漁をしたという福島県南会津郡檜枝岐村での体験を聞いたことがある。(18)孵化・放流の公的管理を逃れたマスの最大の敵はダム工事、ダムの建設であった。マスの溯上する多くの河川に次々と建設されたダムは山の人びとからマスを奪っていった。

孵化放流を前提とした河川サケ漁師は異口同音に、「今は川ザケを食べる者はない」と言う。川ザケは売れないというのである。海洋回游を終えて母川に入るサケは河口で潮水から淡水に入るために体をならす。溯上範囲が長くなればなるほど体脂肪を落とすことになる。河川環境・溯上期・調理方法によって差異は出るものの、河川ごとに、「溯上サケの美味地点」がある。雄物川では10(大仙市強首)、最上川では4(庄内町清川)でそれが語られている。現在川ザケが好まれないのは、それが溯上のために脂質を落とし、現代人の口にあわなくなっているからである。川マスの方が人気があり、川マスがあれば売れるがこれは稀少である。かつて、収穫儀礼や正月のスシ用として、乞い、あこがれ、求めた川ザケも今や見向きもされなくなってしまった。流通の発達、ライフスタイルの変化にともなう食生活の変化、飽食の時代に、川ザケ、河川溯上サケは伝承の中に生きる魚となってしまった。ダムを人工的な魚止め、マス止めとした現今、山の人びとにとっても川マスは幻の魚、伝承世界に生きる魚となってしまったのである。

5 鮭の大助伝説──その伝説素を見つめる

鮭の大助伝説は例えば次のように叙事性のある骨子を以て語られる。──簗掛け八右衛門という簗掛けが、鷲にさらわれて佐渡が島へ渡りそこで以後のサケ漁を慎むことを誓って、鮭の大助に助けられ、その背に乗って、えびす講の晩に「鮭の大助今のぼる」と叫び、最上川に帰ることができた。この声を聞くと不吉なことがあると言って餅をつき、その音でサケの声を聞かないようにした。以後、八右衛門は簗掛けをやめ、鮭の大助が上る日には簗の一方を開けておくようになった──(19)。

類話は多く伝えられ、それらについて特色ある解説がなされている。野村純一は、東北地方の事例をふまえ、「巨大な一尾、もしくは二尾の大助小助と称される鮭がまず先頭に立ち、これがあまねく、一族、眷属を率いて粛々と村内の川をさかのぼってくると想定していた。けだし、季節の訪れ人であり、まさに来臨する神々の遊行そのものと受けとめていたかのようである。したがって、川筋の村の人々はいちずにその夜の来訪と併せて不用意なその場での出会いを極度に恐れ、深く家に謹みこもって通行の無事をひとえに願ったものであったと理解されるのであった」と述べている(20)。また神野善治は「鮭のオオスケが眷属をひきつれて海のかなたから来ることと、鯨・鮫などをエビスということが対応する内容を持っていることを示しておく必要がある」と述べ、鮭の大助のエビス的性格を説いている(21)。さらに、菅豊は完結性の強い大助伝説の構造を分析して、「鮭漁という日常の時間において、人間が鮭の生殺与奪の力を握っているのに対し、鮭の大助の溯る非日常的な時間では鮭が人間の生殺与奪の力を握っているのである。鮭の大助の溯る日には、人々は家に閉じこもるか漁場の小屋に集まるなどして、一時的に通常の世界から隔離され、そして日常とは逆転した世界が回復するのを待つ」と述べる[22]。筆者が鮭の大助伝説から、資源保全・種の保存のメッセージを読解したことについては既にのべた[23]。

冒頭で紹介した叙事性の強い大助伝説の型は、aサケ漁師の主人公が鷲によって海彼につれてゆかれる、bサケ漁を慎むことを誓い、鮭の大助の回帰力、河川溯上力によって母郷に回帰する、c「鮭の大助今のぼる」と叫ぶ、dその日はエビス講や水神祭りの日である、eこの日、耳ふたぎ餅をついたり、川から遠ざかったり、家にこもったりする忌みを行う、⑥大助に対する謝意をこめサケ留めや簗の一部を開ける――といった要素を持つのであるが、実際にはこれらの諸要素のいくつかを欠落させて伝えている地も多い。欠落したものを、完結からの欠落とみるか、完結への段階とみるかは単純に断じがたい。それは、例えば、伝説・「譚」とは言い難いほど単純で、断片的な伝説が存在しているからである。サケの名称も大助・大助小助ではなく、「サケノスケ」を伝える場合が少なくない。断片的な伝承の中に何が語られているのかにも注目しなければなるまい。

本章所収のいわゆる鮭の大助型伝説の骨子は表4の通りである。

こうした例は他にも見られるのだが、これらは、a特定のサケ漁師が鷲によって海彼につれて行かれた、bサケ漁をやめることを誓い鮭の大助に助けられた、といった要素を欠

表4　鮭の大助伝承

事例番号	伝承地	期日	サケの言葉	禁忌・物忌みほか
一・3	西川町石田	旧9／30日刈り上げの夜	サケノスケイマノボル	刈り上げ餅を搗く。早寝をする。
一・9	舟形町長者原	11／20エビス講の夜	サケの大助今通る	ヤナの一部をあける。
一・11	鮭川村川口	11／20エビス講の夜	大助小助今通る	声を聞くと早死にする。川に出ると禍がある。休漁。

落させている。これらは、完結型からの要素欠落の伝承と見るよりは、ａｂのような叙事的要素が付加される前の原型的なものだと見る方が自然ではなかろうか。それは、いわゆる鮭の大助型伝説ではない大助伝承・サケノスケ伝承を検討することによってもわかる。

その典型は事例一の4庄内町清川の「オースケと呼ばれる大ザケが溯上すると天気が荒れ、大水が出る。その大水に乗って多くのサケが溯上してくると言い伝えている」にも見られる。同地ではマスノスケについても同様に伝える。マスが雪代の大水、梅雨時の大水で大量に溯上するという生態をふまえた伝承である。また、雄物川10（大仙市強首）の「サケノスケという大ザケを獲ったらサケ留めの留め網の一目を切るものだ」という伝承も重要である。赤羽正春の報告によると、新潟県岩船郡荒川町佐々木・鳥屋などでは十二月十四日（水神祭りの前日）の夜、サケのオースケ・コスケがのぼると伝え、イクリ網の一目あるいは網の目を一、二箇所切っておいたという。(24)新潟の例は、東北地方の鮭の大助伝説で大助小助が川をのぼる夜ヤナの一部をあけるという伝承と同質で、この日、漁を休み、サケの溯上産卵を許容することの象徴的儀礼だと見てよかろう。両者は、ともに資源保全の民俗思想に裏づけられた儀礼を語るものであり、実効を伴う行為である。このような現実的な川の匂いを纏う伝説素、あるいは伝説素以前の伝承の持つ根幹性は無視できない。雄物川10にも、新潟県の例と通う匂いはあるが別の解釈もできる。

子吉川1（由利本荘市鮎川）に、十二月下旬、大助が獲れたら漁を終わりとする、大助が獲れたら近所の人びとを招き、大助をふるまうものだという伝承がある。これに照応させると雄物川10（大仙市強首）の網目切りは、漁の終止の象徴的儀礼だと考えることができるのだ。子吉川1の佐藤末治郎さんはワセの魚体が二尺であるのに対して、オクテは二尺八寸にも及ぶと言う。最上川11（鮭川村川口）でもワセ＝尺五寸、オクテ＝二尺五寸と伝え、北上川1の砂鉄川でも、オクテのメスの魚体は特に大きいという。サケ漁期の末期に溯上する特に大きなサケを大スケ・サケノスケなど呼びならわす習慣があったことは子吉川1によってわかる。初魚儀礼に対して終い魚、敢えて言えば「終《しま》い大助」とでも言うべき儀礼があったことが考えられる。最上川3（西川町石田）に、「大サケを食べたその男は間もなく死んだ。サケを組合員に分ければよかった」と語られたとあるこの逆が子吉川1にあるように、大サケが獲れたらそれをハヤシ分け、タマス分けにし、その幸を仲間に分与するというのが本来の形であったことを示している。子吉川1に見るようにサケの初魚にもまた、ハヤシ分け、タマス的分配が行われていたのである。

「終い大助」という概念は、「下り大助」と連接している。子吉川1（由利本庄市鮎川）では、サケ漁の末期に「大助小助今さがる」といって大助小助が下るという言い伝えもある。サケが下るということは現実にはホッチャレで、産卵の終了を示すにほかならない。元気なサケが川を下って海に帰るということは現実にはあり得ない。しかし、これは、サケが姿をかくすこと、即ち、漁の終わりを示す象徴的表現だと見るべきであろう。下り大助は、大友義助の採集にも見られる。――師走七日の晩、八兵衛が川端で待っていると「鮭の大助いま下る、鮭の大助いま下る」の大声が聞こえ――とある。(25) また野村純一が引用した畠山弘の『庄内の伝説』の中にも「鮭のおう助、今下るわい」という言葉が見える。(26) 山形県鶴岡市上本郷の庄司きちよさん（明治二十五年生まれ）から次の話を聞いたことがあった。――庄司家へ嫁いで間もないころ、隣の庄司半兵衛というお爺さんから次のように教えられた。十一月二十日、恵比寿講の夜、「オースケ　コスケ　水口の泥鰌　皆下ろうぜ　ホーホー」という声がする。この声を聞いた者は必ず死ぬ。その声を聞かないようにするために恵比寿講の夜には餅を搗かなければならない――。いわゆる「鮭の大助伝説」との共通性も見られるのであるが、「下り大助」であることはまぎれもない。旧暦十一月二十日を想定すれば、現実のサケ漁終了期に一致する。

「終い大助」「下り大助」は川とサケのサイクルにおいて、以降はサケ漁を行わないことを誓約させるものであろう。

「上り大助」と「簗あけ」が漁期中の資源保全の物忌みであるならば、「終い大助」「下り大助」は、川の閉ざされる日、以降春まで、魚類の再生を願って川から遠ざかる日を象徴するものではなかったろうか。ここにも広い意味での資源保全の心意をうかがうことができる。川はこの日を以て籠りの場となったのである。川は雪によって遮閉される。「水口の泥鰌もともに下ろう」「ともに姿を隠そう」というのである。「終い大助」は現実の魚影を色濃く示している。たとえ伝説としての完結性はなく、断片的な大助伝承・伝説素でも見逃してはならない。むしろ、そこに大助伝説の原点が見えかくれしているのである。

註

（1）通常のサケの大きさをはるかに越えた「大鮭」で、伝承性が強い。

（2）野本寛一「生態伝説と民俗モラル」（『生態民俗学序説』白水社・一九八七）、同「鮭の大助——資源保全と種の保存——」（『共生のフォークロア・民俗の環境思想』青土社・一九九四）。

（3）佐藤義則『羽前小国郷の伝承』（岩崎美術社・一九八〇）。

（4）野本前掲註（2）。

（5）赤羽正春『鮭・鱒Ⅰ』（ものと人間の文化史133—Ⅰ・法政大学出版局・二〇〇六）、赤羽正春『鮭・鱒Ⅱ』（ものと人間の文化史133—Ⅱ・法政大学出版局・二〇〇六）。

（6）恵まれた大型獣である熊や猪を共同体で享受する民俗は東北地方にも九州地方にもある。

（7）犬塚幹二「最上川水系の鮭漁と用具」（『民具マンスリー』第十五巻五号・一九八二）では、同様のものを「モンペ網」と呼んだと記している。

（８）武藤鉄城編著『秋田県邑魚譚』（無明舎出版・一九九〇）の仙北郡西明寺の項に、ほぼ同様のマス鉤が紹介されている。
（９）鎌田幸男「鮭漁法の考察」（『秋田民俗』第十六号・一九九〇）では、横に張った二方の網のことをカギ網（垣網）としている。
（10）鎌田前掲註（９）。
（11）出口晶子『川辺の環境民俗学』（名古屋大学出版会・一九九六）。
（12）野本寛一『山地母源論２――マスの溯上を追って――』（野本寛一著作集Ⅱ・岩田書院・二〇〇九）。
（13）同右。
（14）同右。
（15）『秋田県史』第三巻・近世編（一九六八）。
（16）『秋田県史』第五巻・明治編（一九六四）。
（17）犬塚幹二「最上川水系の鮭漁と漁具」（『民具マンスリー』第十五巻五号・一九八二）。
（18）野本前掲註（12）。
（19）佐藤義則『羽前小国昔話集』（岩崎美術社・一九七四）。
（20）野村純一『昔話伝承の研究』（同朋舎出版・一九八四）。
（21）神野善治「サケの精霊とエビス信仰――藁人形のフォークロア――」（『列島の文化史』第一号・一九八四）。
（22）菅豊「鮭をめぐる民俗的世界」（『列島の文化史』第七号・一九九〇）。
（23）野本前掲註（２）。
（24）赤羽正春『越後荒川をめぐる民族誌――鮭・水神・丸木舟――』（アペックス・一九九一）。

（25）　大友義助「鮭の大助」（『季刊民話』第二号・一九七五）。
（26）　野村前掲註（20）。

第二章　広島県・島根県 江の川水系

一　広島県・島根県 江の川水系の民俗

平成十一年十月二十九日、広島県三次市君田町東入君の寺藤貴楽さん（大正十四年生まれ）から、父重登さん（明治二十八年生まれ）の代には神之瀬川においてニゴリカキでマスを獲っていたという話を聞いた。その日、広島県立歴史民俗資料館に収蔵されている漁具の一部を見学する機会に恵まれたのだが、中に、江の川水系のマス鉤やサケ鉤があり、しかも、サケ鉤が変化に富むものであることに驚かされた(1)。江の川流域で盛んに展開されてきたサケ・マス漁のことが想われ、そのいくらかでも聞いてみたいという思いにかられた。

江の川は広島県・島根県内を流れる大河であり、流域面積三八七四平方km、河川延長二〇六km、支流は三五五に及ぶという。支流の中でも神之瀬川・西城川・馬洗川などは流路も長く、おのおの流域には個性的な民俗文化が展開されている。

江の川水系の漁撈については、すでに広島県立歴史民俗資料館ならびに江の川水系漁撈文化研究会による優れた調査研究があり、それは全流域をカバーしている。他に、宅野幸徳「江の川流域の漁撈習俗」や天野勝則『川漁師の語り・アユと江の川』などもある(2)。

これらの成果があるにもかかわらず、ここに決して緻密とは言えない報告を試みた理由は以下にある。本州において、サケ・マスおよび、それをめぐる民俗は東北・北陸地方に濃厚に分布する。サケ・マスを東北・北陸地方の民俗文化クラスターの一つと考えてもよいほどである。(3) 江の川はたしかに日本海へ注ぐ川ではあるが、わが国においては西国に属し、東北・北陸地方とは隔離している。そうした地理的懸隔を持ちながら、サケ・マスが溯上した江の川水系流域には、サケ・マスをめぐるどのような民俗文化が、どの程度伝承されているのかを確かめてみたいと思ったからである。西国を流れる江の川水系のサケ・マスについて学ぶことは、わが国の民俗文化を鳥瞰する上で極めて重要な指針を得ることになると考えたからでもある。

本章では、江の川水系の漁撈、中でもサケ・マス(サクラマス)の漁撈、サケ・マスの食法、サケ・マスと儀礼食などを探ることを第一の目的とした。また、サケ・マス漁が他の、どのような魚種対象の漁撈とセットになっているかという点も眺めた。さらに、河川漁撈以外の生業要素にも目を配り、特に、マス産卵圏における生業複合にも注意した。

1 広島県庄原市高野町上里原――江の川水系神之瀬川支流木地山川

木地山川は島根県境の大万木山(一二一八m)の南斜面を水源とし上里原で神之瀬川に合流する。長桜齋さん(昭和七年生まれ)は、上里原の木地山川沿いの谷で農業を営んでいる。長桜家のある位置は標高五三〇m、家の前方の木地山川は、河口より約一八七km溯った地点に当たる。以下は長桜さんの体験と伝承による。

(1) 漁撈

〈マス〉 父の保太郎さんはマス(サクラマス)漁を行っていた。マスの漁期は七月・八月で、齋さんは、小学生のころ、父からマスの見張を命じられたことがある。溯上してきているマスの位置を父から聞かされ、そのマスがどう移動するか、あるいは移動しないかを父の仕事の区切りまで見張っているよう命じられたのだという。漁法はヤス漁で、ヤスはカエシのついた三本ヤス、幅四㎝、長さ一三・三㎝、柄はナラの木で長さは八〇㎝である（写真1）。一年に七、八匹は獲っていた。食法は、切身の塩焼き、あるいは酢で食べるというものだった。沓ヶ原ダムの完成が昭和十六年で、このダムの建造にかかわり、マスは上里原へは溯上しなくなった。齋さんは成人してからのマス漁の経験はない。

〈ゴギ〉　ゴギは、中国山地最上流部に陸封されたサケ科の淡水魚イワナである。古くは、二月中旬、雪が固まるとゴギ釣りをした。五月ごろまでは、チョロ（川虫）・柳虫、イカのシオカラなどで釣り、六月にギースと呼ばれるバッタの一種、七月・八月はイナゴ、九月・十月はコオロギで釣った。七月・八月は谷に入って、タモ網で獲ることもある。平均二〇㎝、大きいものは三〇㎝ほどのものもある。食法は、火焙り・コツ酒などである。

写真1　マス突きヤスを持つ長桜齋さん・広島県庄原市高野町上里原

⑵狩　猟

〈熊〉　十八歳の年から熊狩に参加した。初雪に、ミキリと称して熊の足跡をたどり、冬籠りをする穴を確かめておく。そして、二月十五日までに、穴籠りしている熊を捕獲するのである。しかし、穴から出ているものを狙う場合もあった。当地には、熊は一発で殺すものではないという言い伝えがある。「一番槍を刺しておいてトドメは翌日に刺せ」という古い伝承がある。この伝承の背後には、「熊が苦しめば苦しむほど熊の胆が大きくなる」という言い伝えがあったのだ。東北のマタギや中部山岳地帯の多くの熊猟師の話を聞く中でも、このような伝承は耳にしたことがなかった。また、捕獲した熊の大きさを確かめるのに梯子をモノサシとして使い、熊を吊ってみて、梯子の何段目まであるかを判定し、獲物が大きければ喜び、自慢する風があったという。また、熊を梯子に吊ると熊の胆が大きくなるという言い伝えもある。熊の胆は竹の皮に包んでコタツの中で、時間をかけて乾燥させた。齋さんは、三十歳の冬、二頭の仔のついた熊を撃ったが、その時を限りに熊狩をやめた。長桜家には、その折の仔熊の剝製と、親熊から採った脂が残っている。脂は熊の皮下脂肪を煮て採ったもので、アカギレ・ヒビの薬にしている。そして、品評会に出す牛の毛の艶出しにも使う。瓶の中の脂は固まってはおらず、指先につけ、手の甲でのばしてみると、手の甲に脂のテリが広がった。匂いも悪くはなかった。肉はもとより食用になる。

〈マミ(穴グマ)とタヌキ〉　タヌキはマミの穴に同居していることがある。マミにはマミ(大)とササマミ(小)の二種類がある。マミの穴も初雪に見つけるのがよい。マミの穴籠りは十二月十日ごろから春の彼岸までで、穴に入っているものは、腹の中はカラである。タヌキは、マミの宿借りで、冬中出入りする。マミを捕獲するには、マミの穴を発見し、長さ一尺という短い柄の鍬で穴を掘ってゆく。横穴なので、土を自分の腹の下に入れてから、後へ送り、外へ蹴り出す。マミ狩には大体蓑を着てゆくので、穴の中でマミにぶつかる瞬間に蓑を押しこんでマミの足をつかみ、足を紐で縛って穴から引き出す。銃の台木で頭を叩いて殺し、直ぐに逆さ吊りにして血をぬく。マミは一つの穴にメオトで籠る。タヌキが同居している場合は、マミが奥に、タヌキが入口に近いところに籠っている。マミは奥にいるのだが、マミの便所は穴の入口にある。タヌキは毛が長いので大きく見えるが、マミの方がタヌキより重い。タヌキは、鍋・タヌキ汁などにする。鍋の中身は、肉・馬鈴薯・里芋などである。タヌキ汁には牛蒡を入れる。タヌキの肉には臭いがあり、食べると小便が臭くなる。マミの方が脂が多く、肉がうまい。野菜とともに煮る。毛皮は、タヌキは衿巻きに、マミは木挽の腰皮などにした。夏バテせんようにと、冬季に獣肉を好んで食べた。
〈兎〉 雪のある季節に兎の共同狩猟をした。狩猟具は網と銃で、基本的には追いこみ方式だった。網は木綿で、高さ一m、長さ三〇尋、網目は兎の頭が通るほど、網の設置は尾根筋とした。尾根筋は木が少なく、猟がしやすいのである。網番を一人置き、狙撃者もつく。セコが山の斜面を下方から上へ追い上げてゆく。セコは三人ほどで、獲物を均等に分配した。これが伝統的な方法であるが、小学校の子供たちのために父兄二〇人ほどで共同狩猟をしたこともある。肉を野菜と煮て食べることの他に、残肉のついた骨を叩きにして食べた。骨を石の上にのせ、金槌で叩くのだが、その時、水でもどした大豆を混ぜて叩いて団子にする。その団子を汁に入れて食べるのである。
〈山鳥〉 雪の降った時、山鳥のいるところで、三～四人の男が二〇〇～三〇〇mの距離をおいて向き合って立つ。一方から山鳥を追い、山鳥が逃げると反対側に立っている者がまた追い返す。こうして山鳥を追うと、山鳥はすぐに疲れて雪中に突っこんでしまう。そこを捕獲するのである。ただし、この地には、「大雪の時突っこんだ山鳥は喰うな」という口誦がある。雪が続いたり、大雪が降ったりすると、山鳥の食物がなくなってしまう。そんな時、山鳥が最後の餌として食うのはアシビの葉だという。アシビは毒性を含むので、この地でも、菜類の消毒にアシビの葉を煎じた汁を使う。そんなアシビを喰った山鳥を食べると、腹痛を起こすのである。昭和三十八年の豪雪の折、突っこんだ山鳥を食べて家族全員寝こんだ家があったという。雪の程度によるのである。また、キジ・山鳥は食物を消化するために谷に降りて石を喰う習性がある。谷に降り、石を喰って落ちた山鳥は食べてもよいという。肉を煮て食べるのは当然だが、山鳥の骨も兎同様、大豆を混ぜ、叩きにし、団子汁にして食べた。齋さんは少年の日を回想する。父に命じられて山鳥の骨を叩いたことがあった。自分では相当叩いたと思っているのに父には、たびたび、まだまだだと言われ、手が脂だらけになって情けなかったという。

〈採集〉　堅果類では栗を採取した。毎年一石ほど拾った。一昼夜水につけて虫出しをし、二十日間ほど干す。ドンゴロスに入れて槌で叩く。選別して皮をむき、塩と砂糖を入れて煮る。副食にしたり、お茶うけにしたりした。他に、良い栗を選んで糸栗にし、正月、神に供えた。山菜は次のものを採取した。フキ・タキミズナ・ワラビ・ゼンマイ・メラ・ウド・クサギナ・ギョウブ・ママコナ・カケゼリ――。キノコ類は次のものを採取した。シイタケ・ネズミデ・ヒラタケ・ナメコ・シメジ・サクラナバ・コウタケ・クリタケ・シモカヅキ・キクラゲ・アカナバ・ミズホ・ツキヨダケなど。

〈農業〉　水田一町六反歩に稲を作った時代があった。当地は寒冷で雪も積もるため裏作として麦を作ることができなかった。当地の農業で注目すべきものに「カリヤマ」と呼ばれるものがあった。山の窪みの平坦部一〇坪ほどの地を選んで、木を伐ってそこを焼く。焼いて、障害物を除き、獲得した灰を肥料としてそこにシャクシ菜と赤蕪の種を混播する。苗が育ったところで、それを抜いて、里の定畑に移植するのである。カリヤマで仕立てた苗の菜や蕪には虫がつかず味もよいという。この形態は、焼畑の一種ではあるが、本格的な焼畑とは言えない。本格的な焼畑の残存と見ることもできるが、抑制栽培のような効果があったものと思われる。それよりも、象徴的に、「山の力の里への導入」と見ることができ、興味深い。赤蕪の食法は、漬もの・煮ものだった。

〈牛〉　長桜家は現在畜産に力を入れているのであるが、昭和二十年代までは牡牛一頭・牝牛二頭を飼っていた。木地山・中組・岡大内・半戸の各字が共同で管理する一二〇〇町歩の放牧山地があった。一戸平均三頭の牛が山に放牧されたのであった。山にあげるのは、五月二十日から稲刈前の九月二十日までの間で、その中でも八月一箇月は里におろし、畜舎で飼った。堆肥用の踏み肥をとるためであった。牛は塩分を必要とするため、月に一、二度塩気の強い菜の漬物を持って放牧地に行った。牛は家人を覚えていて、喜んで近づいてきた。旧暦三月三日と九月三十日に大山祭りをして牛の安全を祈った。

〈年中行事と魚〉　正月には塩ブリを買った。父が米一俵を庄原へ持ってゆき、正月用のブリを買ってきた。ブリは、母屋の背戸側のモダレ（軒下）に吊りさげておき、必要に応じて切りとって使った。シロミテ（田の植えあげ）祭りには塩サバを食べた。塩サバは、島根県の頓原から草峠《くさんだわ》越えで入った。正月用のブリは、草峠が雪で使えないので庄原で買うことになった。節分にはイワシを食べた。盆にはマスが獲れればマスを食べた。奥備後地方ではワニ（サメ）肉の食習があり、シロミテや、祭り・正月などに食べる地が多いのであるが、上里原の長桜家では、ワニは行事には関係なく食べたという。

2　広島県庄原市高野町指谷──江の川水系神之瀬川

指谷は上里原の下流約一〇kmの地点で標高四八〇m、以下は同地の温井国夫さん（大正十一年生まれ）の体験と伝承による。

⑴漁　撈

〈マス〉「トトンボ（ネコヤナギの花）が出るころマスが来る」という自然暦が伝えられている。そのころマスが溯上してくるのであるが、水が冷たいので、そのころにはまだ獲らない。マスを獲るのは七月・八月で、藤淵・ナライ淵などに潜って獲った。水中眼鏡をかけ、ゴム引きの一本ヤスを使った。食法は、塩焼き・サシミ・マス汁などだった。沓ヶ原のダムができるまでは一年に五、六匹は必ず獲れた。

〈アユ〉　アユは六月から十一月まで獲った。漁法は、シャクリがけ・投網・簗（十一月）などだった。投網漁の方法に、「鵜」と呼ばれる方法があった。瀬の部分で、一人が潜ってアユの位置を確かめ、その位置を、腕を水上に出し、指をさして示す。投網を持った者が、その位置をたしかめて即座に網を打つというものである。

〈コイ〉 コイ釣りの餌は山ミミズの他に、蚕のサナギを小麦粉で固めた団子を使った。寄せには甘藷の蒸したものを使った。釣りの期間は四月から十二月だった。七月・八月は潜水によるヤス漁もした。

〈ウナギ〉 六月から八月まで、ドジョウを餌にしてツケ針漁、ハエ縄漁を行った。

(2)狩 猟

雪の季節に共同の兎狩をした。銃を持った者が指谷に三人、幡杭に三人おり、他にオイ了（セコ）五、六人で行い、獲物は均等に分配した。肉は煮て食べ、骨も石の上で金槌で叩き、団子汁にして食べた。イタチ・テンを、毛皮を売るために獲る者もいた。

3 広島県三次市君田町沓ヶ原――江の川水系神之瀬川

沓ヶ原には昭和十六年に沓ヶ原ダムが築造された。このことは、標高は三三〇mであるが、地形が急峻狭隘であることによっている。以下は沓ヶ原出身の木建四一さん（大正四年生まれ）の体験と伝承による。

(1)漁 撈

〈マス〉 当地にも、「トトンボが出るとマスが来る」という自然暦がある。魚に関心のある年寄が、毎年、この季節に「マスがのぼってきたぞ」とムラびとたちに告げた。トトンボが出ると暖かくなってくるのであるが、まだ水は冷たいのでマス獲りはしない。潜水マス漁を始めるのは七月の初めである。水中眼鏡をかけ、ヤスを使う。ヤスはカエリのある三本ヤスで、幅三寸、長さ七寸ほどで柄は重い方が力が入るとし、長さ尺五寸ほどのカシの木を使った。老人で、潜水することのできない者は長柄ヤスを使っていたという。七月に入るとマス獲りを始めるのであるが、そのころは個人的な漁撈である。しかし、当地にはマスの共同漁撈もあった。八月七日をナヌカビと称し、この日にマスが深い淵に寄ってくるとし、この日のマス漁は盛んだった。ナヌカビの共同漁撈は一〇人ほどで、現在の高暮ダムの下から中ノ原の間で行った。沓ヶ原から高暮ダムまでは約六kmある。谷を溯上し、高暮ダムの下からは川を溯上しながら漁をしてゆくのである。四人が、見張り兼荷物・獲物持ち、他が潜水するのであるが、獲物は平等に分けた。獲物は毎年、マス＝五～六本、コイ＝三〇本ほどはあった。漁獲の際にはマスよりはコイの方が暴れた。マスもコイも、頭に近いところを狙って突いた。マスの大きいものは二尺五寸もあった。

マスが必ずつく淵があった。それは、立石淵（この淵は二人しかもぐれなかった）・花戸淵・エンコウ淵・ワニン淵などだった。マスは、産卵のためにさらに小谷へのぼってゆく。四一さんは、子供のころ、産卵のために小谷へ入ったマスを追いつめて獲り、家でほめられたことがあったという。

マスの食法は以下の通りである。切り身にして焼く。醬油で煮る。頭も割って煮た。切り身を串に刺し、イロリでゆっくりと焙って乾燥させる。これは祖母の仕事だった。焙りあげたものはワラスボ（巻藁）に挿して一定期間保存できた。これを大根とともに煮つけにした。

当地の田植は五月末から六月十五日までで、シロミテの魚はワニ（サメ）かサバだった。シロミテの魚が海の魚であるのに対し、盆の魚はマスとコイだった。マスの食法は前記の通りであり、コイはコイコクか洗いにした。

〈コイ〉　コイについてはこれまでもふれてきたが、三月から五月まで投網漁をした。蚕のサナギと炒り糠を混ぜた径一二cmほどの土団子二～三個をコイの集まりそうなところを選んで日暮前に投入しておく。団子の上が次第に溶けてコイが集まってくる。こうしておいて日が暮れてから網を打つのである。

〈アユ〉　アユ漁の漁法は、シャクリガケ・投網（前項で紹介した「鵜」と呼ばれる方式）・トモ釣り・簗などだった。

〈イダ〉 当地ではウグイのことを「イダ」と呼ぶ。五月中旬、藤の花の咲くころイダが産卵する。藤の花にちなんで藤イダと呼び、産卵にちなんでスリイダとも呼ぶ。スリイダは投網で獲り、焙って食べた。二月のイダを寒イダと呼ぶ。寒イダは川虫を餌にして釣り、焙って食べた。

〈ウナギ・ハエ・ギギ〉 ウナギは五月から九月までミミズを餌にしてツケ針漁をした。ハエ（オイカワ）は三月から十一月までの間に、蠅の幼虫・柳虫・川虫などを餌にして釣った。ギギは四月から十一月までの間にミミズを餌にしてツケ針で獲った。

(2) 狩猟

〈熊〉 四一さんの父竹三郎さん（明治二十七年生まれ）・兄一義さん（明治四十二年生まれ）は熊狩をした。熊は解体しないでマルで売ることが多かったという。

〈兎〉 一月十日過ぎ、雪のある時に毎年三回ほど共同狩猟を行った。沓ヶ原は三〇戸で、全戸から参加した。銃を持つ者が三人、その他はすべてオイコ（セコ）になった。狙撃者は稜線で待ち、オイコは下方から追いあげた。棒を持って木を叩き、ホーイホーイと声を立てた。獲物はその日に共食した。尾崎家を中心とし、大きな家が当屋となって、そこで宴会を開いた。肉は煮、骨を叩きにした。石の上で金槌を使って叩くのだが、大豆・セリなどを混ぜて団子にし、大鍋で汁にした。ドブロクを飲み大いに楽しんだ。兎狩のたびにこれを行った。なお、タヌキは個人で捕獲した。

(3) 採集

堅果類では栗を食べた。九月の上旬から九月の下旬にかけて、共有山林・個人山の両方で、台風のあとなどに拾いに出かけた。茗荷谷に栗が多かった。木建家では一年に七俵ほど拾った。拾ってきて一週間ほど干し、それを炒る。

炒ったものをもう一度干す。水車で搗いてから皮をむく。栗だけを煮る方法、栗と小豆を煮る方法などがあった。根茎類では山芋を掘った。山菜は、フキ・ワラビ・ゼンマイ・タキミズナ・ヤマウドト・カケゼリなどを、キノコ類ではシメジ・シイタケ・コウタケ・アカナバなどを採取した。

4 広島県三次市君田町寺原――江の川水系神之瀬川

沓ヶ原から約八㎞下ったところで、標高二八〇m、川の両岸に水田が見られるが、それも広い面積ではなく、山が迫っている。ムラの東側には宮東山（六八〇m）・吾妻山（七三一m）、西側には安田山（七二〇m）・明谷山（七一七・九m）などが、西南には判官山（七〇七m）などがあり、江の川河口から約一三四㎞溯った地である。川角多祐さん（大正八年生まれ）の家は神之瀬川左岸で、宮東山の麓にある。以下は川角さんの体験と伝承である。

⑴漁　撈

〈マス〉　当地にも「トトンボが出るとマスがのぼってくる」という自然暦がある。当地の田植は六月一日から十日までだったが、そのころになるとマスを獲る者がいたが、マス漁の中心は七月・八月だった。漁法は投網とヤスの両方だった。宮ヶ原の長淵、寺原の宮淵・糸原淵・梶川淵・ワニ淵、クマンドーなどと呼ばれる淵にはどこにも二〇～三〇匹のマスが群れていた。梶川淵の上に馬乗り岩と呼ばれる大きな岩があるのだが、その岩の下には、投網から逃れたマスが特によく集まった。当地のマス漁の漁法には投網漁とヤス漁とがあった。寺原は戦前二三戸、現在は一八戸である。戦前、専門的に川漁をする者が三人いたが、専門以外の者も川漁をした。多祐さんの父が早逝したため、叔父の一美《かずよし》さんが川角家に入っており、多祐さんより二十四歳年上の一美さんは川漁・狩猟に力を入れた人だった。一美さんは毎年二〇尾ほどマスを獲っていた。多祐さんの出征は昭和十五年からで、その年は沓ヶ原ダムの工事が始

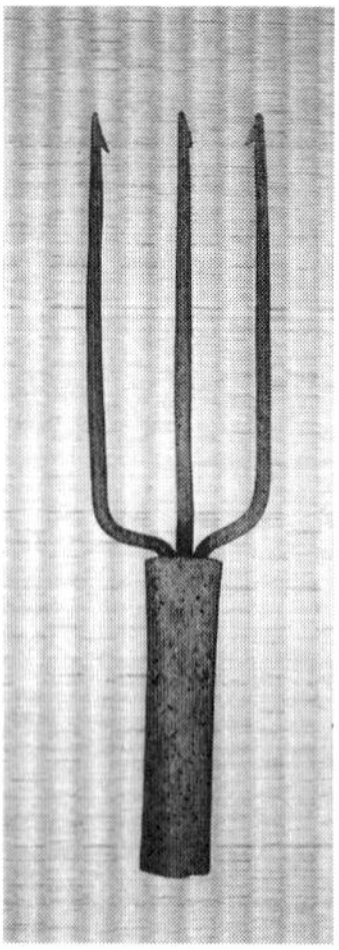

写真2　マス突きヤス・広島県三次市君田町、原勉さん所蔵

まった年である。多祐さんの出征する前年、昭和十四年までは確かにマスが溯上してきていた。多祐さんが河川漁撈や狩猟に詳しいのは叔父とともにそれらを行っていたからである。多祐さんの友人の原勉さん（大正五年生まれ）もマス漁の経験を持つ人で、原さんのもとには今でもマスを突いたヤスが残っている（写真2）。幅七・七㎝、長さ一八㎝と大型である。同じマス突きヤスでも事例1の長桜家のものと比べるとこちらの方が大型である。川幅も広く、淵も大きいからである。水中眼鏡をかけ、潜水してこのヤスでマスの首の部分を狙うのだという。

多祐さんが小学生のころのことであった。八月下旬の午前十時ごろ川へ泳ぎに行ったところ、湧き清水のところに大きなマスが死んでいた。家へ持って帰ってタライに入れたところ、それは三尺ダライに余るほどだった。産卵を終えたマスではなかったかという。

ここでも八月七日をナヌカビと呼び、この日、水温が最高になり、以後は次第に水温がさがるものだと伝える。よって、この日以降は川で泳がない方がよいと教えられていた。それで、この日は七回も水あびをし、以後川に入らないようにするものだと言われた。ナヌカビを旧暦にもどしてみると、現在の彼岸前後となり、マスが産卵のために淵から瀬へ、本流から支流に入る時期に当たる。秋口であるため、当然水浴びは不適である。沓ヶ原の木建さんも、ナヌカビにとりたててマス漁をしたと伝えている。八月七日は、川にとって重要な日だったのである。マスの食法は塩焼の他に、山椒の葉を入れて煮るというものがあった。頭も煮こんだ。「シロミテは半夏までに行え」という口誦句があった。そのシロミテに、マスがあれば、右のような煮方で食べた。マスがない場合にはワニ（サメ）を食べた。

なお、田植の最中には「田植サバ」と称してシオサバを食べた。盆魚にも、マスがあればマスが使われ、アユも使われた。ちなみに、この他の当地における年中行事の魚を記しておく。正月＝ワニ、祭り＝ワニ、節分＝イワシ、といったところである。盆の素麵の出しにイダを使うこともあった。

〈アユ〉当地ではトモ釣りは行わなかった。セウチ（瀬打ち）と称する投網漁があった。セウチは、網打ちの他に、「鵜」と呼ばれる指示役が一人ついた。「お前鵜をやれ」「おれが鵜するぞ」といった会話がなされた。「鵜」は水中に潜ってアユの動きを見て、腕を空中に出し、指先でアユの動きを網打ちに指示するのである。これを下流から上流に向かって行いながら移動してゆく。漁獲物は均等に分配した。

この他、当地には、「アキイデ」と呼ばれる独自なアユ漁があった。「イデ」とは稲作のために、水田に水を引く目的で川を止める堰のことである。現在の堰はコンクリートで固定的に築造されたもの（写真3）であるが、多祐さんの青年時代の堰は次のようなものであった。松の丸太で五尺四方の枠を二つ作り、その間に三尺ほどの支柱を四本入れて、松丸太一二本による直方体の木枠を作った。これを「イデワク」と呼ぶ。河床にイデワクを並べ、イデワクの中に石を詰めて水制堰にしたのである。イデワクは毎年傷むので傷んだところを補修しなければならない。補修費用はかかり水田の持ち株に応じて分担した。

アキイデという漁法は、九月に入って最初の出水、台風等による増水時に、イデの上に立ち並んで、「カケアミ」という網を用いてアユを掬い獲る方法である。カケ網は、長さ二間ほどの竹の根方を×字状に組んで締り、先端の幅を三尺ほどにして、その竹の先にクロモジの枝を半円形（弧形）に曲げたものを結びつける。×字型に組んだ手もと寄りに支えの桁をつけ、その桁と、二本の竹、竹の先の半円形のクロモジを一つの枠、網口として深さ三尺ほどの網をつける。そして、その網の手もと、即ち×字部に近いところに網に入った魚を集めて入れる「ツボ」と呼ばれる袋を

写真3　灌漑用固定堰・広島県三次市君田町櫃田

つける。イデは川を真横に遮断する形ではなく、斜に設置されている。そのイデに四〇人のムラびとが立ち並んでカケ網を使うのである。イデの上で上流に向かって網を入れる。脂の乗ったオチアユが入るのだが、ウナギが入ることもある。ウナギが入ると網を破ることがあるので注意しなければならなかった。一旦場所を離れるとその場はすぐに他人にとられてしまう。良いポイントをとりあう競争には激しいものがあった。場所を確保して長時間漁を続けるために、例えば父親は、子供に弁当を持って来させ、立ったまま弁当を食べ、また漁を続けるといった具合であった。イデの上に乗っても水が腰まで来るほどで、長時間の漁は決して楽なものではなかった。

こうして獲ったアユは串に刺し、イロリの火でじっくりと焙って乾燥させた。それを「サバキ」と呼ばれる麦稈束に挿して保存しておき、必要に応じて食べた。夏のアユは「胴切り」と称し、輪切りにして酢で食べることもあった。

タテアミ・タタキアミ・火振り漁とも呼ばれる漁法も行われた。七月・八月の夜、高さ一・五m、長さ一五mほどの網に浮子・錘をつけて張り、松明をともし、棒で水面を叩いてアユを網の方に追いこみ、刺し網にする方法である。別に大敷網も行われた。これも、七月・八月で、下流に川を遮る形で川幅のトメ網(浮子・錘つき)を張り、上流から下流に向かって追い網を移動させてゆく。その際、人が潜水して網張りの状態を見ながら調節しなければならなかった。火振りも大敷も、七月にならなければアユが大きくならないので六月にはできなかった。

〈コイ〉　コイは投網と釣りとで獲った。釣りの餌はミミズか蚕のサナギだった。寄せには、サナギと炒り糠を混ぜた径三寸ほどの赤土の団子を使った。投網にも寄せを使った。漁期は四月・五月。食法はコイコク・洗いだった。

〈イダ〉当地ではウグイのことをイダと呼び、産卵期のイダのことをスリイダという。スリイダは投網で獲った。焼いて食べたり、焙って保存しておき出しに使ったりした。

〈ギギ〉六月・七月にミミズを餌にして夜釣りをした。昼は釣りにくいが泥水が出た時には釣れた。岩起こしと称し、川中の石の上に投網をかぶせておいて、岩を金棒で起こし、岩の下にひそんでいるギギを獲った。石を玄能で叩き、魚に脳震盪を起こさせて獲る方法もあった。焼いて乾燥保存し、出しにした。

〈ウナギ〉七月・八月に「夜川」と称して夜、ヤスでウナギを獲った。ナマズ・ギギもその時獲れることがあった。

〈ゴギ〉ゴギは、中野原と御所ヶ原の間で神之瀬川右岸に合流する日本谷で獲った。ゴギは水の冷たい谷でなければ棲まない。ゴギは警戒心の強い魚で、人を恐れて出てこない。泥を撒いて水を濁らせると出てくるのでミミズを餌にして釣った。串に刺して塩焼きにした。ゴギ漁とは別に、六月・七月の増水時に、岸からツボサデ網を使った。アユ・ギギ・コイ・キスコ（スナガニゴイ）・シラハエ（オイカワ）・ムギツコ（ムギツク）などが獲れた。

(2)狩　猟

〈兎〉一月から三月の間、雪のあるうちに兎狩をした。銃三人・セコ三人ほどの集団で行った。兎は後足が長いので追われると必ず下から上へ逃げる習性がある。したがって銃を持つ者は上部に控え、セコは「ホー」「ホー」という追い声と、セコ棒（杖）で木を叩いた。昭和十七年、炭焼のために皆伐した雑木山で、そこに雪が積もったところで兎狩をしたらたくさん獲れた。障害物のない山が狩猟に適しているのである。午前二時か三時まで雪が降り、その後晴れた日などがよかった。人のセコのみでなく、犬を使うこともあった。獲物は参加者で均等に分配した。戦時中は学童奉仕として兎の皮を献納したこともあった。肉は馬鈴薯・ネギと煮、骨は叩きにし団子を作って味噌汁に入れた。

〈マミ・タヌキ〉 雪のある季節、高幡山でマミ・タヌキ狩をした。山上では雪が深いのでヘンダ（イヌガヤ）で作ったカンジキを背負って山に入った。マミとタヌキは同じ穴に棲んでおり、一つの穴に五、六匹いることもあった。岩山で、犬に穴を見つけさせることもある。火を焚いて煙で追い出し、飛び出してくるところを獲る方法がある。また、人が唐鍬を使って半日掘ることもあった。タヌキの肉は臭いが強く、特に秋口は強い。タヌキ汁にして食べるのであるが、臭い消しのために山椒・牛蒡を入れた。マミは脂肪があってうまい。タヌキの皮は衿巻にするために三次のナメシ屋に出した。

〈山鳥〉 雪が降った時、一〇〇mほどの間に人が二手にわかれて立ち、交互に山鳥を追いたてると、山鳥が疲れて雪中に突っこむのでそこで捕らえる。肉は煮て食べ、骨も叩き団子にして汁に入れて食べた。熊狩の経験はないが沓ヶ原の伊久里山で捕獲したものをマルのままソリでおろし、荷車にのせて運んでゆくのを見たことがあった。

(3) 採 集

〈栗〉 入会山にも個人山にも栗の木が多く、秋、風が吹いた後、朝暗いうちから競争で山へ入った。二斗入り紐つきの木綿袋かコカワの袋を持ち、腰籠をつけて山に入った。山が一面栗で茶色になっていた。一日二斗拾ったこともあった。栗の処理は次のようにした。①虫出しの水づけ（一昼夜）→②ムシロ干し（十日〜十五日）→③カマスに入れて蔵に貯蔵→④必要な時は臼で搗き、口で皮をむく→⑤食法、塩を入れた栗煮・小豆と混ぜた餡、この餡は正月の餅に使った。正月には干柿・昆布・みかんとともに干し栗を三方に盛って供えた。旧暦八月十五日の月見にも栗を供えた。なお、ナマ栗でクリ煮を作ることもあった。当地には栗で客をもてなす風があった。

〈カヤ〉 カヤの実は十月初めに採取し、山に積んでムシロをかけて寝かした。外皮が腐ってから洗って干し、炒って食べた。

〈山菜〉 ワラビ・ゼンマイ・フキ・タラ・クサギナ・山椒などを採取、利用した。
〈キノコ〉 シメジ(汁)・クロコ(汁)・コウタケ(乾燥保存・煮つけ)・アカナバ(ゆがいて塩漬けにして保存し、ナバ汁にする)などを採取、利用した。他に根茎類として山芋を掘り、ムカゴも食べた。

(4) 農　耕

〈稲作〉 一月二十日に山の神祭りを行い、ムラ組で、田植の日程を決めた。田植は手間がえで行うので各戸の日程を決めておいた。川角家の水田は一町一反歩で、昭和十年ごろには、毎年、早乙女三〇人、牛一〇頭が入った。早乙女は、一五人はテマガエでまかなえたが、他の一五人は日当を払った。「早乙女の日当は一日モチゴメ二升五合」と言われていた。当地には囃し田があり、太鼓・鉦で囃した。サゲさんと呼ばれる歌い手が唄を歌った。〽大山のお山にいつ登る……などと歌っていた。当地では囃し田のことを「牛供養」と呼んだ。そして、囃し田の費用を馬喰が持ち、毎年、家を選び、その家の田で囃し田を行うというものだった。費用とは、酒・握り飯などの代金である。一般の田植時の昼飯は、「コガリ」と言って、コゲ飯に塩・砂糖をかけて食べるもの、魚は塩サバである。稲刈りは十月十日から十一月半ばまでで、祭りの前に一反歩ほどの稲を刈った。裏作の田麦は、水田の一割ほどが一般的だった。十一月上旬に蒔き、六月上旬に収穫した。
〈畦豆〉 大豆・小豆はほとんど畦豆として栽培した。内畦に大豆、外畦には小豆を蒔いた。蒔きつけの時期は、シロミテが済んだ後で、大豆は六月下旬、小豆は、「小豆はコウカ(ネム)の花ざかりに蒔け」という自然暦に応じ、七月の中旬ごろに蒔いた。収穫は大豆が十一月中旬、小豆が十一月上旬だった。蒔きつけは、木槌で穴をあけ、二粒ずつ入れて上に焼土をかけた。この焼土を作るのに骨が折れた。
〈畑作〉 川角家の畑は二反五畝で、畑作物は表1の通りである。クマゴ、即ち粟はクマゴ飯にした。家によって米

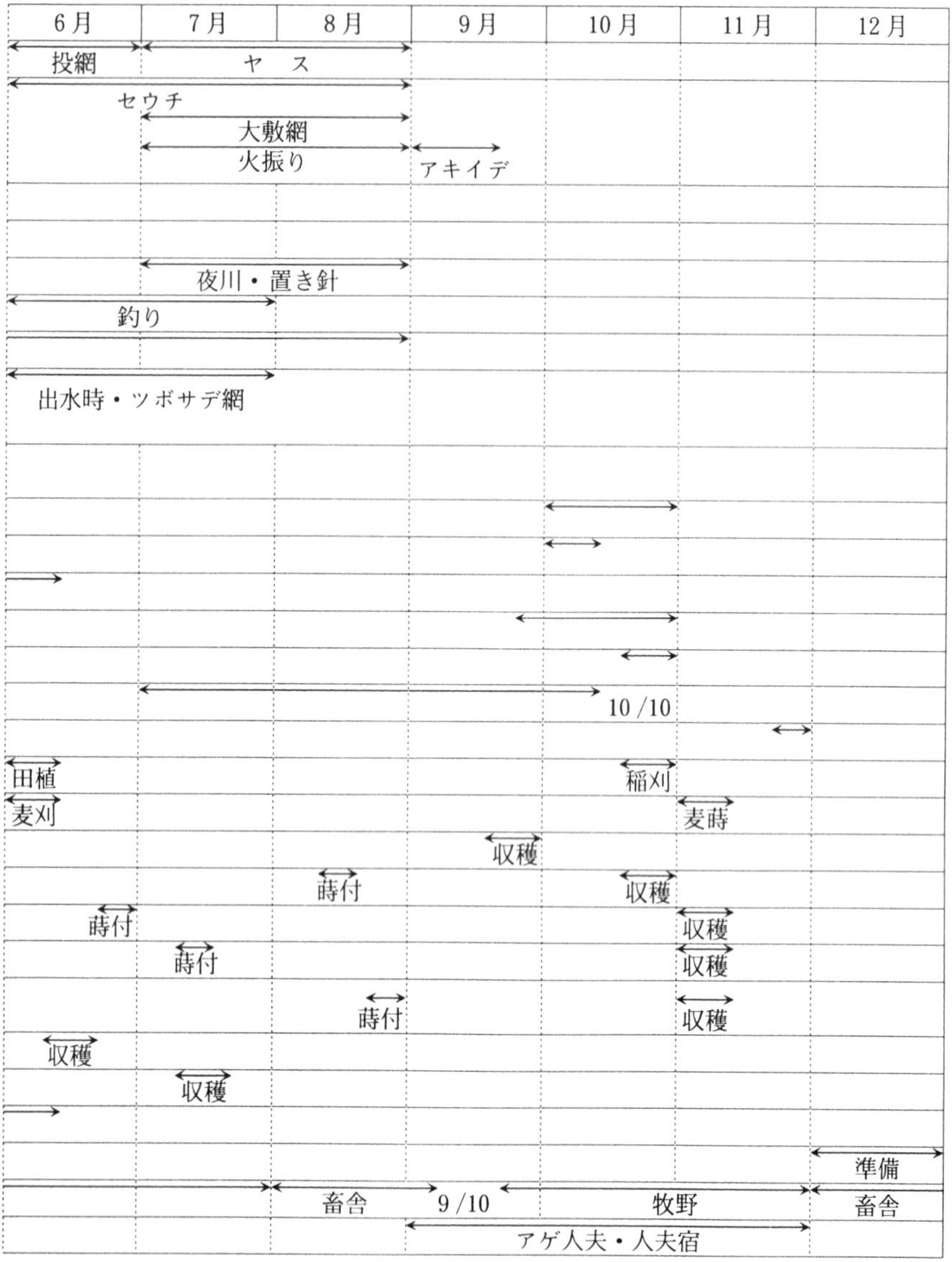
6月
7月
8月
9月
10月
11月
12月
投網
ヤ　ス
セウチ
大敷網
火振り
アキイデ
夜川・置き針
釣り
出水時・ツボサデ網
10 /10
田植
稲刈
麦刈
麦蒔
収穫
蒔付
収穫
蒔付
収穫
蒔付
収穫
蒔付
収穫
収穫
収穫
準備
畜舎
9 /10
牧野
畜舎
アゲ人夫・人夫宿

生業＼月			1月	2月	3月	4月	5月
始原生業要素	漁撈	マス					
		アユ					
		コイ				←→ 釣り・投網	
		イダ				←→ 投網	
		ウナギ					
		ギギ					
		ゴギ			3/20 ←		釣り
		シラハエ ムギツコ その他					
	狩猟	マミ・狸 兎・山鳥	←→				
	採集	クリ					
		カヤ					
		山菜				←	
		キノコ					
		山芋					
		堆肥草					
		屋根萱					
農業		稲					←→ 苗代
		麦					
		クマゴ					←→ 蒔付
		ソバ					
		大豆					
		小豆					
		葱・大根 広島菜					
		馬鈴薯			←→ 植付		
		里芋					←→ 植付
換金生業要素		養蚕					← ハルコ
		炭焼	←→				
		牛	→	畜　舎		4/20 ←	牧　野
		枕木流し					

表1　広島県三次市君田町寺原・川角多祐さんの生業暦(昭和13年ごろ)

との比率は異なったが川角家ではクマゴが一割ほどだった。蕪は白蕪で、キリヅケと称して葉とともに塩漬けにした。麻も栽培しており、オの実も飯に混ぜた。オの実を入れた飯は紫色になった。

〈牛〉　川角家では三頭の牛を飼っており、うち一頭はタネウジ（種牛）だった。同家では、明治・大正・昭和と種牛を飼い、多祐さんも昭和二十二年まで種牛を飼った。牛は、耕耘・肥料確保・運搬・肥育・仔とりなど多くの恵みをもたらしてくれた。寺原・御所ヶ原には、東山の尾根筋を中心に三〇〇町歩の牧野があり、家々では四月から十一月末まで放牧した。氏神の境内に大山神社の祠があり、四月二十日と九月十日に大山祭りを行った。大山祭りとは牛の安全を祈る祭りで、この日には大山さんの前まで牛をつれてゆき、神官の祝詞後、笹に神酒をかけたものをいただき、これを牛に喰わせた。こうすると病気をしないと信じられた。四月二十日の大山祭りを終えると家々の牛は山へ放牧された。そして、七月末日につれおろし、九月九日まで畜舎で飼った。この間は、草を踏ませ、肥料を獲得するのである。そして、九月十日の大山祭りを終えるとまた山へ放牧した。この間、耕起・代かき等に使う場合は里におろした。牛を山に放牧している期間にも、牛には塩分だけは与えなければならない。大根の葉を塩づけにしておき、それをワラスボに包んで腰にさげて山に登った。牛は家人をよく覚えていてとびついてきたという。牛用の塩はカマス一俵以上必要だったという。十一月末日、牛を里におろすのであるが、自家の牛がなかなか見つからないことがある。もとより、牛を判別するためには、焼判・尾の毛刈り・木札（角の前に名を書いた札をつける）などのくふうがなされていたのだが、牛の姿が見えなくなってしまうことがある。その探索を「牛尋ね」という。個人で三日牛尋ねをしても見つからない場合は組合員全員で探索することになっていた。

タネウジの管理とタネツケには神経をつかった。君田村には、東入君に三頭、石原に一頭、それに川角家に一頭、合計五頭のタネウジがいた。川角家の牛にタネツケを求めた家々は、上は中野原から下は泉吉田までで、それに茂田も入っていた。年間のタネツケは二〇〇頭に及んだという。タネツケに季節はなかったが、四月二十日と九月十日の大山祭りの前に集中した。すなわち、放牧前に集中したということである。一頭のタネツケが終わらないうちに次の牛が来て待っているということもしばしばあったし、タネツケを確実にするために二回つけてくれと頼む飼い主もいた。そんな時は焦った。タネツケ台帳という帳簿があり、集金は秋に行われた。多祐さんは小学校の高学年になるとタネツケ料の掛けとりの使いに出された。その時、「交尾料つかわしてつかわっさい」と言うのがとても恥ずかしかったという。昭和七年ごろのタネツケ料は二円だった。タネウジには、大豆粕・乾燥レンゲ・麦などを与えた。レンゲは、径六尺・深さ八尺のサイロに入れておいた。

〈草〉　昭和二十二年まで屋根が萱葺きだった時代は、自家の萱山で十一月下旬に萱刈りをした。これとは別に、コエグロと呼ばれる草刈場があった。コエグロの草は堆肥用で、二町歩の草山を二分し、一年交替で交互に草を刈った。

〈炭焼〉　一年に一町歩ほどの山を伐って炭を焼いた。木の種類はナラ・アベマキなどが多かった。三十年の木を一年に一町歩伐るとすれば、三十町歩の山があればよいと言われていた。炭は大方出荷したが、自家用にもした。川角家では養蚕もしており、春蚕には暖房のために炭を使った。

〈枕木〉　先に、採集食物の項で栗について述べた。事例3においても大量の栗が採取されていたことにふれたが当地の山には栗の木が多かった。日本の近代は様々な環境変化・景観変化をもたらしたのであるが、天然の栗山の喪失もその一つである。栗の木が鉄道の枕木として使われ、その需要は鉄道の普及とともに増大し、それに応じて山の栗の木が伐り出されたのだった。鉄路は栗山を喰って延長してきたのである。多祐さんはその枕木流送の人夫に出た経験がある。もとより、流送には専門の集団が雇われていたのであるが、その補助的な人夫も必要だったのである。枕木は山から谷へ、谷から川へと移動した。川の一定区間はバラ流しで流送されたのである。枕木の搬出は、請負いによって行われた。栗山を買った請負人は、伐木し、四六《しろく》もの・四八《しはち》ものといった枕木の種類に応じてハツリを行うソマ夫を雇って山に入れ、流送人夫も雇わなければならない。四八ものは「本線」と呼ばれ、旧国鉄の標準的な枕木だった。四六は軽便鉄道用のものと思われる。多祐さんの叔父一美さんは枕木搬出請負の経験者だった。

枕木流送の期間は九月から十一月までだった。川角家のある寺原近くの、枕木の上げ場、即ち、川からあげる土場《どば》は、ａ寺原の中間商店前、ｂ宮ノ原の橋のもと、ｃ現在の森の泉の下の砕石場付近、などだった。アゲ人夫は鳶口を持って川から枕木をあげるのであるが、枕木を移動する方法に「棚張り」という技術があった。枕木を積みあげて道路状にしたり、斜面には段状に積みあげたりしてそれを使って枕木を順に送る方法である。この技術は、山の中でも、川端でも有効だった。

先に、「アキイデ」の項で紹介した通り、神之瀬川には随所に灌漑用水用のイデ即ち堰があった。イデがあれば枕木の流送は不可能である。そこで、枕木運搬者は、イデ組合に対して、「イデ越料」を支払ってイデを越させてもらったのである。イデのある部分で枕木を下流に送る方法は、前述の棚張りによったのである。イデの上流部と下流部に、イデを跨ぐ形に斜めの棚を張って、その上を枕木の道としたのだった。枕木をすって送るところからイデ越し料のことを「スリ賃」とも呼んだ。枕木流しの期間が九月から十一月となっていたことは、自然環境と稲作との関係がじつにバランスよく考えられた結果であった。それは、イデを使って田に水を引く必要のなくなる時期であり、冬季の渇水・凍結・積雪の心配のない時期である。それでも遅い台風などにあえば枕木を流失してしまうこともあった。

枕木を含め、木材流送には、必ず川狩人夫の宿が必要になる。神之瀬川流域ではこれを「木流し宿」という。川角家では木流し宿をしていた時期がある。川狩人夫は毎日宿を変えるわけではない。枕木を流す範囲で往復の時間に不合理が出ない距離内は同じ宿から通うことになる。川角家の場合は六、七人が十日間ほど泊まった。

5 広島県庄原市西城町油木――江の川水系西城川

油木は西城川流域最上流部のムラで標高六〇〇ｍ、江の川河口からの距離は約一七〇㎞である。同地に住む藤綱讜さん（大正二年生まれ）はマスの記憶を次のように語る。夏、マスをタモアミで獲る人がいた。七歳の時、祖父が亡くなり、その四十九日の法事の時八鳥《はっとり》から二十歳の従兄が客としてきた。その従兄が、家の前から四〇〇ｍほど西城川を溯上したところで、鉤を使ってマスを獲った。マスは洗濯タライいっぱいの大きさだった。切り身を串ざしにして焼いて食べた。そのころはゴギもよく獲れた。

年中行事と魚の関係は次の通りだった。正月には塩ブリを買い、炊事場の裏側に吊っておき、下から切りとって使った。雑煮にも塩ブリを入れた。節分にはイワシを食べた。シロミテの魚は塩サバで、盆と、十一月八日の八幡神社の祭りにはワニを食べた。夏の土用には、夕方、川ニナを獲り、茹でて食べた。腹薬になると伝えている。

戦前には網を使って兎を追い込む兎の共同狩猟をした。山鳥を、二手に分かれて両方から追い立て、疲れて雪中に突っこんだところを獲ることもした。

6 広島県庄原市高茂町――江の川水系西城川

高茂は口和町と境を接して三次市にも近いが平坦地ではなく、両岸に三〇〇〜四〇〇ｍの山が迫っており、標高は二〇〇ｍある。以下は同地の宇江田博さん（大正七年生まれ）の体験と伝承である。

当地には「トトンボが出るとマスが来る」という自然暦があり、ムラびとたちはマスの溯上を待ったと伝えられている。博さんの祖父喜左右衛門、その兄八右衛門の時代にはマスが群をなして溯上し、それを投網で獲ったという。

高茂町には三〇人株の簗があり、七月に設置し、春までそのままにしておいた。簗の主対象はアユで、オチアユが八月下旬から十月まで入った。十一月以降のアユは残りで、黒くなっていた。これを「衣を着た」と表現した。明治二十五年生まれの父の代までは、この簗に、八月、マスがかかることがあった。マスは切身にして分配した。簗の株は世襲で、マスの頭は有力な株主が持って行ったものと思われる。産卵期のマスは小沢の清水につくとも言われている。

十一月にはサケも簗にかかった。サケもマス同様株仲間で切り分け、頭は有力者がもらった。サケを切り分け、卵を道に落としながら持ち帰った。小豆のような卵じゃったという話もある。サケ・マスは味噌汁に入れて食べた。熊見の堰堤ができる前はマスもサケも溯上していた。

アユの漁法にタタキ（火振り）があり、その株が二組あった。アユは焙って素麺・うどんの出しにした。ウルカも作った。他に、ウナギ・毛ガニも獲った。

シロミテにはワニを食べ、土洗い・鎌祝い（刈りあげ）・箸祝い（扱きあげ）にはいずれもコイを、コイコク・洗いなどにして食べた。三次から売りにくるコイの稚魚を買って水田で養い、タナ池と呼ばれる屋敷用水に移した。タナ池には西城川の水を引いていた。

7　広島県三次市作木町下作木――江の川支流作木川

作木川は江の川右岸に流入する支流で、下作木は合流点から約一㎞溯上した地点、標高は一四〇mほどである。以下は同地の清水謙吉さん（大正八年生まれ）の体験と伝承による。八月末から九月にかけてカゴ（筌）をかけてマスを獲った。カゴは、口径尺五寸、長さ二間半、素材は女竹で麻綱で編みつけたものだった。口を下流に向けて仕掛けた。産卵のために溯上してくるマスを獲ったのである。当地には、「マスは一日土の中に埋めてから食べるのがよい」という言い伝えがあり、田の土の中に埋めてから食べたという。誠に不思議な伝承であるが、その意味は不明だという。さらなる調査を重ねなければならないのであるが、これは、一度に食べきれないほどのマスが獲れた場合や、獲ったマスを数日間保存してから食べる時に土中に埋めた経験に端を発しているものと思われる。新潟県村上市岩崩の青山友春さん（昭和二年生まれ）によると、同地では、漁獲したマスを縄で固く巻き、谷の垂水の下を掘ってそこに埋めておき、十二月に掘り出してスシに漬けたという。また、秋田県雄勝郡羽後町仙道の鷹使い武田宇市郎さん（大正四年生まれ）は夏季の鷹の餌の保存について次のように語る。蛇などをたくさん獲り、喰いかけや、死んだものが出た場合、鶏肉が残った場合などは、川底を掘って埋めた。こうしておくと一週間ほど腐らないでもった――。こうした事例に照らしてみると、土の中、しかも、水田の土の中という点からマスの保存技術の変化と見ることができる。八月下旬から九月にかけてはまだ暑い季節である。

作木川にはサケも溯上した。「サケがのぼっとる。白うなっとる」といった会話がなされた。これは産卵時にオスがシロコをかけた状態を示すものではない。産卵の場所を掘るために、白い石が目立つようになっていることを意味する。清水さんは自転車のスポークで銛を作ってサケを獲ったという。

8　広島県三次市作木町大津市ヶ原――江の川

大津市ヶ原は江の川の右岸岸辺のムラで、対岸は島根県の旧羽須美村である。旧羽須美村内を東流する出羽川が市ヶ原対岸下手で江の川に合流している。「大津」と言い、「市ヶ原」と言い、これらの地名は、この地が舟と人の集まる地であったことを物語っている。標高は一二〇ｍである。以下は同地の藤岡参市さん（大正五年生まれ）の体験と伝承による。

(1)漁撈

〈マス〉 柳の芽が出るとマスがのぼった。マスを獲る目的ではなく、六月・七月にアユを目的として行うテサキ網漁の網にマスが入った。テサキ網は、川舟に、網手と漕ぎ手の二人が乗り、舳先を下流に向け、網手が舳先に乗って網を使った。網は真竹をV字型に組み、V字の先端にも同じ竹を横に渡して三角形の竹枠を作り、手もとに桁竹をつけてV字の組みを安定させる。これに網をとりつけたものである。テサキ網は雨後の濁り水の時に行った。マスは、雪代や、梅雨どきの増水期に上流部をめざして溯上する習性を持つため、この時期の、この条件のテサキ網にかかるのである。八月にも夕立のあとなどにはテサキ網漁を行うことがあった。マスの食法は、サシミ・切り身の焙り・野菜との煮ものなどだった。特にネギは良く合った。

〈サケ〉 サケの漁獲期は溯上産卵期に合わせて十月・十一月だった。産卵のことを「スリ」、産卵することを「スル」、産卵場のことを「スリバ」と呼んだ。スリバは、サケが尾鰭で河原石を掘るので白い小石が現れ、遠くから見てもそこが白く見えるのでそこがスリバだとわかった。漁法には次のものがあった。ａサシアミ＝スリバの上流部に高さ三尺三寸、幅一間半ほどの網を張る。網は木綿で二寸角、両側に杭を打ってそれにとめる。網にはサケの歯がかかる。サケは歯を大切にする魚なので暴れないで網についている。夕方仕掛けて朝見にゆく。ｂヒッカケ＝ヒッカケとはサケ鉤のことである。ヒッカケには様々な型があるが、藤岡さんの使ったものは二又鉤で、二本の鉤先が上部に来るようにしたものでカエシはない（写真9〔三一五頁〕と同じ）。ヒッカケには麻綱をつなぐ。藤岡さんがヒッカケ漁をした場所は、出羽川の合流点の下手で、時間帯は午後三時から四時、ヒッカケをサケのスリバに置くのだが、スリバにつくサケに鉤がかかるほどの余裕（距離）をとって置かなければならない。一人が、鉤の綱を持ち、サケが鉤の位置にさしかかるやいなや間髪を入れずに綱を引かなければならない。確実にサケを掛けるために、引き手とは反対

（対岸）の道路の上に見張役がひかえて、サケが鉤の位置にさしかかる瞬間に手をあげて引き手に合図を送るという方法をとった。サケの食法は、塩焼きにしたり、味噌汁に入れるといったものだった。当地には独自なサケの保存法があった。内臓を出し、腹やアギに塩をつめ、びっしりと縄を巻き締めて薦に包み、頭を下にして吊るして保存するのである。自家製の新巻鮭である。こうして、正月までとっておき、正月に塩焼きにして食べたのだという。サシ網で獲ったものと、鉤で獲ったものとでは、鉤で獲ったものの方が味がよかった。

藤岡さんの少年のころ、湯殿の外の壁、勝手の内側などに、サケの尾鰭が、V字状に並べて貼ってあった。サケの尾鰭ばかりでなく、コイの尾鰭の大きいものも貼ってあった。

〈アユ〉テサキ網でアユを獲ったことについては先にふれたが、アユ漁の漁法は他にもあった。トモヅリは六月から九月まで、六月から十一月までの間に火振り漁も行った。火は松明（コエマツ）を使った。トメギリと呼ばれる漁法もあった。トメギリは白いものを怖れるアユの習性を利用して麻ガラを縄に列状に結びつけ、根方に錘石をつけてその麻ガラの列を使って流れを遮る形を作る。遮られたアユを網で獲るというものである。

藤岡家で養蚕を廃し、桑畑を麻畑に変えたのは昭和八年のことだった。夏の土用に麻刈りをし、葉を除いて縄で束ね、夜、釜で蒸す。それを翌朝、河原に広げて干し、次の日の昼集め、川に一昼夜つける。次に皮を剝ぎ、ハデ場で一日干す。検査を受け、等級別に五貫目一束として出荷する。この過程で麻ガラが出るのである。トメギリは二種類あり、六月から八月までは「一夜ギリ」と称し、一夜単位で仕掛けるトメを行い、九月から十一月はトメ場に固定的にトメを作って漁をした。

他に、当地では「鵜縄漁」も行われていたが藤岡さんは実施しなかった。鵜縄は、篩や肥柄杓の曲物の廃物を切って棕櫚縄に点々と挟みつけ、アユに、本物の鵜と錯覚させてアユを集め、網でアユを獲る方法である。詳細については後述する。この他、増水時にツボサデ網というタモ網でアユその他を獲る方法もあった。

〈コイ〉 炒った米糠と蚕のサナギの粉を混ぜて赤土で径二寸五分ほどの団子を五、六個作る。これを夕方入れて、早朝、サナギを餌にして釣った。別に、コイ網漁もあった。サナギは双子繭のものを使った。コイ網もサナギ・酒粕・炒り糠を赤土で固めた径一〇cmほどの団子、五、六個を夕方ヨドに投げこんでおき、九時半か十時ごろコイ網(打ち網)を打った。

〈イダ〉 山桜の咲きかかりのころイダがついた。砂利のあるところにつく。藤イダは少なかった。漁法は投網漁である。

〈カニ〉 毛ガニが五月に上って十月に下る。カニは下りガニをカニモジ(筌)で獲った。V字の先が下流に向くように石で堰を作り、V字の先端に杭を二本うち、モジを設置する。モジは竹で口径は自転車の輪ほどあった。

〈フナ・ギギほか〉 一月から三月にかけてホーロク網と呼ばれるタテアミ(サシアミ)をかけた。夕方掛けて朝あげるのであるが、これには、フナ・コイ・ニゴイ・ギギ・オイカワ・イダ・ゴッポー(アユカケ)などがかかった。

(2)川の信仰その他

昭和十年ごろ、大津には、漁業用の川舟を持つ者一〇人、舟運の船頭が一〇人いた。アユの解禁日である六月一日の夕方、川漁師はすべて舟を出して集まり、川に神酒を流して豊漁と安全を祈り、自分たちも酒を飲んだ。また、七夕様は、川の神・舟の神だとし、この日は舟運関係者・川漁関係者ともに金比羅様を祀った。十月九日は伊河志天満宮の祭りで、この時神楽が奉納されるのであるが、その前後、集会所で、金比羅神楽・大山神楽が奉納された。金比羅神楽は舟・川にかかわるものが安全・豊漁を祈願し、大山神楽は牛を飼う者たちが牛の安全を祈願した。

枕木の筏――鉄道用の枕木として栗材が伐り出され、そのバラ流しが行われたことについては先にふれたが、藤岡さんは、枕木の筏について次のように語る。枕木は、六本ないし八本を藤蔓でつないでいた。一本の枕木の両端近くに五寸釘を曲げた状態のものを打ちこみ、それで藤蔓を止めて枕木をつないでいた。六～八本の枕木筏を一枚とし、これを一〇枚つないで一人の筏師が乗っていた。一〇枚の連結にも藤蔓が使われていた。梅雨期以外は枕木流送が行われており、大津には枕木の土場があった。

9 島根県邑智郡美郷町上野――江の川

美郷町の都賀本郷・都賀西・上野の間は流れが穏やかである。標高は九〇mほどで、両岸には四〇〇m前後の山々があり、わずかながら水田も見られる。河岸には川漁用のスマートな川舟がつながれていた。同地に住む高梨智之さん（昭和五年生まれ）は、尋常小学校の六年を終えると同時に川漁師の父について川漁のすべてを学んだ。以下は、智之さんの体験と伝承である。

⑴漁　撈

〈サケ〉「桐の葉が落ちるころサケがのぼり始める」という自然暦がある。十月下旬から十一月末までが溯上期である。産卵のことをスルと言い、産卵場のことをスリバという。スリバではオスが尾鰭で石を掘り、そのあとメスが来る。スリバは一晩一晩大きくなり、相撲の土俵ほどにもなる。サケ漁の一つにヒッカケがあった。高梨さんの使ったヒッカケは三叉鉤で（写真10〈三一五頁〉と同じ）、鉄の柄の部分に針金を結びつけて引くようになっていたが、サケの力が強いので、手もとが針金だと手が痛くなるため、手もとだけはロープにしていた。ヒッカケの鉤をサケが産卵するポイントの向こう側に置き、サケが鉤の前に来る瞬間に針金を引く形になるのだが、成功率を高めるために次のくふうをしていた。ヒッカケ漁を行う時間帯は夕方か日の出ごろだった。ということは、水中の鉤とサケの姿が見えに

		1月	2月	3月	4月	5月	6月	7月	8月	9月	10月	11月	12月
サケ											鉤・袋網		
マス							投網（小川合流点）						
アユ							コロガシ・火振り・トモ釣り						
								麻ガラギリ	8/15 1夜ギリ	本ギリ 10/20			
											鵜縄ヘラ（川戸－川平）		
コイ				投網・釣り									
ニゴイ		釣り											
イダ		タテ網（寒イダ）			投網(サクライダ)	投網(フジイダ)							
ボラ						投網・釣り							
ウナギ					ハエナワ・ハコ・ガゴ								
ギギ					ハエナワ								

表2　島根県邑智郡美郷町上野・高梨家の漁撈暦（昭和20年代）

くい場合もあるということだ。サケが鉤の位置にさしかかる状態を瞭然とさせるために三本の鉤が集まっている位置に二〇cm四方の白布をとりつけておくのである。こうして、白布をつけておけば、その上にサケの魚体がさしかかると、瞬時にそれと判明するのである。鉤は飯谷の鍛冶屋に作ってもらった。

もう一つの漁法はスリ場に壁網・袋網を設置して追いこむ方法だった。この方法は、サケが流れの右を溯上してスリバにつくか、左を溯上してスリバにつくかを事前に観察しておかなければならなかった。溯上しない方のスリバの横に、河岸に並行する形で壁網を張る。壁網は高さ一・五m、長さ四mほどで、サケを袋網に導くためのものである。壁網には浮子も錘もつける。壁網の下流の端に袋網を連結する。袋網は縦・横・高さが一・五mほどである。サケがスリバにたまっているところを見とどけ、壁網と反対側、サケが溯上した側に舟を入れ、スリバの横を通り、さらに、スリバの上手にまわる。こうすると、サケは壁網に遮られ、導かれて自然に袋網に入る。昭和二十九年、浜原ダムができるまではサケの溯上も多かったという。

サケの食法は塩焼きの他、ヒズなども含めて、大根とともに煮つけにする方法などだった。また、内臓を除き、腹・口などに塩をつめ、縄でしっかりと巻いて藁苞に入れて吊るしておくという保存方法があった。こうして正月まで、頭を下にして納屋の軒下などに吊っておくと、塩と脂が頭の部分にたまった。正月には切身を焼いたり、雑煮に入れたりして食べた。

〈マス〉　六月・七月・八月に、小川の入口（合流点）に集まるマスを投網で獲った。マスは塩焼きにして食べた。

〈アユ〉　高梨家の漁撈暦は表2の通りであるが、アユ漁の漁法は多彩である。トモヅリがあり、チャグリ（コロガシ）がある。火振り漁の火は、戦前はコエマツ、戦後はカーバイトになり、昭和四十年からはコールマンという航空燃料を使った。なお、鵜飼漁にしろ、火振り漁にしろ、本来は闇夜がよいのであるが、高梨さんは月夜・闇夜に関係なく出漁した。ただし、月夜には、山陰の、月光の当たらないところを選んで漁をしたという。その方が火の効力が大きいのである。

鵜縄篦《うなわへら》（鵜縄漁）という漁法がある。廃物になった篩の曲もの部分を切って、棕櫚縄にはさみつける。曲もののことを篦と称しているのであるが、曲ものの湾曲が鵜の首の形状に通じ曲ものが水を切る音は鵜の水音に通じた。アユにとってそれは鵜そのものなのである。篩の廃品が足りない場合は檜のヘギ板を焙って反りをつけたものを使った。篦と篦との間隔は約一尺である。鵜縄篦は最低三人、普通は四人で行った。

役割分担は、投網打ち手＝一～二人、船頭＝一人、鵜縄使い＝一人といったもので、川舟を使う（写真4）。網打ち役が河岸、例えば右岸で待つ。その際、足に鵜縄の端を結びつけておく。鵜縄たぐり役が舳先に、船頭が艫に乗って舟が右岸から離れ、左岸をめざす。船頭はアユの動きを観察しながら棹をさし、舟を動かす。鵜縄使いは船頭の指示を受けながら徐々に鵜縄を水におろしてゆく。左岸に着くと、舟は上流に向かって進む。船頭はアユの動きを見て、舟を動かし、鵜縄でアユの群を巻きこみ、右岸の打ち手に近づけてゆく。アユの群が右岸に近づいたところで投網の打ち手は網を打つ。アユの数が多ければ網打ちは二人いた方がよいことになる。

高梨家では、十月から十一月にかけて、邑智郡旧桜江町・江津市川平方面まで四、五泊単位で鵜縄篦漁を行いに出かけた。漁獲したアユは仲買人に売ったり、ムラの岡の者に運んでもらったりした。宿泊は、シートを張って舟の中で行った。

一夜ギリ・本ギリも行った。麻ガラの根方を荒縄にはさみ、五ｍおきに石の錘をつけて河床に沈め、アユを止めて網で獲るという方法だった。一夜ギリは八月十五日から九月十五日まで、本ギリはオチアユの季節で十月二十日までだった。

アユは焙ったもの一〇匹を一連として、主として広島・呉方面からくる仲買人に売った。秋のアユはハラワタを出して焙る。当地では焙ったアユをスキ焼き風にして食べる習慣がある。盆魚としてアユの注文があったので生簀に入れておいたこともある。

〈ウナギ〉 ウナギの漁期は四月から九月までだった。ハエナワ漁の餌にはオイカワ・ドジョウなどを使った。夕方入れて朝あげるのである。他に、箱（筌式）・籠（筌）漁も行った。箱も籠もカエシをつけ、入口の反対側の一部に仕切りをつけて生きたアユを入れた。ウナギがアユの臭いによって誘引されるのである。土用ウナギの注文は多かった。

〈コイ〉 コイ漁には釣りと投網とがあった。釣りの餌は甘藷・魚粉の団子などを使い、五、六本の針を使うバクダンバリには米糠とサナギの団子を使った。投網漁は、米糠・サナギを赤土で固めた径一〇cmほどの団子を夕方入れ、夜、そこに投網を打った。

写真4　江の川と川舟・島根県邑智郡美郷町上野

〈ボラ〉 ボラはアユと同じ時期に溯上してきた。投網または釣りで、餌はミミズである。

〈ニゴイ・イダ〉 ニゴイは一月・二月にキリゴ（川虫）を餌にして釣った。食法はサシミが中心だった。イダも一・二月に獲った。イダ漁の一つに釣りがあり、瀬尻から淵にかけてイワシを餌にして行った。いま一つはタテアミ漁で、棒や石で追った。寒イダは脂が乗っていてうまい。食法はサシミ・味噌汁・塩焼きなどである。産卵期のサクライダ・フジイダは投網で獲った。

〈ギギ〉 ギギはミミズ、オイカワを切ったものなどを餌にして釣った。食法は開いてテリ焼きにしたり、味噌汁に入れたりするというものだった。

「川魚は、夏はウロコのないものがうまく、冬はウロコのあるものがうまい」という口誦句がある。

10　島根県邑智郡美郷町信喜・浜原――江の川

美郷町信喜の一部は浜原ダムの建設によって水没している。信喜の標高は六〇～八〇m、浜原は五五～六〇mほどである。浜原ダムは滝原と石見の間にあるのだが、この地にダムが築造されたということは、両岸の山が迫った地形であることを意味している。中岡武男さん（大正十年生まれ）は三十八歳まで、信喜で漁業と農業を兼ね、三十九歳の年に浜原に移り、今も川漁を続けている。以下は中岡さんの体験と伝承である。

⑴漁　撈

〈サケ〉「ケヤキの葉が落ち始めるころサケがのぼってくる」という自然暦がある。そして、麦蒔きのころがサケ溯上の最盛期だったという。サケの産卵場のことを「スリツボ」と呼ぶが、別に「田んぼ」と呼ぶこともある。スリツボは、サケが尾鰭で石を掘るので下の白い石が現れ、遠くから見ても白っぽくなるのでそれと知れる。当地のサケ漁の漁法には、a鉤漁、b袋網漁、c流し網漁の三種があった。鉤は二又鉤で、底部と上部（鉤先）との間は三寸五分～四寸で、二又に分かれる柄の部分を安定させるために鉄板がつけられていた。鉤の先端部のことを中岡さんは「鉤の穂」と表現する。古風な日本語であり、貴重である。鉤は当然、スリツボの対岸側に置き、岸から綱をつけて引いたのである。綱は麻綱だった。

袋網漁は次の通りであった。袋網はスリツボの下手に仕掛ける。二mの幅をとって杭を二本打ち、網口の底部には錘をつけ、網口の横は竹のワンコ（輪）で杭に固定する。網口の高さは水位である。袋網の深さは三m、網目は八cm角である。網に入ったサケは舟で網に近づき、網から出し、そのまま、またその網を使うという形をとった。

流し網漁はタテ網ともいう。サケのスリツボを中心にして、サケがスリツボの右を溯上するか左を溯上するかを確かめておき、溯上しない側のスリツボの横に流し網を仕掛ける。スリツボの最上流部の横に杭を一本打つ、そこに網を結びつけるのであるが、網の高さは一・二mほど、長さは約六mである。桐板の浮子を尺五寸間隔につけ、下には錘もつける。錘の位置によって流し網の設置にカーブをつけることができるのであるが、仮に、網をスリツボの左側（右岸）に設置する場合は、スリツボの下手で右にカーブをつけるようにする。こうしておくと、産卵を終えたサケも流し網に当たり、歯を網にかけて動かなくなるのである。右に紹介した袋網も流し網も設置後、随時見にゆけばよかったのである。漁獲したサケは、切り身にして桶の中で塩漬けにし、随時出して焼いて食べた。

〈スズキ〉　中岡さんの漁獲物の一つにスズキがあった。スズキの漁期は十月中旬から十一月末までで、漁法は袋網漁だった。「アユは白いものを怖れるが、スズキは青いもの（緑色）を怖れる」と言い、流れの中央下流部にV字の先が来るように、流れの中に杭を打ち並べ青笹のシガラミを作る。そして、V字の先の部分に二本の杭を打ち、サケの袋網のように、袋網を仕掛けておく。スズキを目的として袋網を仕掛けるのであるが、サケが入ることもある。袋に魚が入ると跳ねるので岸からでもよくわかる。魚が入っているのがわかると舟を出し、アギにロープを通して引きあげる。大きいスズキは長さ一m、一貫五〇〇匁もあった。スズキはサシミにして食べたのであるが、十一月一日の粕淵の祭り、十一月十五日の信喜の祭りにはよく売れた。スズキの袋網にはサケの他、ボラ・毛ガニなども入った。

〈アユ〉　中岡さんのアユの漁法は多様である。鵜縄篭漁は事例9とほぼ同じである。篩の廃品の曲《まげ》ものを一尺ほどに切り、三：七の比率の位置で縄をはさみ、四尺おきにつける。曲ものがない場合は檜の薄板を焙って曲げたものを使った。四人で行うことがほとんどで投網の打ち手が二人、舟に二人、艫に船頭、舳先に鵜縄たぐりが乗ってアユの群を巻いた。「鵜縄が水を切るシャラシャラという音をアユが怖れるのだ」と語る。鵜縄に巻かれたアユの群が真黒になって岸に近づいてくるところへ投網を打つのである。投網の打ち手の一人が足に鵜縄の端を結わえつけるのも事例9と同じである。

オガラギリ（麻幹切り）には、事例8・9でふれたトメギリと一夜ギリとがある。夏、一夜であげるものを一夜ギリ、オチアユを狙い一定期間仕掛けるものをトメギリと呼ぶ。白い麻ガラの根方を二五cm間隔で荒縄に通し、一mおきに、径八寸ほどの石を錘として藁で結びつける。こうしたもので川を遮ると、アユは、白色を怖れて反転する。反転してくるアユの群をテカケ網と呼ばれる網で受けて獲るのである。中岡さんの場合、流れの両端に、高さ一・五m、長さ一〇mほどの網を仕掛けたのだが、これには浮子・錘がついており、下は投網の袋状になっていたという。現在は麻ガラの代わりに白いナイロンの紐が使われ、アユが飛び越さないようにロープを張る。火振り漁の火は、昭和十五年にタイマツからカーバイトに、昭和三十年にカーバイトからバッテリーにかわった。火振りとともに舟の棹で川面を叩いてアユを追った。季節が進むにつれてアユが成長するので、それに応じて目さし網の目を大きくしてゆくのである。アユの食法はおよそ次の通りである。塩焼き・サシミ・アメダキ（生姜を入れる）・焙炉で焙る――a正月の雑煮の出し、bスキヤキ（茄子と合う）・ウルカ。

〈イダ〉　四月上旬に桜イダ、五月中旬に藤イダを獲る。漁法は、スリバの下手に二寸角ほどのサシ網を設置するというものだった。また、投網で獲ることもあった。食法はサシミが主である。

〈ウナギ〉　ウナギは箱と籠（筌）で獲った。箱は一〇cm×一五cm×一mほどで、筌式である。餌には生きたアユを二匹入れたが、小さすぎるとウナギが呑んでしまうのでよくない。ウナギはアユの臭いに誘引されてやってくるのだから、アユを生かしておかなければならないのである。ウナギ籠の餌はミミズである。

(2)農業その他

信喜における中岡家の農業は、水田＝四反歩、白畠＝二反歩、桑畑＝四反歩ほどで、養蚕は、春蚕・夏蚕・秋蚕・晩秋蚕と四回行った。定畑では麻を栽培し、他に炭焼きもしていた。また、父は狩猟も行い、鹿・猪を捕獲していた。

11　島根県邑智郡美郷町港――江の川

美郷町港小字市井原は江の川右岸、川本町境のムラである。標高は五〇mほどで、対岸から見ると美しい河原に、川舟が二艘つながれており、このムラに現役の川漁師がいることがわかる。平成十一年十二月四日、対岸を通った折、川舟に心ひかれて市井原に足をとめた。その日、現役の川漁師である上野賢次郎さん(大正七年生まれ)は椎茸栽培の仕事で山に入っているとのことだった。再度上野家を訪ねたのは平成十二年一月七日のことで、その日は一日上野さんの話を聞くことができた。以下は十歳の時から父謙一さんとともに川舟に乗ったという上野さんの体験と伝承である。

(1)漁　撈

〈サケ〉　サケ漁には、aヒッカケによる鉤漁、bメサシ網漁、c袋網漁の三種類があり、さらに、後述する麻ガラギリでもサケが獲れたという。麻ガラギリ以外はすべてホリ場(産卵場)に焦点を当てた漁である。紅葉の始まりがサケののぼり初めで、十月の初めに一番のぼり、十月下旬が盛りで十一月までのぼるという。鉤漁の鉤は写真5のようなもので、写真9・10・11(三二五頁)などとは異なり、カエシのある鉤針状の鉤の根もとを鉤の穂が等間隔になるようにして固めたものである。鉤の穂と軸との間は九㎝である。鉤を引くのは、ここでは綱ではなく針金だった。鉤の付け根に白布をつけ、鉤をホリ場の向こう側に置いて、岸で待ち、サケの魚影が白布にかかるやいなや針金を引くと

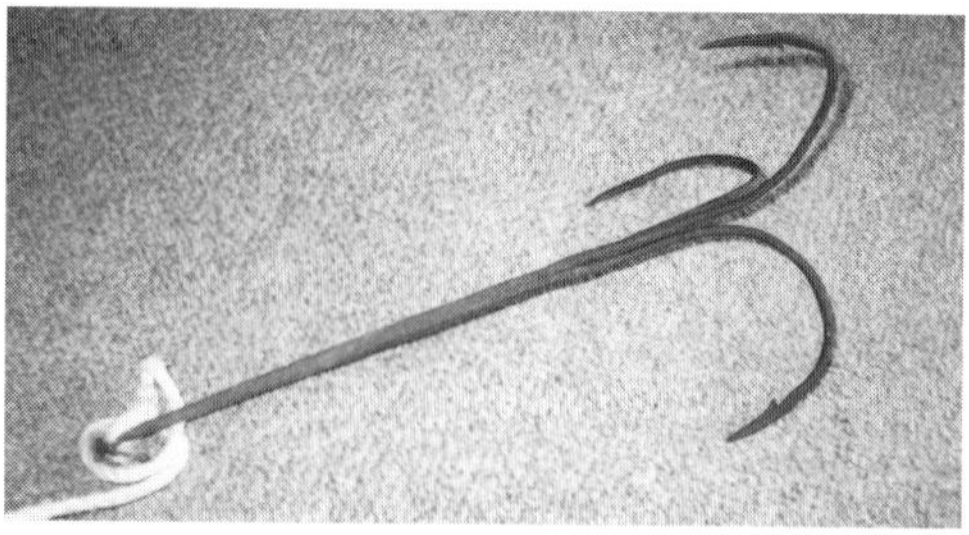

写真5 サケのヒッカケ鉤・島根県邑智郡美郷町港、上野賢次郎家所蔵

いうものだった。父の謙一さんは鉤漁を好んだが、賢次郎さんは、鉤漁は能率が悪いので好まなかったという。賢次郎さんの妻恒子さん（大正十五年生まれ）は、サケのホリ場は掘られた部分の石が白く見えるので遠くからでもそれと知れるという。

メサシ網には二つの方法があった。ホリ場を中心としてサケが右側を溯上するか、左側を溯上するかをよく確かめる。例えば、サケがホリ場の右側を通るとすれば、ホリ場の上下幅の中間ほどで、左岸寄り（ホリ場から一〇m以内）にメサシ網を流し網状に張る。網の幅は一・五m、長さは一五mほどで浮子と錘をつける。こうしておくと網に近づくサケが網目に歯をかけるのだという。サケは歯を大事にする魚なので、歯を守るために大暴れをして網を破ることはない。メサシ網のもう一つの仕掛け方は次の通りである。ホリ場の上流部中央に杭を打ち、そこからサケの通らない側のホリ場の横に、前記と同様の網を張る。網はカーブを描く形になるが、そのカーブは錘によって調節される。

袋網漁は、ホリ場の下手に二m間隔で二本の杭を打ち、そこを網口として長さ二mの袋網をつける。網目は一五cmの中に、二~三の目をつけたものである。サケがたくさん獲れた時には三江線敷設工事の飯場へ、賢次郎さんの母とらよさんが売りに出かけたという。

サケの食法は塩焼きが主で、塩漬けして保存することもあった。恒子さんは、ヒズのことを「ヒューズ」と呼び、ヒューズはナマスにして食べたという。サケの頭も食べ、卵は醬油をかけて食べた。地頭所八幡宮の祭日が十一月四日・五日であり、このころはサケの溯上期に当たるので、戦前にはこの祭りによくサケを食べたものだという。

〈マス〉 マスを対象にした漁撈活動はしなかったが、四月から五月にかけてイダ・ニゴイを対象に仕掛けるメサシ網にマスがかかった。マスは年に二、三匹で、それは塩焼きにして食べた。世話になる医者への進物にしたこともあった。

〈スズキ〉 七月・八月にスズキを追いこみ漁で獲った。下流部に設置した袋網に向かって上流部から、舟で、紐につけた麻ガラや石を使って追った。別に、十一月の下りスズキは流れを横切る形に杭を打ち、網の上下は水深ほどにするのだが、網が袋状になるようたるみを持たせておく。上野さんは、「サケは歯を惜しみ、スズキは鰭を惜しむ」と魚の習性について語る。朝、網を見にゆくと、網のところが波立っているのでスズキが入っているのがわかる。鰭を惜しむスズキは網に入っても大暴れはしないものだという。スズキは盆にサシミで食べることもあった。

〈アユ〉 八月から十月二十日までは麻ガラギリを行った。麻ガラギリについては事例8・9・10でふれてきた通りであるが、一夜ギリと本ギリとがあった。一夜ギリは随所に仕掛けたが、一定期間設置する本ギリは杭を打つので「本ギリ場」と称して設置する場所が決まっていた。杭は流れを横切る形で一〇m間隔に打たれる。本ギリ場は「瀬肩」と呼ばれる河川地形だった。本ギリはオチアユを狙って設置するものであり、白い麻ガラで流れを遮断するのであるが、その「キリ」の上流側の両岸に寄せて、キリに驚いたアユが迂回して逃げこむように仕向けて袋網を設置する。袋網といっても、タテ網式のもので、浮子・錘をつけた、高さ一・五m、長さ一〇〜一五mほどの網で、下部にたるみをもたせてアユがたまるようにする。袋のたるみを作る部分の網目はアユの抜けないほどのこまかい目である。網は、弧状に設置し、両岸に一番網から三番網まで張る。

アユは白い麻ガラに驚くのであるが、白い麻ガラも次第に汚れてくるし、倒れてくるので二、三日ごとに新しい麻ガラを追加した。オチアユの季節とサケの溯上期が重なるので前述の通り麻ガラギリの袋網にサケが入ることもあっ

	1月	2月	3月	4月	5月	6月	7月	8月	9月	10月	11月	12月
サケ										鉤・袋網・メサシ網（〜11/20）		
スズキ							追込み網				追込み網	
アユ								麻ガラギリ（〜10/20）				
						火振り（地元）				川戸周辺（〜11/20）		
						チャグリ						
コイ	投網（撒き餌）				ツボサデ網							
イダ	メサシ網（寒イダ）			メサシ網(サクライダ)								
ニゴイ	メサシ網											
ウナギ							ハコ・カゴ					
ツガニ								カニ網				
カンバエほか	カスミ網											

表3　島根県邑智郡美郷町港・上野賢次郎さんの漁撈暦（昭和10年ごろ）

たのである。上野家では麻ガラは江津市桜江町八戸方面から買っていた。ちなみに、当地では麻ガラを藁とともに屋根の下敷に使う習慣があった。なお、麻ガラの代用として桑ガラに白ペンキを塗ったものを使ったことがあった。また、上野さんは現在、麻ガラの代わりに白いナイロンの紐を使っている。

〈火振り漁〉　カスミ漁と呼ばれるタテ網で川を遮断し、タイマツ・ガス灯・バッテリーなどを使って、火でアユを脅し、かつ棹で水面を叩いて音でもアユを脅してカスミ網にアユを追いこむ方法である。上野家では祖母のゆきさんがカスミ網用の糸に縒りをかけ、家で網を編んだ。カスミ網は繭から三本出しで取った糸で編んだ。繭も双子繭やクズ繭を使ったのである。サケ網は六本出しである。アユ漁・サケ漁に使う網を自家養蚕で得た繭から糸を引き、縒りをかけて作っていたことは注目される。それも、アユ網＝三本出し、サケ網＝六本出しと、対象魚種に応じて糸の太さを決めて伝承していたことは注目される。ここから生業複合と生業連鎖の実態をたしかに読みとることができる。十月から十一月二十日までは桜江町川戸方面に出かけて火振り漁をした。地元の漁師の漁が終わってからやったという。この他、チャグリ（ヒッカケ漁）もした。ヒッカケで一晩一五kgのアユを獲ったことがあった。

アユの食法には次のものがあった。aアユズシ＝塩漬けにしたアユを、塩抜きし、開きにして生姜酢飯に合わせるもので、盆や祭りに作る。b素麺とアユ＝アユの身を素麺の具にする。また、干しあげたアユを素麺の汁のダシにする。cアユベカ＝焙って干しあげたアユをスキヤキにする。dセゴシ＝小アユをブツギリにして酢で食べる。e雑煮の出し＝よく焙って乾燥させたアユを正月の雑煮の出しにした。fウルカ＝内臓を塩漬けにし、シオカラを作った。漁獲したアユを五匹ずつ連にして天井の竹竿にさげて保存したのであるが、乾燥がじゅうぶんでないとカメムシの臭いがした。

アユは宵の口によく獲れるが宵の口のアユはまずい。それは、ドベ（ドロ）・コケが胃にたまっており、消化排泄していないからである。もとより昼のアユは味が落ちる。夜、十二時過ぎのアユでなければ味がよくないという。したがって、上野さんは火振り漁などは必ず十二時過ぎに出漁するのだという。自分が食べる場合も消費者に提供する場合も味が第一であるから、宵の口のアユは獲らないことにしているという。上野さんは、この信念にもとづき、火振り漁の出漁を午後十時以降にするよう江の川漁業協同組合に提案した。なおこの地には、「カジカが鳴くとアユがのぼる」という自然暦がある。

〈コイ〉　コイ漁にはツボサデ網漁と投網漁の二種があった。ツボサデ網漁は、四月・五月に産卵のために田に入ろうとするコイを支流で獲った。オス・メスのつがいが獲れた。投網漁は十二月から三月、撒き餌をして行った。撒き餌は、サナギと米糠を炒ったものを赤土で固めた土団子である。コイを中心として、フナも獲れた。食法はコイコク・アライ・イトヅクリなどだった。コイは妊婦に良いと言われ買い手があった。旅館にもよく売れた。

〈ウナギ〉　箱と籠(筌)で獲った。箱も籠も先にふれてきた通りで、箱には生きたアユを入れた。上野さんはウナギ漁の箱について次のように語る。「川流れの板を使って作った箱にはウナギがよく入る。板が洗われていて木の匂いがないからだ」。

〈ニゴイ〉　サシ網を瀬肩に張っておき、下流から上流に向かって追いあげる。舟を使って石と棹で追った。

〈イダ〉　四月上旬、産卵期の「サクライダ」はホリ場の下にメサシ網を張って獲った。食法はイダナマスまたはサシミである。寒イダもメサシ網を巻き、石を投げて追い出して獲った。サシミにしたり味噌汁に入れたりして食べた。

〈ツガニ〉　八月から十一月にかけて「地獄籠」で獲った。流れの中に、下流にV字型の先が来るように、長さ七mほどの袖網を設置する。袖網を受けて口径(竹の輪)一・五m、長さ四mほどの網カゴをつけ、その末に、金網製の地獄籠をつける。下ってくるツガニはすべての地獄籠に入ることになる。カニは塩茹でにして食べるが、甲羅でカニ酒を飲むこともあった。

〈寒バエほか――カスミ網〉 寒バエ（オイカワ）・ムギツキ（ムギツク）・ギギなどが獲れた。ギギは味噌汁に入れたが、別に結核の薬になるという言い伝えもあった。

(2) 河川漁撈とその周辺

〈気象〉 麻ガラギリ漁には北風がよい、南風は川漁によくない、川漁一般には風のない方がよい、夕焼けだと翌日は天気がよい、朝焼けだと天気が崩れる、北風が吹いたら漁をやめる、といった気象伝承がある。

〈鳥と動物〉 鵜が十月から二月まで当地に来るし、カイツブリを十一月から三月まで見かける。これらは江の川の魚を捕食する。旧邑智の鳥であったカワセミも見かけたが、その数が減った。セキレイも見かけなくなった。これらの鳥の減少は、餌の魚の減少であり、それは農薬によるのではないかと上野さんは語る。大正十五年にカワウソを見たことがあった。カワウソはアユが好きだという。昔、カワウソに化かされた男が魚を獲る所作をしながら次第に川の深みに吸いこまれていったという話がある。

写真6　上野賢次郎さんの高津舟

〈高津舟〉 上野さんは二艘の川舟を持っているが、そのうち一艘は木造の高津舟である（写真6）。高津舟は、舟の上でアユの群をたしかめて、高津網という二重の袋網を巻いて漁を行うことのできる舟である。高津網漁は六月から十月までの昼間に行う。幅一・二m、長さ五mである。舟材は杉で、川本町の舟大工に作ってもらった。船霊様には正月に餅を供える。現今は舟を保護するために防腐剤を塗るが、戦前には舟底に火を当てていた。

〈川の記憶〉 子供のころには川を「大船」が通った。上野さんは「大船」という言葉で、自分たちが川漁のために乗る川舟と、荷物を運ぶ江津通いの高瀬舟とを区別した。大船には、苫がかけられ、帆が張られていたという。大船とは別に杉材の筏も多く見かけた。そして、人を運ぶプロペラ船も就航していたが、プロペラ船は事故が多かったという。上野さんの子供のころは、まだ道としての川が機能していたのである。道としての川と、河川漁撈とは葛藤があった。例えば、麻ガラギリやタテ網は、道を遮ることになるからである。

〈川漁と信仰〉 市井原の上手で江の川右岸から江の川に、その支流君谷川が合流する。その合流点に、「明神岩」と呼ばれる島状の岩がある。本流と支流のせめぎ合いで小型の川中島が出現したのである。岩島の頂には厳島神社が祀られている。厳島の本社が島にあることから、同じ形状の明神岩に島神が祀られたのである。厳島が「斎島《いつき》」であることは言うまでもない。明神岩の厳島神社は港地区の氏神である。「港」というムラの名は、この地が川港であったことを示しており、明神岩へは舟を使わなければ参拝できないのである。陸地から隔絶された川中島は、禊ぎをしなければその地に至れないという意味で聖地性を強くしているのである。

厳島神社には、盆と正月に参拝する。盆にはアユを、正月にはコイを供えて川の安全と豊漁を祈る。盆には明神岩に灯籠をあげる。正月には、地頭所八幡宮にもコイを供える。コイは生きたもので、眼に和紙を貼り、口と尾を水引で結ぶ。地頭所八幡宮の祭日、十一月五日にもコイが供えられる。アユやサケを盆・祭り・正月に食べたことについては先にふれてきた通りであり、こうしてみると、当地では川魚が重い意味を持っていたことがわかる。

上野さんは明神岩に関して不思議な体験を持っている。まだ子供が小さいころ、左岸上流部落の祭りに招かれ、酒を飲んで、帰りの舟路にかかった。子供を乗せたまま寝こんでしまったのである。ところが、明神岩の前までくると、太鼓の音が聞こえて目がさめた。その日は厳島神社の祭りでもないし、現実には太鼓も鳴ってはいなかった。もし、その時太鼓の音が聞こえなかったら、どこまで流されたか、途中でどうなったかわからなかったと語る。明神岩の御神威伝承の一つである。

この他、年に一度、寺で川施餓鬼を行っている。

(3)山と川の生業連鎖

美郷町港地区の周辺には三〇〇m前後の山が多い。川筋にはアラカシがあり、奥へ入るとミズナラがある。シイのことをこの地ではシイガシと呼び、シイガシの実は食用にする。シバグリの実も食べた。上野さんは十二月から三月まで炭焼をした。ミズナラ・アラカシなどはすぐれた炭材である。一窯三〇俵で、一冬三窯は焼いた。炭は販売したのであるが、自家用にもした。炭ゴタツ用はもとより、アユの焙乾用として自分の焼いた炭が力を発揮した。また、冬の川漁、ニゴイ漁などの折には、舟に一斗罐をのせ、その中で炭を焚いて暖をとった。

上野家では養蚕もしていたので、春蚕については、稚蚕時・上蔟時に暖房のために炭を燃した。繭から採った絹糸で、川漁用のカスミ網を編み、サケ網を編んだ。そして、コイ漁の撒餌に蚕のサナギが使われたのであった。一家の生業要素が絶妙に連鎖していたのである。

12　島根県邑智郡邑南町井原獺越——江の川水系濁川

濁川は川本町因原で、江の川左岸に流入する支流である。獺越は、その合流点から四、五㎞ほど溯上した地点で、ムラの上流部は断魚渓である。標高は六〇m、狭い谷である。上流部にある「断魚」という渓は、他の地でいう「魚止め」「魚切り」に当たる。サケ・マスのような大型溯上魚の溯上を阻むという意であり、逆に、その下手までは大型溯上魚がやってくるということである。以下は、同地に住む植田三五郎さん（大正十一年生まれ）の体験と伝承である。

⑴漁　撈

〈マス〉 マスは五月の初めにはのぼってくる。アユの解禁が六月一日で、山吹の花の盛りにマスを獲る。マスは、アユ用のタテ網を兼用する。淵にたまっているマスをまず下流に追い出しておいて、瀬頭に二〇尋ほどの網を張る。桐の浮子と錘がついており、六、七分角である。網を張ると直ちに下流から、マスとアユを追いあげるのである。これとは別に、八月下旬、オチアユを狙ってタテ網を張り、上流から下流に向かって火振りをし、竹の棒で水面を叩く。この時、マスが網に行きつく前に投網で獲る。

マスの食法は、大根・椎茸・山椒などと煮て食べるという方法の他に、アユの焙乾の影響から、ホイロ用セイロウ（写真7）で焙乾しておき、出しに使うという方法があった。

〈サケ〉 当地には、「マスがいなくなるとサケが来る」という口誦句があり、稲刈りは十月二十日ごろからだったが、「稲刈りの最中にサケの盛りになる」とも伝えた。サケ漁にはホコ（ヤス）漁とタテ網漁とがあった。ホコは、カエシのある三本のヤスで幅七㎝、長さ一五㎝、柄は真竹で二間ほどだった。産卵のことを「瀬をスル」と言い、柄の長さからすれば、スリについたサケを狙ったことがわかる。タテ網漁は、ノロ（トロ即ち淀み）から瀬に追い出す形で行われた。昭和二十九年にはサケがたくさん獲れた。

サケの食法は、塩焼き・煮つけ（頭も煮る）などで、塩漬けして保存する方法もとった。

⑵稲作収穫儀礼

当地の稲作収穫儀礼は丁寧だった。それは次の通りである。

〈ワセトリ〉早生の稲を数株手刈りにし、その玄米を炒って粉化し、砂糖を混ぜて食べた。ワセトリには近隣の者を招き合った。ワセトリの粉を保存しておき、熟柿にまぶして食べるという。ワセトリは初穂祝いであり、初穂を焼き米にして神に供える形が古く、「炒る」は「焼く」の変形とも見られる。

〈鎌祝い〉稲刈り作業終了の祝いである。この鎌祝いにサケが使え、サケが御馳走になった。こうした収穫儀礼の中の一つである鎌祝いにサケを食べていたことは注目される。

〈箸祝い〉箸とは、竹をV字状に組んでその間に稲の穂をはさんで扱《こ》いて粒にする用具、即ち、「扱き箸」のことであり、箸祝いとは、厳密に言えば稲の脱粒作業終了の祝いのことである。一般的な表現をすれば脱穀終了祝いということになる。この日は、ボタモチやスシを作った。

〈鍬祝い〉十二月二十五日に行った。その年のすべての農作業の終了を祝った。この日もボタモチやスシを作った。

写真7　サケ・マスを焙乾したホイロ用セイロウ・島根県邑智郡邑南町井原獺越、植田家

13　島根県江津市桜江町八戸西——江の川水系八戸川

八戸川は桜江町川戸で江の川左岸に流入する支流である。八戸西は、合流点から約九㎞溯上した地点で、標高は四〇m、八戸西の対岸の川つきの山にはシイの木の純林が見られる。以下は同地の湯浅悟さん（昭和九年生まれ）の体験と伝承である。

八戸西＝二五戸、八戸東＝一五戸のうち、専業の川漁師が五戸あった。サケの溯上・産卵は稲刈り後から麦蒔きにかけてのころが盛りとなる。それは十月下旬である。産卵場のことをホリバ、またはウミバと呼び、ホリバにつくサケを投網で獲るのが一般的な方法だった。食法は塩焼きで、卵も醤油で煮て食べた。

当地はアユ漁も盛んで、トモ釣り漁・投網漁・火振り漁などが行われた。頭が細く、胴が太い八戸川のアユは味がよく、広島県の可部方面から仲買人がやってきた。八戸八幡神社の秋祭りは十月六日で、この時には、焙乾したアユを一連五匹に編みつけたものを二連供える。

先にふれたシイの純林ではシイの実を拾うことができた。シイの実は炒って食べた。

二 江の川流域におけるサケ・マスの民俗

1 マスをめぐる民俗

⑴ マスの溯上と季節生態

調査事例は決してじゅうぶんではなかったが、前節の事例資料によって江の川水系のサケ・マスに関する民俗の概略は鳥瞰できた。その鳥瞰は表4（三一八頁）に要約した通りである。マスは、水の冷たいところを求めて春、雪代の中を溯上する。途中に滞留した場合は梅雨期の増水によってより上流へと溯上する。マス溯上の指標となる自然暦を伝承しているか否かがその地の人びととマスとの絆を確かめる一つの目安となる。「トトンボ（ネコヤナギの花）が出るころマスが来る」という自然暦を事例2・3・4・6で聞くことができた。神之瀬川と西城川流域である。東北地方では「柳の芽」がマス溯上の指標とされる場合が多く、江の川でも事例8にそれが見られる。しかし、「トトンボ」

という方言を以てマスの溯上を伝える例は極めて土着的で貴重である。

表4のマスの欄に「季」という項を設けたのであるが、厳密に言えばトトンボの出るころ、即ち溯上期のマスを春マス、夏、淵に滞留するマスを夏マス、九月に入って産卵にかかるマスを秋マスと称すべきで、秋マスは「ホリマス」などとも呼ばれる。ここでは、季節とマスの生態を「季」と要約している。さらに、春マスを溯上期からシロミテまでにのばして適用している。江の川水系のマス漁の傾向は、夏マスに中心を置き、春マスがそれに次ぎ、秋マス（ホリマス）には関心が示されていないということになる。

高野町上里原では神之瀬川支流木地山川の、標高五三〇～五六〇mほどの位置でマス漁が行われていた。上里原の長桜さんによると、木地山川には、マスがのぼり、ゴギもいるが、水が冷たすぎるのでアユは住まないという。西城町油木では標高六〇〇mの位置でマス漁が行われていた。右のような高地まで、そして、河口から一八七km（上里原）、一七〇km（油木）の地点までマスが溯上してきていたのであった。神之瀬川を例にとれば、宮が原・寺原より上流部においてマス漁が盛んだったと言える。宮が原の標高は二七〇mである。宮が原西、神之瀬川右岸には七〇七mの判官山、東、左岸にも七〇〇mの大谷山がある。こうしてみると、マスは川の魚ではあるが、山の恵みだと見てさしつかえない。遙か下流の海から溯上を続け、トトンボの出るころムラにやってくるマスは、海と山を結ぶ使者であり、閉塞的な地形にある山地の人びとにとって、時代を溯るに比例して比重の重い貴重な蛋白源であった。事例3で示したように、ムラの年寄がマスの溯上を待ち、一番のぼりを発見してムラびとたちにふれまわった感動、そのよろこびは測りがたい。ここに「トトンボの自然暦」の重みを見ることができよう。

標高が高くなるにつれ、上流部になるにつれマスはメルクマールになった。マスは支流の魚であり、谷の魚と言えよう。表4、事例8・10・11に（○）印をしてある通り、江の川本流ぞいの三次市作木町大津・島根県美郷町信喜・同

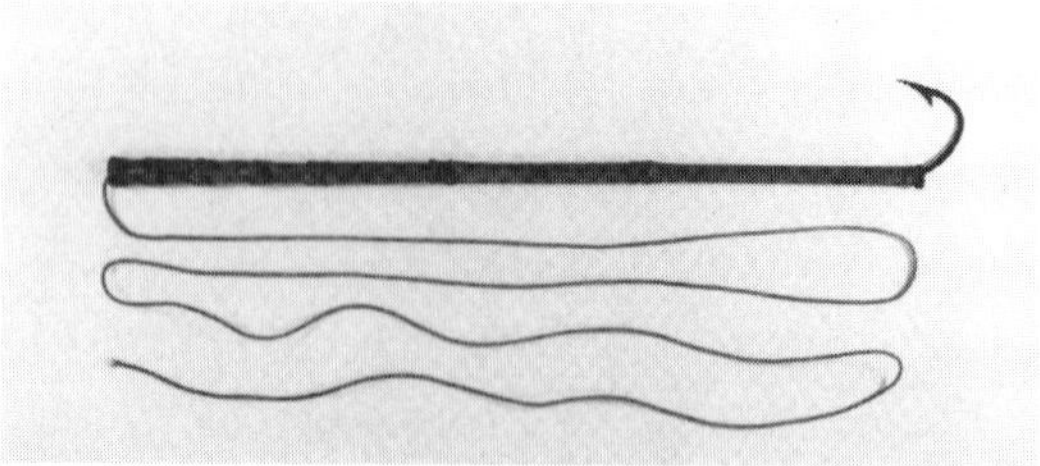

写真8 マス鉤・広島県立歴史民俗資料館所蔵(『特別企画展・川に生きる——江の川の漁撈文化——』より)

港などでは、他の魚種を対象にした網にたまたまマスが入るという形で漁獲している。事例8では、アユを対象にしたテサキ網、事例10ではアユを対象にしたニゴリカケ、事例11はイダ・ニゴイを対象にしたメサシ網にマスがかかっている。事例9では谷に入ろうとするマスを狙っている。標高一五〇m未満の江の川本流は、マスの通過地であり、滞留地でもなく産卵地でもなかった。したがって、右に見た通り、標高の低い平地河川地形、サケ・マス混交圏においてはマスはメルクマールになり得ないことがわかる。

(2) マスの漁法と儀礼食

マスの漁法の主流は、夏マスを潜水によってヤスで突くというものである。ヤスはカエシのある三本ヤスであるが、事例1のものと事例4のものでは、事例4のものが大きい。河川環境によってヤスの大きさにもちがいが出てくるのである。『特別企画展・川に生きる——江の川の漁撈文化——』[4]によると、この他、マス鉤が使われていたことがわかる(写真8)。そのマス鉤は、釣針型の鉤の根に紐をつけ、その紐を節を抜いた竹の中に通して紐を引き締めた状態で潜水し、マスを掛けるといったものである。マスがかかるやいなや引き締めていた紐をゆるめ、鉤をつけたままマスを泳がせ、弱らせてから獲るというものである。事例4・6に春マスを投網で獲る方法があるが、春マスの時期は水が冷たいので潜水を避けているのである。

江の川水系のマス漁で最も注目すべきものは、事例3三次市君田町沓ヶ原のものである。まず、一〇人ほどの共同漁撈である点が注目される。さらに、自分のムラ付近で漁を行うのではなく、川を溯上しながら漁を続けてゆくという点である。こうした方法は、青森県・秋田県・山形県などで見られるマス漁の一つの典型である。冬季のマタギの共同狩猟と表裏性を持ち、冬は共同狩猟、夏は共同漁撈という対応を示すのである。(5) 沓ヶ原にも冬季の共同狩猟があり、その対照性が注目される。

神之瀬川上流部のマス漁獲の絶対量は漁撈体験者の話の範囲では決して多いとは言えない。それゆえ、マスが儀礼食として定着しているとは言い難いが、事例4ではシロミテ（サナブリ＝苗の植えあげ）にマスを食べている。東北地方でサナブリにマスを食べた地は多く、遠く離れてはいるが共通点が見られる。また、事例3・4では盆魚としてマスを食べている。事例4のナヌカビのマス漁は盆魚を意識してのことである。もとより当地の行事食・儀礼食には海魚も多用されており、その総体については今後整理したい。

(3) マス産卵圏における始原生業複合

〈漁撈〉　マス溯上産卵圏において、マス以外のどのような魚が漁獲されているかを見ておかなければならない。事例1でマス以外に重視されたのはゴギである。ゴギは最上流域＝冷水域に陸封されたイワナであるから当然、高野町上里原では漁獲対象になる。事例4でもゴギを漁獲している。事例4によってマス・ゴギ以外のものを確かめると、アユ・コイ・イダ・ギギ・ウナギ・ナマズ・キスコ・シラハエ・ムギツコと多岐に及んでおり、特にアユの漁法は多様である。豊富な川魚は動物性蛋白源として重要であった。

〈狩猟〉　熊＝事例1・3において熊狩が見られる。熊狩は共同狩猟であり、特に、事例1の伝承には特色がある。マミと狸＝事例1・4においてマミと狸が同じ穴に籠ること、その生態・狩猟法・食法などの詳細が明らかになった。狩猟というと、熊・鹿・カモシカ・猪といった大型獣のことで能事終れりとする傾向がないわけではないが、1・4の事例によって、マミ・狸が当地の重要な狩猟対象であることがわかった。「同じ穴の狢《むじな》」とか「狸汁」とかは諺とし、あるいは昔話に登場する食物として広く知られているのだが、その背後には、事例1・4のような基層民俗が存在したのである。兎＝冬季、雪上において展開される兎の共同狩猟は、楽しみの一つでもあり、動物性蛋白質の確保としても意義深いものだった。事例1・2・3・4・5などにそれが見られるが、事例1・5の場合、網を張って兎を追いこむという形であり、これは、銃以前の古式の狩猟法として注目される。山鳥＝山鳥猟については事例1・4・5でふれた。特に事例1の伝承は詳細であり、大雪に際して餌がなくなり、アシビの葉を喰った山鳥を食べてはいけないという禁忌には心ひかれた。アシビという照葉樹と雪のパラドックスが新鮮である。マミ・狸・山鳥を含め、大型獣以外の狩猟活動に注目すべきことを教えられた。兎・山鳥の骨を叩きにして食べる風は全国的に見られるところである。

〈採集〉　事例1・3・4に記した通り、堅果類では栗の実を多く採取した。事例1で年間一石、事例3で年間七俵採取している。事例4でも一日二斗拾っているところから栗の採集消費量が多かったことがわかる。正月の供えものにも使われている。山菜・キノコ類の採取も盛んだった。

〈カリヤマ〉　マスの溯上・産卵圏では、一般的にマスを含む渓流漁撈・共同狩猟・採集・焼畑などの始原的生業要素の複合が見られる。(6)江の川水系神之瀬川上流域でも、渓流漁撈・共同狩猟・採集等の複合は見られるが焼畑は顕著ではない。しかし、事例1に見られる「カリヤマ」は明らかに焼畑の残存であり、しかも、その主要作物が赤蕪であることが注目される。東北地方・北陸・飛騨などでは焼畑と蕪が深く結びつき、しかもそれはマス溯上・産卵圏に多く見られるからである。

ここでは、とにかく、江の川水系でも、マスの溯上・産卵圏では始原生業要素の複合が見られることを指摘しておく。

⑷三次市君田町寺原・川角多祐家の生業

表1は君田町寺原の川角多祐家における昭和十三年ごろの生業暦である。詳細は事例4に示しているが、一覧して、農業を基本にしながらも多様な始原生業要素・換金生業要素を併せており、その複合の複雑さを示している。総じて、山と川の恵みを最大限に利用していることがわかる。川で言えば、漁撈活動により、じつに多くの魚類を漁獲している。のみならず、昭和十年前後には、鉄道枕木の流送が行われており、ムラびとたちはその木あげ人夫として労賃を得たのだが、これも川の恵みの一つである。川狩人足宿も同じくである。川は、イデを通じて稲作灌漑にも恵みを与えた。

山は、木の実・山菜・キノコ、屋根葺・堆肥用の草を恵み、マミ・狸・兎・山鳥などを狩猟対象物として恵んだ。さらに、畜産からすれば、山が放牧牧野として重要な働きをしてきたことがわかる。また、炭木を与えてくれるのも山である。川角多祐家の生業要素のすべてを見つめておくことは、中国山地におけるマス産卵圏の生業構造を知る上で貴重である。

2　サケをめぐる民俗

事例6・庄原市高茂町にもサケが溯上しており、可愛川・西城川・馬洗川・神之瀬川の合流点あたりまではかなりの数のサケが溯上していたと言われるが、今回は、事例8・9・10・11を中心として江の川のサケ漁を概観した。

⑴サケの溯上と産卵

サケの溯上期を語る自然暦としては、「桐の葉が落ちるころ」（事例9）、「ケヤキの葉が落ち始めるころ」（事例10）、「紅葉の始まり」（事例11）、「稲刈りの最中にサケの盛り」（事例12）。「稲刈り後から麦蒔きにかけてのころが（サケ）の盛り」（事例13）などがある。

サケの産卵場のことをスリ場・ホリ場などと呼ぶ地は多いが、「スリツボ」「田んぼ」（事例10）は興味深い。スリツボというのは整った古風な日本語であり、タンボというのは、稲が生産される場から、サケが再生する場を連想した呼称で、稲作とサケ漁を兼ねた人びとでなければ生まれない言葉である。なお、江の川では、サケのスリツボ（ホリ場）は、サケが石を掘ることによって下の石が表に出て、遠くから見てもそこが白く見えるのですぐ判別できるという（事例7・8・10・11）。

⑵江の川のサケ漁

河川サケ漁は、基本的には産卵のために川に溯上するサケを狙うものであると言ってよかろう。それを、サケの状態で分ければ、a産卵場についた状態のサケ＝ホリザケを狙うもの、b溯上途次のサケ＝ノボリザケを狙うものの二種になる。東北地方に見られる簗・鮭留め・ウライなどと呼ばれるものやモッパ（四ツ手網）・留め網・モモヒキ網などはbに属し、aに属するものには鉤漁・投網漁などがある。江の川のサケ漁の大きな特色は、a即ち、ホリザケ＝スリザケに集中している点にある。ホリザケの漁獲法としては、㋐ヒッカケ（鉤）漁、㋑サシ網、㋒袋網、㋓ヤス漁、などがある。

〈ヒッカケ（鉤）漁〉　東北地方にも関東地方にも鉤漁があり、様々な鉤が伝えられている。一本鉤・二本鉤もあるが、一本の河川で多様な鉤が使われたという点ではおそらく江の川に勝る川はなかろう。写真9・10・11は広島県立歴史民俗資料館所蔵のサケ鉤である(7)。二又鉤・三又鉤・支え棒二本つき単鉤があり、他に、二又鉤で支えに鉄板をつけたもの（事例10）などもあった。そして、江の川の鉤漁の特徴は、鉤の付け根の部分にサケの通過を確認するための白布をつけるという点にも見られる。これも合理的な方法である。本来、水中のサケが見えにくい上に、鉤漁の時間が夕方か日の出ごろ〔事例９〕だとすれば白布の効力はより大きいということになる。事例８では一人が対岸の高い位置からサケの動きを見張っていて、サケが鉤の前にかかる瞬間に、引き手に対して合図をするという方法が見られるが、同様の方法は、山形県鶴岡市本郷〔赤川水系大鳥川〕でも行われていた。

〈袋網〉　スリツボの下流部に袋網を設置するのであるが、事例９では、スリツボの横に、サケを袋に導くために、壁網と呼ばれる網を設けるのが特徴である。事例10・11はスリツボの下手に二ｍの間隔で二本の杭を打ち、そこに袋網を設置するというものである。

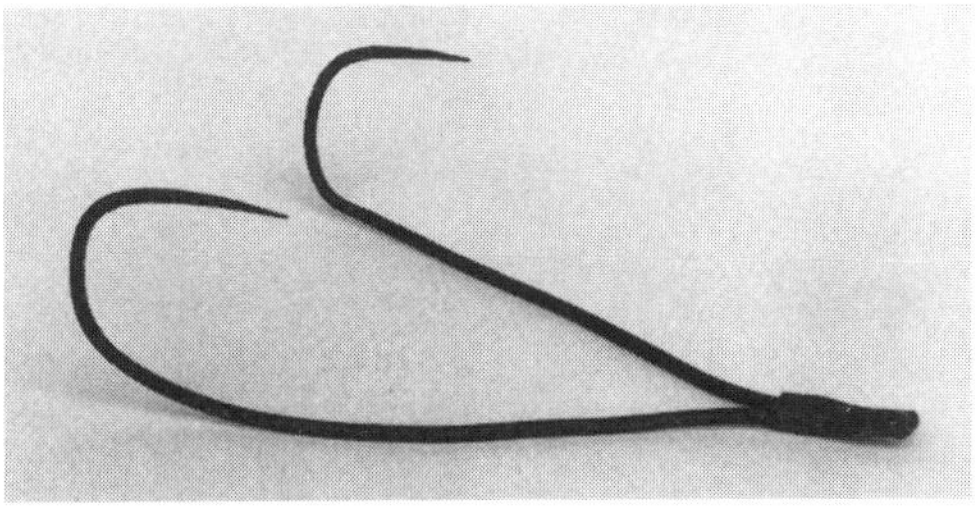

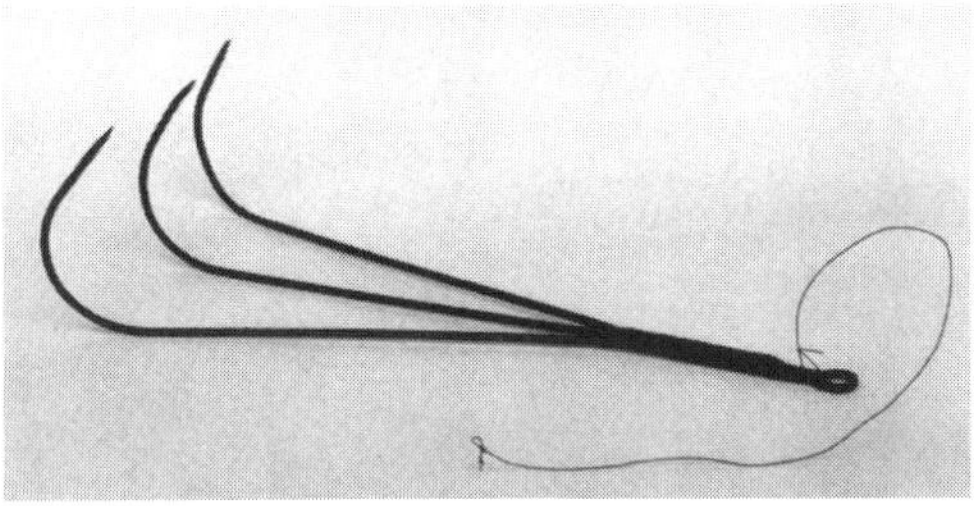

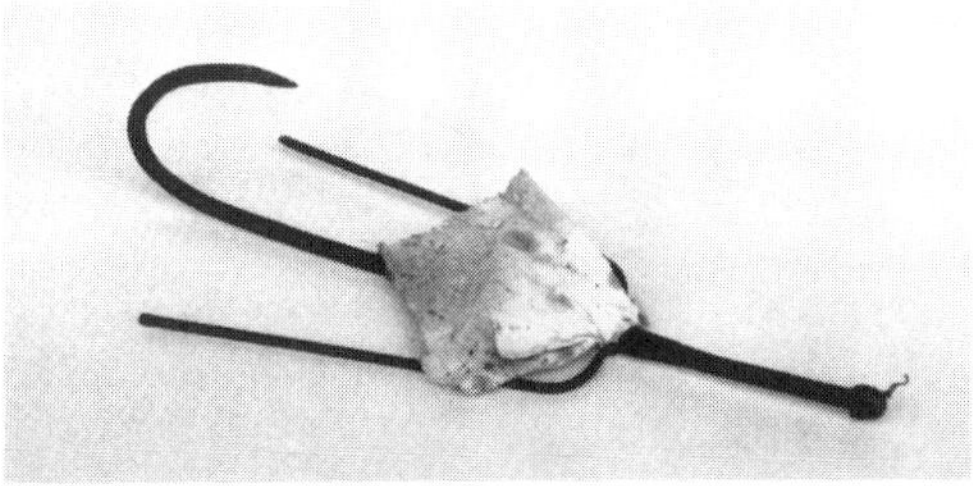

写真９・10・11　ヒッカケ鉤・広島県立歴史民俗資料館所蔵（『特別企画展・川に生きる——江の川の漁撈文化——』より）

〈サシ（メサシ）網〉　事例８ではスリバの上手に網を張る。事例10では、スリツボの上手中央から、サケの溯上通過しない側の、スリツボの横にかけてサシ網を張った。また、サケの溯上通過しない側の岸に寄せ、スリツボから一〇m以内にサシ網を張る方法をとった。事例11では、サケの溯上通過しない側のスリツボの横にメサシ網を張った。

事例10の袋網設置や、右に要約したサシ網設置の前提条件を見ると、すべて流れの中のスリツボを中心として、サケがその右側を溯上通過するか、左側を溯上通過するかを詳細に観察した上で、網を、サケが溯上通過しない側に設置していることがわかる。このことは、スリツボを中心に回游するサケの習性をふまえたものであることがわかる。いま一つ、サケに対して袋網ではなくサシ網を使う点は、サケが網に歯をかけること、網に歯をかけた場合には暴れないこと、それは、サケが歯を大事にする魚であること、といったサケの習性の熟知によって実施されているということになる。

〈スリツボ漁進展の要因〉　東北のサケ溯上河川において多く簗・サケ留め・四ツ手網漁などノボリザケ漁が見られるのに対して江の川においてはそれが見られず、鉤漁・袋網漁・サシ網漁などホリザケ・スリツボにかかわる漁に執着した理由の一つは、遅くまで、本格的で大量に行われた江の川の舟運との関係があったものと考えられる。サケ用の簗やサケ留め網の設置は舟運を阻害するものであり、木材流送を阻害するものであった。その点、スリツボを中心に展開する鉤漁・袋網・サシ網は舟運を阻害することなく行うことができたのであろう。江津・三次間の舟運が盛んだった近世に、スリツボを中心に行う江の川サケ漁の基礎が形成されたのであった。江の川における舟運の盛行は、この川の河川勾配の緩さによった。高瀬舟は、風がよければ江津から三次まで帆で溯上できたというし、舟曳きの綱を見ると、他河川では前当てとして布の細帯やベルトを使っているが、江の川のものは綱そのものである。江の川のサケ漁がスリツボに集中するのは舟運とのかかわりであり、その舟運は河川勾配とかかわっていた。河川にかかわる民俗はすべてにおいて河川環境を基盤として成立するのである。

川ザケの味は、河口からの溯上距離によって異なる。溯上するほどに脂肪が減ってゆくからである。同じポイントでも、漁法によって味が異なる。ノボリザケとホリザケではノボリザケの方が味がよく、ホリザケでも、鉤漁と袋漁では鉤漁で獲ったものの方がうまい。鉤は産卵前に漁獲するのであるが、袋網には産卵後のサケも入るからである。東北地方では産卵を終えたサケを「ホッチャレ」「ホッタレ」などと呼びこれを軽く見るのであるが、江の川流域ではホッチャレの話をあまり耳にしない。サシ網や袋網でホッチャレまで漁獲するのが自然の形になっているからである。

江の川サケ漁の特色は、ホリザケを対象とし、スリッポに集中したところにある。スリッポに関する伝承の豊かさ、スリッポをめぐる多様なサケ漁・漁具は全国的に見ても注目すべきものである。

⑶サケと儀礼食

正月の魚として東日本はサケ、西日本はブリといった概括的な表現がなされるが、実態は複雑である。サケに対応する魚としてカツオも存在する。事例１・５で正月に塩ブリを使ったことを報告した通り、中国山地にも正月魚としてブリが浸透していることはまちがいない。しかし、一方、事例８・９においては、サケを縄巻きにして保存し、正月魚にしている。これは、川漁師の家に限らず、その近隣においても行われていた。事例11では秋祭りにサケを食べ、事例12では、稲作の収穫儀礼の一つとしての鎌祝いにサケを食べている。

山形県の最上川水系、秋田県の雄物川水系でサケ・マスと稲作儀礼、サケマスと年中行事の関係を調査した結果、マス＝サナブリ(植えあげ)魚・盆魚、サケ＝収穫儀礼・正月魚、といった構造が明らかになった(8)。今回行った江の川水系のサケ・マスに関する調査は、その調査ポイントが少ないので決定的なことは言えないのであるが、江の川水系

表4 江の川水系流域のサケ・マスの民俗

事例番号	伝承地	関係河川	標高	河口からの距離	マス 漁	マス 自然暦	マス 季	マス 儀礼食	マス 漁法	サケ 漁	サケ 自然暦	サケ 儀礼食	サケ 漁法	共同狩猟	伝承者
1	広島県庄原市高野町上里原	木地山川	530m (560m)	187km	○		夏マス		ヤス					○	長桜齋(昭和七年生まれ)
2	広島県庄原市高野町指谷	神之瀬川	480m	154km	○	○	夏マス		ヤス					○	温井国夫(大正十一年生まれ)
3	広島県三次市君田町沓ヶ原	神之瀬川	330m (400m)	142km	○	○	夏マス 秋マス	盆	ヤス 共同漁撈					○	木建四一(大正四年生まれ)
4	広島県三次市君田町寺原	神之瀬川	280m	134km	○	○	夏マス	シロミテ 盆	投網 ヤス					○	川角多祐(大正八年生まれ)
5	広島県庄原市西城町油木	西城川	600m	170km	○		春マス 夏マス		鉤					○	藤綱 讙(大正二年生まれ)
6	広島県庄原市高茂町	西城川	200m	128km	○	○	春マス 夏マス		投網 ヤス	(○)			ヤナ		宇江田博(大正七年生まれ)
7	広島県三次市作木町下作木	江の川	140m	93km	○		秋マス		ガゴ(筌)	○			鉤		清水謙吉(大正八年生まれ)
8	広島県三次市作木町大津	江の川	120m	88km	(○)	○	春マス		テサキ網	○		正月	ヒッカケ(鉤)サシ網		藤岡参市(大正五年生まれ)
9	島根県邑智郡美郷町上野	江の川	90m	78km	○		夏マス		投網	○	○	正月	ヒッカケ(鉤)袋網		高梨智之(昭和五年生まれ)
10	島根県邑智郡美郷町信喜・浜原	江の川	60～80m	信喜64km	(○)		春マス		ニゴリカケ	○	○		ヒッカケ(鉤)袋網 流し網		中岡武男(大正十年生まれ)
11	島根県邑智郡美郷町港	江の川	50m	45km	(○)		春マス		メサシ網	○	○	11／5祭り	ヒッカケ(鉤)袋網 メサシ網		上野賢次郎(大正七年生まれ)
12	島根県邑智郡邑南町井原獺越	濁川	60m	35km	○	○	春マス 秋マス		アユタテ網 アユ火振漁	○	○	鎌祝い	ヤス タテ網		植田三五郎(大正十一年生まれ)

においても右に示した、サケ・マスをめぐる民俗構造の片鱗をうかがうことができた。これは、トトンボの季節に溯上するマスと、稲刈りの季節に溯上するサケの生態の相違、対照がしからしむるところである。事例12の「マスがいなくなるとサケが来る」という言葉は、サケマスの溯上・産卵季節のちがいをよく物語っている。

なお、サケにかかわる儀礼として、事例8で尾鰭貼りが見られた。サケ・マスの尾鰭貼りは東北地方に広く見られるところであり、これが中国地方でも行われていた点は注目される。

さらに、事例7でマスの土中埋食の伝承が示されているが、これは重要な課題である。

3　江の川水系漁撈の諸問題

⑴豊かな河川漁撈民俗

江の川の漁撈対象魚種の多さは驚くばかりであり、上流から下流まで、その恵みを求めて多様な漁法が展開されてきた。中でも、アユ漁の漁法は多岐に及んでおり注目される。麻ガラギリ・火振り・鵜縄篦などはすべてアユの生態をふまえた威嚇漁法である。スズキの袋網も青色を怖れるスズキに対する威嚇要素を含んでいる。「アユは白色を怖れ、スズキは青色を怖れる」「サケは歯を惜しみ、スズキは鰭を惜しむ」といった習性生態観察による伝承が多様な威嚇漁法と連動しているのである。神之瀬川上流部、事例2・3・4に見られるセウチの「鵜」役もおもしろい。コイ漁も盛んで、コイ・アユも行事食・儀礼食として利用されてきた。これについては事例に報告した通りである。

⑵生業要素の連鎖

コイ漁に、釣り餌や撒き餌として蚕のサナギと米糠が使われたことについては事例で報告した。サナギはイエやムラで行われた養蚕と連鎖した。米糠が稲作とかかわることは言うまでもない。事例11において、アユ漁用のカスミ網を自家の繭から取ったことは既に述べた。しかも、事例11の上野家には、カスミ網は繭糸三本出しで縒り、サケのメサシ網は繭から六本出しで縒りをかけて糸を作ったという。河川漁撈と養蚕が連鎖しているのである。事例8では自家で麻を栽培し、その麻ガラで、麻ガラギリを作ってアユ漁をしていたことがわかる。事例10の中岡家でも自家で麻を栽培し、その麻ガラでアユの麻ガラギリ漁を行った。ここでは、換金作物の麻栽培と河川漁撈が連鎖していたのである。

江の川流域のアユの食法の一つに「アユベカ」（スキヤキ）があり、これはよく焙乾されたものだった。その他、出しにするにしてもアメダキにするにしても焙乾保存は基本だった。焙乾用の炭も自家で焼かれる場合が多かった。事例4・11に報告したが、事例10でも炭を焼いている。事例11にあったように、冬季の川漁に使う川舟で炭を使用することもあった。炭は養蚕ハルコの暖房にも使われ養蚕とも連鎖した。なお、生業複合については事例で見た通りである。

(3)流通と遮断

事例4において、「アキイデ」というアユの漁法を紹介した。イデは稲作灌漑にとって不可欠な施設であり、川を遮断する築造物だった。したがって栗の枕木を流送するについては「イデ越し料」＝「スリ賃」を支払わなければならなかった。固定性が強く、規模の大きいイデは、流送物を遮断するばかりでなく、マス・アユなどの溯上魚をも阻むことになる。江津・三次間の高瀬舟就航ゆえにその間の江の川には固定的なサケ簗のごときものは作れなかった。しかし、麻ガラギリやスズキの袋網は川を遮断する形をとった。これらと通船・流送の間にも当然葛藤があったはずである。

通船・木材等の流送と魚類の溯上は道としての川を上下に流通するものであり、灌漑用水のイデ（井堰）や、簗、それに近代に入ってから築造されたダムはいずれも流通を遮断するものである。この両者の間には常に葛藤がついてまわった。舟運・流送や魚類の溯上は、ダム建設のたびごとにその流通を阻まれることになった。

大正九年(一九二〇)鳴瀬ダム完成、江津⇕三次の高瀬舟廃止。以後、江津⇕作木となる。大正十四年(一九二五)ダム魚道改善命令。昭和二年(一九二七)熊見発電所完成、江津⇕作木の高瀬舟廃止。高瀬舟・筏に対する補償が行われた。昭和十六年(一九四一)沓ヶ原ダム完成。昭和二十四年(一九四九)高暮ダム完成。昭和二十九年(一九五四)浜原ダム完成。流域の人びとの中で、高瀬舟の記憶も枕木流送の様子も杉筏のことも、そして、サケ・マス漁の記憶も、日々遠くかすかなものになり、やがて記憶の彼方に消えるのである。

(4)サケと照葉樹

日本、特に本州において、サケ・マス(サクラマス)は落葉広葉樹林帯の恵みだと考えていた。江の川水系流域でも、神之瀬川上流部、西城川上流部の山々はたしかにナラ類やクリなどの落葉広葉樹を中心とする山々であるが、サケを漁獲する事例13江津市桜江町八戸西や美郷町港などの川岸の山々にはシイ・カシ類の照葉樹が多い。桜江町八戸西で湯浅悟さんからサケ漁の話を聞きながら対岸のシイの純林を見た印象が強く心に残っている。邑智郡美郷町港の上野さんはシイのことをシイガシと呼んだ。ともにシイの実の食習も盛んだった。河岸に繁るシイやカシの木の下の流れを溯上してゆくマスやサケ、この組み合わせは新鮮だった。

サケ・マスは基本的には北の魚である。そして、シイ・カシは南の植物である。江の川水系のサケ溯上圏には南と北の交錯がある。民俗文化の線引きは安易になされるべきものではない。あくまでもフィールドに即し、具体的な民俗事例を確かめてゆくうちに結果として民俗文化のまとまりや生成要因・変容が理解されるはずである。それにしても、西国とも言うべき、奥備後・石見を流れる江の川水系流域に、豊かなサケ・マスの民俗を確かめることができたのはありがたいことだった。江の川水系流域の民俗文化を知ることは、日本全体の民俗文化を鳥瞰する上で重い意味を持つことになろう。

註

（1）広島県立歴史民俗資料館所蔵の漁具は多彩であり、多岐に及ぶ収集資料がよく整理されている。そのうち、一二二六点および関係資料二七点が、平成十一年十二月二十二日、「江の川流域の漁撈用具」として国の重要有形民俗文化財に指定された。

（2）昭和五十八年度江の川水系の漁撈民俗文化財調査報告書『江の川の漁撈』（広島県立歴史民俗資料館・一九八四）、昭和五十九年度江の川水系の漁撈民俗文化財調査報告書『江の川の漁撈』（広島県立歴史民俗資料館・一九八五）、江の川水系の漁撈民俗文化財調査報告書『江の川の漁撈』（広島県立歴史民俗資料館・一九九一）、企画展図録『特別企画展・川に生きる――江の川の漁撈文化――』（広島県立歴史民俗資料館・江の川水系漁撈文化研究会・一九九三）、企画展図録『特別企画展・川に生きる――江の川の漁撈文化Ⅱ――』（広島県立歴史民俗資料館・江の川水系漁撈文化研究会・一九九七）、宅野幸徳「江の川流域の漁撈習俗」（山陰民俗叢書３『生業と用具』山陰民俗学会・一九九五）、天野勝則『川漁師の語り・アユと江の川』（中国新聞社・一九九六）、比婆科学教育振興会編『増補改訂版・広島県の淡水魚』（中国新聞社・一九九四）など。

（3）野本寛一『山地母源論２――マスの溯上を追って――』（野本寛一著作集Ⅱ・岩田書院・二〇〇九）。

（4）前掲註（２）。

（5）野本前掲註（３）。

（6）野本前掲註（3）。

（7）前掲註（2）『特別企画展・川に生きる――江の川の漁撈文化――』。

（8）野本寛一「サケマスをめぐる民俗構造」（『民俗文化』第十一号・一九九九）。本書Ⅱの第一章第一節から第六節。

第三章　栃木県　那珂川水系

一　那珂川水系のサケ・マス漁

那珂川は栃木県の北部茶臼岳（一九一七ｍ）西斜面を水源として那須野原まで南東に流れて茨城県ひたちなか市で太平洋に注ぐ全長一五〇㎞の川である。那珂川にはサケ・マスが溯上し、流域の人びとの恵みとなってきた。ここでは栃木県内のサケ・マスについて報告するが、サケ・マス以外の河川漁撈についても言及する事例がある。

1　栃木県那須塩原市油井――那珂川本流右岸

那須塩原市油井は那珂川上流部のムラで標高は五〇〇ｍ、油井から北西三・五㎞溯上した地が塩沢で、そこに板室温泉がある（図1）。さらに北西へ二・三㎞ほど進むと矢沢の滝があり、この滝が魚止めとなり、マスはここより上には溯上できなかった。以下は油井に住む阿久津権之さん（大正四年生まれ）の体験

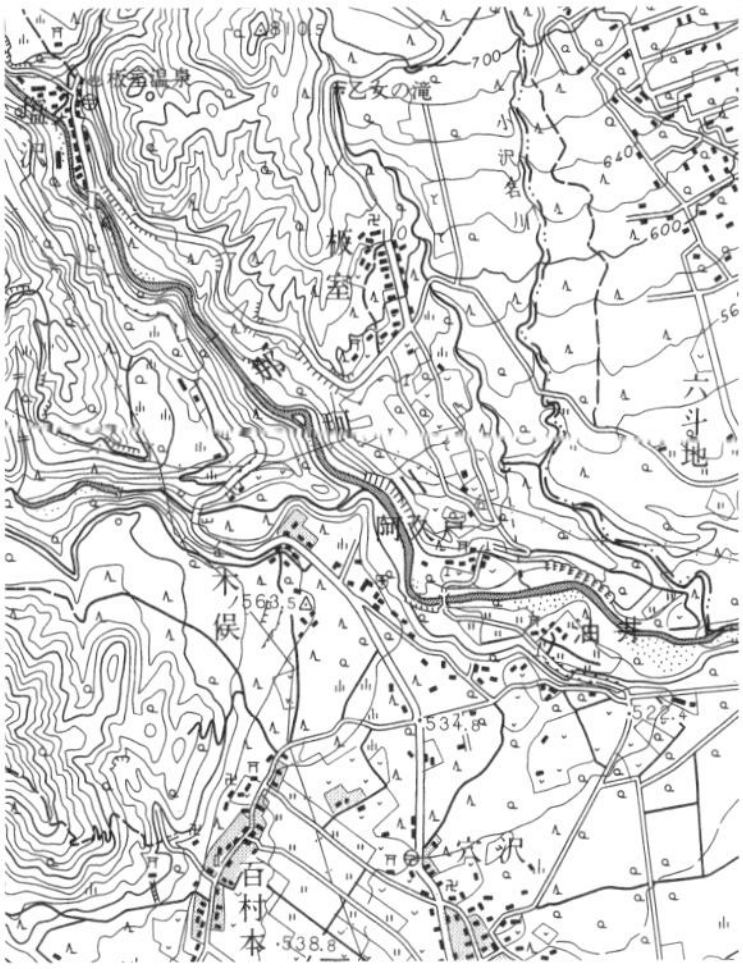

図1　栃木県那須塩原市油井付近・国土地理院1：50,000

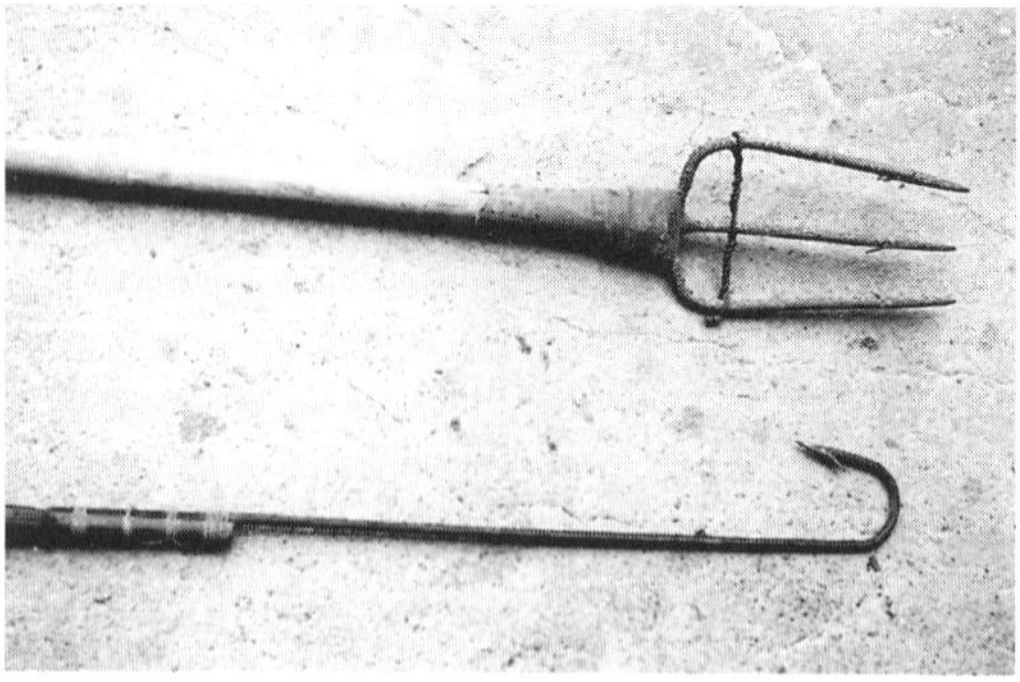

写真1 マス突きヤスとマス鉤・栃木県那須塩原市油井、阿久津権之家

についての伝承である。

〈マス漁〉 油井まではサケの溯上はなく、主要対象はマスだった。権之さんのマス漁の範囲は、那珂川上流部、油井から、先にふれた矢沢の滝までだった。マス漁は五月ごろから始め、八月ごろまで行った。漁具はマス鉤とヤスである。

写真2 マス突きヤスを持つ阿久津権之さん・栃木県那須塩原市油井

鉤はカエシのついたもので天地の幅が六cm、柄につなげる鉄の部分が五一cmである（写真1）。柄は長さ二尺五寸の杉で、元に長さ一尺の麻緒がつけてあった。鉤は主として矢沢の滝の滝壺や深い淵などにおいて夏季潜水漁を行う時に使った。年によって溯上してくる数は異なったが、多い年には、矢沢の滝の滝壺に、タライにマスを入れたように集まっていたという。鉤漁は権之さんの両隣の老人、阿久津千吉・阿久津元吉が得意としていた。多い時は五〇匹も獲れ、板室温泉に売って帰ることもあった。獲ったマスはエラに藤蔓を通し、藤蔓を輪にして運んだ。専用の持ち手が必要だった。

ヤスは写真1・2に見る通りの三本ヤスで、長さは一八・五㎝、三本が形成する幅は八・五㎝、カエシつきである。中央のカエシは銛型のように両方に出ている形ではなく、片方だけである。三本の根方を針金で固めて補強してある。柄は長さ一丈の竹である。ヤスは水の冷たい時期に使ったが夏にも使った。「マスはセイいっぱい突かなければ逃げられる」と先輩から教えられた。マスの食法は、焼いて醬油をつけて食べるというのが一般的だった。産卵を終えたマスのことを「ホットレ」と呼ぶ。沢名川が那珂川に合流する地点でホットレを六匹も見つけたことがあった。今でもホリマスを見かけることはあるが、その数は極めて少ない。サクラマスのほかにイワナ・ウグイなども獲った。イワナはマスと同様にヤスで突き、ウグイは、五月にガラス箱を使ってヤスで突き、冬季にも淵から笹竹で追い出し、ヤスで突いた。イワナもウグイも焼いて食べた。当地は、本来、河川漁撈・狩猟が盛んな地で、父権兵衛の時代までは漁撈にも狩猟にも力を入れたが、権之さんの時代にはタバコ栽培を行うようになったので河川漁撈が衰退したのだという。

那須塩原市鳴内の君島寅一さん(明治四十二年生まれ)は、那珂川右岸に注ぐ蛇尾川でマス漁を行った。「マスは柳の芽が出ると溯上してくる」「マスはユリの花の咲くころが一番うまい」という自然暦を伝えている。漁法はガラス箱を使ったヤス漁で、ヤスはカエシのある五本ヤスで、幅三寸、長さ五寸ほどで柄は三尺だった。マスは切り身にして塩や醬油をつけて串焼きにした。

2　栃木県那須烏山市下境字外城――那珂川左岸

国土地理院地形図一：五〇〇〇〇「烏山」を見る。那珂川支流荒川の攻撃面、那珂川左岸に外城という集落があるのだが、地図で見ると外城は島状をなす。その北端に寺院も神社もある。島状をなす外城の西側は那珂川で、北から

図2 栃木県那須烏山市下境付近・国土地理院1：50,000

東、東から南にかけての低地は水田の印が記されている。地形図から、外城は那珂川本流によって長い間に形成された曲流切断の地であると推察された(図2)。外城の北端と水田を挟んで向き合う地は平井で、その平井の集落から南西に向かって堤防が築かれていることもわかり、その堤が那珂川の流れから水田を守ろうとしたものであることは明らかだった。外城をとり巻く水田の標高は五五m、外城は六八mほどである。東側には標高二〇〇~三〇〇mの低山が連なっている。那珂川本流と荒川との合流点近くにある島状地およびその水田は河川氾濫にさらされてきたにちがいないと思った。また、このように水と深くかかわる地が河川漁撈の盛地であることも推察された。那珂川流域の民俗について考えようとする場合、外城ははずせないと思った。

平成十二年九月三日、まず平井へ入り、川漁や水害のことに詳しい人を紹介してもらった。平井では、外城の蓮見仁平さん(大正九年生まれ)を紹介してくれた。蓮見家では九月二日、「結い」で稲刈りを終えたところだった。通常なら二日の午後は手があいているところなのだが、三日の夕方から四日にかけて大雨が降るという天気予報が出たので、三日午後、蓮見さんは急遽「結い返し」の稲刈りに出なければならなくなった。コンバインを使用する時代になっても「結い」がしっかりと生きているのである。三日は、外城を含む大字の下境区内を歩き地形観察をし、四日に蓮見さんの体験と伝承に耳を傾けた。さらに、平成十四年一月十四日再度蓮見家を訪ねて仁平さんの話を聞いた。

(1) サケ漁

「大根を間引きするころ最初のサケがのぼってくる」という口誦句がある。大根蒔きが九月五日から十日ごろだから間引きは九月二十日ごろになる。九月に溯上してくるサケを「ハシリ」と呼ぶ。八〇〇匁から一貫目、「ナカテ」は十月で八〇〇匁、「オクテ」は末っ子と呼び十一月に溯上する。六〇〇匁ほどである。「寒流が来ないとサケは溯上しない」「北風が来ないとサケはのぼらない」と伝える。暖冬にはサケの溯上が遅れるという。気象・気候と稲作・サケ漁の関係は次のようになる。「稲が豊作の年はサケは不漁」「稲が不作の年はサケは豊漁」。ワセ・ナカテ・オクテの他に、十二月から一月に溯上してくるサケを「アオンド」と呼ぶ。アオンドは大きく、一貫目もある。

〈アデノリ漁〉アデノリ漁とは居繰網漁のことで、二艘の川舟を使う。舳先にアデタテというベテランが乗り、艫にはヒッカキと呼ばれる櫂役が乗った。並べた二艘の舟の互いの舳先の間に幅四間ないし四間半、長さ二間ほどの網を張る。網は袋状になっている。二艘の舟の間隔はその網の幅によって決まる。網の上・下に網糸より太い、径五㎜ほどのアバ糸を通してあるのだが、上のアバ糸の方を長くしてある。網目は一寸五分角で、上のアバ糸の方を一三目分長くする。そして、上・下のアバ糸の両端は、アタイダケと呼ばれる左右二本の竹竿の根方に結びつけられる。上下のアバ糸をともに竹竿の根方＝下方の同じ位置に結びつけるということは、網の左右おのおのを網糸で閉じておけば入口を閉ざした状態の袋網になるということである。口を閉ざした状態のままでアタイダケを水中に入れてもサケの入口がないということになる。この袋網にサケの入口を作り、そこから網の中にサケが入った段階で網の口を閉ざし、サケを漁獲するために独自のくふうがなされているのである。

上のアバ糸の両端、即ちアタイダケに結びつけたところから、おのおの内側四尺ほどの位置に、ミャクヅナ（脈綱）と呼ばれる綱を結びつけ、水中に網をおろした時は舟の上でアデタテが常時脈綱を引張っていなければならないのである。左右二艘の舟のアデタテが、同時に脈綱を引張っていれば、水中の網は、網の口を台形に開けた状態になる。

写真3　アデノリ漁の櫂を持つ蓮見仁平さん・栃木県那須烏山市下境

そこにサケが入るのである。サケが網に入ると、当然その動きが脈綱に伝わる。アデタテは、網にサケの動きを感じるやいなや素早く脈綱を放す。脈綱を放せば自動的に網の口が閉ざされる。そこで網をあげ、サケを網から出す。網に入るサケはほとんど一匹だが、一度に三匹入ることもあった。上のアバ糸を一三目広くする目的は、網口の開閉、脈綱の機能を有効にするためのくふうであった。

アデノリ漁は舟を下流に向けて進める。しかし、それは、舳先を上流に向け、艫を下流に向け、艫が水を切る形になる。櫂を使って進むのであるが、水流より遅く進めると、舳先に張った網が水に流され、袋が機能しなくなる。かと言って、あまり速く進めるとアタイダケを立てきれなくなる。したがって、水流より少し速めに舟を進めるのがコツである。

蓮見家に残っているアデノリ漁の櫂は、長さ一・六m、櫂の羽部が五五cm、幅が一一cmである（写真3）。蓮見さんによると、櫂の長さは一・四m、幅は狭い方がよいという。それは、狭い方が水音が小さく、サケに警戒されないからだという。

川舟を使う川漁には様々な技術がある。岸辺に近い側の舟をワキブネ（脇舟）、岸から遠い位置に当たる舟をオキブネ（沖舟）と呼ぶ。ワキブネの舳先に乗るアデタテは、左手に脈綱を持ち、右手でアタイダケを持つ。さらに、アタイダケを舷にぴったりとつけ、安定させるために足の拇指を巧みに使い、足でアタイダケの一部を固定させせなければならない。オキブネのアデタテは、ワキブネとは逆に、左手・左足で九尺のアタイダケを扱い、右手に脈綱を持つ。軽業師並みの技術が求められていたのである。水深・水流に応じて、アタイダケの水中部分や角度の調節に気を配らなければならない。流れの中の作業であるから、いくらベテランのアデタテでも時には舟から落ちることがある。

艫乗りのヒッカキは、舟を安定させるために舟に座って櫂をかく。櫂の音はなるべく静かにしなければならないし、舟の速さ・角度にも気を配らなければならない。アデタテからは常時指示がとぶ。

写真4　仁平さん愛用の川舟・栃木県那須烏山市下境

アデノリ漁の漁期は九月下旬から十一月末までである。仁平さんの父松衛さんはアデノリ漁の名手で、幸いなことに、下境の外城近隣の三戸にもアデノリ漁を好む男たちがいた。アデノリ漁は舟二艘と漁師四人がそろわなければできない漁である。獲物は四人で四等分する習慣だった。しかし、常に四人の都合が合致するわけではなかった。一人が欠けるということもあった。そんなとき、尋常小学校六年になった仁平さんは早くも頼りにされた。松衛さんは仁平さんが下校するのを待ち兼ねて舟を出した。当然松衛さんがアデタテ、仁平さんはヒッカキを務めた。こうした中で仁平さんは極めて複雑なアデノリ漁の技術と方式を完全に体得することができたのである。アデノリ漁は、昭和二十年代に入っても少しは行ったが、二十年代は、「火光」による夜漁が主流となった。高度な技術を要するアデノリ漁は戦前期の漁法だったと言ってよい。

写真4は、現在仁平さんが使用している川舟である。長さ＝四間二尺、幅＝尺九寸、ホケ（横板）幅＝一尺、ホケ板は尺に満たなくてもよいが非常の時を考えて尺にした。常水時には五人まで乗れるが増水時は三人がやっとだという。アデノリ漁に使われた

写真5　仁平さんが使ったヤス　左㋐・サケ突きヤス、中㋑・サケ突きヤス、右㋒・寒ザッコ突きヤス、栃木県那須烏山市下境

舟は、ほぼこれと同じ舟だった。

〈火光サケ漁〉　火光サケ漁は、夜間、舟を使い、舳先にカーバイト等の火光を据えてサケの姿を発見し、ヤスを使ってサケを突く漁法である。火光は、仁平さんが高等科を卒業するころには行われていたものの、仁平さんが本格的に展開したのは戦後のことである。火光サケ漁の許可証は昭和二十六年に取得した。火光サケ漁は、アデノリ漁に比較して効率がよい。それは、アデノリが、魚を予想して仕掛けるのに対して火光は魚の姿を確認してからヤスを使うからである。火光サケ漁は長く続けた。じつに、平成元年まで続けたのである。その間、火光漁の技術は長男の信行さん（昭和二十二年生まれ）に伝えられた。

夜間に、しかも川の流れの中で行う火光サケ漁には様々な技術があり、他者からはうかがい知れないくふうがこらされていた。写真5の㋐㋑は火光サケ漁に使うヤスであり、㋒は、冬季にザッコ（寒ウグイ）を突くためのヤスである。㋐㋑は傍目にはほとんど同じものに見える。㋐は、長さ一九・五cm、幅一一・二cm、㋑は長さ一八・七cm、幅一一・四cmである。計測してみても大差ないと思われるのであるが、写真を撮り、計測している傍らで仁平さんは次のように語った。㋐の方が大きくて重く、㋑の方が小さくて軽い。下り舟で使うヤスは、舟を操る力がいらないし、流れに逆らうこともないのでヤスが使いやすい。下りには大きく重いヤスを使う。下りには水深の深いところを下るからヤスの柄は二・七m、棹と同じ長さにする。上り舟の場合は水流に逆らう形でヤスを使うのだから動作がしにくい。したがってヤスは軽くする。溯上は、浅いところを上るのだから、ヤスの柄も短かく、二・五ｍでよい。

言われてみれば至極当然のことでよく理解できる。しかし、右の、仁平さんの話は深く傾聴すべきものである。そこには、「河川漁撈の本質」がよく語られているのだ。「水流」「水流の動態」を無視して河川漁撈は成立しないのである。漁具はこうした河川環境とじつに微妙に連動するものなのである。そして、漁具は、それを使う人の身長や体力にもとづいて作られるのが基本である。一種類の漁具が一見同じように見えても、それは河川環境、使用者の身体条件とからんで、一つ一つ個性を持っているのである。それを、注文に応じて作り出すのがムラの鍛冶屋であった。仁平さんのようなすぐれた川漁師も、流域の鍛冶屋・舟大工たちの技術に支えられていたのであり、鍛冶屋も、舟大工も、仁平さんたちのような腕の良い川漁師の厳しい注文に応える中で技術を磨き、それを伝承してきたのである。そこには確かで質の高い「民俗連鎖」があった。

火光サケ漁は鵜飼のアユ漁と同様に月光を忌む。火光サケ漁も、鵜飼アユ漁も、ともに「月の盈虚（満欠）」と「月の出入りの時間」を基準にして展開される。月夜と闇夜とでは地理的な漁撈範囲も、漁撈時間も異なってくる。宵闇のめぐりなども、あまり遠くへは出かけられない。しかし、闇夜の場合は、遠くまで出かけられ、長時間漁をすることができた。宵闇には外城付近で漁をしたが闇夜には一一㎞下流の栃木県芳賀郡茂木町大藤まで出向くことができ、漁獲量も多かった。一晩にサケを五〇匹獲ったこともある。そんな、太陰周期の折には烏山の問屋が四人ほど、朝、暗いうちから買いつけに来て河原で待っていることがあった。このように、「太陰周期」という天象環境要素も河川漁撈に大きな影響を与えていたのである。このような火光サケ漁の収入が生活費の八〇％に及んだ年もあったという。

〈ツナギメス〉　メスのサケを投網で獲り、それを囮として行う漁法を「ツナギメス」「カマス網」などと呼ぶ。囮をつなぐ方法は、まず、メスザケの頭部に紐をつけることから始まる。ａハナカンと称して鼻の穴に紐を通して縛る方法、ｂ口に紐を噛ませて縛る方法、ｃ口から紐を入れ、紐の両端を左右のエラの上部から出し、エラベタを挟まないように注意して頭の上で縛る方法、などがあった。そうしてメスザケにつけた紐の、口から一尺の長さのところに、ヨリホグシ（縒り解し）と呼ばれる鉄製の鐶をつける。鐶の二箇所に回転自在の釘をつけ、その釘の外側の頭に、メスザケを縛った紐の端を結びつける。そして、いま一つの釘頭に、杭に結びつける紐の一端を結びつける。ヨリホグシの鐶をつける目的は、囮のメスザケの游泳によって、紐が縒れ、絡むのを防がんとするところにある（三四三ページ図3参照）。文字通り「縒り解し」である。ヨリホグシの鐶から杭までの長さは五尺ほどである。そして、囮のサケの尾から六尺ほどの下流に、幅三間から四間ほどの網で、下部が袋状になっているものを張る。

カマス網には二種類がある。九月下旬から十月上旬にかけての期間で、ホッツボ（掘り坪）とは限らず、サケのよく回る場所を選んで仕掛けるものを「メクラカマス」と呼ぶ。それに対してホッツボ即ち、産卵場所に仕掛けるものをホリカマスと呼んだ。十月二十日を「麦蒔き土用」と呼んだが、その麦蒔き土用から十一月末日までの間にはホリカマスを仕掛けた。カマス網の設置場所は、沖が七割、岸が三割といったところだった。

〈ナガシカギ〉　ナガシカギ（流し鉤）またはカギヒキ（鉤引き）と呼ばれる漁法があった。この漁法は、ホッツボに集まるサケを、夜、舟の上から流し鉤を使ってひっかけて獲る方法である。鉤は天地八・三㎝、天の長さ九㎝でカエシ付き（三四五ページ写真9参照）、柄は竹で二間といったものである。鉤の鉄柄の部分は約二尺であるがそこには木綿布が巻いてある。これは、鉄が川床の石に当たって出る音を防ぐためである。

ホッツボの下手が比較的平らになっているものは、オスが砂利を流しているのだが、ホッツボにオスがついていないとそれはドンブリのような形状を示している。主に流し鉤で漁獲するのはオスであるため、当然、オスがついているホッツボを対象とする。夜ホッツボで流し鉤漁をしようとする場合、明るいうちにそのホッツボに赴き、舟の上から鉤合わせをしておく。ホッツボでは、メスは必ず上手を泳ぐ。そのメスの体半分より下手にオスがつく。それも計算に入れ、サケの動く範囲、舟の位置、舟の中で自分が座る位置を鉤竿の長さをふまえて定める。鉤は上流から下流へ流すのであるが、その範囲も、実際に鉤を流してみて決めておく。舟の位置、自分の座る位置の下には目印として白い石を置く。

一匹のメスに対して四、五匹のオスがつくので、そのオスを対象にし、メスは残しておいて翌日も使う。サケは、モノが流れてくるとその上を通って泳ぐ習性があり、アユは反対にモノの下をくぐって泳ぐ習性があるという。この習性をふまえ、流し鉤漁では、鉤の鉄柄の上を泳ぐサケをひっかけることになる。卵を腹に持ったメスの方が当たりが重く、オスの方が軽い、この微妙な感触を読解する力によって、メスを残し、オスのみを獲ることが可能になるのだ。ホッツボを基準にした場合、岸側から鉤を流すものをキワップネ流し、反対に沖側から鉤を流すものをオキップネ流しと呼ぶ。通常はキワップネ流しでよいのだが、魚が特にサトいと判断した時にはオキップネ流しを行う。

先に紹介したホリカマスにしろ、右に紹介してきた流し鉤にしろ、ホッツボの発見が必須の条件となる。仁平さんがサケ漁に力を入れていたころには、朝・昼・晩の三回、ホッツボ・ホリバの探索に出かけた。朝の発見が一番きつかった。多くのサケ漁師が競ってホッツボを探すのである。当然、占有権の標示が必要となる。那珂川流域では、それを「目石」によって行った。目石とは、目標・占有標示となる石のことで、それは、白石だった。ホッツボの斜め上流二〜三m、遠くても四〜五mの位置に置かなければならない。径五寸ほどの白石を三個、品のように並べてあれば、それは仁平さんの印である。石を二つ並べる人もあり、ホリバの上流部に径八寸以上の白い石を一個置く者もあった。川漁仲間では、目石の置き方で、誰が発見したホッツボであるかを判断することができた。既に他人の目石が置かれていれば、誰もそのホッツボを使う者はなかったし、そこに近づく者もなかった。しっかりと民俗モラルが守られていたのである。

〈コロガシ〉　十月十五日から十二月十五日にかけて「コロガシ」または「ガラン」という漁法も行った。これは、昭和三十年代に入ってからである。二〇号のテグスを使い、一・五mの間に一〇本の掛け針をつけ、最も根方の針から四〇cmのところに錘をつける。竿は五mでリール式である。テグスの長さは川幅による。

十月下旬から十二月半ばまでの間、ホリにつくオスを夜間鉤で獲る方法もあった。オスザケのことをカナンボと呼んだ。また、この期間ホリにつくサケを投網で獲ることもあった。十二月から一月にかけてのアオンドはヤスで捕る。

〈サケの食法〉　サケの食法には次のものがあった。切り身にして味噌・醤油・砂糖を混ぜて一夜漬けにして食べる。アラ汁と称し、サケの頭・骨とともに里芋・大根を煮る。ヒズは特にうまい。「サケに捨てるものなし」という口誦句がある。サケの頭を使った行事食に注目すべきものがある。二月の初午の日に「シモツカリ」を作る。塩引きザケの頭を細かく刻み、オニオロシと呼ばれる竹で作った粗いオロシ道具を使い、センツキと称する粗い大根おろし、人参をおろしたものを混ぜる。これに、保存しておいた節分の大豆を箕に入れ、一升枡の底で擂りつぶしたものを入れる。牛蒡・酒粕などを加えて煮ることもある。こうして作ったシモツカリを、ツトッコ(藁苞)に入れて稲荷様と馬頭観音様に供え、家族も食べた。二の午にも作ることがあった。初午が早くめぐってきた年は火が早いから注意しろと伝えられている。

⑵マス漁

「桑の芽が雀がくれになるころマスがのぼってくる」という自然暦口誦句がある。桑の芽が生長して雀が見えなくなるころにサクラマスが溯上してくるというのである。当地の人びとがマスを獲るのはこの季節ではなく、真夏の渇水期に、少なくなった水の水温が上昇するころ、すなわち「水が沸く季節」だった。そうした季節、マスは、「水さし」と称する、清水の湧出地に寄った。水さしに集まるマスをヤスで突いたのである。水さしまでたどりつくことができずに死ぬマスもあったが、死んでも眼の黒いうちは食べることができると伝えた。マスは、味噌・醬油・砂糖を混ぜたものに半日漬け、焼いて食べるのが一番美味だとされた。

(3)アユ漁

アユはトモヅリと投網で獲った。トモヅリは六月一日から十月初めまで、投網は六月一日から十一月下旬まで行った。十月以降は産卵場所を追って茨城県側に入った。月夜にはアユの夜漁ができない。月が落ちて三十分してはじめて夜網を打つことができた。仁平さんは小学校三年生の時にアユ釣り用の竿を父親から作ってもらい、トモヅリを始めた。小学校六年生の時には自分専用の舟を作ってもらった。登校中に夕立が来た折などには、父親が舟の管理をしてくれた。高等科の月謝は一箇月五〇銭だったが、仁平さんは高等科の月謝をすべてアユ漁によって自分で稼いだという。夏の川漁の服装はズボンとシャツに麦藁帽子、足はアシナカ草履だった。アシナカは河原や水中でよく力が入った。アユの食法は塩焼き・照焼きなどが主だったがアユ飯にもした。アユ飯の味つけは醬油と塩だが、米八合に塩小匙一ぱいと八分目、醬油ワンカップ六分目で、今でも仁平さんが炊く。

父の松衛さんはアユ竿作りの名人だった。アユにひかれて竿を作るようになったのだという。材料の竹は栃木・茨城・千葉から集めた。仁平さんは父から釣竿作りの技術を伝承しており、今でも竿の注文に応じている。

(4)ウグイ漁

産卵期のウグイをアイソと呼ぶ。三月の彼岸ごろがハシリ、魚体は一尺にも及ぶ。四月十五日、桜のころがナカテで、魚体は五、六寸だがこのころが旬で味がよい。五月に入ると末っ子である。漁法は投網である。コケがついていない素石、砂利で流れの段の下に人工的な産卵場を作る。産卵場のために砂利を積むことをブチジャリという。四尺×一尺ほどの場を作り、産卵のためにそこに集まるアイソに網を打つのである。瀬の条件によって産卵場の面積を変えた。十二月下旬から一月にかけては「流れ突き」と称してガラスでのぞき、ヤスで突いた。ヤスは一〇種類ほど用意していた。アイソは焼いて山椒味噌をつけて食べた。冬季のウグイ、即ち寒ザッコおよび寒のハヤ(オイカワ)は、紙漉きの仕事が終了した十二月二十六日から一月五日までの正月休みにヤス漁で獲った。暖をとるために、バケツで炭を焚き、舟にのせた。寒の魚は脂が乗ってうまい。寒ザッコは正月魚にした。焼いて醤油をつけて食べるか、煮るかして食べた。煮る場合は骨を軟かくするために梅干を入れた。

父の松衛さんは魚の焼き方を「海腹川背」と仁平さんに教えた。海の魚は腹から焼き、川の魚は背から焼けというのである。アユも、ウグイも背から焼くのである。まず背から焼き、次に腹を焼き最後に横を焙る。食べる時には、よく焼けたものを立て、尾を除き、背を押さえて頭を引けば自然に骨と肉とが離れる。

ウグイ属のマルタは三月中旬から四月末までの間に獲った。

(5)ニゴイ・カジカ・ナマズ・モクズガニ

ニゴイのことをサイまたはサイッコと呼んだ。漁期は十二月下旬から二月にかけてで、ヤスで獲った。味は良いが骨が多いので困った。サシミにして食べたが今は圧力鍋で煮る。カジカは四月十五日から四月末日まで夜、メガネを使ってカジカヤスで獲った。「四月カジカ農に別れる」という口誦句があるほどに四月のカジカは味が良い。串焼きにして食べるのである。

田植時に灌漑用水路および水田でナマズ・ドジョウを獲った。縫い針で作った針ヤスを使い、夜、カンテラを点して獲った。針ヤスでケガをした人が出たので水田での夜漁は禁止となり、川の夜漁の規制も厳しくなった。ナマズは煮て食べた。九月から十一月にかけてモクズガニを獲った。漁法は筌だった。「月夜ガニは身が少ない」と称して月夜にはカニ漁を休んだ。食法は、姿のまま炊き込むカニ飯、カニを叩いて濾し、汁にするカニ汁などだった。五月・六月にはタニシに米糠をまぶして水口にドジョウウゲを掛けた。ドジョウは塩でヌメリを除き、出しとして使った。

⑹ウナギ漁

五月下旬から八月末まではミミズを餌にして筌でウナギを獲った。蓮見家の納屋の天井には孟宗竹を削って棕櫚縄と箍で美しく整えられたウナギ筌が三〇本ほど積まれている（写真6）。口径一三cm、長さは八七cmから九五cmである。一旦入ったウナギが逃げ出せないようにカエシがつけられている。カエシを構成する竹のことをアゲと呼ぶ。アゲは二枚重ねで、外アゲが長さ一四cm、中アゲが一五cmである（写真7）。カエシの口は、乾燥時には径三cm以上もあるが、水につけたとき小豆粒ほどにならなければだめだという。三〇本の筌はすべて仁平さん自身が作ったものである。筌は、下手に向け、河床を掘って据え、石で止める。一回に一〇本ほど仕掛け、それを年に六、七回行う。戦前に比べてミミズが減ったのでミミズ採りが困難なのだそうだ。

写真6・7　仁平さん手作りのウナギ筌・栃木県那須烏山市下境

⑺川の今昔

仁平さんの長男信行さん（昭和二十二年生まれ）

は現在会社員をしているが、小学校四年生の時から仁平さんとともに川舟に乗った。サケ・アユの投網漁をしたのである。六年生の時には一通りの漁はできるようになっていた。信行さんは現在でも、漁期の日曜日にはアユ・サケの漁に出る。サケ漁も、現在、火光・コロガシ・ツナギメスの漁法は許可されている。蓮見家には川漁の伝統が継承されているのである。

蓮見家で使っている川舟は長さ四間二尺、幅尺九寸、平成十三年現在で、この大きさの舟で、普通材のものが一三万円、良材の舟が一五万円だという。こうした川舟をササブネと呼ぶ。ササブネは、向田・久那瀬などの舟大工に頼む。

仁平さんは、「川は楽しい場所だが危険な場所でもある」ということを若い人に伝えたいと語る。鬼怒川は川底に大石があるので川の表面に比べて底流は緩いが、那珂川は川底の石が小さいので表面よりも底流の方が流れが速い。その点で那珂川の方がおそろしい。「川に入る時はアルコールは禁止だ」とも語る。

仁平さんの少年時代に比べて現在は川や魚にも変化が見られる。少年のころ、川へ泳ぎにゆく時焼けた河原石を踏むと足の裏が焼けて熱くて困るほどだったが、今ではその河原が葭で埋まっている。平成十年から川鵜が飛来し、住みついた。このあたりに一〇〇羽の群がおり、いくら威嚇してもすぐにやってくる。川鵜が川魚を喰い尽くしてしまうのではないかと心配である。仁平さんの少年時代に比べてサケの数が減り、かつサケが小型になっている。海のサシ網の影響があるのではないかという。

平成十三年九月上旬に那珂川流域を歩いた。その折、高瀬(小川町)・ひのきや(烏山町)・舟戸(烏山町)、支流荒川で一つ石(烏山町)、支流武茂川で武部(馬頭町)などのアユ簗を見た。中でも、九月二日(日)に見た高瀬簗は殷賑を極め、駐車場は満車、数棟の桟敷テントはアユを食べる人びとで満ちていた。いわゆる観光簗である。観光簗は、大田原市湯津上佐良土に出現した「なかがわ水遊園」と相俟って晩夏の観光コースになっていた。観光簗の出現も川の変化の一つと見てよいであろう。

これほどの簗設置は、その他のアユ漁に影響を与えるのではないかと思われるのであるが、仁平さんは、簗は他のアユ漁には関係ないだろうと語る。アユは、春先、河口部に暖流が押しあげれば豊漁になる、水量が多いことも豊漁につながる。春・花霞の時期が長ければ長いほどアユは豊漁になるという。逆に、春、寒さが残る年はアユは不漁になる。

河川工事の泥水はアユに悪影響を与えるが、台風は必ずしもアユにとって害をもたらすものだとは言えない。台風が来ると、その水でアユも下るし、何よりも河床に素石が出て産卵の条件をよくするというのである。

下野大橋から那珂川下流方面を望むと、右岸の河原べりに川舟が点々とつながれているのが見えた。那珂川流域では平成に入っても多様な河川漁撈が営まれていることがわかる。

仁平さんの河川漁撈技術は広くかつ精細であり、魚の生態と環境にかかわる知識もじつに豊かである。驚いたことに蓮見家の河川漁撈は、生業の総てではなく、生業の複合の一本の柱だということだ。蓮見家では、長く、畑六反歩余・稲作水田四反歩で農業を行ってきた。蔬菜類は別として、換金作物のタバコ栽培を組み込んだ畑作栽培作物は多種に及ぶが、限られた耕地を有効利用するために、二つの大きなくふうがなされていた。その一つは、循環と輪作である。いま一つは、耕地を酷使するような過密な耕地利用を救い、耕地を再生させるための施肥だった。この地の肥料の中心は木の葉堆肥だった。東山に一町歩の山を所有している。山にはクヌギとコナラが多く、その落葉を堆肥にした。落葉を堆肥するために十一月から十二月にかけて家族全員で十日間ほどかけて家まで運んだ。木の葉掻きの前には山の下刈りをしなければならなかった。竹垣を結って堆肥場を作り、落葉・藁・米糠などを混ぜて積んだ。蓮見家では昭和二年に馬を手離したので以後は厩肥を利用することができなかった。熟成した堆肥は堆肥置場の前でキリカエシを行い、タバコ・麦・陸稲などに施した。これとは別に、三月初め、クヌギ・コナラの落葉を背負い籠で運び、水田に入れた。

蓮見家では、河川漁撈、換金作物たるタバコ栽培を含む農業のほかに紙漉きを行っていた。原料のミツマタやコウゾを仲買人から求め、美濃紙・提灯紙・傘紙、襖の下貼り紙、選挙の投票用紙などを漉いた。接着材として使うトロアオイは自家で栽培していた。和紙造りには干し板が必要で、蓮見家には四〇枚の干し板がある。原料の煮沸には燃料も必要となる。紙漉きの季節は十一月から四月末の農閑期であり、漁撈の手もすく季節で、極めて合理的だった。仁平さんが紙漉きをしたのは、出征期間を除き、昭和十二年から昭和三十六年の間だった。

蓮見家の生業複合は右のようにがっちりと組まれており、おのおのの生業要素にかかわる技術や知識は多彩で深いものが求められていたのだった。

3 栃木県大田原市黒羽向町――那珂川

黒羽のマチは近世那珂川舟運にかかわって形成された要素が強い。町を歩くと石蔵や、土蔵造りの商家が目につく。向町は南北に通る町の北のはずれである。向町に住む菊池龍三さん(昭和三年生まれ)は、父恩四郎さんから那珂川を舞台として様々な川漁撈を伝承し、実践してきた人である。

専門の川漁師ではなく、飯島材木店に勤めながら川漁を続けてきたのである。龍三さんは父から直接手をとって漁や漁具の作り方を教えられたことはない。昭和十三年、十歳の時から十九年まで父とともに川漁をしたのであるが、「よく見て覚えよ」と口癖のように言われた。龍三さんが二十歳の時恩四郎さんは他界した。恩四郎さんも材木関係の仕事をしていたのであるが、恩四郎さんの代の菊池家の収入は、材木関係六割に対し河川漁撈の収入が四割ほどだった。龍三さんの代には、勤めが九割、川漁の収入が一割だったという。以下は龍三さんの体験と伝承による。

⑴サケ漁

「大根の間引きをするころ最も早いサケが来る」という口誦句があるが、実際のサケ漁は十月一日から十一月十日ごろまでだった。「ワセ」が十月一日から十月十日、魚体は二尺、「ナカテ」が十月中旬から十月末までで、十月二十日が盛りだった。ナカテの魚体は尺八寸ほどである。「オクテ」は十一月一日から十一月十日で、魚体はナカテと同じくらいである。オクテの中に「木の葉返し」と呼ばれる小型のサケがある。川に木の葉が流れる季節に木の葉を返して産卵するという意で、美しい呼称である。オクテの中には「ヒレシロ」という、下腹のヒレが白い魚もある。サケ漁の漁法は種々あるが、それは以下の通りである。

〈ツナギメス〉　囮のメスザケをつないでオスを寄せて獲る方法である。最初の囮は投網で漁獲。サケはエラをいじりすぎると死んでしまうので注意深く、エラの上、頭に紐をかけ、おのおのの両端をエラから入れて口へ出す。口の外で両方を結び約一尺のところでヨリホグシのために径二cmの鉄の鐶に結ぶ。鐶の二箇所に三寸釘の頭を使って紐どめをつけておき、その紐どめに紐を結びつけるのである(図3)。そして、いま一つの釘頭に、固定用の石に結びつけるための紐を結びつける。固定用の石は径一尺前後である。鐶と石の間

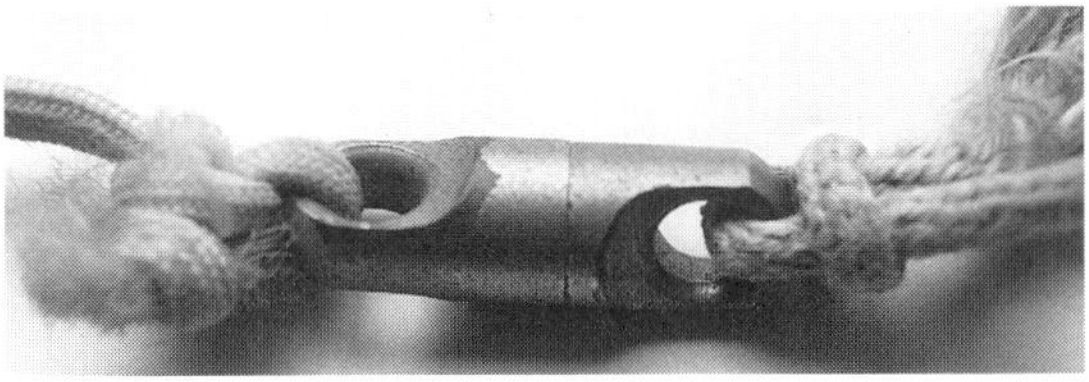
写真8　サケのツナギメス漁に使うヨリホグシ・栃木県大田原市黒羽向町、菊池龍三家

図3　ヨリホグシ

は五尺ほどである。ヨリホグシの鐶は、現在は銅製の、回転式連結具（写真8）になっている。それは径一・一cm、サケの口から出した紐を結ぶ方が長さ二cm、石につなげる紐を結ぶ方が長さ一・六cmである。おのおの、連結点と反対の方に紐を通す穴がついている。連結点が自由に回転するのでサケが動いても紐がからまないようになっているのである。サケの尾から約一尺のところにカマス網を張るのである。囮のサケは約一週間はもつ。

〈ホリバの発見〉　サケの産卵場のことをホリバという。ホリバで行う漁に「流し鉤漁」と「置き鉤漁」とがあるが、これらの漁はいずれもサケのホリバの発見が前提となる。漁師は、ホリの季節には毎朝ホリバ探しに出かける。ホリバを発見すると、ホリの岸側に、径一〇～二〇cmの白い石を三個並べておく。これが占有標示となり、この標示があると誰もそのホリに手をつけることができないという不文律がある。ホリバの約八〇％は岸から二～三間の位置、二〇％が沖である。ホリバを沖に作る魚は強い魚である。

〈流し鉤漁〉　流し鉤漁に使う鉤は写真9の通りであり、鉤の天の部分の長さは約九cm、天地の幅は七・五cm、柄に連接する鉄の部分は二尺である。その鉄の部分に長さ二間の竹の柄をつける。そして、写真9でもわかる通り、鉤の地の部分、即ち、竹の柄につなぐ鉄の部分には木綿布を巻く。これは、鉤が川底の石に触れた時にたてる金属音を防ぐためのくふうである。その音でサケが逃げるのを防ぐのである。

流し鉤漁は夜漁で、七時から十時ごろまで行う。闇夜の方がよい。ホリバに白石を置くのであるが、その岸の部分も夜の目印とし、白い石を二個重ねておく。岸に座り、ホリバに鉤を入れてオスのサケを狙うのであるが、腰が冷えるので藁を持ってゆき、藁を敷いて座った。寒さを防ぐために酒を飲んで行くことが多かった。鉤への当たりはカナンボー（オス）の方が強い。メスは腹に卵を持っており、腹を大事にするのでメスの方が当たりが弱いのだという、鉤への当たりをたよりに、素速く鉤を引くのである。メスに寄ってくるオスを何匹か獲った後にメスを獲った。

〈置き鉤漁〉 置き鉤は写真10の通りで、鉤を立て、川床に安定させておくために翼状に鉤の地部の左右に、幅二cm、長さ四〇cm、厚さ三mmの鉄板をつけてある。鉤の天地は八・五cmである。この鉤をホリバに置き、サケが鉤の前を通る瞬間に岸から引くのであるが、その引き綱は写真10に見る通り、折りたたみ式の針金である。一本の長さは一尺で、総延長は三間余ある。置き鉤漁は昼間の漁である。

〈アタイ漁〉 川舟を二艘使い、艫にアミタテ役が立ち、幅三～四間、長さ五尺ほど網の両側につけた竹を持ち、舳に棹持ちが乗る。流れに沿って下りながらサケを追い、サケが網に入ったら舟を回して岸につけてサケを獲るという方法だったが、あまり効率はよくなかったという。

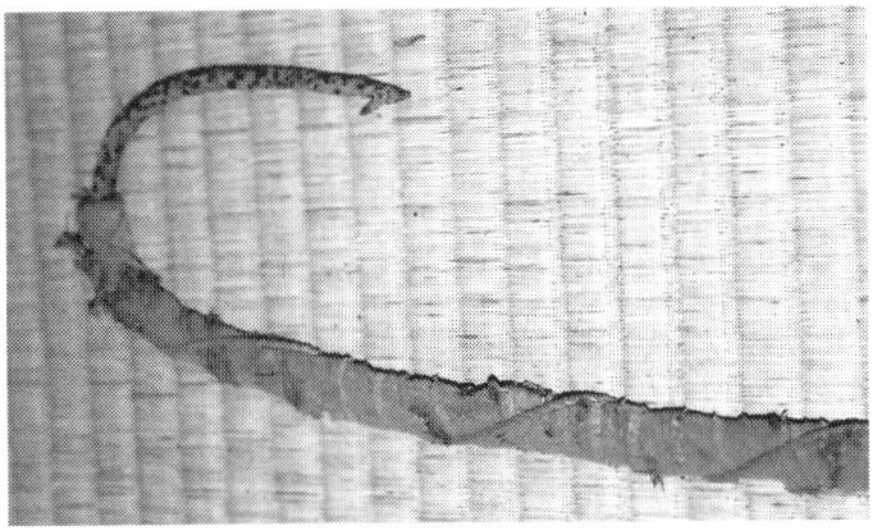

写真9　サケ漁の流し鉤・栃木県大田原市黒羽向町、菊池龍三家

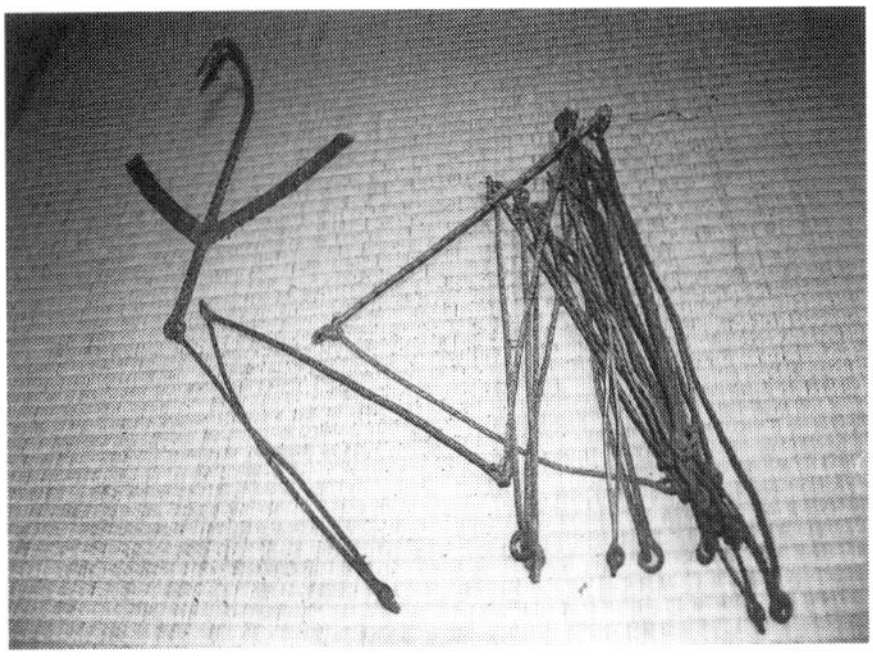

写真10　サケ漁の置き鉤・栃木県大田原市黒羽向町、菊池龍三家

〈投網漁〉 夜、川舟に乗ってホリバに寄るサケに投網を打つ方法である。

〈ガラガケ＝グイショ〉 屈曲延長七cmほどのカエシなしの針を二〇号のテグスに二五cm間隔で八本つけ、鉛の錘をつけてさらに川幅に応じたテグスを張る。それを一間～一間半の竿につけて振る。サケがかかった時の手応えがよい。この漁法は昭和四十年から行ったが一日一〇本も獲ったことがある。

昭和二十五年ごろの菊池さんの漁法と漁獲量は次の通りだった。流し鉤＝一〇匹・置き鉤＝五〇匹・投網＝五〇匹、アタイ漁はほとんどだめだったという。昭和二十年代にはサケが良く売れたそうだ。昭和三十年までは刈りあげの御馳走として農家の人びとがサケを買いに来たものだという。「水の多い年にはサケが多い」「サケが多くのぼった年から三年目か四年目にはサケが多い」と伝える。

〈サケの食法〉 サケは切り身にして焼き、夕食のオカズにしたが、味噌漬け、それも一夜漬けが一番美味しいという。塩引きにしておいて、白菜・タマネギなどを入れ、味噌味の鍋にもした。頭も焼いて食べた。今は皮をむいてバター焼きにする。イクラは塩または醤油で食べる。

⑵マス漁

「ネコヤナギの芽が出るころマスがのぼる」という口誦句がある。マスは雪代に乗って溯上するのであるが、実際に獲るのは夏の土用だった。水の多い年はマスが多いと語り伝えている。「土用マス」という言葉がある。土用のころのマスは身が真赤で、肉が皮を圧してはちきれんばかりである。この季節には水温が上がるので冷温を好むマスにとって、那珂川本流の、減水した流れの水温は耐えられない。マスは清水の湧き出るところに集まってくる。そこに投網を打つのである。翌朝河原を歩くと網から逃れて傷ついたマスが河原に跳びあがっていた。それを拾うのも楽しみだった。「土用マスを食べると三年前の病気がもどる」という口誦句がある。あまりにうまくて栄養があるので三年前の腫れものなどがぶり返えす、というのである。マスが多く獲れた時には親戚や知人に配った。食法は、味噌の一夜漬けか塩焼きだった。昭和二十年代までは魚体は尺二寸ほどだったが、現在は一尺ほどと小型になったし、溯上してくる数も激減した。

⑶ウグイ漁

産卵期のウグイのことをアイソと呼ぶ。アイソ漁の漁期は四月一日から五月末日までである。ワセは四月上旬で魚体は一尺に及ぶ。ナカテは四月下旬から五月上旬にかけてで、魚体は六～七寸、オクは五月中旬で、三寸五分と小ぶりになる。アイソの産卵場を人工的に設置するのであるが、その人工的な産卵場のことを「アイソボリ」と呼ぶ。アイソボリの大きさは河川地形によって異なるが、幅三尺、長さ三尺～一間ほどである。アイソボリにはタテボリとヨコボリとがある。タテボリは、川の流れに沿って縦長に設置するものであり、ヨコボリは、流れに対して横に作るものと思われがちであるが、そうではなく、岸から腕を湾曲させたように上流に向かって張り出す形をとるのである。タテボリは川の水流中に作るので砂利がたくさん要るのだが、ヨコボリは、岸から砂利を積み始める形になるのでタテボリに比べて砂利積みが容易である。菊池さんは専らヨコボリを作った。アイソボリに、産卵のために集まってくるアイソを投網で獲ったのである。食法は塩焼きで、山椒の葉を添えて食べた。

冬季のウグイのことをザッコと呼び、寒ザッコなどともいう。龍三さんは、父恩四郎さんの行った、独得なザッコ漁の方法を伝承している。その漁法は「ツケ漁」と呼ばれる。新暦十二月、川岸の流れに面した部分を幅一間、岸の奥に向かって三～四尺ほどの範囲を半円形に掘りあげ、水流とつながる形の半円形の穴を掘る。その穴の中に、円柱状に玉石を積みあげるのであるが、玉石の段の間に稲藁を敷いては積みあげてゆき、最上部水面には藁と笹竹をかぶせて重石を置く。こうして、その円柱ができると、しばらくそのままにしておき、寒ザッコが玉石の間に入るのを待つ。ザッコがツケの中に入っているか否かの点検に赴き、石の上に砂が点々と出ていればザッコがツケについているのである。ザッコがじゅうぶんについていることを確かめるとツケ穴の川に面した部分に半円形に女竹の簀を立ててツケを遮閉し、一旦入った魚が逃げないようにする。その簀には径八寸ほどの筌の口を外に向けてとりつけてあるので、簀で遮閉している間でもザッコを掬い獲ることができる。石積みを崩してザッコを漁獲するのは旧正月前である。石を除きながらサデ網を使ってザッコを獲る。寒ザッコは五～六寸で、酒と醤油で煮て正月の酒の肴にした。寒ザッコはよく売れた。

⑷アユ漁

アユ漁はトモ釣りとヒッカケだった。期間は六月一日から九月三十日までで、ヒッカケは針四本を固定し、花のような形状にしたものを三本つなぎ矢篠竹の竿の先につけ、覗きガラスを使ってひっかけるのである。アユは塩焼きにして食べたが、串に刺してから焼いて、メンゴと呼ばれる藁筒に挿して保存し、出しにしたり、甘露煮にした。内臓はウルカにしておき、食用のほか、熱さまし、虫歯の薬にした。虫歯の薬として使う時は、布に塗ってから頬に貼った。

⑸カジカ・モクズガニ・ウナギ

カジカは筌漁で、期間は四月一日から五月三十日、筌は口径一尺、長さ尺五寸ほどだった。筌はノボリウケで口を下に向け、誘導のためにトメ（袖型）を作った。朝・昼・晩三回見回りにゆき、生簀に入れておいた。串焼きにして醤油をつけて食べた。三月・四月にはカジカの卵も採って食べた。ナマで醤油をつけて食べるか、醤油で煮るかだった。十月一日から十一月三十日の間は筌でモクズガニを獲った。当地ではモクズガニのことをササガニと呼ぶ。筌は篠竹製で、口径三尺、長さ五尺といった巨大なものだった。モクズガニの筌は下りウケで、口を上に向け、川床に石でトメを作って筌に導入した。毎朝一〇匹から一五匹は入った。塩茹でにしたり、袋に入れて金鎚で叩き、味噌汁に入れるという方法もあった。

ウナギは六月一日から九月三十日までの間に獲った。漁法は筌漁と下げ針漁だった。筌の餌はミミズまたはドジョウで、一日一〇本は獲れ、食堂に売った。いま一つは下げ針漁で、置き針のことである。餌はカジカかドジョウで、下げ針の方が筌よりも大きなウナギがかかった。食法はカバ焼きだった。

⑹河原木その他

増水の最中に川原木を鳶口を使って拾う習慣があった。もとより燃料にするためである。占有標示には石を使った。龍三さんは、自分の子供のころは今よりもずっと水が多く、泳いでは渡れなかったほどだったという。また、河原の草は夕顔くらいのものだったともいう。川舟は烏山の舟大工に作ってもらった。烏山からは舟でのぼったという。

4 栃木県那須郡那珂川町小川谷田——那珂川

小川谷田は那珂川中流域右岸の、川に最も近いムラである。同地の高瀬栄さん（大正十年生まれ）は稲作農業のかたわら那珂川を舞台として河川漁撈に力を入れてきた。以下は高瀬さんの体験と伝承による。

⑴サケ漁

「間引きした大根を川で洗うころサケが上ってくる」という口誦句がある。大根の間引きは九月半ば過ぎで、このころサケがこの地に溯上を始めるのだという。最初に溯上してくるサケを「ハシリ」と呼ぶ。ハシリは十月初めが主で、それは鼻曲り、大きいものは三尺近くもある。次は「ナカテ」で、オスもメスも二尺前後はあった。十一月に溯上してくるサケを「コノハガエシ」と呼んだ。川に流れる落ち葉を返して産卵するところからこの呼称がついたのだという。コノハガエシのメスは三尺ほどのものもあるが、オスは一尺から一尺五寸ほどである。味はハシリが一番うまい。サケの漁法には次のものがあった。

〈カマス網〉 囮のメスザケを杭につなぎ、近寄ってくるオスをカマス網で獲る方法である。杭を打つ場所や杭の長さは川の条件によって異なるが、サケが産卵しそうな条件を備えた川岸の浅いところを選ぶ。囮のサケの口から麻紐を入れ、両方の端を左右のエラからおのおの出して、それを頭上で結ぶ。口の紐に麻紐をつないで杭に結びつけるのである。こうしてつないだメスザケは上流に頭を向けて泳ぐ形になるのだが、その魚の尾の位置の下方、左右おのおのの三尺離れたところに杭を打ち、たるみを持たせてカマス網を張った。オスのサケが囮のところに寄り集まってくるのは午後四時過ぎからである。昼間はかからない。夜、一時間おきにカマス網を見に行くのである。高瀬さんの経験した中で、一匹の囮で、オス三五匹を獲ったのが最高だったという。現在では囮のメスの尾にヒッカケ針をつけておくという方法をとるが、この方法はメスの傷みが早いのであまり良い方法とは言えない。カマス網の場合、囮は長いもので二週間使えたという。

〈アデノリ漁〉 アデノリ漁は、二艘の川舟とそれに乗る四人の漁師と、二艘の川舟の間に張る網によって行う漁、居繰網漁のことである。アデノリ漁はナカテが最も盛んに溯上する時期に行った。一般の舟にはアミタテ(網立て)とサオ(棹)が乗るが、舳先に経験豊富な漁師がアミタテとして乗って網を扱う。艫には舟の移動や安定を担当するためにサオが乗る。二艘の舟のアミタテが呼吸を合わせて網を扱うのである。網にはネコヅナと呼ばれる綱がついており、サケが網にかかるとすばやくネコヅナを放してサケを網に封じこむようにして漁獲した。アデノリ漁は少し水が濁っている時の方がよいとされた。漁獲の配分はアミタテ六に対してサオは四とされた(事例2参照)。

〈ヤス・鉤・チンチン網〉 ヤスはカエシのある四本ヤスで幅・長さとも八寸、柄は竹で七尺ほどだった。ヤスは、ホリについたサケのうちオスのサケを獲るのに使った。メスより下流にいるオスを目がけてヤスを投げるのである。鉤は天地の間が九㎝、鉄の柄の部分が三尺、それに七尺の竹の柄をつないだものだった。鉤は流れの速い瀬のホリバで使った。舟に乗って鉤を水中につけ、メスの後についているオスを狙って引いた。ヤスも鉤も対岸の向田の鍛冶屋で作ってもらった。その他に、囮のサケを使ったチンチリン網漁(事例5)があり、昭和二十年から三十年まで行った。仲間二人で行い、夜、小屋番をするのであるが、一晩に二〇〜三〇匹獲れた。産卵を終えたサケのことをホットリと呼ぶが、これは食べることなく拾って植木の肥料にした。なお、十月二十日のエビス講の日にはサケ漁を休んだ。

〈サケの食法〉　サケはまず稲の刈りあげの御馳走にした。切り身を一晩味噌漬けにして焼いたのであるがその味はよく、刈りあげの季節にはよくサケが売れた。当時には刈りあげとは別に、脱穀をも含んで、すべての秋の仕事の終了を祝う行事があり、それをシモツガリと呼んだ。シモツガリには、サケを塩・味噌・醬油のいずれかで焼いたり、頭も含んで大根・人参・牛蒡などと煮て食べる方法があった。シモツガリの料理には、ヒズも骨もすべて入れた。当地では、収穫した大根を穴に埋め、藁をかぶせて保存した。こうして埋めておいた大根を四月の初めに穴から出すのであるが、大根を穴から出す祝いがあった。この時までサケの頭を塩漬けして保存しておき、穴から出したての大根とともに煮るのが大根出しの日の御馳走であった。サケの頭が含む塩分は塩の有効利用となった。

秋、たくさん獲れたサケをカマスの中で塩揉みにしてから頭を上にして吊った。こうして作った塩ザケは、歳暮の進物として売れた。もとより塩ザケは正月の御馳走になったのである。こうしてみると、当地では、那珂川で漁獲されたサケを、a刈りあげ、bシモツガリ、c正月、d四月の大根出し、などの礼儀食として有効に利用してきたことがわかる。なお、十月三十日、御霊神社の祭典には那珂川で獲れたサケを神饌としてあげるならわしがあった。

⑵マス漁

サクラマスは夏の土用前後の、川水の水温が上がるころヤスで突いた。ヤスはサケ突き用のヤスよりも小さく、カエシのついた四本のヤスで、幅六寸、長さ六寸ほどで、柄は竹、七尺ほどだった。水温が上がるとマスは清水が湧き出るところに集まった。特別水温が上った時には、マスがひっくりかえって流れることもあった。マスの漁獲量は少なく、一夏一〇匹ほどだった、食法は塩焼き、または醬油煮だった。

⑶ウグイ・マルタ漁

ウグイのことをザッコと呼び、産卵期のものをアイソと称した。アイソは三波にわかれてやってきた。最も早いものをハシリと称し、桜アイソと称した。ナカテを藤アイソ、最後にくる群をスエッコ(末っ子)と呼び、麦アイソと通称した。花や作物の穂によって魚群に名づけをしたのである。ハシリは魚体一尺、ナカテは五～六寸、末っ子は二～三寸で、味は末っ子が一番よかった。ハシリとナカテは骨が多く、かつ硬いので梅干を入れて煮た。

セツキと称して、瀬の部分に四尺×六尺ほどの広さに砂利を盛りあげ、水面から五寸さがるほどにした。アイソの産卵場を人工的に設置したのである。アイソが産卵のためにここに集まったところを投網で獲ったのである。冬季のウグイを「寒ザッコ」と称し、これはガラス箱を使ってヤスで突くか、投網で獲るかのどちらかだった。寒ザッコは脂が乗っていてうまかった。

コイ科ウグイ属にマルタ(ジュウサンウグイ)と呼ばれる魚がある。体長は尺五寸から二尺ほどでかなり大型である。ウグイ属であるだけに産卵期にはウグイと同様アカハラになる。漁期は四月十五日から五月の末ごろまでで、アイソの瀬を使って投網で獲った。食法はサシミが主である。小骨が多いが尾の方から刃物を入れると小骨がよくとれた。

(4) アユ・モクズガニ・コイ

那珂川はアユの宝庫でもある。漁期は六月一日から十一月十五日までで主として投網で獲った。食法は塩焼きが主であるが、十月三十日の御霊神社の祭りにはアユ飯を炊いた。平成十年ごろから川鵜が増え、アユを捕食してしまうのが悩みである。一羽の鵜が一日に一・三kgのアユを食べるという。九月から十一月にかけてはモクズガニの筌漁をした。下り筌なので餌はいらなかった。食法は、カニ味噌・茹でガニなどである。アユ漁・カニ漁はともに満月前後は少なめである。

コイ漁は六月一日から六月末日までの間で投網を使った。コイは「餌狩《えがり》」と称して泥のあるところで餌をあさる。

餌狩をしているところは水が濁るのですぐにわかる。そこに投網を打つのである。食法はアライのほか、ネギ・大根・里芋などを入れたコイコクである。

ニゴイは四月中旬から五月末までの間に獲った。アイソの瀬につくニゴイに投網を打つのである。ニゴイは小骨が多いので、骨を軟かくするために梅干を入れて煮たのだが、今では圧力鍋で煮る。その他、カジカは一年中獲れる。筌・ヤスなどを使う。焼いて食べることが多い。

右の通り那珂川の恵みは豊かであった。川漁師の仲間は四月一日の水神祭りの日に集まって飲み食いをした。高瀬さんは右のような漁撈活動を農作業の合間に行ってきたのである。農業の規模は戦前、水田五反歩、畑一町歩だった。畑は主として表作にタバコ、裏作に麦を作った。現在は、水田一町五反歩、畑三反歩で、高瀬さんは別に三〇〇株のサツキを育てている。

5　栃木県芳賀郡茂木町竹原――那珂川

茂木町竹原は那珂川右岸のムラである。青木泉さん（昭和四年生まれ）の家は竹原の中でも隔絶した地にあり、そこは、まさに那珂川右岸、川べりの竹藪の中である。自動車道路をはずれ、河原に向かう細道をたどると、その左側の小屋に巨大な筌が立て掛けてあるのに驚かされた（写真11）。モクズガニの筌である。河原に出てみると、青木さんはアユ漁に備えて川舟の掃除をしておられた（写真12）。泉さんは、父要平さん（明治三十四年生まれ）からみっちりと技術を仕込まれた川漁師である　青木家の前の川は那珂川の峡谷部に当たり、それは烏山町下境とこの間が青木家の人びとの主たる漁場だった。昭和二十三年ごろには、竹原三〇戸の中でプロの漁師が四人だったが、現在は茂木町全体で川漁師と呼べる者は二、三人しかいない。泉さんはその中の第一人者である。以下は泉さんの体験と伝承による。

写真11　モクズガニ漁の筌・栃木県芳賀郡茂木町竹原、青木泉家

写真12　川舟の掃除をする青木泉さん・栃木県芳賀郡茂木町竹原

⑴サケ漁

「サケは大根の間引きのころのぼり始める」という口誦句がある。それは九月半ばのことで、サケ漁は十月一日から十二月末日まで行うが、十月二十日ごろ本格的なホリ（産卵）が始まる。泉さんが体験したサケ漁には次のものがある。

〈チンチリン〉サケの囮漁の一種で、以下図4によって説明する。流れの中のⓐⓑ点に鉄杭を打つ。ⓐⓑの間は三間、その中央、一間上手にも杭を打つ。上流中央の杭ⓒを頂点として鍋づる状・半円状に一〇本ほどの杭を打ち、そこに金網または糸網を張りめぐらす。網は下流に向かって口を開いた形状である。左側を岸とする。岸には番小屋を設置する。網の岸側でない沖側のⓑからⓓに向かって三間半ないし四間のカマス網を張る。アバ（浮子）をつけ、錘はつけずにシノ竹の支えのつるしをつけるので網は安定する。ⓓから、岸の小屋に向かって引き綱を張る。この綱は半円状に張った網の中にサケが入った場合にそれを引くことによってⓑⓓの網で蓋をし、遮閉するための役目を果たす。

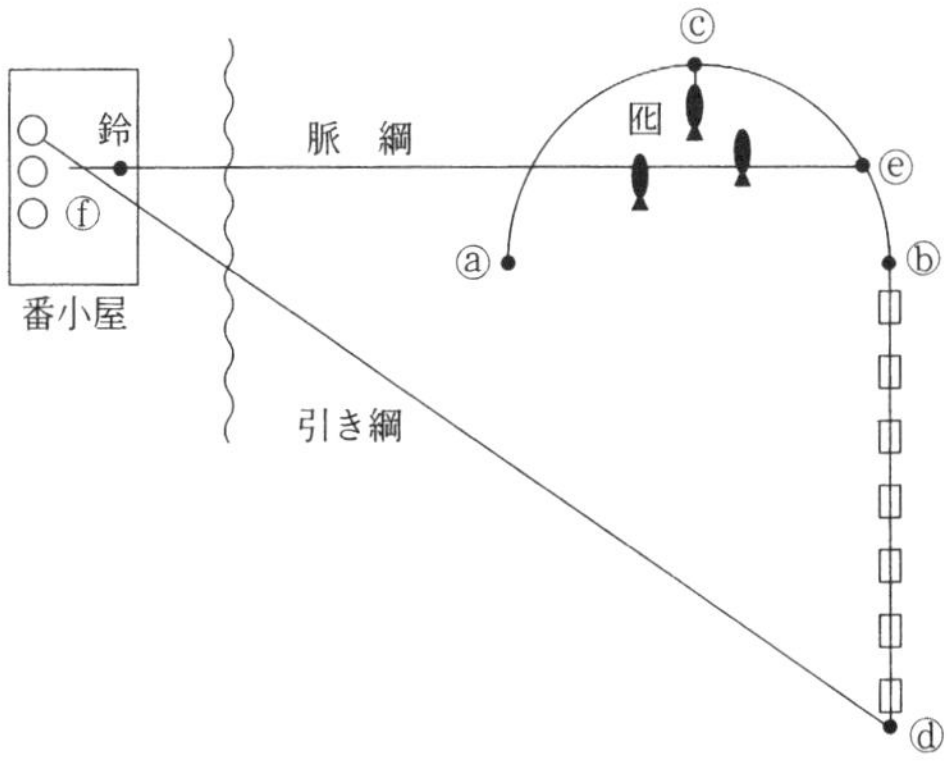

図4　サケ囮漁「チンチリン」・茂木町竹原

鍋づる状の網の中央の杭に囮として生きたメスザケをつなぐ。杭とサケの頭との間は二尺余である。囮サケの尾から八寸ほど下流の水中に、ⓔからⓕに向かってピアノ線を張る。一種の脈綱である。脈綱の小屋の中の手もとに鈴をつけておく。オスのサケが数匹で囮につられてそれに近づこうとする。そのときはオスのサケが脈綱にふれると自動的に鈴が鳴るように仕掛けるのである。鈴が鳴るやいなや、間髪を入れず小屋の中でⓓⓕの引き綱を引く。引き綱を引くと、ⓓⓑがⓐⓑの開口部を閉ざし、半円形の網に蓋をすることになる。囮につられて半円形の網に入ったオスは逃げることができなくなる。閉じこめられたサケはサデアミ(タモ)で掬いあげられる。「チンチリン」という呼称は、脈綱の鈴音に起因するものである。チンチリンは夜漁で、番小屋の中には三人入った。

〈火振り漁〉 いわゆる火光漁で、火光はカンテラ・カーバイトである。泉さんの場合、火振りは、十月上旬・中旬、本格的なホリが始まる前に行った。もとより川舟を使う。泉さんの舟は、長さ＝四間二尺、底幅＝尺九寸六分、深さ＝一尺、杉材である。昭和二十三年に一艘二五〇〇〜三〇〇〇円、平成七年現在で一二万円だという。漁具はヤスである。ヤスはカエシつきの四本ヤスで、幅一一cm、長さ一七cm、柄は竹で八尺(写真13)。八尺という長い柄は舟棹としても使えた。火振り漁の場合、火光が漁をする者の顔に当たらないように注意した。ヤス漁で獲ったサケは卵が傷むのが欠点だった。

〈鉤漁〉 ホリバに寄るサケを、夜間、舟に乗って鉤を使ってひっかけて

写真13 火光サケ漁用のヤスを持つ青木泉さん・栃木県芳賀郡茂木町竹原

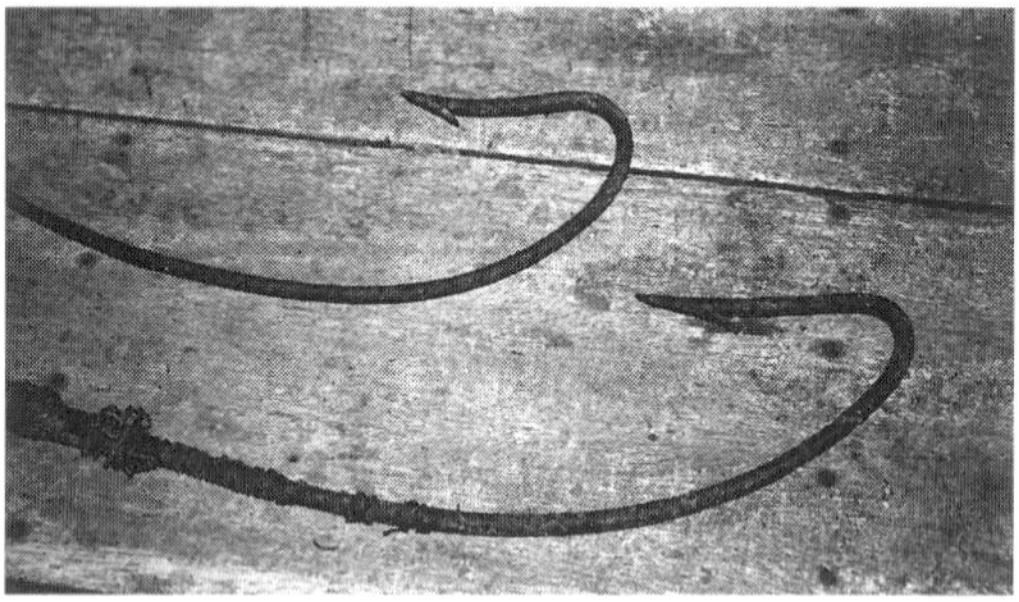

写真14 流し鉤サケ漁用の鉤・栃木県芳賀郡茂木町竹原、青木泉家

獲る方法である。この漁法の前提として「ホリバの発見」がある。朝、川舟に径一〇～一二cmほどの白石を一〇個ほど積んでから舟を出す。ホリバを発見すると、その白石を二～三個ホリバの脇に沈める。こうしておけば、これが占有標示となり、他人が手をつけることは許されない。この石のことを「目石《めいし》」という。

夜になるのを待って舟を出す。鉤は写真14のようなもので、鉤が川床に接する下側の部分（底部）に木綿の布を巻く。鉄が直接川底の石に当たってサケを刺激する金属音が出るのを防ぐためである。鉤の天地幅は九cmである。柄は三間に及ぶ。鉤は横撫でに使うのであるが、魚の当たり方、その刺激が柄に伝わってくる感触でオスかメスかがわかる。メスの当たりは柔らかいが、オスはコツンと強く当る。メスだとわかるとすぐには獲らない。オスを獲りつくしてからメスを獲る。オスがいない場合はメスを獲って、他のホリバへ移動する。右の鉤漁は「流し鉤漁」であるが当地には別に置き鉤漁もあった。それは、三本鉤をホリバに設置するものだった。

右の他、舟二艘を使い、一艘に二人ずつ乗って行う網漁、四ツ手網漁を行った。父の代には四ツ手網は夜行ったが、泉さんの代には昼行った。他に、カエシなしの鉤をテグスに八本つけてサケをひっかけて獲るガラガケ漁も行った。

早朝やってくる、海から溯上したてのサケを「一夜のぼり」「海のぼり」「銀ピカザケ」などと呼んだ。黒くなる寸前で、赤色がさしたものを「カゲサシ」「赤ブチ」「ブナザケ」などと呼んだ。産卵が終わったサケのことを「ホットレ」と呼ぶ。昭和二十年代までは農家の人びとがホットレ拾いをした。青木家では多い年にはサケ三〇〇匹を獲った。昭和二十年代までは仲買人がやってきた。現在は直接注文に応じているが、残れば冷凍庫に保存することもできる。サケは味噌漬けにして食べるのが最もうまいという。保存用は塩引きにした。青木さんは、昭和五十年からサケが小型になったという。その原因は、サケの数が多すぎて餌が足りなくなったのではないかという。

⑵マス漁

戦前はサクラマスを五月に火振り漁で獲ったことがあったというが、泉さんの時代になってからは、七月、投網漁またはヤス漁で獲った、真夏、川の水量が減って水温が上るとマスは清水に寄る。それを狙って投網を打つか、ヤスで突くかのどちらかだった。

⑶アユ漁

六月一日から十月十日までの間はトモ釣りを行った。七月十一日から九月末日までは夜間の投網漁だった。「月夜じゃ獲れない闇の晩」という口誦句がある、月夜は魚が逃げるのが速いので、闇夜の方がよいという。投網は闇の中で打つのである。九月半ばから十月末日までは、舟道の分だけを開け、他に笹竹のシガラミを作ってオチアユを止め、水流中に高さ一mほどのヤグラを立てて、その上から投網を打つというアユ漁をした。

⑷ウグイ・マルタ漁

産卵期のウグイのことをアイソと呼ぶ。アイソ漁は、四月が盛りで、五月中ごろまで行った。アイソ漁は、人工的

写真15　ウナギ漁の筌・栃木県芳賀郡茂木町竹原、青木泉家

に産卵場を設置して、そこで産卵のために集まったアイソを投網で獲るというものだった。人工の産卵場は、急流の下手に幅四〜五m、長さ二〇〜三〇mほど小砂利がたまっているところで、しかも、その下手に高さ六〇cm〜一mの落差のある段を作る。こうして小砂利が流れるようにしておく。流れる小砂利にアイソの卵が埋まるようにするのである。こうしておくと、遠くから見て瀬が真黒に見えるほどアイソがつく。そこに投網を打つのである。人工的な産卵場は砂利が流れてしまうとアイソが寄りつかなくなるので漁を終えた後、砂利を補給しておかなければならない。泉さんはウグイのことを「地マルタ」とも呼ぶ。これに対して、三月から獲れるマルタのことをウシマルタと呼ぶ。アイソやマルタの食法は、焼いて山椒味噌をつける田楽がよいという。産卵期のウグイに対して、他の季節のウグイをザッコと呼ぶ。寒のザッコはうまいが、「夏のザッコはもらい手がない」という口誦句もある。

(5)ウナギ漁

ウナギは六月十五日から九月末日までの間、筌《うけ》で獲る。ウナギ筌（写真15）は孟宗竹の三年ものを使って作る。当地では筌のことを「ドウ」「ウツボ」などと呼ぶ。長さ三尺六寸五分、周囲は尺一寸、カエシ（アゲ）は中アゲ一尺、オニアゲ（外のアゲ）五寸、棕櫚縄で編む。餌はミミズとアユ（商品にならない小さいアユ）である。ミミズを餌にするものは午後四時ごろ仕掛け、アユを餌にするものは暗くなる三十分前に仕掛ける。早く掛けすぎるとアユが死んでしまってウナギが入らなくなるからである。

(6)モクズガニ・ナマズ漁

モクズガニも筌で獲った。期間は九月から十一月までで下り筌である。「月夜ガニは味噌がない」と言い伝えた。食法は、カニコツキと称し、カニを叩いて笊で濾し、白菜汁にした。カニと白菜は良く合うと言われた。

ナマズも筌で獲った。漁期は四月・五月で、セギウケと称して、筌口に誘導するための袖セギを作った。餌にはスナハビと呼ばれるシマドジョウを使った。

(7)コイ・ニゴイ漁

一月・二月にはコイとニゴイを獲った。当地ではニゴイのことをサイと呼ぶ。サイビキと称して地引網を行った。舟を二艘使い、おのおのの舟に二人ずつが乗って二艘の舟で網を張って引くという形だった。コイやニゴイを集めるために糠と泥とを混ぜた団子を砂利の間に沈めておき、タソガレ網と称して夕刻から漁を始めた。別に舟を流しながら水鏡を使ってコイやニゴイをヤスで突くという漁もあった。カジカ漁も一月・二月、水鏡・火振り・ヤスで行った。

二　那珂川の河川漁撈――サケ・マス漁の特色――

1　サケ漁

平成十一年度に栃木県の那珂川で漁獲されたサケは六九〇尾に及ぶという(1)。那珂川は豊かな川である。栃木県の那珂川流域では「大根の間引きをするころサケが上ってくる」「間引き大根を川で洗うころサケが上ってくる」という自然暦口誦句がある。大根蒔きが九月の五日から十日ごろだから、間引きは九月の二十日ごろだという。また、水

表1　那珂川のサケ漁

漁法概念	漁法呼称			漁具	舟	時間	事例
那珂川のサケ漁＞定点漁法＞ホリバ漁	流し鈎	舟	ⓐ	鉤	○	夜	2・3・4・5
那珂川のサケ漁＞定点漁法＞ホリバ漁	流し鈎	岸	ⓑ	鉤		夜	3
那珂川のサケ漁＞定点漁法＞ホリバ漁	置き鈎		ⓒ	鉤		昼	3・4
那珂川のサケ漁＞定点漁法＞ホリバ漁	投網		ⓓ	網	○	夜	2・3
那珂川のサケ漁＞定点漁法＞ホリバ漁	ヤス		ⓔ	ヤス		昼	4
那珂川のサケ漁＞定点漁法＞囮誘引漁	ツナギメス—カマス網		ⓕ	網		周期点検	2・3・4
那珂川のサケ漁＞定点漁法＞囮誘引漁	チリン網		ⓖ	網		夜	4・5
那珂川のサケ漁＞定点漁法＞通過遮断漁	四ツ手網		ⓗ	網		昼・夜	5
那珂川のサケ漁＞移動漁法＞移動探索漁＞アデノリ漁	イクリ網		ⓘ	網	○	昼	2・4・5
那珂川のサケ漁＞移動漁法＞移動探索漁＞アデノリ漁	追い込網		ⓙ	網	○	昼	3
那珂川のサケ漁＞移動漁法＞移動探索漁＞火光漁	ヤス		ⓚ	ヤス	○	夜	2・5
那珂川のサケ漁＞移動漁法＞移動探索漁＞コロガシ漁	鉤針		ⓛ	鉤針		昼	2・3・5

温・気象との関係で、「サケが豊漁の年には稲が不作」「稲が豊作の年にはサケが不漁」といった口誦句も伝えられている。溯上してくるサケをハシリ→ワセ→ナカテ→オクテと呼び分け、さらに、アオンド・ヒレジロ・木の葉がえし、などの呼称を以って特徴のあるサケを呼び分ける習慣もある。

サケ漁の漁法については、事例2・3・4・5で紹介したが、その要点をまとめたものが表1である。この表を見ただけでも、那珂川におけるサケ漁の漁法がいかに多彩であるかがよくわかる。サケ漁の本場とされる最上川や雄物

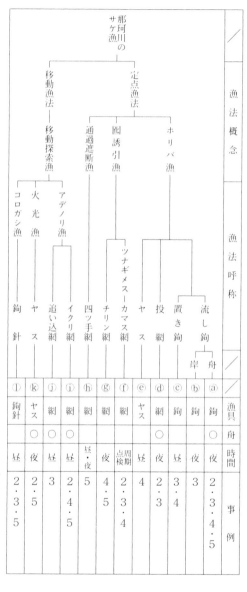

川に見られるウライ・簗・モモヒキ網などの通過遮断型の漁はないものの、それ以外、那珂川にはあらゆる漁法が伝承されていると言ってよいほどに那珂川のサケ漁は多彩で変化に富んでいる。河川を遮断するという一括漁獲型が行われず、その代わり多くの漁法を伝えているということは、流域の人びとが、河川環境と、サケの溯上期・産卵期に合わせて、キメの細かいサケ漁をしてきたことにもなる。サケのホリが盛んになる十月二十日すぎには当然ホリバ漁や囮誘引漁に力を入れるのである。九月下旬から十月中旬にかけてはアデノリ漁や火光漁・メクラカマスなどに力を入れるというように、サケが溯上する季節の中でもサケの生態に応じて漁法を変えてきたのである。

当地はサケのホリに注目したホリバ漁が盛んである。ホリバ漁の前提として早朝のホリバ探しがあり、ホリバの占有標示として「目石」と呼ばれる白石を置く習慣が注目される（事例2・3・5）。ここでは、他人の「目石」は尊重しなければならないという民俗モラルが厳正に守られていたのである。ホリバ漁の中では流し鉤が盛んなのであるが、鉤に当たるオス・メスの当たり方の感触による判別伝承など微細である。それが判別できずに、早々にメスを獲ってしまえばホリバ漁は成立しないからである。ホリバ漁は、流し鉤も、舟からのものと岸からのものがあり、他に置き鉤・投網・ヤスなどがある。ホリバ漁は基本的には定点漁法なのであるが、舟を使ってホリバからホリバへと移動するという点に注目すると、移動漁法になる。そうした点も含め、同じ鉤漁でも置き鉤に比べて流し鉤の方が効率が良いのである。一つのホリバで何匹も獲るという点で、軽く、扱いやすい流し鉤の方が効率が良いことはいうまでもない。

さてここで注目したいのはツナギメス・チリン網（チンチリン）などの囮による誘引漁である。この漁法はホリの生態観察にもとづいてメスを囮としてオスザケを誘引するもので、オスを獲り終えて初めてメスを獲るのが一般的である。ツナギメスは、ただメスのサケを紐でつないでおけばよいというのではない。そのまま単純につないでおけば紐がよじれてからまってしまうので「ヨリホグシ」（縒りほぐし）という金具を使ってつなぐようにくふうされている。アデノリ漁の技術、火光漁において川の上りと下りで使うヤスの重さを変えるといった技術伝承などまことに詳細である。

⑵マス漁

「桑の芽が雀がくれになるころマスがのぼってくる」（事例２）、「ネコヤナギの芽が出るころマスがのぼる」（事例３）といった自然暦口誦句があり、旧茂木町・旧烏山町・旧小川町・旧黒羽町と、那珂川中流域の人びともサクラマスに関心を持った。中流の漁期は夏の水涸れのころで、漁場・漁法は水温の上昇に耐えられないマスが清水の湧くところに集まるところを投網で獲るというものだった。中流域サケ・マス混交圏では春マスもホリマスも対象にはならず、夏マスのみが対象だったことがわかる。那珂川中流域のマス漁から、マスの生態を学ぶことができる。しかし、マスはやはり、上流部・渓流部で産卵する魚であり、山の魚である。山間部ではヤスや鉤を使ったマス漁が盛んだった。その実態は事例１に示した通りである。

那須塩原市には、「マスはユリの花の咲くころが一番うまい」という自然暦口誦句がある。この口誦句は決して、個人の恣意的な感想ではない。溯上期から産卵期までのマスを食べ比べてきた先人たちの実感がここに凝縮され伝承されているのである。那珂川上流渓谷部・蛇尾川上流渓谷部に並んで、箒川上流渓谷部塩原温泉付近でも戦前にはマス漁が盛んだったという。

⑶ウグイ漁ほか

那珂川の恵みは豊かであり、サケ・マスの他、アユ・ウグイ・ウナギ・モクズガニ・カジカなどの漁獲も盛んだった。現今のアユ簗の盛行については先にふれたが、意外に根強く伝承されたものにウグイ漁がある。当地では、腹の赤くなる産卵期のウグイのことを「アイソ」と呼び、寒を中心とした冬季のウグイのことを「ザッコ」と称して呼び分ける。同じ魚を季節・生態によって呼び分けることは、人びとがいかにこの魚に関心を示していたかをよく物語っている。アイソについては、人工的な産卵場を設けて投網を打つのであるが、その人工的産卵場の形も様々あることがわかった。アイソもサケ同様ハシリ・ワセ→ナカテ→オクテと呼び分けている。

2「シモツカレ」の象徴性

栃木県の那珂川流域には「シモツカレ」という食物がある。シモツカレはシモツカリ・シミツカリ・スミツカレ・シミツカレなどと変転し、呼称も流動的な部分がある。シモツカレは、塩ザケの頭・炒り大豆をつぶしたもの、オニオロシでおろした大根を基本とするが、他に、家々によって油揚・チクワなどを入れることもある。シモツカレを作る日は、本来は二月の初午の日であった。のみならず「シモツカレは初午の日以外には作ってはいけない」とする伝承がある。極めて呪力に富んだ食物として認識されていたことがわかる。大田原市湯津上小字下蛭田の伊藤勝男さん（昭和四年生まれ）は、初午の日に作ったシモツカレを「種」として使えば他の日に作ってもよいと伝えている。何とも厳正な伝承である。シモツカレは苞に入れて稲荷社にあげることが多いのだが、初午の「ウマ」とのかかわりで、勝善様・厩などにあげる例も見られる。シモツカレの入った苞を屋根にあげる例もあるが、これは防火呪術である。柿の木に吊る家もある。古層の匂いがするもののその原義は単純ではなさそうだ。この日、シモツカレを家族が食べることは言うまでもない。

さて、ここでシモツカレの作り方をいま少し詳しく見ておく。シモツカレに使う塩ザケの頭は正月に食べたサケの頭を保存しておいたものだとする伝承は一般的である。その塩ザケの頭を細かく刻んで別に煮ておき、後に他と混ぜるという例が多い。炒り豆は、節分の豆の残りを使うのだが、これを種に、新たに炒った豆を加える場合もある。節分の豆を箕の面にのせ、枡の底で圧するというのは豆をつぶすのに合理的である。しかし、節分の豆を箕の上でつぶすというのは物理的合理性のみを目的としたものではない。それは箕という民具の持つ呪力を前提としたものなのだ。箕の持つ、現実の民具としての機能は、穀物の選別であり、煽動によって良い実を箕の奥にため、悪い実やゴミを放出する働きをするのである。その力を呪的に転用すれば、箕は厄災を放出し、福を内にためる呪具となる。節分の豆は、家や家人の厄災を付着させられ、それを落とすために使われる。ここでも箕の中で節分の豆をつぶすということは、厄災をつぶし、善なるもの福なるものを内にためるという呪術を展開していることになるのである(2)。

年中行事の中で、特定の行事に使ったものを後の行事の中で連鎖的・循環的に使うという例はあるのだが、ここでは、正月の「サケ」と節分の「豆」とを合体させているところに重い意図が感じられる。正月の福と節分の福を体内に導入しているのである。サケの頭・大豆・大根を基本とし、その他を加えた食物は栄養的にも万全である。しかも、その底には、サケは余すところなく活用し、残りものを有効に生かすという知恵もある。

初午はたしかに稲荷信仰と深く結びついているのであるが、それ以前に、早春、農耕や採集に先立って、まず、山の神様、神様の乗りものたる馬を本格的に始動させる日だとする見方もできる。節分と隣接する初午が、春の始動の日であることはまちがいない。節分の呪的食物が鰯と大豆であり、それは栄養補給上優れたものだと言える。節分に次ぐ初午で、塩ザケと大豆と大根のシモツカレを食べることは、これまた、節分に次いで春の本格始動に向けての栄養補給であったと考えられる。節分・初午と重なることで呪的食物の力も倍加したのである。

那珂川流域のシモツカレの起源探査は容易ではないのだが、それは、近代以降、流通の発達によって外部から塩引ザケが大量に入ってくる以前、その原形は、那珂川で漁獲される那珂川のサケによって形成されていたのではあるまいか。那珂川流域における多彩なサケ漁の技術伝承に耳を傾ける時、それは実感的になる。

註

（1）湯津上村佐良土「栃木県なかがわ水遊園」展示資料（二〇〇二年一月）。
（2）野本寛一「民具呪用論」（岩井宏實編『技と形と心の伝承文化』慶友社・二〇〇二）。

第四章　陸封魚アマゴ――資源保全の伝説――

同じサケ科の魚でもイワナ・ヤマメ・アマゴなどは陸封魚としての運命をたどった。東北地方のヤマメの雌は降海すると言われる。陸封された魚は陸封という生態ゆえに、山深く住まう人びとにとって、とりわけ、マスの溯上が見られない地の人びとにとっては実に貴重な漁獲対象であり、蛋白源であり、御馳走でもあった。それゆえに資源の枯渇は防がなければならず、子孫末代までその種は保全すべきものだった。淵や滝壺のヌシと思われる大エノハ・大マダラ(ヤマメ)がものを言う日向山地の伝説について、これが資源保全・種の保存につながるものであることについて述べたことがある。また、熊野山地における大ヤマメの事例も報告した。(1) ここでは、静岡県の大井川水系・安倍川水系に伝承される漁撈怪異伝説をとりあげ、陸封魚のアマゴを中心として一部他の淡水魚をも含んで報告する。

1　渓流漁撈と怪異伝説

①関ノ沢と大井川本流の渡合のところに淵がある。昔、千右衛門という男がその淵にヤマメ(この地ではアマゴのことをヤマメと呼ぶ)漁に出かけた。大ヤマメが見えたので何度も何度も網を打った。しかし、何度網を打ってもその魚はかからなかった。不思議なことだと思っていると「もう一網千右衛門」という声が聞こえた。千右衛門は気味悪くなって投網打ちをやめて家に帰った(静岡県榛原郡川根本町海久保・後藤とみさん・大正十年生まれ)。

②横沢のトンネルの池ノ谷側にオアミ（追い網）の淵と呼ばれる淵がある。ある夜、一人の漁師がヤマメ（アマゴ）を獲ろうとしてオアミの淵で投網を打ったが、何回網を打っても獲れなかった。漁師がしかたなく帰ろうとすると、どこからか「もう一網」という声がした。漁師は背筋が寒くなるような思いで家に帰った。このことがあってからこの淵を「追い網の淵」と呼び、この淵では魚を獲らなくなった（静岡県榛原郡川根本町閑蔵・白瀧宗一さん・大正三年生まれ）。

③桑野山にオンマワシという淵がある。ある日、そこに徳右衛門という漁師がヤマメ（アマゴ）を獲るために投網打ちに行った。よく獲れたので帰ろうとすると、どこからともなく「徳右衛門もう一網」という声が聞こえてきたので急いで家に帰り、自分が獲った魚を見たところ全部片目の魚だった（静岡県榛原郡川根本町桑野山・森下敏雄さん・昭和三年生まれ）。

④昔、犬間のある男が樫代峠を越えて、大井川の枝に当たる栗代川へ魚を獲りに出かけた。リュウゴンという淵で釣りをしたところ大ヤマメ（アマゴ）が釣れたので、男は喜んでそのヤマメを背負って山道にかかると、しばらくして、どこからともなく、「お前はなぜそんなかっこうでつれてゆかれるのだ？　早く逃げてこい」という声が聞こえてきた。すると背中のヤマメが、「逃げて行きたいが、この男は九寸五分の短刀を持っているから危くてとても逃げられない」と答えた。するとまた不思議な声が、「その九寸五分には一箇所刃こぼれしたところがあるからそこから逃げて来い」と語った。男が自分の短刀を調べてみると、たしかに一箇所刃こぼれがあった。男は急に気味悪くなり、ヤマメをリュウゴン淵に返して夢中で走った。その途中、「魚も淵に返したし、やれやれうれしいことだ」とつぶやいて一休みした。そこを今でも「うれしやすんど（嬉し休ん処）」と呼んでいる（静岡県榛原郡川根本町長島・大石為一さん・明治三十六年生まれ）。

⑤ある男が栗代川のリュウゴン淵にヤマメ（アマゴ）釣りに出かけた。なかなか釣れなかったが大ヤマメ（アマゴ）が一本釣れたのでその魚を持って帰ろうとすると、どこからか、「お前はどこへ行くんだ。逃げてこい」という声がした。すると魚が「この男は九寸五分の刃物を持っているから逃げられない」と答えた。するとまた、不思議な声が「その腰の九寸五分には刃欠けがあるから、そこから逃げて、男をずり込んでしまえ」と語った。その声が終わると川の水が次第に増えて、逃げても逃げても水が迫ってきた。それでも逃げきって、やれうれしい、と思って休んだ。そこが「うれしやすんど」だと言う。休みながら気づくと、魚も九寸五分もなかった。九寸五分をとりもどすために川にもどったのだが、その男はそのまま帰らなかった（静岡県榛原郡川根本町千頭・吉田重義さん・大正十三年生まれ）。

⑥栗代川にはリュウゴン淵という淵があり、大ヤマメ（アマゴ）が棲んでいると言われた。リュウゴン淵に釣糸をたらすと気分が悪くなるという言い伝えがある（前出②・白瀧宗一さん）。

⑦ある男が奥泉の奥の兎辻を通って栗代川へイワナ・ヤマメ（アマゴ）を釣りに行った。途中で男は小僧に出会った。小僧が、「あなたはどこへ行くのか」と尋ねたので、「栗代川に良い淵があるというのでそこへ釣りに行こうと思う」と言うと、小僧は「淵で釣りをするのはやめた方がよい」と語った。男は自分の弁当を半分小僧にやってから小僧と別れて淵で釣りをした。やがて大イワナが釣れたので腹を裂いてみたところ先刻自分が小僧に与えた弁当が出てきた。男は恐ろしくなって逃げ帰ったという（静岡県榛原郡川根本町千頭・鈴木猶一さん・明治四十三年生まれ）。

⑧昭和九年（一九三四）刊の『静岡県伝説昔話集』の中に次の伝説が収められている。――昔、千頭のある男がヤマメ（アマゴ）釣りに山奥の沢に入っていくと、途中で一人の子供に出会った。その子供は、「この谷の奥には淵があり、そこには淵の主がいるから釣りにゆくのはおやめなさい」としきりに止めた。男はしばらくその子供とそこらで休んで自分の弁当を与えたりしたが、今さら帰る気にもなれず、その子供と別れて谷の奥へ進み、淵で釣りを始めた。す

るとまもなく大きなヤマメが釣れたので、すぐに腹を裂いてワタを出そうとすると、中から先ほど子供にやった弁当が出てきたので男は仰天したという。子供はその淵の主だったのである。

⑨森下孫蔵さんという小長井の人が、小長井河内の瀬戸淵へヤマメ（アマゴ）釣りに出かけたところ、大ウナギが釣れた。そのウナギをビクに入れて帰ろうとすると、どこからか、「お前はどこへ行くのか」という声が聞こえてきた。するとビクの中の大ウナギが、「おれは小長井へ背中を焙りに行く」と答えた。孫蔵さんは気味が悪くなって大ウナギを淵にもどして家に帰ったという（静岡県榛原郡川根本町小長井・小長谷吉雄さん・明治四十五年生まれ）。

⑩笹間の出本の下の切久保沢の寺田のタルへ地名《ぢな》（川根本町の字名）の男がヤマメ（アマゴ）釣りに来た。大ヤマメが釣れたのでヨービク（魚籠）に入れて帰ろうとすると、どこからか、「お前はどこへ行くのだ」という声がした。すると、籠の中の魚が、「おれは地名へ背中焙りに行く」と答えたので男は気味悪くなり、ヤマメを滝壺に返して家に帰ったという（静岡県島田市川根町三並・臼井徹治さん・昭和四年生まれ）。

⑪笹間川（大井川左岸支流）で一番大きな淵はイリ淵だと言われたが、今はダムの底に沈んでしまった。昔、地名の男がイリ淵で釣りをしたところ大ウグイが釣れた。男がそのウグイを持ち帰ろうとしたところ、どこからか「お前はどこへつれられてゆくのか」という声が聞こえてきた。すると、ウグイが、「おれは地名へ背中焙りに行く」と人語で答えたので、男は無気味に思って魚を淵に返してから家に帰ったという（同前）。

⑫ヨキ又川が安倍川支流の藁科川に合流するところに道光淵と呼ばれる淵がある。ある男がその淵へ夜漁に行ったところヤマメ（アマゴ）が獲れすぎるほど獲れた。もう帰ろうと思ったところ、どこからか「道光もう一網」という声が聞こえた。道光は気味悪くなってそのまま獲ったヤマメを持って帰ったのだが、家に帰ってみるとヤマメだと思っていたのはすべて木の葉だった。このことがあったのでその淵を道光淵と呼ぶようになった（静岡市葵区日向・佐藤孫

作さん・大正十一年生まれ）。

⑬安倍川支流の中河内川沿い、奥池ヶ谷の下の方に大塚の淵と呼ばれる淵があった。ある男がその淵にヤマメ（アマゴ）を獲りに行ったところ、獲れて獲れて困るほどだった。帰ろうとすると、「もう一網」という声がどこからか聞こえてきた。男は気味が悪いと思いながら家に帰って魚籠を見たところ、自分が獲ったヤマメは総て木の葉だったという（静岡市葵区上落合・浦田みちさん・大正十二年生まれ）。

２　渓流漁撈怪異伝説の類型

右に、大井川流域を中心として隣接する安倍川流域を含む地に伝承される、渓流漁撈にかかわる怪異伝説の事例を紹介してきた。その内容、類型分析のために便宜上表覧化したものが表1である。このような、魚に関する怪異伝説にいちはやく注目したのは柳田國男であり、その成果は「魚王行乞譚」[2]と「物言ふ魚」[3]に示されている。

ここに紹介した事例の中で、柳田の示した「魚王行乞譚」に相当するものは事例⑦⑧のC型である。柳田の概括用語の中で気になるのは「行乞」の部分である。事例⑦⑧をはじめとして、多くの事例の中で、ヌシの魚の化身の方から物乞い、この場合食物を乞うことになるのだが、それを行っているものはほとんど見られないのである。モチーフは、むしろ、淵での漁撈を諫めるために、淵のヌシたる大魚が人と化して登場するところにあると言えよう。その戒め、諫めを仏教的な不殺生戒に結びつけて説くこともできるのであるが、他の類型を併せて考えてみると、別の解釈ができそうである。

柳田の「物言ふ魚」に最もよく適合する事例は⑨⑩⑪（Ｂｂ型）である。「〇〇へ背中焙りに」という魚の言葉を含む伝説は日向山地に多く伝えられている。これらに加えて、大井川流域に伝承される④⑤（Ｂａ型）も物言う魚の中に

怪異伝承			結末	類型
人　　語ⓐ	人語の主ⓑ	人　　語ⓑ		
もう一網				Aa
もう一網			以後禁漁	Aa
もう一網			獲った魚はすべて片目の魚	Ab
逃げてこい	アマゴ	男が刃物を持っているから逃げられない		Ba
逃げてこい	アマゴ	男が刃物を持っているから逃げられない	刃物の喪失、男の死	Ba
			アマゴの腹から弁当の飯が出て小僧がアマゴの化身と判明	C
			アマゴの腹から弁当の飯が出て子供がアマゴの化身と判明	C
どこへ行くのか	ウナギ	小長井へ背中焙りに	魚を淵に返す	Bb
どこへ行くのか	アマゴ	地名へ背中焙りに	魚を滝壺に返す	Bb
どこへ行くのか	ウグイ	地名へ背中焙りに	魚を淵に返す	Bb
もう一網			獲った魚はすべて木の葉	Ab
もう一網			獲った魚はすべて木の葉	Ab

加えることができよう。Ｂａ・Ｂｂ型に共通するところで見逃すことのできない点は、物を言うのは魚だけではないということである。どこからともなく聞こえてくる声、「逃げてこい」「どこへ行くのか」の声の主は一体何物なのであろう。場の問題としては「淵」や「滝壺」から聞こえてくるのであるが、Ｂａ型にしても、Ｂｂ型にしても、その声の主が、淵や滝壺のヌシたる大ヤマメ（アマゴ）・大ウナギよりも上位の存在であろうと思われる。それは、淵や滝壺のヌシを統括するヌシの上部概念たる「水神」あるいは、渓流魚を山の恵みだとすれば、「山の神」だと考えることもできる。Ｂａ・Ｂｂ型にはヌシとカミの対話が見られるのである。

　こうして見てくると、事例①②③⑫⑬（Ａａ・Ｂｂ型）、即ち、「もう一網」という声のする怪異伝説は、柳田の注目した「魚王行乞譚」でも「物言ふ魚」でもない独自なものであることがわかる。①は単に無気味さを示すにとどまるが、②では以後の禁漁を

事例	伝承地	伝説の舞台		魚種		
		水系	場		化身	人語の主ⓐ
①	静岡県榛原郡川根本町海久保	大井川・本流	渡合の淵	アマゴ		不明（淵）
②	〃　閑蔵	大井川・寸又川	追い網の淵	アマゴ		不明（淵）
③	〃　桑野山	大井川・本流	オンマワシの淵	アマゴ		不明（淵）
④	〃　長島	大井川・栗代川	リュウゴンの淵	アマゴ		不明（淵）
⑤	〃　千頭	大井川・栗代川	リュウゴンの淵	アマゴ		不明（淵）
⑥	〃　閑蔵	栗代川	リュウゴンの淵	アマゴ		
⑦	〃　千頭	大井川・栗代川	栗代川の淵	イワナ	小僧	
⑧	〃　千頭	大井川・不明確	淵（不明確）	アマゴ	子供	
⑨	〃　小長井	大井川・小長井河内	瀬戸淵	ウナギ		不明（淵）
⑩	静岡県島田市川根町三並	大井川・笹間川	切久保沢のタル	ウナギ		不明（滝壺）
⑪	〃	大井川・笹間川	イリ淵	ウグイ		不明（淵）
⑫	静岡市葵区日向	安倍川・藁科川	道光淵	アマゴ		不明（淵）
⑬	〃　葵区上落合	安倍川・中河内川	大塚の淵	アマゴ		不明（淵）

表1　渓流漁撈と怪異伝説

語っている。さらに、③⑫⑬では、ヌシではなく、アマゴがたくさん獲れるのであるが、③ではその総てが片目の魚、⑫⑬では獲った魚の総てが木の葉だったとしている。「もう一網」という不思議な声の主は、Ｂａ・Ｂｂ型をふまえて考えると、淵の背後にある水神または山の神といったカミだとするのが妥当であろう。大井川・安倍川水系に伝承される渓流魚・淡水魚の漁撈に関する怪異伝説はＡＢＣの三類型から成るのだが、その総てが、怪異伝承によって、特定の淵や滝壺における魚類の乱獲抑止を示唆していると見ることができる。魚族とそれを象徴するヌシの背後にそれを領《うしは》き、管理するカミが語られる場合が多い。その構造も注目されるところである。

3　地域共同体の民俗モラル

柳田の提示資料[4]や、後藤明の提示資料[5]によれば、物言う魚の伝説は、南島や外国にも存在することがわかる。しかし、右に見てきたように、大井川・安倍川上流域の人びとが、アマゴという渓流魚を中心として、固有の淵や滝壺を舞台として渓流漁撈の怪異伝承を定着させ、語り継いできた意味は深く問われなければならない。ＡＢＣの伝説群を語り継いできた目的は、アマゴを中心とした渓流魚・淡水魚の乱獲抑止、種の保存、資源の保全にあったはずだ。海の魚を容易に入手できない、海から遠く離れた山の人びとにとって、アマゴを中心とした渓流魚・淡水魚はこの上なく貴重な、そして美味なる蛋白源だったのである。淵や滝壺は、いかなる旱天においても水が無くなることがなく、そこは魚族が命を守り種を継ぐ場であった。特定の淵や滝壺を選んで語り伝えられた渓流漁撈怪異伝説には地域共同体の遺言とも言うべき、先人たちのメッセージが込められているのである。静岡市葵区奥池ヶ谷の柴戸昭吾さん（昭和五年生まれ）は、当地には、「最初に釣った魚は川に返せ。そうしないと魚が絶える」といった口誦句があったという。

なお、全国各地の山のムラに、一年に一度、盆前に村落共同体、ムラの人びと総出で渓流魚を毒流し漁によって漁獲、それを均等・公平分配するという慣行が見られた(6)。毒流しの毒は弱いものを使ったり、毎年毒流しをする小沢を変えたりする配慮が見られた。一年に一度という約束は厳しく守られ、それ以外のヌケガケは絶対に許されなかった。これは渓流魚の共同管理によって、資源保全と資源管理が行われていたことを示している。

大井川左岸の谷に旧中川根町壱町河内というムラがある。ここにも盆魚を得るための共同の毒流しがあった。同地の吉川美智雄さん（明治三十九年生まれ）は次のように語っていた。時期は夏、水の減る盆前で、毒流しのことを「毒入れ」と呼んだ。毒は山椒を煎じて、胡桃の根を叩いたもの、コハゼ（エゴノキ）の実を叩いた汁などを混ぜて流したが量は加減していた。アマゴが浮いたし、ウナギも獲れた。獲物は二五戸で均等に分けた。この日以外、絶対に毒入れをしてはいけないとされ、それは徹底していた。

静岡市葵区田代は大井川右岸最上流部のムラである。同地の諏訪神社例祭八月二十六日にアマゴの腹に粟粥を詰めたナレズシの祖型のような神饌が献上される。このアマゴを漁獲する谷は「明神谷」と呼ばれ、神饌のためのアマゴ以外、平素はアマゴを獲ることを禁じている禁漁の谷である。(7) この事実は、明神谷は信仰的禁漁区だと見ることができる。こうした信仰的禁漁区のごときものも、資源保全、種の保存に大きく貢献してきたと見るべきであろう。

註

(1) 野本寛一「渓流漁撈怪異伝説」(『山地母源論1——日向山峡のムラから——』野本寛一著作集Ⅰ・岩田書院・二〇〇四)、同「アメノウオと鵜飼の伝承」(『熊野山海民俗考』人文書院・一九九〇)ほか。
(2) 柳田國男「魚王行乞譚」一九三〇年(『定本柳田國男集』第五巻・筑摩書房・一九六二)。
(3) 柳田國男「物言ふ魚」一九三二年(『定本柳田國男集』第五巻・筑摩書房・一九六二)。
(4) 柳田前掲註(2)(3)。
(5) 後藤明『「物言う魚」たち』(小学館・一九九九)。
(6) 野本寛一『山地母源論2——マスの溯上を追って——』(野本寛一著作集Ⅱ・岩田書院・二〇〇九)。
(7) 野本寛一「田代諏訪神社の祭りと神饌」(『焼畑民俗文化論』雄山閣・一九八四)。

Ⅲ　山の力　山への眼ざし

はじめに

人は山との関係を絶ち切っては生きられない。そのかかわりは時を遡るほどに密接であり、直接的であり、多様だった。人が深山や里山から次第に遠ざかり、平地や盆地の沖地で暮らすようになっても山の力は必要であり、それゆえに人びとは「山への眼ざし」を守り続けてきた。

「月山の残雪が苗代爺の形になったら苗代だ」(山形県鶴岡市藤島小字下平形・熊木作蔵さん・明治四十五年生まれ)。「鳥海山のオミキドックリ(残雪の形)がはっきりしたら種おろしだ」(同酒田市天神堂・佐藤恒男さん・大正九年生まれ)。「鳥甲山の雪が、樵《きこり》が斧を担いで山に入る姿になってはっきり見える年は雪消えが早い」「秋、苗場山がよく見える日が多い年は大雪の心配がある」(新潟県中魚沼郡津南町下舟丘町・桑原和位さん・昭和八年生まれ)。——各地に伝承される自然暦の中に見られる人びとの山への眼ざしも深い。

山裾に住まう者、山から遠く離れた平地で暮らす者、また、深い山中で山懐に抱かれて日々を送る者、そのおのおのの山への思いは異なるし、眼ざしも種々である。個々のなりわいによって山とのかかわり方も異なり、それゆえに眼ざしも異なってくるのである。よって山にかかわる信仰や山の神信仰の実態は驚くほど多様なものとなっている。

第一章では、これまであまり注目されてこなかった山の神信仰の一側面について報告するのであるが、それは、厖大な山の神信仰の一つの形にすぎない。しかし、ここに示す、「見立ての山」はじつに重い問題を含んでいるのである。

次いで第二章で、稲作灌漑について事例の若干を示すが、両者は、「稲作と水」という点でつながり、「山への眼ざし」という点で脈絡を持っている。

さらに、第三章では「屋敷林の民俗」を扱っている。平地・沖地にある屋敷林を遠望すると、それは島山のように見え、やや近づくと神社の社叢のようにも見える。一種の森でもあるのだが、機能的に見れば、「屋敷林は里山である」とも言えよう。

第一章　模擬田植と見立ての山

一　山の神と「ノサ」

1　菅江真澄と山の神の幣《ぬさ》

『氷魚能牟良君』は、文化八年（一八一一）に、現秋田県南秋田郡五城目町谷地中の様子を記したものである。(1) その中に同地の正月に関する記録がある。

十一日――よねくらひらいて祝ひせり。けふの神酒に酔ひしれて、女ども田唄をうたふを聞ば、「年の始のとし男、掬《ムカ》へたるわか水、白銀《シロカネ》の曲桶《マケ》に、松やゆづり葉かざりつけ、黄金《コガネ》のひさくでむかへた」又、福の種といふ事をうたふ、「けふの田殖の太郎次郎、なぜに鍬をかんづいた、ふくのたねをおろすとて、それで鉏をかんづいた」このうたげもや、はつれば、山祇《ヤマノカミ》の幣といふものを藁《ワラ》もて作り、それにくさ〴〵の物を附て四手、麻苧をとりかけたるを、処女《ヲトメ》ら是をとらんとて、深雪ふみしだきあらそひ来けり（天註――処女等《メフシ》が山神の麻をとりてもとゆひとすれば、髪の長く生ひ頭やみせざるてふ。津刈路にて、八目鰻鱺の筋をもて女子の髪を結へば頭痛なく、毛の末長くそだつてふ。科野の国にて女の髪のうれを鎌してかれば、草の如く生ひたつとてしかするためしもありき）。又歌うたふを、

写真1　菅江真澄の描いた「山の神の幣」『氷魚能牟良君』より（『菅江真澄全集』第4巻・未来社）

やまずみの神のみぬさをとり〴〵にうたふもこ
　のめ春のたのしさ
　小雪ふりてくれたり。

『氷魚能牟良君』には、真澄自身の筆による「山の神の幣《ぬさ》」の絵（写真1）が添えられており、その絵には以下のような解説が付されている。

山の神の幣とて睦月の十二日に藁もて作る十二のふしあり。一とせなすらふ四手麻苧、ゆつる葉、五葉の枝、田作なとを附たり。此麻苧の糸をもて女のもととりをゆへは髪のいと長う生ひ行とて、処女ら是をあらそひてとりつ。ことくににもあれと山祇のぬさとはいはす。亦女のかみゆふためしもなけむ——

右に登場する「山の神の幣」に注目したい。概略は真澄自筆の絵図と解説によってわかるのだが、幣は藁製、房状で、房の根方に十二の節と称する括りがある。絵図には、十二の括りのあるもの二房と、三つの括りのある大型のものが、いずれも木の枝に吊りさげられた形で描かれている。よく見ると、真澄の解説のごとく、麻・田作・ユズリ葉などが付され、松の枝などもつけられている。十二の節は一年十二箇月を示すものとも、十二山の神にかかわるものとも考えられる。

本文中ではこれを睦月十一日の行事としているのに対し、絵図右肩の解説では、睦月十二日としているところに矛盾がある。一月十一日は全国的に見ると「蔵開き」に当たるのだが、真澄の叙述によれば、女性たちが田唄を歌って祝った後、山の神の幣を奪いあって、その麻を求めたとある。山の神の幣のおさがりをたまわって、その麻で髪の毛を縛ると髪の毛が長くなるという伝承が語られている。ここには、山の神を女性だとする信仰の影がうかがえる。右の真澄の記録において、それよりも重要なことは、屋敷の木の枝に山の神の幣を吊るして飾っておき、そのもとで田唄を歌った女たちが幣の麻を奪いあって騒ぐという基本構造である。田唄は田植の象徴であり、これは一種の稲作予祝儀礼である。稲作予祝儀礼が単に新年に行われるというだけでなく、それが、山の神の幣と深くかかわるという構造になっている点である。これは一体どんなことを意味しているのであろうか。

平成三年、秋田県由利本荘市鳥海町牛越の佐藤隆男さん（昭和三年生まれ）から同家の年中行事について聞きとりをしたことがあった。その節、右に紹介した菅江真澄の「山の神の幣」と類似の行事について耳にした。それは以下の通りである。——一月一日＝ノサツクリ、一束ほどの新藁の上部に、コンブ・スルメ・ニボシ・炭・焼餅・麻糸などを包みこみ、その上を固く縛り、これを「ノサ」と呼ぶ。その形態は、菅江真澄の描いた、前述の「山の神の幣」図（写真1）とほぼ同じ形になる。佐藤家では、家の男の数だけノサを作って屋敷の中のアキの方の木の枝に掛けて吊るす。一月十一日＝肥出し、この日、肥出しと称してノサを吊るした木のもとに畜舎から堆肥を運ぶ。儀礼的行為である。一月十五日＝サツキさん、庭田植のことをサツキさんと呼ぶ。早朝、ノサを吊るした木の下で、雪に、稲藁・大豆ガラ・葭の穂の三種を束ねたものを一五株ほど挿し立てた。葭の穂は稲穂を意味すると伝えられている。

さて、真澄の『比遠能牟良君』の記述内容と、佐藤家の正月・小正月行事とを比べてみるといくつかの共通点が確認できる。第一に、真澄の「山の神の幣」と佐藤家の「ノサ」とはほぼ同じものであることがわかる。次に、両者とも、幣と稲作予祝儀礼とのかかわりを有している点である。真澄の例は、宴で田唄を歌い、山の神の幣を屋敷の木に掛け、その麻を女たちが奪いあうというものであり、佐藤家の場合は、ノサを吊るした木の下に堆肥を出し、そこで庭田植を行うのである。

両者の儀礼内容をつなげてみると、この地方の稲作農民の信仰心意の構図が浮上してくる。正月・小正月の間に、山の神を屋敷の木の幣＝ノサに迎え、その木のもとで稲作予祝儀礼を行うというものである。この構図の骨格には、稲作は山の神の管理・庇護のもとにおいて初めて成就するものであるという信仰心意が窺える。山は、稲作に不可欠な水を下してくれるところであり、肥草や牛馬飼料を授けてくれるのも山である。こうした基層の上に右の儀礼は成り立っているのである。右の二つの年頭儀礼から山の神信仰にかかわる重要な要素を探ることができる。以下にその事例を示す。

2 「ノサ」の実際

真澄の『氷魚能牟良君』にある「山の神の幣」の絵を見ている折に、これと同様の、藁の造形物を見た記憶が甦った。それは、山形県南陽市居残沢で、昭和五十二年七月二十四日に見た山の神の「ノサ」だった。フィールドノートには以下のようなメモがあった。旧二月十七日の朝、山の神の祠近くの杉の木の枝に写真2のような藁のノサを吊すというもので、ノサにはホシコ（ニボシ）・木炭・餅・麻糸をつける。昆布を加える場合もある。ノサの下部にはタラバシ（タワラバシ）と呼ばれる桟俵型のつくりものをつける。山の神の神祭りは女人禁制で、ムラの男たちが重箱を持ち寄って酒を飲んだ。――平成十五年、居残沢を訪れたところ、山の神の境内にもうノサはなかった。矢沢啓一さん（昭和二十四年生まれ）によると、昭和五十五年ごろからノサは作らなくなったという。現在は、山の神の境内にある山の神・稲荷社・子安社・観音などの祭りを、春は五月五日にまとめ、秋は九月七日にまとめて行っているとのことだった。

山形県南陽市上荻の廃村になった水林の方向に向かって、ムラ中を左手にたどる径がある。一〇〇mほど歩くと樹齢二百年ほどのミズナラ、二百年ほどの杉の木が目に入る。その杉の木の根方に山の神の小祠があり、杉の下枝に吊られたノサが三本さがっていた。ノサは毎年一本ずつムラの男たちが作る。祭日は三月十七日である。ノサにはニボシ・昆布・炭・青麻をつける。山の神は女でメンキサイ(醜い)。またヤキモチ焼きなので女性は山の神には参らないし、山の神祭りにもかかわらない。女が山の神のところへ行くと山の神はケツむける、と伝えられている。山の神の日は山の神が木を数える日だから立木を伐ってはいけない。この日に木を伐ると曇ってきて嵐になるという。一月十五日には庭田植を行う。大豆ガラと藁をセットにして一〇株ほど、田または畑の平らなところの雪上に挿す。その場で「鳥追い」と称して「ホーホー」と声を出し、手を叩く(加藤善兵衛さん・明治四十五年生まれ)。

写真2　山の神のノサ・山形県南陽市居残沢(昭和52年7月24日撮影)

菅江真澄が『氷魚能牟良君』に描いた山の神の幣とほぼ同じ形のものが山の神のノサと称して秋田県由利本荘市・山形県南陽市その他で現在に至るまでつくり続けられてきたことがわかる。真澄の例では一月十一日、これを屋敷の木に吊り、下で田唄などを歌う稲作予祝儀礼を行い、由利本荘市鳥海町では一月十一日、これを屋敷木に吊り、その木の下に儀礼的肥出しを行い、一月十五日にはここでサツキ・庭田植を行っている。南陽市居残沢では、旧暦二月十七日の山の神祭りの日それを山の神の境内の木に吊り、山の神祭りをしている。南陽市上荻では三月十七日の山の神祭りの日にこれを吊っている。ここではこの日とは別に、一月十五日、庭田植を行う。この他山形県や新潟県には元旦に山の神の神木にノサを吊るという例も見られる。また、秋田県横手市山内筏では、元旦に屋敷の桜の木に注連飾りを掛け、ノサを吊る。ノサは藁束を二箇所括り、その内部に昆布・煮干し餅を入れる。作試しは一月十五日畑の雪上で、稲藁・大豆ガラ・粟ガラを挿し立てる。山の神様は、三月十二日に田へ下り、十二月十日に田から山へ帰る。両方とも餅を搗いて供える（佐藤金治さん・大正十三年生まれ）。

この国で最も一般化している「ヌサ」は紙であり、麻であるのだが、古層を示す「ヌサ」「幣」として、木の白い部分を羽状・細紐状に削り出した削り掛けや、薪状の木を二つ割りにして木の白肌を強調した、三・信・遠山地のニューギなどがあげられる。これらに対して、事例で瞥見した東北地方の「山の神のノサ」が藁であることに注目しなければならない。これは稲作の豊穣を祈る稲作農民のノサなのである。

ここで、稲藁のノサにつけたり、埋めこんだりする山の神への饌物に注目したい。『氷魚能牟良君』＝田作（タックリ＝片口鰯）、由利本荘市鳥海町＝昆布・スルメ・ニボシ、南陽市居残沢＝ニボシ・昆布、南陽市上荻＝ニボシ・昆布、横手市山内＝昆布・ニボシ――とりたてて海より入ってくる饌物のみをあげたのだが、他の事例においてもほぼ同様である。決して豪華ではなく、大量でもないが、山の神様には必ず海のものを供えていることがわかる。海から遠く離れている山の神様にとって、これが何よりの神饌だったのである。このことは、海から離れて暮らす、山近い人びとの思いの反映でもあった。山の神とノサの関係についてはここで止めておく。

二　庭田植と見立ての山――その事例――

農耕に先立つ新年、現実の農作業ではなく、あらかじめ模擬的に農耕の所作を演じ、秋の稔りを願い、豊穣を祈る儀礼のことを予祝儀礼と呼ぶ。降雪・積雪地帯である東北地方や新潟県で、現実の田植の季節に先立つ小正月、一月十五日に雪の上に稲藁・大豆ガラ・粟ガラなどを束ねて植つけの所作を演じる行事がある。これを「サツキ」「田植」「庭田植」「雪田植」「作試し」などと呼んでいる。先に紹介した由利本荘市鳥海町・横手市の事例などのように、自家の屋敷の木に山の神のノサを吊り、そこに山の神を迎えるといった形もある。『氷魚能牟良君』の場合も、ノサの下で田唄を歌っているのだから同系だと見てよかろう。模擬的な田植ではあっても、山の神から水の恵みを得ることによって稲作を完遂することができるという原理を踏まえることで、有効に予祝の目的が遂げられると考えることができよう。

さて、ここに注目すべき雪上の田植がある。それは、模擬田植の場の前に、「見立ての山」「模造の山」「造形の山」を作っておいてから模擬田植を行うという類型である。以下にその事例を示そう。

①山形県最上郡大蔵村塩

一月十五日に「サツキ」と称して雪の積もった田の上で模擬田植をした。模擬田植に先立って、長さ六尺ほどの葭を一二本用意し、サツキを行う場の前方に、その葭を束ねて真中で折って山形にしたものを立てる。その葭の山の前で、稲藁と大豆ガラを混ぜて束にした模擬苗を使って田植をする。サツキに先立ち、一月十一日にサツキ予定地に牛小屋の堆肥を出しておく。サツキの日には餅を搗く。サツキの山に使った葭は保存しておき、後に水田に立てる。

三月十二日に山の神様が下ってお田の神様になる。この日は餅を搗き山の神に供える。十二月十二日にはお田の神様が山に帰って山の神様になる。この日にも餅を搗く。山の神様はお産の神様と同じだと伝えられている（柿崎延之さん・大正十三年生まれ）。

②山形県最上郡大蔵村白須賀

一月十五日に「サツキ」という模擬田植を行う。稲藁と豆ガラを束ねて苗とし、雪の積もった田の中の、一坪ほどの範囲で行う。その時、前方に、朴の木を五本または三本立てる。「三本でいいにするか」などという会話がなされるが、朴は林状をなすように、多い方が良いと伝えた。山の神様は山と田の間で上り下りをするという伝承がある（樋渡勘次郎さん・大正十五年生まれ）。

③山形県最上郡大蔵村下合海

一月十五日に「サツキ」を行う。田・畑両方に一坪ずつサツキの場、田畑に見立てた場所を設定する。おのおの四隅に杭を打ち、杭の先に萱（薄）とシデをつける。これは単なる区画表示ではなく、山の設定と見ることもできる。一坪の範囲内に稲藁と大豆ガラをセットとしたものを苗に見立てて挿し立てる。山の神祭りは五月十五日と十月十五日で、五月は山の神が田に下り、十月は刈上げの後、お田の神様が山に帰る日だと伝える。五月には赤飯または小豆飯、十月には餅を供える。下合海の山の神は最上川の河岸段丘に祀られている。御神体は丸い穴状の窪みがある化石で、祭日には「シックイ」と通称する糯の粉（粢）を詰めて祀る。今はコンクリートで固定されているが以前は移動可能だったのでこの神体石が子宝祈願に使われた。子宝を求める夫婦はこの石を沢に運んで洗えば子供が授かると言い伝えた。神体石の穴は女陰を象徴するものであり、山の神は女性だとする伝承がここにも生きている（信田政義さん・昭和二年生まれ）。

④山形県最上郡戸沢村平根

一月十五日「サツキ」と称する模擬田植を行った、庭の一坪ほどの範囲で、稲藁と大豆ガラをセットにして一〇株ほど挿した。この時、模擬田の前方に長さ一〇mほどの朴の木を二本立てた。その朴の木は保存しておき、後に稲のハセ（稲架）に使った。山の神の祭りは七月十二日で、米・酒・水・野菜を供えた。女は参らない。山の神の神前には木製の男根が供えられている(早坂一二さん・明治四十年生まれ)。

⑤山形県鶴岡市八久和(旧朝日村)

旧暦一月十五日の朝、庭の雪の上に朴の枝を一〇本前後挿し立てこれを林と称した。さらに、その林の前に一坪ずつの区画を二つ作り、一つを田と称してそこに稲藁を苗に見立てて挿し、いま一つを畑と称してそこには大豆ガラを挿した。これを雪田植またはサツキと称した(佐藤蔵治さん・明治四十三年生まれ)。

⑥山形県鶴岡市中向(旧朝日村)

一月十一日に山へ行き、長さ二mほどの朴の木を五本伐ってくる。これを家の前庭に、二間四方の四隅に各一本、前面中央に長めのものを一本立て、注連縄を張りめぐらしてこれを「林《はやし》」と呼んだ。一月十五日朝、林を拝んでから、藁と大豆ガラの束をこの区画の中の雪に挿し立てた。これを田植と呼んだ。この日、保存しておいた稲穂を座敷に飾った(亀井寿太郎さん・大正二年生まれ)。

⑦山形県最上郡真室川町川ノ内

一月十一日午前三時ごろからホラ貝と呼ばれる、タラノ木を刳りぬいて作った木貝を吹き鳴らして、堆肥を運び自分の田に儀礼的に撒いた。これを「肥背負い《こえしょ》」と呼び、隣に負けるなと言って木貝を鳴らし合った。肥背負いを終えると、荷縄・犂の綱を綯い、馬の沓を編んだ。稼ぎ始め・仕事始めになっているのである。一月十五日には雪の積もった裏の畑で藁・大豆ガラ・葭を束ねたもの一二把を雪に挿し立てた。これをサツキと呼んだ。

正月に長さ一間半の芯つきの松を門口に二本立てた。「門松に雪が積もると豊作になる」と言われており、子供のころ門松の雪を見に行った。なお正月を迎えるに際して中塚家では、門松と玄関の間の雪に高さ一間の朴の木を並木状に挿し並べて立てた。田の神は三月十六日に山から田へ下り、十一月二十三日に山に帰る(中塚登志雄さん・大正十四年生まれ）。

⑧山形県西置賜郡小国町樋倉

旧暦一月十一日にカセギハジメと称して庭田植予定の場に堆肥の代わりに藁を運んだ。庭田植予定地は径一〇mほどの円形で、旧暦一月十五日には、その中央に長さ一mほどの五葉の松を挿し立てた。これを「松葉様」と呼ぶ。庭田植は、稲藁と大豆ガラをセットにしたものを、松葉様を中心として円形に挿してまわる。松葉様は山の神の依り代であり、山である。十五日には餅を入れた小豆粥を煮て松葉様に供える。そして、家族も松葉様の前で小豆粥を食べる。十五日夜、サイトヤキを行い、松葉様はその時焼いて送る。サイトヤキに際しては、樋倉六戸の者が全員で「ホーホー」と叫んだ。鳥追いである（佐藤静雄さん・大正七年生まれ）。

⑨岩手県北上市二子町川端

一月十五日、「田植」と称して庭の雪上に稲藁・大豆ガラ・稗ガラ・粟ガラ・胡麻ガラなどを挿す。それに先立ち、まず、庭に杉または松の杭を打ち立て、それに栗の木の枝を結びつける。これは山の神の依り代だと見ることもできるが、山の形象だと見ることもできる。栗は、秋大量の実を恵んでくれる木であるその栗の枝に稲藁で作ったヌサ（先に述べた山形県のノサに当たるもの）五、六本を吊るした。ヌサを吊り終えると、ヌサの下に馬小屋から堆肥を出して置く。その後に模擬田植をしたのである（八重樫将伺さん・昭和六年生まれ）。

⑩岩手県江刺市米里小字中沢

旧暦一月十一日に「農ハダテ」を行う。肥出しの儀礼であるが、担当するのは子供で、子供たちは藁を拳状に丸め固めたものを両手に持って、それを両耳に当てる。この藁の塊を堆肥に見立てているのである。こうした恰好をして自分の家の持田の一番南に向かい、そこから北に向かって一框の田に藁の塊二個ずつを置いてまわる。このような子供の姿を見て「山の神がおいでになる」と語り、子供を山の神に見立てた。

旧暦一月十四日の晩「アラグロスリ」と称し、一人がフスマ五合を一升枡に入れ、いま一人が御幣を持って先導し、家の周囲をまわりながら次の詞章を唱えつつフスマを撒く。〽アラグロやとんでくる　銭も金もとんでくる　馬っ子餅も　とのかな　牛っこ《べこ》餅もとのかな　泉が湧くやら　古酒の香がする——アラグロスリとはエブリスリのことだともいうが、アラグロとは、「新畦」のことなので、「新畦塗り」のこととも考えられる。家の周囲にフスマを撒いてまわるという例は、全国的に見ると、蛇除け、蝮除けの呪術につながり、年の初めに、家に侵入せんとする悪しきものを防除する儀礼だと見ることができる。しかし、アラグロスリまたはアラグロヌリを重視すると、一連の稲作儀礼の中で、新たに畦塗りをして水を確保し、豊穣を願う儀礼だと見ることができる。新畦を祝い、水漏れを防ぎ、稲の豊作を予祝するのである。

畦に対する害物は、モグラである。当地では旧暦一月十五日にも「ナマコヒキ」を行う。ユンヅケ（ツマゴ・藁沓）に籾殻を入れて縄で巻き固め、ナマコの形を作る。それにオモユをかけてヌメリをつけ、縄をつけて屋敷の周囲や田畑を引きまわる。同時に棒で地面を叩きながら「ナマコどののお通りだモグラそっちゃいげ」と唱えた。フスマ撒きはモグラ除けの呪術儀礼にもなっているのである。漏れのない畦は、銭も金もためる畦なのである。

小正月の年越しの食物は栗の木の箸で食べるのを吉例とするが、子供がこの箸で文字を書くと字が上達すると伝える。一月十五日の朝。庭に高さ一間ほどの栗の枝を立てる。根方は三本の薪で支えて縄で固定する。栗の小枝には、柳・ヌルデ・松などの径一寸・長さ一尺ほどのものを一二用意して吊り下げこれを粟穂と称する。この栗の木も粟穂ナラセの木や依り代にとどまることなく、山の象徴だと見ることもできよう。そして、その栗の木に向かって松葉を稲苗に見立てて四株三列雪上に挿す。この松葉は正月飾りに使ったものである。松苗の次には大豆ガラを四株三列、その次に麻ガラを四株三列挿す。全体を田植と呼んでいる。

山の神の本祭りは十二月十二日で、この日は山の神様が山へ帰る日だとし、糯米五合を持ち寄り、キナコ餅を作り、山の神に供え、一同も食べる。また、午前中、兎の巻狩をして、兎肉を煮て供え、一同はドブロクを飲みながら食べる。この日は山の神様が山の木を数える日だから木は伐ってはいけないとされ、山仕事を休んだ。中沢の山の神は、麓山神社と称され、山口にあり、境内には栃の古木がある。山の神は女性だとし、お産の神様だともいう。ムラには山の神講があり、宮城県遠田郡小牛田町の山の神神社に代参する。安産を得るために、紐・枕などを借りてきて願果たしには倍返しにする（中山龍夫さん・昭和三年生まれ）。

⑪岩手県北上市和賀町山口

一月十一日、農ハダチ（ハダテ＝開始・着手）と称して堆肥を径一尺ほどに固めたものを一二個作り、田植（雪上模擬田植）予定田に運んでおく。一月十五日に、田植を行うに際し、正月に使った高さ五尺の三階松を東向きに立てる。二間間隔ほどに立て、そこに注連縄を張り、藁のハカマとクタダ（みご）を使って模造の南瓜・胡瓜・茄子など作って吊り下げる。ここでも雪田植の田の前に並べられる三階松には山の印象がある。その前で田植を行うのであるが、松の前から、稲＝稲藁↓大豆＝大豆ガラ↓麻＝麻ガラの順に雪上に挿し立てる。おのおの「ヒトハカ」と称して四株四列、計一六株ずつ挿し立てた。

ここで注目すべきは麻である。雪が消えると種蒔きをし、旧暦の盆前に収穫した。収穫した麻は整理し、熱湯をかけて皮剝ぎをし、四日間水つけをし、ナデルと称して粗皮を除いた白麻を五日間ほど川につけ、濡れているうちにナカゴ（カス）を除いてから　干し、糸の素材を得て、冬季、「ウミカタ」と称し、麻を細く裂いて縒りをかけて糸にした。糸はヘソにする。ナカゴは叩いてから川でさらし、白くし、干して綿の代わりに使い、ナカゴふとんの素材にした。

麻糸を用いて布を織り、女性用のモモヒキとも言うべきヤマバカマを作った。ヤマバカマは黒く染め、春から雪前の間の仕事着に使った。ヤマバカマは、両脇に三角のアキができ、ふくらはぎの部分にはコノと称し足《た》し布をした。黒染めのヤマバカマをはくと脇あきの部分から下の腰巻が見えた。娘たちにとってはそれが女性の表示となった。四十歳前は赤、四十歳を過ぎると白、緑などの腰巻をしめ、それが脇あきから見えるようにしていた。冬はネル、夏は木綿である。山からの薪運びの折などには誰もがヤマバカマをはいた。当地には冬期ヤマバカマを三枚作るために嫁が二週間ほど実家に帰る習慣があった。昭和六年に横川の高屋から山口に嫁いだのだが、そのころはまだ麻を栽培し、その麻で糸をうみ、機を織ってヤマバカマを作ってそれをはく習慣が生きていた。こうした実態があればこそ、雪上田植に麻ガラが、稲藁・豆ガラとともに植えられる必然性があったのである。当地の山の神祭りは旧暦九月十二日で餅を搗き、一二個供える（小原ミヤさん・大正四年生まれ）。

⑫岩手県北上市和賀町横川目

一月十一日早朝、農ハダテと称し、径尺二寸ほどの藁束一五個を田または畑に出した。一月十五日早朝には正月の門松に使った三階松を二間間隔に立て、注連縄を張り、藁のハカマとクタダで、南瓜・茄子・胡瓜などの模造品を作って注連縄に吊るした。そして、その松に向かって藁二つかみを一株として二〇株、続いて大豆ガラ二〇株、さらに麻ガラ二〇株を雪上に挿し立てた。一月十五日の夕方意図的に濃く化粧をして田植踊りをし、各戸をまわる。化粧を濃くするのは稲の花がたくさん咲くことを願うのだと伝えられている（菊池久子さん・昭和六年生まれ）。

⑬岩手県和賀郡西和賀町沢内貝沢

一月十一日の朝肥出しと称して堆肥出しを儀礼的に行う。一月十五日の早朝模擬田植を行う。長さ一間の杉の棒の先に藁束をつけた煤掃き棒二本を雪の庭に立て、その前に稲藁四株と大豆ガラ四株を挿し立てる。煤掃き棒は歳末に大掃除に使ったものである。山の神は毎月十二日ごとに祀るが、本祭りは旧暦八月十二日で、魚・餅・洗米・神酒を供える。山の神は春、田に下って秋山に帰るという伝承はあるが、日は特定していない（岩井貞一さん・昭和十九年生まれ）。

⑭秋田県横手市大雄潤井谷地

年末の煤はらいのために長さ一間余の榛の木を伐り、先に藁束をつけて煤はらいをする。その棒を保存しておき、一月十五日、その榛の棒を立て、稲藁と大豆ガラを雪上に挿して田植をする。山の神様は三月十二日に山から降って田の神になり、十二月十二日に山に帰って山の神になる。この両日には餅を搗く（佐々木倉太さん・昭和二年生まれ）。同様の方式は横手市剰水《せせなぎ》にも見られた。

⑮秋田県横手市増田町本町

一月十五日朝、庭に三尺立方の雪の壇を二基作る。二基の間隔は五尺ほどで、その壇の上に、ナラ類・シナなどの枝柴を各二〇本ずつ立てる。この造形はどう見ても林であり、山である。そして、その壇上に金と餅を供える。右の壇の前で稲藁を挿し立て、左の壇の前で大豆ガラを挿し立てる。挿し方は、径一間ほどの範囲に中央から外に向かって順に円形に挿し立てる。これを田植と呼ぶ。供えた金と餅は子供たちに与える。ナラやシナの柴は夜、ドンド焼きの際燃やす（藤田泰治さん・昭和二年生まれ）。

⑯秋田県横手市山内村三又

一月十一日に肥出しと称して儀礼的な堆肥出しを行う。一月十五日には「作試し」と称して雪上で模擬田植を行う。水が冷えてもできるからといって、一番上手に稗ガラの株五株一列にして数列、続いて同様に大豆ガラを挿し立てる。次に同様にして稲藁を挿し立てる。こうしておいて、下手、即ち稲藁を挿した最後の列の中央と、左右の中央に長さ七尺ほどのコシアブラの木を立て、三本のコシアブラの先端を集めて縛る。それは、三角錐の骨格のようになる。その頂点から白麻を垂らし、麻の下端に半紙をつけて垂らす。作試し終了後、子供がこの半紙に文字を書けば字が上手になると伝える。

旧暦五月十二日は山の神が田の神になる日で、餅・米などを供える。旧暦九月十二日はお果たしで新米・餅を供える。そして、十月十六日は山の神様が山へ帰る日だと伝える。この日も新米と餅を供える。山の神を祀る日には、山に山の神様がいなくなるから山へ入ってはいけないと伝えた。右の祭りは各家庭で行い、別に、各戸から男が一人ずつ出て山の神神社に籠る。男たちは焚もの一かかえ、ドブロク・酒・餅などを持って夕刻社殿に集まり、丑の刻まで籠り、丑の刻参りをしてから帰宅する。山の神様は女性だから男たちの語る「男女」の話を聞くのを喜ぶとして、一晩中エロ話をする。小学校六年生の時、代理でお籠りに参加して驚いたことがあった。山で鉈などを紛失した時には男のものを出して祈ると紛失物が発見できるという伝承がある。猟に入る前には「精進」と称して男女の交りを避け、ナマグサも避ける。出発に際してはムラの山の神を拝む（高橋俊夫さん・昭和二年生まれ）。

⑰新潟県旧岩船郡朝日村奥三面（廃村）

越後岩船郡の奥の三面の山村では、やはりこの小正月の行事としてタウエをするが、屋敷の前の雪の上に五、六本の柴を挿し立てたものをハヤシといい、その先にタラの木の小枝の六、七寸に切ったものを挿すのをアワボーというのも、例の粟穂のみのりを表したものであるが、このハヤシの中に豆木と藁との小束にした物を、雪に挿し立てるのを田植といっている（倉田一郎『農と民俗学』[2]）。

三 見立ての山の意義――その深層――

右の事例を見ると、小正月の雪上模擬田植に際して、「見立ての山」を作ってその前で模擬的な田植儀礼を行う地が広域に及んでいたことがわかる。事例①は一二本の葭で山の形を作り、その前で雪田植を行い、その葭を保存しておいて実際の田植に田の中に葭を立てたという。山の力、山の神の力を稲田に導いていることがよくわかる。山形県南陽市下荻北では、苗代田の真中に長さ尺五寸ほどの葭を一本立てた。山から下った田の神様に、この葭に座って苗のできを見てもらうのだと言い伝えていた(山口浩さん・昭和八年生まれ)。

さて、事例の中に注目すべき一群がある。それは、②=朴の木五本または三本、④=朴の木二本(長さ一〇m)、⑤=朴の木一〇本前後、「林」と呼ぶ、⑥=朴の木五本、注連縄区画型、「林」と呼ぶ――いずれも山形県内で、朴の木を以って模擬的な「林」「山」を造形している点が注目される。⑮(秋田県)、⑰(新潟県)はともに落葉広葉樹の柴を複数本差し立てたもので、これも「山」「林」の印象が強い。⑰でこの造形を「ハヤシ」と呼んでいる点は、前述の朴の林と共通するところである。これらの事例によって、一月十五日の小正月に、積雪地帯において模擬的な山を造形したうえで、その前において模擬的な田植儀礼を展開する地があったことを確認することができよう。山形県鶴岡市本郷の庄司二郎(昭和二年生まれ)家では、正月を迎えるに際して門田、即ち屋敷に近い田に三段のミズキを一本立ててこれを「門林《かどばやし》」と呼んだ。年の初めの稲作への山の力導入の祈りである。

右に見た「見立ての山」「造形の山」に対して、他の事例は、従来の視点からすれば依り代的色彩が見られると言えよう。⑨北上市、⑩江刺市ではともに杭に栗の木を結び立てたもので、⑨はその栗の木に真澄絵図や由利本荘市鳥海町、山形県南陽市の事例のようにヌサ（ノサ）を吊り、⑩ではナリモノの形象物を吊っている。栗は食糧となる実を恵み、栗の花は田植の指標となる。次に、⑧で一本の五葉松を立て、⑪⑫では正月の門松を転用している。さらに、⑬（岩手県西和賀町）、⑭（秋田県横手市）では煤掃き棒を立てるという形をとっている。煤掃き棒の先につけられた藁束をノサの変形と見ることもできる。⑯は同じ横手市内でも、山の感じの強い造形である。これらの事例を、前述の朴の木や雑木柴の「見立ての山」に並べて見ると、観念に先導される依り代的なものの基層にある「山」、その象徴としての「木」の要素を見つめるべきだという思いが浮上してくる。

「見立ての山」の造形素材として朴の木が浮かんできた。見立ての山の素材として朴が選ばれた理由の一つに、その直上形の樹相をあげることができよう。事例④のように、事後に、その朴の木をハヤ（稲架）木として利用している点も見逃せない。朴の木のいま一つの魅力はその葉にある。大型の葉は「食」と深くかかわっているのであり、中でも稲苗の植えあげ、即ち、サナブリの儀礼食に朴の葉を使う慣行は広く見られる。

例えば次の通りである。ａ握り飯にキナ粉をまぶしたものを朴の葉に包んで藁を使って外を十字に結ぶ。これとは別に大豆とアラレを炒ったものも同様に朴の葉に包む。これらを「俵」と呼んでサナブリの日に神棚に供え、田植にかかわった人びとはタバコメシ即ち間食として食べた（山形県最上郡鮭川村米・矢口三郎さん・大正十五年生まれ）。ｂサナブリには大豆と、キリボシと呼ばれるアラレを茶煎じで炒って十字に組んだ朴の葉に包み、苗手藁で縛って、夜、田植を手伝ってくれた人びとに配った（山形県南陽市上荻・加藤さか江さん・大正七年生まれ）。ｃサナブリの日、「タワラユイ」（俵結い）と称して次のことを行った。朴の葉の上に小正月に作った糯米の繭玉、模造の稲穂の餅を炒ったもの、大豆を炒ったものを混ぜて盛る。それにもう一枚の朴の葉を十字になるようにかぶせて藁で縛り、近隣六軒の家でおのおの配りあった（山形県西置賜郡小国町樋倉・佐藤静雄さん・大正七年生まれ）。ｄサナブリの日、キリモチと大豆を炒って朴の葉に包み、苗手藁で縛って、田の神様にあげる。これを「俵」と呼んだ（山形県西置賜郡飯豊町高峰・井上運一郎さん・昭和三年生まれ）。

ａの握り飯のキナ粉は稲の花の象徴であり、サナブリのキナ粉は他地にも見られる。ａｄの俵、ｃの俵結いは、サナブリの時点における稲作の豊穣予祝であり、そのために朴葉包みのサナブリ食を米俵に見立てているのだといえよう。

サナブリと朴とのさらに強い結びつきを示す例を紹介しよう。ｅサナブリには三段・五段・七段の朴の若木を伐り出してきてその枝についたままの葉に大豆とアラレを包み、おのおの藁で縛る。こうして、萱の箸を添えて「お田の神様の分」として床の間に飾った（山形県西村山郡大江町楢山・鈴木豊さん・明治四十五年生まれ）。ｆ田植が終わると「お田の神祭り」を行った。まず、朴の木の五、六尺のものを枝葉つきのまま山から伐り出し、その中の葉五、六枚に、水に漬けておいた米・大豆・昆布を包んで藁で結ぶ。これを家に近い田の隅に立てて祀った（山形県西村山郡西川町大井沢出身・富樫音弥さん・明治三十六年生まれ）。

こうして見てくると、山形県で、見立ての山の中心素材として朴が選ばれた理由がよくわかる。雪田植に直結する見立ての山ではないが、事例⑦で紹介した、正月の朴の並木道、歳神を迎えるための林立ても見逃し難いものである。

さて、朴の葉はその他にも利用価値があった。真竹の生育の盛んな地方では、発泡スチロールのトレイやビニールが使われる以前には竹の皮を食品包装の素材として使った。肉・握り飯などはよく竹の皮で包まれた。真竹が生育しない地、真竹が稀少な地方で竹の皮に代替えするものとして利用されたのが朴の葉であった。山形県南陽市上荻出身の山田学さん（昭和九年生まれ）は次のように語る。少年のころ、朴の葉一五枚を葉柄の位置で藁を使って縛ったものを振り分けにする。このようなものを重ねて保存しておくと仲買人が買いに来た。握り飯はもとより、ソバを朴の葉に盛ることもあったし、足を折った馬を解体した折には馬肉を朴の葉に盛って分配した。また、山形県西村山郡朝日町木立の松田みつ子さん（大正十年生まれ）は次のように語る。十月末から十一月にかけて朴の葉を拾い、よくのしてから、一〇〇枚単位で魚屋まで持って行き、魚と交換してもらった。朴の葉はナマ乾きでよい。朴の葉では豆腐・魚などを包んだ。

飯豊町高峰の井上運一郎さんの朴の伝承は次の通りである。霜が下りると朴の葉を集め豆腐屋に売った。また別に、握り飯などを包むため、自家用として三〇枚以上保存した。新潟県岩船郡朝日村荒沢の大滝スミイさん（昭和七年生まれ）は次のように語る。田植過ぎに朴の葉採りに出かけた。朴の葉のことをカイバとも呼んだ。肉・煮しめ・餅などを包むのに使ったのだが、保存方法は、干して保存するか、茹でてから桶の中に薄塩で漬けておくかのどちらかだった。端午の節句に柏餅同様に、朴の葉に餡餅を包む地は多い。餅といっても糯米のみではなく、粳の粉を主体とした団子系ではある。他に飛騨の朴葉味噌のごとくに朴の葉を使う方法もある。朴はこのように、農民の暮らしと深くかかわってきた植物である。

秋田県横手市山内三又の高橋俊夫さん（昭和二年生まれ）は朴の葉について次のように語る。毎年十一月初め、霜が降りるころ朴の葉が落ちるので朴の葉拾いに出かけた。毎年二〇〇枚は拾った。同家では十一月下旬から五月末まで納豆を作ったのであるが、その納豆づくりに際して、煮た大豆を朴の葉を敷いた苞に包んで、餅搗き臼（後に鍋）に入れ、簾の蓋、藁のハカマをかぶせその上にムシロを掛けて発酵させた。朴の葉は魚を包むのにも使った。朴の葉は屋根裏に保存し、使う分だけおろして水でもどした。

横手の町から注文を受けて朴の葉を集めて売る人びともいた。秋田県南秋田郡五城目町馬場目の小玉金五郎さん（大正十一年生まれ）は、朴の葉を二〇〇枚・三〇〇枚単位で酒屋に売った。一部は酒粕と交換した。酒屋は酒粕を朴の葉に包んで売ったのである。朴の葉の採取は六月中旬から七月一日にかけてで、親子で山に赴き、親が朴の木を伐り、ワラシが葉を採った。サナブリには赤飯の握り飯と、白い握り飯にキナ粉をまぶしたものを朴の葉に包んで出すのがならわしだった。朴の葉は、北の食物包装材として、南の真竹の皮に対応するものであり、それだけに北の人びとの朴の木に対する思い入れは強かった。

さて、「見立ての山」の素材としての朴についての叙述が長くなったが、小正月の雪田植に、見立ての山を造形しその前で模擬田植を展開する理由は、稲作において山の力が絶対的であるということだ。肥草・馬料・稲架材など、山は稲作にとって重要なものを種々もたらしてくれる。しかし、何と言っても稲作にとっての山の最大の恵みは「水」である。直接水をもたらす川の水源が山なのである。山は、保水し、調整しつつ水をもたらしてくれるのである。

四　模擬苗――稲と大豆の力――

一月十五日の雪田植・サツキは模擬田植であるから、模擬的に何を雪上に挿し植えるかに注目しなければならない。収載した一七例を見ただけでもその基本は明らかになる。まず、中心は稲苗の象徴としての稲藁と、それとセットとして大豆ガラを挿し立てる形が圧倒的に多いことに気づく。事例①②③④⑤⑥⑧⑬⑭⑮⑰などがそれで、主食の中核をなす稲(米)と、副食・調味料(味噌・醬油)、豆腐・油揚・納豆など、栄養源の中心となる大豆とがセットとして予祝儀礼に登場する意味は重いと言えよう。これは、稲田と畦豆の風景を連想させる。

本章の中でも、サナブリの日に、炒り大豆とアラレ、炒り大豆と餅、粢と大豆、握り飯とキナ粉(大豆)をセットとして朴の葉に包む儀礼を紹介している。ここでも米と豆が並んでいるのである。米と大豆をセットにした稲作儀礼は各地に見られる。奈良市長谷町の長岡正次さん（大正二年生まれ）は次のように語る。サビラキ（田植始め）にはウルチ米と大豆を混ぜて炮烙で炒り、これを一二枚の蕗の葉に盛って植え始めをする田の水口に供えた。同時に栗の枝にシデをつけ、水口に挿す。ウルチ米と大豆を炒ったものは家の神棚にも供え、家族も食べる。水口に供えたものは田植をした者が食べる。炒ったウルチ米と大豆を石臼で碾き、その粉を苗にかけると稲の花がよく咲くと言い伝えている。三重県伊賀市諏訪ではサナブリの日に、大きな苗束の上に茗荷《みょうが》二本とキナ粉をまぶした握り飯を三個荒神様に供えた。長崎県佐世保市宇久町十川では、サナブリの日に子供たちがキナ粉をまぶした握り飯を持って島めぐりをした。各地ともキナ粉は稲の花、秋の稔りの象徴だとされている。キナ粉をまぶした握り飯は米と大豆の合体であり、東北地方の小正月の雪田植における稲と大豆のセットと照応する。このセットは日本人の生命維持食物の基本構図である。大豆をめぐる民俗儀礼については述べたことがある(3)。

東北地方の雪田植における作物として稲と大豆のセットを骨格としながらも、それ以外の作物を加えている例を見ると、事例⑩岩手県江刺市、⑪岩手県北上市、⑫岩手県北上市で麻を加えているのが注目される。麻は木綿以前の、重要な衣の素材だった。他に、事例⑨で稗・粟・胡麻、⑯で稗が登場するのだが、事例⑯では棚田最上段の水が冷えるカマチに稗を栽培し、水口に稗を作る慣行など現実の水田対応を反映していて注目される。事例⑦に葭が使われているが、葭はアシでイネ科の多年草であるためここに登場しても不自然ではない。葭は占いにも用いられ、屋根材・葭簀材などとしても有益である。

小正月の雪田植に先立つ一月十一日に、模擬田植予定地などに、儀礼的に堆肥を出しておく例が多く見られる。事例①⑦⑧⑨⑩⑪⑫⑬などであり、「肥出し」「肥背負い」「稼ぎ初め」「農ハダテ」などと呼ばれる。堆肥を使う例と藁を使う例とがあるが、これは雪田植に連なる一連の儀礼である。

五　山の神・田の神の循環、去来伝承

山の神は地方により、かかわる生業や祭る者の立場などによって様々な伝承を持ち、様々な祀られ方をする。その中で、中心的な性格として語られるものの一つに山の神の、季節による山と田の循環・去来を語るものがある。山の神は農の季節には田に下って田の神となり、農を終えると山に帰って山の神になる、というものである。柳田國男はつとに『山島民譚集』(4)の中で次のように述べている。「山ノ神ト田ノ神トハ同ジ神ナリト云フ信仰ハ、弘ク全国ニ分布スル所ノモノナルガ、伊賀ナドニテハ秋ノ収穫ガ終リテ後、田ノ神山ニ入リテ山ノ神ト為リ、正月七日ノ日ヨリ山神ハ再ビ里ニ降リテ田ノ神トナルト云フ。此ノ日ニハ多クノ村ニ鍵引ト云フ神事アリ。」――。山の神・田の神の循環・去来伝承は柳田以後も、日本民俗学が関心を示すところであったが、いまだに明確な解決を得ているわけではない。ここでは、先に引いた事例をも含め、筆者が、聞いている管見の事例の骨子を表覧化して示し(表1)、後に若干の考察を加えることにする。

表1に示した秋田県・山形県・新潟県の事例を見ると、山の神・田の神の循環・去来伝承が農を営むイエイエで語り伝えられており、しかも、そのほとんどが神が田に下る日、山に帰る日を語り伝え、饌食・行事食を用意し、神を祀り、家人もそれを食していることがわかる。このことは、田の神を迎え送るという営みがイエイエの儀礼・年中行事として定着していたことを意味している。先に引いた柳田の『山島民譚集』の文章の中に、三重県の伊賀地方のことがあり、鍵引神事の叙述がある。伊賀地方の鉤引きの大方は一月七日、山の神の祠の祀られている境内に太注連を張り、男たちが木の鉤を以って注連を引き、山の神を迎えるというムラ組、共同体の行事である。(5)滋賀県蒲生郡日野

町中山東・中山西でもムラ組の山の神祭りとして一月三日に鉤引きを行う。山の神迎えなのだが、木の鉤で太注連を揺らすことを神起こしとも呼ぶ（写真3）。鉤引きによる山の神迎えや、山の神を里・田に迎える行事は盛んなのだが、対応する「送り」が衰退しているように思われる。(6)

三重県尾鷲市矢ノ浜は上地・野田地・下地の小字から成っている。その三つの字ごとに山の神を祀っている。山の神は東に海を望む山の裾近くの斜面に北から上地・野田地・下地の順でほぼ等間隔に並ぶ形になっている。上地の山の神は竹藪の中、野田地は杉の疎林の中、下地も杉の幼木の中にある。野田地と下地の山の神は巨大な磐座を背にして祀られている。

写真3　山の神起こしの太綱揺らし・滋賀県蒲生市日野町中山東

山の神祭りはいずれも二月七日と十一月七日である。ところが当地では山の神の祭日と山の神を祀る者に関して独自な伝統が守られてきている。それは、二月七日に山の神祭りをするのは農家であり、十一月七日に山の神祭りをするのは伐木・搬出・炭焼などを行う人びとだという。そして、山の神は二月七日に田に下って十一月七日ごろ山に帰るのだと伝えている。循環・去来を伝える山の神祭りは、イエごとではなく、ムラ組、生業集団によって行われているのである。こうした事例に比べてみると、表に事例を示した東北地方の、循環・去来伝承の春秋の照応の確かさ、イエイエでの送迎意識の強さが特徴として浮上してくる。

表1 山の神の循環去来伝承

		伝承地	下りの月日・饌食 呼称	上りの月日・饌食 呼称	（補足伝承）	伝承者
1	秋田県	横手市土淵	3／12 餅	12／12 餅		照井儀兵衛（昭3）
2	秋田県	〃 軽井沢	4／12 酒	12／12 酒		牧野忠一郎（大14）
3	秋田県	〃 大雄潤井谷地	4／12 餅	12／12 餅		佐々木倉太（昭2）
4	秋田県	〃 山内三又	旧5／12 餅・米↓ 山の神が田の神になる	旧9／12 餅・新米↓ お果たし	旧10／16 餅・新米 山にお帰り	高橋俊夫（昭2）
5	秋田県	〃 前郷	4／12 餅12個藁の上	12／12 餅12個藁の上		佐藤久吉（昭6）
6	秋田県	〃 樽見内		11／25 お田の神様のお帰り・ムラはずれの十字路の真中で、ボタ餅をサンダワラに盛って送る		小川タイ（大6）
7	山形県	最上郡真室川町川ノ内	旧2／12 餅	旧10／12 餅		中塚登志夫（大13）
8	山形県	酒田市小屋淵	3／12 小豆餅 夜に山の神迎え	11／12 小豆餅 夜ごもり 酒		相蘇岩太（大7）
9	山形県	〃 升田	旧4／初 餅	旧9／初 餅 お田の神送り		村上収作（大12）
10	山形県	最上郡戸沢村本郷	3／2 赤飯	12／30 赤飯・鮭		秋保信雄（大10）
11	山形県	〃 大蔵村塩	3／12 餅	12／12 餅		柿崎延之（大13）
12	山形県	〃 〃 白須賀	山の神は春秋山と田の間を上り下りする			
13	山形県	〃 〃 下合海	5／15 赤飯か小豆飯 お田の神様下り	10／ 刈り上げ後 餅		信田政義（昭2）
14	山形県	鶴岡市田麦俣	春彼岸 ボタ餅	秋彼岸 ボタ餅		佐藤三吉（大12）
15	山形県	〃 羽黒町市野山	3／21 彼岸中日馬餅 田の神おろし	11／23 餅を親戚に配る 田の神あげ		斎藤千代子（大10）
16	山形県	〃 温海川	3／15 餅 田の神おろし	11／23 餅 田の神あげ		白幡卯八（昭8）

17	山形県	〃 藤島	3／21 餡餅 田の神おろし	11／23 餡餅 田の神あげ		本間栄助（大13）
18		〃 上本郷	3／10 餅・小豆飯 田の神おろし	11／23 餅・小豆飯 田の神あげ		菅原アサエ（大13）
19		〃 関川	3／15 餅 田の神おろし	11／23 餅 田の神あげ		五十嵐昭二（昭2）
20	新潟県	村上市雷	3／15 餅↓ 田の神下り	10／15 餅↓ 田から山へ	11／15 山から天へ	大滝和子（昭18）
21		〃 山熊田	2／16 ボタ餅 田の神が天から下る	10／16 ボタ餅 田の神が天に昇る		大滝ヤス（昭5）
22		〃 大沢	3／1 蔵の前で雪を握る↓ ↓11／16 ボタ餅 田の神天へ昇る	3／16 十六団子↓ 田の神おろし この日は入山禁止・餅を搗いて田の神に持たせる	10／16 ボタ餅 田の神の家入り	佐藤末吉（昭4）
23		〃 蒲萄	3／16 ボタ餅 ヌサを吊る 山の神のお下り	11／16 カラコ（粢）焼いて食べる 田の神が山へ帰る		岡田伊之助（昭2）
24		〃 荒沢	3／9 餅 山の神のお下り 積雪の苗代田三尺×一間を耕起 焼餅を畦に供える 米を一升枡に半分入れ神棚に供える	11／16 餅 一升枡に山盛の米を箕に広げて神棚に供える 山の神の祠に参る		大滝由衛（大4）

1　循環・去来の季節と月日

次に、循環・去来の月日に注目してみたい。表1の2・3・5は神が山から下る日が四月の十二日、神が山へ帰る日が十二月十二日で一致している。1では三月十二日と十二月十二日は、4でも五月十二日、九月十二日と十二日が重視されていることがわかる。これらはいずれも秋田県の事例であるが、7・8・11の山形県でも十二日重視の例は見られる。同様の例は岩手県にも見られる。「十二日」については柳田國男も注目するところであり、東北地方には山の神を十二山の神、十二様などと呼ぶ例も見られる。

次に注目すべき月日は表1の15・16・17・18・19の、神が山へ帰る日を十一月二十三日とするものである。いずれも山形県の事例であるが、赤川流域・庄内平野・新潟からの山中を通る出羽街道ぞいと広域に及んでいる。十一月二十三日という月日は、全国的に見られる大師講の日と一致するのである。大師講の神は、ダイシ様、岩手県や秋田県の一部ではオデシコ様・デシコ神様などと呼ばれている。そして、青森県・岩手県・秋田県には、オデシコ様・ダイシコ神を女神だとし、しかも多産の神だとする伝承がある。

二四人の子持ち＝青森県九戸郡、秋田県雄物川筋など、一五、六人＝岩手県上閉伊海岸部、一二人＝秋田県仙北市西木町、青森県三戸郡などである。こうした伝承は、この神が、鳥獣・渓流魚・建築素材・木の実・山菜・馬料・刈敷・燃料・水などを生み出し、人びとに恵み続ける女性山の神と重なるのである。(7)一二人の子持ちというのは十二山の神とも重なってくる。他にも、「ダイシ様は家々を巡り、旅を続ける神で、それゆえか足に障害を持つ」と伝える地も多い。この神が、イエイエを巡回・来訪してくる神だとするところは共通している。巡回・来訪の目的は、無事に作物の収穫を果たしたか否かの確認である。神への饗応が語られるところと結びつく。また、この日は、デーシコブキ・ダイシコーシバレ・跡隠し雪など、吹雪になると伝えられる。吹雪は神顕現の兆候だと見ることもできるのだが、この日が本格的な冬への入口、季節の転換点だと考えることもできる。十一月二十三日にかかわるこうした信仰伝承を考えてみると山の神(田の神)が山へ帰る日であることとの共通点も首肯できる。春、山から下りて稲作を見守り、その収穫を確かめ、人びとから新穀ないしは新穀で作った餅でもてなされて山へ帰ってゆく。やがて山は雪に閉ざされるのだ。

表1の15・17は、十一月二十三日に対して春彼岸の中日、三月二十一日を田の神おろしの日だとしている。14は、春秋ともに彼岸としている。彼岸や彼岸の中日をはじめとし、三月中や四月十二日などを含め、田の神おろし、山の神のお下りの日は総じて、積雪地帯においては、堅雪・凍み雪の季節で、春始動の季節だと言える。この点でも、伊賀や近江の非積雪地帯の山の神おろしの日が一月七日、一月三日といった暦の上の春であるのとは対照的であると言えよう。

2　お田の神様と稲作

循環・去来する神は秋から冬には山にまし、春・夏・秋にかけては田にますという認識は広く見られるところであり、一般的には、これを山の神・田の神の循環・去来とも称する。大筋において、この認識は正しいと言えるのであろうが、表1の15・16・17・18・19などでは、山から里・田へ神を迎えることを「田の神おろし」、里・田から山へ帰る神を送ることを「田の神あげ」と定まった表現で呼んでいる。里の田において稲作に力を入れる人びとにとっては、去来する神はあくまでも「田の神」であり「お田の神様」なのである。農、とりわけ稲作を生業の中心に据えてきた人びとは、自分たちの生業にもとづく暮らしのサイクル・リズム・感慨などをお田の神様にも照射してきた感がある。堅雪・凍み雪の季節に神を迎え、稲作を中心とする農のいとなみを見守っていただき、収穫を見とどけた上で山にお帰りいただく。稲作農民の眼ざしからすれば、山にお帰りになったお田の神様は、雪に閉ざされ、あたかも熊のように籠って時を過ごす。自分たちの冬籠りに通じると考えたのである。農民的な眼ざしである。

農民が、稲作にとって不可欠な水以外に材木・馬料・刈敷・山菜・鳥獣など山の恵みに与からないわけではない。とりわけ山つきの農民は山樵・炭焼・狩猟を兼ねる場合がある。こうした要素により強くかかわる者は、「山の神」を強く意識する。山樵・炭焼などに力を入れる者は山の神の恵みとしての樹木の再生などを意識し、山の神に対する慎しみや物忌みを行う。例えば山形県西置賜郡飯豊町高峰の井上運次郎さん（昭和三年生まれ）は炭焼に力を入れた人だが、一月・二月・三月、春三月《みつき》の十七日は山に入るなと伝えている。これらの日は山の神様が木を数える日なのでこの日山に入ると人も、山の神様から木の仲間に数えこまれてしまう。この日は炭焼を休み、山には入らなかった。ここには山の樹木の管理者としての山の神と、山にかかわって生きる人びととの物忌みが語られている。こうした伝承は全国各地にある。本章所収の事例の中でもふれている。

表1の中にはいま一つ注意すべき伝承がある。21・22、いずれも新潟県の例であるが、ここには、田の神の原郷は天だとする認識が示されている。また、4・22は、お田の神様が山から下り、新穀の収穫後一旦家に入り、お果たしの接待を受けてから4では山へ、22では天へ帰るとしている。見守りを終えた田の神を一旦家に迎えて饗応するという形は石川県能登地方のアエノコトとの共通性を思わせる。[8]

田の神の送迎にかかわってイエイエで用意する饌食・行事食の中心は餅である。他に赤飯・小豆飯・ボタ餅などがあるが、秋、新米を供える例もある。23に見えるカラコ（粢）は中部地方の山の神祭りや民俗神の祭りに多く登場する。

山の神・田の神の循環・去来伝承は柳田が説き、各地の報告にあるごとくではあるが、すべてがこの原理にそっているものだとも言えない。端的な例をあげれば鹿児島県や宮崎県の南部には稲田の傍らに常祀される田の神様の石像がある。シキと呼ばれる甑《こしき》の敷物を笠とし、手にメシゲ（飯杓子）を持った姿である。鹿児島県霧島神宮の御田植神事には、田の神面をつけ、巨大なメシゲを持った田の神様が登場して田の神舞を舞う。その姿は田の畦に常祀されるタノカンサーの石像とみごとに一致するものである。この田の神が山との間を去来する伝承はない。宮崎県東臼杵郡椎葉村や児湯郡西米良村などでは神以前の「モノ」とも言うべきカリコボーズ（狩子坊主）・セコボーズ（勢子坊主）・セコドン（勢子殿）などと呼ばれる童形のモノの存在が根強く語られている。これらは、夏には川に棲み、冬には山に棲むと語られ、「冬は山神・夏は水神」と称して、尾根筋を通路として山と川とを循環去来すると伝えられている。山の神・田の神との類似性を見せ、夏は河童の原像を偲ばせる。しかし、「狩子」も「勢子」も狩猟にかかわる呼称であり、この「モノ」の原籍が山であることを強く示している。この「モノ」は、冬も休むことなく山で活動するのである。(9)

これまで見てきた通り、山の神・田の神の循環、去来伝承、山の神の多様な神能の中で、稲作にかかわる水を恵むという側面に注目し、その送迎の月日を語り伝え、イエごとに饌物を用意して神を送迎するという民俗が濃厚に実践されてきたのは東北地方・新潟県の積雪地帯だったと言えよう。山がすっぽりと雪に覆われ、山の活動の休止を思わせる――。人びともまた雪に閉ざされる。人は堅雪を利用して春の活動を始める。この季節に山の神も休息を終えて里に下り、田に下ってくださるのである。神までも埋めつくす雪、その雪が多ければ多いほど豊作になると語られている。多雪は、水の多さを示すものであり、稲をはじめ、万物を潤し、豊かな稔りをもたらしてくれるのである。循環・去来する神の呼称に「お田の神様」「田」が色濃く出ていても、この神の原籍が山であることはまちがいない。山の神・田の神の循環・去来伝承もまた環境民俗学の視座によって真の姿が見えてくるのである。

註

（1）菅江真澄『氷魚能牟良君』一八一一（内田武志・宮本常一編『菅江真澄全集』第四巻・未来社・一九七三）。
（2）倉田一郎『農と民俗学』（岩崎美術社・一九六九）。
（3）野本寛一「大豆をめぐる民俗儀礼」（生き物文化誌学会『BIOSTORY』第十九号・二〇〇八）。
（4）柳田國男『山島民譚集』初出一九一四（『柳田國男全集』2・筑摩書房・一九九七）。
（5）橋本章「カギヒキと山の神」（『上野市史・民俗編』下巻・上野市・二〇〇二）。
（6）野本寛一「山の神の復権Ⅰ」（近畿大学『国際人文科学研究』創刊号・二〇〇五）。
（7）野本寛一「大師講――雪のまれびと」（『季節の民俗誌』玉川大学出版部・二〇一六）。
（8）野本寛一「アエノコトの周辺」（『稲作民俗文化論』雄山閣・一九九三）。
（9）野本寛一「セコボーズの象徴性」（『山地母源論1――日向山峡のムラから――』野本寛一著作集Ⅰ・岩田書院・二〇〇四）。

第二章　稲作灌漑の水

はじめに

「水は天からもらい水」という言葉もあり、稲作の場としても「天水田」がある。しかし、稲作にかかわる者は降る雨を山の樹木がその根や落葉、根づく土などによって保水し、やがてその水が川によって下ってくることを承知している。河川灌漑によって田植や稲作を営む人びとは山が水源となり、大切な水をもたらしてくれることをよく知っている。人びとは山への眼ざしを忘れることはなかった。旱天時の雨乞いも上流地や水源部の滝や淵でなされた。皿池は別として溜池も、山や山的な丘陵地が形成する谷を堰き止めて作られた。谷水灌漑も山に頼るのである。ここでも眼ざしは山に向けられていた。ここでは稲作灌漑について若干の事例を示す。

一　四万十川市生原堰で学んだこと

稲作にとって水は欠くことができない。その水を川から得ようとすれば川に堰《いせき》を作って水流を塞《せ》き止めたうえでその水を導かなければならない。高知県の四万十川流域を歩いていた折、堰について深く考えさせられたことがあった。

高知県高岡郡四万十川町市生原では堰のことを「ユ」と呼んでいる。以下は同地の坂本良水さん（大正十二年生まれ）の体験と伝承による。

市生原堰と呼ばれる堰がある。市生原堰から取水した水は市生原だけで使ったものではなく、一斗俵・滝本・菅野々でも使った。各集落の戸数と水がかり水田の概略は以下の通りである。市生原＝三二戸・一八町歩、一斗俵＝三戸・一五町歩、滝本＝一三戸・五町歩、菅野々＝四戸・七反歩（逆流）。坂本さんはコンクリート堰になる前の堰を知っている。それは市生原堰も、同じ水系の越行堰も同じ形式だった。堰の骨格は松材だった。太さ尺五寸、長さ一間半の材を四本用意し、両端近くに枘《ほぞ》受けの穴を刻む。それに長さ一間の松材の両端に枘をつけたもの四本、さらに柱材四本、合計一二本を使って直方体の枠を作る。これを川幅に応じて水流を止めるに足るだけ用意する。そして、その枠を、流れを遮断する形に並べ、各枠の中に石を積み入れる。これだけでは水を塞き止めることができないので枠列の上流側に羊歯《しだ》束を並べ立て、隙間にも羊歯を詰めた。当然のことながら羊歯を並べて詰めても水は漏れて下流に流れてゆく。じつはこの羊歯を使うことによる漏水にこそ人びとの伝承知が生きているのである。仮に土砂を使って密閉し、遮断性の強い堰を築造したとすれば、ここより下流域の人びとは堰も造れない。田植もできなくなってしまう。松と石と羊歯という素材は、流域の稲作農民たちが、おのおののムラ、かかり水田に、必要な水を得て、互いにその生業を完遂せしめるための絶妙な素材だったのである。灌漑用水が不要になる季節には羊歯の葉も流失し、より多くの水が下流に流れ去ることになる。そしてまた季節がめぐり、羊歯の葉が生育する季節に堰は再生することになる。堰の木枠の補修は随時行わなければならない。

このシステムの中で最も注目すべきことは、堰単位、水路単位ごとに「堰山《ゆやま》」と呼ばれる共有山を持っていることである。市生原堰にも堰山があった。堰山は堰にとって不可欠な羊歯を採取する山、羊歯山だった。堰の築造補修、水路の補修管理のための役務を「田役」と呼んだ。当地では「田役三日」と称して堰や水路にかかわる作業に当たった。羊歯刈りも田役の中に入る。田植前田役のほかに六月下旬と七月下旬の二回水路の草刈りに出た。田役には一戸から二、三人出た。日当分は男＝米一升、女＝米八合と定め、これを田役米と呼んだ。暮に「田役三日」の清算をした。田役に欠席した者はその日数分だけ米を納めることになっていたが、現在では現金になっている。田役の日には共食があった。

二　番水・枡水・線香水

水田稲作にかかわる灌漑・水配り・分水の慣行、その実際は水環境、また村落規模や耕地面積などと連動してじつに多様である。長野県飯田市の民俗調査を進めていた折、様々な事例に遭遇した。

飯田市上久堅は天竜川左岸の山つきのムラである。その中の小字原平の谷には堀切川と呼ばれる溝のような小川があるだけなので稲作灌漑はすべて小規模な溜池に頼っていた。以下は同地の長谷部三弘さん（昭和七年生まれ）による。富田境の谷の奥にある上の幸藤堤と、下の幸藤堤による用水を「上井」と呼び、上平境の豆沢池に頼る用水を「下井」と呼んだ。二つの用水を受ける農家はおのおの二〇戸ずつだった。上井の方には、山の神社の前に御手洗池と呼ばれる池がある。この池は原平区のものだが水利権は上井にかかわる家にある。御手洗池は温水池と防火用水を兼ねた池で、優れた機能を備えていると言える。田植時、幸藤堤の冷たい水を直接田に入れることを避け、一旦、御手洗池に導き、水を温めてから水を配るという知恵によっている。

堰口、即ち分水口は上井・下井ともに一〇箇所ある。水の管理・分配は「番水」と「枡水」という二つの方法によっていた。番水の「番」は順番の意で、順番に、交替でおのおのの水田に水を受ける方法、枡水とは、塞《せ》ぎ石、または塞ぎ板を使って堰口で水流・水量を調節しながら同時に水を分ける方法である。塞ぎ石や塞ぎ板は、○寸○分○厘といった単位で厳正に定められていた。ここには、谷の人びとの知恵と努力が伝承されていた。

飯田市正永町は天竜川右岸、虚空蔵山南麓に当たり、稲作灌漑用水は、河川堰でも溜池でもなく、山から直接下りてくる谷溝、細流の水だった。以下は同地の今村千代子さん(昭和二年生まれ)による。

今村家では灌漑用水として、熊洞沢とアシ沢が合流した流れと阿弥陀沢の流れとを利用していた。この流れ(水路)を六戸で利用・管理していた。当地では灌漑用水のことを「井水」と言う。堰水の意でもある。毎年井浚いをする。本来は四月八日だったが、現在は三月末の日曜日に行う。午前中阿弥陀沢を浚い、午後熊洞沢・アシ沢を浚う。井浚いが済むと慰労会を行う。集会所で行うこともあったが今では焼肉屋で行う。各戸の水田への水引きは順番に行うが、「線香水《せんこうみず》」という言葉も伝承されている。戸別・反別の水を公平に受けるために線香が一本燃え尽きる時間を取水の単位にして公平を期していたのである。代掻きも受水の順に行う。六戸がさらに三戸ずつに分かれ、籾蒔きもオサナブリも三戸で行う。

三 木津川水系服部川の河川灌漑

木津川は三重県・京都府などを流れる数多の支流を合わせて淀川に合流する。『上野市史・民俗編』上巻(1)にかかわる調査を進めていたころ木津川水系のいくつかの川に関する灌漑民俗について聞いたことがあった。以下はその一部でもある。

大山田方面から下る服部川は旧上野市街地のある段丘の北方で柘植川と合して木津川に流入する。服部川関係の河川灌漑は、現在、服部川沿岸土地改良区による統合井堰頭首口からの取水によっている。昭和三十年の申請時にはかかり水田八五〇町歩と言われたが、土地転用が相次ぎ、現在は五〇〇町歩ほどと見られている。統合以前、服部川には、上流部から、a荒木井堰、b十二郷井堰、c羽根井堰、d西明寺井堰、e小田井堰、f服部井堰、の六箇所の井堰があった。なかでも十二郷井堰は、その名のごとく、一二のムラの水田を潤す井堰として近世以来重要な働きをしてきた。十二郷井堰の水は北幹線と南幹線に分かれており、北幹線には一之宮・千歳・印代・東条・西条・土橋・山神が、南幹線には寺田（南北）・高畑・羽根・服部などのムラムラが属していた。以下は荒木の葛原隆三さん（大正十年生まれ）、服部の前川広太郎さん（大正九年生まれ）、小田の森岡喜代三さん（大正三年生まれ）の体験と伝承による。

平成十年の統合井堰のイデアゲは、苗代用が四月二十日から二十二日、本水あげ、即ち田植のための水あげが四月二十五日だった。統合前の荒木井堰のイデアゲのための出合いは、裏作として麦栽培をしなくなってからが五月八日、裏作があったころは六月十五日から十八日だった。荒木井堰の水を使ったのは荒木・西明寺・小田の農家だった。イデアゲとは井堰設置工事のことで、流域の複数のムラが一つのイデを使う場合の労力負担は、上流部に軽く、下流部に重いというのが原則である。下流部で使う水は必ず上流部の地内を通過させてもらうからである。荒木井堰は荒木の東側のムラはずれに設けられていた。したがって、荒木井堰の労力負担は荒木に軽く、西明寺・小田に重かった。荒木はイデアゲの日にほとんど仕事がないほどだったという。荒木井堰に関しては、それが広域を潤す十二郷井堰その他の井堰を下流に有する点、つまり、上野市域における服部川の最上流部に位置している点から堰の構造に関する制約があった。最上部の荒木井堰で完全に止水した場合、十二郷井堰以下に水がまわらないからである。荒木井堰は下流部にも水を流すことのできるような形式の井堰でなければならなかった。荒木井堰は石だけで築造しなければならないというのが本来的な約束であったのだが、後に、芝一枚だけはつけてもよいというところまで容認されるようになった。こうしたことから、この地ではイデアゲのことを「芝踏み」ともいう。西明寺分の山に「芝ウチ山」という山があり、そこに井堰用の芝生を育てていた。イデアゲの出合いには、西明寺・小田の人びとが芝ウチ山で芝を採り、荷車で運んでくる姿が見られた。

荒木ではイデアゲ以前に「大溝掘り」と「小溝掘り」を行った。大溝掘りは出合いで午前中に、小溝掘りは個人個人でその日の午後に行った。大溝掘りの日とイデアゲの日は荒木の上・下のクラブ(集議所)で、テッパツと称してジャコを肴にして酒を飲んだ。

荒木には寺山池・金子田池という池があり、ともにかかり水田一〇町歩と言われている。葛原さんがかかわったのは上荒木を中心とした三〇戸が関係する寺山池である。イケヌキの日どりは集会で決めた。寺山池にはウワヘイ(上樋)とドロヘイ(泥樋、底樋・下樋・本樋に当たる)があり、上友生部落で小池と呼ぶ部分をここではマスと呼ぶ。また、池の土手に作った調節口のことをアワケと呼び、ここには芝を置いていた。堤の損傷に際しては井子の出合いでハガネウチをした。ハガネウチは赤土・ネバ土を打ち固めるのであるが、当地には「槌半がけ」という言葉がある。槌半がけとは、一箇所を二回打つことだという。一列に並び、後ずさりしながら槌を打つのである。葛原さんは、年寄がこの作業をしながら「槌打唄」を歌うのを聞いたことがあるが、歌詞も曲も伝承されていないという。なお、「槌半がけ」は水田の畦土手直しにも行われていた。昭和三十四年までは池にコイ・フナを入れて入札させ、落としていた。上野と府中の境の境橋のところにコイ屋があり、そこから稚魚を買って入れていたという。

荒木井堰は原則的に石のみ、後に芝一枚までが容認されたが、十二郷井堰は石・芝・笹・ムシロ等、何を使ってもよかった。十二郷井堰の水利組織は、委員長・副委員長、字ごとに水利委員が置かれた。以下は服部の前川さんによる。井堰築造に必要な素材、すなわちムシロ・芝・笹などは耕作面積比率によって字ごとに分担し、字の水利委員はそれをまた各戸に指示した。井堰・水路に関する出合いは三回あった。その一つはアライデと称し、四月中旬に行う十二郷井堰築造の基礎工事ともいうべき石積みであり、いま一つは、田植え前に行うモリトメ（漏り止め）である。モリトメは、アライデで積んだ石の上流側斜面に、笹→ムシロ→砂利→芝の順で積み重ね、水漏れを止めて水路に水を導けるようにする作業である。さらに四月下旬、小溝掘りと称して水路掃除を行った。アライデには参籠所で味飯・酒で宴会を開いた。小溝掘りにも宴会をした。

アライデの石積みにはムカデと呼ばれる方法で石運びをした。石積みの石は直径二〇～七〇㎝ほどで、その中で大きな石を運ぶのに次のようにした。径八寸、長さ二間ほどの檜の棒の真中に鎖を掛けた石を吊り、それを一二人で担ぎ、棒の前方、後方を三本ずつの横木を入れて支える。その横木の両端を二人で担ぐ。六本の横木を一二人で担ぐことになる。二間の棒を六本の横木で支えて移動するさまが地を這う百足《むかで》を連想させたことによってこの呼称がついた。ムカデは重労働だった。十二郷井堰のイデアゲ・アライデは出合いだったがムカデ担当者には奨励金が出た。前川さんは昭和十五年にムカデを体験したという。

十二郷井堰の水を受けて田植をしたのであるが、その水が細って田植ができないことがあった。そんな時には「番水制」と称して、時間を区切って水を受ける方法をとった。水路の上流部である寺田・高畑・羽根をとばして服部が直接水を受ける時間帯を設けるのである。こんな時には水路の辻々に見張番をつけ、夜中も不眠で水番をした。

十二郷井堰の他に服部専用の井堰があり、これを田中井堰、田中イデと呼んだ。田中井堰は蛇籠積み方式だった。籠屋に蛇籠を編んでもらって石を詰めていたが、昭和三十年代には八番線で籠を編むようになり、昭和四十五年にはコンクリート堰になった。田中井堰の水路は素掘りで土がたまったので土あげをした。溝の中にモグラの穴があり、そこから漏水するので、モグラの穴を発見して埋めるのも大事な仕事だった。

昭和二十五年以後は灌漑用井戸ポンプの水も使ったがこれは番水制だった。服部のムラを歩くと民家の脇を小溝と呼ばれる水路が流れているのを見かける。小溝の一部に小屋屋根をつけ、洗い場にしていた。ここで野菜の丸洗いや洗濯をした。また、小溝にはフナ・コイ・ナマズ・モロコなどが入ってきてこれが漁撈の対象になった。

小田の森岡さんは次のように語る。小田井堰築造のための出合いは三月初め一日と、田植前の一日だった。小田井堰には臼籠と蛇籠を使った。臼籠とは、径・長さともに一・五ｍほどの籠にグリ石を詰めたもので、これは小田の井子が作り、川の底部に三列に並べて使った。これを基礎として上部に蛇籠を置いたのであるが、これは籠屋に請負でやってもらった。臼籠・蛇籠を積みあげ、上部斜面にムシロを当て、砂利をかけた。

小田は、上流部の田植がすべて終わってから田植をすることになり、それは七月に入ってからであり、時には七月十日過ぎになることもあった。旱魃の時にも苦労した。旱魃の時には市に交渉して上野城の濠の水を使わせてもらった。終戦前後には、テイハツ五馬力の動力ポンプで水をあげた。また戦後の食糧難のころには濠に樋管を入れさせてもらった。小田の水田の高いところは井堰からの水よりも濠からの水の方が入れ易かった。一昼夜三町歩ほどに水を満たしたのだが、濠の水を使うのは、苗代時・田植時・旱魃時に限られていた。

四　河川灌漑と溜池灌漑

旧上野市街地の南を流れて木津川に合する久米川がある。久米川右岸には下友生・中友生・上友生といった集落が散在し、さらに上流部には蓮池・喰代といったムラがある。下友生は久米川と溜池の両方の水を灌漑用水として利用してきた。以下は下友生の榎実さん（昭和四年生まれ）の体験と伝承による。下友生の水田は一〇〇町歩と言われ、五〇町歩が池がかり、五〇町歩が川がかりと伝えられた。川は久米川である。そして、ムラを貫通する県道の北側が池がかり、県道の南側が川がかりだとも言われた。

久米川にかかわる灌漑はおよそ次のように行われていた。平成に入って大井出堰と前井出堰の二つにまとめられたが、それ以前は、上流から、a大井出＝二〇町歩・三〇戸→b小井出＝七町歩・一五戸→c前井出＝七町歩一五戸→d新井出＝三町歩・一〇戸→e小波田井出＝川南、と五つのイデによっていた。各イデにはネンニョ（年預）と呼ばれる水番が二人置かれた。「八夜蒔《はっちゃ》き種おろし」と称して八十八夜苗代に種おろしを、五月中旬にイデづくりと水路草刈りをし、七月末に第二回目の水路草刈り、八月末に第三回目の水路草刈りをした。イデづくりの出合いは二日がかりだった。大井出の堰は、a竹→bコンクリート・石積み（昭和四十年より）→cゴム井堰（平成三年より）と段階的に変遷した。竹堰の時代は次のようにしていた。

河床に川を横切る形で一・七ｍほどのクロマツの杭を一ｍ間隔に打ち並べる。同様のものを三ｍの間隔をおいて作る。この杭列の間に竹と藁を詰めるのである。堰を作る素材は、水がかりの各戸に対して次のように割り当てられた。女竹＝径三尺束を三束、女竹は河土手、シロ山の下刈りなどで用意した。藁＝手刈束で二四把、ムシロ＝二枚、こうして、下の杭列から竹→藁→竹→藁と、竹と藁を交互に詰めてゆく。竹は直立させるのではなく、杭を支えにして横にして積みあげてゆくのであり、藁も同様に積みあげる。こうして、上流側の杭列の上手にムシロを当て、さらに土を積んで固定する。このようにして堰を作ると水が池状にたまるのであるが、堰によって水がたまる範囲のことを「イデブクロ」と呼ぶ。イデづくりが完了すると、その夜、ネンニョの家で宴会を開く。下友生ではこの日必ず豆腐田楽を作ることになっており、イデの宴会のことを「豆腐焼き」と通称する。豆腐焼きには、冬季、水路を掘って獲っておいたドジョウを、梅干とともに煮たものも出した。

井堰からとりつけた水路は淡水魚の漁場となった。田植え前、「夜川」と称して午後九時すぎカンテラをつけ、ヤスや古いノコギリを持って水路や田に赴く。コイ・ナマズ・フナが産卵のためにのぼってくるのである。実さんは小学校二年生の時から父鹿蔵（明治二十三生まれ）の夜川の籠持ちをした。一晩で大タライいっぱい獲れることもあった。夜づけと称し、ドジョウを餌にしてウナギを獲る置き針漁も行った。九月初めの台風シーズンに、フナの仔が田から水路へ、水路から川へと帰る。この時期には田のミトグチにモンドリ（筌）を仕掛けたり、網で獲ったりした。

水路から水田へ水を入れる取水口をミトグチという。その田の水の落とし口はミトジリである。一枚一枚の田のことをマチと呼び、水路から取水した田水をミトジリで次の田に入れ、それをまた受ける。水田のこうした一つのまとまりのことを「通しマチ」という。通しマチの一枚一枚の田に別の品種を栽培すると管理しにくいので通しマチは品種をそろえるのがよいという。田干し・施肥などを合理的に行うことができるのである。

下友生には大池・弁天池・鋼池・古池・新池といった池があり、池の管理にもネンニョが置かれた。池ぬきは川よりも後に行われた。冬季、出合いでハガネイレなども行われた。池がかりの田は蛭が少なく、川がかりの田は蛭が多かった。

川を溯上するほどに谷も川幅も狭くなる。下友生から中友生を経て上友生に至ると谷は狭まり、耕地も狭くなる。しかし、上友生は、集落の東南方に県道からは見えない広い耕地がある。水田は二六町歩でそのうち一六町歩が池がかり、一〇町歩が川がかりと、溜池への依存度が高くなる。以下は、上友生の高田政宏さん（昭和八年生まれ）の体験と伝承による。

上友生の東南の山中、大谷に、源流部から溜池が次のように並んでいる。ａ大池→ｂ長池→ｃ中池→ｄ野田池→ｅ

新池、この配列順に従って順に上の池の水を受けて水を放流する形になっている。中で、dの野田池には別にカラ池・カエモン池の水も導かれる。こうして、新池から水路を経て水田へと水が流される。水田も、高位置からa奥の平↓b口上の平↓c里中↓d中砂原（川に水がない場合）と低位置の田に向けて水が送られる。池から水をもらう者を井子《いご》と呼び、井子の中から井子総代が選ばれる。池ぬきの日どり決定は、井子総代と、井子の中の年長者二、三人が相談して決める。別に池守を置く。圃場整備完了以前は二人、以後は三人である。池守は、水溜め・水送りなどを管理し、池ぬきの作業などにも当たる。現在、池守には年間五〇〇〇円の手当が出る。

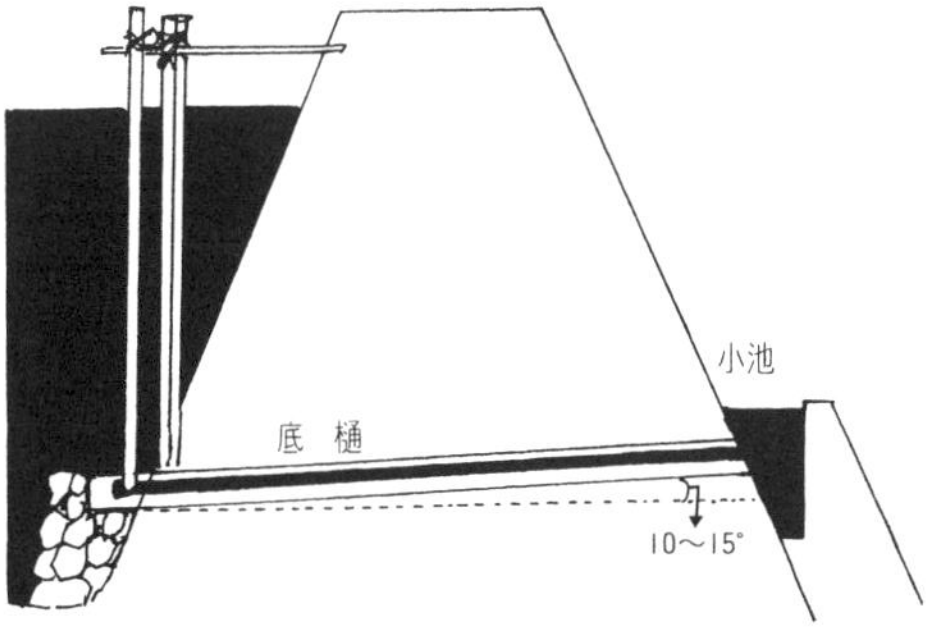

図1　底樋保全のための「小池」

現在、池の排水装置は塩化ビニール管や鉄管を用いたハンドル式になっているが、改良前は松材の樋管を使ったものだった。中池は天保六年（一八三五）築造で平成八年までは古い装置が使えたが平成九年に塩化ビニールパイプに変えた。大池は天保十年（一八三九）築造で、嘉永六年（一八五三）に堤防のカサあげをしている、大池は昭和五十九年から六十年にかけて改修されたのであるが、改修前の大池の排水装置の構造略図は図1（上樋省略）のようなものである。排水の樋管には上樋《うわび》と下樋《したび》（底樋とも）の二本があった。上樋は堤の高さの中間位置に通し、堤の左右中央等の位置は問わない。下樋は堤の基底部に通すのだが、これは堤の中央にとりつけてあった。このことは、池の底の水まで確実に排水させるためである。堤の土中に埋められた樋管は松の丸太で作られていた。丸太三分の一と三分の二ほどに縦に切り分け、三分の二の側に水を通すための四角な溝を彫りこみ、これを底側にする。三分の一の側を蓋のように上にのせて釘で止めたものであった。こうして作った樋管は堤の土中に埋められる。樋管の端を池の内側に出しておき、そこに取水口をつける。

それは径五寸ほどの穴で、これをメンタ(雌)と呼ぶ。この穴を塞ぐための径五寸余の松材をオンタ(雄)と呼ぶ。貯水中は、メンタをオンタで塞ぎ、水が流出しないようにしておき、排水時にオンタをあげ、穴から水が吸引されて出るようにする。オンタを支え、固定するための支柱をトリイ・トリイサンと呼ぶ。オンタはトリイサンの横木に固定され、水を塞ぐ。上樋・下樋にゆるい傾斜をつけるのは水漏れを防ぎ、小池(図1)にたまった水で湿潤性を保ち、樋管を保護するためである。小池は樋管保護のためにつける。大池の排水口のオンタ・メンタの合する部分は石積みと土で保護されていた(図1)。大谷水系の池の堤の内側は、波による欠損を防ぎ、ハガネイレの労を省くために平石を並べて保護するというくふうがなされていた。

上友生地内には久米川と古野川が流れており、おのおのに次のような堰が作られた。久米川＝a奈良田、b中洲原、c四の坪、d石上、e上垣内、f檜原、古野川＝a丸内、b森見、c柳谷、d堂の前、中でも高田家のかかわった堰は丸内(井子五人)・奈良田(井子七人)・中洲原(井子六人)だった。堰作りは出合いで行い、およそ次の通りにした。まず川底にドギと呼ばれる松の丸太を横たえ、そこに土とムシロを詰め、丸太を重ねてゆく。ムシロと土の代わりに柴と土を詰めることもあった。こうして五段ほど重ねたのである。

田の縁の山の草木はカリアゲと称して一〇間間隔をあけた。井堰の素材には区有地やカリアゲの草木を使った。その他の費用は井堰ごとにかかり水田の反別、または頭割りで負担する。井堰づくりを完了した日の宴会は井堰ごとに井子の家々輪番で行った。この地では、川がかり、池がかり両方の水を使うことを「半がかり」と呼んだ。高田家の場合、池の他、川の井堰三箇所に関係していたので出合いの宴会に四回出なければならなかった。

上友生では川がかりの田植は六月十五日から二十日まで、池がかりの田植は六月二十日から二十五日までだった。

半がかりの家の田植が順調に行われるように工夫されているのである。田植は、親戚や近隣で「結い」を組んで行うことが多かったが、その際、川がかりを主とする家と、池がかりを主とする家同士が結いを組むことが多かった。川がかりと池がかりで田植の日程をずらすことによって、ムラの田植を合理的に遂行してきた伝統をここに見ることができる。これも、川と溜池の両方によって灌漑用水を得るという環境条件をふまえたものである。

蓮池まで上ると溜池に対する依存度がさらに高くなる。以下は同地の岡森勇夫さん（明治四十三年生まれ）の体験と伝承による。同地にはａ横山池＝かかり水田一六町歩、ｂスモウ谷池＝かかり水田四町歩、ｃ煤部池＝かかり水田八町歩、ｄ狭間池＝かかり水田一六町歩、があり、煤部池と狭間池には、ウテ樋（上）・中樋（中）・本樋（底）といった三本の排水樋管が埋められており、横山池とスモウ谷池はウテ樋と本樋だけだった。ここでいう本樋は、前述上友生でいう下樋・底樋のことである。なお、上林の山村信男さんは本樋のことを床樋と呼んだ。山の谷池の床樋がつまって作りかえたことがあったがその際松のナマ木を樋管にしたという。岡森さんによると松の樋管の溝側と蓋側の間にワラビのホドロの縄をつめたという。上友生でいう樋管保護用の小池のことをここでは「ツボ」と呼んだ。ウテ樋・中樋・本樋と三段階の排水口を用意するということは、三段階の排水が行われていたということである。岡森さんによると、普通の田植はウテ樋をぬくだけでじゅうぶんだったという。中樋や本樋は旱天続きの時に抜く。昭和十二年の八月に中樋・本樋を抜いたことがあったという。なお、狭間池と煤部池の排水方式は昭和十五年にトリイ式から尺八式にした。

蓮池地区の川は木代神社の前を流れる高山川と、喰代から下ってくる喰代川、両者の合流したものが久米川である。ともに水路程度の川であり、水量はない。したがって、溜池の水を放流し、川を水路として田に水を入れることになる。川と井堰、その井堰を使う井子の戸数は次の通りである。高山川＝ａ青野台井堰─六戸、ｂ掛田井堰─四戸、ｃ

久式井堰―一二戸、d水車井堰―二戸、e野出井堰―五戸、f馬淵井堰―二戸、喰代川・久米川＝a柳原井堰―三戸、b田子井堰―三戸、c梵字井堰―六戸、d奈良田井堰―六戸。

堰の構造は、昭和二十九年河川改修以後は堰木と呼ばれる松丸太を積む形をとったが、それ以前は土と松の枝を使って築いていた。トイザライと呼ばれる水路草刈りは五月三日・四日で、終了すると井堰のはたで缶詰・酒で小宴を開いた。

高山の城池のかかり水田は七町歩で、一二五戸がかかわった。溝浚いなどは井子が出合いで行い、終わったあとはジャコ飯・油揚げ飯などで宴会を開いた。池長にはかかり水田の多い者が当たった。ネンニョは平年は一人、水不足の年には二人が当たった。的場義一さん（大正五年生まれ）が高等科を卒業した年に池の堤の補強工事を行った。その工事は、ハガネイレとも前腹叩きとも呼ばれたが、堤の内側、幅一間半の土を削りとり、沈土機という、発動機つきの、径尺五寸、幅八寸の鉄輪のついた車で土を圧してゆく方法をとり入れたものだった。もとより、人力による土固めも並行して行われた。地下足袋一足七二銭の時、日当七〇銭だった。この工事が完了したおり、排水形式がトリイ式から尺八式にかわった。トリイ式は前述してきた通りであるが、尺八式とは、土手の傾斜にそって排水口を段階的につけた土管を埋めこむ形式である。排水口（穴）は一一段ほどつけられ、土管の上に一段尺五寸ほどの段をコンクリートで築き、土管の穴の上はコンクリートにも穴をつけ、コンクリート土管に一貫して栓を挿すことができるようになっていた。栓は径五寸、長さ五尺ほどの松の丸太である。排水時には、階段状につけられた排水口の栓を上部から下部へ順にぬいてゆけばよいのである。

五　奈良盆池の溜池灌漑

奈良盆地には大和川はあるものの、ここは、総じて川に乏しい。古来、稲作は溜池灌漑に頼ってきた。池は山的な場の谷奥に築造されるものであるが、この地には平池に皿池と呼ばれる溜池もある。

奈良市秋篠の八所御霊神社では一月十一日午後一時から稲作予祝行事の「御田《おんだ》」が行われる。平成元年、その御田に参じた折、神庭の砂上に池と水路と水田の絵が線引きで描かれているのを見て驚いたことがあった。

九人衆と呼ばれる神役が中心となり、社殿前の庭に、まず、図を描く。奥に、角に丸みをつけた池を描き、手前に四角い苗代田を描く。そして、池と苗代をつなぐのは水路で、溝を描く。さらに社殿前には田植のための水田の枠が描かれる。次いで、その田所で、牛頭をつけた牛役（一人立ち）に模造の犂をひかせた牛使いが左まわりにまわって耕起の様を演じる。それが終わると、松葉に、白紙に包んだ籾を結わえた松苗を使って九人衆が田植の所作をして松苗を田所に並べてゆく。松苗は神棚にあげておき、苗代の時期に苗代田の畦にツツジ・ヒラドなどの色花とともに立てた。それにしても、祭りの庭に池や溝の図を描いて御田祭を行うというのは極めて印象的であり、河川に恵まれず、溜池灌漑にたよってきた大和盆地の農耕をみごとに象徴する予祝神事だと言えよう。以下は秋篠在住の大川喜久治さん（明治三十九年生まれ）が伝える池の民俗である。

大川さんが青年だったころ秋篠の農家は約一〇〇戸で、秋篠では池の管理組織を南と北に分け、ともに六人ずつのイモリ（井守）を出していた。南組の管理する池は、ツブレ池（かかり水田三反歩）、南モミ池（かかり水田一町歩）、南新池（かかり水田六町歩）で、北の管理は、トンボ池（かかり水田二町歩）、北新池（かかり水田二反歩）、乾池（かかり水田六町歩）、北モミ池（かかり水田四町歩）となっていた。さらに、これとは別に、全秋篠地区の水田に水を引くことができる「御池《おいけ》」と呼ばれる大きい池があった。御池の管理、水分《みくま》り等は南北のイモリが協力して行った。「夏至になって雨がなかったら池の水を抜いて田植をする」というのがこの地のならわしであった。御田祭の日、社前に描かれる池の図は、「御池」であり、御池は、地区のすべての池の象徴であった。御池にはリョウサンという龍神を思わせる神様が祀られていたという。

池の堤も永い歳月の間には波に洗われて欠損する。そこで、二十年から三十年の間に一度「ハガネイレ」という工事が必要となった。工事の期間は冬で、水を抜いて池の堤を出し、土の減っているところへ粘土を加え、掛矢で叩き固めるのである。この仕事は全秋篠総出で行ったが、欠席者もあるので、日当はムラから支払われた。なお、この「ハガネイレ」という言葉は、鋤・鍬の先が磨耗した際、先に鋼を加えて修繕する「サッカケ」から発想された呼称である。

秋篠には、八月末日、「雨よろこび」という、稲作における水の問題を乗りきっての祝いをする習慣があった。この時、共有する「池」「溝」で魚類を捕獲する権利を入札で決めるというおもしろい慣行があった。この日、池・溝に加えて、山地主の茸採取権の貸与によって「山」の権利の入札も行われた。池の権利は、雨よろこびの翌日から翌年の八所御霊神社祭日の十月九日までとし、池の捕獲魚は主として鯉であった。溝の主要なものは向田・池田・林田・平田などで、溝では泥鰌《どじょう》を捕り、権利は正月前までとされた。山は松茸採りのための権利で、期間は雨よろこびから十月いっぱいまでだった。

五月、田植が済んだころ、「コイゴー　コイゴー」という呼び声で桶を背負った鯉の子売りがまわってきた。コイゴは当歳で、五分ほどだったが、これを買って水田に放しておくと、秋には四寸ほどになった。一般には、その鯉を食用にするのであるが、雨よろこびの日、入札で池の権利を受けた者は、池に鯉を入れて翌年の秋祭りまで鯉を成長させることができた。その時、鯉は二〇〇匁から三〇〇匁になっていたという。池の権利は一人で受けるとは限らず、四、五人のグループで受けることもあった。そんな場合は池を干した時、漁獲物は均等に分配されるのであった。溝の権利などは子供たちに侵されやすく思われるのであるが、子供たちもよくムラの約束を守っていたという。海の魚が入りにくい地形の大和盆地において、この慣行は、動物性蛋白質の確保の上からも貴重なものであった。一月十一日、氏神八所御霊神社の神庭に描かれる池や溝の図の背後には人びとの水への願いと、池や溝に関するムラの民俗がこめられていたのである。

六　稲作灌漑に育まれたこころ

四万十川流域の市生原堰で河川灌漑の基本を教えられた。河川灌漑設備を築造するに際しては、自分たちのムラだけのことを考えてはいけない、ということだった。ここでは、松材の枠・石・羊歯だけで堰を築く。意図的に止水力・遮断力の弱い羊歯という植物を選んで使う。漏水性の強い羊歯を使うことによって下流部の人びとのために田植に必要な水を流していたのである。そのために、羊歯を養う共有の堰山まで用意するという周到さには心打たれた。こうした事例に注目して木津川水系の服部川の河川灌漑を見ると、旧上野市内最上流部のa荒木井堰＝本来は石のみ、後に芝一枚を追加→「共有の芝ウチ山」所有。b十二郷井堰＝石・笹・ムシロ・砂利・芝→c小田井堰＝臼籠・蛇籠・ムシロ・砂利と上流部は粗に、下流部になるほど密にという原理性が見えてくる。いま一つ例を示そう。

長野県飯田市内に、天竜川右岸に注ぐ野底川という支流がある。飯田市上飯田宮ノ上の北原良男さん（大正十五年生まれ）は灌漑について以下のように語る。宮ノ上の灌漑用水は柏原堤（池）と野底川に頼った。野底川の水利権は基本的には上郷にあるのだが一部は上飯田でも野底川に頼った。上からａ一番堰＝ゴロー堰とも称し、石で築くことになっていた。↓ｂ二番堰＝粗朶《そだ》堰と通称された。止水力の弱い粗朶は石よりは止水力はあるものの漏水率は高い。↓ｃ三番堰＝砂堰と呼ばれ砂を使うので止水力は強かった。全国各地の河川沿いの地で、自分たちの稲作・田植のための水を確保しながらも、下流域のムラムラの田植のために水を送らなければならないという意識のもとに様々な技術や組織がくふうされてきたのである。もとより、「水争い」もあり、その記録や記憶も多々あるのだが、先人たちは長い時間をかけて、稲作の民として「水分《みくま》りの思想」、他者を思いやる思想、その慣行を育んできたのである。

河川灌漑のみならず、溜池灌漑や谷水灌漑においても守られてきた心意伝統には「水分りの思想」と同質のものがある。事例で紹介した「番水」「枡水」「線香水」などは、「公平」を基本とする尊い民俗である。

河川灌漑・溜池灌漑ともに、堰・水路の築造管理・補修などには、出合い、共同作業が必要となった。先に扱った限られた事例の中にも、田役・田役三日・井浚い・イデアゲ・溝掘り・アライデ・モリドメ・ハガネイレなど共同作業にかかわる語彙とその実態が見られ、これらの共同作業が終わると、共食儀礼が行われた。本格的な酒宴ではないが簡易な「野の飲食」で、テッパツと呼ぶ地もあり、これも共同作業とともに共同体の紐帯を強める力となった。三重県伊賀市の例に示したごとく、一戸で、川がかり水田と池がかりの水田を持つ場合もあり、池がかり・川がかりがさらに複数に及ぶ家もあった。そんな家では出合いの日数も小宴の回数も増えることになった。

水利にかかわる組織もしっかりと組まれていた。ネンニョ・井守・池長・井子と井子総代・委員長などが置かれ、集会も開かれていた。

三重県伊賀市上友生で、川がかり水田と、池がかり水田で田植の日程が異なってくることをふまえて、川がかりの田を作る農家と、池がかりの田を作る農家の間で「結い」を組んで田植作業を進捗させたという例を示した。灌漑用水と「結い」の組み方には他の類型もある。

静岡県藤枝市に次の例がある。藤枝市に含まれた旧大洲村は大井川の水の恵みを受けてきた地区である。本格的な大井川用水工事は昭和二十三年に始まり、同四十八年に完成したのであるが、完結以前の用水は「源助用水」と呼ばれていた。源助という地名は近世の新田開発地名である。源助で農業を続けた内藤正治さん(明治三十三年生まれ)は源助用水について次のように語る。——田植は源助用水沿いのムラムラで、大井川の取水口に近いムラから順に次のように行われた。源助＝六月十四日・十五日→五平＝六月十六日・十七日→忠兵衛＝六月十八日・十九日→弥左衛門＝六月二十日・二十一日。水はその後土瑞へ回された。源助用水が機能していた時代には、田植を二日間で完了させるために「結い」が盛んだった。結いの組み方は、源助用水沿いでなるべく離れているムラの家同士で組むという方法で、用水利用の順番・時間差を逆手に取ったものであり、極めて合理的だった。大井川用水完成後は親類・仲人縁による結いや日当による雇人が多くなった。用水や取水口の井堰管理の経理は部落交替で行い、例えば源助区内での費用はかかり水田の反別によった。

右に見てきた通り、稲作にかかわる灌漑の多様な民俗は、この国の人びとの、互恵・互助・共同・公平・交換労働などの精神を育んできた。毎年反復される民俗は、「絆」を強めてきたのだった。煩瑣と思われる慣行を乗り切ってこそ絆が強化され、共同体の紐帯が強く結ばれていたのだが、土木工事の近代化や生業・生活様式の変容などにより縛りが弱くなり、それにつれて絆も弱いものになってきたのではあるまいか。

註

（1）赤田光男・野本寛一ほか『上野市史・民俗編』（上巻・上野市・二〇〇一）。

第三章　屋敷林の民俗

はじめに

旅を続けていると各地方の屋敷どり、家屋のたたずまい、屋敷林、屋敷垣などが気になる。これまでは、主として防風、遮熱、水害対応などとのかかわりから屋敷垣・屋敷どりに心を寄せ、いくつかの報告をしてきた(1)。しかし、ここで、あらためて屋敷林の実態について学んでみようと考えたのは、屋敷林の、防風・防水害、遮熱といった効用にとどまることなく、屋敷林の植物利用、屋敷林に吸引され棲息する鳥や小動物と住人とのかかわり、屋敷林の発生などについて多面的に見つめてみなければならないと思ったからである。

思えば屋敷林は山的な場であり、山から離れて平地・沖地に暮らす人びとにとって屋敷林は里山である。屋敷林でまかなえない樹木利用などは山に頼ることになる。

ここでは、宮城県大崎平野のイグネ、関東平野の屋敷林とカシグネ、富山県砺波平野のカイニョその他をとりあげて事例報告をし、追って、事例から見えるもの、として若干の考察を行う。

一　宮城県大崎平野のイグネ

かねてより宮城県大崎平野のイグネには心惹かれ、折々聞きとりをしていた。平成十七年七月三日、陸羽東線、新庄発七時三十分の小牛田行きの電車に乗った。この日も大崎平野のイグネについて勉強を深めてみたいと思っていたのだった。列車が東大崎駅に近づくと左車窓彼方のみごとなイグネが目にとびこんできた。切符は小牛田まで求めてあったのだが迷うことなく東大崎駅で下車し、車窓で見ほれたイグネを目ざして歩いた(写真1)。その大きなイグネは門脇家のものだった。門脇家は、伊達邦直の家臣、門脇志津馬の系譜に属すると伝えられている。

①宮城県大崎市古川字大崎伏見本屋敷・門脇徳夫さん(昭和六年生まれ)・同れふ子さん(昭和七年生まれ)

門脇家は南向きの屋敷がまえで、屋敷の面積は一三五〇坪、イグネの中心をなす樹木は杉で、西側が厚く、北側が薄い。東と南には樹木が少ない。イグネの外周は溝でとり巻かれている。母屋の座敷の前の部分には屋根つきの板塀で囲まれた坪庭がある。当地では坪庭のことを、「ローヂ」と呼ぶ(写真2)。公道からの屋敷口に門柱があり、そこから玄関まで幅一間余の道が付けられているのだが、門から一〇mほど進んだ位置の左手に柊の古木が二本並立している(写真3)。樹高は八m余、径は二〇cmにも及ぶ。江戸時代に、クリスチャンではない証に柊を植えたのだという伝承がある。柊の木は古くなると葉のトゲがなくなると伝える。この柊は、毎年霙の降るころ白い花を咲かせる。屋敷の南境とローヂの塀の間は屋敷畑で、そこには里芋・馬鈴薯・人参・牛蒡などの芋類・根菜類が栽培されている。その屋敷畑の左手は孟宗竹の竹藪である。門柱からのとりつけ道の右手も屋敷畑で、トマトやトウモロコシが栽培されている。屋敷の裏手には真竹の藪があり、別にイグネの外周には矢柄《やがら》竹と呼ばれる女竹系の竹がある。母屋の東側に納屋が、母屋の裏には蔵がある。そして、屋敷の乾の位置に屋敷神として稲荷社が祀られている。稲荷社の祭日は九月十九日で、赤飯を供える。

〈イグネの樹木〉　イグネの樹木の中にはこれまで伐採されたものや更新されたものもあり、時代による変動が見られる。平成十七年現在の主たる樹木は次の通りである。杉＝八十年もの三〇本・檜＝百年もの一〇本・欅＝六十年もの二本・樅＝八十年もの一本・ミズキ＝七十年もの二本――。門脇家は、近郷の人びとから「カドワキ」の屋号で呼ばれていた。カドワキを象徴する樹木として樹齢三百年の欅が一本・二百年ものが一本あった。その欅は西古川駅近くの保柳橋から遠望することができたという。二本の欅は、屋敷の南側に並んでいた。落葉樹である欅は夏は葉を繁らせ、屋敷内の気温を下げてくれたし、冬は葉を落とすので陽光を遮断することがなかった。枝は燃料となり葉は肥料になった。ところが、前隣の家の屋根に欅の落葉が積もるようになり、また、径《こみち》に枯枝が落ちるように

写真1　宮城県大崎平野のイグネ・右端が門脇徳夫家のイグネ

写真2　門脇徳夫家のローヂ(坪庭)・宮城県大崎市古川字大崎

写真３ 門口を守る柊の古木・宮城県大崎市古川字大崎、門脇徳夫家

写真４ 門脇徳夫家のイグネ・宮城県大崎市古川字大崎

なったので昭和五十七年に岩出山森林組合に依頼して伐採した。トンボ伐りと称して木の梢まで上って徐々に伐りおろす方法で伐った。伐採賃が三〇万円、搬出代が一〇万円かかった。大きい方の欅の一の枝下が五mあり、その枝下の値段が一八一万円だったという。れふ子さんが女学校へ通う時代には母屋は萱葺きで別棟が一八棟あった。その母屋を壊し、現在の母屋を建てたのは昭和四十年のことだったが、その折、イグネの杉・檜を六本伐って使った。イグネの木は節が多いから見えるところには使えないと伝えられていた。このようにイグネの樹木は必要に応じて自家の建築用材として使われたのである。他に二百年前後のイチョウの木があったが二十年前に伐った。また、桐の木が八本あったが今はない。女の子が生まれたら桐の苗を植えておき、その子を嫁がせる時その桐を使ってタンスを作るものだと伝えたが桐はうまく育てられなかった。榛の木のことを当地ではチョッペコの木と呼ぶ。この木が一〇本あったが昭和四十年に伐り、炭一五俵と交換した。チョッペコの木は薪にしていたのである。その他、アオキ・榊・ユズリ葉・ヤブコウジなどがある。柳の木にはカブト虫が

いた。ユズリハは正月の注連縄につけ、ミズキは正月に餅をならせた。

〈木の実を恵む木〉　丹波栗の木が一〇本、柴栗（砂糖栗）が一本あったがクリタマバチがついたので平成五年に伐った。栗の実は虫出しをするために水を張ったコガ（桶）に一日つけ、コガにオガクズと栗の実を交互につめて保存した。柿には次の種類があった。a甘柿＝㋐ワセ一本・㋑オクテ一本――霜のおりるころ熟柿になった。b渋柿＝㋐ハチヤマル三本、焼酎づけ・干し柿。イロリの灰の中で焼く。㋑ツケ柿一本、平たくて小さい。この柿から柿渋を採った。近所の老婆たちは柿渋を採り、浜方の漁師の網染め用に売り、ホマチ（小遣い）取りをしていた。コガの中の塩水に漬けておく。氷を割って食べるとおいしかった。㋒豆柿（シナノガキ）二本、九月に豆柿買いがまわってきた。桜桃＝一本、子供のころ実を作男に採ってもらって食べた。おいしかった。梨（ナツナシ）＝二本、うちワセ一本・オクテ一本、夏休みの終わりに実るため寄宿舎に入る兄は食べられなかった。ブドウ＝黒と白とがあった。実は美味だったが、カメバチ（キイロスズメバチ）・クマバチ（オオスズメバチ）が来て危険だった。白桃＝一本。胡桃＝㋐オニグルミ一本、美味だが身をとり出しにくい。㋑ヒメグルミ二本、割れやすく、身がとれやすい。美味。㋒カシグルミ（信州グルミとも）一本、実は大きく、大味である。二百二十日ごろ落ちる。コモを掛けて外皮を腐らせ目籠に入れて川で洗う。胡桃和え・胡桃餅などにして食べた。

〈ローヂの植物〉　ローヂの中で最も目だつ木は多羅葉《たらよう》である。幹が直上し、枝葉が三角錐状に整えられている。多羅葉はモチノキ科の常緑高木で、葉は長楕円形で光沢がある。葉の裏に傷をつけると黒変するので文字を書き、葉書きの代わりにしたという伝承がある。他に、ドウダンツツジ・ヤマツツジ・西行の見返りツツジ・イチイ・ツゲ・モチノキ・高野槙・松・サオヒバなどがある。石塔・石燈籠など配されたみごとな坪庭である。

〈竹〉　孟宗竹を植えたのは大正末年だと言われている。幹竹《からたけ》と称する真竹を入れたのはれふ子さんが女学校三年の、昭和二十一年だった。孟宗竹の筍は五月五日から六月十日ごろまで、真竹の筍は六月末から七月初めに掘って食べる。幹竹は籠作りにも桶の箍にも使った。イグネの周囲の矢柄竹は苗代田の西側に立てるヤドツ(宿簀)に使った。ヤドツとは、西風を除けるための簀のことで、六尺の杭を六尺間隔に立て、それに矢柄竹の簀を張り、杭の東側に斜め支柱をかい、西側には杭の頂部から縄を張って支えた。矢柄竹の簀は十年はもった。

〈イグネと動物〉 イグネには様々な鳥獣がやってくる。烏＝杉・檜に巣を作る。椋鳥＝栗のウロに巣を作る。雉子＝蔵の西の叢に巣を作る。五月に鳴く。鶯＝紅梅が咲くころ来て鳴く。郭公＝五月二十日過ぎに二、三日鳴く。杜鵑＝六月中旬に二、三日鳴く。鷺＝今はいないがシラカシの木に巣を作っていた。百舌鳥＝イグネのうちに巣を作る。鶸《ひわ》＝雪解けのころ群をなしてやってくる。狐＝平成十七年五月に鶏を二羽獲られた。栗鼠＝もとはいたが今はいない。蛇＝縞蛇・ヤマカガシ・青大将がいる。青大将は屋敷のヌシだから殺すな、と言い伝えている。毎年ヌケガラを見かける。

〈イグネと風〉 イグネは防風の効用を果たす。当地では北西の風・西風をナリカゼと呼ぶ。ナリカゼは、十月末から吹き始め、四月の初めまで吹く。十月末のナリカゼのことをイネホシカゼとも呼ぶ。刈った稲を乾燥させるのに都合のよい風であるが、冬季、ナリカゼは人びとを悩ます。イグネはこのナリカゼから家を守ったのである。夏は、ナリカゼが吹くと雨になると伝えている。冬季は吹雪から家を守るのにもイグネは大きな力を果たした。イグネのない家では、防風・防雪のために萱(薄)または藁で簀を編みそれで母屋を囲んだ。これをヤドツ(宿簀)と呼んだ。

〈雪〉 萱葺き屋根だった時代、春の彼岸まで屋根に雪があった。屋根の雪おろしをした。雪どけのぬかるみを防止するために、十二月、降雪直前に、玄関前の外庭に敷き藁をした。敷き藁は三月末に除き、厩肥と混ぜて堆肥にしておき、次の春、耕起の折に田に入れた。

写真5　門脇徳夫家の竈神・宮城県大崎市古川字大崎

〈燃料〉　イグネの杉の落葉、その他の樹木の枯枝は燃料となったが、門脇家には一五町歩の山があったので人夫を頼んでカクマ伐りをした。カクマとはナラ・クヌギなどの柴のことで、長さ六尺径一尺の束を一束とし、これをヒトマルと称した。六マルが一駄で、年間三〇駄を消費した。カクマは、イロリ・カマド・風呂・大カマドなどに使った。杉の枯枝のことをカレッコと呼び、杉の落葉のことをゴンドと呼んだ。カレッコやゴンドは径三尺ほどの竹簀《たかす》に入れておき、風呂用にした。「小作のカレッコ拾い」ということばがあった。イグネや雑木山のない小作の家では、冬、山主の杉の枝に鉈で傷をつけておくと、彼岸過ぎからカレッコ拾いをすることができた。「産後の三日湯を済ませておいてカレッコ拾いに行ったことがある」という老婆の言葉を聞いたことがあるという。なお、イグネの杉の葉は夏の蚊遣りに使った。イロリは台所と茶の間の二部屋にあった。イロリを使ったのは昭和三十九年までである。

〈稲と杉〉　刈った稲を、稲杭を使って乾燥させる方法と、稲杭を使わないで乾燥させる方法とがあった。稲杭には杉の間伐材を使った。長さは九尺である。ヨコギッコと呼ばれる長さ尺二寸ほどの横木をつけ、そこに、稲束を井桁にかけてゆく。稲杭のない家では八寸に尺六寸、厚さ六寸になるよう田の土をブロック状に掘り、中央に二段を積み、四方に一段を置いて、四方のブロックに三把ずつの稲束の根方を据え、穂を中央の二段積みのブロックにかける。こうして一五段重ねて積む。この方法をホンニョトリと呼ぶ。別に、田床に稲束を直接立てて乾燥させる、ソラダテまたはジンダテという方法もあった。ホンニョトリは一箇月、ソラダテは二週間ほどで乾燥する。こうして乾燥させた稲を稲叢にする。六把で一束、一つの稲叢は二〇〇束、一反歩で一つの稲叢となる。当地では稲叢のことをイナニオと呼ぶ。ニオの底部には鼠除けとしてイグネの杉の葉を敷きつめた。藁のニオのことはカメニオと呼んだ。

②宮城県大崎市古川砂押囲・村上良吉さん（大正二年生まれ）

当家は、東隣の村上貫一郎家の分家である。本家の初代は伊達家の家臣松岡力に仕えた村上半太夫だと伝える。本家の屋敷は五反歩、当家の屋敷は三反歩で、ともにイグネに囲まれている。遠望すると両家のイグネが一つの森をなしているように見える（写真6）。屋敷の裏手、北側には土盛した土手があり、溝堀がある。河川氾濫から屋敷を守るための土手であり、周溝の残存である。両家とも母屋は南面で、公道から母屋までの間は長い。良吉家の母屋前は小型のローギで、その前は屋敷畑でビニールハウスなどもある。

〈イグネの樹木〉 杉＝主たる樹木は杉だが、良吉さんが三十八歳の時弟の病気の治療費としてイグネの杉五〇石を二万五〇〇〇円で売った。現在の杉は、その残りの杉とその後植えたもので、計五〇本ほどある。イグネの杉はこのように、非常時に換金できる尊い財産でもある。杉の落葉は焚きつけとして大切に使った。榛＝榛の木は一五、六本あったが戦時中強制的に供出させられた。樹皮をむいて供出させられた。榛のアクを火薬の原料にするのだと噂されていた。榛はオガリやすい（生長が早い）木なので順次伐って薪にしていたのである。今でも五本ほどある。檜＝三百年以上と言われる檜が一本ある。ドウダンツツジ＝これも三百年以上と伝えられる。

ミズノキ＝六十年ほどのもの一本。ミズナラ＝八十年ほどのもの一本。オニグルミ＝六十年ほどのもの二本など。

柿＝甘柿二本、渋柿＝㋐ハチヤマル二本――兄の卒業記念に植えた。㋑エボシ柿三本――ぬるま湯に一晩漬ける。㋒漬け柿一本＝薄い塩水につけておいて食べる。

〈竹〉　㋐孟宗竹＝本家の孟宗竹の根が延びてきて竹林をなす。筍を食べ、竹は牡蠣竹として海岸部に売った。㋑幹竹（真竹）＝ムラに二軒コガ屋（桶屋）があり、村上家の幹竹を買って行った。コガ屋は漬物コガ・味噌コガ・醤油コガ・肥コガ・風呂コガなどの箍に使った。他に、幹竹は、籠・笊の材料としても利用された。幹竹の筍も食べた。

〈燃料〉　イグネの杉の落葉や枯枝を燃料にしたがそれだけでは足りないので「山立て」と称して山の立木を買った。山立ては、個人では行わず、グループを作って買った。村上家では、二〇軒から三〇軒で一町歩の山の立木を買った。山は南沢か多田川だった。流し木の形で流送したこともある。木の種類はコナラ・ミズナラ・クヌギ・サクラ・朴・ソネなどで、馬で運ぶ場合は一駄六マル、一年分で、三〇駄を必要とした。焚木用の雑木は十二、三年から十五年ものを伐採した。イグネの杉の落葉・枯枝その他の燃料は全燃料の一割ほどだった。

〈屋敷に祀られる神〉　屋敷の中の母屋の裏手、乾の方位に写真7のような小祠が祀られている。向かって左側は土地の明神と呼ばれており、村上家の先祖がここに屋敷を構える前から、この地にいた神様だと伝える。中央は村上家の明神である。狐を神使とする稲荷系の神である。向かって右側の藁祠は白蛇様と紫明神だと伝える。祭りは九月九日・十九日・二十九日である。藁祠の造替えは九月九日である。写真を見ると、屋敷神の祠の古い形の一つが藁祠であったことがわかる。屋敷神の藁祠は、千葉県・静岡県などにも見られるが、こうして宮城県にも見られるところからすると、藁祠が小型の祠の原初的類型の一つであったことがわかる。

〈イグネに来る鳥類〉　イグネには以下の鳥類がやってくる。雉子・山鳥・山鳩・梟・木菟・椋鳥・鵯。
　イグネに直接かかわるものではないが当地の民俗を拾遺的に記す。

〈馬〉　耕起・輓役用に馬を飼っていた。五月から十月までは青草を与え、十一月から四月までは、藁・乾草・萩・米糠などを与えた。鳴子線沿いの川渡の上に、志田・賀美・玉造三郡入会の山があり、その山へ萩刈りに行った。萩

写真6　村上良吉家のイグネを後方より望む・宮城県大崎市古川砂押囲

写真7　村上良吉家の屋敷神・宮城県大崎市古川砂押囲

にはヒギリ（日限）の山の口あけがあった。それは二百十日で、一日一回半しか運べなかった。遠いところは「扱《こ》き萩《はぎ》」と称して、葉を扱き採って俵に詰めて運び、近いところの萩は「刈り萩」にした。敷草には藁を使った。

〈堰番《せきばん》の山泊り〉　柏崎一帯は稲作灌漑用水として鳥屋山（四四九ｍ）東南斜面を水源とする多田川の水を使った。別所・鎗道など一三箇所に堰があり、反別割で堰番に出た。田植前から盆までの間、「泊り山」と称して一週間から十日ほど泊り込んだ。山主の木小屋に風呂コガとしてドラム罐を持ち込んでいた。別所の堰は、十二時間単位で開閉した。

〈萱と葭〉　屋根萱（薄）は南沢の山の萱野で得た。そこに自家用の「カヤノ」が一反五畝あった。葭のことをヨシガヤと呼んだ。葭は浜方で買って壁のコマイに使った。コマイにする時には竹と混ぜた。

〈稲杭〉　長さ九尺の杭を田に立てて稲束を掛けて乾燥させた。ホニオ杭と称し、栗を最良としたが、杉・ヒバなども使った。ホニオ杭を使わない場合は一把ずつ広げる「陣立て」、六把を固めて立てる「束立て」にした。村上家では二町三反歩の稲作をしていたので、五〇〇本の杭が必要だった。稲杭は「山立て」の際に伐り出した。稲杭は貴重品なので、まとめて雨除けの屋根をかけたり、小屋に収納したりして大切に扱った。根方が腐るとそこを削って使い続けた。田に挿し立てる時には、ヤカンで穴に水を注ぎ、土を軟化するなどのくふうをした。

③宮城県遠田郡美里町荻埣地蔵堂・尾形茂さん（昭和二十五年生まれ）

尾形家のイグネは遠目にしるく、それは神社の社叢にも見まがうほどである（写真8）。近づいて見ると洋風に建て替えられた民家が点在する中に萱葺き屋根が偉容を示していた。正面にまわると長屋門があり、由緒が偲ばれた。屋敷面積は四反歩だという。屋敷の周囲は溝堀で囲まれており、現在母屋の裏側は広い空地になっているが、戦前は、桑畑、青クキの里芋・大根・長芋などを栽培する屋敷畑として利用されていた（写真9）。

〈イグネの樹木〉　杉＝イグネの中心をなす樹木は杉で、六十年ものが五〇本ある。その杉は、屋敷の西側

写真8　尾形茂家のイグネ・宮城県遠田郡美里町荻埣地蔵堂

写真9　西側をイグネの杉林で守られる巨大な萱葺き屋根の母屋。現在空地になっているところは、戦前は桑畑・定畑だった・宮城県遠田郡美里町荻埣地蔵堂、尾形茂家

写真10　イグネの中の孟宗竹・宮城県遠田郡美里町荻埣地蔵堂、尾形茂家

を中心に、北側にかけて植えられており、防風・防雪の機能を果たしてきた。現在の母屋は明治二十一年に建てられたものだが、以来萱葺きである。尾形さんは、イグネは屋根萱を風から守るのに役立つと語る。杉の落葉は燃料として活用された。風呂やイロリの焚きつけとして重宝された。イロリは尾形さんの中学生時代、昭和三十八年まで使っていた。イロリの焚きつけは杉葉で、後は薪を焚く。風呂は杉葉を焚きつけにして麦稈や大豆の茎も燃やした。少年時代、イグネの杉の立木を利用して屋根や壁に萱を使った小屋を作り、秘密基地の遊びをした。萱で弓矢も作った。

胡桃＝ヒメグルミ三本、オニグルミ一本、九月、実が落ち、外皮が腐ってから拾い、洗ってムシロに干す。身を採って、和えものに使ったり、クルミモチにした。クルミと砂糖を擂鉢で擂って餅にまぶして食べる。大豆を擂って作るズンダ餅と似たものである。柿＝甘柿一本に渋柿五本、渋柿は吊し柿にして食べた。栗＝丹波栗が六本あり、実は、茹でて食べたり、乾燥保存しておいて茹でて食べたりする。洋梨＝二本、実の形がそろわないのでボケナシとも呼ぶ。林檎＝二本。李＝二本。巴旦杏＝二本。榎＝実をエノミテッポーに使って遊んだ。榛の木＝三本。欅＝二本。ミズナラ＝五本。榎・榛・欅・ミズナラなども燃料にした。ミズナラにはクワガタムシがいた。クワガタのことをノコギリと呼び、オスをジジーコ、メスをババーコと呼んだ。檜葉＝屋敷の東側、溝堀（マワリボリ）脇に檜葉の生垣がある。一・八mほどに刈り込むので、枝葉は燃料にした。

〈竹〉㋐孟宗竹＝尾形家のイグネの中には孟宗竹の藪がある（写真10）。五月五日を過ぎると筍を食べることができた。油揚と煮つけにしたり味噌汁の具にして食べた。孟宗の竹の皮に梅干を包んで三角形にし、一角から梅を吸って遊んだ。㋑幹竹（真竹）＝桶のことをコガと呼ぶ。コガ屋がまわって来て、三泊ほどし、家の幹竹を使って味噌コガ・醬油コガ、その他のコガの箍を作って修理した。味噌づくりには豆踏みのコガを使った。雪沓をはいて味噌豆を踏んだのである。六月末から七月初めにかけて幹竹の筍も食べた。㋒女竹＝女竹のことをペロッコ竹と呼んだ。地震の時には竹藪に逃げこめ、と祖母に教えられた。孟宗藪は母屋の裏、幹竹藪は屋敷の西南隅にある。

〈ローヂの樹木〉　事例①門脇家のローヂに当たる部分、母屋の座敷前面に庭がある。その庭の中で目を引く植物はハガキの木と呼ばれる多羅葉の木である。事例①門脇家の場合と同様、幹の上に葉が塊をなしている。他に、柊の古木、百日紅・ツツジなどがある。

〈屋敷神〉　母屋の乾裏のイグネの中にコンクリート祠の稲荷社が祀られている（写真11）。

写真11　尾形茂家の屋敷神・宮城県遠田郡美里町荻埣地蔵堂

〈母屋の伝承〉　明治二十一年に建てられたという母屋は、建坪八〇坪である。材木は江合川上流の鬼頭山から伐り出し、筏に組んで江合川を使って流送し、一番と通称される明郷で陸上げし、そこからは馬車で運んだと伝えられている。茂さんの代になって、平成元年に萱屋根の葺き替えを行った。萱（薄）は、二年間で四トン車三台分を集めた。北上川河口部に萱場があるが、そこの萱は太くて腐りが早い。暖かい地だからである。茂さんが求めたのは津軽の岩木川河川敷の萱だった。寒冷地の萱の方が細くて丈夫だからである。屋根葺きは秋から十二月の雪

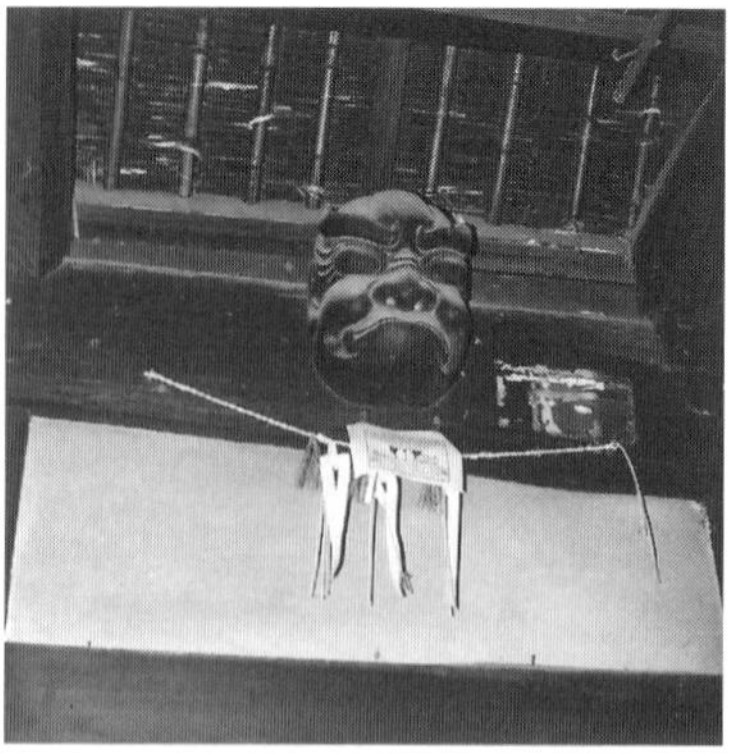

写真12　尾形茂家の竈神・宮城県遠田郡美里町荻埣地蔵堂

前に行った。尾形家には今でも写真12のような竈神が祀られている。

〈燃料〉　イグネの杉の葉、雑木の枝などを燃料にしたことについては先にふれたが、竈にはヌカと呼ばれる籾殻も燃やした。他に、イロリが生きていた時代には、上郷・大沢の山から、長さ一間、径一尺の柴束を年間で馬車一台分求めていた。

〈鳥と小動物〉　イグネには次の鳥がやってきた。山鳩（檜葉の木に巣を作った）。椋鳥・郭公・鶺鴒・百舌鳥・鶯・雀など、鼬も住んでいた。青大将も棲みついており、家のヌシだから殺すな、と言われた。養蚕の害をなす鼠を捕食するからである。他にヤマカガシ・シマヘビなどもいた。

〈庭の敷藁〉　十一月から三月の間、母屋の前の庭が雪や霜でぬかるむので藁を敷いた。四月初め、その藁を牛馬の踏み肥と混ぜて堆肥にした。

④宮城県遠田郡美里町平針境目・小野寺雄一さん（昭和十一年生まれ）

小野寺家の屋敷の広さは四反五畝で、イグネは遠くからも目だつ（写真13）。

〈イグネの樹木〉　杉＝百年もの一〇本、五十年もの五〇本、杉の落葉は、イロリ・風呂・竈の燃料として使った。平成五年に母屋を新築したがその一部にイグネの杉材を使っている。電柱材として売ったこともある。

欅＝現在欅が一〇本ある。母屋を新築する時に五本伐っている。中に直径二尺のものがあり、一尺角の柱が二本採りできる木があった。それから採った柱を新しい母屋に使っている。欅の仲買人は今でも折々まわってくる。榛の木＝今でも五十年以上のものが一〇本ある。魚のドロ箱の材料として買いつける仲買人がまわってくる。榎＝三本、榎のことをオトコザクラと呼ぶ。子供のころ榎の実でエノキデッポーを作って遊んだ。桜＝百年もの一本。梅＝梅干にする実を採取するためのもの一〇本。栗＝丹波栗が四本あり、実が一斗ほど拾える。実は甕に砂を入れ、砂栗として保存しておき、「繰りよくなるように」と口誦し、正月に蒸して食べた。胡桃＝ヒメグルミが三本あり、実は、餅につけた。柿＝ハチヤマルと呼ぶ渋柿が二本あり、干し柿にした。他に棕櫚三本、ミズキ一本などがある。棕櫚は繊維を縄にする。

写真13　小野寺雄一家のイグネ・宮城県遠田郡美里町平針境目

〈竹〉　幹竹（真竹）＝萱屋根時代、萱の抑え竹として利用した。昭和四十五年に萱屋根の上に板金をかけたが、それまでは幹竹が活躍した。母屋の屋根には一町歩のカヤヤチの萱が必要だとされ、ヤチの所有者から買った。古萱には竹が混るので田で焼き、灰を肥料にした。また、梨園の棚竹に使った。籠屋が籠の素材として買いに来た。もとより筍は食用にした。シロダケ＝田に品種名の札を立てる時に使った。

〈燃料〉　大沢山に一町歩の山があり、コナラ・ミズナラなどを十〜十五年周期で伐って燃料にした。昭和に入ってからは籾殻も多く使った。昭和五十年にプロパンガスを入れ、竈は使わなくなった。平成六年からは風呂もガスにした。

〈庭木〉　母屋表座敷の南側に庭がある。中心をなす樹種は泰山木＝一本、

写真14 小野寺雄一家の屋敷神・宮城県遠田郡美里町平針境目

ハガキの木と呼ばれる多羅葉＝二本、南天・柘植・ヤマツツジなどである。柊の古木があったが今は枯死してない。

〈庭藁〉 十一月から三月まで、雪や霜のぬかるみを除けるために玄関前の庭に藁を敷きつめる。四月、これを除いて牛馬の踏み肥と混ぜて堆肥にする。

〈屋敷神〉 母屋の裏、乾方のイグネの中に高さ一mほどの台座の上にコンクリート祠をのせた稲荷社を祀る(写真14)。

⑤A宮城県遠田郡美里町平針谷地中・遊佐家

B同平針中川前・佐々木家、佐々木栄一さん(昭和二年生まれ)・同キヨさん(昭和三年生まれ)

栄一さんは昭和二十二年十月谷地中の遊佐家から中川前の佐々木キヨさんのもとに入婿し、一年間佐々木本家に同居したが、昭和二十三年に分家独立した。谷地中の遊佐家も佐々木本家も大きなイグネに囲まれているが、分家の佐々木栄一家のイグネは昭和三十二年に植えた杉が中心で、まだ新しい。ここでは、栄一さんが少年時代から青年時代までを過ごした谷地中、遊佐家のイグネAを中心として、必要に応じてBの佐々木家にもふれる。

〈イグネの樹木A〉 杉＝イグネの中の高い木は雷除けになるので残すものだと伝えられ、守っていた。杉ッ葉は、「付け木」と称して風呂・竈・イロリの焚きつけにした。当地では、西風・西北風をナレカゼと称した。ナレカゼは、九月末から吹き始め、この風で稲が乾くと言われた。しかし、冬季、ナレカゼが一段と強くなり、特に西風が強くなる。イグネはこのナレカゼや吹雪から母屋を守るのに大きな働きをする。遊佐家のイグネは西に厚く、北に薄かったがその中心は杉だった。杉を伐って二年たつと、九月末に、切り株にモタツと呼ばれるキノコが出た。モタツは煮つけまたは味噌汁の具にした。榛＝榛の木は種が飛んで来て自生するのでどの家にも多かった。榛の木は、廊下板・敷居材として多用された。目が細かいので磨くと光沢が出た。榛の木を建材にする場合には水につけてアク抜きをしなければならなかった。遊佐家のイグネの周囲にはマワリボリと呼ばれる周溝（堀）があったのでそこにつけてアクヌキをした。昭和末期、石巻のパルプ工場から榛の木をパルプ材として買い求めに来た。イグネの榛の木を二、三本伐れば一年間の風呂の燃料はまかなえる、と伝えていた。長さ尺五寸に切り、割って、幅一間、高五尺に積みあげる。これを一棚《ひとたな》と称し、三棚で一年間の風呂が焚けると言われていた。十二月になると、椋鳥の群が榛の木の実を食べに来た。ミズキ＝ミズキが数本あり、正月のオタカラに使った。オタカラとは、ミズキの枝に、餅で作った七福神をならせるのである。また、母屋の棟木を支える合掌にミズキ材を使うものだとされた。「水」で「火」を除ける呪術である。

〈ロヂの樹木A〉　座敷前の坪庭のことをロヂと呼んだ。ロヂには松・糸檜葉・サツキ・泰山木・多羅葉などがあった。門口には柊、母屋の前には棕櫚があった。

〈竹A〉　㋐幹竹、㋑孟宗竹があり、ともに筍を食べた。

〈燃料A〉　自家の山から柴木出しを行った。径一尺の束を一丸《ひとまる》とし、六丸で一駄とした。一日三駄作って一人前とされており、十日で三〇駄、三、四人で行った。付け木にはイグネの杉の葉を用いたが、イロリと竈には柴木、風呂には前述のようにイグネの榛の木を使った。柴木は「木小屋」と呼ばれる小屋に収納しておいて随時そこから運んだ。柴木や杉ッ葉・榛の木以外にも次のものを燃料にした。マメガラ（大豆の茎）を竈に使う。稲籾の殻をヌカと称し、ヌカガマと呼ばれる専用の竈で使った。籾殻は、ヌカ小屋と呼ばれる小屋に収納されていた。ヌカ運びは子供の仕事だった。竈の釜口は三つで、向かって左が飯、真中が湯、右が煮もの用である。湯の一種に、味噌湯があった。湯の中に味噌を溶かしこんだもので、これは馬に与えた。竈神は、竈の上と、イロリのヨコザの後の二箇所に祀られていた。イグネや山のない家では、「ヤマタテ」と称して、五人ほどで組を作って山地主の木を買うという方法をとった。風呂や竈には藁も焚いた。

〈燃料B〉「木買い」と称して四、五人で組を作り高清水方面の山へ一年分の燃料調達に出かけた。時期は雪解け後、田植前である。燃料は雑木と杉の枝であるが、雪倒れの樹木を伐り、それを受けるという形もあった。杉植林の枝打ちや下刈りをしてもらえば山主も助かるので相互に利益があった。一週間から十日ほど山主の家に泊まりこみ、山に通ったのである。燃料は、牛車に積んで家に運んだ。イロリには薪を、クドにはイグネの杉葉・杉枝・大豆ガラ、風呂には薪の他、年に牛車三台ほど買う亜炭を使った。

〈水害とイグネA〉谷地中の遊佐家のイグネがマワリボリと呼ばれる周溝にとりまかれていたことについては後にふれる。周溝（堀）があるということは、堀の内側が土手状に高くなっていることを意味しており、それが、河川氾濫への対応の一つになっていたのである。遊佐家のマワリボリは釣りができるほどだったという。本来、「谷地」という地名は低湿地を意味する地名であり、この地が水害に弱い地であることを示しているのである。この地方には、「百々《どど》と谷地中水かぶり」という口誦句があるほどである。「谷地中は、年に一度は水害に遭い、三年に一度は大水に遭う」と言われた。江合川の河川氾濫である。しかし、この氾濫も鳴子ダムができてからはなくなった。谷地中の家々はどの家も水害対策用に舟を一艘持っていた。長さ三間ほどだった。平素は納屋に吊ってあり、増水・氾濫の気配があると吊り綱をゆるめた。

舟の用途の一つは、氾濫水によって流れ寄ってくる大型ゴミや有害物をイグネの中に入れないようにすることである。長さ二間の竹竿を使って、諸物をイグネから遠ざけ、下流に流す作業をしたのだった。イグネという屋敷林自体、屋敷の外側から流着する諸物を屋敷内に入れないように遮断する機能を持っているのである。舟の用途の第二は、機能を失った陸の通路に代わって、諸連絡、物資、人の運搬・移動に資するにあった。栄一さんも青年のころ、舟を使って、水害見舞にやってくる人びとを乗せ、目的の家々まで運んだことがある。こうした舟の船頭には、御馳走が出され、チップのような金も与えられた。水害は二百十日から二百二十日の間に起こることが多かった。この時期の水害は稲にも被害を与えた。「花おさまり」即ち、稲の花が納まって後の場合、四、五日の間なら助かるが、花の最中や花の前なら助からなかった。稔ったものが倒伏すると半月で発芽した。氾濫があると蛇が流れてきてイグネに居ついて増えた。蝮・ヤマヘビ（ヤマカガシ）・縞蛇などが流されてきた。皮をむいて焼き、砂糖醤油をつけて食べた。

〈鳥と小動物A〉　烏＝榛の木に巣を作った。山鳩＝杉と竹の混ったところに巣を作った。鼬＝鶏小屋の鶏を獲りに来た。一晩で何羽も殺した。止まり木を高くして防ぐしかなかった。また、馬に与えるための煮ものの餌も獲った。鼬を獲るために落とし板式の箱罠をいくつもイグネの中に仕掛けた。箱は八寸×八寸×二尺ほどで鼬が餌を引くと入口の蓋板が落ちる方式だった。餌には焼き鮒を使った。獲れた鼬は南京袋に入れ、小牛田に二軒ある鞣し屋で高く買ってくれる方に売った。鼬一匹の代金で長靴が一足買えたことを覚えている。

イグネには直接関係ないが、真鴨猟の記憶もある。谷地中は低地なので毎年十一月から二月いっぱいまで真鴨が水田に飛来した。囮を紐でつないでおいて、田小屋にひそんでいて飛来した真鴨を狙撃するのである。父と兄が鑑札を持っていたのでよくついて行った。

〈稲杭〉　谷地中は山から離れているので、稲を乾燥させる稲杭も大切にした。稲株一〇株で一把、六把で一束、一本の稲杭に一一～一二束干した。一反歩の稲を干すのに二五本から三〇本の稲杭が必要だとされた。稲杭は長さ九尺の杉の間伐材で、耐用年数は二十年から三十年だった。遊佐家では戦前六町歩の水田稲作を行っていた。一町歩一〇枚で、雇人を三人使っており、一人一〇枚担当とし、一人の雇人への年間の支払いは玄米一〇俵だった。稲杭は厖大な量だった。稲穂を拇指と人差指でつかんだ時、三〜四本分でいっぱいになれば豊作だとされていた。拇指と人差指が四本の稲穂でいっぱいになるようだと反当たり収穫量は一〇俵に及んだという。

〈屋敷神〉 ともに母屋の乾裏に稲荷社を祀っている。

⑥宮城県岩沼市早股西須賀原・渡辺成子さん(昭和八年生まれ)

次に示す事例⑥は大崎平野のものではないが、同じ宮城県の例なのでここに示す。

渡辺家のイグネはムラの中でもよく目立つ(写真15)。南面する屋敷の西と北が厚い。中心的な樹種は杉である。屋敷の広さは三反歩である。渡辺家は明治七年、当時三十歳の当主が分家独立したのだという。近代以降の分家でこれほどのイグネが形成されるのである。当家が瓦屋根にしたのは明治三十七年だという。

〈イグネの樹木〉 杉＝平成七年に屋敷の裏(北側)道路の拡幅工事があり、それに伴って八十年ものの杉を一〇本伐った。それ以前、昭和三十二年、分家を出すに際して八十年ものの杉を伐って、その跡に苗を植えたという。渡辺家のイグネの杉は、百年以上のもの、八十年もの、昭和三十二年に苗を植えたものなどが混っている。杉の落葉や枯枝はイロリ・竈・風呂の燃料にした。当家では、海岸部の相の釜というところに、三反歩のクロマツ林を持っていたので、燃料は、イグネの杉とクロマツで間に合った。栗＝丹波栗の木が二本あり、実は茹でて食べたり、干して保存したりした。栗の木につく栗虫が蛹になって入る袋(繭)を、田植で磨耗し、傷めた手の指先にはめて保護用に使う習慣があった。柿＝㋐富山柿一本＝実の大きい渋柿で、皮をむいて吊るし柿にした。㋑ミールス柿三本＝渋柿で、一晩湯につけておいて食べた。㋒紅柿三本＝渋柿で四斗桶の中に水を張ってつけておき、折々出して食べた。氷が張ると美味になった。棗《なつめ》＝古木が一本あり、実はナマで食べたり、砂糖を入れて煮て菓子にする。茱萸《ぐみ》＝一本あり、実をナマで食べた。棕櫚＝三本ある。樹皮の繊維を肥コガ（桶）の綱にしたり、撥釣瓶の綱にした。欅＝道路拡幅の際伐って臼を二つ作った。椿＝百年以上のもの一本。柚子＝百年以上のもの一本。山椒＝一本。

〈竹〉㋐幹竹＝垣根、稲架竹として使った。六月末に筍を食べる。㋑孟宗竹＝五月に筍を食べる。㋒篠竹＝チョウチン竹とも呼ぶ。庭箒に使う。

〈庭木その他〉多羅葉＝一本。珊瑚樹＝一本。榊一本。枝を神棚に供える。アオキ＝葉を焙って揉み、腫れものに貼る。柊＝垣根にしている。藪柑子＝数本。ユズリ葉が一本あり、葉を正月に使う。

写真15　渡辺成子家のイグネ・宮城県岩沼市早股西須賀原

写真16　渡辺成子家の屋敷神・宮城県岩沼市早股西須賀原

〈鳥と小動物〉木菟・隼・燕などがやってくる。鳥は巣を作っている。ピピと呼ぶ鳥（同定不能）は年中棲んでいて雨の前日によく鳴く。蛇はアカヤマヘビ（ヤマカガシ）・シマヘビ・青大将がいる。これら、屋敷に棲息する蛇のことを「ウチマモリ」と称し、ウチマモリは殺すものではないと伝えている。

〈屋敷神〉母屋の乾の裏に石祠の稲荷が祀られている（写真16）。「氏神様」と呼ぶ。二月の初午の日に赤飯を供える。

〈庭花〉　鶏頭・ダリア・ツユクサ・グラジオラスなどがあり仏花とする。酸漿は干しておいて正月に神棚に供える。イグネの林床にドクダミがあり、筆者が訪れた七月四日には白い花を咲かせていた。ドクダミは葉・茎を乾燥保存しておき、夏季、茶を入れるように、煮出しておいて毒消しとして飲むという。

二　関東平野の屋敷林とカシグネ

⑦埼玉県加須市琴寄・小林昭子さん（昭和三年生まれ）

この地は利根川右岸、琴寄は、渡良瀬川が利根川に合流する地点の南に位置する。合流点の北五㎞の地点には広大な渡良瀬遊水池がある。それによってもこの合流点付近が河川氾濫の危険にさらされた地であったことがわかる、遊水池の中心には谷中湖と呼ばれる貯水池があり、一帯に湿地が広がっており、小さな沼地も点在する。「琴寄」という地名も河川氾濫にかかわる流着地名の一つである。昭子さんは次のように語る。――昔、この地に目の悪い検校《けんぎょう》が琴を抱いたままの姿で流着したという。その検校が小林家の墓地の一角の祠に祀られていたが、今はその祠もない――。この検校は、利根川の氾濫の犠牲者として流着した者であり、この流着者を祀れば水害から免れることができるという伝承があったものと推察される。

琴寄を含む旧大利根町は関東平野のほぼ中央に位置すると言ってよかろう。ＪＲ東北本線栗橋駅、東武日光線栗橋駅周辺の住宅地をぬけると西北に広い水田地帯がひらけている。その水田地帯の中に、大きな森がある。南側から大きな瓦屋根の母屋が見える屋敷、これが小林家である（写真17）。利根川を裏手にする形になるが利根川までの距離は約二㎞ある。利根川の方角から見ればこの屋敷は大きな鎮守の森、社叢に見える。東武鉄道日光線の車窓からもよく見える。この屋敷、小林家は「樽場大尽」と通称されてきた。樽場とは、近世、名主が人夫を使って農地を開墾した折、人夫を励ますために飲ませた酒の酒樽を置いた場所だと伝えられている。樽場は三箇所伝えられている。a前樽場、b後樽場、c樽場の三つで、小林家の位置は前樽場に当たるのだという。

大尽と呼ばれる所以は、小林家が資産家だったからである。小林家は、最盛期には一〇〇町歩の水田を持っていたという。分家には一〇町歩ずつ分与したと言われており、樽場大尽の屋敷面積は通称二町三反と言われるが、実質は二町八反歩だった。小林家の応接間には、宮中賢所に酒米を献上した小林雄刀麿（昭子さんの舅）が受けた感謝状が飾られていた。

写真17　樽場大尽と呼ばれた小林家の屋敷林・埼玉県加須市琴寄

〈カマエボリ〉　小林家の屋敷の構造の特色は、まず外周をカマエボリと呼ばれる周濠で囲まれていたところにある。現在はほとんどが埋め立てられ姿を消しているが、昭子さんが嫁いできた昭和二十二年ごろには、幅二〜三間の濠が屋敷地を囲んでいた。濠の総面積だけで五反歩あると伝えられていた。濠には鮒・鯉・鰻などがおり、冬季に濠浚いをした。近隣の有志が小林家に申し出て浚ったのであったが、漁獲物は、浚い手と小林家で折半にしていた。現在でも小林家の屋敷にはスダジイの木が多いのであるが、当時は、カマエボリの内側にシイの木が一五〇本ほどあった。カマエボリは、防氾濠の機能を果たし、屋敷地の境界を明示したのであるが、濠の内側の樹木などとともに、河川氾濫に対する第一の防禦施設ともなっていた。

〈水塚（みつか）〉　小林家の屋敷の構造は、背後を流れる利根川の氾濫洪水対策を根幹に置いたものである。小林家の母屋・屋敷は真南向きではなく、南微西向きで、当地ではこれを、「フジミナミ」と呼んでいる。裏は北微東、向かって右手が東微南、左手が西微北となるが、以下の叙述は、略して東・西・南・北として進める。屋敷構造の最大の特色は、母屋（建坪＝一五〇坪）、および隠居所（今はない）が、北側と西側に築かれた水塚と呼ばれる巨大な防水堤で守られている点である。

北側の水塚の幅は約二〇間、長さは四〇間、高さは九尺にも及ぶ。水塚の上に、蔵・年貢蔵・味噌蔵・三社神社などが建てられていることによってもその規模の大きさがわかる。年貢米を収蔵する蔵は西側の水塚の上に建てられていたというが今はない。八間に四間で、それが二つに仕切られ、おのおの一間の戸口がつけられていた。母屋の北裏の水塚の上の蔵は傷んではいるが現存する（写真18）。間口一二間に奥行き四間の二階建てで、前面一階部に一間の庇がある。一二間の間口は三つに分かれている。おのおのの中央に、幅一間、格子に金網を張った引き戸がつけられており、その外側に漆喰貼りの扉がついている。三つの蔵が連なっている形である。その三つの蔵は、向かって右側が穀蔵、落とし板式で籾米を常備できる形になっていた。乾燥タニシなども貯蔵されていた。左側には、食器・布団・屏風などが収納されており、中の蔵には用材その他が収められていた。水塚の西北隅には六間に四間の平屋、味噌蔵・文庫がある。他に、北側の水塚の東端近くに三社神社がある。これについては後にふれる。

母屋北側の三連蔵の裏側を見ると、樹木が伐採されており、水塚のノリ面までは五間以上の幅があることがわかる。さらに注目すべきは、三連蔵の基礎部分が水塚の表面からさらに五尺ほど高く石積みされていることである。これは二重の水害対策なのである（写真19）。母屋の裏側から水塚に上るのに、坂道と石段の二種が作られている。坂道は一間半ほどの幅があり、年貢米その他を荷車などで運びあげていたことが知れる。写真18は隠居所跡から水塚の上の三連蔵を望んだものである。

〈ヤマ〉　さて、先に紹介したカマエボリと水塚の間はヤマと呼ばれていた。昭和二十二年の利根川氾濫の際には水塚の上で手が洗えるほどだったと伝えられている。ヤマには、杉と欅が植えられており、文字通り「裏山」の体をなしているのであった。欅は戦時中に供出させられたのだが、杉は昭和二十二年の水害によって根腐れを起こした。さらに白鷺の糞害もひどかったので当主の雄刀麿は杉は廃し、ヤマ全体に真竹を移植したのだった。真竹は籠屋にも売れたが稲架用として近郷の農家に売ることができたからである。稲架用の竹は、稲を掛ける横竹と、支えの竹の二種だった。横竹のことを「天竹」、支えのことを「足竹」と呼ぶ。足竹は細いので傷みが早く、よく売れた。伐期は十月末からで、売買管理を特定の個人に依頼していた。竹の皮は草履の素材として仲買人が買いに来た。コンバインの共同購入が昭和五十三年で、以降、稲架用の竹は売れなくなった。よって竹藪を廃し、ヤマの地は畑に転換された。平成十七年十月二十七日、樽場大尽を訪れた折、ヤマの跡地には人豆が実っていた。なお、ヤマ跡の東北隅には池がある。

ヤマの総面積は一町四反歩だと伝えられている。ヤマは、母屋を守る

写真18　隠居所跡より水塚の上の蔵を望む・埼玉県加須市琴寄、小林昭子家

写真19　高い土台の上に建てられた三連蔵・埼玉県加須市琴寄、小林昭子家

水塚とカマエボリの間にある。したがって、水塚の北側から西側にかけて曲尺《かねじゃく》型に存在したことになる。杉・欅が林をなしていた時代、その成木を間伐すれば建築用材として利用したり、販売することができた。欅は和船の竜骨材や臼材・家具材などとしても高値で売れた。また、落葉や枯枝・小枝は燃料になったのである。欅と杉が真竹に転換してからのことは前述の通りである。このヤマは、右のような実利をもたらすとともに、利根川の氾濫時に際しては、流着物を阻止する装置ともなった。

〈水塚とヤマの防水力〉　静岡県の大井川下流域旧大井川町や藤枝市などには、大井川の氾濫から家を守るためにくふうされた三角屋敷・舟型屋敷などと呼ばれる屋敷が造られていた。外周に、「分かれ川」などと呼ばれる溝を設け、三角の頂点、舟の舳先に当たる部分を河川氾濫源、即ち上流部に向けて構え、流れに近いほど三角は鋭角的になっていた。(2) 小林家の水塚をこれに並べて考えてみると、曲尺型をした水塚の角、屋敷の西北角が利根川の上流部に対しているることに気づく。小林家の巨大な水塚は、大井川下流域で言えば三角屋敷に相当するものであることがわかる。カマエボリは、大井川下流域の分かれ川に相当する。さらに、ヤマと水塚は防水上、相乗効果を果たしていたことになる。

小林家の防水対策としていま一つ重要なことは、穀蔵を中心とした三連蔵、年貢米の収蔵蔵、味噌蔵などが、屋敷より一段高い水塚の上に設置されていることである。米や味噌・醤油・家財などを水害から守りぬくくふうがなされていたのである。三連蔵は二階建てである。これは大水害に遭遇した際、蔵の二階で起居できるよう配慮されたものである。三社神社もまた水塚の上に祀られている。これについては後にふれる。

ちなみに、小林家の、母屋や蔵以外の建物についてふれておく。母屋の前に坪庭・庭があり、その南側、門の西に長屋と呼ばれる二階建ての納屋がある。今はなくなっているが母屋の東側にも、東長屋と呼ばれる納屋があった。そして、東長屋の北側、水塚の東端に接する形で、厩とタメ小屋が並んでいたという。

〈屋敷の樹木〉 ヤマと呼ばれる空間に杉・欅が林をなしていたこと、それが真竹の藪に転換されたことについては先にふれたが、現在残っている木で最も多い樹種はスダジイである。スダジイ＝水塚の上、特に西側の水塚にはスダジイの木が多い。現在も約五〇本ほどあるが、カマエボリの内側にはもと一五〇本ほどあったという。樹齢は様々で、定かではないが、古木は少なく、八十年から百年ほどのものが多く見られる(写真20)。シイの実を拾って炒って食べることもあった。この厖大なスダジイは飢饉の時、その実を食糧にしたものではないかと考えられる。シラカシ＝水塚にシラカシが点在するが古木はない。オガタマと榧＝北側の水塚の東寄りに三社神社が祀られており、社殿の周辺にオガタマの木が五本ほどある。樹高二五m、径三〇cmほどのものもあり、小林家ではここをとりたててオガタマの森と呼んでいる。オガタマの花が咲くと稲籾を風呂桶に漬けた。芳香を放つオガタマの花は自然暦の指標となっていたのである。その森の中に榧の木もある。欅＝欅は、西側の水塚、カマエボリの脇の摩利支天の祠の周囲に数木ずつあるが樹齢は若い。榎＝母屋の東に一一〇年ほどの榎が一本ある。柿＝㋐ツルノコと呼ばれる甘柿の木が四本。㋑イトイチ(百目柿とも)と呼ばれる甘柿が四本。栗＝丹波栗が五本あり、実は茹で栗にした。柚子＝三本あり、実は祖母がユベシに使っていた。温州みかん＝二本ある。柊＝一本あり、節分の日、枝に鰯の頭を刺していたが今は枯死してない。ユズリ葉＝一本あり、正月に葉を使っていたが枯死した。柏＝一本あり、月遅れの端午の節供

写真20　山中を思わせる屋敷林の中・埼玉県加須市琴寄、小林昭子家

に柏餅にその葉を使う。朴＝一本あったが枯死した。

〈坪庭の植物〉 小林家の坪庭は、事例①の門脇家の場合と同様に、仕切りと門で区切られている。中には、ハガキの木と呼ばれる多羅葉・泰山木・梛二本・櫓葉・柘植・南天・アオキなどがある。

〈竹〉 真竹についてはは先にふれたが、他に水塚の後に淡竹《はちく》の竹林があった。淡竹は枝が細かいので箒屋が求めに来た。箒屋は代金として製品を置いていった。真竹も淡竹も竹が売れなくなってから筍を食べるようになった。

〈鳥と小動物〉 梟・山鳥・赤啄木鳥（アカゲラ）・郭公・山鳩・燕などがやってきた。赤啄木鳥はシイの木に棲みついた。山鳥のことを「尾長」と呼び、郭公のことを「豆蒔き鳥」と呼んだ。大豆播種の自然暦になっていたのである。鴛鴦《おしどり》が池にやってくる。白鷺もくる。狸・狢《むじな》・野兎も見かけた。穀蔵で大きな青大将のヌケガラを見かけたことがある。青大将は蔵に棲みつくという。行田の某家では蔵の蛇に膳をあげるのが習慣で、それは嫁の仕事とされていた。たまたま蛇を怖れる娘がその家の嫁になり、恐怖のあまり死んでしまったという話がある。

〈燃料〉 シイ・カシ類の落葉、並びに粗朶類、植木屋の切り落としを竈の燃料とした。田の畦畔に榛の木が植えられていた。年に何日か山師を雇い、その榛の木の枝を落とし、薪づくりをしてもらった。榛の木の枝や薪は風呂の燃料にした。農閑期に小作が、樽場大尽の屋敷に燃料用の枯枝拾いに来ることがあった。そんな場合は拾い手と小林家で枯枝を折半にした。

〈屋敷と信仰〉 三社神社＝北側の水塚の東寄りに三社神社がある。水塚の上に祀られているので社殿に至るための石段が設けられている。社殿は、木製で、屋根つきの瑞垣に囲まれ、鳥居ではなく屋根つきの門扉がある。そこに社名額が掲げられ、中央に八幡宮、右に天満宮、左に稲荷大神と書かれている。正しくは、石清水八幡宮・北野天満宮・伏見稲荷大社の三社である。社殿の造りは精巧を極めたものである（写真21）。祭日は、三月・九月の社日で、神

写真21　水塚の上の三社神社とオガタマの木・埼玉県加須市琴寄、小林昭子家

写真22　小林昭子家の水塚の上から摩利支天の杜（左）と宏善上人堂跡（右の樹木）を望む・埼玉県加須市琴寄

職を招き、塩・洗米・野菜・神酒などを供えて祭りを行う。京都の三社を勧請しているのであるが、社日を祭日としている点から、土地の神、屋敷神として祀られていることがわかる。また、小林家が広大な農地を持つ農家であったことからすれば、春の社日に、稲の良好な生育を願い、秋の社日に収穫を感謝をするといった信仰心意を見ることもできる。三社が水塚の上に祀られていることは、社殿を水から守る形となっており、逆から見れば、水塚に三社を祀ることによって母屋の安全を願ったとも考えられる。

　摩利支天＝北側の水塚の北端のラインを西側のカマエボリ跡に向かって延長した地点、そのカマエボリ跡の内側に写真22のような小森が残されており、その中に摩利支天の祠がある。正月に注連を飾り、餅を供えて祀る。宏善上人堂＝今はなくなっているが、カマエボリの西北隅、即ち乾角に宏善上人堂があった。堂は畳一〇畳ほどで、十四日が命日とされ、近隣の老婆たちが集まって百万遍念仏を唱えていた。深智院殿様＝母屋の北の水塚のほぼ中央背後のカマエボリ跡の内側に藪があり、深智院殿様と呼ばれる石塔が祀られている。深智院殿様はこの地を開いた先祖だと伝えられている。

右に小林家の屋敷内にある信仰関係の祠堂を見てきた。屋敷地の乾角に宏善上人堂、西側に摩利支天、北側に先祖霊たる深智院殿様を祀っている。いずれも、外から屋敷に入らんとする害物・悪霊などを防除していることは確かである。屋敷に侵入し、屋敷を犯す最も恐ろしいものは、言うまでもなく利根川氾濫の洪水である。カマエボリとヤマ、内堤たる水塚が、土木的・即物的な洪水対応であるとすれば、カマエボリに接していた、宏善上人堂・摩利支天・深智院殿様、そして水塚の上に祀られる三社神社は、洪水に対する信仰的対応になっていると考えることができるだろう。

〈利崎《かがざき》大尽〉 昭子さんの実家は、旧大利根町に隣接する埼玉県加須市大越にある。同地は旧大利根町と同じ利根川右岸の上流部に位置しており、大越は船着場として知られた地である。実家は野中家で、利崎大尽と通称される（写真23）。現当主は国会議員を務めた野中英二氏（大正九年生まれ）である。この地方には、「樽場様百町歩、利崎様三百町歩」という口誦句があった。昭和二十二年、昭子さんのもとに三者から縁談がもたらされたのだが、祖母が樽場様に乗り気で、昭子さんは樽場大尽の小林茂郎さん（大正十三年生まれ）のもとに嫁いだ。樽場大尽の屋敷に関する聞きとりの中で、折々、実家、利崎大尽で過ごした昭子さんの少女期の記憶が語られた。

渋柿＝小林家の柿はすべて甘柿だったが野中家にはイトイチという甘柿の他に渋柿がたくさんあった。それは、野中家が醤油醸造をしていたこととかかわる。醤油を搾るのに使う袋を柿渋汁につけていたからである。また、タルヌキと称して、大樽に焼酎を入れ、それに渋柿を漬け、渋をぬいて食べるという方法をとっていた。桜＝門の脇に番小屋・人力車の小屋などがあり、そこに染井吉野の古木があった。幼女のころ、妹の和子さん（昭和六年生まれ）とともにその桜の木の下で遊んだ。花が散りそめるころ、木綿針に糸を通してもらい、針の先で花びらを一枚ずつ刺し貫いてネックレスを作った。妹と競うようにして地面に散った花びらを刺した。そしてそのネックレスを母にかけたのだという。ツツジの庭＝池の傍らにツツジの一群があった。ツツジの花が咲くと祖母と母はムラの婦人会の人びとを招き、稲荷ズシなどを作ってツツジの花見をするのが毎年のならわしだった。

蟋蟀《こおろぎ》＝蟋蟀が鳴く季節がめぐってくると、祖母は、その鳴き声の聞きなしを次のように教えてくれた。「肩とって裾つげ、裾とって肩つげ」――近づく冬のために衣類のつくろいを始めよ、と蟋蟀が教えてくれるのだという。狢《むじな》＝野中家の分家が味噌製造をしていた。味噌蔵があり、その裏に狢が棲んでいると言われていた。子供のころ、狢に眉の毛の数を数えられると化かされる、と聞かされていたので、味噌蔵のそばを通る時には眉に唾をつけて走って通った。

写真23　利崎大尽と呼ばれる野中家・埼玉県加須市大越

写真24　野中家のカマエボリ・埼玉県加須市大越

正月前＝正月前には畳屋が表替えのために、経師屋が障子貼りのためにやってきた。植木屋は、四、五人で一箇月近く通っていた。

〈屋敷林遠望〉　小林家でヤマの樹木が消え、カマエボリ（写真24）内側のシイの木がなくなり、水塚の上の樹木も伐られた。それでもなお樽場大尽の屋敷林が遠目にしるく、鎮守の森のごとき印象を与え続けているのは、今なお、オガタマの森や、スダジイの林が水塚の上に残っているからである。水塚の上の木々は、関東平野中央の平地の中では小丘の上に繁っているのと同じだからである。水塚の高さの分だけ丈高になっているのである。先には、水塚を中心とした、屋敷の河川氾濫対応的側面のみに注視したのであるが、屋敷林は、冬季の西風・北風から家を守るに大きな働きをしてきたことは言うまでもない。

⑧埼玉県加須市大越・斎藤茂さん（昭和七年生まれ）

斎藤家の屋敷面積は五反歩で、今でも欅とシラカシで写真25のようにこんもりとした屋敷林が形成されているのだが、昭和十年代までは杉の林もあったという。

〈屋敷の樹木〉　杉＝現在母屋の西側一反歩ほどが空地になっているが、昭和十九年まではここが杉の林だった。母屋の西にあるので西の山と呼んでいた。百年杉が三〇本あったが、勤労奉仕の青年団がやってきて伐採した。当地は西風が強いので、この杉山は防風林の役目を果たしていた。もとより、杉材は母屋の建替えや分家を出す時の建材として守り育てられたものでもある。杉の落葉や枝が燃料として利用されたことはいうまでもない。夏、杉林の間を通ってくる風は涼気をもたらした。欅＝昭和四十年から四十五年にかけて二百五十年の欅を五本伐った。当時一本五万円で売れた。現在は伐採料が一本五万円はかかる。欅の枝は燃料になる。大量の落葉は焼いて灰にし、桑畑の肥料にした。桑は養蚕の基である。欅の落葉の灰の他、桑畑には次のものを入れた。蚕糞《こくそ》・牛の踏み肥・シメガス。シメガスとは、鮪の頭・鰹の頭・鰯などの混合物で、径一m・深さ一mほどの一石樽と呼ばれる樽に詰められピッシリと蓋がしめられていた。これが、銚子から帆かけ舟で利根川を溯上して運ばれてきたのだった。これを冬季、桑畑に溝を切って入れたのである。シラカシ＝百年ほどのシラカシが三本あったが今は一本残っているだけである。カシは、強い西風で枝が折れることが多かった。枝は燃料にした。材は「柄屋」と呼ばれる道具屋が買いに来て、鍬・鋤類の柄、風呂鍬の台、シャクシと呼ばれる鋤の本体などに使うために買って行った。栗＝丹波栗が三本あり、実は茹でて食べる。茂さんの誕生木として三本植えたものだという。柿＝甘柿の富有柿の木が一本、渋柿が二本ある。渋柿は吊し柿にしたり熟《う》み柿にしたりして食べた。巴旦杏＝一本。モミジ（カエデ）＝三本あり、秋、美しく紅葉するので当家は「モミジ屋敷」と呼ばれた。ヒマラヤ杉＝一本。柊＝一本、枝葉を節分に使う。榊＝一本、枝葉を神棚に供える。棕櫚＝一本、網状の樹皮を井戸水の濾過に使った。当地の水には鉄サビがあるという。繊維で縄を綯い、桶綱などに使った。スダジイ＝二本ある。

写真25　斎藤茂家の屋敷林・埼玉県加須市大越

〈竹〉　真竹＝ハンデ竹（稲架竹）に使った。三年ものを良しとした。筍も食べた。篠竹＝豆類の支柱に使った。

〈鳥と小動物〉　野鳩（山鳩）・郭公・百舌鳥などが屋敷の木に巣を作る。貂《てん》・野兎が屋敷に棲みついている。青大将は屋敷のヌシだとして殺さなかったが、シマヘビは捕獲し、皮をむいて砂糖醤油で煮て食べた。

〈屋敷神〉　屋敷神は稲荷社で、二月の初午に赤飯と餅を供える。

〈燃料〉　竈には杉葉と木々の小枝を燃やした。イロリには欅の枝を燃やした。太いものは薪にし、井桁に組んで三年おくと良いと言われた。欅は煙が出ないのでイロリの燃料には最適だとされていた。風呂には杉葉と小麦稈を焚いた。子供のころ風呂焚きをさせられ煙くていやだったという。杉葉は主として冬、熊手で掻いたが、必要に応じてどの季節にも掻いた。杉林に雑草はなかった。

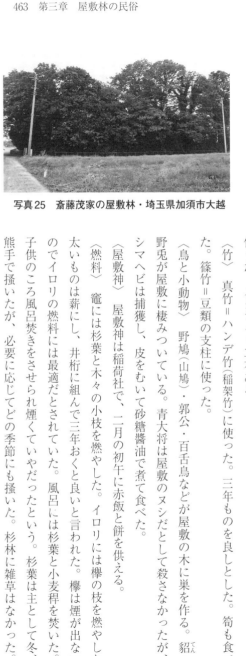

〈利根川〉 大越は利根川右岸、川つきのムラで利根川舟運の河岸があった。現在サイクルセンターのあるところに黒田河岸と呼ばれる黒田問屋の河岸があり、それより上に、荒木問屋の荒木河岸があった。上下の舟運の他に渡し舟もあった。下り舟に積み込まれる荷は東京へ運ばれる米・麦・大豆で、上り舟では、先にふれたシメガスの他、塩・砂糖・衣類その他の日用品だった。繭は陸路上州へ運ばれた。子供たちは、夏、利根川へ泳ぎには行ったが魚獲りはしなかった。流れが大きく魚は獲りにくかった。大越に川舟を持った川漁師が一人だけいた。その人は田畑を持っていなかった。利根川は河川管理が厳しくいつも巡視の係官が巡察していた。堤防の管理、河川敷、川床の管理も厳しく、小学校のころ、校庭の砂場の砂を採るのに校長が許可申請をしたのを覚えている。全国の大小河川において、増水時に上流部から流れてくる河原木を拾って燃料にするという慣行は一般的だった。斎藤さんによると、当地にはそうした慣行はなかったという。関東平野の真中で、山から遠く離れたこの地において河原木拾いの慣行がなかったのは不思議である。斎藤さんは、河川管理が厳しかったからだろうと語る。

〈農業〉 斎藤家の戦前から昭和二十年代までの農業規模は次の通りだった。水田＝五反歩・畑＝七反歩、畑地の大方は桑畑だった。大越全体を見ても当時は畑地の方が多かったのであるが現在は水田八〇％である。斎藤家では水田の裏作を次のようにしていた。大麦一反歩、小麦四反歩である。大越には、粉屋(穀屋とも)が二戸あり、小麦の製粉、小麦粉からの製麺、精米などを行っていた。麦飯よりも、うどんや水団の方が食べ易いということで、小麦の栽培量を増やしていたのだという。養蚕に際して春蚕と晩秋蚕には上蔟時に暖房が必要だった。暖房の燃料は煉炭だったが、これは自家製だった。粉炭を共同購入し、トラックで運び、粘土と混ぜて型に入れて干したのである。

⑨群馬県高崎市吉井町小串・三木道夫さん(昭和十二年生まれ)

上州の空ッ風は名高い。高崎市近郊から旧多野郡吉井町にかけての一帯では冬季西方を中心として西北方から吹く風のことを浅間オロシと呼ぶ。この地方では、冬季の強風から家を守るためにシラカシの木を育てて防風垣を作る慣行がある。当地ではこの防風の屋敷垣のことを「カシグネ」と呼ぶ。有効なカシグネは、写真26・27などのように母屋の棟を超す高さにまでカシを育てたものでなければならないし、美観を保つためには高い梯子を使って、毎年刈り込みをしなければならない。個々のイエごとに手入れをする場合と、植木職人を頼んで刈りこみを行う場合とがある。

〈カシグネの管理〉三木家のカシグネは、母屋の西側と北側に植えられているのだが、写真28のように高さ二、三mほどの位置で切られている。平成六年に現在のような形に切り整えたのであるが、それ以前のカシグネの高さは一丈六尺あった。カシグネの枝切りをする季節は十二月中旬、農閑期に入ってからだった。高い梯子を掛けて行う作業は危険だった。三木家では職人を入れていた。カシグネを現在のように中途切りの形にする前、平成元年から平成五年の間には毎年カシグネの整備に一三万円支払っていた。職人一人の日当が二万円で三人、二日がかりで諸経費を入れるとこの値段になった。大きな出費である。この

写真26　カシグネ・群馬県高崎市矢中町

写真27　カシグネ・群馬県高崎市矢中町

地方を歩くと三木家のようにカシグネを中途切りにしている家が多く見かけられる。

〈カシの枝葉〉 カシグネの枝切りをして切り落とした枝葉が最も効率的に生きていたのは馬を飼っていた時代である。枝葉を厩に入れると馬はカシの葉を食べ、食べ残しは踏み肥となった。三木家の水田は六反五畝、畑は八反五畝である。稲作をし、裏作に麦栽培をしたのだが、畑地は桑畑の時代が長かった。即ち養蚕に力を入れてきたのである。当地では、昭和二年に椎茸栽培を導入し、以降は椎茸にも力を入れた。三木家が養蚕を廃し、椎茸に転換したのは昭和四十二年のことである。

さて、カシの枝葉を厩に入れたのであるが、当地、当家の厩の敷草、敷床は、コノハと呼ばれるコナラ・クヌギなどの落葉だった。毎年十二月中旬から二月まで、山へコノハ掻きに出かけた。コノハを掻き、それを径三尺、深さ五尺のコノハ籠に詰め、その籠を二個ずつリヤカーに積んで家に運び、コノハ小屋に入れた。そして、それを随時厩に入れたのである。馬の糞尿がしみたコノハを半月に一度ほどで出し、堆肥小屋に積み、必要に応じてキリカエシをした。堆肥は、コノハが九割、カシグネの落葉や枝葉が一割ほどだった。堆肥は、麦の収穫後に水田に入れた。

〈カシグネと昆虫〉 カシグネを成す古木の幹は太くなり、樹液を流す。刈り整えられたカシグネの外観は美しく、遠望すると、それは出雲の築地松、静岡県遠州地方の槇囲いと同じように見える。いずれも冬季に強い西風を受ける地域である。カシグネを遠望しているだけではわからないのだが、近づいて見ると、カシグネをなすシラカシの幹は写真28のように太くてたくましいその幹の樹液にカブトムシやクワガタムシが集まったのである。当地の少年たちはカブトムシよりもクワガタムシの方に価値を置き、クワガタムシに関心を寄せた。少年たちのクワガタムシの中の種別のランキングは以下の通りである。この順位づけは道夫さんが同級生の三木十一さん(昭和十二年生まれ)とともに語ったところである。ａミヤマクワガタ、その形体からこれをハイノウショイ(背嚢《はいのう》背負い)と呼んだ。軍国少年らしい方名である。ｂオオクワガタ、ｃヒラタクワガタ、ナタッパと呼んだ。ｄコクワガタ、ｅメス、すべてのメスはブタと呼んだ。少年たちは捕えたクワガタムシの種類、大きさなどを比べあったのである。カブトムシはマッチ箱の車を引かせて遊んだ。

〈カシグネとセンゼ〉　三木家の、カシグネに囲まれた地から前庭までの面積は一反歩で、カシグネの背後には現在シラハタになっている五畝があり、さらに、その後に放置され、立木のように伸びたイチノセという種類の畑桑・檜などが生えている叢林がある。ここは、養蚕が盛んだった時代には二反歩の桑畑だった。檜は椎茸ボタを置くための日蔭地確保を目的として植えたものだという。かつての桑畑の右手に一反歩ほどの真竹の藪がある。真竹の藪とかつての桑畑の北側は利根川支流鏑川の土手となっている。母屋の裏のカシグネの幅に比べて鏑川崖に面した旧桑畑と竹藪を加えた幅の方が広く、三木家の屋敷全体はＴ字型になっている。母屋の真裏側に当たる崖上には欅の古木と杉の古木があったが今は伐られてない。杉の木には何度も落雷があった。欅は和船の竜骨として買いとられていった。カシグネの裏の五畝の桑畑にはタゴワセという早生種の、葉の軟らかい桑が植えられていた。これはまず、春蚕の稚蚕に与えられた。川端の二反歩以外、屋敷外には七反歩の桑畑があった、さて、当地では、屋敷内の畑や樹叢、カシグネの外周にある屋敷地を「センゼ」と呼んだ。センゼは前栽《せんざい》を語源とすることばにちがいない。センゼの外周にカシグネを設置させずに、屋敷地内の母屋に接する形でカシグネを設置しているゆえん

写真28　中途切りされたカシグネ(シラカシ)・群馬県高崎市吉井町小串、三木道夫家

は、それほどに母屋を強い風から守らなければならなかったことを意味している。アルミサッシの普及する前、浅間オロシは深刻だった。

〈竹〉　真竹は多様に利用された。養蚕農家では、蚕籠・桑籠が必要となった。また先にふれたコノハ籠なども使う。その他、桶の箍にも使われ、コマイ竹を買い求めにくる者もあった。三木家には、毎年、東深沢の籠屋が五日間ほど通いでやってきて必要な籠を作ったり、籠の修繕をしたりしていった。

〈生業要素の連鎖と循環〉　先に、カシグネの枝葉が馬に与えられ、コノハが堆肥として水田に入れられることについてはふれた。春蚕には枝桑を与えるので、枝の骨が残る。この枝のことを当地では「クワゼ」と呼ぶ。クワゼはどこの家でもそれを束ね、軒下などの立てかけ、縄で止めておき、随時竈や風呂の燃料に使った。桑の木の改植は十五年から二十年で、その根も燃料になった。風呂や竈の燃料にし、消し炭を火燵に使った。春蚕や晩秋蚕の上蔟時には部屋を暖める必要があった。調理・暖房用の炭をあわせ、養蚕用の炭も自家で焼いた。炭焼きの季節は十二月から二月までである。蚕のためには部屋の空気が動かないとよくないとされた。雨の降り出しそうな曇った日には蚕室の空気が動かないと言われた。上蔟時のそんな日には炭を焚かないで、クワゼを燃して蚕室の空気を動かすようにした。蚕室の四隅に短冊を吊り、その動き方で空気の流動を見るようくふうされていた。蚕の喰い残しの桑は馬に与え、蚕《こ》糞《くそ》は肥料として桑畑に入れた。

〈屋敷の動植物〉　シラカシ・真竹・欅・檜などの他、屋敷には次の植物があった。柊＝門口にある。丹波栗・甘柿・梅・ユスラ梅など。屋敷には次の鳥獣がやってきた。雉子・山鳩・百舌鳥・尾長・椋鳥・目白・鶯・鼬・狸――。鼬は鶏を狙い狸はセンゼに作るトウモロコシ荒らした。

なお、高崎市周辺のカシグネはこれまで見たように、一枚の壁のように上から下までシラカシの葉を密生させるのだが、埼玉県加須市ではカシ垣の根方に隙を作って幹が見えるよう意匠を施している(写真29)。このように、カシ垣も地方によって若干の差異が見られる。

⑩新潟県燕市松橋・長谷川武さん(昭和九年生まれ)

事例⑩は新潟県の例であるが、便宜上ここで紹介する。当地は魚沼丘陵と弥彦山のほぼ中間にある平地水田地帯である。長谷川家の屋敷面積は五反歩、母屋は東向きで、現在の屋敷林の樹木は決して多くはない。

〈屋敷の樹木〉　杉＝昭和十六年ごろには径尺五寸のものが二五本あった。それは、母屋の裏側、即ち西側にあり、西風除け・吹雪除けになっていた。武さんが成人してから順次伐っていった。祖母のみせさんは、「屋敷の木を伐るものではない」と武さんを叱ったという。昭和四十七年にはその杉の一本が台風で倒れたので納屋の梁に使った。欅＝現在百五十年ものが一本ある。昭和三十年代に百五十年ものを五本伐って売った。少年の頃には二百年もののもあった。現在は三十年ものも四本ある。欅は臼材として売れた。杉の木が屋敷の西側に植えられているのに対し、欅は屋敷の南側に植えられていた。落葉樹である欅は、夏は葉を繁らせるので陽除けとしての力を発揮し、涼気をもたらす。冬は葉を落とすので陽を受けることができる。西の杉、南の欅という屋敷林の樹種選定はまことに合理的だと言えよう。武さんは、陽光調節、屋敷の気温調節の効用をもたらす欅はどの家にもあったと語る。

欅の落葉は十月中旬から十一月末まで続く。子供は毎朝穀物箕の古いものに欅の落葉を集めては厩に入れた。落葉

写真29　カシ垣・埼玉県加須市

は馬の寝床の保温性を高め、同時に踏み肥になる。じゅうぶん糞尿と混り、踏まれたものを九尺四方の堆肥小屋に移す。その上に藁を撒き、さらにその上に欅落葉の踏み肥を重ねる。藁を撒き、踏み肥を置く。こうして一・五ｍになるまで重ねる。冬中に欅落葉・馬の糞尿・藁、の混合堆肥を完熟させる。さらに積み替えを行ってから田畑に入れるのである。現在は、欅の落葉を菊の培土として使っている。

ツクバネガシ＝母屋の裏に八十年ほどのものが四本ある。柿＝㋐ヒノシタと称する甘柿が三本ある。㋑タガミ柿と称する実の大きい渋柿が二本ある。㋒小粒の渋柿が五本ある。渋柿の実は吊し柿にする。小柿からは渋汁を採取した。渋は六畳分ほどの和紙に刷《は》き、渋紙にした。渋紙は、客間にムシロを敷き、その上に広げ、寝る部屋にもムシロを敷いてその上に渋紙を広げた。武さんは畳の汚れ除けだと語る。冬は保温、夏は蚤除けの効果があったものと思われる。ちなみに、畳の虫干しは年二回、イロリのまわりには菅ムシロを敷いていた。田植時の昼食には柿の葉またはウドの葉に塩鰯や味噌漬けを盛って食べた。ウドも屋敷にあり、芽を食べてから葉を利用した。サナブリには篠竹の笹に餡入り餅を包んだものを食べた。

栗＝丹波栗が五本あったが今は一本だけ残っている。実の保存は木箱の砂の中に入れる砂栗と、イガのまま俵に入れておく方法があった。砂栗を茹でて正月に食べるのが楽しみだったという。無花果＝三本ある。桃＝二本ある。椿＝径二〇㎝以上のものが五本ある。引き戸の動きが悪い時椿の実で滑りを出す。ヒサカキ＝三本。ヒサカキのことをサカキという。神棚に上げる。枳殻《からたち》・花梨・梅モドキが数本ずつある。棕櫚＝二本。繊維を綱にする。檜葉＝一本。

〈竹〉　屋敷の西側に丈九尺の篠竹が、幅三尺で帯状に生えている。それは、屋敷林の根方の空白を塞ぐ形になっており、冬は防風の役割を果たし、夏は涼気を呼ぶという。篠竹は畑の蔓ものの支柱に使う。孟宗竹があり筍を食べる。

〈坪床の樹木〉　母屋の座敷の前の坪庭のことを当地では坪床と呼ぶ。坪床の植物は次の通りである。泰山木・黐《もち》の木・木犀・松・柘植・五葉松・オッコウ（榧）・糸檜葉・ツツジ数株など――。なお坪床の中には池・親族の戦没者顕彰碑・石燈籠などがある。屋敷神は祀っていない。

〈燃料〉　当地は山から遠く離れている平地であるにもかかわらず、杉の落葉・欅の枝葉などを燃料として利用することに対するこだわりが薄いという印象があった。武さんに燃料問題について尋ねてみてその謎が解けた。当地では天然ガスが出るので燃料としてそれを利用してきたのだという。長谷川家で都市ガスを引いたのは昭和六十年だったが、その後も天然ガスを併用し続け、平成十二年まで自家の天然ガス井戸と圧縮機を利用していたのだという。天然ガス埋蔵地域、天然ガス利用可能地域は不思議なことに松橋地区に限られているというのである。都市ガスが引かれる直前、松橋七〇戸のうち八〇％は天然ガスを利用していたという。但し、戦前には全戸の半数ほどしか天然ガスを利用することができなかったとのことだ。ガス井戸掘り、設備その他に費用がかかったからである。昭和十六年時点での長谷川家の燃料構成は、天然ガス八〇％、杉その他の枝葉一五％、稲籾殻（ヌカガマ）五％といったものだった。天然ガス利用開始の明確な年は定かではないが、武さんの祖父母の時代には天然ガスを使っていたという。明治時代には使われていたのである。天然ガス利用の契機伝承は次のように語られている。――田圃に泡が出るのでマッチで点火してみたらそれが燃えた。これは燃料になるのではないかと利用し始めた――。

後に竹パイプから合成樹脂管に落ちつくのであるが、初期の段階では竹筒は使えなかったという。竹筒だとガスとともに水が出てきてしまうからだった。天然ガス採掘にも試行錯誤があったのだった。初期の段階では葭を束ねて打ちこみ、それによって天然ガスを採っていたのだという。葭は、効率は悪かったが竹のように水が上ってくることはなかった。天然ガス採取の竹パイプには孟宗竹が使われたのだが、地元の孟宗竹は不適だとされ、ガス井戸用の孟宗竹はわざわざ佐渡から取り寄せていた。地元の孟宗竹は丈が短く、元と末の口径の差が著しいのに対し、佐渡の孟宗竹は丈も長く、元と末の径の差が少ないからだという。元末の差が大きいと、竹を接続する際にうまく接合することができないからである。接合は、上部で受ける根方は竹の内側を削り、挿入する側の上部は竹の外側を削って、両者の間に隙間ができないようにするのである。さらに、接合部に銅の板金を巻いて針金で固定するのである。竹の径は一〇cm、長さは五〇mに及ぶこともあった。

さて、このような竹パイプを埋めこんで設置する前にガス井戸を掘らなければならない。ガス井戸掘りの職人は松櫓《やぐら》の中にいた。ガス井戸を掘るには長さ五、六間の丸太を四本組んだ櫓を立てなければならない。櫓の地上二間余のところを太い横木で囲み、芯棒を通して径九尺、幅三尺ほどの巻輪をつける。巻輪に巻きこむのは「ヒネ」と呼ばれる、孟宗竹の割竹である。ヒネは、孟宗竹を幅一寸ほどに割ったもので、接続点は鉤状に削って相互にその鉤状のところを掛け合わせ、金属の輪をはめ、そこに楔を打ちこんで固定する。ヒネの先には径二寸、長さ九尺ほどの吸いこみ棒と呼ばれる鉄パイプを接続する。吸いこみ棒を次第に深く打ちこみ、ガスの噴出点まで下げてゆく。吸いこみ棒の吊りあげにはヒネを巻きもどさなければならない。その時、人が輪の中に入り、歩を進める形をとって輪を動かしたのである。吸い込み棒のパイプの中には砂・水・土などが混って入ってきた。それを捨てる係も必要である。櫓の地上九尺の位置には踏み板がめぐらされており、その上に四人が乗って、輪をまわしたり、土砂を捨てたり、打ちこみをしたり、ヒネの調整をしたりした。吸い込み棒がぬけにくい時には孟宗竹のバネを使って引きあげるくふうもなされていた。途中、石や岩盤に遭遇した時に使う、先に刃のついた鉄棒もあった。ガス井戸がうまく掘れると施主は成功ぶるまい、と称して関係者を招いて宴会を開いた。

長谷川家の井戸は五二間だと伝えられている。管の中にはガスと水とが混って上ってくる。水は下に流し、ガスはパイプで受ける。

このようにして地上に導かれたガスは元罐と呼ばれる板金、後にステンレス製の受け罐で受けられ、ゴム製の管で配送される（写真30）。次第に、貯蔵タンクや、圧縮機の使用など、安定的・効率的な利用ができるようくふうされてきたのである。圧縮機は、ガスの自噴力が弱ってきた時、圧縮空気を入れるもので、ガスが薄い場合は循環させて濃度をあげる。パイプを使うようになってもも排水のくふうをしなければならなかった。写真30はその間の事情を示している。排水された水は、夏は屋敷畑に入れるようくふうされていた。ガス井戸からガスが出なくなると、九尺離して掘るものだと伝えられていた。井戸職人が松橋にいるので便利だった。天然ガスは無臭で、中毒することもなかった。

天然ガスを煮炊きに利用する場合はガスコンロを使った。その際はガスケットウと呼ばれる用具を使った。陶製で、高さ一尺、径五寸ほどの円筒に小穴を点々とあけたもので蓋もついていた。当地ではイロリのことをロブチと呼んだ。居間のロブチと客用のロブチがあり、居間のロブチは掘り火燵式になっており、天然ガスを使っていた。そのガスに点火する際、祖母のみせさんはよく眉毛を焦がしていた。天然ガスは火力が弱いので客用のロブチでは薪を使った。風呂には屋敷の樹木の枝葉を使った。ヌカガマは、餅搗き、味噌豆煮、その他に使った。籾殻の灰は畑に入れていた。

〈地主と小作〉　長谷川家は二十町歩の水田があり、五戸の小作に水田を貸与していた。小作の中には、屋敷林がなく、かつ天然ガス井戸をもたない家があった。そのような家で、長谷川家の杉葉を拾いに来る者もあった。屋敷林の

写真30　長谷川家のガス井戸・新潟県燕市松橋

ない家では強い西風を除けるため、母屋に雪囲いをしなければならなかった。

〈鳥と小動物〉 屋敷にやってくる鳥は、鶯・百舌鳥・梟・椋鳥・鳩・鷺・雉子などである。鳩と椋鳥は、蒔きつけした麦や大豆に害を与える。雉子は屋敷や田の畦に巣を作る。卵を抱いている時は近づいても逃げないが、一旦逃げるともどってこない。烏は杉の木に巣を作る。鼬も来るし鼹鼠《もぐら》は多い。蛇は、縞蛇・ヤマカガシ・青大将などがいる。青大将は家のヌシだから殺してはいけないと伝えた。

〈ハザ木〉 山から離れた地では稲を干すハザ木の入手や、稲干しにも苦労した。当地では、稲架の木を購入することはなく、田の畦畔に榛またはタモギ（梣《とねりこ》）を植えてハザ木として育てた・木の高さは二間余で止めた。榛やタモギの間隔は、稲束を掛けるのに縄を張った時代と、竹を使った時代とで異なった。戦前は木と木の間に縄を張ったのだが、戦後は真竹を使うようになった。縄の時代は樹間は四尺、竹になると樹間は六尺となった。稲を干すハザ縄のことを「ゾウ縄」と呼んだ。ゾウ縄はウルチ藁で径三cmに及ぶ太いもので手綯い、冬季の仕事である。綯い続けると手の平が真赤になる。径六尺の輪を高さ二尺ほどでひとシマとする。「雪ざらし」「寒ざらし」と称して、綯いあげた縄をハザ木に張り渡し、十日間ほど寒気にさらし続ける。こうしておくと、縄が丈夫になるし、秋、稲を掛けた時に弛みが来ないと伝えられている。ゾウ縄は上下一尺間隔で張る。当地では、ハザ木の頂の高さをそろえ、最上部に「長木」と呼ばれる杉の横木を渡し、縛って固定した。長木は、秋が終わると取りはずして長木小屋に収納した。長木は杉で、専用の商人から買ったり、弥彦の方から求めたりした。一年に一度ハザ木の小枝落としをした。燃料としてガスを使わない家ではハザ木の小枝を燃料にしたが、長谷川家では天然ガスを使っていたのでハザ木の枝は蔓野菜の手にした。ハザ木にするタモ木や榛の苗は屋敷の畑で育てた。

家に死者が出た時には、火葬用の薪としてその家のハザ木の中で最も古く、良い木を一本伐り、火葬用の薪に当てた。戦前は部落に一つずつ、屋根のない火葬場があった。当時は座棺だったので、棺が倒れないで焼けるように、年寄が台座の組み方に注意をはらった。榛・椊の幹の他に、枝、杉の葉、豆ガラなども燃やした。朝火入れをすると夕方までに焼けて骨《こつ》あげをするのが普通だが、翌朝までかかることもあった。

〈雪渡り〉二月末から三月初にかけて雪の表面が凍って、その上を歩いたり、ソリを使ったりして移動できるようになることを「雪渡り」または「凍み渡り」と呼んだ。当地は積雪地帯ではあるが水田の裏作に大麦・小麦を栽培していたので、融雪を促進し、麦作を進めるために灰を撒く習慣があった。もとより、灰はソリで運ぶのである。灰が直接麦に付着すると麦が傷むので注意して灰を撒かなければならなかった。屋敷の欅の落葉と馬の糞尿でできた堆肥も雪渡りを利用してソリで田に運んだ。

三　富山県砺波平野のカイニョ

富山県砺波平野は散居村で知られている。越中五箇山から細尾を越えて砺波平野に至ったことがあったが、胡麻粒を撒いたように点々と散っている杉を中心とした屋敷林には心惹かれた。砺波平野では屋敷林のことを「カイニョ」と呼ぶ。

⑪富山県南砺市井波軸屋・稲垣博さん（昭和九年生まれ）

当家の屋敷は二反二畝で、母屋は東向きである。カイニョは南と西に厚く、特に南に厚い。台風は南から西へまわることが多く、雪解けの季節に南の山地から吹きおろす「井波風」と呼ばれる風もある。井波風は、井波の町の方が強い。

〈カイニョの樹木〉 杉＝平成元年に樹齢三百年の杉を伐った。位置は屋敷の東南隅だった。稲垣家の玄関には、その杉の根方を輪切りにしたものが飾られている(写真31)。戦争中にカイニョの杉を四本供出した。現在、六十年ものの五本と、平成三年、博さんが退職記念に植えたものが二〇本ある。カイニョの杉を伐るのは家の建て替え、増築などの時に限ると伝えられている。杉の落葉はスンバと称して燃料にした。杉の枝も燃料にした。平成十六年十月の二十三号台風は当地に様々な被害をもたらした。隣接する年代地区の氏神、神明神社の社叢は百年以上の杉だったがほとんどその台風で全滅した。二十三号は北からの風で、それはめずらしいものだった。杉の木が北からの風に対応できなかったのだという。砺波平野のカイニョは杉が多いのだが、博さんは、カイニョは、杉と欅の混りのものが丈夫だと語る。なお、博さんの祖父はカイニョの杉に肥料として人糞尿を与えていたという。当地の人びとがカイニョの植物をいかに大切にしてきたかがわかる。博さんは、子供のころ、カイニョの木の枝を折ってはいけないと躾られた。

欅＝屋敷の東南隅、門口に、周囲三・二m、枝下一八m、樹齢二百五十年の欅が立っている(写真32)。この木は旧井波町の名木百選に選ばれている。同家には母屋の裏側、即ち西側にも、ほぼこれと等しい欅が二本ある。戦争中に欅五本を供出し、昭和三十年代には欅を七本伐っている。防雪・防風には欅よりも杉の方が良いというが、欅は夏涼気を呼び、冬は落葉するので陽光を遮らない。その意味でも、杉だけのカイニョよりは杉と欅の混合が望ましいと言えよう。欅の落葉は風呂・イロリの焚きつけとして使われた。稲垣家の「ヒラモノ」と呼ばれる大きなカモイは総欅である。建材としての欅も計画的に守られていたものと思われる。クサマキ(高野槇)＝戦争中に四本供出してしまって今はない。杉・欅など樹高が高くなる木の枝おろしは枝打ち職人を雇って行った。井波・城端方面の職人を五年に一度雇った。時期は盆前で、枝は乾燥させ、整えてアマ(天井裏)にあげた。枝打職人が来ない年でも、杉葉・杉枝・

藁などを十一月にアマにあげた。

柿＝㋐水島柿という甘柿の木が一〇本ある。㋑実の大きい渋柿の木が一本ある。当地には、甘柿の中に渋柿を一本置くものだという伝承がある。甘柿は皮をむいて食べるが、熟柿にして「イコ掻き」にもする。イコとは香煎、ハッタイ粉のことでチラシともいう。熟柿の他に吊し柿もイコ掻きにした。「イコ掻いて走れ」（急げ）という口誦句がある。栗＝丹波栗が一本ある。シラカシ＝一本。棕櫚＝一本。繊維を綱にする。ヒサカキ＝三本。枝を神棚にあげる。樒＝二本。人が死んだ時枕元に供える。馬酔木《あしび》＝三本。木斛《もっこく》＝三本。ユズリ葉＝一本。正月、注連縄につける。泰山木＝一本。二本あったが一本は平成十六年の二十三号台風で倒れた。柊＝艮《うしとら》の方角にあったが枯死した。

〈竹〉孟宗竹の藪があり、筍を食べる。

〈燃料〉先にふれた通り、スンバ・欅の落葉、それに枝などを燃料にしたのだが、他に、竈・イロリ・風呂のいずれにおいても藁を燃料とした。イロリは昭和二十五年まで使った。その他、ネカと呼ばれる稲籾殻も使った。ネカは、ネカコンロという専門の炉で燃した。杉葉・欅の葉・藁などを使うので、竈・風呂竈などから大量の灰が出た。灰は、㋐融雪剤、㋑肥料＝里芋の元肥・菜園追肥などとして有効に利用された。

写真31　樹齢300年の年輪を示すカイニョの杉・稲垣博家

写真32　稲垣博家のカイニョの欅

火所には藁・スンバを入れる木箱が置かれ、ネカは別の専門の木箱に入れられていた。

〈雪囲い〉　母屋の東正面はカイニョが薄いので冬季は雪除けが必要だった。稲垣家ではクサマキの板で作った大型の板戸を雪囲いとして使っている。

なお、稲垣家の屋敷に屋敷神は祀られていない。

⑫富山県砺波市東開発・今村守さん（昭和八年生まれ）

当地は庄川左岸、砺波大橋に最も近いムラである。庄川の氾濫対策として、屋敷の東側と南側に庄川の玉石を積み、屋敷を高くしている家が多い。これを「川除けの石垣」という。今村家の場合は納屋・母屋・蔵などの土台はさらに二尺ほど高い石垣の上に設けられており、二重の洪水対策がなされている。当家は、現在地よりもさらに川に近いところにあったのだが、祖父が蓄財して現地に移転したのだという。母屋は東向きである。

〈カイニョの樹木〉　杉＝当家のカイニョは杉が中心だった。南側に百年もの二〇本、北側に一〇本、西側に一〇本あったが、戦争中にその大方を供出し、その後も伐採し、今も切り株が残っているものがある。杉のあったころは、枝打ちはムラの職人に頼んでいた。杉葉を拾うのは年寄の仕事で、杉葉はアマ（天井裏）にあげていた。シラカシ＝二本。柿＝㋐甘柿三本。㋑渋柿＝一本。吊し柿にした。栗＝丹波栗一本。

〈庭木〉　泰山木＝一本。多羅葉＝五本。金木犀＝三本。銀木犀＝一本。イチイ＝七本。雷除けになると伝えている。黒松＝四本。赤松＝一本。樒＝一本。死者の枕元に枝葉を立てる。ヒサカキ＝二本。神棚にあげる。柊＝二本。鬼柊＝一本。ツツジ＝五株。

〈竹〉　㋐孟宗竹一群＝筍を食べる。㋑女竹一群。

〈燃料〉　竈には主として稲藁を用いた。イロリは九〇％がスンバだった。風呂には薪を使った。薪と炭は東方、川向こうの山手から求めた。右のように大量の藁を竈で焚き、イロリでスンバを燃したので大量の灰が出た。灰は灰小屋に収納された。写真33は今村家の灰小屋である。これでは、一見、残り火からの火災が心配になるのだが、土壁・トタンを使用し、防火の配慮はなされている。灰は、雪消しと肥料に使った。当地では雪国であるにもかかわらず水田の裏作に大麦を栽培していた。大麦栽培にはなるべく早く融雪することが必要だったのである。肥料としては、馬鈴薯・里芋・夏野菜・蔓豆などの畑作物に施された。田へはソリで運び、畑へは台車またはガンガラ車と呼ばれる鉄輪二輪車で運んだ。東開発地区を歩いてみると今村家の灰小屋とほぼ同じ形の灰小屋がいくつも見かけられた。(3) これらを見、さらに、砺波平野各地の灰小屋を加えてみると砺波平野における燃料事情、即ち藁と杉葉への依存度の高さによる灰の多出、降雪・積雪環境における裏作の麦栽培と雪消しの必要性、灰の融雪効力利用、肥料としての灰などといった民俗連鎖が浮上してくる。水田によって獲得された藁の灰を融雪剤として水田裏作の麦地に入れることは、「連鎖」にとどまるものではなく、「循環」になっていることに気づく。ここには、みごとな循環型農業が見られたのである。東開発地区の灰小屋は、ほとんどがアズマダチ(写真34)の母屋に通じるシャレた意匠で作られていた。

写真33　灰小屋　アズマダチの瀟洒な意匠による灰小屋・富山県砺波市東開発、今村家

この地の燃料でいま一つ注目すべきは庄川の上流から流されてくる河原木である。梅雨どき、流されてきた河原木を拾って集め、その上に石をのせておけば、占有権の表示と

なった。水が引いてから乾燥したところで、切って家に運び、燃料にしたのである。

四 屋敷林から見えるもの

右に屋敷林とそれにかかわる民俗についての事例を紹介してきた。宮城県大崎平野のイグネを中心とし、関東平野の屋敷林とカシグネ、富山県砺波平野のカイニョなどにもふれた。事例数は不じゅうぶんであり、照葉樹を潜在植生とする地域の事例や南島の事例も報告していない。以下に、事例から考えられることのいくつかについて述べるのであるが、その際、若干の補足をしながら話を進めることにする。

屋敷林とは、樹木が屋敷の外周に一列に植えられた単なる生垣、樹木垣的なものではなく、人為的ではあっても複数の植物が一定の幅を持って主として屋敷の周囲に叢林をなしているものと考えてよかろう。事例の中で言えば、群馬県や埼玉県のカシグネ・カシ垣は厳密に言えば屋敷林ではなく、屋敷垣だと言うことになるが、ここでは便宜上、屋敷垣も屋敷林に含めて考える。屋敷垣には山梨県富士山東北麓のイチイ(イチイ科の常緑高木)垣、静岡県遠州地方の槇垣、島根県出雲地方の築地松(写真35)、沖縄県のフクギ垣などがあり、これらについては既に報告したことがある(4)。これらの他、神奈川県三浦市南下浦町毘沙門、愛知県田原市日出町、鹿児島県大隈半島などでマテバシイの屋敷垣を見たことがあった。また別に、愛知県渥美半島や静岡県牧之原台地では、

写真34 カイニョの杉の間から見えるアズマダチの母屋・富山県砺波市東開発

自然植生のスダジイの林を開発時に意図的に残存させて屋敷林として守り継いでいる屋敷を見かけたことがあった（写真36）。

屋敷林や屋敷垣は、強風や吹雪、夏の強い射光、飛砂などから母屋を守るといった地域の環境に対応するという目的を持つと同時に、屋敷林の植物を多様に利用しようとする目的もあり、利用目的は常に複合的だった。屋敷林や屋敷垣の植物は、基本的には潜在植生にもとづく、おのおのの環境に適応できる植物であることも当然である。

(1)屋敷林の呼称

宮城県では屋敷林のことをイグネと呼ぶ。山形県ではこれをイキグネと呼ぶ例があり、クネガキと呼ぶ地もある。

写真35　築地松・島根県出雲市

写真36　スダジイの屋敷林・静岡県牧之原市菅山原

また、千葉県東葛飾郡にはイケグネという語が残っている。本章事例⑨に見る通り群馬県高崎市周辺、多野郡などではシラカシの生垣のことをカシグネと呼んでいる。長野県諏訪地方にはクネバヤシ、静岡県御前崎にはクネヤブという語があり、静岡県葵区田代では焼畑地の下の境をシッグネ（尻グネ）と呼び、定畑の周囲を囲むように植えた茶の木のことをクネ茶と称した。最も注目すべきは島根県隠岐島で、畑地の境の垣根をクナと呼んでいる例である。このクナは、クナドの神のクナドと同義で、来勿処《ぐなど》、即ち遮断の意となる。イグネ・カシグネのクネも来勿の義で、その音韻変化だと見てよかろう。してみると、イグネの意は、居来勿《いぐな》、家来勿《えぐな》即ち、居住地を外部から遮断・遮閉するもの、風雪や外敵を遮断し、家を守る樹林を意味するものと見ることができよう。イグネは「居久根」の文字が当てられることが多いのだが、エグネ、即ち「家久根」の意の可能性もある。

富山県の砺波平野では屋敷林のことをカイニョ、カイニョーなどと呼び、一般的に垣入の字を当てるが、垣は妥当だとしても「入」は検討の余地がある。ニョーはニホ。稲積に通じる語であり、杉を中心として欅なども混る屋敷林が点在する様は稲積、即ち稲叢が点在する様に似ているところから垣ニホと呼んだ可能性は否定できない。

神奈川県西部から伊豆半島にかけては屋敷林・防風垣のことをシセキと呼ぶ。四壁の訛りではないかとする説もあるが、それならばむしろ、「四塞き」と見る方が自然だと思われるが、さらに検討を要する。屋敷林、屋敷垣の呼称、方名などについてはさらに調査を続けなければならない。

⑵屋敷林・主要構成樹種とその利用

以下、屋敷林の主要樹木・植物などについて言及する。

杉＝杉の利用・伝承については事例で見てきた通りである。富山県科学文化センターに勤めた長井真隆さんの家には四十年以上の杉が三三本あって年間一トン弱の杉の葉を落とし、それはプロパンガスボンベ三四本分の火力に相当するという。事例の中でも、杉の落葉・枯枝を燃料として利用したことについてもふれている。

杉は建築用材としても力を発揮した。事例①④では母屋の改築に、事例⑥⑦では分家を出す時に伐り、事例②では弟の病気に際して伐って売ったという。屋敷林の杉は財産なのである。事例①では、れふ子さんの兄が、旧制高校へ通っていたころの夏休み、イグネの杉林の中に棚を掛け、そこで勉強していたという。また、事例③の茂さんは少年のころイグネの杉木立の中に小屋を作り、秘密基地として遊んだという。事例⑤では杉の高木を雷除けとして守り、杉の切株から出るモタツというキノコを食べたという。また、事例⑧では、夏、杉林の中を通ってくる涼風について語られている。このように有効な杉も、戦時中には事例⑧⑪⑫のように供出を迫られ伐採したのだった。

欅＝欅も複合的に利用された。埼玉県新座市野火止一帯は、今は都市化してしまっているがそれでもなお、欅の巨木に囲まれた大きな屋敷が点在する。田中進さん（大正十四年生まれ）の屋敷もその一つである。欅の巨木は夏の遮光・遮熱・涼気確保に役立つ。田中さんによると、樹齢三百年以上の欅に囲まれた屋敷は、駅前通りに比べると、真夏で摂氏四～五度低いという。欅は秋になると大量の落葉を落とす。それは堆肥にした。冬、すっかり葉を落とした欅は陽ざしを通しはするが防風の役目も果たしてくれる。小枝は山から遠く離れた人びとにとって貴重な燃料だった。幹は大黒柱や臼、船の竜骨になり、江戸時代から深川の仲買人がやってきていたという。

事例の中で欅を最も合理的に使っていたのは⑩であろう。長谷川家では、屋敷の西側には杉をたくさん植え、南側には二百年ものの欅が並んでおり、それが夏には遮光・遮熱、陽除けの役割を果たした。冬は、落葉するので陽を通し、いささかの暖を得ることができる。落葉は堆肥、枯枝は燃料に、幹を伐れば臼材として売れた。事例⑪でも欅の特性をふまえ、カイニョの樹木は杉だけよりも、欅との混合の方がよいとしている。欅も戦時中に強制供出の対象となった。なお屋敷林の欅については、本書Ⅰの第三章・一・1でも山形県酒田市天神堂の例をあげている。

榛＝生長の早い榛を屋敷に植え、薪として利用する習慣は広く見られる。事例④ではドロ箱材とし、事例⑤ではパルプ材として換金している。なお、事例⑤では建築用材としても利用している。事例⑩では榛を稲架木として植えること、その古いものを火葬薪にすることを報告した。山形県鶴岡市藤島下平形の例は本書Ⅰの第三章・一・1で示した。稲架用の榛の木を火葬薪に使う習慣は、砺波平野にも、静岡県の大井川下流域にも見られた。

カシ類＝関東平野では屋敷林にシラカシを植えたり、カシグネと称して防風垣としてシラカシの垣を作る例が多く見られる。シラカシは、時に伐採され、換金されることもあった。事例⑧に、「柄屋」と呼ばれる職人が、鍬・鋤の柄や鍬台にするためにシラカシの木を求めてめぐってくる例を示した。静岡県藤枝市では屋敷林にアラカシを植えた。同市下当間の小沢重太郎さん（明治三十三年生まれ）から次の話を聞いたことがあった。鍬・鉈などの柄、鍬のクサビ、家屋部材のクサビに自家のアラカシを使ったが、脱穀用の唐臼の歯としてもアラカシを使った。唐臼の歯にするアラカシは屋根裏にあげて乾燥させ、煤をくれると丈夫になると伝えた。事例⑦で、スダジイの実が飢饉の折の食料になることにふれたが、関東平野のシラカシの実も、古くは飢饉の際、救荒食物としてアクヌキをして食されたものと思われる。鹿児島県肝属郡錦江町田代河原の井手口正頼さん（昭和六年生まれ）は防風垣として植えてあるマテバシイの実を、モチゴメ七：マテバシイの実三の割合で餅にして食べたという。

右のほか屋敷林には様々な樹々があり、多様な役割を果たしてきたことは事例に見る通りである。その葉の突刺性から、屋敷に入り来る病魔・悪霊を防除する呪的植物として柊を屋敷に植える習慣は広く見られるところであるが、写真3など、その古木に心惹かれる。とりわけ、写真3が門口に植えられているのは、いかにも門番らしくて興味深い。写真3門脇家の柊は、毎年霙《みぞれ》の降るころ、白い花を咲かせるという、事例⑦のオガタマの花は籾蒔きの指標、自然暦の花となっている。屋敷の植物は住まう人びとに季節のめぐりを語りかけてきたのである。

(3) 坪庭の植物

宮城県の大崎平野では、屋敷林の中で、母屋の座敷の前に位置する坪庭のことをローヂ、またはロヂと呼ぶ。事例⑩、新潟県燕市ではこれを坪床《つぼどこ》と称する。諸事例に見たごとく、この空間に好んで植えられる植物に多羅葉があり、泰山木がある。そして、黐の木・柘植・ツツジなども植えられる。多羅葉も泰山木も葉の大きい照葉樹である。常緑照葉樹を坪庭に植える習慣の底には、常時緑を眺めることによって生命力を養おうという心意が流れていたのではあるまいか。

(4)屋敷の中の果樹

屋敷内に果樹を植える習慣は広く見られる。柿が最も広く行きわたっており、数種類を植え、甘柿と渋柿をともに植えるが、渋柿の種類を複数にする例が多く見られる。渋柿は干し柿にするが柿渋も採取利用する。次いで多く見られるのは栗であり、すべてが丹波栗である。実の大きい丹波栗が急速に広がったことがわかる。大崎平野の事例①②③④では胡桃の植栽が盛んで、オニグルミ・ヒメグルミ・カシグルミなど三種を植えている例が見られる。いずれも、調理に活用されている。胡桃の植栽はいささか地方色が見えるところである。その他、白桃・梨・棗・茱萸などもあり、関東平野、事例⑦では柚子・温州みかんなど柑橘系も見られる。

(5)竹

竹＝幹竹とも呼ばれる真竹や孟宗竹・淡竹・女竹・篠竹・笹類などが見られる。東北地方や積雪地帯へ竹が入り、一般化したのは決して古いことではなかった。事例①によると、門脇家では孟宗竹が大正末年、幹竹が昭和二十一年だという。いずれも筍が食用となったのであるが、幹竹（真竹）は、籠・笊・桶類の箍・樋・稲架竿などその利用価値は高く、魅力もあるものだった。事例⑦によると、稲架の天竹や足竹（支柱）として真竹の需要が高かったことがわかる。別に、矢柄竹（事例①）、ペロッコ竹（事例③）、シロダケ（事例④）、チョウチン竹（事例⑥）、篠竹（事例⑩）など女竹・篠竹系の竹も多様に利用された。屋敷林の外周根方にこうした竹を植える場合が多いのだが、それは、杉や欅などの根方から入る風を防ぐ効果を持っていた。目塞ぎの役割を果たしていたのである。

(6)屋敷林と鳥獣

屋敷林には様々な鳥や小獣、小動物が棲みついたり、飛来、去来する。それは事例に紹介した通りであるが、総覧すると次の通りである。鳥類＝梟・木菟・雉子・山鳥・山鳩・鷺・赤啄木鳥・杜鵑・郭公・烏・鶸・鶫・椋鳥・鶯・百舌鳥・鶺鴒・燕・雀など。中小獣類＝狐・狸・狢・貂・鼬・栗鼠・土竜など。その他蛇も棲息した。蛇の中では青大将が中心的であり、これを家屋敷のヌシだと伝える伝承が根強い。青大将が養蚕の蚕につく鼠や、米蔵につく鼠を捕食するという食物連鎖がこの伝承の底にある。事例⑤では河川氾濫があると蝮が流着して増えると伝えている。事例⑨でカシグネと昆虫についてふれたが、少年・少女たちは、その成長過程で屋敷を舞台として、何らかの形で鳥獣・小動物・昆虫などと接触している。

(7)屋敷と水害対応

屋敷林や屋敷垣は防風・防雪などに力を発揮するのであるが、屋敷林を持つ屋敷の構造の中に、河川氾濫に対する防水の要素があることは事例で見てきた通りである。事例⑦の水塚が最も大規模で本格的なものであるが、同事例の中のカマエボリも防水効果を持つ。事例③⑤では、屋敷外周の溝堀のことをマワリボリと呼んでいる。事例②③④などの屋敷を観察したところ、マワリボリの内側に土手が築かれていることがわかった。事例⑫では庄川氾濫に対応するために屋敷地を高くし、石垣を積んでいる。静岡県天竜川河口部左岸の旧竜洋町の青島要一さん（大正二年生まれ）宅は屋敷の周囲が土手で囲まれており、その土手の上に槇が植えられ刈りこまれて槇囲になっている。天竜川の氾濫で、母屋や脇屋が浮上し、流されそうになった時、土手や槇囲いで流失を防いだのだという。槇囲いによる同様の洪水対応は愛知県の豊川市にも見られた。大崎平野のイグネのマワリボリ内側の土手やイグネ、その土手脇に植えられた篠竹類は、事例⑤にある通り、氾濫時、外から屋敷に入る害物を除けるとともに、内からの流出を防ぐ効果もあったと見てよかろう。

(8)屋敷林と里山

平成十四年十一月三十日、東北芸術工科大学東北文化研究センターで「いくつもの東北――地の裂け目が浮き彫りになる」と題するシンポジウムが行われた。(5)その折、筆者もパネラーとして招かれ、東北の里芋栽培について発言し、併せて「海・山・里・町」と題する資料を提出した。(6)資料の中で庄内平野の屋敷林について若干の報告をしていたのであるが、それに対して、コーディネーターの赤坂憲雄氏は次のように発言している。――大崎平野あたりの農村で、「前の畑と裏の山」と呼び、とても大切にしています。「裏の山」とは実際の山のことではなく、屋敷林のことです。これはひじょうに暗示的な呼び名だと僕は感じます。つまり山里から平野部に進出し、新田開発をして集落を成した人々が、屋敷林を山里の裏山になぞらえて呼んだのではないか。ある研究によれば、屋敷林に植えられた樹木は、かつて裏山にあり利用していたさまざまな樹木だと言います。屋敷林の樹木種は数多くあり、その一つ一つが暮らしの中に利用されていた。屋敷林は山を背負った人たちの記憶の結晶であり、平野に暮らしていても、実は山と切り離せない生活のスタイルを持っているわけです。――

極めて妥当な発言であり、屋敷林に関心を抱いていた筆者は席上同感したのであった。小論のために、改めて屋敷林の調査を進めてみて、赤坂氏の右の発言内容を実感として嚙みしめたのだった。「屋敷林は里山である」――屋敷林には里山の恵みが詰まっているのだ。それは想像以上に豊かで多岐に亙っていた。その実態は事例、および考察でたしかめた通りである。建材・果樹・薬草・燃料、棕櫚からの繊維素材獲得、年中行事に使う植物の獲得、胡桃・カシ類・シイ・栗などの採集果類の定着・獲得。イグネ・カイニョなどの屋敷林の防風・防雪機能は里山の山懐のもたらす機能でもある。里山の恵みの一部を換金したように屋敷林の恵みの一部も換金してきたのである。太い杉は、一部、里山から奥山へかからんとする深い山の恵みだとも考えられる。

屋敷林が里山から継承した恵みは植物系の即物的な恵みに限るものではなかった。それは、柊の花やオガタマの花を指標とする自然暦にまで及んでいる。さらに、また屋敷林が里山から受け継いだ恵みは鳥獣にまで及んでいるのである。その鳥獣との接触・交感・葛藤は事例に報告した通りである。蛇や昆虫とのかかわりも、そのまま里山から屋敷林に継承されている。その継承の過程で、人の取捨選択の意志、再構成の工夫がこらされたことは言うまでもない。事例⑩の、杉と欅の植え分けや、風位に対する樹木層の広狭などがそれである。

いくつかの屋敷林に参入させていただき、それとかかわる伝承に耳を傾けてみて、現在、屋敷林は、そのクライマックスを過ぎ、凋落期に入っていることを実感した。イグネは母屋の屋根萱が飛ばされるのを防いでくれた、という。その萱屋根はほとんど姿を消して、瓦屋根になった。戸障子はアルミサッシに替り、密閉性が強くなり、冬季の風を防いでくれる。夏の暑気は空調設備が対応してくれるので欅の持つ季節的温度調節の効用は忘れられた。燃料革命によって屋敷林の小枝・落葉は使われなくなった。耕耘機やコンバインの普及によって牛馬が姿を消し、牛馬の敷床に落葉を入れることもなくなり、化学肥料の普及によって落葉を堆肥にする必要もなくなった。建築材料や住宅建築の工法も、生活様式も変わって杉材を多用しなくなった。こうして、屋敷林の実用性が減少したのである。屋敷林の荒廃は里山の荒廃と軌を一にしているのである。それは、景観変化にもつながっている。屋敷林や里山の荒廃は、住まう人びとの心にも微妙に影響するものと思われる。特に、幼少年期の者にとっては少なからぬ影響があろう。屋敷林は、彼らにとって最も身近な自然だからである。豊かな屋敷林を守ることは教育上も重要なことだと言えよう。

屋敷林荒廃の第一歩は、戦時中の樹木伐採・樹木供出だった。そして、戦後の農地改革による地主階級の消滅とその経済力の低下、さらに、高度経済成長期以降の経済構造、生活様式の変化がこれに追い討ちをかけたのだった。

(9)屋敷神

宮城県のイグネに参入してみると、どの家も母屋の裏側、乾《いぬい》の方位に約束したように稲荷の小祠を祀っていることに気づいた。いずれも、山着きの地から新田を開発し、あらたに屋敷を設けた時に、以後屋敷の地霊、屋敷神を祀り、屋敷とイエ、家内の安全を祈った屋敷神である。事例②においては、その地に屋敷を招く前から祀られていた地主神をも、忘れることなく素朴な藁祠を以って祀り続けている。稲荷は、この国で、古来、広く信仰されてきた神であり、農耕神の信仰でも知られるので、平地稲作地帯の屋敷神としてはふさわしい神だとも言えようが、平野部に新たに進出し、そこに定着しようとする人びとにとってイナリ＝稲荷が、イナリ＝居成りに通じるという言語呪力の魅力があったことも無視できない。乾の方角については静岡県遠州地方の屋敷神、即ち地の神も乾の方位に祀るので、これについてはさらなる考察が必要である。イエの裏や屋敷の中に、屋敷とイエの守り神を祀るという形は別な角度から考えてみることもできる。宮崎県東臼杵郡椎葉村は山の傾斜地に屋敷どりをする家が多い。こうした傾斜地で山地崩落などから母屋を守るために母屋の裏の照葉樹の森を守り、シラカシ・タブ・ウラジロガシなどの巨樹を祀り木として屋敷荒神を祀る例が多く見られる。同様の傾斜地に屋敷どりをする静岡県浜松市天竜区水窪町にも類似の例が見られる。こうした信仰的いとなみは乳幼児の衣類の背中に紋を付けて、無防備の背後から迫り来る悪しきものを防がんとする「背守り」の呪術を思わせる。(7) こうしたことからも、イグネや各地の屋敷林が「山」「里山」「裏山」を背にしながら沖地へ沖地へと次第に山地から遠ざかって集落形成をしてきた足どりが偲ばれる。

⑽屋敷林が背負ってきたもの

屋敷林にかかわる民俗を学ぶために各地を歩いた。ムラに入り、その景観の中で、眼にとまり、心惹かれる屋敷林を持つ家に参入し敷地や屋敷林の樹木を見せていただき、それらにかかわる伝承を聞かせていただいた。結果として、その大方が旧地主層の家であった。『日本農民史』(8) を読むと、著者の柳田國男がいかにしたら小作を減らし、自作農を増やすことができるか、と苦悩していたことが知れる。柳田のこの悩みは、結果的に、第二次世界大戦後の農地改革（一九四六年十月、自作農創設特別措置法案・農地調整改革法案）によって解消されることになった。戦後六十年を閲し、農地改革以前の農村の格差は消えたかに見える。民家の建て替えが進み、新興住宅地が拡大するなど、均質化はたしかに進んでおり、地主・小作・自作が混在し、様々な問題を内包していた過去の世界は見えにくくなっている。ところが、屋敷林に注目してみる時、際立った屋敷林は旧地主層のものであったことが浮上してくるのである。屋敷林の機能に目を凝らす時、屋敷林を持たない小作農家の環境対応や燃料確保などにも視線が及ぶ。

事例①で示した通り、イグネのない家では、萱（薄）、または藁でヤドツ（宿簀）と呼ばれる簀を編み、それで母屋を囲み、防風・防雪の対策をしていたのだという。筆者が少年時代を過ごした静岡県の遠州地方では、冬季、「遠州の空ッ風」と呼ばれる強い西風が吹いた。この西風を防ぐために、屋敷林や槇囲いがない家では次のような防風対策をしていた。屋敷の西側に高さ一間半、幅一間半から二間ほどの藁の垣を冬季に限って立てていた。長い柱を打ちこみ、横に数本の竹竿を渡して柱杭にしばり、それに藁束を括り編みに編みつけるのである。東側に支柱を立てる場合もあった。これを「シオリ」と呼んでいた。シオリは、新しい分家や小作の家に作られていた。事例①のヤドツと通じるものがある。事例①②で数種類の稲の干し方を紹介しているが、ここでも、稲杭を入手できる者とできない者の稲の干し方があったことがわかる。

事例⑦⑩によると、小作方が地主の家の屋敷林の落葉や枯枝をもらいに来る習慣があったことがわかる。事例⑩によると、燃料の天然ガスの井戸を掘ることのできない小作がいたことがわかる。事例の中では書かなかったが⑦では、小作方に牛馬を無料で貸与していたという。兵庫県丹波市青垣町で、水田が四反歩以上ないと藁の利用が叶わないので牛を飼うことができない、したがって牛を飼うことができない家もあったと聞いた。地主と小作にかかわる問題は複雑で、今となっては具体的に見えにくいことが多い。長塚節の『土』の冒頭に、小作が地主の家に風呂を借りにゆく場面がある。地主・小作の問題にも民俗学の視座から見つめなおして見なければならないことがじつに多い。

五　今後の課題

本章の資料、事例の中では直接的には屋敷林とかかわらない、稲架・稲の干し方・稲架材、あるいは、屋敷林の樹木以外の燃料とその入手方法などにも言及した。山から離れた平地水田地帯の暮らしぶりを知ろうとしたからである。そうした中で、砺波平野や新潟平野といった降雪・積雪地帯で水稲の裏作に麦を栽培していたことがわかり、春、その融雪のために灰を撒く慣行があり、砺波平野では、その灰を確保するために独自な灰小屋を設ける民俗があったことがわかった(写真33)。

屋敷林や、それにかかわる民俗には当然地方色があり、土地土地による個性がある。例えば宮城県の屋敷林イグネでは母屋の裏方、乾の方位に屋敷神として稲荷社を祀るのが一般的であることは判明したが、砺波平野では屋敷神にこだわらないことがわかった。しかし、本章で屋敷林の地域性を本格的に分析しなかったのは、それを行うには資料が不足しているからである。例えば沖縄の屋敷林の中心をなすフクギは遮光・遮熱効果や防風効果をもたらしてきた。南の屋敷林にも注目しなければならないのである。今後、さらに資料の集積を図らなければならない。平地水田地帯の民俗全般についてもまた然りである。

註

(1)　野本寛一「形態学的環境適応」(『生態民俗学序説』白水社・一九八七)、同「屋敷」(福田アジオ他編、日本の民俗学

3『社会の民俗』雄山閣・一九九七）など。

（2）前掲註（1）、藤枝市史編さん委員会『藤枝市史・別編・民俗』（藤枝市・二〇〇二）所収の「住まいの環境適応」など。

（3）東開発地区の「灰小屋」については、野本寛一「灰小屋――景物からの民俗遡及――」（『季刊東北学』第二十五号・東北芸術工科大学東北文化研究センター・二〇一〇）において写真集成している。

（4）野本寛一「風雪への対応――屋敷垣を中心として――」（『生態民俗学序説』白水社・一九八七）。

（5）赤坂憲雄ほか『東北文化シンポジウム報告・いくつもの東北』（東北文化の広場・東北芸術工科大学東北文化研究センター・二〇〇三）。

（6）野本寛一「海・山・里・町」（日本民俗研究大系編集委員会『日本民俗研究大系』第一巻 方法論・國學院大學・一九九一）。

（7）野本寛一「屋敷荒神の神能と使命」（『山地母源論1――日向山峡のムラから――』野本寛一著作集Ⅰ・岩田書院・二〇〇四）、同「ウシロダテの神々」（『自然と共に生きる作法・水窪からの発信』静岡新聞社・二〇一二）。

（8）柳田國男『日本農民史』初出一九三七（『柳田國男全集』3・筑摩書房・一九九七）。

Ⅳ　標高差の民俗

一　標高差と「囃し田」のテンポ

広島県山県郡北広島町大朝字新庄の囃し田を見たのは平成元年五月二十一日午前中のことだった。午後、直会の席で囃し田の詳細について話を聞いた。その折、新庄の人びとの口から「大塚のテーツク拍子」ということばを聞いた。大塚とは江の川水系可愛川上流部大塚川沿いのムラで、日本海との分水嶺に近い山あいのムラである。新庄の人びとは、同じ町内でも大塚地区の人びとが能率本位の田植をするのをこう言うのだと語った。しかし、このことをさらに突き詰めてゆくと、大塚地区の囃し田のテンポの方が速くてあわただしいことを意味していることがわかった。

新庄地区の田植における早乙女一人の横幅分担は四尺で、新庄ではその四尺幅の中に八株の苗を植える。新庄の標高は三八〇ｍ。対して、同じ町内で、同じく囃し田を行う壬生では早乙女が四尺幅に六株を植える。同じ苗を使ったとしても、稲は、標高差・気温差・水湿差などの環境差によって分蘖《ぶんけつ》を異にする。標高が高く、気温・水温が低ければ低いほど分蘖は少ない。分蘖が多ければ苗相互の株間を広く、分蘖が少なくなればなるほど株間を狭くしなければ面積単位の稲の収穫の量をあげることはできない。新庄と壬生の苗の株数の相違は両地の環境差に起

写真１　大朝の花田植・広島県山県郡北広島町

因するものである。してみると、囃し田で、早乙女が一定の時間に自分の持ち幅、四尺に苗を植える場合、六株・株間六寸六分の壬生より八株・株間五寸の新庄の方が慌しくなる。囃し、楽のテンポは壬生より新庄の方が速く刻まれることになる。

件の大塚は標高四三〇ｍである。地球温暖化の波が寄せる前、耐寒性の強い品種が開発される前には、寒冷地の稲作は、現在では想像のできないほど厳しいものであったにちがいない。四尺に八株以上の苗を植えることは現今では考えられない。囃し田が発生し、ムラムラで機能していた時代、大塚の囃し田の囃し方が刻む囃しのテンポ、田の神サンバイの名にもとづき、サンバイさんと呼ばれ、打ちザサラでテンポを刻みながら歌うサンバイさんの田植唄は、他の恵まれた環境の中で展開される囃し田に比べ、異様なほどに速く慌しいものであったにちがいない。

「大塚のテーック拍子」という言葉が重く心に響いた。(1)標高差を中心とした環境差は、太鼓・小太鼓・笛・鉦で奏される囃しや田植唄にまで影響を与えるものなのである。

二　標高差と田植

1　標高差と田人の移動

三重県伊賀市の中心部に上野盆地がある。その盆地の中央に旧上野市市街地をのせる上野台地があり、その北端には上野城が聳えている。城の北方、直線距離で約六㎞の山中に諏訪という小盆地の集落がある。諏訪の人びとは上野台地やそれを囲んでいる上野盆地内の平地水田地帯のムラムラのことをクンナカ(国中)と呼ぶ。印代・服部・三田・小田などのクンナカは標高一三五〜一四五ｍほどであるのに対し、諏訪サトナカの標高は三四〇ｍ。両者の間には二〇〇mの比高差がある。この比高差は稲作にも様々な影響を与えた。諏訪の田植時期は早く、それに比べてクンナカの田植は遅かった。こうしたことから早乙女の移動労働という慣行が生じたし、諏訪とクンナカでは当然のことながら、苗の株間の寸法も異なった。また、同じ諏訪の中でも、集落のあるサトナカと山田では稲の栽培種や収穫量にも差異が出た。印代に早乙女を仲介する「トウドヤさん」(田人屋さん)があり、トウドヤさんの世話で諏訪から毎年六人のトウド＝早乙女がやってきた。前川家では二町二反歩の水田を作っており、六人の早乙女の三泊四日を含んで田植をした。一日に七畝植えきれば一人前だと言われた(伊賀市服部町・前川庄太郎さん・大正九年生まれ)。

毎年、諏訪から田植さんを五人雇い、三泊四日で田植をしてもらった。帰りには手つけ金として日当の半分の現金を支払い、翌年の約束をとりつけた。こうしておかないと、翌年の田植を行うことができないからである。二之町の魚留という魚屋が平素の行商に来ていたので田植の期間、田植さん五人分の仕出しを昼食と夕食分届けてもらった。すでに戦前からこのようにしていた。田植さんには風呂も真先に入ってもらった。風呂と座敷の間を移動するための下駄も用意した。食事はナカの間(ミセ)で、寝るところはオクの間だった。田植さんは大切に扱った(伊賀市印代・一川光雄さん・明治四十五年年生まれ)。

このように、標高が高く、田植の早い諏訪のトウド(田人＝早乙女)を雇って田植を行うクンナカの農家が見られるのだが、ムラによっては、上野盆地周辺でより標高の高いムラ、より奥地の諏訪以外のムラから早乙女を招く例も見られた。下友生へ入った早乙女は、旧阿山町・旧伊賀町の人が多かった。旧阿山町・旧伊賀町の田植が早く、下友生の田植の方が遅かった。後に高山や喰代の早乙女も入るようになった。下友生で一町五反歩から二町歩の水田を作る家に入る早乙女は、ほとんど六人で、三泊四日ほどだった。当地では早乙女のことを「田植はん」または「トウドはん」と呼んだ。「トウド」とは「田人」の意で、古風な呼称である。トウドを雇うには、トウドヤさんと呼ばれる世話人を通した。下友生の人びとは、毎年正月に、阿山町の川合や友田のトウドヤさん（男）の家にその年の田植予定日とトウドはんの必要人数とを明らかにし、雇用依頼に出かけた。トウドヤさんに頼みにゆく時も、手みやげが必要だった。翌年の手付金を渡す家もあったし、代々同じ家から同じ家へという形もあった。「何はなくとも田植はんの金は残しとかなあかん」といった言葉も聞かれた。榎家でも二人一組の田植はんを阿山町から二組雇った。平均三泊四日だった。田植はんの年齢は四十～五十代で、泊める部屋はオモテと呼ばれる部屋だった。田植はんへは日当の他に、みやげとして反物を贈る習慣があった。榎家で最後に田植はんを雇ったのは昭和三十六年、次男の正和さんが生まれた年だった。妻の順子さんは昭和二十六年中瀬から榎家に嫁いできたのだが、昭和二十五年までは、実家から小田へ田植に出ていたという。また、下友生の男たちの中には、自分たちの田植準備の前に、田植の早い上友生へ、牛を連れて荒起こし・代かきに通う者もいた（伊賀市下友生・榎実さん・昭和四年生まれ）。

一之宮の田植は六月十日から二十日ごろだった。阿山町丸柱・石川、伊賀町新堂などの田植は六月上旬に終わっていたので、右の地区から一之宮地区にトウドさんがやってきた。福田家は一町歩余の水田を作っていたので、五人のトウドさんを三日間雇い、家人とともに田植をしてもらった。奥の間と中の間に泊め、ケンズイ（小昼・おやつ）にはマンジュウなどを出した。トウドさんを予約しなければならないので、正月すぎに、トウドさんおのおのに手拭を一本ずつ用意し、トウドヤさん（仲介人）の家へ届けた。トウドヤさんのところへは菓子折を持参した。福田家では昭和四十年までトウドさんを雇った（伊賀市一之宮・福田久馬男さん・明治四十四年生まれ）。

昭和八年に結婚したがそのころは養蚕をしていたので、春蚕の繭アゲと田植、麦刈りが重なって苦労した。まず、六月六日から六月八日まで裏作のない田の田植を家族だけで済ませ、六月九日から六月十五日まで、春蚕の繭アゲと、麦の収穫、麦田から稲田への転換準備をした。こうしたことから、麦は家の近くの田に栽培した。刈った麦をすばやく家の納屋へ運び、田ごしらえ、田植を終えてから麦扱きをするのである。麦刈り、麦運び、田ごしらえを終え、六月十六日から二十日まで本格的な田植をする。この時期の田植には、すでに自家の田植を済ませた、上方上流部の喰代から一三人の田植さんを雇った(伊賀市蓮池・岡森勇夫さん・明治四十三年生まれ)。

古郡地区の古い形の早乙女の移動は、より高位置の青山町川上地区の田植に出かけて、そこを終えて古郡へ帰り、自分のムラの田植をするというものだった。岸本さんが中心となり、古郡地区で早期栽培を始めたのは昭和二十七年である。早期栽培にかかわる田植は五月十日から五月末日までだった。古郡の女性たちは、昭和二十七年から三十八年まで、古郡の田植を終え、奈良県の天理市・桜井市方面へ田植に出かけた。天理・桜井の田植は六月五日から十五日までだった。岸本家では洋傘工場も営んでいたので、昭和二十六年から三十六年まで名張の滝之原から六、七名の早乙女を呼んでいた(伊賀市古郡・岸本政雄さん・大正四年生まれ)。

諏訪の田植は六月上旬から始まり、六月十八日ごろには終わった。クンナカの田植は六月二十三日以降となるため、諏訪の女性たちは自家の田植を終えてから、クンナカを中心に、その他の地の田植に出かけた。旧上野市および、その周辺地における「田植さん」の移動については先にふれてきた通りであるが、諏訪とクンナカの環境条件の差、両者の距離などの関係から、諏訪の女性たちの早乙女としての移動には、特に注目すべきものがあるので以下にそれを述べる。表1は、諏訪の女性たちの早乙女移動の一部を表覧化したものである。

諏訪では移動する早乙女のことを「田植さん」と呼ぶが、印代・服部でトウドさんと呼ばれたこともあるという。辻村さん・城戸さん・中島さんなど大正初年生まれの人びとの時代には、諏訪で自家の田植を済ませ、六月二十二日の農休みを終えてから田植さんとしてクンナカへ下るのが普通だった。

クンナカは、印代→服部とまわり、三田に寄って服部川最下流部の小田で終わりとする移動が一つの類型であった

表1 早乙女の移動・諏訪からクンナカへ——三重県伊賀市

氏名	生年	諏訪田植	農休み	移動田植対象地と日程
辻村志栄子	大正 三年	6/1～6/18	6/22	㋐印代 6/23－6/26 → ㋑服部 6/27－6/29 → ㋒三田 6/30・7/1 → ㋓小田 7/2・7/3
城戸あやの	大正 三年	6/1～6/18	6/22	㋐印代 6/23－6/26 → ㋑服部 6/27－6/29 → ㋒三田 6/30・7/1 → ㋓小田 7/2・7/3 → ㋔大和高田（奈良県） 7/4～7/10
中島たつえ	大正 五年	6/1～6/18	6/22	㋐印代 6/23－6/26 → ㋑服部 6/27－6/29 → ㋒三田 6/30・7/1 → ㋓小田 7/2・7/3
山口みさを	大正十二年	6/1～6/18		㋐高畑 6/20－6/24 → ㋑羽根 6/25・6/26 → ㋒印代 6/27－6/29 → ㋓三田 6/30・7/1 → ㋔小田 7/2・7/3
高森たけの	昭和 五年	6/1～6/15		㋐上友生 6/16－6/19 → ㋑印代 6/20－6/23 → ㋒服部 6/24－6/27 → ㋓東高倉 6/28・6/29 → ㋔小田 6/30・7/1
井岡 緑	昭和 二年	6/1～6/18		㋐大谷 6/23－6/25 → ㋑東高倉 6/28・6/29

ことがわかるが、城戸さんの場合には、さらに、小田を終えてから奈良県の大和高田にまで出向いている。山口さん・高森さん・井岡さんはおのおの別なまわり方をしている。移動先では宿泊するのであるが、㋐→㋓、㋐→㋔と一貫して泊り歩くのではなく、例えば、城戸さんで言えば、㋐印代を終えるといったん諏訪の家へ帰り、家から出て㋑の服部で泊り、㋑が終わると家へ帰って一泊して㋒の三田へ出向くといった方法がとられていた。辻村さん・城戸さんが通ったころの服装は、短いバッチの上に腰巻、上衣はヒッパリと呼ばれる短い着物、脚絆に手甲をした。

ケンズイは十時と三時に出たがパンが多かった。田植の夕飯にはカツオのナマ節が決まったように出された。生姜醤油で食べることが多かったが筍との煮つけも出た。ナマ節は御馳走で、家へ帰る晩には家へ持って帰る人もいた。田植さん・トウドさんは総じて大事に扱われ、良い待遇を受けた。風呂はもちろん家人より先、田植さんの年齢順に入った。宿泊する部屋は奥の間か中の間だった。山口さんが小田の中森家へ田植に行った時のことである。その日はひどい夕立で田植ができなかったので、家人が上野のマチへ映画を見につれていってくれた。佐野周二が主役をしたのを覚えているという。

辻村さん・城戸さんは、昭和十五年に一日一円三〇銭の日当を取ったことがある。印代・服部の日当は高く、小田の日当は安かった。というのは、小田の田植は七月に入ってからで、そのころには、どこの田植も終わっているので、買い手市場ということだった。小田の田植は「フリ売り」といわれた。印代・服部方面では五時起きをして七時まで働いた。日いっぱい働くのである。雇う方には雇う側の論理があり、雇われる側には雇われびとの思いがある。「羽根・服部・高畑、夜は昼と思ってこい」といった口誦句は、この地方の仕事が日いっぱいだということを語っている。また、「五時すぎにケンズイを出した家がある」という語り草がある。暗くなってもさらに働いてほしいという雇い主の思いを示すものである。また、「お日さんを襷でひっぱりたい」（早く日を沈ませたい）と語った田植さんもあるという。

「五〇把の苗を取ってそれを植えて一人前」という口誦句もあり、自《おのず》から一日の労働単位には目安があった。印代・服部では日いっぱいが基準であるのに対し、小田の田植の基準は面積で定めることが多かった。一反歩を二日で植え終えればいくら早く終わってもそれでおのおのに一人前の日当が支払われた。それゆえ、小田は日当が安くても体がらくだと言われていた。

ヒルには悩まされたが、ヒル除けには塩を持ってゆく程度だった。辻村さんは、小田の鍵屋の辻の近くの田で「ヒルの巣原」と呼ばれるほどヒルの多い田を植えたことがあった。その折、家人は特別に一〇銭割増ししてくれたという。

諏訪の女性たちの口から「トウドヤさん」（仲介人）といった類の言葉は聞かれなかった。前年行った家へ翌年も行くといったならわしがごく普通に行われていた。井岡さんの場合、姑のきりのさんが通っていた家へ代がわりして通ったのだという。代々同じ家に通うということもめずらしくなかったのである。辻村さんの場合、印代では玉岡家、三田では中矢家と決まっていた。特に中矢家の女主は、辻村さん同様、夫が戦死しており、お互いになぐさめ、励ましあうこともあった。そうした関係はあったものの、翌年の田植さんを確保するために「手つけ」を行う習慣があった。一部には金やゴム靴をくれる家もあったが、ほとんどが、手拭いかタオルを二本ずつほどで、手つけとされた。

田植の日当はすべて家に入れるのが普通だった。山口さんは、すべての日当を姑に渡したら姑が五円くれたのでとても嬉しく、それで祇園さんの浴衣を買ったことがあった。諏訪の女性たちは、一般的に、小田の田植を終えてムラに帰り、七月五日の祇園さんを楽しんだのである。田植さん・トウドさんを雇う家でも田植は一年で一番重い行事だとされ、田植が終わり、田植さんに翌年の手つけを渡し、田植さんを送り帰すと肩の重荷をおろしたような解放感を味わうのだった。

諏訪から移動の田植に出た女性たちは口をそろえて、移動先の田植より、自家の田植の方が辛かったという。移動先では食事の支度をしなくてもよいからである。それに対して自家では、炊事・洗濯をしたうえに田植の重労働をこなさなければならなかったからである。

2 標高差と株間

田植に際しての稲の株間の寸法は時代や田植法によって異なるのであるが、同じ時代、同じ田植の方法によっても水田の環境条件によって異なる。標高が高く、水が冷たく、日照条件の悪いところは株と株の間隔が狭く、これに対して、平地で、高地谷間に比べて気温・水温が高いところは株間が広くなる。

荒木の谷田は「雨蛙」と通称され、雨を待って水をためる天水田だった。葛原隆三さんによると、天水田の上の方は田植の株間が七寸五分、中ほどから下にかけては八寸、池がかり一〇町、川がかり一〇町の株間は八寸五分だったという。一之宮や千歳では谷の山田に対して平地の田を「沖田」と呼ぶ。一之宮の福田久馬男さんは山田七寸に対して沖田八寸と言い、千歳の中野修さんは山田七寸に対して沖田七寸五分という。寺田の辻恭一さんも山田七寸に対して里田は八寸だったという。

白樫の大井貞夫さん（昭和十一年生まれ）は次のように語る。谷の田を「山田」、それに対して（サトナカ）の田を「前田」という。山田と前田では「サシ」＝間棹の単位が異なった。山田は株間が七寸五分、前田が八寸だった。また、治田は七寸五分だと聞いている。――市部では里田も山田も八寸にする人が多かったが中には山田の苗を七寸間隔で植える人もいたという。また、西山では、山田＝六寸～六寸五分、里田＝七寸五分～八寸の時代があったという。

諏訪とクンナカの標高差とそれにもとづく早乙女の移動については先にふれてきたが、諏訪の農業と環境の関係、諏訪と旧三田村との関係などについていま少し詳しく眺めてみたい。以下は、諏訪の堀正勝さん（明治四十二年生まれ）および中沢仙太郎さん（大正元年生まれ）の体験と伝承による。お二人には、昭和初年の稲作を回想していただいた。

農耕条件として、狭い谷間の山田より、日照・通風条件のよいサトナカが優れていることは言うまでもない。同じ山田と言っても、サトナカの北の山田と南の山田では若干のちがいがあった。堀さんは北の米ノ川の山田、中沢さんは南の南前山の水田で稲作をしたことがある。諏訪では、サトナカにウルチのナカテ・オクテを中心にモチ種も栽培し、山田にはウルチのワセを栽培するのが常だった。山田は概ね段状（棚田）になっており、一番奥の、山から直接水を入れる田は冷えた水が入るので「アオボ」（稔らない穂）になってしまうことが多い。中沢さんは、そうした一番奥

比較点＼地域	諏　訪　山　田		諏　　訪	東三田・大谷
	米ノ川	南前山	サトナカ	（旧三田村）
栽培品種	ウルチワセ	ウルチワセ	ウルチナカテ・オクテモチ	ウルチオクテ中心
冷え水対策	ヒエモチ テアゼ	ヒエモチ テアゼ		
排水対策	チョーズ	チョーズ		
田植え期日	6／5	6／5	6月中旬	6月下旬
田植え株間	7寸	7寸	7寸	8寸～8寸5分
反当収量	4俵	5俵	6俵	6俵
猪害	少	多		
裏作	ナタネ	ナタネ	ムギ	ムギ

表2　諏訪の農業と環境（昭和初年）、三重県伊賀市

の田ひとかまちには「ヒエモチ」と称して、水の冷えに強いモチ種の稲を栽培した。このようなくふうをしても青穂が立つことがあった。モチ・ウルチにかかわりなく、青穂の未熟稲のことを「ミヨサ」と称した。ミヨサは石臼で碾いて粉にし、団子にして食べた。粉にすることもできないミヨサは牛または鶏の餌にした。

　山田において冷え水の害から稲を守るために「テアゼ」を作った。テアゼとは、畦に平行する形で田の中に作るもう一本の畦のことで、その畦と本畦または土手の間にできた溝に冷えた水をまわして暖めるのである。諏訪の山田では、そのテアゼの両端を開ける形に作り、一週間交替でどちらか片方ずつを止めるという方法をとったという。それは、一週間ごとに冷え水の入る位置を変えるということを意味しており、一枚の田の水温を平均化し、一枚の田の中の稲の稔りを均質化させようとする努力の表れであった。日照時間が短く、水の冷える山田の稲作にはこれほど神経を使ってきたのである。こうした山田の稲作に対して、同じ諏訪地区内でありながらサトナカの水田ではヒエモチ・テアゼは全く必要なかった。この他、山田には

「チョーズ」と呼ばれる排水用の溝を作ったが、里中の田ではこれを作らなかった。それにもかかわらず、山田の反当たり収穫量はサトナカよりも少なく、さらに、同じ山田でも、北田の米ノ川は南前山に比べて収量が少なかった。気温や水温の差によって田植の期日が異なるのは当然である。田植始めの期日は、水の冷える山田の田植が六月五日、サトナカが六月中旬、そして、上野盆地が六月下旬となる。上野盆地と諏訪の気温差は平均二度で、その分だけ田植の時間がずれたのである。

田植技術の一つに、水温・気温差によって植えつける稲苗の株間を変えるというくふうがある。寒冷な環境ほど株間を狭くするのである。諏訪では山田もサトナカも七寸角である。これに対して、旧三田村東三田(現伊賀市・上野盆地)では八寸〜八寸三分だったという(山田原三さん・大正九年生まれ)。また、旧三田村大谷では八寸五分角だった(松山龍男さん・明治三十八年生まれ)。ここにも、標高差にもとづく気温・水温差とそれによる株間のちがいが見られる。昭和初年段階では、サトナカと山田の株間のちがいはなかったのであるが、さらに時代を溯れば、サトナカと山田の田植で株間のちがいがあったことが想定される。栽培品種のちがいについては　表2の通りであり、上野盆地の旧三田村では、もとより各品種を栽培したのであるが、ウルチのオクテが圧倒的に多かった。

次に、裏作であるが、山田ではナタネ、サトナカではムギを栽培した。山田では猪の害が多く、特に南田がはなはだしく、北田がそれに次いだ。それに対して、サトナカの田には猪がつかなかった。このように、山田・サトナカ・上野盆地と環境条件によって稲作にもさまざまな差異が存在したのであった。

3 富士山麓の早乙女組

静岡県御殿場市には早乙女組の請負式田植の慣行があり、それは田植機が普及し始めた昭和三十年代後半まで続いていた。御殿場市中畑に住む勝又富江さん（明治四十年生まれ・男性）は、早乙女組の棟梁を五十六歳の年まで務めた早乙女のベテランである。当地では、田植にたずさわるものは男でも早乙女と呼び、早乙女組の組頭のことを棟梁と呼ぶ。富江さんは、先生から上級学校への進学を勧められたが、家の経済状態を考えて、尋常小学校卒業と同時に鍋割沢の勝又才十家へ奉公に出た。才十家は、田・畑・山をたくさん持つ地主で、富江さんはそこで農業技術を身につけた。十七歳から父の職業である畳屋を始めたのであるが、当時畳屋の繁忙期は歳末と、十月の祭りの前だけだったので、畳屋のかたわら農作業をすることが多かった。中でも、田植時には早乙女としてぞんぶんに働いた。十七歳の時から早乙女に出始め、二十五歳の時には棟梁になった。昭和十年ごろで、御殿場地区内に二〇人の棟梁がおり、戦後に至っても一〇組ほどの早乙女組があった。勝又組は、男五人、女七人の一二人ということが多かった。

御殿場では、早乙女組を雇う施主のことを「田主《タロウジ》」と呼ぶ。本来は施主のみを指すことばであるが、施主の家族で、水田に出て田植の下働きや準備をするものまでタロウジと呼ぶことがあった。御殿場地方には多くの田植唄が伝承されているが、その中に田主、即ちタアルジの登場するものがある。朝唄・昼唄・夕唄と分類される中で、田主は主として朝唄に見られる。

a〽今日の田の田主の家の破風見れば　破風見れば　祝の鶴が七つがい

b〽今日の田の田主の娘どれがそうだ　どれがそうだ　錦の小袖綾の帯

c〽田主様朝日がさすにまだ寝てか　まだ寝てか　すだれを下げてまだ寝てか

d〽田主様代かき馬をそろされた　そろされた　黒鹿毛馬を九匹まで

e〽今日の田の田主の家にゃ米がない　米がない　裏見れば三年びねが七戸まい

これらはすべて田主賛美の内容であり、朝、田植に先立って、施主である田主及びその家を賛美する祝儀唄となっている。例えば、『田植草紙』にも、「田主殿をば一もり長者と呼ばれた」「田主殿の背戸に咲くは銭の花　蔵屋に鳴るは銭の音」「今日の田主は田の嵩を植ゑてな　八つ並み蔵を建て得を招いたり」などの表現がある。このような田主賛美の詞章を「田主ながれ」と呼んでおり、既に渡辺昭五氏の注目するところである(2)。御殿場の田植唄のcなどには「朝日さし夕日かがやく……」の朝日長者以前の、朝日長者のイメージがある。御殿場地方の田植習俗で注目すべきところは、『田植草紙』や、当地の田植唄に見られる「タロウジ」という中世的な呼称が、現実の田植の場で、施主という実体を伴って生き生きと使われている点である。

さて、毎年正月三日、その年の田植に早乙女組を雇う予定を持つ田主は、必ず早乙女組の棟梁の家を訪問し、何人植の面積があるので何人手間を必要とするから今年もよろしく頼むという申し込みをし、棟梁はそれを聞いて帳面づけをするという慣行があった。当地の、一人前の早乙女一人の一日の労働単位は、朝苗取りを含めた場合が五畝植え、朝苗取りがなく、植え方専門の場合は七畝と決まっていた。これによれば一二人の早乙女組が一日でどれだけ植えることができるかが算出できるのである。帳面づけを締めたところで、棟梁は早乙女の確保に動かなければならない。早乙女の条件としては、子供のいない女性、子供を育てあげた主婦が第一にあげられた。後述するごとく、泊りこみで移動する場合、特にこの点が重要であった。

御殿場には、前述の早乙女組の労働効率をあげるための様々な技術があった。その田植技術の一つに「ナナサクウエ」と呼ばれる方法がある。並行的に田植をする場合、一人の早乙女の植え幅を七株として、さらに、前後(縦)の株も七株をもって一つの単位とする。単位内の株数は四九株ということになる。この単位坪のことを勝又富江さんは「オザシキ」と呼ぶ。株間はほぼ八寸だったという伝承からすれば、一人の早乙女の植え幅は四尺八寸ということになる。このナナサクウエを効率的に展開する方法が、「アガリザク」(上り作)、「オイザク」(追い作)、「アガリダ」(上り田)、「オイダ」(追い田)などと呼ばれる方法である。むしろ、アガリザク・オイザクを展開するためにナナサクの単位が定められていると言ってもよかろう。ナナサクの一人の持ち幅は、股を開いて手を伸ばして苗を植えつけ、ひと足で次のツボ(オザシキ)へ移動することのできる合理的な広さである。

アガリザクの実際はきわめて複雑である。これについては別に展開図を示しながら詳述したことがあるので[3]ここでは割愛する。

田主と早乙女のかかわりは微妙で、田主の配慮は早乙女の労働や気分に反映した、田植代に苗を投げて配ることを「苗ブチ」と呼ぶ。苗ブチの腕によって早乙女の能率に影響が出るのは当然のことで、一枚の田を植えあげるのに田主の配った苗束が一束残るほどに植えるのが植え上手だと言われていた。太苗は一株につき苗六〜一〇本、細苗は一株二〜三本、普通苗は一株を四、五本とし、その決定は田主の注文によって決まった。冷え田や痩せ地は太苗にし、条件のよいところは細苗にすることが多かった。田植に際しては、「コマコマ」と呼び、あるいは、「アッギ　アッギ」「ヌゲヌゲ」などと叫んで細苗を指示することもあった。ともに深苗は禁物だった。

田主が欲が深いと早乙女は苦労した。そんな家へは次第に早乙女組が寄りつかなくなる。反対に、実質九人植えの面積でも、祝儀として一〇人植えの賃金を払ってくれるような田主の家は早乙女に好まれた。

さて、一軒の田植がすべて終了すると「サナブリ」を行った。サナブリは、その田主の家の竈《かまど》の前、荒神様の前で行った。荒神には塩・洗米・神酒を供え、さらに根をきれいに洗った小束の苗三束を供える。この苗は、アラバチとも呼ばれる若い早乙女が心をこめてきれいに洗うと、将来器量のよい子に恵まれると伝えられている。田主・棟梁・早乙女が竈の前に集まり、先ず、棟梁が竈の前を田に見立ててエブリでならす所作を演じる。この竈の前に灰を撒いて田所を作ったという伝承もある。次いで、棟梁が竈の前の田所に、竈に近い位置から苗を、三・五・七、即ち、手前から見れば七・五・三の形に置く。竈に向かって見るとこれが末広がりの形に見える。棟梁が苗置き（田植）をする所作に合わせ、早乙女たちは声をそろえて田植唄を歌う。その時の歌詞は「酒部屋」と定められている。

f〽酒部屋のエビスの注連は幾重とる　幾重とる　七重も八重も九重も

g〽酒部屋のエビスであればあれは何　あれは何　つけ込む酒はみな泉

植えあげの祝いであるから「酒」の唄が出るということのみでなく、稲作に最も深くかかわる「水」即ち「泉」が歌いこまれているから、サナブリにこの唄を歌うのだと勝又富江さんは語る。

山梨県の富士吉田を中心とした山中湖・河口湖周辺を「郡内」と呼ぶ。御殿場と、郡内の山中湖周辺とは古来さまざまなかかわりを持ち続けてきたのだが、その一つに、御殿場の早乙女の郡内への出稼ぎがあった。郡内地方が高い賃金を支払って御殿場の早乙女を雇った理由は、郡内の田植時期が郡内の主要生業たる養蚕の、春蚕の繁忙期と重なったからである。御殿場地方の田植は早乙女組の共同責任で行ったのだが郡内では個人単位で、個人の伎倆に応じて賃金が支払われるというのが本来の形だったという。甲州枡を単位とし、〇升蒔き、〇升蒔きという形で田植の単位を定め、宿に泊っている早乙女のところへ田主が依頼にやって来た。それに、郡内の田は砂質であったため、すぐに代が固まるから、その日のうちに植えてしまわなければならないとされた。代かき馬が田にいるうちから早乙女が田に入って植え、日が暮れると田主が松明を点して、早乙女の仕事をその日のうちに終わらせたという。御殿場の、早乙女一日の仕事量は朝苗を取って五畝が普通だったが、郡内の仕事は、朝苗を取って七畝植ほどだったという。こうした事情により、「郡内へ行ってくると早乙女の腕があがる」「郡内帰りは鑑札持ちだ」などとも言われたという。

勝又富江さんは早乙女として郡内に出向いたことはなかったが、先輩たちからおよそ右のようなことを聞いたという。その代わり、勝又さんは、御殿場の田植を終えてから戦前には裾野市深良へ、戦後には神奈川県の小田原市近郊、平塚市近郊へと早乙女組をつれて出稼ぎに出かけた。

御殿場の田植は五月十日から五月三十一日、裾野市深良の田植は六月一日から六月十五日だった。そして、小田原の田植は六月一日から六月十五日、平塚が六月二十二日から七月七日である。戦前は、①御殿場→②深良、戦後は、①御殿場→②小田原→③平塚、と移動したのである。早乙女の移動は桜前線、茶の芽前線、桑の葉前線とは逆で、山から里へと下ったのである。このことは、もとより、稲の稔りを展望しての気温をふまえたもので、稲作と環境という点で重要な問題である。「山家早乙女」と同様、早乙女は山から下ったのである。

富江さんは、五十六歳まで棟梁として平塚へ出かけていたという。昭和二十八年まで平塚へ田植に出かけていたのである。当時は、平塚の農協から棟梁の家に必要労力の連絡があり、棟梁は早乙女の人数をととのえ、時期になると電車で平塚へ向かい、まず農協へ出向いた。農協の課長と棟梁の相談の上、組分けをして農家へ分散したのであった。そして、家々の田植を終了し、次々と移動していったのである。勝又さんは、中世に生まれたと思われる田植唄を歌いつぎ、田植技術を継承し、それを、耕耘機・田植機の出現寸前まで生かしきった一人であり、日本の伝統的な田植の終焉を見とどけた人である。

二　茶の芽前線を追って

茶刈機はもとより茶鋏以前の手摘みのころ、機械製茶以前の焙炉製茶時代のことである。しかし、それは手のとどく過去の話である。そのころは茶葉を摘むのにも、摘んだ茶葉を揉んで仕上げるのにも、現在では想像もできないほどの人手を要していたのだった。茶の生産者は、季節労務者・臨時雇用者として、お茶摘み（茶摘みをする娘や既婚女性）と茶師（焙炉師）を、茶の栽培面積に応じて一定期間雇わなければならなかった。焙炉の燃料はもとより、茶摘みやお茶師の食糧を用意しなければならない。

静岡県の大井川中・上流域山間部では、家族の飯米とは別に、お茶摘み・お茶師のための米を「チャゴメ」（茶米）と呼んでいた。島田市川根町葛籠の鈴木真（明治三十六年生まれ）家では毎年お茶時に大洲（現藤枝市）からお茶摘みを七人、別に茶師を三人雇っていた。チャゴメは一度に一〇俵買った。お茶摘みにはこの他、おのおのに蓑笠・トーエ（油紙）おのおの一そろいずつ用意し、茶摘みや茶師の日当はもとより、茶摘みや茶師を周旋してくれる慶庵《けいあん》に対する謝金も払わなければならない。それは、一人につき一日の日当分だったという。この他、副食として塩鱒・塩鮭を買い、御前崎・相良方面からやってくる行商人からアラメも買った。副食にする里芋・馬鈴薯・干し椎茸なども用意しておく。味噌・醤油は仕込みの段階から配慮した。

大井川中・上流域で歌われた茶摘唄の中に次のものがある。

〽お茶師や米の飯　正月か盆か　親の年忌か　お彼岸か

お茶摘みには麦飯を出してもお茶師には白米飯を出すのがならわしだった。別に、「夕飯酒《ゆうはんざけ》」と称してお茶師の夕飯には酒も出した。

静岡県榛原郡川根本町千頭の馬場から寺野に至る坂道の途中に奔放に伸びた二本の茶の木がある。傍らに「百八夜夫婦茶」という標示板が立てられており、次のような説明がなされていた。「昔より他の地方では節分より数えて八十八夜をお茶の摘み初めの目安としていますが、この地方では奥地ゆえ、百八夜を目安としています。またこの木は百何年余前に仲良き夫婦によって二本の苗木が植えられ現在まで長生きし夫婦茶として存在しているので百八夜の夫婦茶と名がつきました」（中心域ネットワークの会）。

ここに記されている「百八夜」という伝承は環境民俗学的には重要である。「桜前線」という言葉が一般化し、それが気温差にもとづく桜の開花期の移動を示すものであることは広く知られている。桜前線同様に茶の芽前線があり、「百八夜」は茶の芽前線の、千頭地区の時間的指標を示すものである。お茶摘みもお茶揉みも平地水田地帯から茶摘み・茶揉みのために山間部に赴く例が多かった。お茶摘みや茶師は、一箇所だけで茶摘み・茶揉みをするのではなく、慶庵の指示によって、茶の芽前線を追って移動したのであった。

静岡県焼津市飯淵で明治三十五年に生まれたたけさんは、二十一歳の時に現焼津市大富の市野家へ嫁いだのであるが、嫁ぐ前の十六歳・十七歳の時、千頭のウタさんという家へお茶摘みに行った。四月二十日、吉永(現焼津市)の天王から焼津の西町まで出て、西町から岡部(現藤枝市)の地蔵さん(旧役場前)まで馬車に乗った。馬車代は三〇銭だった。岡部からは峠越えで宇津谷のムラまで歩いた。宇津谷では五月一日から十二日までお茶摘みをした。五月十三日、丸子から一旦静岡に出て安西から山崎へ、そして八幡で橋銭を二銭払って銭とり橋を渡った。相俣の「物産」という家で米五合出して一泊した。翌日、久能尾・洗沢を通り、小長井に出て千頭まで歩いた。千頭では五月十五日から五月末日までお茶を摘んだ。「百八夜」とほぼ合致するところである。菅笠・手甲、タモトは襷でくくり、ハバキにワラジ、裾は坊主バショリと称してスカート丈ほどまで端折った。ブトの多い時は火縄で除けた。

ちなみに茶摘みの労働時間と食事はおよそ次の通りだった。午前四時半＝茶の子、冷飯に前夜の菜、午前十時＝温かい飯に温かい味噌汁、十二時＝里芋または飯、甘藷切り干しまたは柿の丸干し。丸干しといっても、実際には半分に切って干したものだった。さらに、トウモロコシの粒を塩ゆでにしたものも出た。天井にはトウモロコシが吊るされていた。午後三時＝飯、弁当に香のもの、午後七時、飯、菜は筍・アラメ・椎茸を煮つけたもの、といったところだった。一番茶が終了すると、「ホイロアゲ」という祝いがあった。その時には必ずシイタケ飯が出た。里芋・柿の丸干し・トウモロコシ・筍・椎茸といったこの土地の産物が活用されていたのであるが、同時に、甘藷切干し・アラメといった、御前崎方面の行商人から買い入れたものも使われていたことがわかる。帰りは高瀬舟で下った。舟賃は島田の向谷までが五〇銭、鵜山の七曲りがこわかった。

静岡県焼津市藤守で明治三十二年に生まれた加藤正さんは、農業をしながら冬は酒屋杜氏《とうじ》として、夏は茶師として働いた。加藤さんは毎年一番茶・二番茶ともに、まず静岡市駿河区大鑪《おおだたら》の鴻池家で茶揉みをした後、慶庵の指示に従って榛原郡川根本町坂京の中野家へ入って茶を揉んだ。茶の芽前線にそっての移動である。当時、お茶師は一焙炉一貫二百匁を一日五焙炉揉んでいた。重労働である。

〽葉うちゃたいげな　ころがしゃえらい　あとのでんぐり揉みゃ小腕が痛い――と歌われた通りである。

坂京では二番茶までだったが大鑪では三番茶まで揉んだ。こうしたお茶師の仕事を二十五年間続けた。

藤枝駅の南、前島で明治二十五年に生まれた磯部しげさんは、十七歳の夏、仲間八人と千頭へ茶摘みに入った。葉梨の藪田を通り、朝比奈の谷をつめ、富厚里峠を越えて藁科川の川筋に出、相俣の「物産」と呼ばれる家で一泊した。翌日は久能尾から蛇塚・洗沢・富士城峠を越えて歩き続け、千頭の大石亀次郎家に着いた。茶摘みの日当は二三銭、帰りには千頭から島田の向谷まで高瀬舟で下ったが、料金は五〇銭だった。

明治四十五年夏、旧吉永村（現焼津市）飯淵の石間よしさんは十九歳だった。彼女は茶摘みに出るために仲間たち五人と家を出、大井川沿いに歩き、島田の奥の神座で横越し舟に乗って川を越した。それから地蔵峠――茶屋でアメ玉を買って休み、さらに歩いて家山で一泊。翌日も目的地の青部まで歩き続けた。――茶摘みの仕事をするためにはこうして長時間歩き続けなければならない時代があったのである。

〽お茶は終えるしお茶摘みゃ帰る　あとに残るは蓑《みの》と笠――川根地方で盛んに歌われた茶摘み唄である。茶時には山間のムラムラに、平地水田地帯から大勢の茶摘み娘たちが峠越えでやって来る。しかし、茶が終わるとそのお茶摘みさんたちの姿も潮が引いたようにムラから消える。この歌には山の人びとの淋しさがにじんでいる。

とみさんは、奥川貞吉・こう夫妻の長女として、旧大富村中新田（現焼津市）で大正七年三月十五日に生まれ、昭和十三年三月二日、現藤枝市大手の山本清次郎さん（明治四十三年生まれ）と結婚した。とみさんは結婚する前の年、昭和十二年までの三年間、茶摘み娘として峠を越え、川根筋へ入った経験を持つ。在所の奥川家は稲作のほかに志太梨を栽培した。

初めて茶摘みに出たのは、十七歳の年で、その時は母のこうさん・岡野まささん・奥川くまさん、それにとみさんの四人だった。まささんはとみさんの娘仲間、くまさんは母の友人である。行き先はナッカーさんという慶庵の口利きで、旧伊久美村中平（現島田市）の大塚家と旧笹間村上河内（現島田市）の岡平家だった。手甲《てっこう》・脛巾《はばき》・肌襦袢《はだじゅばん》・腰巻・絣《かすり》の着物・浴衣、自分で作っておいた赤と桃色の娘らしい襷、地下足袋・粉おしろい・クリーム・石けんなどを縞の風呂敷に包んだ。一番茶に出掛けるのは五月十日だった。セルの着物を着、風呂敷包みを袈裟掛けにし娘二人は洋傘をさし、母たちは菅笠をかぶった。中新田の家を出て高洲の学校・築地《ついじ》を通り、志太温泉の脇から稲葉へ入る。宮原の志太泉（酒蔵）の前を通って中山に至る。中山の茶店で昼食となる。行きの日も日当が出ることになっており、その日のうちに先方に着けば良かったのだ。昼食を終えて滝沢の谷へ入る。そのころはまだ川根索道が通っており、一行は索道の滝沢駅で荷物を索道に依頼した。目的地の旧伊久美村中平にも索道の駅があり、そこで荷物を受け取ることになっていたのである。滝沢と中平の間には標高四二七ｍの檜峠があり、その峠越えに荷物を持たなくて良いことになるので、索道に頼れることはありがたいことだった。檜峠の登り口の坂下までは下駄を履いて歩いたのだが、その坂下で地下足袋に履き替えて峠道にかかった。途中に休み場があってそこからは千葉山が見えた。峠には地蔵堂がある。洋傘をとじ、母たちは笠を取って賽銭を一銭上げて旅の無事を祈った。向かいの茶屋でラムネ・駄菓子を買って一休みした。

中平の大塚家で一週間ほど摘んでから旧笹間村の上河内にある岡平家へ移動して、そこでまた一週間ほど茶を摘む。中平と上河内の間には標高五八〇ｍの祭文《さいもん》峠がはだかっている。幸いなことに、中平・上河内間も川根索道が通じていたので、この移動に際しても荷物は索道に預けて身軽になって峠越えをした。しかし、笹が茂っているところや山が崩れているところもあり、慣れない山道は厳しいものだった。祭文峠には追剝《おいはぎ》が出るという話も聞かされた。一番茶を終えて中新田へ帰ると田植の準備から田植の仕事が待っている。田植の後六月二十日から同様にして二番茶に入る。中平→上河内と移動して茶摘みをするのである。一番茶・二番茶ともに、このように移動するのは、気温差・標高差によって茶の発芽期がずれるからである。とみさんたちは、「茶の芽前線」を追って移動していたのである。

朝は四時半に起き、沢庵と味噌汁で朝食をとり、直ちに茶畑に出る。昼は午前十時で、ケヌキアワセに詰めたメンパの蓋側の御飯を食べる。おかずは煮豆・太干しズイキ・竹の子・竹の子切干し・塩鯖《さば》などである。お茶は孟宗竹の筒に入れてある。一〜二時にヨウジャ(夕茶)となる。ヨウジャは弁当の残りと毛芋が多い。昼とヨウジャは、家の人が一人前ずつ紐に通して背負ってくる。夕飯は七時で、塩鮭・塩鱒・アラメとジャガイモの煮物・ラッキョウなどだった。

岡平の親父さんがヨウジャの時に、「毛芋でもトッパシカッシャレ」と勧めてくれた。毛芋とは皮付きの里芋のことで、川根筋ではお茶時やヨウジャに毛芋を出すのがごく一般的で、これを以って女性をからかった話もよく耳にする。「一番茶は雨に悩まされ、二番茶は蚊に悩まされた」——着物に襷掛け、着物は端折る。娘は赤い腰巻、新嫁は桃色、年配の女性は黒っぽいネルの腰巻だった。雨降りには油紙のカッパの上に蓑を着た。ムカデ・蚊・ブトなどを除けるために腰衣を巻いた。腰衣は年寄りの古い着物をほどいて作られたものだった。二番茶の折、蚊やブトを除けるためにカコを使った。カコとは、藁とボロ布を混ぜて綯《な》った一尺ほどの縄で、これを三尺の竹の先に付け、縄の先端に点火していぶすものである。それを自分の傍《かたわ》らに立て、移動させながら茶を摘んだのである。

一日四貫目摘むのが一人前とされた。手摘みを続けると「茶ギレ」と称して人差指の第一関節と第二関節の皮膚が切れた。伝統的な手当てとして膏薬を付けるという方法があったが絆創膏《ばんそうこう》を貼ることが多かった。絆創膏を貼っても、茶渋ですぐに指ともどもに真黒になってしまう。

とみさんの時代にはもう伝統的な茶摘み唄は歌われなかったが、茶畑に響いたのはやはり唄だった。それでも、「野守の池の唄」という地方色のある唄が歌われていた。

〽家山の　野守なる池の面に釣舟浮かべ　乙女恋しや菱を採る――。

山ツツジもウツギの花も美しいと思った。二番茶の季節に鳴くカジカの声は珍しかった。二番茶には夜、蚊帳《かや》を吊って寝たが、蚊遣りのために夕方庭で青草をいぶしていた。また、二番茶の季節には塩茹でのトウモロコシも出た。茶摘みを終えて帰る日には、五目寿司・黄な粉餅などをごちそうしてくれた。岡平家ではいつもみやげに干し椎茸を持たせてくれた。――上河内から登りにかかり、祭文峠を越え、中平に出て檜峠にかかる。中平では、病人が出ると山駕籠に乗せて檜峠を越え中山に向かったという話を思い出した。またある年、檜峠から西に入る山の細道にハンセン病の人が姿を隠すように歩き去るのを見かけたこともあった。坂下から藤枝ステーションまでバスに乗り、駅前の安藤呉服店で着物を買ってもらってとても嬉しかったことを覚えている。

前節「標高差と田植」でとりあげた三重県伊賀市諏訪は宇治茶の産地にも近く、茶摘みやホイロ師の移動は静岡県の場合と同様、茶の芽前線に連動して行われていた。伊賀市諏訪の堀正勝さん（明治四十二年生まれ）と中沢仙太郎さん（大正元年生まれ）は、ホイロ師の移動について次のように語っていた。㋐京都府宇治市内＝五月→㋑京都府綴喜郡宇治田原町奥山田＝六月上旬→㋒滋賀県甲賀市信楽町朝宮＝六月中旬→㋓三重県伊賀市諏訪＝六月下旬。諏訪のホイロ師は、まず宇治市内へ向かい、順次標高の高い所へと移動していたのである。お茶摘みは、宇治までは行かず、㋑奥山田→㋒朝宮→㋓諏訪、㋑朝宮→㋓諏訪、といった移動だった。お茶の場合、田植とは逆の動きになり、お茶摘みも、ホイロ師も、出稼ぎを終え、家に帰ってから自家の作業をしたのであった。

滋賀県甲賀市信楽町上朝宮の植田初子さん（昭和五年生まれ）は茶摘みについて次のように語る。

――茶畑が広かったので三重県伊賀市諏訪や石川から茶摘女を雇った。茶摘女は二〇人で五日ほどだった。朝は茶粥を一升、ケンズイの握り飯用に三升飯を炊いた。他にユリゴと呼ばれる二番米を事前に石臼で碾いて粉にしておきヨモギ団子などもつくった。昭和十四年までは日庸摘みだったが、昭和十五年からは目方摘みになった。茶摘み女は世話人さんに紹介してもらったが、手つけとして手拭や菓子をとどけてもらった。

四　標高差と養蚕

1　桑扱き・蚕人夫の移動

山形県西村山郡西川町大井沢字萱野で明治三十六年に生まれた富樫音弥さんは、十七歳から出稼ぎをした。大井沢の田植は五月十五日から二十日ごろだった。桑の芽前線を追う音弥さんの出稼ぎは標高の低い地から高い地への移動で、それは一箇月に及んだ。自家の田植が終えると最も離れている西村山郡朝日町に赴いて桑扱きをする。そして、表3に見られるように次第に奥地へと移動し、最後に自家の桑扱きをした。大井沢は朝日山塊の山懐のムラである。

表3 富樫音弥さんの桑摘み移動

移動	桑摘み実施地	期間
㋐	山形県西村山郡朝日町	五月下旬
㋑	山形県西村山郡大江町本郷	六月上旬
㋒	山形県西村山郡大江町田ノ沢	六月中旬
㋓	山形県西村山郡西川町大井沢(自宅)	六月下旬

表3は音弥さんが十七歳の年の春蚕《はるこ》の移動である。当時、日当は三日で一円だったという。音弥さんの移動と同様にして、他地の男たちが桑扱きをしながら大井沢を目ざす例も見られた。尾花沢市・河北町・寒河江市などの者で、先ず自家の桑扱きを終えてから奥地に向かう者もいたのである。当時萱野は一二戸だったが、春蚕の時にはどの家にも一二、三人の桑扱きがおり、他に蚕あつかいの女たちも泊りこみで来ていた。朝日町から来た桑扱きが大井沢に入婿した例も、庄内から来た桑あつかいの女で大井沢の嫁になった者もいた。

大井沢では、春蚕には山桑を、夏蚕・秋蚕・晩秋蚕にはミショウの畑桑の一年刈りを与えるのが常だった。山桑はカノ(焼畑)の輪作を終えて休閑させるに際して植えたもので、桑が採取できるようになるには五年かかるのだが、休閑期間が長くなっているところでは山桑が古木になっていた。山桑扱きはこういう山桑の古木によじ昇って摘むのであるから男でなくては務まらなかったのである。平地から順次移動してきた桑扱きでも、大井沢の山桑扱きができなくて帰った者が何人もいる。畑の桑なら半日で二〇貫匁だったという。そういうわけで多くの桑扱きが入っても大井沢では桑が足りず、大江町の沢口の桑売りから桑を買う家もあった。桑売りは馬の背に桑を負わせて大井沢峠を越えてやってきた。

養蚕に関して、桑の芽前線を追っての人の移動は全国的に見られた。以下は静岡県富士宮市粟倉の赤池賢治さん

（大正十二年生まれ）による。栗倉の春蚕は五月五日から六月五日の間だった。昭和十年ごろまでは、春蚕に限って、山梨県の郡内地方から静岡県富士宮市の養蚕農家へ「蚕人夫《かいこにんぷ》」と呼ばれる養蚕にかかわる季節労務者が入っていた。単身で来る者と夫婦で来る者とがあり、彼らの仕事は、桑摘みから飼育までの一切で、当然住みこみだった。労賃精算は一蚕期単位で行われていた。注目すべきは、彼らが富士宮で春蚕の繭をあげてから郡内の自宅に帰り、自分たちの春蚕の作業にかかっていたということである。山形県の富樫音弥さんの場合と同様、桑の芽前線、標高差によって養蚕が展開され、そこに人の移動が絡んでいたことがわかる。

2　鑑別工女の移動

松江良男さんは大正六年、長野県飯田市中村（旧伊賀良村）で農業・養蚕・蚕種商「稲葉館」を営む家で生まれた。以下に松江さんの体験と伝承を中心にその他の資料を加え、蚕種商の概略について述べる。

蚕種業は、蚕の卵を採ってこれを販売する仕事だから農家だった松江家は「半農半商」だと松江さんは語る。稲葉館の得意先は、現飯田市内の伊賀良・鼎・山本・三穂にあった。蚕種業は中村に稲葉館を含めて四軒、伊賀良村全体で、中村を含めて八軒あった。蚕種屋は得意先の養蚕農家を巡回して蚕種の必要量を確認、予約受付をして掃き立て前に蚕種を配達してまわるのである。

平成十三年に長野県松本市奈川駒ヶ原の奥原誠さん（大正四年生まれ）から養蚕についての体験を聞いたことがあった。妻の父奥原市太郎家では種繭と糸繭とを採っていた。百貫どりと呼ばれる大規模な養蚕農家で、種繭にする蚕は簀棚で飼い、糸繭用の蚕は条桑育にしていた。春蚕の掃き立ては六月上旬で、春蚕があがると松本の蚕種会社から教師につれられた繭の鑑別工女（鑑別師）が六、七人泊りこみでやってきた。鑑別工女は繭を見て瞬時にオス・メスを鑑別した。種繭を生産する農家はこうして種繭としてメス繭を出荷したのである。工女の日当は会社で支払ったが、宿と食事は奥原家でまかなっていたという。

松江家にも鑑別工女が入っていた。鑑別工女はやはり泊りこみだった。鑑別工女が繭のあがりを追って移動することも、桑の芽前線に連動していたのである。鑑別工女は、標高の低いところから高いところへ泊りながら移動する形をとっていたので、食事の待遇を比較されるといって、食事の用意に気を配っていた。松江家は蚕種を生産しなければならないので次のようにした。

雌雄の成虫すなわち蛾を交尾させる。雄は何回も使った。交尾終了後、二二・三cm×三五・五cmの種紙・蚕卵紙と呼ばれる厚い和紙の上に、径一寸五分、深さ五分ほどの蛾輪《がりん》と呼ばれる鉄の輪を二八個並べて置く。そして、その中に雌の蛾を一匹ずつ入れる。蛾輪に入れられた雌の蛾はその蛾輪の中に蚕種(卵)を生みつける。その後、蛾と蛾輪を取り除けば種紙に円形に生みつけられた卵の塊が二八個並ぶことになる。『養蚕秘録』(4)や『教草』(5)に描かれた蚕種は、蛾輪型ではなく、一枚の紙に満遍なく卵が生みつけられたものである。稲葉館では女性の手伝い人を雇って、雌の蛾をすばやく識別して鉄輪の中に入れる仕事を任せていた。松江さんは子供のころからその女性たちの中に入って識別をしたのだが、女性たちよりも判別が早かったという。雌には黒い斑点が四つあり、しかも太っていて臭いが強かった。得意先には、この蚕種紙を配ったのである。

蚕種商は春蚕用の種は孵化抑制のために越年で風穴や氷倉に預けておく。稲葉館の場合は伊賀良大瀬木のみどり屋酒店の米倉(氷室)に預けていた。みどり屋は冬季、氷池で天然氷を作っており、池から氷を切り出して氷倉まで背負って運ぶアルバイトを六年生や高等科の男子生徒が行っていた。

養蚕期に雇傭する臨時の働き手のことを当地ではオヤトイと呼んだ。稲葉館では鑑別師は別として毎年女性六人、男性二人のオヤトイを雇っていた。桑摘み、桑の運搬・給桑などを行っていた。伊賀良の三日市場の人が多かった。娘たちの中には上蔟を見とどけてからより標高の高いムラの養蚕農家に移動して働く者もいた。鑑別工女の移動も、オヤトイの移動もすべて桑の芽前綿に連動するものだった。

3　蚕種屋と孵化抑制

単季養蚕にとどまることなく多季養蚕を実施する場合、蚕種、即ち卵の管理が極めて重要な問題になってくる。温度管理による厳密な孵化抑制が必要になってくるのである。その詳細は別稿に譲るとして、蚕種屋の実践の中で標高差にかかわるものを紹介しておく。

静岡県浜松市北区引佐町井伊谷に中井宇平の営む「三撰館」という蚕種屋があった。以下は宇平の長男中井正治さん（大正二年生まれ）の体験と伝承による。

種屋は良い蚕種を得るために特定の養蚕農家と契約してそこに種繭づくりを依頼していた。種繭づくりには手がかかり、常に気配りをしなければならないのだが普通の繭に比べて三割増の収入が得られた。三撰館の種繭依頼先と関連事項は表4の通りである。ここで注目すべきは、種繭産地の分散とその標高差である。掃き立て上蔟の期間は標高と連動している。これは気温差を意味し、それは桑の発芽前線とも呼応している。新蚕種づくりは、上蔟二週間後に中井家の蚕室で繭を羽化させ、雌雄の蛾を交尾させ、雌の蛾を蛾輪に入れて種紙の上に産卵させるという形だった。三撰館では年間この種紙を一〇万枚出荷した。三撰館の得意先は、伊豆と、千葉県の製糸会社だった。静岡県蚕業取締所が昭和元年に発行した「蚕種製造額番付表」を見ると、三撰館は西前頭六枚目に位置づけられている。

表4の種繭依頼地を整理してみると、（A）㋐の井伊谷↓（B）㋑川名・㋒田沢・㋓渋川↓（C）㋔津具、と三段階に分

表4　引佐三撰館の種繭生産依頼地の概要・静岡県浜松市北区引佐町・愛知県北設楽郡設楽町

	三撰館種繭生産依頼地	戸数	標高	春蚕掃き立て月日	春蚕上蔟月日
㋐	静岡県浜松市北区引佐町井伊谷	2	20～50m	4月上旬	5月上旬
㋑	〃　川名	2	80～140m	4月中旬	5月中旬
㋒	〃　田沢	2	180～220m	4月中旬	5月中旬
㋓	〃　渋川	2	190～200m	4月中旬	5月中旬
㋔	愛知県北設楽郡設楽町津具	4	660～700m	5月中旬	6月上旬

けることができ、ここには危険分散・労力均化などの要素もないではないが最も重要な目的は、蚕種の出荷時間差への対応だった。

こうして整えられた蚕種は浜松市北区滝沢町の風穴に貯蔵された。それは石灰岩洞窟で、低温であるため、蚕種の孵化抑制ができた。風穴の中には目棚が設置され、そこに問屋ごとの種紙が収納された。管理は共同で雇った番人が行った。三撰館の場合、標高差による種繭生産調整と蚕種の風穴貯蔵という二つの方式で、多季養蚕に対応する蚕種出荷を行っていたのである。

長野県松本市安曇稲核に前田という種屋があった。前田英一郎家の裏には現在も蚕種管理に使った「風穴蔵《ふうけつぐら》」があり、蚕種を仕分けて貯蔵していた作りつけの頑丈な棚が、通路を挟んで左右に上下二段で並んでいる。「〇日掃き」「〇〇日掃き」といって、掃き立て予定日によって蚕種を棚で仕分け、配送していたのである。その時間差は環境条件によって生じる桑の発芽前線と連動するものだった。なお稲核の諏訪神社裏の斜面の林の中には、石積み壁と屋根をつけた風穴貯蔵庫群があり、イエイエでは、中に稲核菜の漬物・蕪漬・大根漬などを貯蔵している。穴の中の年間平均温度は一〇度だという。

三重県伊賀市諏訪の堀正勝さん（明治四十二年生まれ）は、小規模ながら堀製糸という製糸会社を経営していた時代があった。そのころ、繭の買いつけに回ったのであるが、買いつけの巡回は、標高差・気温差による上蔟・繭あがりの差によっていた。㋐松阪周辺＝六月五日から→㋑旧上野市周辺＝六月十二日から→㋒諏訪＝六月二十日から。松阪や上野で買いつけた繭は旧上野市桑町の「伊賀乾繭」の倉庫に委託保管してもらっていた。

五　富士山麓と標高差の民俗

富士山は円錐形、広域に裾野を広げて屹立する。標高差に応じ、また方位によって植生を変える。人びとは裾野や樹林から多くの恩恵を受けてきた。時には標高差のもたらす厳しいマイナス要因をプラスに変えて利用することもあった。

〈天然氷〉　富士宮市麓は標高八四〇ｍで冬季の冷えこみを利用して天然氷を製造していた。天然氷を作るには清浄な水と製氷オサ（区画された製氷田・製氷池）と氷室が必要である。麓にはそれらがそろっていた。富士市猪之頭の植松萩作さん（明治三十二年生まれ）は、十六歳から三十歳までの十五年間、毎夏その氷を富士宮のマチまで馬力で運搬した。この製氷は富士宮の殿木屋の出資によるもので、製氷のオサは面積一〇〇坪、深さ三尺だった。製氷時期は十二月から三月までで、水を張って三日間に氷の厚さが四寸になると鋸で切り出しにかかった。一〇〇坪のオサで一万貫の氷ができたのだが、それを米一俵分の目方に切って地下の氷室に入れるのである。氷室は五間四方で、壁面は石垣積みだった。氷の出荷は六月からで、コビキヌカ（オガクズ）をまぶし、コモやムシロで包んで馬力に積んで運んだ。麓から富士宮の町までは六里で、麓で一〇〇貫目の氷を積んで町に着くと八〇貫になった。配達先及び用途は、病院・食料品店・料理屋などであった。

〈イチゴの抑制栽培〉 富士宮市麓と海岸部の静岡市駿河区久能の標高差・気温差は歴然としている。その温度差をイチゴ栽培に利用する方法がある。麓に住む小林正臣さん（明治四十年生まれ）が久能のイチゴ農家に一〇町歩の苗床を貸与し始めてから、平成四年で十九年になる。イチゴの苗を預る期間は七月末から、イチゴが花を持ち始める九月下旬までである。花を持ち始めたイチゴ苗を久能に移植するとイチゴの実がクリスマスに間に合うのだという。

〈氷穴・風穴と蚕種管理〉 「蚕人夫の移動」「蚕種の孵化抑制」についてはは先にふれてきたが、氷穴・風穴は富士山麓が本場である。富士山麓の中でも山梨県側は気温が低く、しかも鳴沢村の氷穴は、文字通り、氷の穴であった。富士宮一帯の養蚕家は、この氷穴に貯蔵された蚕種を、氷穴もの、鳴沢ものと称して珍重する風があった。古くは猪之頭の人穴にも蚕種が貯蔵されたという。

〈標高差と資源利用〉 図1は静岡県御殿場市中畑の勝又力さん（大正四年生まれ）の環境認識と資源利用の概念図である。この地では、富士山の一合目から上を「御山」と認識し、一合目までを里山としてここから様々な恵みを標高・植生に応じて受けてきた。薪・炭といった生活素材・キノコ類のほか、屋根材・炭俵材としての萱、馬料・肥料としての草のほか、この地では、スズ竹や芝が換金採取物になっていた。以下、勝又力さん以外の伝承や、山麓別地の伝承も加えて富士山麓を瞥見する。

〈裾野原とカヤ〉 富士宮市猪之頭の植松萩作さん（明治三十二年生まれ）と話していると、折々「キザカイ」（木境）と

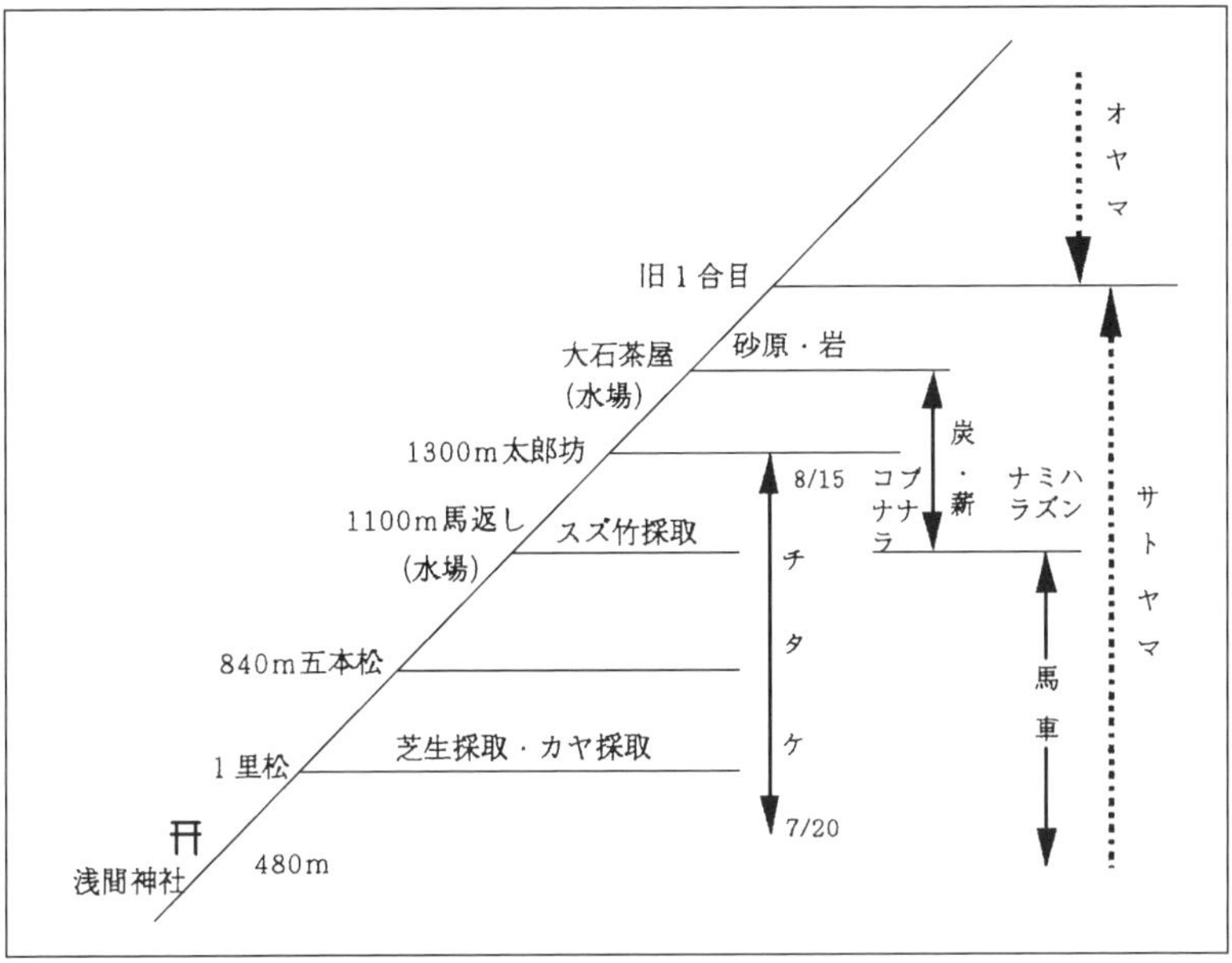

図1　御殿場市中畑・勝又力さん(大正4年生まれ)の富士山麓環境伝承概念図

いう言葉が出る。富士山麓で原野と呼ばれ草原が樹林に移る境界のことである。広大な原野は人びとに様々な恵みを与えてきたのであった。薄を中心とした原野の草は、a馬料、b肥料、c炭俵素材、d野菜俵素材、e屋根萱などに利用された。萩作さんの若いころ、木境あたりは十二月半ばから三月までは雪があった。雪が消えて草が青む前に、良い草を生えさせるために原野を焼く習慣があった。樹林に延焼させないために事前に防火帯を作るのであるが、それは、五間幅で草を刈り払い、さらに、その五間の両方の外側三尺ずつ、草を刈り、土を掘り出したものであった。ムラ中総出で野焼きを行うのであるが、午後の二時から三時の間に木境の一里手前で点火すると、火は富士山に向かって燃え進み、日没を境に空気が冷えてくるので火は自然に消えたという。

富士宮市麓の小林正臣さん(明治四十年生まれ)は昭和七年に山梨県下部町から当地に移り住んだ。麓でも同様にしてハラ(原野)を焼いた。ここでは防火帯は幅九尺、風下から点火し、延焼防止のためにフンギリボー（火切棒）と呼ばれる杉・檜の枝で、延びる火を叩きながら焼き進めた。萱は屋根葺材にし、お茶の生産者に茶草として売ることもあった。

御殿場市印野も一説には三〇〇町歩とも言われる広大な萱場を持っていた。毎年十月に木境とムラ境の薄を三間幅だけ刈って乾燥させ、これを十一月に焼いた。これが防火帯になるのである。こうしておいて、十二月にムラ中総出でカヤ（薄）刈りをした。カヤは屋根萱・炭俵素材などに利用されたのである。萱場焼きは翌年の春の彼岸前後である。屋根替えは萱無尽で行ったのである。

〈芝〉　御殿場市や裾野市の郊外を歩くと水田に芝を栽培しているのを見かける。休耕田等を利用してのことであるが、ゴルフ場・庭園などの造成にともなって芝生の需要が多いのである。御殿場市印野の勝間田多住さん（明治四十一年生まれ）によると、この地方で本格的に芝を売り始めたのは大正十二年の関東大震災以後のことだという。それ以前も、山から天然の芝を採ってきて自家用として利用することはあったが、それを商売にすることはなかった。関東大震災で様々な施設が崩壊したのだが、特に石垣の崩壊が著しかった。川の堤防や石垣あとに、土堤を築き、芝を植える形が多くなり、芝の需要が増加したのであった。

天然の芝がとれるのは大野原《おおのっぱら》と呼ばれる広大な裾野であった。六月・七月に、大野原の草を三回刈れば芝が増えると言われた。人びとは芝をとるために何回も草を刈ったのであるが、刈った草は牛馬飼料にしたり厩に入れ堆肥にしてトウモロコシや甘藷に施した。芝の切り出しは四月・五月がよいとされ、土用に切ってはいけないと言われている。こうして天然の芝を採取していたのであったが現在は、田で栽培されるようになった。田に一度植えると十年もつと言われている。尺二寸四方のものを一〇枚一束として出荷している。

〈スズ竹〉　御殿場市から裾野市にかけての富士山東麓ではスズ竹を素材とした行李の製造が盛んだった。その実際については『御殿場市史』（別巻Ⅰ）[6]に詳述されているが、長野県松本市近郊の林梅吉なる者が明治二十二年から、御殿場市でスズ竹の行李生産を始め、追って土地の人びとがこれを行うようになったという。それは御殿場から須山・十里木・小山などの広範囲で行われたが、御殿場市印野は特に盛んだったという。

印野では、新竹を十月から翌年の四月まで伐ったのだが、男たちが一〇人ほどで組を作り、山に葺きおろしの小屋を作って泊りこんで伐り出しをした。竹の長さは六尺または四尺で、明治時代は一〇〇本一把、大正時代は六貫目一把とした。縁巻き用の竹は八月に伐ったのだが、八月の一日・二日・三日の三日間のものがよいとも伝えた。富士東麓の人びとに多大な副収入をもたらしたスズ竹伐り出し・行李製造も、昭和十年代スズ竹の枯渇によって衰退した。戦後は行李の需要も激減し、現今、行李は暮らしの中から姿を消した。

〈富士山のキノコ〉　富士山の恵みの一つにキノコがあった。富士宮市の粟倉・村山・山宮・北山・神出・白糸・猪之頭・上野などの人びとは秋キノコ狩りに出かける習慣があった。「五合目の下が色づくとキノコが盛りになる」「大きな風が吹いてから三、四年たつとキノコがたくさん出る」（倒木からキノコが出る）という口誦句があり、ショイコにカマスをつけて出かけた。以下は、富士宮市粟倉に住み、キノコ採りに力を入れた野澤孝満さん（昭和十四年生まれ）の伝承による。

二合目から五合目にかけてはカラマツ・モミ・トウヒなどの針葉樹が多く、その一帯にはツガマツタケ・ショウゲンジ・アンズタケが生える。二合目までの落葉広葉樹林帯にはカタハ（ムキタケ）・アシナガ（ナラタケ）が多く生える。カタハはブナの倒木に出て、水分が多く、重いので、山でしぼって水分をぬいて運ぶ。表皮をむいてから乾燥させ、ケンチン汁・味噌汁・炊きこみ飯などにする。ナラタケはナラ・クタギに生え、虫がついているので塩水に漬け、熱湯を通してから干した。モミソ（アカモミタケ）はモミの木の下に生え、水分がぬけにくい。塩漬けにしておき、食べるときには塩出しをする。トンビマイタケは、ミズナラ・コナラの倒木に出る。夕立のあるころ多く出るので「ユウダチ」とも言う。これは、ナマのまま油いためにする。この他、山鳥の羽に似たヤマドリモタセ（ヌメリスギタケモドキ）、アカツラ（マスタケ）なども採った。秋、萱の簀の上にキノコを干す風景は、富士山麓の農家の特徴だったという。

富士山東麓の御殿場方面でもキノコ採取は盛んだった。ここでは七月下旬、チタケ、またはチチダケと呼ばれるキノコを盛んに採取した。チタケは乳のような白い液が出るところからの命名であり、モミの木の下に出た。七月二十三日から二十五日にかけての盆の御馳走たる素麺の出しにこのキノコを使うのがこの地方のならわしである。御殿場でもアシナガを食べたが、類似の毒キノコがあるので識別に注意した。「毒キノコは裂けないが、アシナガは裂ける」という識別の伝承がある。

註

（1）野本寛一『稲作民俗文化論』（雄山閣・一九九三）。
（2）渡辺昭五『田植歌謡と儀礼の研究』（三弥井書店・一九七三）。
（3）野本前掲註（1）。
（4）上垣守国『養蚕秘録』一八〇三（日本農業全集・農山村文化協会・一九八一）。
（5）東京国立博物館『教草』一八七二～一八七九（解説　樋口秀雄・恒和出版・一九六三）。
（6）御殿場市史編さん委員会『御殿場市史　別巻Ⅰ　考古・民俗編』御殿場市役所・一九八二）。

V　海の力　海への眼ざし

第一章　塩と潮の民俗

一　塩と生命

塩は人の生命維持にとって欠くことのできない物質である。栄養素ではないが、その調整力なしに命を保つことはできないのである。細胞の機能を一定に保つためには浸透圧を一定に保持しなければならない。この働きをするのが塩である。他に、神経筋肉の働きの調整をし、食物の消化に際しては蛋白質の溶解に寄与し、唾液アミラーゼの活性化を促すという。一日の最少必要量は一〇g程度だと言われている。

生命は海から誕生したと言われ、また、羊水は海水に似ているとも言われる。塩分を含む海水、塩と生命は深くつながっているのである。岩塩の採れないわが国では、内陸部の塩泉や塩井から少量の塩を採った例はあるが、製塩の大方は海水により、塩は海岸部で生産されてきた。

したがって、鉄道以前、モータリゼーション以前には、全国各地に、大小様々な塩の道が、海岸部から山間部へ、産塩地・中継地から山間部へと網の目のように、また、末端までゆきとどく血管のように張りめぐらされていたのである。塩は船や馬の背・人の背で運ばれた。宮崎県東臼杵郡椎葉村松尾小字鳥の巣の那須義雄さん（昭和四年生まれ）は、清水岳（一二〇五m）の左山中から六方が辻を通って中継地の美郷町神門から塩を運んだ。行きは、炭・栗・干しタケノコなどを背負い、帰りに塩を背負ったのである。塩は粗塩《あらしお》なので叺《かます》をそのまま背負うとニガリが垂れてくる。そのままだと垂れるニガリで衣類が汚れる、ニガリももったいない。そこで、ハンドウガメと呼ばれる焼酎甕を縦に二つ割りにしたものを背板に固定し、その上に塩叺をのせる形で荷づくりをした。片道四時間が標準だった。ハンドウガメの受けにたまったニガリは、後に豆腐を作る時に使った。

沖縄ではスク（アイゴの稚魚）を塩漬けにしたスクガラスを作る。三・五cmほどのスクガラス（一匹）の塩分で、豆腐半丁を美味に味わうことができるほどだ。鰹やイカの塩辛・塩鰯・塩鯖・塩鱒・塩鮭など、冷凍保存法が普及する前には、塩蔵が食品保存の上で極めて重要な方法だったのである。これらの塩蔵食品は、単に、魚類の保存・運搬を可能にしたにとどまらず、塩蔵魚類を食することによって、人体に不可欠な塩分摂取に寄与していたという点でも重い意味を持っていたのである。近代捕鯨が発達して後、九州の脊梁山地の襞にある、前述の椎葉村の奥地まで塩鯨が運ばれ、それによって山の人びとの動物性蛋白質と塩分補給が果された時代があったのだった。

「敵に塩を送る」という故事伝承は広く知られるところであるが、このことは、内陸部・山地などで塩の移入を封鎖されればいかなることになるのかを良く象徴している。奈良県吉野郡十津川村那知合は、海辺から深く山地に入った吉野山中のムラである。同地の千葉由広さん（明治四十二年生まれ）から狩猟や焼畑の話を聞いていた折、話が塩のことに及んだ。飢饉などで塩が全くなくなってしまった場合には、イロリの周囲に敷いてあるムシロを大釜で煮つめて塩分を得よ、と先人から教えられていたという。流通手段が比較的発達した大正・昭和に入ってからも、奥深い山のムラでは時に塩を切らすことがあった。

長野県飯田市上村大野は天竜川左岸支流、遠山川本谷沿い右岸の最も奥、南アルプス聖岳・兎岳を眼前に見る標高九八〇mの地である。同地に住む胡桃沢ちさ子さん（大正七年生まれ）は、塩がない時は栃の実を塩の代替物として味つけをしたと語る。栃の実はサポニン・アロインを含有し、刺激はあるものの、それは一時しのぎで、とても塩の生命維持力の代替はできない。

田村勇氏は、沖縄県久高島における、塩にかかわる正月儀礼を次のように紹介している。(1)「島の人々は元日の朝になると、親戚の人々はウヤムト(親元)に年祝いの挨拶に行く。ウヤムトではお膳のうえにコウジ(柑子みかん)を三個おいて、皿の上に型抜きした塩をのせたもの(まわりにけずり鰹節をおく)を用意しておく。挨拶にきた客があると箸で相互に塩とけずり節を手のひらにとりあってなめながらミキをくみかわす」――この儀礼は「クガニマース」＝「黄金真塩」と呼ばれている。

写真1　火の神に供えられた塩・沖縄県国頭郡国頭村、余座家

　これに似た正月の儀礼を鹿児島県大島郡大和村今里の安田トキマツさん(明治四十三年生まれ)から聞いたことがあった。大和村では正月二日を大工祭りの日としている。この日、大工の棟梁や大工の家では一般に次のようにしている。番匠ガネ・手斧・墨壺・墨さしを高盆にのせ、酒・ヒムン(干物)・塩を大工神に供える。棟梁・大工以外の農民は近くの棟梁の家の大工神を拝みにゆく。まず賽銭をあげ、大工神さんを拝すると、棟梁家ではサンゴンを出し、次に鰹の干物をへいだもの、酒・塩を出してくれる。盃をいただき、干物に塩をつけて食べる。この部分までと、久高島のクガネマースを並べてみると、これは、年頭に当たっての生命維持の予祝儀礼だと考えることができる。ところが大和村では、大工祭りの干物に塩をつけて食べておくと、その年は、「夜山・荒山へ行ってもハブにやられない」と伝えている。

大和村大金久の元野順円さん(大正十四年生まれ)は、大工祭りの日、棟梁方で塩をいただき、ヒムンを食べ、塩を頭に塗りつけておくとその年はハブの害に遭わないと伝えている。今里の森山チヨさん(明治三十六年生まれ)は、大工がハブ除けの呪文を吹きこんでくれた塩を舐めたり、山に入る時体に塗りつけておくとハブの害に遭わないと伝える。大工がハブに強いと信じられてきた理由は、大工が、蛇の苦手とする、手斧・番匠ガネ・鋸などの鉄の道具を扱うからである。いま一つ、ここで、塩がハブ除けの呪力を持つと信じられていたことがわかる。これは塩の持つ浄祓力の象徴と見てもよかろう。「塩断ち」という祈願法が各地に伝えられている。これも生命にとっての塩の重要性を前提とした祈願法である。

獣もまた塩分を求める。長野県下伊那郡大鹿村に「鹿塩」という地があり、塩泉が出ている。菅江真澄の『委寧能中路』に次のように紹介されている。(2)「鹿塩の東は甲斐の国鰍沢也。山中よりいづる水をくみて、これをやきて、しほとしてつねにくらふ」——この鹿塩という地名は、鹿が塩泉の塩を舐めるために集まったところからついたと伝えられている。南アルプス山麓には同様に獣が集まる場所が数々伝えられている。飯田市上村の猟師は皆それを知っており、そのような場所を「ショミズ」と呼んでいる。塩を求める狼の話も各地に伝えられており、これについては序章でも述べたところである。家畜の牛馬にも塩分は与えなければならない。一定期間、牛馬を山地放牧する地では、家人が、味噌・塩漬けの大根葉・塩などを持って山に赴く。自家の牛馬は喜んで家人のもとに寄ってくるという。(3)

二 塩と神々

人の生命維持にとって不可欠な塩はそれゆえに神々への饌物として必須の存在にもなった。それは、古社から村の鎮守、ムラ組やイエイエで祀る神、民俗神に至るまで広く及んでいる。例えば、長野県下伊那郡阿南町早稲田の杉本鷲男さん（大正四年生まれ）は、一月二日の初山に次のようにした。この日の早朝、山に入り、竹筒に入れた神酒・洗米・塩を山の神に供えて、一年間の山の恵みと安全を祈り、コナラの木を一本切って帰った。塩の献供は、神前・神棚・竈・井戸・建前・船おろしなどにも及ぶ。中には献供と浄めが渾然としたものもある。事例は枚挙に遑がないが、『塩俗問答集』(4)『日本塩業大系　特論・民俗』(5)などに紹介されている。個々の事例はこれらの報告に譲るとして、ここでは、「神社と塩」のかかわりの代表として、伊勢神宮と塩、鹽竈神社の藻塩焼神事にふれる。

写真2　伊勢神宮の塩田、御塩浜・三重県伊勢市

写真3　伊勢神宮、御塩汲入所・三重県伊勢市

1　伊勢神宮と塩

伊勢神宮では、神饌に当てる御塩を製するための御塩浜（写真2）、鹹水を収蔵する御塩汲入所（写真3）、荒（粗）塩を焚きあげるための御塩焼所、荒（粗）塩を収納する御塩倉を設け、そして、製塩の成就と塩の恵みを守りたまう御塩殿神社を祀っている。御塩浜は入浜式塩田で、五十鈴川河口の右岸で、広さは六六〇㎡、塩田が海浜に面することなく、河口部とはいえ河川に面し

て設置されている点は注目される。神宮司庁発行の、神宮弘報シリーズ(三)『神宮の御塩』(6)によると、「この場所に御塩浜があるのは、海水に淡水が少し混入した方が細かい良い塩ができるという理由によります」とある。御塩浜の潮の干満差は一mある。この差を利用して入浜式塩田が営まれているのである。この地点は、いうまでもなく「河川感潮域」に含まれている。さればこそ、河川に面していても採鹹が可能なのである。この地点に神宮の塩田が拓かれた理由は先に紹介したが、その他にもいくつかの要因が考えられる。

五十鈴川は剣峠北斜面を水源とし、神宮神山・神域を流れて海に注ぐ聖川である。その聖なる川の水と、海水がまぐあうところの水を以って塩を作る意味の重さはよく理解できる。また、河口部に塩浜を設けるにしても、なぜ左岸ではなく右岸だったのかという点も気になる。このことは、伊勢神宮をめぐる信仰空間論上、極めて重要なことである。海に面して二見興玉神社が鎮まり、その前方に夫婦岩が立つ。さらにその沖合七〇〇mの海中に猿田彦大神ゆかりの霊石と伝えられる興玉神石があるという。そして、二見興玉神社の背後で、五十鈴川は左に本流、右に派川と分かれている。二見町は、いわば島である。この島は、前面を伊勢湾の海、後背を五十鈴川の流れに囲まれるという特殊な聖性地形をなしている。そこは浴塵から水を以って限られた聖なる地となっているのである。したがって、神聖な塩の生成にかかわる御塩浜はこの島内に当たる右岸でなければならなかったのである。御塩汲所も、御塩焼所も、そして御塩殿神社もこの島内になければならなかったのである。

さて、鹹水は御塩焼所の釜で焚きあげられ、その荒(粗)塩は麦稈と稲藁半々で編んだ二斗入の俵に入れられ、御塩倉に納められる。そして、十月五日、御塩殿神社において塩の恵みに感謝し、塩業の発展を祈る御塩殿祭が行われる。その後、五日間をかけて「御塩焼固め」と称する堅塩奉製が行われる。「御塩焼固め」は十月の他三月にも行われ、計十日間を要する。御塩焼固めには、そのために焼かれた三角錐の、一・一ℓほど入る土器が用意される。その土器の中に荒(粗)塩を棒で固く詰めこむ、これを竈一基の中に一〇個並べ二基の竈で焼く。こうして慎重に作られた御塩は、伊勢神宮の年間の神饌に用いられ、一部は清めにも使われるという(7)。

2　鹽竈神社の藻塩焼神事

伊勢神宮以外にも塩を製する神社がある。それは、宮城県塩竈市一森山鎮座の鹽竈神社である。当社は塩土老翁神を祭神とする。当社の製塩は「藻塩焼」で、七月六日に藻塩焼神事としてとり行われる。これに先立つ行事・神事がある。まず、七月四日、午前十時、松島湾右湾口岬に当たる花渕に祭員五人が小舟で赴き、鼻節神社沖一〇〇～二〇〇mの海中で竹の先に鎌をつけて海藻、ホンダワラを採取する。帰着は手漕ぎ時代の慣例で午後二時と定められている。ホンダワラは櫃に納められて行列を組んで運ばれ、本町に鎮座する御釜神社で保管される。御釜神社には、潮水を満たした状態の四基の神竈が神柵で囲まれ閉扉されて祀られている。七月五日、ここで水替神事が行われる。午前十時、報告祭が済むと祭員は神竈の潮水を桶に汲み出す。その際古水を約二升ほど桶に残して保存しておく。二斗ほどの古水を小舟に積み、松島湾内の釜ヶ淵に赴き、まず古水を湾に返す。そして、満潮時に柄杓を以って釜ヶ淵の潮水を桶に汲み入れて帰る。午後五時、御釜神社で祭典を行い、新しい潮水を洗浄された後の神竈に満たす。

七月六日午後一時、御釜神社で藻塩焼神事開始の祭りを行い、一時十分からいよいよ藻塩焼きが始まる。

御釜神社境内には一間四方の竈屋が設けられており、竈が築かれ、大釜が掛けられている。竈場の四隅に青竹が立てられ、三尺に二尺五寸の竹簀がその青竹の先から縄で吊られている。竹簀は縦組のものと横組のものが重なる二重構造。簀は大釜の口を蓋状に覆う。祭員は、四日に採取し、櫃の中に納められていたホンダワラを取り出して簀の上に広げながら積む。厚さは一五㎝ほどである。次いで、釜ヶ淵から汲み、樽二本に入れて運んだ潮水を桶に移し、そ

写真4 簀上のホンダワラに塩水を注ぐ。塩竈神社、藻塩焼神事・宮城県塩竈市一森山

写真5 できあがった荒塩を三方の皿に盛る。塩竈神社、藻塩焼神事・宮城県塩竈市一森山

の桶の潮水を二人がかりでホンダワラの上に丁寧にかける。こうすると、ホンダワラに付着した潮水の水分が蒸発し、塩度の濃くなった鹹水が簀を経て釜の中に入るのである(写真4)。

かけ終えると、松の薪を詰め、手前の竈口に置かれた鉋ガラの塊に火打ち石でモグサに点火した火を移す。火が薪に燃え移ったところでホンダワラをのせた竹簀がとりはずされる。次いで禰宜が釜の中の鹹水を玉串で掻き浄める。やがて鹹水が煮えたってくると、祭員は二〇㎝四方の、サラシを張ったアク掬いで、泡・アク・ゴミを除く。薪を追加する。次第に煮詰まってくる。祭員四人が柄振状の木具を持って釜の平底の上の結晶を掻き、塩の生成を加速させ、かつ、焦げを防ぎ、均化を図る。火が鎮められ、やがて塩が焼きあがる。焚き始めからほぼ一時間だ。

祭員の一人が木製の小型の受け箕の中に杓子や篦で荒(粗)塩を集める。そしてその荒(粗)塩はいま一人の祭員の持つ三方の上の皿に移される。荒(粗)塩には粗い粒子も混っており、色も純白ではなく、薄い桃色を帯びている。それが、一層新しさを感じさせる(写真5)。このできたての塩は直ちに御釜神社の神前に供えられる(写真6)。荒(粗)塩献供が終わると、神竈柵の扉が開かれ、四つの神竈の、新しい潮水の中にできたての荒(粗)塩が一つまみずつ入れられる。次に、桶の中に汲み置かれていた神竈の旧の潮水を四基の神竈の新潮水の中に柄杓で注ぎ入れる(写真7)。これは、元水の継続・再生の儀礼である。こうして藻塩焼神事は終了する。参拝者には「御塩神社藻塩焼神事・御鹽小一包が分与される。藻塩焼神事で製された荒(粗)塩は七月十日の鹽竈神社例祭に献供される。

鹽竈神社の藻塩焼神事も大きな信仰空間の中でくり広げられる。ホンダワラ採取が行われる花渕の「花」、鼻節神社の「鼻」は、いずれも「端《はな》」の意で、「渕」は、鼻節神社鎮座地の断崖とその下の海を意味する。鼻節神社前方海

写真6　御釜神社に供えられた荒塩・塩竈神社、藻塩焼神事・宮城県塩竈市一森山

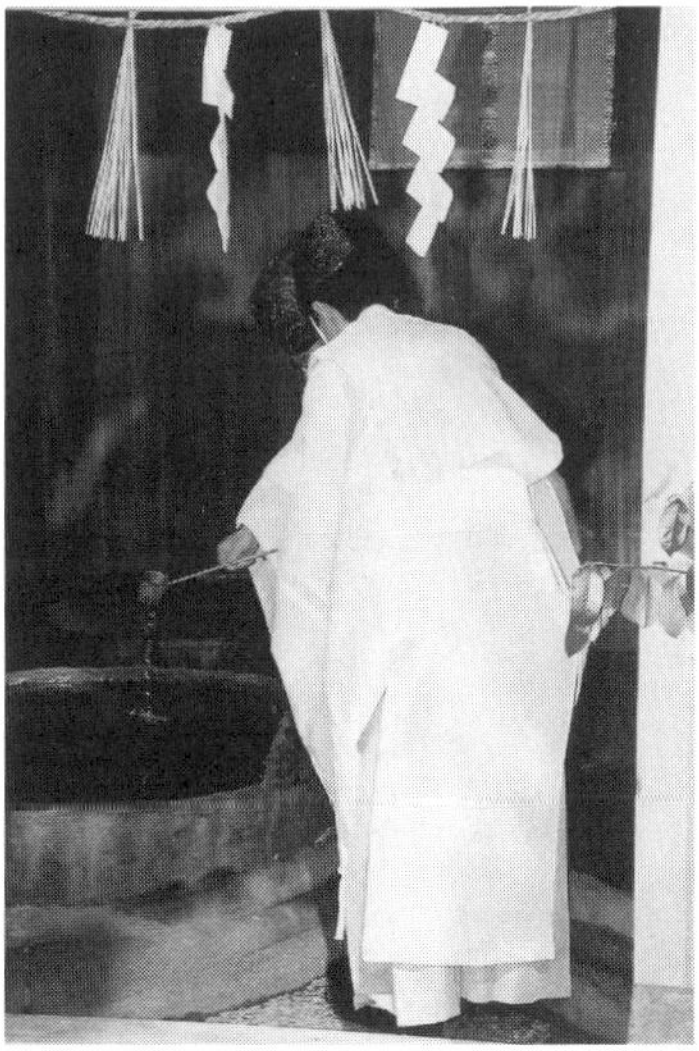

写真7　神竈に満たされた新潮水に元水を注ぐ。塩竈神社、藻塩焼神事・宮城県塩竈市一森山

中には「大根《おおね》」と呼ばれる岩礁があり、海底に西の宮と東の宮があると伝えられる。さらに、鼻節神社東方には、東箱島・中箱島・西箱島があり、東南には矢筈島その他の岩島がある。当地には、東北地方に来臨される武甕槌神を塩土老翁神が鼻節神社の社地まで出迎えに来たという伝承がある。この国には、岬に来臨する神は、岬の先にある根や先島を伝って来られるという伝承が各地に点在する。この地の伝承もそれに類する。また、御潮汲みの場は松島湾内の釜ヶ淵、塩土老翁神が祀られる籬島、かつて入浜に面していたという御釜神社など、藻塩焼神事も大きな信仰空間の中で展開されているのである。

三　塩とその周辺

塩が神々への饌物として重要な存在であることについては先に述べたが、塩の持ついま一つの重い働きを忘れるわけにはゆかない。それは塩の持つ浄めの力である。考えてみれば、浄めは、人の生命や生存を脅かし、阻害せんとするものの排除・浄化につながる行為・儀礼である。塩を浄めに用いることの大前提には、塩の持つ生命維持の力が大きく作用していると見てよかろう。さらに、塩を浄めに用いるに至った要因としては、塩の持つ防腐効力がかかわっていたのではあるまいか。また、塩が人の体中にたまる老廃物を排出させることも半ば本能的に知覚されていたものと思われる。塩は人自身の肉体を浄化し、併せて、心の汚れも浄めてくれるものと考えられてきたのである。生命の原郷たる海水への思いは、そこから生まれくる塩への信頼感をもたらした。そして、塩の味なども浄めと微妙にかかわっていたにちがいない。

浄めの形は様々である。力士の力塩に象徴される撒き塩、葬式後の撒き塩、不吉な来訪者の跡を浄めるための撒き塩など、塩を撒いて浄める形は広く知られるところであるが、盛り塩も浄めに通じる。例えば、静岡県焼津市焼津神社例祭に際して、氏子は玄関に二つの盛り砂を盛り、その頂に塩を盛る（写真８）。母屋の四隅に盛り塩を置く例、商家の入口に盛り塩を置く例などもある。これらは、塩の持つ浄化力、浄祓力を以って結界を作り、不浄なるもの・悪しきものを遮断し、それらの侵入を防がんとしたものである。

「塩と浄め」の関係、塩による浄めの問題について考える時必ず出合うのは「浄めと潮」「浄めと海水」の問題である。このことについてつとに注目したのは渋澤敬三だった。渋澤は、「塩――『塩俗問答集』を中心として――」という論考の中で、塩水による浄めの事例を若干示した後、次のように述べている[8]。

「ここに白砂状の塩を用うる場合の状態について数多くの報告を一括して簡単に示すと、一般には不浄不吉を浄めるためである祭祀関係の浄めでは、祭場、祭具、神棚を塩で浄め、火、炉、竈、井戸、川等の浄めも塩を用い、死穢の忌を祓うにも同様塩で浄める例が普遍的である。このほか各種の場合を見るが、我々は日常どちらかというと白砂状の塩を用いての浄めや払いが多いためにこの仕方が本来で、海水を用うるのは第二次的の如く考えがちである。しかし我々はむしろ、海水を用うるが本然の形であり、潮水が得難い場合が多いために塩を以てこれに代替せしめたと見るべきではあるまいか。箱崎海岸の砂のごときは（福岡県筥崎宮では、竹筒に海水の代わりに海岸の砂を入れて代用している）、塩から海

写真８　盛り砂の頂に塩を盛る。焼津神社荒祭り、静岡県焼津市鰯ヶ島

水への方向では解釈できない。海水の二次的代替として塩よりは更に手近なものそして砂を取りあげたと見る方がより自然ではあるまいか。」

まことに妥当な見解であり、筆者も同感である。右の見解をふまえてみると、塩について考える場合は、塩の周辺について考えてみなければならないことは自明となる。塩の周辺に浮上してくるものは、「潮」「潮水」「塩水」「砂」「浜石」「海藻」などである。以下に、饌物または浄化呪物としての「潮水」「砂」「浜石」「海藻」について述べる。

1 潮水の力

生命を生み出したという海、羊水に似ているという海水、常世の国に通じている海、潮汐干満、朔望月、大潮・小潮といった不思議な潮動をくり返す海、そしてシオカライ潮水、人は、古来、海浜に赴き、その潮水で心身を浄めてきた。神社に参拝する者、神事にかかわる者、祭りにかかわる者が海浜に至って潮水で禊をし、身心を浄める例は多く見られる。また、正月や旧暦三月三日に潮水で体を浄める例もある。以下に若干の例を示そう。

①三重県伊勢市二見町・二見興玉神社

同社刊の由緒書きの中に次のようにある。「浜参宮」――二見浦一帯は清き渚と呼ばれ、何処よりも清らかな浜辺として尊ばれて参りました。古くからその一帯を禊浜ともいい伊勢参宮を間近にひかえた人々がその浜辺で汐水を浴び、心身を浄め禊祓をされた禊場でありました。浜参宮は清き渚と称えられる二見浦の禊浜に参宮することであり、それを済ませてから、伊勢神宮へ参拝するのが順となっております。――この文章によると、伊勢神宮に参拝する者はそれに先んじて、二見浦海岸で潮水をあびて禊をし身心を浄めるのが本来の形であったことがわかる。その原形が、二見興玉神社に参拝し、無垢塩の祓を受けることが潮水による禊を受けることの代替となり、さらには、直接祓を受けない者は当社より無垢鹽草を受けるという形に簡略化してきているのである。「無垢塩の祓」「無垢鹽草」については後に述べる。

祭りや神事に先立ち、海岸に赴き潮水につかって禊をする例は多いが、以下に、まず、静岡県内の事例を紹介する。事例②はやや詳細にわたるが、潮水による禊の実際のほか潮水・砂・浜石など重層的な海水の浄祓力にかかわる部分を含むのでここにとりあげた。

②静岡県磐田市見付・矢奈比売神社例大祭

当社は延喜式内社で例大祭は旧暦八月十日・十一日に行われ、一般には「見付天神裸祭り」として知られている。祭りの総体は別に紹介するとして、ここでは、当面の主題、塩・潮・砂・浜石などにかかわる部分に注目する。祭日の三日前に「松原神事」と「浜の神事」が行われる。ともに、もとは遠州灘に面した鮫島海岸で行われていたが、現在は福田海岸でとり行われる。松原神事では砂丘の松林の丘状地形をなす部分に宮司・神職・神役・お先供などが参集し、祭りの無事なる成就を祈る。神事終了後、大原地区から献上された鯔《いな》を水路に放ち「放生」を行う。代替として鮒を用いることもある。松原神事・放生が終了した後、一同は砂丘を越え、一〇〇mほど浜を歩き、清浄な渚に近づく。

遠州灘の波は荒く、波の秀《ほ》は白い。渚手前二〇mほどのところに、砂を山状に盛り、そこに神籬《ひもろぎ》を立てる。海の彼方を正面となし、先供・輿番・神役などは薦の上に座して侍す。スルメ・塩・神酒などの献饌が行われ、宮司が祝詞を奏上する(写真9)。神籬の彼方には深く碧い海、寄せくる白波、低頭する奉仕者、これは明らかに海の彼方の神・海の神に祈る形である。次いで一同に対し修祓が行われる。さらに、一人一人に長さ二五㎝ほどの小串幣が配られ、おのおのはその小串幣を以っておのれの身体の総てを祓い、祓い終えるとそれを神籬の根方の盛り砂に挿し立てる。

写真9 浜の神事の祝詞・矢奈比売神社、静岡県磐田市福田海岸

写真10 遠州灘での禊・矢奈比売神社、静岡県磐田市福田海岸

いよいよ海水による禊である。神職をはじめとし、先供・輿番が続く（写真10）、さらに、二八の祭り組（町内）がおのおの笹竹に町の結社名を記した幟をつけたものを高く掲げて、結社ごとに海に入ってゆく。各町内とも子供連を守りながら祭り組ごとに禊を行う。大人も子供も町印の手拭いで鉢巻きをし、褌姿である。町組は次から次へと砂丘を越えて渚に近づき、渚は人で埋まる。松原神事が午前十時に始まり、総ての祭り組が禊を終えるのが十二時である。見付の人びとは、本祭り三日前の、この浜辺の神事・行事を総体として「浜垢離」と呼んでいる。

浜の神事終了後の禊に際してとりわけ注目すべき行事がある。それは、輿番によって行われる。a潮汲み（写真12）、b砂採り（写真11）、c石拾い（写真12）である。潮水、砂ともに注連縄を張られ、清められた特別な桶に、清浄な渚から迎えられる。浜石は、色にはこだわらず、径五cm前後の丸平石を一二個拾い、砂桶の上にのせる。潮水・砂・浜石の用途は以下の通りである。潮水と砂は、本祭り前日の午後八時、「御池の清祓」と称して、境内・社殿・氏子などを清めるのに使う。一二個の浜石は旧暦八月十一日午前零時三十分の神輿出御にかかわる。石は白紙に包まれ、その上に、一個ずつ十二支の一文字ずつが書かれている。この石は、矢奈比売神社の神輿が淡海国魂神社に向かって出御する際、出御の祝詞の直前に、禰宜が中心となって幣殿に奉置された神輿の周りに方位に合わせて並べられる。これもまた象徴化・儀礼化された浄めと見ることができよう。

右は矢奈比売神社にかかわる潮水・砂・浜石の浄めであるが、この祭りには、右以外にも潮水と砂が重要な役割を果たす。それは、各祭り組でも潮水汲

写真11　浜垢離に際しての砂採り・矢奈比売神社、静岡県磐田市福田海岸

写真12　浜垢離に際しての潮汲みと石拾い・矢奈比売神社、静岡県磐田市福田海岸

写真13　会所柱の浄め砂・静岡県磐田市見付幸町

写真14　汲みおきの潮水による浄め・静岡県磐田市見付幸町

みが行われ、砂採りが行われ、潮水と砂が浄めの力を発揮していることである。例えば西区幸町（玄社）の場合、砂は会所のテントの柱の根元に盛って浄めとする（写真13）。潮水は、会所の浄めと、浜垢離に行けなかった者の浄めに使う。平成二十年の場合、浜垢離の際、ペットボトルに汲んできておいた潮水を年長者が口に含んで、浜垢離をしていない者に対し、お練り出発前に体中に吹きかけるという方法をとっていた（写真14）。

平成二十年の浜垢離は九月三日だった。禊を終えた祭り組の者たちは、おのおの、松林の中に設けられた各町内のテントや席に着く。丁度昼時になっており、そこには女たちが酒食を用意して待ち受けていた。直ちに小宴となる。これは、旧暦三月三日、各地で行われる「浜降《はまお》り」「浜行き」に匹敵するものである。

昭和三十年代初めごろまでは、祭り組が、屋形船を仕立てて今之浦川を下っていたと言い、その写真も『はだかまつり』という小冊子に載っている。(9) そのころまでは船の町衆と河岸の農家の人びととの間に興味深い交流があったという。町衆が河岸の農家の人びとに、粟餅や里芋の煮つけを渡すと、農家の人びとは町衆に新藁を渡していたのだという。その新藁で、裸祭りに使う腰蓑を作っていたのだった。前掲『はだかまつり』中には、「裸祭の参加条件」として次のように記されてる。「次の者は、裸祭(練り・鬼踊り)に参加できます。⑴各祭組会所から参加する者　⑵裸祭を愛し、しきたりを守る者　⑶役員の指示に従う者　⑷浜の水で心身の潔斎を受けた者　⑸身なりの正しい者　①町印の手拭い鉢巻き　②晒布の腹巻き・褌　③腰蓑　④黒足袋　⑤草鞋」――右により、裸祭り参加者に藁の腰蓑が必須であることがわかる。

裸衆は前述のいでたちで、「練り」と「鬼踊り」とを行う。結社名の入った提灯を高くかかげ、「オイショ」「オイショ」の掛け声に合わせ、「触れ」を担当する町内は二鈴の鈴を振りながら腕や肩を組み、固まって練るのである。練りの及ぶ範囲は、西の境松御旅所から東の三本松御旅の範囲で、鬼踊りは矢奈比売神社拝殿内での練りを意味している。

本祭り第一日目の午後六時から八時ごろまで子供たちの練りが行われ、午後九時から大人たちの練りが始まる。午後十一時から西区・西中区・東中区・東区の順に神社に至り鬼踊りを始める。祭りは二日目に入り、午前零時十分ごろ境内の山神社で祝詞が奏上される。その祝詞の途中で煙火があがると「一番触れ」と大声が発せられる。同時に一番触れの梯団の男たちは一斉に坂を下って町に入る。次の煙火で二番触れが発つ。二番触れの出発後、神輿が出御して淡海国魂神社に着御するまでの間、町中の灯火及び懐中電灯、タバコの火などすべての火を消さなければならない。三番触れが出るころ、拝殿の中で練っている裸衆を分けて闇の中での神輿渡御が始まる。参道の坂の途中の幟には

写真15 矢奈比売神社、裸祭りの練り・静岡県磐田市見付

「比佐麻里祭」と書かれていた。「ひそまり祭」の意である。無言無灯の忌みの中で町の人びとは山から下ってくる神、渡りくる神を迎えたのである。「触れ」は神が下ることの前触れである。淡海国魂神社への着御後、裸衆は腰蓑を納め、会所にもどる。

この祭りにおける潔斎はまことに厳しい。輿番は、浜の神事における修祓、小串幣による祓い、海水による禊、そして祭り第一日午後、神社の祓所で、清祓が行われる。遠州灘の清浄な渚から持ち来たった潮水・砂・浜石がどのように使われるかについては先に述べた通りであるが、潮水・砂は社域を浄めるにとどまらず、各町内でも、会所や人を浄めるのに用いられていた。潮が塩の根源であることは明らかであるが、砂や浜石にも潮の力が凝縮され、宿されているという認識がここにはある。

裸祭りに参加する男たち、子供たちの海浜における禊についても先に見た通りであり、浜垢離に参加できなかった者たちに対しても、渚から汲み来たった潮水を以って浄めが行われる。裸の男たちが腰につける「腰蓑」も重い意味を持っている。新藁で作られた腰蓑は「注連縄」だと見ることができる。禊を果たし、浄められた会所に籠った後、神聖な注連縄をつけた裸の男たちに託された使命は何だったのだろうか。それは男たちの練りと鬼踊りの激しい踊り、大地を踏みしめる所作、並びに練りと鬼踊りの行われる場を見れば明らかになる。

練りが行われる見付の町内、境松・三本松という東西の境界内、淡海国魂神社、そして、鬼踊りが行われる矢奈比売神社境内――。これは、禊を果たし、注連縄を巻いた男たちによる反閇《へんばい》であり、大地の霊を鎮める儀礼である（写真15）。自分たちの町にある邪悪なるもの、神の座に入らんとする邪悪なるものを踏み鎮める儀礼であり、地霊を鎮める儀礼である。潮で禊を果たし、裸で、藁の注連をつけて大地を踏む男たちの姿は、塩を撒き四股を踏む力士、綱を締め四股を踏んで地霊を鎮める横綱に通じるものがある。これだけでも重い意味があるのだが、現実の祭りを見ると、そうして踏み鎮められた地に神輿が下り、祭りの二日目にはその範囲に神輿が渡御するという構造を読みとることができる。

③静岡県御前崎市佐倉・池宮神社の御櫃納め神事

当社は社名に示される通り「佐倉ヶ池」という幽邃な池が神池として祀られている。法然上人の師皇円阿闍梨が弥勒修行をするため竜に身をかえて自らこの池に沈んだと伝え、法然が師のために曲物の櫃に赤飯を入れてこの池に沈納したという伝承にちなみ、毎年九月二十三日、御櫃納め神事が行われる。選ばれた青年が游泳しながら櫃を池中に納めるのである。この神事にかかわる者は遠州灘海岸で禊を重ねるのである。『静岡県神社志』には次のような叙述がある。[10]「水練を善くする村の青年二十余名、神主邸内にある特別なる精進家（神社より約二丁）に一週間起居し、此間他人と一切言語を交へず、斎戒七日七夜、連日海岸に出でて遠州灘の波濤にて沐潮すること昼夜二回、浄水を以て身を清むること数回……」――潮水による禊、昼夜二回、これを七日七夜くり返すのである。

④静岡県焼津市・焼津神社大祭（荒祭り）

大祭は八月十三日であるが、八月一日から神職はじめ、祭りに奉仕する人びとの忌籠りが始まる。『焼津の荒祭り』には次のようにある。[11]「祭典の聖域や主神役の家に青竹を立て、注連縄を張るのも、それが忌籠りのしるしだったのであろう。主神役のひとり、猿田彦役の青年の神社への参籠が始まるのもこの日からである。御笛役、神輿の舁丁《こしかき》、その他の主神役が海水で潔斎し、別火別鍋生活に入るのもこのころであった（現在では猿田彦・御笛役を除く、その他の主神役は特別に潔斎はしない）。かつてはこうした厳しい忌籠りが三週間前から始まった」――筆者も、昭和五十年代、焼津神社大祭の準備や当日の展開を具に参与観察する機会があったが、海岸による禊はじつに厳正に行われており、消波ブロックから海水面に降り、全裸で禊を行っているのが印象的だった。

⑤福岡県宗像市田島宗像大社の沖津宮（沖ノ島鎮座）

沖ノ島は「お言わずの島」とも呼ばれ、島内の様子を他言してはならないとされていた。また、古くは、島内では「忌み詞」を以って会話をしなければならないとされていた。もとより、みだりに島に上がることは許されなかった。島からは、「海の正倉院」と呼ばれるほどに多彩な祭祀遺物が出土する。それは、四世紀から十一世紀初頭に及ぶもので、目的は航海安全祈願だった。平成二年七月七日、沖ノ島の「沖津宮」を参拝する機に恵まれた。沖津宮の参道につながる海岸は「御浜」と呼ばれているのであるが、そこは小石浜で波はない。沖ノ島に上陸して沖津宮を参拝する者は、必ず御浜において全裸の禊をしなければならない。筆者もその折には御浜で禊を済ませ、爽快な気分で沖津宮への径をたどった。

神事・祭事関係とは別に正月に行われる海水の禊もある。『日本の民俗24・三重』の中には次のような記述がある。(12)

⑥三重県鳥羽市石鏡

「石鏡は鳥羽市であるが、陸の孤島で、バスも今もって通っていない。海女が多い村である。ここでは元旦の暗いうちに海女らが一糸まとわぬ姿で海に飛び込み、禊をする。はるか東方の海を拝し、小石を一つ拾ってくる。撮影は堅く禁じられている。無理に、うつそうとしたカメラマンが、護衛の若衆にカメラを取りあげられ、岸壁に叩きつけられたこともあった。」

鳥羽市石鏡で海女として暮らした浜田みちこさん（大正三年生まれ）は正月の禊のことを「垢離とり」と呼ぶ。元旦から三日まで、石鏡浜に赴き、全裸になって海に入って日の出を拝み、その年の無事と大漁を祈ったという。浜田さんは戦時中の出征兵士歓送法について次のように語る。それは櫓船時代から巡航船時代にかけて石鏡の女たちによって継承されてきた習俗であった。それは、出征兵士の妻をはじめとして、姉妹・叔母・妻の姉妹などの女性たちが、上半身は裸、下に腰巻だけの姿で海辺に集まり、海に入って船の前に立ち、身内の出征兵士を見送るというものであった。それも、ただ立っているだけではなく、全員そろって、まず三回もぐり、次に、海水を手で三回撥ねて、「ツイ　ツイ　ツイ」と唱えて無事を祈るのである。そして最後に万歳を三唱した。水を三回撥ねて「ツイ　ツイ　ツイ」と唱えるのはこの地方の海女たちの豊漁祈願・安全祈願の方法である。

⑦沖縄県南城市知念久高島・旧暦三月三日の浜降り

同地の内間芳子さん（昭和五年生まれ）は次のように語る。旧暦三月三日は浜降りで、干潮に合わせてピシ（干潮）に出かけ、タコ・サザエ・アズケー（シャコ貝）、その他を捕った。この日には必ず足に潮をつけなければいけないと言い伝えられており、この日に天候が悪いと海から潮を汲んできて足をぬらすといった方法をとったという。旧暦三月三日は最もよく潮がひく日で、魚介類も捕採しやすい。沖縄では浜降り、本土ではこの日潮干狩をした。

宮城文は『八重山生活誌』で次のように記している。[13]「三月三日の節句をサニジといい……この日女は海に下りて足を濡らす日だという習慣になっている。婦女子の浜下り＝当日婦女子は、貝拾い、もずく、アーサなどの海藻採りをして、夜はその獲物で御馳走を作ることを楽しみにするくらいのものであった」――旧暦三月三日は本来、女性にとって禊の日で、潮水にふれて心身を浄める日であったことがわかる。子供を産み、育てる身に、悪しきものが付着することを防ぎ、病魔を祓う浄めである。そしてこの日捕採した、魚介・海藻類は女たちの体力を養うもとにもなった。

特定の日に男たちが海浜に赴き、潮水を浴びる例もある。

⑧静岡県磐田市平間(旧竜洋町)・ウシハマ

平間の鈴木金蔵さん(明治三十九年生まれ)は、今は埋め立てられてなくなった天竜川東派川を航行し、増水時に薪を拾ったり、製材所へ燃料にするための木片を買いに行くために川舟を持っていた。川舟は、その他、ウシハマ(丑浜)と称して、夏の土用の丑の日に駒場の浜へ水浴びに行く時に使った。この地には土用の丑の日に海水を浴びると身体に良いという伝承があり、男子や子供たちはこぞって浜に出かけた。帰りには樽の中に潮水を汲み入れ、それを舟に積んで溯上し、その水で風呂を沸かして老人や女性もこれに入れた。ウシハマの習俗は、近代的な海水浴の習俗に先行するものとして注目される。

塩湯という習俗も各地に見られる。湯の中に塩を入れた風呂は塩泉と同じであり、潮水の湯に等しい。この風呂に入ることは身心の浄化・再生につながり、冬季においては暖・温による体への恵み、衰微からの復活となる。

⑨新潟県中魚沼郡津南町大赤沢・冬至の塩風呂

石澤政市さん(明治三十六年生まれ)は次のように語る。塩は叺《かます》入りで買った。空になった塩叺を大切に保存しておき、年に一度、冬至の日にその塩叺を風呂桶に入れて塩風呂を沸かした。叺の目に塩が残っているのでそれが生かされて塩風呂になった。家族全員塩風呂に入った。冬至は太陽が衰える日で、この日塩風呂に入って身心を清め、再生復活しようという思いがこめられている。太陽が衰える冬至に塩風呂で身心を温めることは再生・復活の実感を強めたことであろう。

特定の期日に浜や磯に赴き、潮水を汲んできて、浄祓その他の目的に用いた例は各地に様々見られる。海水と同時に海浜の小石を拾ってくる場合もある。また、正月の注連縄や、その素材の藁を潮水で清める例もある。以下に事例を示す。

⑩三重県北牟婁郡紀北町紀伊長島区古里

同地の大西九女子さん（昭和七年生まれ）は潮水汲み及び、潮水について次のように語る。〈大掃除〉十二月、新年を迎えるに際しての大掃除が終わると潮水を汲んできて家屋敷を清めた。〈正月の注連縄〉藁三把を持って渚に赴き、藁を潮水で清める。持ち帰ってムシロに包んで水を切ってから注連縄を綯う。〈節分〉a真竹で作った角樽型の容器に潮水を迎え、その際、波打ち際から青色の小石を三個拾って容器に入れる。持ち帰ってエビス棚に供える。b朝、潮水を汲んできて母屋の周囲を清める。c朝、波打ち際の清浄な砂利を重箱に入れて持ち帰り、玄関に飾る。併せて、イマメ（ウバメガシ）の枝を伐ってきてこれも玄関に飾る。夕刻、重箱の小石と大豆を混ぜ、焙烙に入れて飾ってあったウバメガシの枝に点火して炒る。その時、「イマメパチ　イマメパチ」と唱える。炒りあがったものを一升枡と五合枡に分けて入れ、一升枡を神棚に供えてから、戸を閉めて「福は内」と三回、「鬼は外」と三回唱えながら豆と小石とを撒く。五合枡の豆は、家族が年の数だけ食べる。〈ボラ漁の船元〉古里にはボラ組があり、見張の櫓が三箇所にあった。船元の家では、モノ日及び出漁前には、真竹で作った角樽に潮水を汲み、青い小石を三個ずつ入れてエビス様に供えた。〈葬式〉葬式からもどると塩を撒き、同時に、盥に塩を入れ、履物のまま、盥に足を入れる所作をしてから家に入った。盥に塩を入れるという形は、本来はこれが潮水であったことをもの語っている。〈旧暦三月三日〉この日は親戚が舟を出し、男も女も磯に出て、ナガレコ・フクダメ・ガンガラ（バイ）などをたくさん採って焼いて食べた。この日の貝類の捕採はおのずから潮水にひたることになった。

⑪三重県北牟婁郡紀北町紀伊長島区中島

以下は同地の東一男さん（大正十五年生まれ）の体験と伝承による。〈正月〉a注連縄は綯ってから海に行き、潮水につけて浄めた。持ち帰って乾燥させてからシデ、「蘇民将来子孫門」などをつけた。b母屋の四隅に猿田彦神社からいただいた砂を盛った。〈節分〉波で洗われた浜砂利ひとつかみを皿または袋に入れて持ち帰り、大豆と混ぜて炒った。イママメの枝で炒るのだが、神棚に供える分と、門付けに来る子供に与える分は焦がさないで、撒く分は、イママメをパチパチいわせて黒くなるまで炒った。子供に与える分は、大豆のほかに米を混ぜた。当地では、節分の夜、町内の子供たちが「鯛鯖《たいさば》売って」「鯛鯖売って」と大声で唱しながら各戸をまわった。イエイエでは、炒り大豆・炒り米を桶の中に入れておき、来訪した子供たちにひとつかみずつ与えた。大豆や米がなくなると「もう売りきれた」と挨拶した。

⑫三重県北牟婁郡紀北町紀伊長島区海野

以下は同地の浜畑ふみよさん（昭和十六年生まれ）の体験と伝承による。〈正月〉注連縄は、藁を海水で浄めてから綯う。〈節分〉a潮水を茶碗に汲んできて、イママメの枝で振り撒いて屋敷を浄める。b朝、波打ち際の、誰も踏んでいない小石を笊に入れてきて玄関に飾る。同時にウバメガシの枝を飾る。夕刻大豆と小石を混ぜてイママメの枝で炒り、戸を閉めて、主人が「福は内、鬼は外」と豆と小石を撒く。〈盆〉精霊棚の材を海水につけて浄める。

⑬三重県度会郡南伊勢町古和浦

以下は同地の雑貨商「文蔵」の主人（昭和十五年生まれ）の体験と伝承による。〈正月〉注連縄を綯う時には藁を海水につけてから綯う。〈節分〉古和川の川尻の海岸から、大豆の半分ほどの小石を茶碗いっぱい迎えてくる。それを焙烙で大豆に混ぜ、イママメの炭で炒る。床の間・エビス・荒神・仏壇に供え、戸を閉めた状態で「トビはウチ」（富は内）と唱しながら撒き、外へ出て、屋根に向って「鬼は外」と唱えて撒く。また、「納屋の鼠も大きなれ」と唱えて納屋に撒く。別に、柊の枝に鰯の頭と尾を刺し戸口に挿し、鍋つかみを添える。

⑭和歌山県東牟婁郡串本町旧潮岬村上野

当地では節分のことを「年越し」と呼ぶ。この日、午前三時か四時ごろから子供たちは行事にかかる。径二〇cmほどの桶を持って灯台の下にある黒島の浜へ降り、打ち寄せる波の秀《ほ》の部分を桶に受けて入れる。続いてまだ人の踏んでいない渚の、径一cmほどの小石を両手いっぱいに拾い、すでに潮水の入っている桶の中に入れる。台地に登って潮御崎神社に赴き、宮司から径二cm、長さ一五cmほどに切られた柏槇の枝をいただいて家に帰る。夕刻、Y字型の小枝に鯵または秋刀魚を二分したものを刺し、朝、神社からいただいた柏槇に火をつけ、この魚を焼く。焼く時に、「何焼く　かあ焼く　作りを喰う虫の口を焼きましょう」とくり返し唱え、焼き終えるとこれを玄関に挿しておく。次いで、朝海岸で迎えた潮づけの小石と炒り大豆を混ぜて一升枡の中に入れ、「鬼は外、福は内」と唱えながら撒く。

⑮静岡市駿河区西大谷・潮水汲みと白石拾い

同地の神谷利助家では、次の各行事に際して潮水汲みと白石拾いを行った。〈忌み明け・大掃除のあと・庚申様の日・正月・お日待(氏神八坂神社の祭りの前日)〉これらの日には大谷海岸から真竹製の角樽に潮水を汲んできて、その水で松の枝を使って屋敷を浄める。潮汲みに際しては清浄な浜石、径一～二cmの白石を三個拾って角樽に入れる。この竹製の角樽、実は桶なのだが、これを隣接する焼津市では「ヤナ」と呼ぶ。右にあげた日のほかに、戦前には一日、十五日にこれを行っていた家が多かったという。桶をビンに替えて続けている家もある。浄めが終わると、桶には残りの水と松の小枝を入れたままの状態で神棚に供えた。

⑯静岡県静岡市清水区駒越

当地では海水と次のようにかかわった。〈正月〉十二月三十一日、正月の注連縄を作る藁を潮水で浄めてから注連縄を綯った。〈竈荒神〉事例⑭と同様の竹ヤナの中に潮水を汲み、白石三個を入れて持ち帰り、荒神棚に供えた。

⑰静岡市葵区水見色――当地は、安倍川、その支流藁科川、さらにその支流の水見色川沿いに海岸から一八㎞溯上した地である。以下は同地の佐藤隆一さん（明治三十六年生まれ）の体験と伝承による。この部落では人が死亡した後の忌み明けの際に、喪主と親戚の者たちが集まって、静岡市の大浜海岸に赴いて浄めを行う。この浜行きのことをハマゾウジと呼ぶ。浜精進の意であろう。戒名を書いた仮の塔婆を立て、海水で浄めるのであるが、その際、海水をビンに汲み、さらに、直径二㎝から四㎝ほどの黒くて丸い平石を袋いっぱい持って帰る。水見色の小字原の前は二三戸、持ち帰った海水と浜石を組内にまわし、組の各戸ではそれを受けとり、ビンには松・杉・笹などを挿したまま振って屋敷を浄める。石は各戸四個ずつ取ってイロリの四隅に置く。もちろん、喪主の家を最初に浄め、以下、リレー式にまわすのである。イロリのない家では石を竈に置くようになった。

ところで、水見色、その近隣の富沢・大家村などでは、遠州春埜山大光寺（現浜松市天竜区春野町で、山犬即ち狼を神使とする）の春埜講が盛んで、毎月九日の春埜講の日には大浜海岸に赴き、潮水を汲み、小石拾いを行っていた。

⑱静岡県榛原郡川根本町坂京

同地の中野昌男さん（大正九年生まれ）は神葬祭の忌み明けについて次のように語る。五十日祭には禰宜と親戚、それに近隣の人びとを招き、焼津・牧之原市相良方面の海岸から潮水を竹筒に入れて持ち来たり、榊で潮水を撒いて家を浄め、忌み明けとした。

⑲静岡県藤枝市大新島

以下は同地の吉田義司さん（大正二年生まれ）の体験による。四十九日の忌み明けには石津の浜へ潮汲みに行き、その潮水で屋敷内を浄める。僧を招き、経をあげてもらう。搗いた餅を四十九餅にしてサンダワラに盛り、主人が縁側でそのサンダワラを持ち、股の下から「オットイ（一昨日）来い」と叫びながら外に投げる。それが済んでから栃山川か木屋川へ行き、草履の横緒を切り、それを川に流して帰ってくる。この日、神棚に貼った和紙をはずした。

⑳静岡県藤枝市東町

以下は高橋孝四郎さん（昭和五年生まれ）の体験による。忌み明けの四十九日には焼津の海岸へ行き、潮水を汲んできて屋敷を浄める。納骨を済ませた後、近親者で瀬戸川の河原に赴き、河原石の適当なものを墓石に見立てて河原に立て、そこに榁と神酒を供えて祈る。次に藁草履の鼻緒を切って川に流して帰ってくる。

㉑島根県出雲市大社町杵築

以下は同地の曽田英子さん（昭和元年生まれ）の体験と伝承による。〈一日・十五日の出雲大社への参拝〉真竹で作った角樽型の竹筒に長さ三〇cmほどの紐をつけ、その先端に長さ四〇cmほどの竹をつけた専用の潮水汲みを用意している（写真16）。一日・十五日は稲佐の浜の弁天島の前に赴きこの竹筒に潮水をいただく。社前では、笹または榊で先ず自分自身を浄め、神前にも撒き、祈念し、二礼四拍手で拝する。戦前から昭和三十年ごろまでは、潮水とともにホンダワラも持参し、参拝後、ホンダワラは摂社素鵞社に納めていた。〈旧正月朝〉稲佐の浜で潮水を迎え、自家および、近隣五、六軒を浄める。同時に、浜砂を和紙上に採取し、自家の四隅を浄める。また、潮水を持って出雲大社に参拝する。〈新築〉家を建てる場合は稲佐の浜から潮水とホンダワ

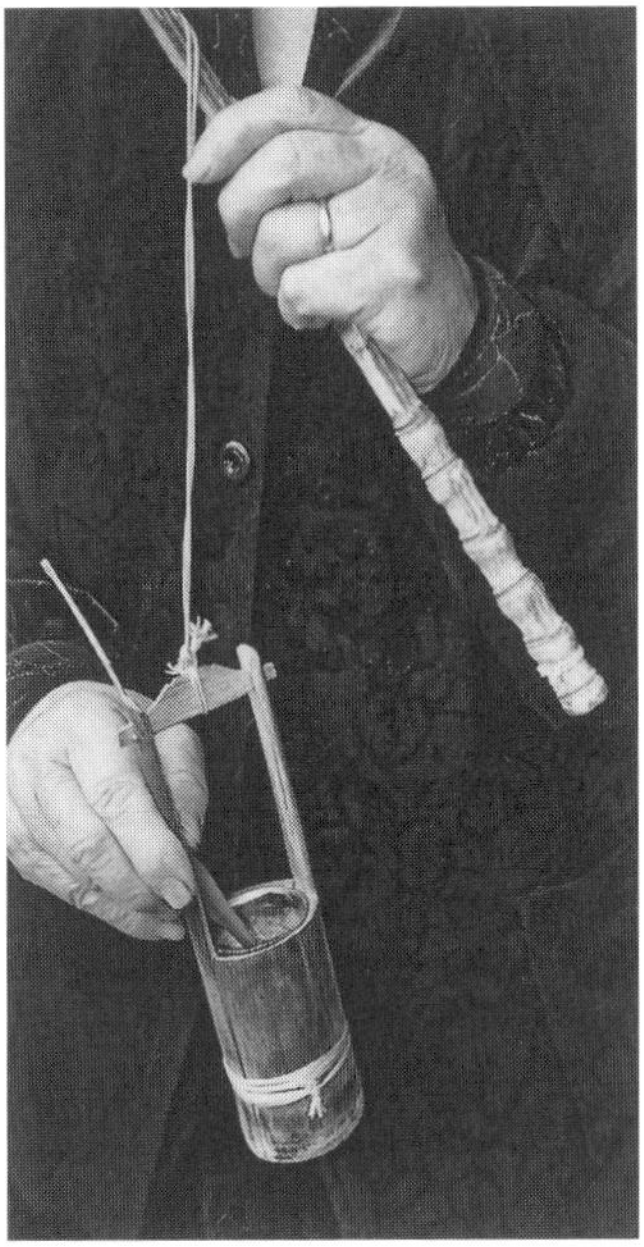

写真16　潮水汲みの竹筒・島根県出雲市大社町、曽田家

ラを迎え、潮水で屋敷を浄める。さらに、潮水・ホンダワラを持って出雲大社裏の素鵞社に参拝し、ホンダワラを納め、素鵞社境内の砂をいただいてきて屋敷に撒く。〈忌み明け〉神葬祭の五十日目には、稲佐の浜の弁天島のところで海を拝み、前述の竹筒に潮水を汲み、家屋敷を浄める。自身をも浄めて出雲大社に参る。〈七浦参り〉一畑薬師を中心にした七浦参りという行脚があった。その際、潮水・ホンダワラ・砂を持参し、供えてまわった。

㉒島根県出雲市大社町杵築稲佐

栂野重治さん（大正十一年生まれ）は次のように語る。〈忌み明け〉稲佐の浜で竹筒に潮水を汲み、屋敷の四隅に撒いた。自身を浄めてから出雲大社へも参った。〈新築〉家を建てる時には素鵞社から砂をいただいてきて屋敷の四隅に撒いた。

右に見てきた通り、潮水による浄めの例は枚挙に遑がないが、完成された塩を真水で溶かして塩水にして浄めるという方法もある。

㉓長野県下伊那郡阿南町早稲田

同地の杉本鷲男さん（大正四年生まれ）は次のように語る。〈正月〉元旦には飯茶碗に塩を入れ、水を注いで塩水を作る。その塩水を使って次の順で浄める。a門松、b神棚、c床の間、d各部屋。残りは雑煮に入れた。

㉔新潟県村上市字奥三面（渋澤敬三調査）

「昭和六年越後の山奥三面部落に三日間滞在せる折、宿舎なりし高橋源蔵氏の老母は、毎朝小さき椀に清水を汲みこれにあまり綺麗でない塩をつまんで入れ塩水とし、これをば椀に糸で結んであった小さなミゴ箒で神棚や風呂場や台所に振りかけては浄めていた。(14)」

2　渚の小石

先に紹介した潮水・海水による浄めの事例の中で、例えば静岡県磐田市矢奈比売神社裸祭りの浜垢離に潮水・砂とともに渚の小石を迎える例や、竹筒や桶に潮水を汲み、さらに、その中に波打ち際の清浄な小石を三個または不特定多数拾い入れて持ち帰るという例を多く見てきた。潮水と並んで渚の小石、潮に洗われた小石・浜石が、特殊な呪力を持つと信じられてきたことがわかる。以下に、渚から小石を迎える行事・神事を紹介する。

①沖縄県南城市知念久高島・ウプヌシガナシーの守り石

久高島には人間を創造してくれた神様に、家の女たちが十五歳以上の、働いている男の健康を祈るウプヌシガナシーという祭りがある。西銘しずさん(明治三十八年生まれ)は次のように語る。二月十日から二十日の間に、女たちは伊敷浜に赴き、浜から男一人につき三個の指先大の小石を拾う。潮で洗って、「ヤーミグシ　マタ　ケンコウシミンショー　ウガマッテタボーリ」と祈願し、家に持ち帰って神棚に祀る(写真17)。トシピーと称して、例えば長男が午年生まれである場合は、毎月の午の日にその長男のために祈るという形をとる。こうして祭り続け、十二月二十四日、二十五日に「ウブクイ」と称する感謝祭を行う。十箇月余祭った石を伊敷浜へ持って行って返すのである。ノロを中心として厳粛に祭った後、浜で三味線を弾き、御馳走を食べ、歌を歌ってにぎやかに楽しんだ。

写真17　ウプヌシガナシーの守り石・沖縄県南城市知念久高島

②静岡県賀茂郡松崎町岩地

当地の氏神諸石神社拝殿前には賽銭箱の他にミカン箱ほどの箱が置いて

あり、その中に小石や砂が供えられていた。ムラびとたちの中には、毎日海水で身を浄め、そのつどショバナ(ここでは海水のことをこう呼ぶ)の代わりに砂か小石を手向ける人がいるのだという。南伊豆町妻良の三島神社の賽銭箱の中にも小石や海藻が入っていた。

③静岡県伊豆市土肥小字小峰

十二月、大掃除終了後、「ショバナをあげる」と称し、径五、六㎝の玉石を浜で拾い、海水にひたしてから神棚にあげた。ショバナとは潮水のことで、浜の玉石にショバナを付着させてあげていたのである。

④静岡県東伊豆町稲取小字入谷

当地には丸彫単座型の塞の神が祀られている。塞の神は子供の守り神だと伝えられており、例えばある家の子供が病気になった場合、七歳から十四歳までの子供たち総出で海辺に行き、小石二個ずつとホンダワラを拾ってくる。それを塞の神の前に供え、塞の神の前で「ロッコンショウジョウ　ナンマイダブツ」と唱え、さらに病気の子供の名前と年齢を述べ、病気の治癒を祈ったという。

なお、前掲三の1の事例⑭⑮⑯⑰でも、潮水とともに渚の小石が迎えられていた。

また後掲第二章「海と訪れ神」一の2の事例①⑨⑫⑭⑱では、節分の日に渚の小石を迎えてきて大豆・米と混ぜて家屋敷に撒き、清めと悪しきものの追放を行う。事例⑧では正月若水汲みに際して浜から小石を迎えてきて浄めを行っている。事例⑳鳥羽市神島でも節分行事に際してスズの浜の渚から豆石を迎えている。

3 渚の砂

これまで、塩・潮水、波打ち際の小石などについて述べてきたのであるが、その間に紹介してきた事例の中にも

「砂」が登場した。中に以下のものがあった。福岡県の筥崎宮で、海水の代わりに砂を竹筒に入れて供えたこと（渋澤敬三報告）、出雲の大社町で七浦参りに行われた砂の手向け（三の1の㉑）、伊豆で氏神の賽銭箱や、それに準ずる箱に砂を手向けた例（三の2の②）などがそれである。これらに注目してみると、砂が、賽銭と同じ手向けの品として重要な役割を果たしていたということが浮上してくる。これは、砂が、海水を含むものであるところから、潮水や塩を饌物としてきた信仰心意と通底するものだと見ることができよう。砂が塩と同じ海の力を象徴する価値あるものだとする認識があったのではないか。いま一つ砂は、小石と同様、神に対する人の心意を託し、込めやすいものだとする認識があったのではなかろうか。供え、捧げられる砂の他に、砂は結界に用いられたり、浄めに用いられたりもする。以下に若干の事例を示そう。

写真18　塩掻き島・島根県出雲市大社町

⑴出雲大社の爪剥祭

出雲大社に伝承され、斎行されている「爪剥《つまむぎ》祭」は塩にかかわる古層の神事として注目される。爪剥祭は八月十四日の神幸祭（身逃神事）にひき続いて八月十五日に行われる。八月十一日から斎館に籠って潔斎を続けた禰宜の一人が、午前一時、烏帽子・狩衣・足半《あしなか》で、青竹の杖をつき、砂を入れるための真薦の苞と火縄を持ち、本殿に参じて黙禱拝礼して退出、稲佐の浜の南約四㎞の地にある湊社に参り、次いで赤人社を参拝する。ひき続き、稲佐の浜の北端にある「塩掻き島」と呼ばれる岩島（写真18）に向かう。禰宜は、塩掻き島に至ると四方を拝し、岩島に付着している砂を手で掻き採って真薦の苞に入れ、本殿に帰参する。当夜、この禰宜の姿を見た者は目がつぶれると伝え、町の人びとはこの夜は外出を慎んだ。

塩掻き島で掻き採った砂は蓋のない水器に盛られ、稲の抜穂一対二束・青瓜・茄子・根芋・大角豆・水とともに七種の神饌として献じられる。

塩掻き島は、現在は渚から離れ、陸地化した浜の一角にとり残された形になっているのだが、かつては海中にあったという。断裂した巨岩に注連が張られ、四囲には瑞垣がめぐらされている。この岩島が海中にあったころには、満潮時には、くり返し潮水を浴び、干潮時には日射を受けて岩は鹹度の高い潮を付着させ、それは塩砂と化した。いわば、入浜式塩田の塩砂の象徴のごときものだったにちがいない。藻塩焼きよりもさらに古層の製塩法を偲ばせてくれる。

「爪剝祭」の祭日は当然旧暦八月十五日、潮の干満差の大きい大潮の日である。まだ日照は強く、塩分凝固、その採取にはふさわしい日である。「爪剝」ということばは、岩島に付着した「塩と砂のあいだ」ともいうべき砂を指で採取することを示していると考えてよかろう。塩砂採りの神職をみることを慎む伝承は、生命維持の根元にかかわる塩採取の厳粛さをよく物語っている。この神事こそ、塩・潮・砂の関連をみごとに象徴する厳かな、始原性をまとう神事だと言えよう。そして、塩と同様に、砂を献供物とする習俗の根底をよく説き明かしてくれるものだと見てよかろう。

(2) 砂撒きと盛り砂

砂を浄めや結界に用いる例を以下に示す。

①沖縄県八重山郡竹富町鳩間島の「シマッサル」

鳩間島では旧暦十一月のツチノトの日に「シマッサル」という行事を行った。これは島から悪霊・病魔を追放し、

写真19　シマッサルの撒き砂・沖縄県八重山郡竹富町鳩間島

同時に、島に寄り来る悪霊・病魔を遮断する行事である。この日の前夜「ユートープァレー」と称して各家々の屋敷に潮砂を撒き（写真19）、鳴りものを持って家々を回り祈禱して悪霊・病魔を払う。シマッサルに際しては、鳩間島の部落から海岸に通じるすべてのタテ道の海辺に高さ二mほどの二本の棒を立て、左縄に綯った「シビラージナ」を張り、七・五・三のタレを出す。シビラージナには猪の血、それがなければ山羊・鶏の血などを塗ることになっている。シマッサルの日、島びとは浜に集まってイソプァレー（磯祓い）をし、ツカサが病魔・悪魔に対して願い口を唱える。

その概略はおよそ次の通りである。「あなたはこの島にいるが、この島は小さく、生活ができない。この島より西に裕福な島があるから、そこへ行って生活して下さい。そうしないと刃物で血のものになるから出て行って下さい」――鄭重ではあるが追放の呪言である。八重山の島々では、新城島で「シメーフサリ」、石垣島で「シマフサラー」などと呼ぶ類似の行事が行われていた。この行事では家屋敷を浄めるために、潮砂と呼ばれる、潮を含んだ渚の砂が用いられていたのである。

②静岡県牧之原市菅ヶ谷の「御《お》榊様《さかきさま》神事」

同地の一幡神社にかかわる神事で、当神事は二十八名《みょう》と呼ばれる頭屋組織によって行われる。頭屋に当たる一戸を本名《ほんみょう》、副頭屋に当たる一戸を相名《あいみょう》と呼び、その一組二戸で、御榊様という、五〇〇個の餅片を榊の葉にのせ簾に巻きこんだ御神体を御仮屋に籠らせて祀る神事である。二月十日の古例祭に献じる神酒（濁酒）の仕込みを一月初午の

写真20 注連縄張りの竹の根方に盛られた砂・静岡県牧之原市菅ヶ谷、御榊様神事（以下同じ）

写真21 本名宅の注連縄につけられたホンダワラ

写真22 御榊様渡御の砂撒き

日（もと十二月初午）に行う。これをシメオロシと呼ぶが、シメオロシの前日、本名・相名の当主二名は相良海岸に赴いて潮水で禊をする。その時、渚で清浄な砂とショグサと呼ばれるホンダワラを持ち帰る。ショグサとは、潮草であり、塩草である。シメオロシの日には、御仮屋・竈・井戸・本名・相名の表座敷前・御仮屋に赴く通路の要所などに注連縄を張る。戸外に注連縄を張る場合は笹竹二本を門状に立てるのだが、その根方に渚より持ち来った砂を盛る（写真20）。注連縄にはショグサを飾る（写真21）。

二月十日、御榊様は御仮屋から一幡神社本殿まで渡御する。その際、御榊様に先立ち、御満登古茂《おまとこも》と呼ばれる、椎の枝先に長さ約三〇cmの薦を巻きつけて捧持する者を先導とし、「御砂撒き」がそれに続く。御砂撒きは二五cm四方の折敷に渚から採取した砂を盛り、口に榊の葉をくわえて、道中海砂を撒きながら進む（写真22）。門状の竹の根方の盛り砂は結界を示し、悪しきものの侵入を防ぐ機能を託され、同時にそこを通過する者は浄められることにもなる。御榊様渡御に先立つ撒き砂は、いうまでもなく道・道中の浄めである。牧之原市大江の八幡神社神輿渡御に際し、平田地区では各戸の門口に、二箇所門状に海砂を高さ三〇㎝ほどの盛り砂にしておき、神輿のお渡り直前にこれを道に撒く。これも浄めである。

４ 海　藻

これまで紹介してきた塩・潮・浜石・砂などに関する事例の中に、「海藻」がたびたび登場した。鹽竈神社藻塩焼神事とホンダワラ、二見興玉神社の無垢塩の祓・無垢鹽草、三の1の事例㉑に見える出雲大社参拝とホンダワラ、三の2の事例④手向けとしてのホンダワラ、3の事例②の御榊様神事とホンダワラなどがそれである。これらによって、海藻が、塩・潮・砂などと近い距離にあり、それらと深い関係を持っていることがわかる。ここでは塩・潮に隣接する海藻を見つめることにしよう。

⑴ホンダワラ

ホンダワラは褐藻類ホンダワラ科の海藻で、本州から九州沿岸の干潮線付近に生える。楕円球の気胞をつけ、その小さな球が俵に似るところから穂俵、ホダワラと呼ばれたとする語源説がある。他に、ジンバソウ（神馬草）、ナノリソ、タワラモ、ショグサなどとも呼ばれる。以下に、ホンダワラにかかわる民俗事例を紹介しよう。

①島根県雲南市加茂町南加茂・宮川昌彦さん（大正十二年生まれ）

正月の注連縄に、ウラジロ、ユズリ葉とともにジンバ（ホンダワラ）を付け、両端に花餅を飾った。ジンバは暮れに海岸部の者が売りに来た。

②島根県雲南市三刀屋町粟谷・板垣正一さん（大正六年生まれ）

正月の鏡餅の上に紙に包んだ米とみかんをのせ、さらにジンバ（ホンダワラ）をのせた。

③島根県安来市西比田・上田静子さん（大正十四年生まれ）
正月にはジンバソウ・干し柿・大根で酢のものを作って食べるならわしがある。
④鳥取県東伯郡三朝町大谷・坂出寿枝さん（大正四年生まれ）
正月、床の間に張る注連縄に藁のタレとともにジンバソウを吊った。また、年桶の中にも、一升餅・小餅一二個（閏年一三個）・干し柿・橙とともにジンバソウを入れた。

限られた事例ではあるが、ホンダワラが正月と深くかかわっていることがわかる。事例①④では注連縄につけ、②では鏡餅に添え、④では年桶に入れている。③では、これを食すなど様々に使われている。近世以来、正月飾りの蓬莱盤に添えられていたことも知られている。歳時記類には新年の季語として「穂俵」が登場し、縁起のよいホンダワラに起因するものだと説かれる。たしかに名称も縁起がよいのであるが、海に生え、渚に寄りくる玉をつけたホンダワラの持つ海の力、潮の力の象徴としての実態にこそホンダワラの魅力があったのではなかろうか。ホンダワラは生命維持に欠くことのできない塩の力、潮の浄祓力を象徴する植物なのである。

「玉藻」の「玉」は海藻類に対する美称だとされるが、現実に、数多の玉を付けて寄り来るホンダワラはタマモを強くイメージさせる。実際に、ホンダワラをタマモと呼ぶ例もある。鹽竈神社の藻塩焼神事をはじめとして、手向け、正月儀礼と深くかかわるホンダワラには玉藻のイメージがある。『万葉集』に次の歌がある。「海《わた》の底沖つ玉藻の名告《なのり》藻《そ》の花　妹と吾と此処にしありと莫告藻の花」（一二九〇）——新年の俳句としては、「穂俵に乾ける塩のめでたさよ」という後藤比奈夫の句がある。ホンダワラに付着した塩の結晶に注目しているのだが、塩・潮、海の力の象徴としてのホンダワラの本質がみごとに示されている。

事例①④では正月の注連縄にホンダワラをつけているのであるが、これは、ホンダワラに浄祓力やそれゆえの結界力を期待してのことである。先に見た御榊様神事においても、正月ではないが注連縄にホンダワラが付けられる。しかも、島根・鳥取からは遠く離れた静岡県である。こちらもホンダワラの持つ浄祓や結界の呪力を認めてのものと考えてよかろう。縁起ものとしてのホンダワラ、それに浄祓力・結界力を内包するというホンダワラに対する認識、ホンダワラに対してはこれら以外にいま一つの認識が見られる。

それは前掲三の1の事例㉑に見られる通り、ホンダワラが神への供えもの、手向けの品として用いられてきたことである。写真23は出雲大社摂社の素鵞社に手向け、納められたホンダワラである。社前にホンダワラを手向ける風は島根県松江市鹿島町佐陀宮内の佐太神社にも見られる。昭和五十年代に出雲半島のムラムラを歩いたことがあったが、いくつかの社の賽銭箱にホンダワラが納められているのを見かけた。ホンダワラに託した浦びとたちの思いが推察され、その有様は心に深く刻まれている。

写真23　出雲大社摂社、素鵞社に納められたホンダワラ・島根県出雲市大社町

谷川健一は、福岡市の志賀海神社に関する考察の中で正月十五日の歩射祭にふれ、次のように述べている(15)。「前日の十四日に射手は勝馬という集落にある末社の沖津宮と中津宮に詣る。まず沖津宮鎮座の島に、潮時を見て渡り、射手一同裸となる。新参の射手は岩間の波にもぐってガラ藻をとる。ガラ藻というのはホンダワラ科の「うみとらのお」に「ふくろのり」の寄生したものである。ガラ藻をとって海からあがった新参は、岩の上でそれを高く捧げて無言のまま三度ずつ舞う。そのあと沖津宮に詣で、神前にガラ藻を供える」――潜水のガラ藻採りは禊にもなっており、ホンダワラ科のウミトラノオは重要な献供物になっていることがわかる。

写真24 御船神事の日の浄めと迎幸の海辺の信仰的造形・静岡県牧之原市大江（提供・牧之原市教育委員会）

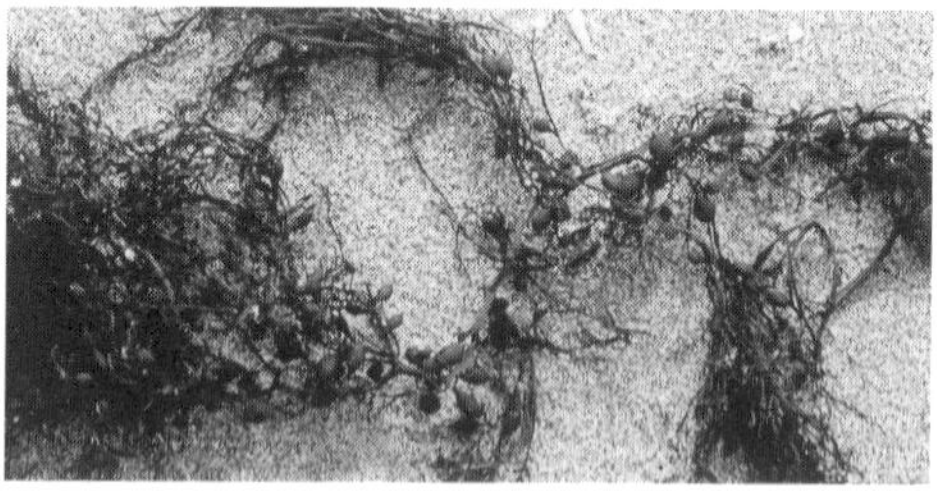

写真25 浜辺に打ちあげられたショグサ（ホンダワラ）・静岡県牧之原市相良

ホンダワラに関しては、いまひとつ注目すべき例がある。静岡県牧之原市大江鎮座の八幡神社例祭では九月二十日に、御船神事と呼ばれる陸上の船練りが行われる。この日、門口にまず山形に砂を盛り（写真24）、その上に「ショグサ」（塩草、写真25）と呼ばれるホンダワラを、根方を上にして掛ける。そしてその上に純白の塩をのせる。これを門状に一対設ける。本章で扱ってきた塩・砂・海藻がここに集約されて、美しい信仰的造形をなしているのはみごとである。

平成二十年十一月二十六日、島根半島に入った。先ず松江市鹿島町佐陀宮内の佐太神社に参った。社前には、ジンバソウ掛けが設けられていた（写真26）。参拝に際してジンバソウを献ずる慣行が、いかに根強いものであるかがこれによってわかる。中に竹筒も混じっているのであるが、これは潮水を献じたものである。その日は神在祭の明け日で、残された注連縄にもジンバソウが掛けられていた。

松江市島根町加賀小字浜の石橋常盤さん（昭和三年生まれ）は、元旦の氏神参りにはシンバを献じ、家の神棚にもシンバを供えたという。

佐波というムラを過ぎ、野波との境に至るとそこには丸石が積みあげられた賽の神が祀られていた。女たちは海苔摘みに行った帰りに海の丸石を一個ずつ供えたものだという。その丸石も、モバの生えているものを良しとした。モバはジンバソウの代替として神前に供えることもある。

野波の氏神は日御碕神社（勧請社）で、賽銭箱には黒々としたジンバソウが供えられていた。正月を迎えるに際しては、ジンバソウを使って潮水で家屋敷を浄め、ジンバソウを神棚とエビス棚に供える。忌み明けにもまた、潮水とジンバソウで家屋敷を浄めた。野波の次に小波というムラがあり、そこを過ぎ、小さな岬の突端に至ると、そこが沖泊である。昭和五十三年に沖泊を訪れた折、甘藷のナマ切り干しを乾燥させるという専用の小屋が残っているのを見た。沖浦神社には、社前に吊り下げるようにしてジンバソウが供えられていた。沖泊から瀬崎へまわる。

写真26　ジンバソウ（ホンダワラ）献供架・島根県松江市鹿島町、佐太神社

写真27　ジンバソウ（ホンダワラ）献供箱・島根県松江市島根町瀬崎、日御碕神社

瀬崎の氏神も日御碕神社（勧請社）で、石段を登って参じると、社前に、賽銭箱とは別にポリエステル製の小型コンテナが専用のジンバ入れとして置かれ、中にはジンバソウとモバが献供されていた（写真27）。伊達サダ子さん（大正十一年生まれ）が拝殿の掃除をしていた。以下はサダ子さんの体験と伝承による。正月を迎えるに際して、青竹を横にしたものに大根・鯛・イカ・昆布・ジンバソウを吊り、その竿を神棚の前に掛

写真28　潮かけ穴・島根県松江市島根町沖泊

写真29　潮水汲みの竹筒・島根県松江市島根町瀬崎、日御碕神社

けた。また正月には、餅を三方に飾り、併せてジンバソウも添えた。不幸があった時の忌み明けは厳正だった。七箇所で潮水を汲み、モバを以って潮水で浄める形をとる。七箇所とは、瀬崎で三箇所、このうち二箇所は川を挟む位置にある。小浜で二箇所、さらに沖泊の二箇所で潮を汲む。最も重要な場所は沖泊の二箇所で、それは共に「潮かけ穴」と呼ばれる洞穴である。

　この話を聞き、再度、沖泊に向かった。一つは沖泊港の左側、防波堤を越えたところの洞穴である（写真28）。ここが「潮汲み穴」ではなく、「潮かけ穴」と呼ばれているところからすると、岬の突端にある洞穴で、潮かけ、即ち禊をするのが本来の形であったことが考えられる。サダ子さんによると、現在は七箇所も省略されるようになったという。こうして潮汲みを終えるとモバを拾って日御碕神社に参る。社前でモバを以って潮水で我が身を清めてから参拝し、帰宅後、家屋敷・神棚・仏壇を浄める。ジンバソウは茎がねじれているがモバは真直ぐである。ジンバソウは寒に入ると味がよくなるので湯がいたり白和えにしたりして食べる。忌み明けに潮水汲みをした竹筒は神社の社叢に納める（写真29）。

　島根県隠岐郡西ノ島町三度では家を建てる時、床柱の位置に桶に汲んだ潮水と洗ったモバを供えた。また牛を共進

写真30　アマモを用いた祓い串・二見興玉神社、三重県伊勢市二見町

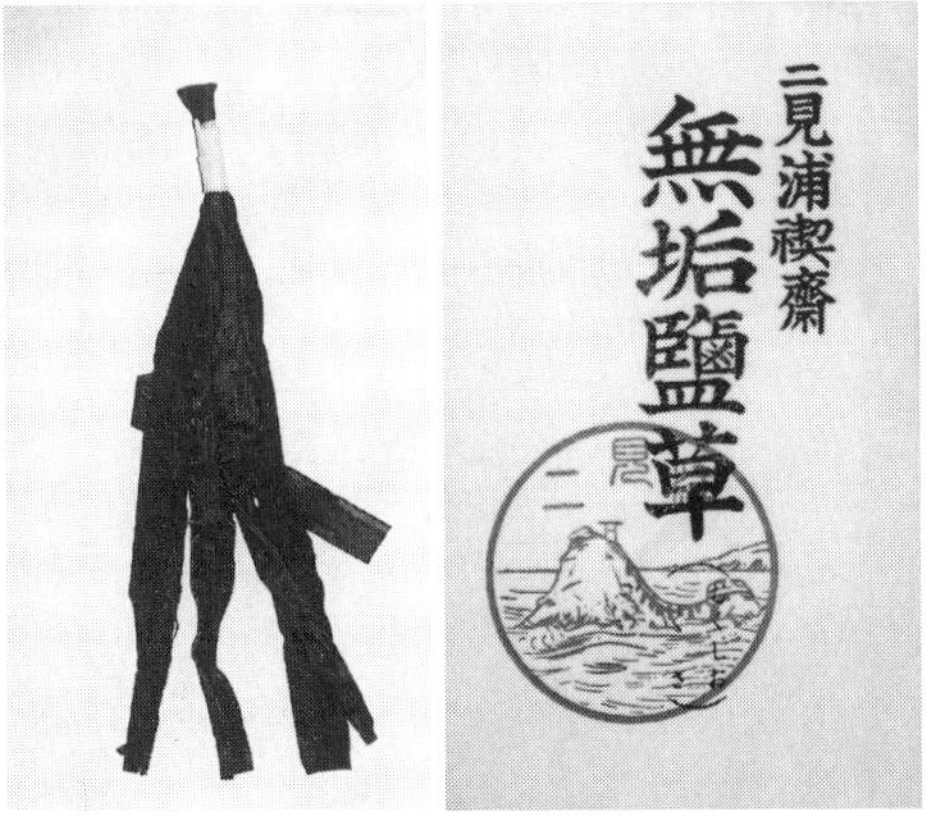

写真31　無垢鹽草（アマモの小房）・二見興玉神社、三重県伊勢市二見町

会に出す時にも潮水とモバで浄めた。潮水や海藻の民俗や儀礼の総体は厖大である。

⑵アマモ

アマモはヒルムシロ科の海水生の多年草で、葉は長さ五〇～一〇〇cm、淡緑色である。甘藻と書き、藻塩草《もしおぐさ》とも呼ばれる。藻塩草という語は、製塩のために海藻を掻き集めて海辺に積み、海水を注いで乾燥させ、それを焼いて灰から塩を採るという方法に起因する。海藻を掻き集めるところから、和歌では「書く」「書き集める」に掛けて用いられる。藻塩草は普通名詞としても用いられるのだが、とりたてて甘藻の別称とされるのは、甘藻がホンダワラと並んで製塩に深くかかわる植物であったことを物語っている。甘藻は、ホンダワラと並んで、塩・潮と深くかかわり、塩・潮を象徴し、海の力を象徴する海の植物だったのである。

三重県伊勢市二見町の二見興玉神社については先にふれたが、当社はアマモと深いかかわりを持つ。二見浦が伊勢参宮にかかわる禊の聖地であることについては先にふれた。二見興玉神社では禊に代わる「無垢塩の祓い」を行っているのだが、その祓いに用いられる祓い串は、清浄なアマモの束である（写真30）。なお、さらに無垢塩の祓いを受けられない者に対して、和紙で縛ったアマモの小房を授けている（写真31）。包紙の表には「二見浦禊齋・無垢鹽草」と記されている。裏には次のような解説がある。「一、無垢塩草は浴湯に入れ、または身につけて、不浄祓いとします。一、この霊草をシメ縄に付け門口の不浄祓い、また田畑の畦に立て害虫の災いを防ぐのに用います」――。

当社では毎年五月二十一日、無垢塩の祓いの祓い串や、参拝者に分与する無垢鹽草にするためのアマモを採取する「藻刈神事」が行われる。潔斎した神職が、夫婦岩の沖約七〇〇ｍの興玉神石近くの海底から袖搦《そでからみ》状の採具で採取する。採取したアマモは天日で一箇月ほど干し、調整する。

無垢塩の祓い、並びに分与される無垢塩草はアマモの浄祓力に対する深い信頼感に支えられている。塩・潮を象徴する海藻の力、海の力の象徴たる海藻の魅力がみごとに示されている。アマモを注連縄につけるという点もホンダワラと共通し、アマモの内包する浄祓力と結界力に対する評価が認められる。

塩にかかわる民俗は、日本文化、および日本人について考える場合決してなおざりにすることのできない重いテーマである。ふくらみのある塩の民俗の実態を探ろうとすれば、塩そのものを見るだけではだめである。塩の周辺にある潮・海砂・浜石・海藻などにも目を向ける必要があろう。ここではそうした視点による報告の一部を紹介したのであるが、今後は、調査地域を拡大させ、さらに細かい視線を注がなければならない。

「食」の側面に焦点を当てると、多種多様な塩蔵食品やニガリの問題も浮上してくる。味噌・醤油と塩の関係にも注目しなければならない。「手前味噌」という言葉がある通り、かつて、イエイエで味噌を作っていた時代、イエや地域によって塩の配合率が異なっていた。大豆一升に対して使う塩の量を「三合塩」「五合塩」などと表現する方法が一般化していたほどである。それは、気候・気温の差異や、経済状態によって異なっていたのである。塩の運搬法・貯蔵法、流通の問題なども解明されているわけではない。塩の民俗研究は今後も続けなければならない。

註

（1）田村勇『塩と日本人』（雄山閣・一九九九）。
（2）菅江真澄『委寧能中路』天明三年（一七八三）信濃国への旅日記（内田武志・宮本常一編『菅江真澄全集』第一巻・未来社・一九七一）。
（3）野本寛一『牛馬民俗誌』（野本寛一著作集Ⅳ・岩田書院・二〇一五）。
（4）アチックミューゼアム編『塩俗問答集』（『アチックミューゼアム彙報』第三十四集・一九三九）。
（5）日本塩業大系編集委員会『日本塩業大系　特論・民俗』宮本常一ほか（日本専売公社・一九七七）。
（6）神宮弘報シリーズ（三）『神宮の御塩』（神宮司庁・二〇〇〇）。
（7）前掲註（6）に同じ。
（8）渋澤敬三「塩――『塩俗問答集』を中心として――」初出一九四三（『渋澤敬三著作集』第一巻・平凡社・一九九二）。
（9）見付天神裸祭ガイドブック編集委員会『平成20年度版・はだかまつり』（見付天神裸祭保存会・二〇〇八）。
（10）静岡県郷土研究協会編集発行『静岡県神社志』（一九四一）。
（11）古典と民俗学叢書Ⅰ『焼津の荒祭り』（白帝社・一九七七）。
（12）堀田吉雄『日本の民俗24・三重』（第一法規・一九七二）。
（13）宮城文『八重山生活誌』（沖縄タイムス社・一九七二）。
（14）前掲註（8）に同じ。
（15）谷川健一「志賀海神社」（『日本の神々・神社と聖地Ⅰ　九州』白水社・一九八四）。

第二章　海と訪れ神

一　海辺のムラ――イエごとの訪れ神――

1　まれびとと訪れ神

沖縄・西表島古見の豊年祭第二日目、旧暦六月壬の日に仮面草衣の神アカマタ・クロマタ・シロマタが来訪する。「マタ」とは「ムテイ」即ち、「面」の意、仮面の意である。クロマタが退去した後、ムラびとたちは後良川橋のたもとに集まって、古見岳山塊の中に消えてゆくアカマタ・シロマタを見送りながら、名残を惜しむ。アカマタ・シロマタの草衣が黒く小さな三角形になり、樹間に見え隠れしながら消えていく。

昭和五十八年新暦八月に見たその場面が忘れがたく心に刻まれている。石垣島宮良のアカマタ・クロマタ、秋田県男鹿半島のナマハゲ、石垣島のマユンガナシ・アンガマ、鹿児島県甑島のトシドン、山形県上山市のカセドリなど、仮面・草衣や蓑笠、仮面の訪れ神が各地に伝承されている。これらは総じて、ムラ単位で展開される祭りである。

折口信夫は「国文学の発生(第三稿)・まれびとの意義」(1)その他で、常世から訪れ、人びとに幸いをもたらす「まれびと」について説いた。折口のまれびと論が、先に列挙したムラごとの訪れ神と呼応するものであることはまちがいはない。折口の論の中にもイエ刀自の訪れ神迎えを説いたものもある。(2)柳田國男もまた「小正月の来訪者」に関心を寄せ、『歳時習俗語彙』(3)に「ホトホト」「コトコト」「トロヘイ」「トタタキ」「カパカパ」「カセドリ」「ナマハゲ」「ナモミハギ」「ナゴミタクリ」などを集成している。

仮面草衣という異形の訪れ神、「まれびと」という古層の匂いを纏った呼称、折口の振幅のある晦渋なまれびと論などを窓口として、何よりも日本の神の始原を探ろうとし、訪れ神・まれびと信仰の実態を探ろうとした仕事は多い(4)。一方、折口の「まれびと論」には批判もある(5)。近時は、アジア的視野から来訪神を見直し、まれびと論を問い直そうとする視座も見られる(6)。来訪神・まれびと論は、ある意味でしぶとく持続しているのである。しかし、これまでの来訪神・まれびと論に欠落している側面がないわけではない。それは以下の通りである。

a仮面・草衣・蓑笠などに誘引される余り、異装を伴わない訪れ神・来訪者的なものを見逃してはいないか。b折口の説く、呪言、精霊の慴伏・圧伏に拘束されすぎてはいないか。cムラ単位の行事のみにとらわれ、イエごとの行事を見逃してはいないか。訪れ神の主流が、仮面・草衣・異装、ムラ単位の仕組みであったとしてもイエごとの訪れ神を見逃してよいはずはない。

いわゆる訪れ神、柳田の集成した小正月の「来訪者」と、折口の説く「まれびと」とは当然のことながら全面的に一致するものではない。折口の説くまれびとは、時を定めて常世から此界を訪れ、呪言・呪的な動作によって精霊を慴伏させ、人々のなりわいに害を与えないように誓約させる。時に人々に祝福を与えて去る(7)――これが文学や芸能の発生に影響を与えたというのである。そしてその神は、人が扮したもので、身体性を持つ。これが折口のまれびと論の特色の一つである。訪れ神の中には呪言を発することもなく、精霊を圧伏させる言動を伴わないものが多いのである。しかし、ナマハゲ(ナモミ＝火斑剝ぎ)、カセドリ(瘡取り)など、人に付着する害物の除去、トシドン(年霊を賦与する年殿)といった広義での祝福、福をもたらす来訪者は実に多いと言えよう。

訪れ神・来訪者信仰という大枠の概念の中に、その一つとして折口の考えた「まれびと」があると考えればよい。そうすれば訪れ神の研究はさらに進展するはずである。折口からの学問的刺激を受容しながらも、その呪縛を解き放ち、柳田・折口以後への努力の欠如を自省し、広義の訪れ神を集成すべきだと思う。広義の訪れ神とは一体何だったのだろう。

自然環境・信仰環境に恵まれた熊野に訪れ神は訪れないのだろうか。平成元年十月三日、神武天皇上陸復演儀礼の聞き取りのために、三重県度会郡大紀町錦を訪れた。その折、当地の節分には「イエごとの訪れ神」とでも名づけるべき貴重な行事が伝承され、実修されていることを知った。以後、飛び飛びにではあるが、三重県の熊野地方で「イエごとの訪れ神」に関する聞き取りを重ねてきた。たとえ地味ではあっても、イエごとに訪れ神の訪れを実修する民俗があり、それが手の届く過去においても盛んに行われていた事実は重い意味を持つ。さらに調査を重ねる必要はあるが、「若水汲み」と「節分」についての「イエごとの訪れ神」の概要を理解できる段階に至ったので、以下に三重熊野と志摩の一部の事例を報告し、若干の考察を加える。

２「モロモウ」と「ドウレ」の儀礼

①元旦、家の主人が紋付を着て、角樽型の手桶を持って共同井戸へ若水汲みに行く。井戸は湧き水を水舟で受ける形で一五戸で使っていた。若水を汲んで帰った主は玄関で「モロモウ」と叫ぶ。妻は盛装して寄り付きの間に控え、「ドウレ」と称して迎える。若水で茶を沸かし、神仏に供える。雑煮も若水で煮る。皮鯨の酢味噌和え、数の子も食べた（熊野市二木島町・萬浪坦さん・昭和十二年生まれ）。

節分には海の小石を拾い、豆と混ぜて炒り、豆撒きをした。大晦日には潮水を汲んできて榊で玄関・家の四隅・鬼門を浄めた（熊野市二木島町・細川孝生さん・昭和五年生まれ）。

②元日早朝、家の主人が手桶を持って出水（湧水の共同井戸）へ若水を汲みに行く。主人は家に帰ると玄関で「モロモロ」と叫ぶ。妻は正座して「ドウネ」と言って迎える。若水では雑煮を煮た。正月、親戚へお年玉をもらいに行くとき「モロモ」と言えと教えられた。玄関で「モロモ」と叫ぶと「ドウネ」と言って招き入れ、お年玉をくれた（熊野市遊木町・森下とくよさん・昭和三年生まれ、森下茂人さん・昭和二十八年生まれ）。

③元日早朝、主人が羽織・袴で手桶を持って井戸へ若水汲みに行く。家に戻ると、玄関で「モロモウ」と叫ぶ。妻は入り口の間に正座し、「ドウネ」と称して桶を受け取る。若水で茶を沸かして先祖にあげた（熊野市新鹿町古江・榎本泰司さん・昭和八年生まれ）。

④元日早朝、主人が共同井戸で若水を汲む。妻は雨戸も玄関も閉めた状態で待つ。主は玄関で「モロモウ」と叫ぶ。妻は「ドウレ」と言って戸を開けて迎える。若水で茶を沸かして仏壇に供えた。主人を迎えてから雨戸を開けた（熊野市磯崎町・山本はなさん・大正二年生まれ）。同町島崎豊子さん（大正十五年生まれ）は子供のころ、酔っ払った人が「モロモウ」と言って訪ねて来た時、家人が「トーレ」と応じていたのを覚えているという。

⑤元日早朝、主人が羽織・袴で手桶を持って共同井戸へ若水汲みに行く。家に戻ると主人は玄関で「モロモウ」と叫ぶ。妻は「トノモ」と呼ばれる寄り付きの間で盛装・正座で「ドウレ」と言って迎える。若水で雑煮を煮る。口有馬には地引網の網元が三戸あった。その三戸にはおのおのカコ（水夫）がついていた。毎年正月には餅を、盆には野菜を持ってカコが網元の家を訪問する。その時「モロモウ」と叫ぶ。網元は裃をつけ「ドウレ」と言って迎え、酒肴でもてなした（熊野市有馬町・桐本逸鬼さん・大正十五年生まれ）。

⑥元旦、主人が井戸に若水汲みに行く。手桶に若水を汲んで、裏の戸口から入るときに「モロモウ」と叫ぶ。これ

に対して妻が屋内から「ドウレ」と応じて戸を開けて夫を迎える（尾鷲市賀田町・大川善士さん・昭和十年生まれ）。

⑦節分には柊かイマメ（ウバメガシ）のどちらかに鰯の頭を刺し、戸袋に挿す。大豆はイマメの木で炒る。この日、丹生津浜へ行き、小石をひとつかみ持って帰って大豆に混ぜる。この日は雨戸を閉めておく。主人は、浜の小石と大豆を混ぜたものを持ち、一旦外に出る。玄関に立って、「モロモウ」と叫ぶ。それに対して、妻が家の中から「ドウレ　モロモロ」と応じて戸を開ける。そこで主は、「鬼は外」「福は内」と三回唱えながら家の中に向かって大豆と小石の混ざったものを撒く。また、元旦には主人が若水汲みに行くのであるが、桶に若水を汲み、家に入るとき「モロモウ」と叫ぶ。それに対して妻が家の中から「ドウレ　モロモロ」と応じ、戸を開けて夫を迎え入れる。若水はまず神仏に供える（尾鷲市須賀利町・世古鉄夫さん・大正十一年生まれ）。

⑧若水を汲む井戸は二〇戸の共同井戸で、十二時過ぎ、桶にお供えとかさねを入れて主が若水を汲みに行く。雨戸は閉められている。家に戻った主は「モロモウ」と叫ぶ。妻が家の中から「ドウレ　モロモロ」と応じて戸を開ける。浜の小石・大豆・米を混ぜたものを戸外に撒き、撒き終えてから雨戸を開けた（尾鷲市須賀利町・亀田みよしさん・大正九年生まれ）。

⑨節分の日、もとは海から（後に谷から）小石を一合ほど一合枡に拾い受けてきて、大豆・米に混ぜてイマメ（ウバメガシ）の木で炒る。家の主人はそれを一升枡の中に入れて、玄関の前に立ち、「モロモウ」と叫ぶ。妻は入口の座敷に座って「ドウレ」と応答する。主人は中に入ってから外に向かって、「鬼は外」「福は内」と唱しながら、豆・小石・米を撒く。金庫の錠前に向かっても「鬼は外」「福は内」を行う。これが済んでから家族はおのおの自分の年の数より一つ多く大豆を食べる。節分には、竹の先に柊の葉と鰯の頭を挟んで玄関や戸袋に挿す（尾鷲市九鬼町・川上啓介さん・大正十一年生まれ）。

写真1　石垣づくりのニラクラ・三重県尾鷲市九鬼町

⑩大晦日から元旦にかけて子供組が関わる二つの行事があった。一つは「ヒョーケンギョー」と呼ばれるもので、子供たちが修学旅行の費用を積み立てるための勧進要素を持つもので、巡回門付けをする。空の盆を持って回り、その盆の上に、イエごとに、米・餅・銭を重ねて受ける。いま一つは榾《ほた》を受ける。子供たちは声をそろえて　〽ヒョーケンギョーで米買うぞ　銭も金も持ってライライー　と叫ぶ。銭・米・榾を受けると、子供たちは「良い年を迎えてください——」と唱えて去る。

いま一つはニラクラの子供相撲である。九鬼のマチ中、民家の密集する裏手に高さ一・二m、厚さ四〇cm、四m四方ほどの石垣に囲まれた地があり、幅一mほどの入口がある。九鬼ではここをニラクラと称している（写真1）。

大晦日の夜、子供たちはヒョーケンギョーで集めた榾をニラクラの中央で燃やして水を掛け、その炭灰を捏ねて、それを顔に塗りつけて相撲を取る。漁業組合の役員が立会い、筵を敷いて盃ごとをする。年が替わり新年になると子供たちは海で体を洗う（尾鷲市九鬼町・川上啓介さん・大正十一年生まれ、川上いささん・大正十三年生まれ）。

この行事には様々な要素が錯綜しており、順序のよじれなども見られ、本質をつかむのは難しい。「ヒョーケンギョー」とは「火除けの行」の意味であろう。海岸部で家が密集する漁村では火災の危険性が高く、防火の呪術も重要だった。一旦点火し、燃やした木に水を掛け、炭にし、その炭や灰を子供たちが捏ねるというのは、まさに防火の予祝・鎮火の呪術だと言えよう。

この榾火を別な角度から見ることもできる。それは、盆の迎え火、小正月のドンド焼きの火と同様、祖霊や年神を迎える火だとも考えられる。子供の相撲は、新年を迎えるに際しての地霊の鎮めだと解することができる。さて、最も注目すべきは、子供たちが捏ねた炭を顔に塗る、という点である。これはムラの子供が訪れ神的な資格を持つ者に変身することを意味している。秋田県や新潟県の一部に、鳥追い行事において、子供たちが、鳥追い小屋・雪ムロのカマクラ（神座）に籠って神に変身する形に類似している。

子供たち→カマクラ→神→巡回→害物追放、子供たち→ニラクラ（炭塗り）→新年の祝福、となる。ニラクラがニワクラ（庭座）であることは、ほぼまちがいなかろう。カマクラとの共通性は無視できない。

こう見てくると、修学旅行の費用をためるために、餅・銭を集め、同時に榾を集めるという形は新しく、ニラクラにおいて顔に捏ね炭を塗って、訪れ神に変身してから神の資格でイエ・イエを巡り、神の資格で「良い年をお迎えください」という祝言を述べる形が古層のものだったことが浮上してくる。こう考えてくると、ニラクラ＝ニワクラ（庭座）が極めて堅牢に構築されていることの意味がわかってくる。ニワクラは変身の場、籠りの場としての神聖な空間だったのだ。これは守り続けなければならない貴重な文化財である。また、熊野地方に伝承されている類似の行事について、緊急に調査しなければならない。

なお、川上さんは、同地では正月に他家を訪問するときには「モロモウ」と称し、家人は「ドウレ」と応じたという。また九鬼神社の祭りに際して、使者が当屋を訪れる時は「モロモウ」と述べ、当屋では「ドウレ」と応じたという。

⑪元日の早朝、父が羽織・袴で水桶を持って井戸へ若水汲みに行った。父は家に帰ると「モロモウ」と叫んだ。母は戸を開けて「ドウレ」と応じた。若水はお茶と雑煮に使った（尾鷲市三木浦町・三鬼幸美さん・昭和八年生まれ）。

⑫元旦の若水のことをカワドミズと呼んだ。どこの家でも鶏を飼っており、一番鳥が鳴くと主人が紋付を着て、シオクミ桶（角樽型）を二つ持ち、カワドミズを汲みに出かけた。一つは真水を井戸から、いま一つは潮水を前の海から汲んできた。主人は家にもどると、戸が閉まっている玄関で「モロモウ」と唱える。妻は盛装して座り、「ドウレ」と応える。子供たちは妻の後ろで畏《かしこま》っている。真水で茶を沸かし、榊の枝を使って、恵比寿棚・荒神棚・神棚ほかを浄める。茶が沸くと、塩鰹を輪切りにして小豆飯または赤飯を食べた。潮水では屋敷を浄めた。「カタカタ」と称して、船の舳先を叩くボラ漁の予祝もあった。節分には大豆・米に海の小石を混ぜ、イマメ（ウバメガシ）で炒って撒いた（紀北町海山区白浦・東つね子さん・大正十一年生まれ）。

⑬元日早朝主人がよそ行きの着物を着てバケツを持ち共同井戸に出かけて若水を汲んでくる。戸が締められている玄関で「モロモウ」と叫ぶ。妻は盛装して「ドウレ」といって迎える。若水を神棚・仏壇に供え、また若水で茶を沸かし、雑煮を煮て家族そろって食べる（尾鷲市行野浦・東しずおさん・大正十四年生まれ）。

⑭除夜の鐘が終わると、主人が桶を持って共同井戸に赴き、若水を汲んで帰る。主人は玄関で「モロモウ」と叫ぶ。妻は玄関で、「ドウレ」と言って受ける。

若水で茶を沸かし、小鰹（塩鰹）一切れで飯を食べる。若水で雑煮を煮て神棚に供え、家族も食べる。節分には「鬼の目」と称して波打ち際から小石を拾い豆と米に混ぜ、ウバメガシで炒った（紀北町海山区島勝浦・坂本定一さん・大正十二年生まれ）。

⑮一月七日から十日の間に八幡神社の当屋の家へ酒を届ける。午前四時半ごろ「モロモウ」と言って訪れる。当屋では「ドウレ」と言って受ける。一月十一日、当屋から酒を奉納した家に紅白の餅に昆布・スルメを添えて届けられる（紀北町海山区相賀・栗山フサノさん・昭和四年生まれ）。

⑯紀北町海山区引水浦では関船祭が行われるが、使者が当屋を訪れる際、当屋の玄関で「モロモウ」と唱える。すると当主が「ドウレ」と応じて使者を迎え入れる（紀北町海山区渡利・渡辺一三さん・大正十年生まれ）。

⑰元旦には主人が大西の共同井戸へなるべく早く若水を汲みに行った。もどると、玄関で「モロモウ」と唱えた。妻は「ドウレ」と応じて戸を開け、「ヒトメ」と称する寄りつきの部屋に正座して迎える。次いで、主が「明けましておめでとう」と挨拶し、妻が「明けましておめでとうございます」と応じた。若水は雑煮に使う。屋敷は大晦日に潮水を撒いて浄めた（紀北町紀伊長島区古里・大西久女子さん・昭和七年生まれ）。

⑱節分の日、「鬼の目」と称して、波打ち際の小石を笊に入れて持ち帰る。それをイマメ（ウバメガシ）の枝とともに門口に飾り、イマメの枝で豆を炒る。家の主人が大豆に鬼の目を混ぜ、屋根に向かって「福は内」と三回唱えながら投げる。この時、雨戸は閉められている。投げ終えて主人が家に入るとき、「モロモウ」と言う。妻は「ドウレ」と応じて雨戸を開ける。主人は家の中から外に向かって「鬼は外」と三回唱えながら鬼の目と豆を撒く（大紀町錦・坂口由良夫さん・昭和八年生まれ）。

⑲三重県度会郡大紀町錦には「ギッチョウ（吉兆）」と呼ばれる、神武天皇上陸復演の神事儀礼が伝えられている。この祭りの中核を成すのは、七タカラの中心となるオタカラまたはタマと呼ばれる丸石である。一月七日零時、宿の当主が誰にも見られないようにして、神武天皇が上陸したという浜の渚から丸石を左手で拾って、それを見ないで和紙に包んで帰る。七タカラとはaオタカラ（丸石）、b青海苔、c伊勢エビ、d橙一切れ、e串柿、fホウレン草、g鏡餅一切れで、これらを一足半の藁草履で包み、藤蔓で閉じる。円形の苞《つと》となる。七日、オタカラを懐に入れた神武天皇役が供まわりをつれて巡幸し、後にオタカラは、浦人、漁民の代表たる船主に授けられる。常世の波に洗われた滑らかなタマが、毎年、神武役・タマ採り役によって浦人に授けられる様は、いかにも、まれびとから常世の幸いを

授かるといった印象を与える（詳細は『熊野山海民俗考』人文書院・一九九〇で報告した）。

⑳鳥羽市神島では、右に見てきた「モロモウ」「ドウレ」の応答を伴う行事が新年を迎えるに際して重層的に行われている。その一つは、ゲーター祭り、八代神社の祭り、その他の諸行事において中心的な役割を果たす当屋神役、「宮持《みやもち》」（継承の前役を下番、当役を上番と呼ぶ）が深く関わる。「モロモウ」（モロウモという場合もある）はいうまでもなく「もの申す」の意で、来訪者が案内を乞う挨拶であるのだが、神島では新年を迎えるに際して宮持が各戸に授ける年霊の象徴とも言うべき授け物のことも「モロモウ」と呼ぶ。それは以下のようなものである。

みかんを三本の萱（薄）の葉を組んで、縛り括ったもので、みかんの上部に一cm四方ほどに切った昆布をのせる。古くは、干し栗をも添えていたという伝承がある。今は老人会がこれを用意するのだが、本来は宮持の家で作っていた。大晦日の午後六時ごろから宮持（実際には代理）がモロモウ（薄で括ったみかん）をカイシキ（折敷）にのせて各戸に配る。その際、代理者（本来は宮持）は各戸の玄関先で「モロモウ」と大声で叫ぶ。それに対して家の中から「ドウレ」と応じて戸を開ける。すると、宮持側が「福の神が参りました」と叫ぶ。対して、家の中から「オットメデタイ」と応じ、「モロモウ」を受け取った家人は、ヒネリ、和紙に包んだ現金を渡す。現在はこの巡回に高校生が参加し、子供たちが従う。

右が、ムラをあげての行事であるのに対して、イエごとの行事も行われる。大晦日の追儺同様、当地では節分行事を各戸で大晦日に行う。以下のようにくり広げられる。この日の朝、島の北側のスズの浜（スズは本来禊にかかわる地名。現在は波消ブロックで固められている）に赴き、人の踏んでいないところから豆砂（大豆の半分ほどの小砂利）を炊《か》し桶《おけ》の底に二合ほど迎えてくる。そして、玄関の注連縄の下、その両側に取り付けてあるツボケ（藁製の神饌器で長野県ではヤス、埼玉県ではオチョコと呼ぶ）の下に豆砂を一握りずつ置く。残りは床の間に桶ごと供えておく。玄関にはアクサ箸（ア臭さ箸＝臭気で厄災を除ける呪い箸）に挟んだ鰯とトベラをセットで挿す。宮持のモロモウが終わったころ、各戸ではバチバチの木（トベラ）と鰯の目ざし一二匹（閏年には一三匹）を燻して豆を炒る。家族は集まってその煙を受ける。

炊し桶の豆砂の上に炒り豆をのせ、主人がa神棚、bエビス棚、c床の間、d銭箱（金庫、扉を開けて）の前でいずれも「福は内」を三回唱えて豆撒きをする。本来は豆と豆砂利を混ぜて撒くものである。e玄関では「鬼は外」を二回、「福は内」を三回唱える。それが終わると主人（代理の場合もある）が炒り豆と豆砂入りの炊し桶を持って、外回りに出かける。外ではa船（陸を向いて福は内を三回、海を向いて鬼は外二回）、b船着場（同上）、c荒神（福は内三回、鬼は外二回）、d八代神社境内薬師堂（同上）、このように巡回して豆撒きをする。余った豆や豆砂は薬師堂の傍らに納めてくる。家に帰った主人は戸が閉めてある玄関で「モウロウ」と叫ぶ。すると、主婦は「ドウレ」と応じて戸を開ける。主人はすかさず「福の神が参った」と叫ぶ。「オットメデタイ」と応じて主人を迎え入れる。主人が家に落ち着くと、家族一同は「年とり豆」と称して自分の年より一つ多く炒り豆を食べる（鳥羽市神島町　藤原喜代造さん・昭和十一年生まれ）。

㉑元旦には家の主人が若水を汲みに出るのであるが、その時、一升枡の中に入れた「水の餅」を井戸神に供える。一升枡の中に、まず丸平餅を入れ、それを一本箸で貫く。これを水の餅と称するのであるが、他にウラジロ・ユズリハ・菱餅・ミカン・タツクリも入れる。手拭・タオルを持参し、まず顔を洗ってから桶かバケツに若水を汲む。主人が若水を汲み終え、戸口から一歩入ると、妻が「今入ってきたのはどなたでござる」と問う。すると、夫は「お福でござる」と応じ、若水を使ってお湯を沸かし、茶を入れ、雑煮を作る（伊賀市上野下友生・榎実さん・昭和四年生まれ）。

ここでは主人が若水とともに、その家に「福」をもたらす訪れ神の役を演じていることになる。伊賀市内では大晦日に次のようなことも行われる。下郡では、十字路にて藁束を焚き、「フクマルコッコ マルクナッテゴザレ」と唱える。西明寺では、門口で火を焚き、「フクマルコツコ フクノカミゴザレ」と唱える。大晦日の夜、火を焚き、「フクマルコッコ マルクナッテゴザレ」と唱えて家に新年の福を呼び込む儀礼は上野市内では広く行われてきた。フクマルは犬だという伝承もあるが不可視の福だと見ることもできる。それは、先に示した事例で、主人が「お福でござる」と福神を演じていることと無関係ではなかろう。両者の中間に位置するものとして次の事例がある。

㉒元旦の若水汲みの桶にはナカグロ箸の一方に丸餅二個・みかん・柑子・トコロを刺したものを入れる。この餅は「水の餅」と称し、七草の日に焼いて神棚に供える。若水を井戸から迎えるとき、主人は、「フクマルさんどうぞ」「フクマルさん入っておくれ」と唱える(奈良市和田町・大北庄治さん・大正十四年生まれ)。

二 訪れ神の諸相

1 「モロモウ」と「ドウレ」

右に元旦の若水汲み及び節分を中心とした儀礼を見てきた。元旦の若水汲みに関するものは事例①②③④⑤⑥⑧⑪⑫⑬⑭⑰㉑㉒、節分行事の例は⑦⑨⑱⑳であり、⑳の前半は若水汲みでも節分でもないが、「モロモウ」「ドウレ」の対応を含む、新年を迎えるための重要な行事が含まれている。

事例⑳では、新年を迎えるムラ行事と節分行事がともに大晦日に行われている。また、⑩にも注目すべきムラ行事が含まれている。「モロモウ」とは「モノマウス」「モノモウス」(物申す)の意で、他家を訪問して案内を乞う時の挨拶ことばである。対して「どうれ」は「どれ」「どりゃ」などと同じて、来訪者の挨拶に答える語である。

三重県の熊野から志摩にかけては、正月の訪問と応答（事例②⑩）、盆・正月におけるカコの網元訪問（⑤）、祭りの当屋を訪れる使者と当屋（⑩⑮⑯）など様々な場面で正式な来訪者・客人が「モロモウ」を使い、迎える側が「ドウレ」と応じていることがわかる。これに対して、事例としてあげた元旦の若水汲み行事や節分行事において、いずれもイエの主人が若水や小石迎えなどを終えて、イエに戻った時、玄関などの戸口で「モロモウ」という来訪者・客人の立場・資格を担って挨拶を述べているところに先ず、注目しなければならない。しかも、①⑫では主人は紋付を着、③⑤⑪では羽織袴を着て盛装しているのである。

一方、妻は家の中のトノモ（事例⑤）、ヒトメ（⑰）などと呼ばれる寄りつきの部屋に侍し、「ドウレ」と唱えて迎える。①⑤⑫では盛装して迎え、②③⑤では正座して迎えた。妻は家に籠って神を迎え、祭りを行う家刀自《いえとじ》そのものの印象がある。夫はここでは夫ではなく、単なる主人でもなく、「モロモウ」と叫ばなければならない来訪者・客人、さらにいうならば訪れ神、まれびと的存在だったのである。

事例⑦⑱は節分行事であるが、この日は雨戸を閉めておき、モロモウ及び豆撒きの儀礼が終わってから雨戸を開けたのだという。昼から雨戸を閉めて家の中に籠るというのは「物忌み」に他ならない。年の変わり目、季節の変わり目に物忌みを行い、来るべき年や春の幸いを願ったのである。宮崎県西都市上揚の浜砂久義さん（大正八年生まれ）は、節分の日には、履物やキンザオ（衣竿すなわち物干し竿）は屋外に放置することなく家の中に入れたという。これはそのイエが物忌みをしていることの証しである。こうしたことを含み、三重県の、熊野から志摩地域ほど、「モロモウ」「ドウレ」という古い挨拶が重く生き続けた地は他に少ない。

2 訪れ神のみやげ

⑴渚の小石とその呪力

節分の日に主人が訪れ神となりイエにもたらすものは何なのか。事例⑦では丹生津浜から迎えた小石、⑨も海から迎えた小石、事例⑱は鬼の目と呼ばれる波打ち際の小石、事例⑳ではスズの浜と呼ばれる聖なる浜から迎えた豆砂、具体的にはこれらの小石がもたらされる。そして、最終的には大豆・米と混ぜて豆撒きに用いられるのだ。常世波に洗われた清浄な小石は、イエに福をもたらし、イエについている病魔・悪霊・厄災などを追放してくれるのである。主人が変身した訪れ神は、イエに福をもたらし、厄災を祓ってくれるマレビト的な訪れ神なのである。

節分に「モロモウ」「ドウレ」をやらない地、やらないイエでも、節分には海の小石と豆を混ぜて撒く(事例①)、節分には海の小石・大豆・米をイマメ(ウバメガシ)で炒って撒いた⑫、節分には「鬼の目」と称して小石を波打ち際から拾い、大豆と米を混ぜてウバメガシで炒って撒いた⑭、波打ち際から「鬼の目」を拾い、豆と混ぜて撒いた⑱など、節分の呪物として浄祓力と幸いに満ちた波打ち際の小石が重視されていたことがわかる。

この習俗は、事例⑲に記した「ギッチョウ」の七タカラのオタカラ・タマと共通している。ともに海・潮水・塩・常世に対する強い信頼感に支えられたものである。来訪神・イエごとの訪れ神のみやげは常世の生命力に満ちた渚の小石だと言えよう。それが人とイエに付着する厄災を追放し、人に幸いをもたらすものの象徴だと解されてきたのであった。

⑵若水・生命の水

若水汲みの習俗は全国的に見られるのであるが、その根底には「変若水《おちみず》」の信仰が底流しているという見方もある。しかし、ここに掲げた事例からすれば、若水は「年とり餅」に通ずる「年霊」的なものを享受するもの、新年を生き抜く「生命の水」の享受といった印象が強い。若水でお茶を入れ、雑煮を煮るという用途が広く見られる。喫茶・茶湯の習俗が根付く前は若水そのものを神仏に供え、家族全員でいただいていたことが考えられる。

茶は照葉樹の芽を摘んだものである。元旦に若水で茶を沸かし点ずることは、照葉樹の生命力を年の初めに体内に受容し、年を生き抜く活力を受容することになる。訪れ神のみやげとしての若水で淹れた茶をいただくことの意味は重いものである。若水汲みにおいても見てきたように「モロモウ」「ドウレ」の問答形式が用いられるところに注目しなければならない。ここでも節分の儀礼同様、主人・夫が訪れ者、客人、ひいては訪れ神を演じる形になっている。その訪れ神を迎えるのは妻、家刀自で、盛装・正座で迎えるのが本来の形だった。

主人が訪れ神になっているということは、「若水」が常世の神から一家が一年間水に恵まれ、健やかに過ごすための命の水を与えられるという形になっているのである。東日本では年男が若水を汲んだり主が汲んだりする地があり、西日本には妻が汲むという地もあるが、主人が訪れ神を演じ、訪れ神が若水をもたらすという形式はこの地方の特色である。生活者としての主人や妻が若水を汲むという形を超え、訪れ神がもたらしてくれる若水・生命の水を家刀自が受け取り、家族そろって若水を使った茶や雑煮をいただくという形は訪れ神信仰によって「聖水」を受けることになる。その聖なる生命の水を正月に家族そろっていただくということは、その年の生命力を強め、家族の紐帯を強めることにもなった。

若水汲みに関する問答で、「モロモウ」「ドウレ」以外のものもある。それは事例㉑三重県伊賀市のもので、夫（主人）が「お福」と名乗っているところから、夫が「お福」という福の神に変身していることがわかる。他に伊賀市内の各地では大晦日の夜、火を焚いてフクマル迎えをする例が見られる。㉒は奈良県の例であるが、ここでは若水の桶にフクマルを迎えている。⑳において、ムラ行事では、宮持または代理が「福の神が参りました」と挨拶し、イエ行事では主人が、「福の神が参った」と言う。ともに、宮持（代理）・主人が福の神に見立てられるのである。「お福」「フクマル（福丸）」「福の神」はいずれも新年、イエイエに「福」をもたらす神なのだ。いうまでもなく、「福」は「福は内」の「福」でもある。

(3) 時じくの香《かぐ》の木の実

来訪神のみやげは常世波・潮水で浄化し続けられた渚の小石であり、若水・年の水であった。事例⑧は若水汲みであるが、節分同様、浜石・大豆・米を混ぜたものを撒いているし、⑫では真水の若水を汲むと同時に海で潮水を汲んできた。潮水では浄めを行っている。

事例⑰でも若水汲みとは別に大晦日に潮水で屋敷を浄めている。海の力の根源には塩があり、潮・潮水がある。浄めの力を持つものは塩・潮水のみならず、潮水にさらされ続けた小石があり砂がある。来訪者のみやげとして、もう一つ再記しておきたいのは、⑳神島のムラ行事で、新年を迎えるに際して宮持（代理）が福の神としてイエ・イエにもたらすモロモウ（みかん＝薄で括られたものを苞入りのみかんと見做すことができる）である。これは「年玉」である。新しい年を生き抜く力の象徴である。

モロモウ（みかん）は『古事記』垂仁記で多遅摩毛里が常世の国から持ってきたという「香《かぐ》の木《こ》の実《み》」「橘」と同質である。注意してみると、事例⑲の神武天皇上陸復演儀礼に用いられる七夕カラの中にも柑橘系の「橙《だいだい》」が含まれている。橙は年を越しても、その実が木についているところから「代々永続」の象徴とされ、呼称もこの特質とかかわる。

そうした点から正月飾りの中央に付けられるのであるが、その実の香気・色から、香の木の実とも考えられてきた。また、正月の重ね餅の上にみかんを置く風習も広く行われているが、ここにも時じくの香の木の実への憧憬印象がある。

熊野市有馬に花の窟がある。『日本書紀』神代上巻第五巻一書の次の記述は、「花の窟」にかかわるものと考えられている。「一書に曰く、イザナミノミコト、火神を生む時に灼かれて神退りましぬ。土俗、此の神の魂を祭るには、花の時には亦花を以て祭る、又鼓吹幡旗を用て、歌ひ舞ひて祭る」とある。イザナミノミコトが葬り祭られたのが花の窟だと伝えられる。

花の窟は熊野灘に面して奇怪な形状を示す岩壁で、岩の上部にはウバメガシが茂り、その濃緑色が白味を帯びた花の窟を浮き立たせている。祭日は二月二日と十月二日で、ともにお綱掛け神事が行われる。太綱に結び付けて「ホーシ」と呼ばれる縄梯子状の縄旗が垂らされる。ホーシの長さは七尋半と決まっている。これが『日本書紀』に記されていた「幡旗」なのである（写真2）。

写真２　花の窟と縄旗・三重県熊野市有馬

この縄旗には、二月には椿・みかんを、十月には鶏頭・菊・竜胆などをつける。ここに「みかん」が吊られることに注目したい。イザナミノミコトの葬所としてその伝承をここに吸引・定着せしめた要因は何だったのか。熊野が海彼常世に通じる臨海の地であること、花の窟が海彼常世とこの国土を往来する際の目印となり、遠目に著《しる》き巨大・奇怪な岩壁であることをあげなければならない。神功皇后が木本の獅子岩のもとでお産をしたという伝承もある。

花の窟・獅子岩・楯ヶ崎・笹野島・海金剛などは、いずれも神の目印となる岩で、これらの巨岩は船人の目印、漁民の山当ての目標でもあった。

花の窟は古くから神の依りつく岩として信仰されてきたのである。花の窟の縄旗に時じくの香の木の実＝みかんを吊るすことの意味は、常世と此界の往来の拠点を祭るのにふさわしいものと言えよう。神饌や信仰呪物としての柑橘類についてはさらなる調査が必要であるが、柑橘類の特色の一つは芳香、これは神も人も好む。いまひとつは柑橘類の球体とその暖色である。こうしたことから、太陽の力の衰える冬至から正月にかけて柚子・橙・みかんなどが、柚子風呂・正月飾りなどに多用されるのは、これが「太陽の象徴」と見做されたからではないかという仮説を述べたことがあった(8)。

3 イエ行事の神々――古層の演劇性――

「モロモウ」「ドウレ」を伴う若水汲み・節分行事は、見てきた通りイエイエの行事である。いわゆる年中行事の中には、家族が役を分担して演劇的展開の中で呪的目的を達成しようとする行事がある。そのような古代演劇の発生を思わせる行事として東北地方から九州まで広く行われてきたのが、小正月の「ナリ木ゼメ」である。地域や家によって振幅はあるが、およそ次のようなものである。

一月十五日には小豆粥を煮て薄《すすき》の箸で食べた。この日、夫婦が柿・蜜柑の木のもとに赴き、夫が鉈で木に傷をつけながら「ナルカナラヌカ　ナラヌと叩ッ切ッテシマウゾ」と唱える。妻はそれに応じて「ナリマス　ナリマス」と答える。それに応じて夫は木の傷口に小豆粥をなすりつける。子供たちは毎年これを見に行った(静岡県藤枝市前島・磯崎鉱一郎さん・大正六年生まれ)。高崎正秀は「ナリ木ゼメ」について次のように述べている(9)。

福島県相馬地方では木呪《キマジナ》ひ、仙台では餅切り、青森では切脅《キリオド》しなどと呼んで、「生《ナ》るか生らぬか、生らなきや打切る」と脅す人と「生ります　生ります」と服従の詞を誓ふ人――。これを主人と下男とが裃で、いまも実演する土地さえあって、嘗つては神と木の精の神聖厳粛な抗争であった事実を物語っている――。まことに鋭い解釈である。藤枝市の例では夫、この例では主人が「ナルカ　ナラヌカ」といって神を演じ、対して、妻・下男が「ナリマス　ナリマス」と、木の精を演じてその年の木の実の豊穣を誓約する形になっているのである。年中行事として当然のこととして行ってきた行事の底に、古代以来の厳粛な呪的儀礼の要素が伝承されていたのである。

「モロモウ」「ドウレ」を伴う「若水汲み」「節分」の行事も、「ナリ木ゼメ」と同様な呪的演劇性があり本来、厳粛なものであった。こうした行事がイエごとに、毎年行われ、伝承されてきたことの意味は重い。藤枝市の「ナリ木ゼメ」で、夫と妻(両親)がこれを実修するところを子供たちが毎年見に行ったというところがいかにもほほえましいし平和である。「若水汲み」事例⑫の中で、妻(母)が、盛装・正座して「ドウレ」と言って来訪神(夫＝父)を迎えるその母の後ろで子供たちも正座して来訪神を迎える姿も印象的で平和である。日本人は信仰を持たないと評されることも多いのだが、こうした行事の伝承に耳を傾けてみると、多くの日本人が、じつに謙虚な心を持って独自の民俗的な神を信仰してきたことがわかる。家庭は、根深い伝承の場であり、教育の場であったこともよくわかる。

井戸や共同井戸が用いられなくなって水道に頼るようになったのは、昭和三十年代のことである。事例⑪の三鬼幸美さんの家が水道になったのは昭和三十四年のことである。こうした生活様式の変化が「若水汲み」という行事に影響を与えたことは確かである。要は、行事に込められていた信仰心意をいかに継承してゆくかである。

熊野・志摩を中心とした「イエイエの訪れ神」の事例紹介と考察はひとまずとどめるが、熊野・志摩・伊勢地方の調査はさらに重ねなければならない。昭和五十年代に行った静岡県加茂郡松崎町吉田での聞きとりノートに、次の記録があった。元旦、雑煮を食べてからムラ中のイエイエを回った。その時各戸の玄関で「モロモ」と言う。すると、各戸の主人は「ドーレ」と称して迎え入れた。訪問者は「旧年中はお世話になりました。本年もよろしくお願いします」と挨拶した(飯田千代松さん・明治三十二年生まれ)。伊豆地方では青峰信仰も盛んで、伊勢講も盛んである。「モロモウ」「ドウレ」は海上の道を通じての伝播も考えられるのだが、さらなる調査が必要となる。こうした挨拶語やイエイエの訪れ神については全国的な調査も必要となる。イエごとの訪れ神の一つに十一月二十三日を中心とした大師講があり、これについては既に述べたことがある。(10)

熊野・志摩の「若水汲み」や「節分」の訪れ神、大師講の訪れ神を中心として「イエごとの訪れ神」を全国的に鳥瞰する必要があろう。そして、それらを、多くの先行研究に紹介されている仮面草衣の神、蓑笠の訪れ神、異装の訪れびと、仮面の祖霊神などと、併せて考えてみなければならない。

三　海から山への訪れ神

1　新野「雪祭り」のサイホー

長野県下伊那郡阿南町新野、ここは山中の小盆地である。その盆地の西南に伊豆神社が鎮座する。そして東北に諏訪神社、両社の間は約三㎞。折口信夫の命名で「雪祭り」と通称されるようになった伊豆神社の祭りが両社の間を舞台として一月十三・十四・十五日にくり広げられる。諸々の神事芸能は十五日に始まるのであるが、それに先立って十四日夜半、伊豆神社の祭典が行われる。当社の神事芸能の伝播や成立の時期は定かではないが応永年間(一三九四～一四二八)には当地に十一面観音を本尊とする二善寺があり、その鎮守として伊豆権現が祀られたと伝えられている。(11)伊豆神社の祭典が終わり、日が変わって十五日になると神事芸能が始まる。圧巻はサイホーの登場である。サイホーは翁系の面をつけ、右手に若松の枝、左手に薄板の角団扇を持ち、腰にホッチョーと呼ばれる木製の男根を挿している。足ごしらえは、脛巾《はばき》・白足袋・草鞋である。そして、何よりもサイホーの個性を象徴しているのは「冠」である。冠は、藁製で、この地方の正月・小正月に年神に対して神饌を献ずる容器、ヤスの形をしている。長さは自《おのず》から藁丈ということになる。口径は九cm、サイホーの冠には、先端に、五穀を白紙に包んで球状にした玉がつけられている(12)(写真3)。このことは、サイホーなるものは、新春、五穀の種を持ち来たって、それを人びとに恵み、人びとに幸いをもたらしてくれる訪れ神を象徴するものである。このようなサイホーはどのように登場してくるのであろうか。

境内には巨大な立て松明が直上形に立てられ、その巨大松明と拝殿の間には綱が張り渡されている。その綱を伝わって小型の木舟が往復する。宝舟と通称される小舟には恵比須・大黒が乗せられ、点火された松明も立てられている。紐の操作によって舟が九回往復して大松明に到着すると、競馬役が素早く小舟の松明を大松明(立松明)の先端に移し、点火する。境内は一気に明るさを増す。そこへサイホーが登場するのである。この演出は、サイホーが宝舟に乗って海の彼方の常世からやってくるという骨格を持っている。様々な宝を持ち来たるのであるがその主心は五穀の種である。この春から農が始まり、恵みがもたらされる。劇的なサイホーの到着・登場である。

写真３　サイホーの登場、サイホーの冠の玉には五穀の種が入っている・長野県下伊那郡阿南町新野「雪祭り」

写真４　ホッチョーを持つサイホー・長野県下伊那郡阿南町新野「雪祭り」

サイホーは神庭で九回舞う。サイホー及びサイホーもどきが舞いを終えるとサイホーは拝殿の前に積まれた正月飾りのもとでアキの方を向いて座り、「サイホーの餅焼き」をする。その餅焼の位置に移動する途中、サイホーは境内を徘徊し、若い娘の頬に「ホッチョー」を押しつける。ホッチョーは径三・五㎝、長さ一五㎝ほどの木の棒で、男根を意味している（写真4）。サイホーのホッチョーにさわられると子宝に恵まれるという伝承は軽く聞き流されてはいるが重要な意味を持っている。稲作予祝儀礼では子孕みと穂孕みが兼ねて祈られ、人の子孕みが稲に類感すると考えられる例が多い(13)。ここにもそれが見られるのである。家や村落共同体にとって子宝はイエやムラの繁栄につながり、穂孕みは豊作そのものである。サイホーは海彼から川を溯上して、祭りの庭に至ってムラびとたちにまたとない、五穀の種を中心に、ムラびとたちの求める多くの望みを叶えてくれる訪れ神だったのである。

ところで、サイホーと宝舟、年初の豊穣予祝といったこの祭りの構造は孤立したものなのだろうか。ここに結びつくものがないわけではない。

2　船で来る翁こんなまろ

静岡県浜松市天竜区懐山に「懐山のおくない」と通称される仏事系芸能が伝承され、一月四日に実修されている。修正会に通じる行事で「オコナイ」とも呼ばれている。現在は泰蔵院（臨済宗無文派）で行われているが、もとは新福寺阿弥陀堂において修正会のおくないとして実施されていた。舞の演目は猿楽・呪師系から生業系まで多彩で、宵の獅子・女郎の舞・鬼の舞・駒の舞・猿の舞から田遊び系演目まである。面も古色を帯びたもの、未使用のものもあり、とりわけ「翁」系の判定には今後の研究が待たれる。

昭和五十八年度、文化庁から「記録作成等の措置を講ずべき無形の民俗文化財」に選択され、昭和六十年度、集中

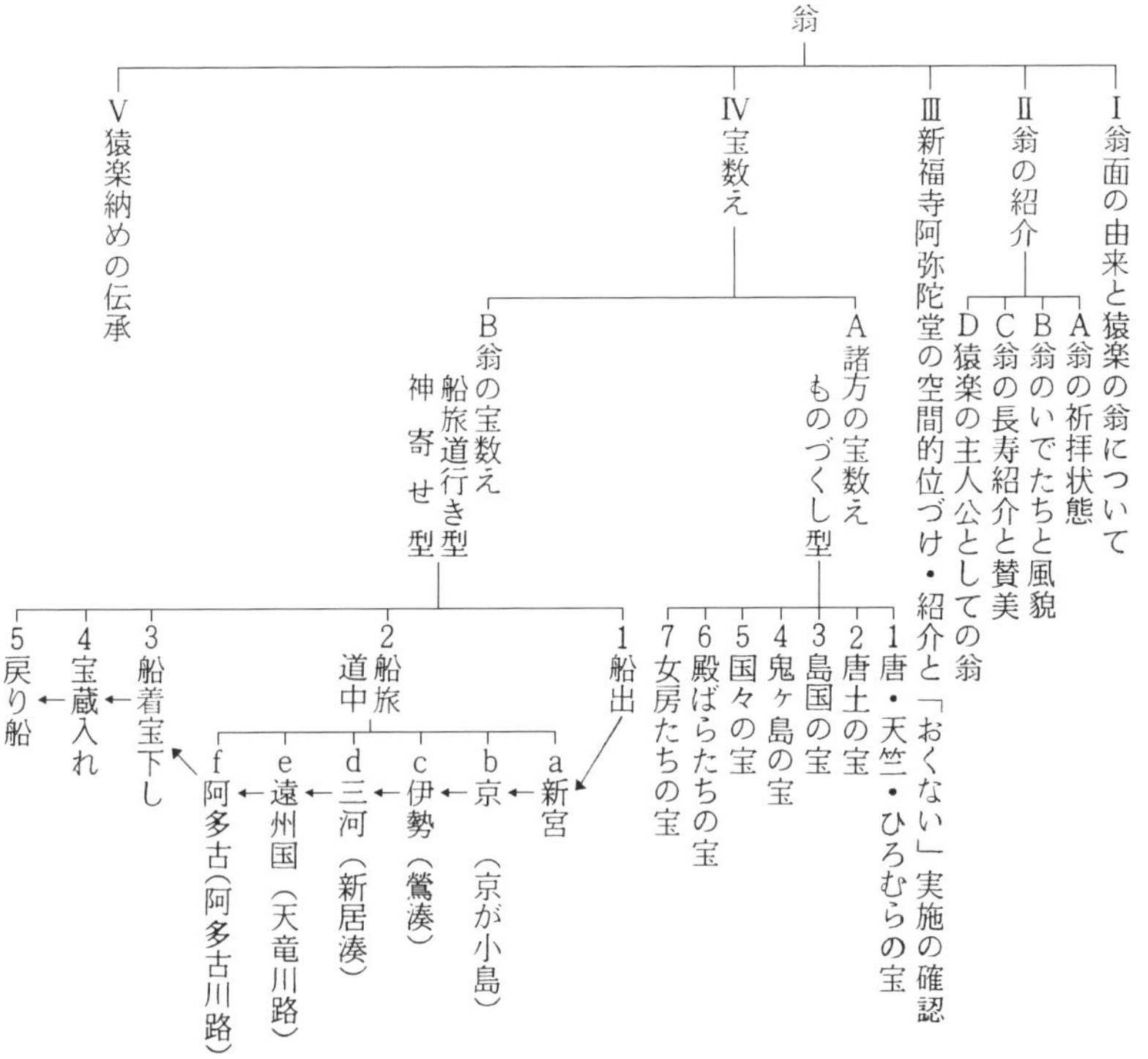

図1　懐山のおくない「翁」詞章の構造

的に調査に当たった。祭文詞章の翻刻は数種類あるが、田中勝男が『静岡県芸能史』[14]で使用した祭文・芸能詞章本「をきなさし出ぬきの次第」（延宝三年本）は昭和六十年当時所在不明となっていた。よって報告書作成については大石伝次家所蔵の『御祭礼用書』（安政二年本）を底本とし、同家所蔵の『翁な松かけ物かたり』（明治四未年五月二拾八日写之　所持主　大石伝蔵）を参照した。浅学をも顧みず翻刻の上、注釈までもつけたのだが、未解・不明の点も多かった[15]。そうした中で、大石伝次家が伝える「翁松かげ物語」の標題に象徴される通り、「懐山のおくない」の「翁」にかかわる壮大な詞章、劇的展開を学ぶことができた。詳細は報告書に譲るとして、その骨子を以下に図1として示してみよう。

数えあげられる宝の収集域は、この国は

もとより遠く唐天竺に及ぶが、それは成立期の世界観による。展開は海路・船路の道行き型で、神仏混淆の時代なので神寄せ・仏寄せで、地域の社祠・寺堂が詠みあげられている。詞章構造の中での船出は熊野三山を背後にする新宮湊からで、「新井湊へ舟をば付たりやをきなとんの」とあり、そこから三河の国めぐりとなっている。遠州国のめぐりは「天竜川ぢへ舟をば付たりやをきなとんの」から始まる。注目すべきは、懐山新福寺阿弥陀堂に至るために天竜川支流「阿多古川」が歌いこまれ、これを溯上する形になっている点である。最後に御手洗川に至り、着船、宝下しとなる。

〽万年経たる松の木に　根綱とって繋いで　千年経たる杉の木に　艫綱とって繋いで　その世を申せばこの世が良いとか　この世を申せばその世がよいとか　車路を作れば馬路が良いなど　馬路を作れば車路が良いなど　車に積んで　馬に着けて　牛に負わせて　法師達担うて　殿ばら達は背うて　女房達は戴いて　宝蔵の蔵の宿の鍵取り戸開けよ——

次いで神仏おのおのについて各宝蔵への御蔵入れが連綿と続く。

〽天王様の宝蔵御蔵の地取りちやうと積み止みて

〽六所大明神の宝蔵御蔵の地取りちやうと積み止みて……

そして「もどり船」となる。

〽翁こんなまろ　もどり船にも積む物候ふよ　内外の悪魔も　上下の不浄も　馬の病も　人の病も　盗人強盗　火事焼亡　飢渇疫癘　中に於いてもきしり喰ふ小鼠　一切萬の悪しきものをば　御取り集めて……

こうして見てくると、翁は、人びとのために万の宝を持ち来たってくれる訪れ神であるばかりでなく、人びとの暮らしや生業に障害をもたらす総ての悪しきものを持ち去り、棄捨・追放してくれる存在なのである。人に対する病魔はもとより、馬の病、収穫物や貯蔵物を荒らす鼠害まで除いてくれるのである。

懐山は標高三五〇～四〇〇m、谷を拓いた山田、屋敷周辺の定畑、雑木林・杉植林、近代以降も稲・麦以外に粟・稗・高黍などの雑穀を栽培し、併せて換金作物の茶・タバコ・綿なども栽培してきた。さらには養蚕・紙漉き・炭焼などをも行ってきた。中山間地の生業複合のムラだった。

このような山間のムラにおいて、海路から船によって、さらに船で天竜川を溯上し、支流阿多古川を溯って宝をもたらし、帰りには人びとの暮らしや生業に害を与える諸悪諸害の要因を船に積んで持ち去ってくれる翁の物語、翁こんなまろの壮大なドラマが語り継がれていたのである。

「松かげ」なるものはいまだ不詳の部分があるのだが、「若松の精」を象徴すると言われ、翁よりやや若い翁だとも言われている。してみると、新野の雪祭りに宝舟に乗って登場するサイホーとの共通点も窺える。サイホーが松の若枝を持って舞うからである。懐山の翁こんなまろと新野のサイホーは舟に乗って登場するという構成を持つ点、五穀の種や宝をもたらす点も共通している。片や小正月の祭りの庭に身体性を持って登場し、片や正月に、おこないの中の物語の中で語られるというちがいはあるのだが、ともに海から山を訪れる訪れ神だと見ることもできよう。

註

（1）折口信夫「国文学の発生（第三稿）」（『折口信夫全集』第一巻・中公文庫・一九七五、初出一九二七）。

（2）折口前掲註（1）の論考中に見える。

（3）柳田國男『歳事習俗語彙』（復刻版・国書刊行会・一九七五、初出一九三九）。

（4）鈴木満夫『マレビトの構造』（三一書房・一九七四）、小松和彦「蓑笠をめぐるフォークロア――通過儀礼を中心にして――」(『異人論・民俗社会の心性』青土社・一九八三)、慶應義塾大学国文学研究会編『折口信夫まれびと論研究』(桜楓社・一九八五)、吉成直樹『マレビトの文化史――琉球列島文化多元構成論――』(第一書房・一九九五)、保坂達雄「折口学の成立」(『神と巫女の古代伝承論』岩田書院・二〇〇三)、萩原秀三郎『カミの発生』(大和書房・二〇〇八)、須藤義人『マレビト芸能の発生・琉球と熊野を結ぶ神々』(芙蓉書房出版・二〇一一)、安東礼二「祝祭」(『折口信夫』講談社・二〇一四)ほか。

(5) 谷川健一「「まれびと論」の破綻」(『南島文学発生論・呪謡の世界』思潮社・一九九一)、諏訪春夫『折口信夫を読み直す』(講談社現代新書・一九九四)ほか。

(6) 諏訪春雄・川村湊編『訪れる神々――神・鬼・モノ・異人――』(雄山閣・一九九七)。

(7) 長谷川政春「折口信夫の神――その身体性の意味――」(『東横国文学』第十五号・一九八三)。

(8) 野本寛一「雁風呂からの連想」(『季節の民俗誌』玉川大学出版部・二〇一六)。

(9) 高崎正秀「童言葉の伝統」初出一九四〇(『文学以前』桜楓社・一九七二)。

(10) 野本寛一「大師講・雪のまれびと」初出一九七九(『季節の民俗誌』玉川大学出版部・二〇一六)。

(11) 「サイホー」については折口信夫「『雪祭り』しなりお」(『折口信夫全集』第十七巻・中央公論社・一九六七、初出一九五二)、池田彌三郎「雪祭りと芸能史」(中村浩・三隅治夫編『雪祭り』東京堂出版・一九六九)などに言及がある。

(12) サイホーとサイホーの冠については「穀神の風貌――新野雪祭りの「サイホー」」(野本寛一『稲作民俗文化論』雄山閣・一九九三)で述べたことがある。

(13) 野本寛一『稲作民俗文化論』(雄山閣・一九九三)。

(14) 田中勝雄『静岡県芸能史』(静岡県郷土芸能保存会・一九六一)。

(15) 大石伝次ほか『懐山のおくない』(静岡県天竜市教育委員会・一九八六)。上記の「詞章とその解説」(野本寛一執筆)。

第三章　伊豆の海

一　漂着伝承と信仰

海の信仰を考える場合、漂着神・漂着仏にかかわる伝承や信仰は特に重要である。伊豆は、いわゆる半島であり、海辺集落が多いことにより、漂着神にかかわる伝承や信仰が多い。表1に見られる通りその内容は多様であるが、これらをつぶさに眺めることにより伊豆における海の信仰の特徴を見極めていきたい。

わが国には、神霊がものに憑依《ひょうい》して顕現するという信仰原理が古くから存在する。その憑依対象を、神を主体とした場合「依《よ》り代《しろ》」と称し、人を主体とした場合は「招《お》ぎ代《しろ》」という。依り代は、人為的な設定物のみならず、自然の山・岩・石・樹木などに及ぶ。依り代の中の、岩石については、神道においては「磐座《いわくら》」とも呼ばれる。伊豆における漂着信仰を概観するとき、岩石の依り代、即ち磐座ともいうべきものにかかわる伝承が多いことに気づく。表1によってそれを確かめてみよう。

①「沖の宮」＝磯辺の岩で、高さ径ともに一mほどで半ばは水中にある。神船の漂着対象であり、その呼称も神の座にふさわしい。②船寄神社の神体が漂着したのは巨鯛島《こだいじま》と呼ばれる岩島で岩島の上部はウバメガシに蔽われている。③松崎町岩地の入江の渚に縦二m、横三mほどの平面的な岩があり、満ち潮の時には水を冠り、干潮の時には姿を現

表1 静岡県伊豆半島における漂着神仏伝承

		伝承地	漂着神仏	伝承内容
漂着神	①	賀茂郡西伊豆町宇久須	出崎神社のお舟様	出崎神社の裏の海岸に「沖の宮」と呼ばれる岩があり、昔、その岩に「お舟様」（八王子丸）と呼ばれる長さ一・五mほどの船が漂着した。現在、三代目の舟が社務所に、四代目の船が本殿にある。四代目の船を神輿として子供たちがかつぐ。
	②	賀茂郡松崎町江奈	船寄神社神体	『掛川志稿』に「北の山際にあり、相伝、古昔神幣一本海岸に流来るを祭ると、故に神名詳ならず」とある。
	③	賀茂郡松崎町岩地	諸石神社神体	『豆州志稿』に「日月の二神なりと云、往古村人神幣を両磯の石上にて獲て祭ると云、寛永四年の札あり」とある。
	④	賀茂郡南伊豆町吉田	白鳥神社	祭神は日本武尊と弟橘姫命で、この地には、両神の御船が難破し、弟橘姫の腰巻が吉田の入江に漂着したので両神をこの地に祀ったと伝えている。
	⑤	賀茂郡河津町笹原	姫宮神社	現在は田中の来宮神社に合祀されているが、笹原の古社地は弟橘姫の遺骸が漂着したところだと伝えている。
	⑥	賀茂郡河津町浜	御笏社	浜地区の称念寺の入口に御笏様という祠があった。弟橘姫が持っていた笏が漂着したのを祀ったものだと伝えている。
	⑦	賀茂郡東伊豆町稲取	吾妻権現社	浜に漂着した弟橘姫の櫛を祀ったのが当社であると伝えている。
	⑧	下田市須崎	竜宮神社	リューゴンサンは海の彼方から蛇の姿でやってきたと伝えている。
	⑨	下田市白浜	伊古奈比咩命神社祭神	神様が海からお舟岩のあるところへたどりついたと伝えている。
	⑩	賀茂郡河津町田中	杉桙別神社祭神	『豆州志稿』に、「伝云往古此神御船ニテ此地ニ来リ谷津村木ケ崎ヨリ上陸シ給フト云々」とある。当社は「来宮」「木宮」とも呼ばれる。
	⑪	賀茂郡河津町谷津	木之崎神社	現在、八幡神社に合祀されているが、もとは鬼ヶ崎にあったといわれ、鬼ヶ崎の南のセンゾクという岩を舟にして大島から渡ってきたと伝えている。

⑫	賀茂郡河津町見高	竜宮神社神体	竜王様ともいう。現在はエビスに合祀されたが、もと、海中に漂う黒塗りの箱をひろって祀ったものだという。
⑬	伊東市八幡野	八幡来宮神社祭神	来宮の神は大昔、甕に乗って八幡野港付近の金剛津根に漂着したという伝承がある。
⑭	伊東市富戸	若　宮	伊東祐親娘八重姫と源頼朝の間に生まれた千鶴丸の死骸が流着したのを祀ったという。流着伝承にかかわる産衣石が伝えられる。
⑮	伊東市新井	新井神社	昔神様が東の浜に着いたとき東の浜では突き返したが西の浜では鄭重に迎えたという。また、大時化の時に西の浜に霊石が出現して時化を鎮めたともいう。
⑯	伊東市宇佐美	比波預天神社祭神	祭神の加理波夜須多祁比波預命は上代海上より寄り着いたという。海岸には神の依り代である「神石」がある。
⑰	熱海市網代	阿治古神社相殿来宮神社	下多賀の来ノ宮様が亥の満水で網代の宮ヶ崎へ漂着したと伝えている。なお、阿治古神社祭神にかかわる神迎え石もある。
⑱	熱海市上多賀	多賀神社祭神	昔、多賀の神様が上多賀の戸又海岸に漂着された。漂着地点から神社までを神の道と称し、神輿もここを渡御する。神迎え石も伝えられている。
⑲	熱海市西山	来宮神社	漁師が漂着したボタを祀ったものだとも、漂着した像を祀ったものだとも伝えている。その時漁師がボクに麦コガシを供えたという伝承から、現在もボクがあがった大浜まで神輿渡御をし、猿田彦が麦コガシを撒いて歩く。
漂着仏			
⑳	賀茂郡南伊豆町伊浜	善勝寺本尊	漁師の網にかかった。
㉑	賀茂郡南伊豆町下流	大慈寺仏像	タカベ網に仏像がかかったので納めた。
㉒	下田市吉佐美	宝徳寺仏像ほか	ドイツの船が難破した時積んでいた仏像がカシャネという瀬に漂着した。吉佐美四組へ一体ずつ分けて祀った。

す。諸石神社の神体ともいうべき御幣がこの岩に漂着したと伝えられ、これを「ボンテン岩」と呼ぶ。この地では十月二十八日の神社の例祭、「ボンデン祭り」が終わると吹き始める西風のことを「ボンテン西」という。そのボンテン西によって神が漂着したのである。⑨「お舟岩」自体磐座なのであるが、伊古奈比咩命神社については他にも、御幣流しの場となる「大明神磐」と称される聖なる磐が伝えられている。⑪「センゾク岩」も磐座と見ることができる。⑬の「金剛津根」も磐座の一種であるが、ここでは他にも、来宮《きのみや》の神が海から上られてまず第一に鎮まられたと伝える「洞の穴」という岩窟がある。洞窟もまた高座《たかくら》に対する「穴生《あなふ》」で、神の依り着き鎮まる座である。⑭は千鶴丸の死体漂着にかかわり、死体をこの石に安置して産毛を切って祀ったことによるといわれる。氏神の三島神社の神輿渡御に際してはこの石が神座となりその前で鹿島踊りが奉納される。

⑯縦八〇㎝、横一・三m、厚さ四〇㎝ほどの上が平らな舟型石を神石と呼び、祭神がこの石に依り着かれたとする。十月十五日の比波預天神社の祭りの日には、この石から神輿船に神をお迎えする。神輿船渡御の船唄に、

〽いつの世に神やよせけむ船寄せの名をのみしのぶ松のひともと

〽いづの海はてなき竿をしまつとり宇佐美の浦に神や寄せけむ

と歌われる。

⑰御浜は現在網代漁港の岸壁になっているが、ここに神迎えの石がある。一m四方ほどの石で、祭りに際してはこの石を中心として御仮屋を設け、石の上に神輿を移し大幣を立てる。⑱径六〇㎝、厚さ二〇㎝ほどの丸平石を神迎え石と称し、祭りに先立って戸又海岸において、この石の上に藻を敷いて神を迎える用意をする。なお多賀神社本殿裏には磐座があり、その周辺からは漢式鏡一面・素文鏡三面・土師器片・縄文土器片などの祭祀遺物が出土し、六、七世紀頃、向山（標高二二七m）にかかわる祭祀が行われたものと思われる。向山は漁師の山当ての対象山であり、神漂

着の目じるしの山でもあった。右に見てきた通り伊豆の漂着信仰と磐座との関係は極めて密接である。

さらに注目すべきは、その中のいくつかは現在に至るまで祭祀として神迎えを毎年実修再現していることである。①では模造の船の渡御がみられ、②では巨鯛島の近くの「寄り洲」まで神社から神輿渡御を行い、神迎えのさまを演じる。③においては十月二十八日の例祭日、神職・氏子総代・旦那衆がボンテン岩の前まで赴き、さらに神殿まで引き返してから参拝するという慣例がある。これを「浜下り」と呼んでいるのであるが、これは明らかに神迎えの儀礼である。⑬では例祭日に「洞の穴」の南方約五〇mほどのところに御仮屋を作りその中に神輿を納める。⑭では前述の通り、石が輿座となりその前で鹿島踊りが奉納される。⑯では、かつては神輿船が神石の前まで渡御し、神酒を献じて青年たちが神歌を合唱した。⑰⑱は前述の通りであるが、いずれも神を迎えて神輿が渡御する。⑱では、神が依り着かれてから神社へ鎮まられたという道筋を伝承し、現在でも祭日にはその道を神輿が渡御し、神の漂着を再現する。伊豆海岸部の人びとの中では漂着神の信仰がこのように生々しく伝承されているのであった。

次に注目すべき漂着伝承に④⑤⑥⑦に見られるヤマトタケル東征伝にかかわる弟橘《おとたちばなひめ》姫関係のものがある。④弟橘姫の腰巻、⑤弟橘姫の遺骸、⑥弟橘姫の笏、⑦弟橘姫の櫛などが漂着し、それらを祀ったというのである。『古事記』においては弟橘姫入水の後、「かれ七日の後に、その后の御櫛海辺に依りき。すなわちその櫛を取りて、御陵を作りて治め置きき」と記されている。南伊豆から東伊豆にかけて弟橘姫入水関係伝承が四件もあることは、まずこの地が『古事記』に記された「走水《はしりみず》」に比較的近い場にあることにかかわるのであるが、別に、「海難・水死伝承を持つ者は祀らなければならない」という海辺民の信仰論理があり、それがさらに、「海難・水死伝承を持つ者を祀ると海の安全や豊漁が得られる」というふうに、信仰的増幅をもたらしたとも考えられよう。

東伊豆町稲取にはハンマーサマと呼ばれる行事がある。稲取の漁民たちは九月八日の夕方、ハマユウ（ハマオモト）

の葉で衿を左前に合わせ、カブトをつけ、松葉の刀をさした人形七体を作って床の間に飾る。イカやサンマの形を作ることもある。そして、翌九日の夕方この人形を浜へ持って行って「来年はイカとサンマになってござらしぇよ」と泣きまねをしながら海へ流した。この行事の由来として次の伝承がある。昔、稲取に、板イカダの上に乗せられた七人の武士の死体が流れ着いた。漁師たちは、「手厚く葬ってやるからよい漁をさせてくれ」と祈って丁寧に葬ったところそれから大漁が続くようになった。ハンマーサマはその七人の武士の供養と豊漁を祈願する行事だという。ハマユウの人形を流す行事の根底には、厄災流しの要素がみられるのであるが、一方、「ドザエモンに当たると漁がよい」とする漁師の俗信と一致する点も見逃せない。

実は、この伝説と対照的な伝承が南伊豆町中木《なかぎ》に伝えられている。昔、うつろ船に乗せられた罪人の死体が釜屋の下の浜に打ち寄せられた。ムラ人が、これを大根の沖に流したところ、再び神港《かみと》に打ちあげられた。その時中木に疫病が流行したので、これは死人の祟りであるとして、死体をあげ、一時釜屋の門口の岩に安置し、後に深草神社境内に葬り、社を建てて葬ったというのである。

死体の漂着や海難死体との遭遇は、漁村においてはしばしば体験されたことであろう。「ドザエモンに当たると漁がよい」というのはその死体を正しく、丁寧に祀ることを条件としての伝承であることは二つの伝承からよくわかる。祀られない水死体は必ず祟りをもたらすものだったのである。⑭の千鶴丸の死体も当然祀られなければならなかったのである。こうした漁民・海辺民の信仰習俗と照応させてみる時、先に引いた弟橘姫関係伝承の意味が重みを増してくるのである。

二　窟籠りと再生

さて、右に、漂着信仰にかかわるいくつかの問題点をみてきたのであるが、最後に一つ注目すべき事例を紹介しておこう。伊東の海岸部には鎌倉から伊豆に流された日蓮聖人に関する伝承が多い。その一つに笹海《ささみ》海岸を舞台とするものがある。笹海海岸には日蓮聖人流着を語る「日蓮岬」があり、その近くには日蓮が置き去りにされたといわれる俎《まないた》岩がある。さらには日蓮ゆかりの蓮着寺《れんちゃくじ》もある。文字どおり、日蓮が流着したことによる命名と考えてよかろう。俎岩の上に置き去りにされた日蓮聖人を助けたのが川奈の漁師上ノ原弥三郎で、日蓮をかくまっておいた場所が川奈の御岩屋だといわれている。日蓮聖人が俎岩の上に置き去りにされたという伝承は、神が岬近くの俎岩という「磐座」に漂着顕現するという形そのものであった。俎岩は磐座であり、神仏の依る影向石《ようごうせき》なのである。この日蓮聖人流着伝承は、常世信仰的な漂着神信仰の土壌豊かな伊豆という地に、仏教的漂着信仰が骨太く根ざしたものとみてよかろう。そしてまた、日蓮聖人が、漁師弥三郎の漁具収納の岩屋に隠れたという伝承は、いわゆる「窟籠《いわやごも》り」「籠り」による霊力復活の儀礼伝承と見ることができる。

静岡県焼津市当目《とうめ》海岸の海中には「観音岩」または「神の岩」と呼ばれる岩があり、現在、藤枝市田中に祀られている村岡観音本尊は、この観音岩に漂着したものだといわれている。

「当目」という地名は、この海岸に、通称虚空蔵山と呼ばれる「当目山」があることによる。当目山は海抜一一五mの円錐形の山で、『駿河志料』には「遠目山」と書かれている。山麓には延喜式内社の那閇《なへ》神社が鎮座する。当目山の海側は崖で、そこには数個の洞窟があり、その一つを「御座穴」と呼んでいる。古く、「神の岩から御座穴へ」

という海の彼方から神を迎える道筋があり、その上に漂着仏たる観音の伝承が重層したものと思われる。ところで、ここで特に注目したいのは、徳川家康が敵に追われた時この御座穴に隠れていて助かったという伝承である。

源頼朝が石橋山の合戦で敗れて大庭景親《おおばかげちか》の追手に追われる場面がある。『源平盛衰記』では、頼朝は朽木のうろの中に隠れて助かったとしているが、洞窟に籠って追手を逃れたという伝説もある。現在、神奈川県の真鶴岬のつけ根、市場通りの傍らに「鵐《しとど》の窟《いわや》」なる洞窟があり、頼朝が敵に追われて隠れた洞窟だといわれている。追手がやってきたとき、シトドという鳥が急に舞い立ったので、人はいないものとして追手が立ち去って頼朝は助かったというのである。類似の伝説が下田市田牛《とうじ》の「三日月穴」にもある。三日月穴と呼ばれる洞窟に頼朝が隠れていた時追手が来たので鳩を放したところ、敵は洞窟に人はいないものとして安心して帰ったというのである。

能登から越後へかけて源義経に関する伝説が点在する。能登金剛の洞窟「巌門」は義経が隠れて追手を逃れたところだとされ、雨晴《あまはらし》の窟は義経が雨やどりをしたところだという。新潟県弥彦山《やひこさん》の裏、角田浜近くにも義経舟寄の洞窟がある。

このように、数多く伝えられる「武将の洞窟籠り伝説」は、敗勢の武将が洞窟に籠ることによって敗勢を清め、武力・活力を復活させ、再生するという呪術構造を示しているのではあるまいか。この信仰は、たとえばかぐや姫の竹の節籠りと復活、『宇津保物語』の主人公の杉の洞籠りと復活といった物語にまで及んでいるとおり、日本人の間で永く守られてきた「洞穴の力」に対する信仰、「籠りと再生」の信仰原理の伝統をふまえたものであった。こうしてみると、日蓮聖人の岩屋籠りも伝承上、日蓮再生のための必須の条件だったことがわかる。磐座としての「俎岩」と、籠り処としての「川奈の御岩屋」をセットとして考えるとき、ここに、漂着から籠りにつながる古層の信仰論理の力強い展開を読みとることができるのである。

三　「山当て」と信仰

漁業一般において、いかに漁場を決定するかがそのまま漁獲量に響いてくる。特に、サザエ・アワビといった貝や、ムツ・アコウ・タイといった根につく魚類を対象とする漁業においては、根を中心とした海底地形を正しく記憶し、対象種の多く棲息する礁の上に日々正確に舟を定めることが必須の条件となってくる。その舟位置確定法として伝統的に行われてきた方法が、陸上の山・木、特徴ある建物、島などを結ぶ方法で、伊豆では山当て・ヤマテ・山掛け・カケ・山立てなどと呼ばれている。遠州地方ではこれを山繋《つな》ぎといい、能登では山ダメ（山試し）という。二点を結びそれをいま一方の二点連結の線と交わらせて位置を定めるのが基本であるが簡略化される場合もある。右のような舟位置確定法を示す語が、全国的に「山〇〇」とされているとおり、この方法で「山」が中心となることはいうまでもない。明治三十九年刊行の『静岡県漁場図』（静岡県水産組合連合会）を見ても、山当ての山の記載が中心となっている。しかし、現実には山以外の実にさまざまなものが舟位置確定の目標物に使われているのである。そして、山を中心としたそれらの対象物が信仰の対象となる場合が実に多いのである。その実例を紹介してみよう。

図1は、伊東市川奈の内田幸作さん（明治四十三年生まれ）が、ムツ・アコウ・キンメダイ等の漁を行った際の舟位置確定対象物の図である。内田さんは山当てのことを山かけといい、対象物に応じて「〇〇がけ」という表現をする。内田さんの「カケ」の特徴は、すべて川奈崎（岬）の先端を中継点として①～⑩までのさまざまな対象物と結んでいることである。①③④は「島」である。このことにより、島が有力なカケ・ツナギの対象となることがわかる。伊豆七島のシマガケも折々使われていたのである。

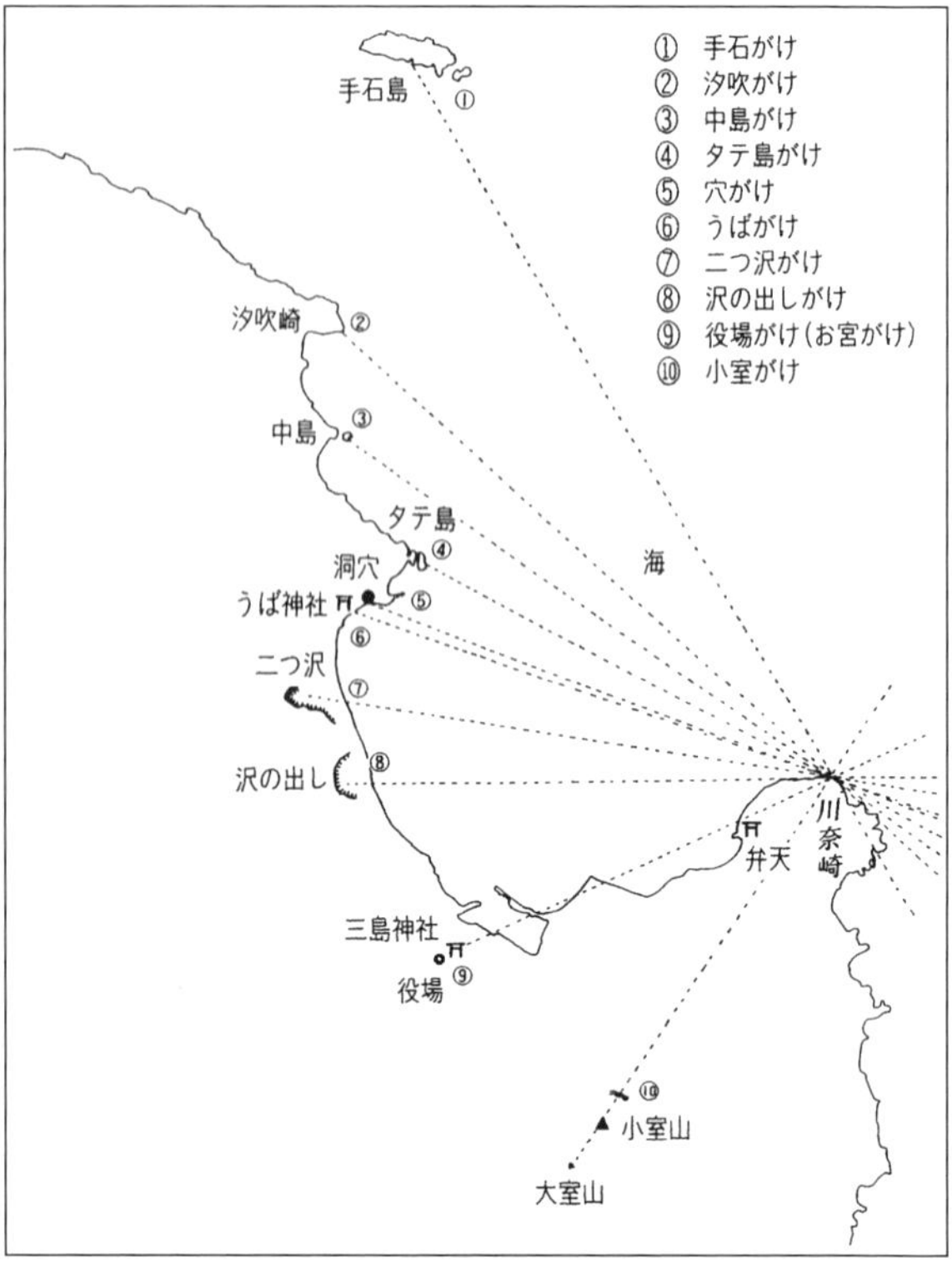

図1　内田幸作さんの山かけ（静岡県伊東市川奈）

次に、⑦の二《ふた》つ沢《さわ》と⑧の沢の出しは、海岸部の山で、川が滝状に下っているところ、いわば滝である。これにより海岸部の滝もまた重要なつなぎの対象であったことがわかる。⑨はもと、三島神社の上方に役場があったところから役場がけとも呼ばれるが三島神社の森にかけ、お宮がけと呼ぶこともあった。⑥のうば神社と並べてみると、神社やその社叢・神木等が重要な対象となっていたことがわかる。⑤の穴がけは川奈崎とタテ島崎側の洞穴を結ぶもので海辺の民の洞穴信仰と深くかかわる。②の汐吹崎は小さいながら岬をなしている。しかも、それは神奈備型の美しい形状をなしており典型的な「アテ山」といえる。図1に示される内田さんの「カケ」において川奈崎がきわめて重要な役割を果たしていることがよくわかるのであるが、川奈崎・タテ島崎・汐吹崎と並べてみると、カケ・ツナギにおいては岬が重要な意味を持っており、それが岬の信仰の基層の一端を担っていることがわかる。

さて、ここで⑩に示した川奈崎→小室山→大室山の三点を結ぶ小室がけを見ると、小室山・大室山をセットにした信仰、さらにいうならば、神の籠る場としてのムロを名に持つ小室山・大室山には、海から寄りくる神が川奈崎に至り、真っすぐに小室山→大室山と進み、そこに鎮まるという信仰の型が想起されるのである。大室山の頂には海難漁民を供養する石仏も祀られ、漁民とこの山のかかわりの深さを語っている。

　右に見てきたとおり、一般に山当てとして概括されるものの中に、実は、山以外のものとして島・岬・社叢・樹木・滝・洞窟などが存在したことがわかる。

　伊豆で、山当ての対象となった当て山の代表的なものは、西海岸では、松崎町雲見のオミタケサンと俗称される烏帽子山、東海岸では、下田の高根山、伊東市大室山、熱海市多賀の向山など数々あるが、現実には実に多くの山や木を使っていたのである。下田市須崎小白浜の小川福太郎さん（明治三十九年生まれ）は、神子元島《みこもとじま》へ漁に出かけるような場合、石廊崎・富士山・下田富士・伊豆七島の島々などを山当てに用いたという。下田市板戸の鈴木博志さん（大正十五年生まれ）は、板戸浜から沖へ舟を漕ぎ出しながら山を当ててゆく方法を父親から教えられたという。沖に向かって左手、すなわち北方を見てゆくと、①松山→②三木→③天王森→④弥平治→⑤松がハナ、といった順序で山当て対象が現れてくる。そして、それらは必ず何がしかの信仰要素を持ったものだったのである。

　山当ての対象が当て山であるならば「樹当て」の対象は「当て樹」である。西伊豆町の宇久須港の沖約二kmの地点にモリヤセまたはウグスネと呼ばれる漁礁がある。ムツ・アジ・タイの釣場だった。宇久須の漁師たちはこの漁礁に舟を定めるために山当てをした。それは、まず、雲見のオミタケサンと波勝《はがち》崎が重なるところまで出て、次に東方に宇久須神社の「大明神の松」とその奥の山とを結んだ交点を求めて決められたのだという。宇久須の海岸から宇久須神社までは約一kmほどあるが、大明神の松は三km彼方から眺望できたのである。それほどの巨松であったが昭和六十年、松喰い虫のために枯死した。ここで注目すべきは内陸部の神社の神木ともいうべき大明神の松が当て樹となっていることである。「宇久須《うぐす》」という地名は、実は「大楠《おおぐす》」からきているのである。かつてはこの地に楠の巨木があり、それが、当て樹となっていた時代があったと考えられるのである。

してみると、伊豆に、巨楠を神木として祀る神社が多いことが気になってくる。熱海市西山の阿豆佐和気《あずさわけ》神社、通称来宮《きのみや》神社の大楠は、北幹の目通り一五・五m、南幹の目通り八・二五m、北幹の樹高は一四m以上である。河津町田中の杉桙別命《すぎほこわけのみこと》神社、通称来宮神社にも国指定天然記念物の巨楠が神木として祀られている。目通り一四m、樹高二四mである。伊東市宮之上の葛見《くずみ》神社の神木も巨楠で、目通り二〇m、目測高二五m以上、樹齢数千年といわれる国指定天然記念物である。

「葛見」は本来「楠見」であり、楠の信仰にかかわる名称で、さらに言うならば、楠望見にかかわる名称だといえよう。沼津市戸田の部田神社には「コブ付大グス」がある。目通り六m、樹高三〇mで遠方からもその姿がはっきりと認められる。こうした巨楠は陸上はもとより、海上からもしるく目立つ存在であり、漁民の当て樹となった時代もあった。『古事記』のヤマトタケル東征伝に登場する「尾張に直に向へる尾津の埼なる一つ松」も、三保の松原羽衣の松も、海辺にあって、漁民の当て樹となり、神の依り代となっていたのである。

相模湾沿いの小田原・真鶴から伊豆半島東海岸を中心に一〇社以上のキノミヤ神社が点在する。「キ」の文字は、来・貴・黄・紀伊などが当てられ、その意味も、樹木を祀る「木」、漂着を伝承する「来」、あるいは「忌の宮」などと解釈されているのであるが、現段階では説を定め難い。しかし、代表的なキノミヤである熱海市西山の阿豆佐和気神社と、河津町田中の杉桙別命神社がともに楠の巨木を神木とし、しかも漂着伝承を伝えていることからすると、神が、巨楠を当て樹として依り着かれたという意味で、「木」と「来」の重層にこそ真実があるとみることができるはずである。

「神の眼」は観念ではない。その基層には「人間自身の眼」が存在するのである。海辺に放たれた「神の眼」は、海辺に漂着し、海辺の目標物に憑依した「神の眼」であったはずだ。そして、その「海辺の神の眼」は、他ならぬ「漁民の眼」であり「船人の眼」であった。海辺の信仰を培ったのは海を暮らしの場とする人びとであった。海上から日々「山当て」「樹当て」に使う山や樹は聖なる存在であった。その山に神を祀り、その木を神木として祀ったのである。そこには「海からの眼ざし」「海からの思い」があった。この原理は時に逆転して「海の彼方への眼ざし」「海の彼方への思い」につながってゆくのである。伊豆半島海辺のムラムラの信仰は、どこかで海の彼方へつながってゆく。これまでみてきたさまざまな海辺の信仰や伝承は、「常世《とこよ》信仰」の本質を解き明かしてゆく重要な基礎資料となるはずである。

四　海と風

海と風と海流は、人びとの背を押し、人を移動させ、海のサチを動かす役割を果たしたのだが、一方では人の動きを遮り、時化や台風ともかかわって人びとを苦しめてきた。季節風の抑制力も強かった。

冬の季節風が強い日には、伊豆東海岸の下田市白浜沖に大きな船が、たくさん泊っている風景が見られる。時により、二日間にわたって碇泊していることも珍しくない。吹き続ける西風の強さには想像を超えるものがある。造船技術が進歩し、航海術が高まった現代でも、荷物を満載した大型船は、西風の強い日には須崎沖を迂曲して下田港へ入ることができず、風待ちをしなければならないのである。帆船時代、そして近代に入っても小型の舟に身を託していた人びとにとって、風は暮らしに影響する重要条件であった。妻良・中木・下田の入江は江戸時代、風待港として重要な機能を果たし、入江の人びとは風を媒体として世間の人びとと交わり、それによって暮らしを立てる部分もあった。同じ入江でも、伊豆西海岸の戸田・安良里・田子・仁科の沢田などは漁業にたよるところが多く、それはまた直接的に風の影響を受けた。沼津市の戸田では世に喧伝された俗謡を次のように替えて歌っていた。

〽漁師殺すにゃ　刃物はいらぬ　ニシの十日も　吹けば死ぬ（尾鷲高蔵さん・明治三十八年生まれ）

伊豆の海岸部の背後は総じて急峻な山で、それが半島内部との交通を遮断した。それゆえ、海岸部の人びとが世間と交流を持つためには船路が求められた。そこでもまた風が大きくかかわった。

西伊豆町仁科の沢田には、「正月二月は一人ッ子を舟に乗せるな」という口誦句があった。これは、漁撈はもとより、世間への船旅にも適用される。戸田出身の松本貞男さん（明治三十八年生まれ）は「ショジマキ」の思い出を語る。ショジマキとは「潮巻き」のことで、一月から三月初旬までの西風の強い晴れの日に、潮が巻きあげられて雨のように降るのだという。これが一週間も続くと船便は止まった。沼津の中学の寄宿舎へ帰るに際し、こんな時、松本さんは山越えで修善寺へ出た。伊豆西海岸の人びとはみな同様の体験をしてきたのである。西伊豆と天城湯ヶ島を結ぶ猫越《ねっこ》街道は、西風の季節の季節街道として近代に入っても、昭和二十年代まで機能していたのであった。

「船路の嫁は四月」という口誦句もあったという。

西伊豆町仁科の大浜では、昔は、海の仕事は十一月三日の祭りまでとし、おおかたは祭りが終わると船を岡へあげた。そのころから西風が吹き始めるのである。同じ西海岸の、伊豆市土肥小字菅沼に住む鈴木こうさん（明治三十六年生まれ）の運命は西風で変わった。こうさんの父、山田米蔵さんは木挽職をしていたのだが、こうさんが十歳の年の十一月、山で盲腸炎にかかり、同月二日に山から運ばれてきた。当時、西豆村と呼ばれた小下田・八木沢には駿河湾を渡れる船は一艘しかなかった。それは八木沢丸と呼ばれ、清水へ薪を運搬する船だった。その日はあいにくニシ風が強く、八木沢丸は動かなかった。そして来る日も来る日もニシ風が強く、こうさんの父米蔵さんは、とうとう病院へ運ばれることなく十一月十二日に死亡した。こうさんは、その時、母親がこうさんの前に手をついて、「これからお前は、他人よりまずいものを他人より少なく食べて他人よりたくさん働く人になっておくれ」と語った姿と言葉を、今でも鮮明に思い出すことができるという。こうさんは「ニシ風が吹くと海が白くなる」と語る。戸田では、急病人が出た時にはシタテブネを用意して沼津の町から医者を呼ぶこともあった。松本貞男さんの兄、辻芳敏さん（明治三十三年生まれ）も、ニシ風のためナギが悪く、シタテブネが出ない状態で他界した。

　このように、伊豆西海岸の人びとは強いニシ風のためにさまざまな影響を受けてきた。それに比べて東海岸の人びとは、ニシ風の影響は比較的弱かったのであるが、それでも、漁師は風の影響を受けた。東海岸の漁民は、前方彼方の大島、その三原山の噴煙によって風を見た。「大島の煙が江戸前（東京の方向）へ流れると三日以内に雨が降る」（伊東市川奈・内田幸作さん・明治四十三年生まれ）。「大島の三原山に雪が見える時はナギがよく沖へ出られる」（下田市板戸浜・鈴木博志さん・大正十年生まれ）。「大島の煙が東へまわるとニシになり、西へまわるとナライになる」（東伊豆町稲取・梅原茂さん・明治三十二年生まれ）。

　賀茂郡河津町見高の島崎勝さん（明治三十九年生まれ）は次のように語る。「ナライが強いと大島の煙が平になる。大島の煙が立つと　風が吹かない」。これはあまりにも当然なことであるが、島崎さんはこの煙を見てその日の漁場を決めたのである。煙の立つ日、すなわち風のない日は行きも帰りも帆が使えないから帰りの所要時間を見こんで、近い根までしか行けないのである。

　「煙の立つ日は一生懸命漕《こ》いでもせいぜい八〇だち（海面から根まで八〇尋）だ」という。ところが、ナライ（東風）がある時は、帰りに帆が使える。五丁櫓で漕いで三百立ち、すなわち、一時間半ほど走るとアラ根にまで至ることができた。ナライの日は、舟の転覆を防ぎ安定を図るために「二丁バネ（櫓）を結《ゆ》う」という技術があった。二本の櫓を開いた形で固定させて舟の安定を図ったのである。

伊豆半島ではテングサ（天草）漁が盛んだった。その天草漁ももとより風とかかわる。風と天草漁の関係がもっともよくわかるのは、ニシもナライも受ける下田市須崎である。須崎の小白浜の人びとの天草漁場の中心は爪木崎だった。小白浜の人びとは、漁期中、ニシの日には爪木へ赴いて天草漁をし、ナライの時は前磯でワカメ漁をした。細間の出張り山が風を遮るからである。天草漁は、天草採取時に風の影響を受けるだけではなく、天草干しに際しても風とかかわった。強い風が吹けば干した天草が飛んでしまうからである。小白浜の人びとは、ナライの日には風を除けて須崎の大間の干し場に干し、ニシの日には西風の当たらない爪木の干し場に干すことができた。ところが、例えば、東海岸の白浜や板戸浜では、ナライの日には天草を干すことができなかったのである。地形と風の条件によって天草による収入が異なったのであった。

伊豆の海岸一帯では梅雨期を除くほとんどの季節に魚の干物を作る。魚の干物は湿気を含んだ暖かい南風を忌む。四月下旬、熱海市網代ではアジの開き、ウマヅラハギ・マイワシの味醂《みりん》干し、マイワシの丸干し、カタクチイワシのめざし、イカなどが干され、売られていた。常五郎丸の小屋で主の森野典治さんがウマヅラハギの味醂干しを準備していた。この時期には、天気がよければ午前八時から二時ごろまで干しあがる。「二月の晴天の日に、ニシでさっと干しあげたものが肉も厚くつやもよくて一番うまい」と語る。網代では干物は南風を忌み、西風をよしとする。しかも風速五ｍほどの風が一番よいという。西海岸の土肥でも、干物・海苔ともに南風を嫌い西風をよしとする。干物づくりの人びとが南風を嫌うのは南風が湿気を運び、乾燥を妨げるからである。

海辺の生活は決して漁業だけではない。伊豆には海と裏山の間のわずかな地に住居をかまえ、裏山の一画を段々畑にするといった集落が多く、かつては、その段々畑に、表作として甘藷や粟を栽培した。その粟の稔りのころ、ちょうど台風シーズンを迎えるのである。粟を台風から守るために、伊豆市土肥菅沼では、常時畑の隅に丸太をころがしておき、「ベットー」と呼ばれるシケもようの風の気配がすると、直ちにその丸太を使って、風を背に受ける方向に向かって粟を伏せた(吉川作平さん・明治三十七年生まれ)。河津町見高では、粟畑の周囲に長い杭をころがして積んでおき、その杭で同様にして粟を伏せた(島崎勝さん・明治三十九年生まれ)。下田市須崎の小白浜では粟畑の周囲に太い竿を置き、これで伏せた。ここでは台風が去ったあと、女竹を支柱としていったん倒した粟を起す作業もしたという(小川福太郎さん・明治三十九年生まれ)。神奈川県の三浦半島にも同様の技術が伝承されており、この技術は、粟栽培の上で極めて注目すべきものである。

海辺の人びとに恐れられた風も、帆船にとってはなくてはならないものであり、〽伊豆の下田を朝山まけば晩にゃ志州の鳥羽の浦――と歌われている。河津町見高の島崎勝さんも風を恵みとして遠出の漁を行っていた。風は人間にとって常に相対的であった。西伊豆町仁科には、「舟の上で口笛を吹いてはいけない。口笛を吹くと風が起こる」と言い伝えている。同じ仁科でも稲作農家では箕を使ってモミの風選をする時、風を求めて口笛を吹いたという。

海と風の話は全国各地で耳にしたが、下北半島の例を記す。青森県下北郡佐井村、陸奥湾越しにまともに西風を受ける牛滝という小さな入江のムラがある。近世、ここに𠆢吉(ヤマキチ)という屋号の回船問屋があった。菅江真澄も当家に逗留した。真澄が泊った折の当主は源八で、以下は源八直系の子孫、坂井三郎さん(昭和八年生まれ)による。――

牛滝は北前船を建造する造船の港、船大工のムラでもあった。それは、下北半島に、耐久力があり、船の造材に適したヒバとも呼ばれる檜翌檜《ひのきあすなろ》が多く自生していたからである。下北の檜翌檜が佐渡の船大工や北前船の船主たちをこの地に吸引したのだった。さらに北陸・関西の人びとがヒバ材買付けのためにこの地にやってきた。牛滝には木材買付けのための代理店もあった。角材にされたヒバ材がこの港から積み出されていたのである。北陸・関西以外では江戸深川へも出していたという。牛滝港で冬を越す北前船もあった。旧暦四月十五日が北前船の一番船が出る日、旧暦五月十五日が一番船の入る日とされていた。旧暦四月十五日以前、とりわけ冬季は西風が強く、海が荒れて航行などは思いもよらないことだった。九月になるとタマカゼと呼ばれる北西の風が吹き始め、五月初めまでは海の危険がつきまとった。明治九年まではヒバの伐採が行われたのだが、その後伐採が止まり、坂井家の回船業は明治十九年に終焉を迎えた。以後坂井家は漁業に転じた。私が訪れた折、三郎さんは納屋で漁網のつくろいをしていた。春の彼岸になると船おろしの仕度がしたくなり、秋の彼岸が来ると船をあげたくなると語った。

五　テングサ採りと「ポンプ押し唄」

テングサは伊豆の海のサチを代表する産物である。その採取法は多様で、裸潜り採取・船かき採取・マンガ採取・寄草採取などがあるが、別に、ポンプ式潜水器による潜水夫の活躍もあった。明治三十五年、下田市白浜で生まれた佐々木金太郎さんは下田港の師匠のもとで二年間修業して潜水技術を身につけた。そのころ、下田港に一五人、田牛に一五人、小稲に三人の潜水夫がいた。佐々木さんは三男だったので、新漁場を求めて南伊豆町中木に住み、大瀬から小浦の間をテリトリーとして、主に三ッ石岬・大根《おおね》でアワビ・サザエ・テングサを採取した。佐々木さんは次のポンプ押し唄を伝えている。

a〽ポンプやわやわ息そよそよと　可愛い主さんは海の底――海底の潜水夫に空気を送るために舟の上で手押しポ

ンプを押し続けるのである。普通六〜八人の女衆が向き合って把手を上下に動かすのであるが、空気の送入を一定にするためのリズムをとるのに「ポンプ押し唄」「ポンプ突き唄」が重要な役割を果たしていたのであった。

ｂ〽五十五ひろのホースをのばし　もぐりをするかよ懐しや、ｃ〽海の深さよ今日の日の長さ　あのもぐりさんの気の長さ、ｄ〽七分三分の上げ鉢巻で　もぐりするかい懐しや、ｅ〽ポンプ押し押したためたる金を　伊豆の下田でチャチャメチャだ（ｂ〜ｅ下田市田牛・渡辺もとさん・明治三十九年生まれ『静岡県の民謡』静岡県教育委員会）。ｆ〽ナギもよくなれ天草ものびれ　わしの主さんはもぐりさんだ　アードッコイコラショ、ｇ〽わたしゃ雲見の荒浜育ち　波も荒いが気も荒い　アードッコイコラショ　オッペシェ　モチアゲレ（ｆｇ松崎町雲見・美沢たつさん・明治三十五年生まれ。『静岡県の民謡』）――。

他に、南伊豆町大瀬の菊池いくさん（明治二十七年生まれ）が伝える次の唄がある。

ｈ〽高い山から沖を眺むれば　可愛いやむぐりさんか衣装づけ　体にゃゴムの着物着て　肩には肩ガネ愛のカネ十二のチョウチョで締められて　前や後に鉛しょい　十二のハシゴに身をのせて　頭に冠かぶるとき　これこれ綱引よ頼むぞよ　一つ合図が待てしばし　二つの合図はスカリだよ　チョン　チョン　チョンはあがりだよ　そのまた合図が違ったならば　ケガするこの身は厭《いと》わねど　うちには子もある妻もある　妻より大事な父母がある　どうして月日を送るかと　思えば涙が先にたつ――。

右に紹介してきたａ〜ｈによって潜水夫にかかわる様々な知識を得ることができる。ａではポンプを一定のリズムでやわらかく押すことが、長時間の潜水に必要な呼吸の平安を得る条件だと教えており、ｂではホースの長さ、ｆでは潜水条件としてのナギが語られている。また、ｇでは「オッペシェ」（抑えよ）「モチアゲレ」（持ちあげよ）と、動作を囃し詞にし、方言で表現している。特に注目すべきはｈで、これは、いわば「ポンプ口説《くどき》」「潜水夫口説」「むぐり口説」になっている。冒頭に、名高い、「高い山から……」を使って、以下、潜水装備を微細に描写している。次に、綱引役に対する潜水夫の呼びかけ科白《せりふ》が述べられ、最後は心中告白の迫力を持つ。前後の転換・対照が効果的である。獲物がスカリ（獲物用網袋）にいっぱいになると合図してスカリだけを上げるのであり、土地によっては「ス」「カ」「リ」と三ッ切りに合図するところもある。労作唄の中には生業にかかわる技術のポイントを教訓的に詠みこむものが多いが、ここでもそれを確認することができる。

ここでいま一つ注目しておきたいのは、hの結末部である。全国各地に、猟師に狙われる鹿の心情を叙した愁嘆口説があるのだが、その末尾に「……追いつめられて谷底へ　死ぬる私は厭わねど　あと腹持ちたる腹ごもり　助け給へよ山の神」（静岡県川根本町）、「あれに撃たれて死んだなら　あとに残りし妻や子が　どうして月日を送るやら　思えばオワラ涙先にたつ」（秋田県男鹿半島）といった表現がある。これらによって、hのポンプ押し唄が、愁嘆口説の常套表現を巧みに使ったものであることがわかる。ポンプ式潜水採取という近代的な営みにかかわる場で、その営みに必要な労作唄を、民謡の伝統を生かしながら格調高く作り出し、民俗として定着させた伊豆の人びとの力はみごとである。

南伊豆町伊浜の斎藤増男さん（明治三十六年生まれ）は、近所の斎藤はつさん（明治二十一年生まれ）が健在だったころ伊浜に伝わる「エンコロ節」というおもしろい唄を教わった。a〽めでたき村は伊浜村　波勝押し出す弁慶島　その鼻かわれば大久保よ　アノエコノエニ　エンコロサッサ　エンコロサッサ、b〽大久保沖なる丸島よ　それに続くは畳島　マナイタ裏なる金山よ――。エンコロ節は、大豆・小麦・モロコシ・ソバなどを石臼で碾《ひ》く時よく歌われたものだという。

おもしろい囃し詞であるがこれは、「エンヤコラサッサ」の変形である。様々な労作唄の囃しに使われ、伊浜では粉碾き唄に転用されたのであるが歌詞の内容は土地ぼめ、名所めぐりである。増男さんは今、この囃し詞と曲を生かして名所周遊歌九番を作詞して披露している。民謡は個人を超えた集団の唄なのであるが、その生成・伝承には、民俗基盤と、すぐれた個人の力が絶妙にかかわっていたのである。

ところで、テングサは海山の間の長旅をする。伊豆のテングサは山に囲まれた信州諏訪で寒天に加工された。冬の厳寒期を中心に加工されるのであるが、テングサの採取・運搬とは別に、その加工のための職人の移動・季節労務もあった。雪深い長野県下高井郡木島平村馬曲の芳沢定治さん（大正十年生まれ）は、毎年十一月初めから三月末まで寒天作りの季節労務のために諏訪に出かけていた。

寒天加工は大阪府能勢町・兵庫県川辺郡などでも行われていた。兵庫県丹波市青垣町檜倉の足立敏之助さん（大正四年生まれ）は、応召期間を除く、昭和十年から十二年、十九年から二十六年までの間、毎年十二月から三月まで寒天加工の季節労務に出た。職人の組織は次の通りだった。a棟梁＝テングサを煮る。↓b釜脇＝「凍《い》てとり」ともいう。外気の気温を見て寒天を外に干す。外では寒さが厳しく眠ることもできないのでつらい。↓c上人＝寒天の筒引き、一つの釜に二人つく。d中人＝道具を洗ったり整理したりする。一つの釜に一人。その他、「草棟梁」を置く場合もある。草棟梁は八月ごろからテングサを洗って塩ぬきし、よく干し、水車で搗いて軟かくする。寒天づくりは雪が降らずに気温が下がるところがよいとされていた。こうして作られた寒天は、マチや平地、山のムラにも運ばれたのである。

終章　旅の終わりに

昭和五十一年から五十二年にかけて、静岡県の大井川流域を集中的に歩いたことがあった。その際、中流域・上流域のムラムラで、焼畑が盛んに行われていたことを知った。焼畑にたずさわった人びとも多く健在で、焼畑にかかわる民俗を総合的に学ぶことができた。以降しばらく、全国各地の奥深い山のムラムラを訪れ、焼畑にかかわる学びを広め、かつ深めた。近代に入ってからも焼畑を営んできたような地の人びとは、どこでも、様々な生業要素を複合させて生きぬいてきた。そうした人びとは深い自然観察にもとづいて自然環境との緊密な関係を結んできていた。山のムラムラに通い、人びとの語りに耳を傾けるうちに様々な小主題が意識化された。それらは環境民俗学を構成する要素にもつながった。

一方、潮の動きや朔望月が人びとの生業や暮らしにいかなる影響を与えているのか、人びとは、いかようにそれらに適応してきたのか——。海辺のムラムラを歩き、後には離島めぐりにもつながった。

こうして、海・山は歩いたのだが、海からも山からも離れた平地のムラムラに入ることはずいぶん遅れてしまった。しかし、平地・沖地もいくらかは歩くことができた。

「海山の間」の誘う世界には、海山の間の流通もあるし、海山の間を歩いた人びとのこともある。

山形県鶴岡市加茂では、その日に漁獲した生魚を、女たちがその日のうちに大山・鶴岡・三川方面にふり売りで売り歩いた。このように、その日に獲った魚をその日のうちにふり売りして歩くことを「日通し」と呼んだ。旧三川町の人びとはこうした女の行商人を「アバ」と呼び、「アバにはおのおの檀家(得意先)があった」と語る。飽海郡遊佐町十里塚では、嫁が地引網のために浜に出て、姑たちが遊佐町の平地水田地帯および山つきの地をめぐって魚の行商をしたのだという。酒田市十里塚では姑たちが浜に出て串を削り、男たちが獲った魚を串刺しにして炭火で焼いた。焼きあげた魚を嫁が酒田の町へ売りに行ったという。

山形県から新潟県の日本海沿いには「浜焼き」と称して、串刺しにして炭火で焼いた魚を売買する習慣がある。町の店先で売られているものも「浜焼き」と呼ぶ。先に見た発生状況を背負った呼称である。この民俗の発生には、腐りやすい季節に大量に獲れた魚を、炭火で焼くことによって保存性を強めながら行商するという浜の人びとの知恵が見られる。近江の鮒ズシ、熊野のサンマのナレズシなどの背後にも大量漁獲とその漁獲物の保存、有効利用の知恵が底流していると見てよかろう。

鯖焼き(焼き鯖)は行商人によって水田地帯や山間部に運ばれた。鯖焼きはサナブリやシロミテにはとりわけよく売れた。日本海沿岸部から滋賀県へ、京都の山間部へ、因幡山地へ、などと驚くほど奥地まで入っていた。滋賀県米原市へは若狭から鯖焼きが入ったのだが、近江の人びとは、串一本のものは二本のものより鮮度がよいと語り伝えている。鯖の肉がしまっていれば串は一本でよいのである。

島根県や広島県山間部では鮫のことを「ワニ」と呼ぶ。奥備後、広島県の旧比婆郡・双三郡・庄原市・三次市一帯ではワニの食習が定着していた。流通の未発達だった時代、この地に海の生魚が入るのは稀だった。しかし、ワニは別だった。ワニは血液中に多量の尿素を含んでおり、それが、死後、体内でアンモニアを生成する。肉に臭気を伴わせはするが、そのアンモニアが防腐効果をもたらした。よって、日本海岸から奥備後の山中までの長距離・長時間の運搬を可能にしたのだった。

庄原市の旅館に泊まった折、主の横山公哉さん（大正十年生まれ）から興味深い話を聞いた。この地方には、ワニ肉の鮮度を語る基準として「一間もの」「二間もの」「三間もの」という呼称があることを教えられて驚いた。「三間もの」とは、三間先まで腐臭が及ぶもの、「一間もの」とは一間という至近に至って初めて臭うもので、当然「一間もの」が良質なのである。

例えば、ワニの漁獲地、島根県大田市五十猛字大浦から庄原の町までのワニの旅――漁師↓運搬業者↓卸商↓小売商・行商人など多くの人びとの手を経て山中の民家に届き、人びとの口に入るまでには長い時間を要したのである。

いま一つ、強く心に刻まれている「海山を結ぶ流通」がある。ホタルイカについて学ぶために富山市水橋を訪れたことがあった。まず、水橋に製薬会社が軒を連ねるようにたくさんあることに驚かされた。ここは薬の町である。なぜ製薬会社が海辺に集まっているのか不思議だった。とにかく、ここが名にし負う「越中富山の薬売り」の根拠地であることは確かだと思った。謎が解けたのは水橋で漁業を営む石金幸造さん（大正十二年生まれ）の話を聞いてからだった。富山湾沿いの地では、漁獲物を行商する人びとのテリトリーが定められていた。水橋の行商人は、常願寺川流域を中心として、神通川と上市川の間を商圏とした。このエリアを南にたどると奥飛騨山地から野麦峠越えで信州につながっていた。ホタルイカ・鰤、その他の乾魚、塩などが最も山深く溯上する商圏だった。現在でも水橋の魚類行商人は一〇〇人を超すと言われている。

ホタルイカ漁は、古くは三月から六月までだったが現在では三月から五月二十日ごろまで行われる。大量に漁獲されたホタルイカは今でこそ全国各地に運ばれるのだが、時を溯上すればするほど商圏はより狭いものだった。ホタルイカを大釜に入れ、薄塩で煮てそれを乾燥させる。よく乾燥させたホタルイカは奥飛騨山地へ、そして野麦峠越えで信州へ運ばれた。信州の人びととはホタルイカを茶菓子代わりにし、また副食にもした。ホタルイカを奥飛騨や信州へ運んだ行商人たちが空荷で帰ることはなかった。軽くて経済効率のよい熊の胆をはじめとした種々の獣系薬、熊皮・カモシカの皮・猿の皮などが帰り荷として山から海辺へ運ばれた。水橋、富山の家伝薬、秘薬の数々は、奥深い山地からの帰り荷たる「熊の胆」を核として生成されたものだった。幸造さんの父・友次郎さん（明治二十三年生まれ）は肥料商として四十年間水橋と北海道との間を三百石船で往復した。北海道から運ぶ荷の中に「羆《ひぐま》の胆」があった。月の輪熊の胆と並んで羆の胆が富山の製薬会社を支えたのである。逆に言えば、富山の製薬は北海道の羆の胆まで吸引して発展を重ねてきたのである。

富山の薬の「配置売薬」という商法は先進的なものだった。配置売薬を支えた富山の薬屋さんこそ海山を結ぶ巡回者だった。入れ子式の行李と薬の匂い、そしてオマケの紙風船の記憶は訪れびとの具体像として忘れがたい。

ワニ・ホタルイカをはじめ様々な海の幸がこうして人の背によって奥深い山地に運ばれていたのであるが、本書で扱ったマスは山中の渓谷で孵化し、降海し、広大な海を回游したのちに母川に回帰し、溯上して産卵を果たした。マスが山の人びとにとって大きな恵みであったことについては本文でふれてきた。

さて、先に富山の薬屋さんについてふれたのであるが、九州の脊梁山地に当たる宮崎県東臼杵部椎葉村嶽の枝尾に住む中瀬守さん（昭和四年生まれ）は、ムラにやってきてイエイエを巡回した職人・商人などに関する記憶を次のように語る。㋐桶屋、㋑鍋ふさぎ（鋳掛屋）、㋒傘張り（洋傘直し）、㋓反物屋、㋔古着屋、㋕塩魚屋（塩鯖・塩鰯・塩鯨・皮鯨ほか）、㋖乾物屋（干鱈・海藻ほか）、㋗篩屋（米篩・稗篩ほか）、㋘箕屋（鹿児島から）、㋙薬屋（ⓐ富山、ⓑ奈良、ⓒ肥後膏薬、ⓓ肥後赤玉＝胃腸薬）、おのおの泊りつけの民家があり、そこに泊った、㋚石臼目立て、㋛園《その》掘《ほ》り（畑地造成）＝野掘り鍬・三つ鍬・斧・鉈・引きモッコ・ショウケなどを持って五ヶ瀬から来て半年ほど泊りこんだ。㋜田掘り＝石垣積みの職人が球磨から来て田を拓いた。㋝筑前琵琶法師＝子供のころやってきて琵琶を弾じ、浄めをした。㋞胡弓弾き――。

長野県飯田市南信濃八重河内の山崎今朝光さん（大正十一年生まれ）は、標高八〇〇mの谷峰で過ごした時代があった。特色ある巡回来訪者には以下のものがあったと語る。㋐魚屋ⓐ塩鰯、ⓑ塩秋刀魚、ⓒ身欠きニシンほか）、㋑鯨屋（コマ切れにした干し鯨の肉を目方で売った。干し鯨は一度イモ〈馬鈴薯〉と煮た）、㋒時計屋（和田のマチに時計屋が二軒あったが、豊橋の時計屋が巡回してきて時計に油を注し、修理などをした。時計屋は山崎今朝光さんの家に泊まって八重河内の各イエイエを巡回した）、㋓鍛冶屋（和田のマチに三軒あったが谷峰へは世間の鍛冶屋が巡回してきた。刃先の磨耗した唐鍬・イセン鍬＝又鍬などの鉄の部分を預かって帰り、先掛《さきが》けをしたものを届けてから代金を受け取った）、㋔三河万歳、㋕俵ころがし――。その他、馬喰・鶏買い・胡桃買いなども巡回してきた。

巡回来訪者は平地へもめぐってきた。鹿児島県指宿市池田仮屋に「吉永のモイヤマ（森山）」と呼ばれる森がある。タブ・クス・アラカシ・イチイガシ・ツバキなどが繁っている。森の中には様々な民俗神が祀られている。中に球体の自然石が祀られていた。吉永隆巳さん（大正八年生まれ）によると、この石はモグラを退治してくれる「ザッチュードン」という神様だという。モグラは田の畦に穴をあけ、漏水や畦崩れを起こす。たしかに小さな悪ものではあるが、小正月のモグラウチ行事や十月トオカンヤのモグラウチなどを併せて考えてみると、農の阻害者の鎮圧による豊穣祈願であると同時に大地を動かすものに対する鎮圧の願望も込められていたと考えられる。吉永さんの語りは続く。この地には、吉永のモイヤマに祀られているモグラ鎮めの神と同じ略称で呼びならわされている訪れ人……訪れ神が折々めぐってきた。ザッチュードンは布の袋を背負い杖を突き叩く呪的儀礼を行い、謝礼として米を受け、それを袋に入れて帰っていったという。ザッチュードンには確かに訪れ神の面影がある。「ザッチュードン」とは「座頭殿《ざとうどの》」の変化で、杖使いに熟達した座頭を、杖を呪的に使う神と見立ててきたものと考えられる。「ホカヒビト」である。

海を、山を、海山の間をめぐる商人・職人・芸を鬻《ひさ》ぐ人・祈る人——これらの人びとと彼らを迎え、送った人びとの交感や思い、訪れた人に対する対応まで細かく思いを及ぼす時、訪れ神、まれびとにもかすかな光を当てることができることになるのだろう。

本書に収めてきた、各地・各種の報告・資料はすべて私の調査・聞きとりにもとづくものである。そのほとんどは環境民俗学の視点に立つものであるが、一部にはそれからやや離れたものもある。それらは、総て「手のとどく過去」のもの、この国の人びとの、手のとどく過去の生業や暮らしの実態である。山のムラムラ、海辺のムラムラ、海山の間のムラムラのおのおのが生動し、この国全体が生きたからだのように有機的に連動していたのである。贅につながる豊かさではないが、乏しい豊かさに、ある種の充実感があった時代である。

山のムラ、離島のムラなどの人口減、変質が始まるのは昭和三十年代、高度経済成長の始動期からで、それは次第に加速して人口は都市に集中した。

平成十九年から二十一年にかけて、柳田國男記念伊那民俗学研究所の調査で長野県飯田市遠山谷北部を集中的に歩いた。その折、飯田市上村中郷小字蟹久保の木下一さん（大正十一年生まれ）のもとへたびたび通った。木下家は遠山川支流上村川左岸から九十九折の坂道を登った標高七〇〇mの位置にあった。歩くたびに無住の家が気になった。ある時、木下さんに、その状況を尋ねてみた。下から見てゆこう、登り坂の右手、茶畑の上に外便所と脇屋の一部が残り、採り手のない実をたわわに実らせた花梨の木を残す屋敷跡がある。岡井家で、昭和四十年に旧飯田市内に出た。さらに坂を登ると、曲り角に山崎ウメ子の表札をつけた家がある。平成十一年に電車が通る泰阜へ出た。カーブを曲ると木下ナルミ家、平成六年に静岡県浜松市に出た。カーブを二つ曲って進むと山崎守家、平成五年に旧飯田市に転住した。表札は山崹米子と変っており、屋敷神も荒れはてていた。その上が木下一家、次いで木下安人家、カーブを曲って山﨑又一家、この三軒ががんばっていたのだが、木下一さんも他界され同家は無住となった。

こうした状況は過疎化の第二波のものだとも言えよう。高度経済成長期にも山での暮らしを守りぬいた人びとが老夫婦となり、どちらかが施設に入ったり、亡くなったりすると、残されたものは親族を頼って離村してゆく。このような実態を各地で見た。木下一さんからは、同じ中郷の小字梨平（標高七〇〇m、四戸）、馬老沢の奥の山葵沢（標高一一〇〇m、四戸）が、昭和三十年代に消滅していることを聞いていた。これらは高度経済成長にかかわるもので過疎化の第一波だった。

平成十六年から十七年にかけて、長崎県佐世保市宇久町、五島列島最北端の宇久島に通った。宇久島小浜郷小浜を歩いていた折、廃屋、主を失った屋敷が異様に多いのに驚かされた。以下は同地の西口繁信さん（大正十二年生まれ）による。――小浜郷小浜はさらに角と中村に分かれている。角は戦前三四戸、平成十六年現在七戸。中村は戦前三七戸、平成十六年現在四戸。激減である。多くの人びとは長崎県・福岡県の都市部に移住したのだという。母屋を除去した跡は、どの家の屋敷地も白々したコンクリートで固められていた。これでは地霊が窒息してしまう。

平成二十八年七月二十日、たびたび訪れたことのある高知県の旧物部村へ入った。現香美市物部町南池は上韮生川沿いの高地で、戦前は一三戸、現在は三戸三人だという。どこもそうであるように廃墟・耕地放棄地・廃校が目についた。笹谷・明賀の一番奥、小字笹に住む笹清子さん（昭和六年生まれ）を訪ねた。谷はどこもコウカギ（ネム）の花盛りだった。南池の小松茂彦さん（昭和十六年生まれ）は「コウカギの花が咲いたら小豆を蒔け」という自然暦を語っていた。教えられた笹家はまず木戸を開けて菜園に入る。そこにはトウモロコシ・牛蒡・甘藷・茄子・蒟蒻・里芋・南瓜などが二坪ずつほど整然と栽培されていた。仏壇に供えるためのキク科の花もあった。谷水が引かれ、涼し気な音を立てて流れていた。石垣につけられた石段を登り、来意を告げると奥から静子さんが現れた。外気に接し続けた濡れ縁の板はは幅三〇㎝ほどで木目が露《あらわ》に浮き出しており、栗かと思ったが尋ねてみると欅板だという。その濡れ縁に並んで腰掛け、静子さんの語りを聞いた。

静子さんはまず、笹越（笹峠）のむこうの大豊町から峠越えで嫁いできたことを語った。この地に来て驚いたのは、自分の育ったムラでは食べたことのない稗を食べたことだという。稗は焼畑の一年目に作り、二年目には小豆を栽培し、三年目からは三椏《みつまた》を栽培した。稗は収穫してから実を蒸して干し、それを谷の添水《そうず》で搗いてから簸て精選する。その稗に米を少しだけ加えて飯にするのだが、〝え食べなんだ〟と古風な表現で実家と嫁ぎ先の食習の相違を語った。こうした話を聞いている間もまだ午後二時だというのに静子さんの声がかき消されるほどに蜩《ひぐらし》の群声が二人に降り注ぐ。三椏は和紙の原料で、整斉したものを背負って五王堂へ運んだ。帰りには塩・米その他を背負って谷道を登った。静子さんは、極端な過疎状態を、「ここは人が住めるところではない」と表現した。「笹谷」「笹越」と笹を以って地名をかたるそのもとはこの地における「笹家」一統の隆盛にあった。自制しながら寂寥感を語る静子さんの声は絶え間ない蟬しぐれに吸いこまれそうだった。物部の中心地大栃には数軒の旅館があったのだが今は皆無となった。

山のムラ、離島のムラの消滅を座して待たなければならないのか。対応策・再生策はないのだろうか。とにかく即効薬がないことは確かだ。本書での学びの報告や私がこれまで全国各地で学んできたことはじつに多いのだが、その中で、以下のことはずっしりと心に響いている。この国の活力源の一つは地域の民俗文化の多様性にあった。この国では、人びとと自然環境との繊細で緊密な関係が守られてきた。山地に生きる人びとを中心として、様々な生業要素を複合させて暮らしを成り立たせる民俗伝統があった。ムラや地域の特徴を生かした生業連鎖があった。資源保全、欲求の抑制、倹約、ものを大切にする心意伝統があった（これは大量生産、大量消費型経済の対極である）。人への思いを大切にし、共同体の決めごとも守ってきた。

一極集中・大都市集中・都市集中、怒濤のように迫りくる経済のグローバル化の中では一見、民俗や伝承知は無力に見えるのだが、その中から継承すべきものを継承し、太らせてゆかなければならない。地方分散と有機的ネットワークの追究は急務であろう。

本書は不充分なものではあるが、山のムラ、海辺のムラ、海山の間のムラ、そこに生きた人びと、その民俗の表面的な讃歌ではない。事実の報告である。浅い讃歌は挽歌につながることもある。本書の内容を挽歌にすることだけは避けたい。

旅も終わりに近づいた今、本書で扱い、考えてきた問題について、この書物を手にされた方々に託したい思いがある。

以下に「初出報告書一覧」として本書を構成するもとになった既刊の報告の中の主たるものの原題・所収書・刊行主体・発表年を示し、その下に本書における編・章・節などを示した。ただし、本書を成すに当たり、大幅な加除・修正・整序などを行っている。もとより新たな書きおろしも加えている。

初出報告書一覧

・「生活文化史的に見た「塩の道」」（竹内宏・榛村純一・渡辺貴介編著『もっとも長い塩の道』ぎょうせい・一九九七）
　序章第三節1

・「環境と民俗」（飯田市美術博物館・柳田國男記念伊那民俗学研究所『遠山谷北部の民俗』二〇〇九）　Ⅰ第一章

・「人と環境」（静岡県史編さん室・静岡県史民俗調査報告書第十一集『富里の民俗――磐田郡豊田町――』静岡県・一九九九

○）Ⅰ第二章
・「海・山・里・町」（日本民俗研究大系編集委員会編『日本民俗研究大系』第一巻方法論・國學院大學・一九九一）Ⅰ第三章第一節
・「平地水田地帯の民俗――津軽の「サルケ」を緒として――」（弘前学院大学地域総合文化研究所編『地域学』三巻・弘前学院大学・二〇〇五）Ⅰ第三章第二節
・「真澄絵図から民俗世界へ」（赤坂憲雄『真澄学』第二号・東北芸術工科大学東北文化研究センター・二〇〇五）Ⅰ第三章第二節
・「サケ・マスをめぐる民俗構造」（近畿大学民俗学研究所『民俗文化』第十一号・一九九六）Ⅱ第一章第二節・第三節・第四節・第五節・第六節・第七節
・「江の川水系の漁撈民俗」（近畿大学民俗学研究所『民俗文化』第十二号・二〇〇〇）Ⅱ第二章第一節・第二節
・「栃木県那珂川流域の民俗――生業要素を緒として――」（近畿大学民俗学研究所『民俗文化』第十四号・二〇〇二）Ⅱ第三章第一節・第二節
・「伝説からの環境論」（池田哲夫・飯島康夫・福田アジオ編『環境・地域・心性――民俗学の可能性――』岩田書院・二〇〇四）Ⅱ第四章
・「山の神の復権Ⅰ」（近畿大学国際人文科学研究所『国際人文科学研究』創刊号・二〇〇五）Ⅲ第一章
・「灌漑の水」（上野市『上野市史・民俗編』上巻・二〇〇一）Ⅲ第二章第三節・第四節
・「水の予祝」（『稲作民俗文化論』雄山閣・一九九三）Ⅲ第二章第五節
・「屋敷林の民俗――宮城県のイグネを緒として――」（近畿大学民俗学研究所『民俗文化』第十八号・二〇〇六）Ⅲ第

三章
・「囃し田のテンポ」（『稲作民俗文化論』雄山閣・一九九三）　Ⅳ第一章第一節
・「標高差と稲作」（上野市『上野市史・民俗編』上巻・二〇〇一）　Ⅳ第一章第二節
・「環境と民俗」（飯田市美術博物館・柳田國男記念伊那民俗学研究所『飯田・上飯田の民俗』二〇一三）　Ⅳ第四章
・「富士山の環境と民俗」（静岡県文化財団・静岡県環境民俗研究会『山と森のフォークロア・付富士山を語るシンポジウム全記録』羽衣出版・一九九六）　Ⅳ第五章
・「塩と潮の文化」（神社本庁総合研究所『民俗から見る母性と塩の文化』二〇〇九）　Ⅴ第一章
・「海からの熊野――イエごとの訪れ神――」（熊野市・世界遺産セミナー・市民大学講座資料・二〇一一）　Ⅴ第二章第一節・第二節
・「穀神の風貌――新野雪祭りの「サイホー」」（『稲作民俗文化論』雄山閣・一九九三）　Ⅴ第二章第三節
・「詞章とその解説」（静岡県天竜市教育委員会『懐山のおくない――国選択無形民俗文化財記録保存報告書――』一九八六）　Ⅴ第二章第三節
・「海の信仰」（静岡県『静岡県史・資料編23　民俗一』一九八九）　Ⅴ第三章第一節・第二節・第三節
・「風と生活」（静岡県『静岡県史・資料編23　民俗一』一九八九）　Ⅴ第三章第四節
・「民謡の生成――伊豆のポンプ押し唄をめぐって――」（静岡県史編さん室「静岡県史の窓」資料編23民俗一伊豆・一九八九）　Ⅴ第三章第五節

あとがき

本書が誕生するためには、いつもながら全国各地のじつに多くの方々から貴重な体験や伝承をお聞かせいただいたのであり、本書はその集積だと言える。御多忙中、また、体調が万全でない中でもこころよく御協力をいただいてきた。女性の高齢者の方々には、地方を問わず膝を痛めている方が多く、彼女たちは炬燵の脇にごく低い台のような腰掛を置いて、それに腰掛け、足を投げ出すようにして語り続けてくれた。そんな居間の様子が思い起こされる。まだ介護度の高くない認知症のつれそいに気を配りながら、短時間ではあるが民俗の謎を解く鍵になるような話を聞かせてくれた方もいた。

伝承者と学び手は同じリレーゾーンを走るリレー走者のようなものである。両者の思いがふれあい、合致してはじめて前に進むことができる。私に伝承や体験談を話して下さった方々には深い感謝の思いを抱き続けている。

岩田書院から著作集の第一巻『山地母源論1・日向山峡のムラから』を出していただいたのは平成十六年(二〇〇四)四月のことだった。社主の岩田博氏から著作集刊行を快諾していただいたのはその数年前のことである。その後、不定期的に巻を重ねてきた。最終巻Ⅴ『民俗誌・海山の間』を書きあげたのが平成二十八年九月十日である。刊行は平成二十九年になることだろう。著作集の刊行が十三年間に及ぶことには異様な感じがあろう。これにはまず、私の計画性の無さと低徊の癖が強くかかわったのだが、それにも増して岩田氏の度量の大きさに支えられている。岩田氏の御支援と忍耐力がなければ、私の著作集が世に出ることはなかったにちがいない。出版事情、紙の書籍の刊行、まして本書のような大型の書物の刊行は、年ごとに厳しさを増している。強い使命感を抱いて進む岩田博氏に満腔の謝意をささげる次第である。また、お読み下さる方々、図書館・研究所などには購入計画を乱しご迷惑をおかけしてしまったことをお詫びしなければならない。

「初出報告書一覧」を御覧いただければわかる通り、初出の報告や論考は多くの研究機関や企画者の企画の中で得られたものがほとんどである。近畿大学民俗学研究所、柳田國男記念伊那民俗学研究所、静岡県史編さん室、上野市史編纂事業、神社本庁総合研究所、弘前学院大学地域総合文化研究所、東北芸術工科大学東北文化研究センターなど、多くの機関や事業の企画に支えられたものが多い。そのおのおのにかかわる場合、己の内部にかかえている切実な問題意識と、当該の企画で求められているところを多角的・客観的に検討し、その折々に、誠実に資料収集を重ねてきた。そうした機会を与えてくださった機関や企画の存在、そのお蔭も忘れることはできない。

平成二十八年九月十日

野本　寛一

著者紹介

野本 寛一（のもと かんいち）

昭和12年　静岡県生まれ
國學院大學文学部卒業　文学博士（筑波大学）
現在　近畿大学名誉教授　文化功労者

主著『焼畑民俗文化論』
『稲作民俗文化論』
『四万十川民俗誌』（以上 雄山閣）
『生態民俗学序説』
『軒端の民俗学』
『海岸環境民俗論』
『庶民列伝・民俗の心をもとめて』（以上 白水社）
『熊野山海民俗考』
『言霊の民俗・口誦と歌唱のあいだ』（以上 人文書院）
『栃と餅・食の民俗構造を探る』
『地霊の復権・自然と結ぶ民俗をさぐる』（以上 岩波書店）
『民俗誌・女の一生』（文藝春秋新書）
『神と自然の景観論・信仰環境を読む』
『生態と民俗・人と動植物の相渉譜』（以上 講談社学術文庫 ）
『山地母源論１・日向山峡のムラから・野本寛一著作集Ⅰ』
『山地母源論２・マスの溯上を追って・野本寛一著作集Ⅱ』
『「個人誌」と民俗学・野本寛一著作集Ⅲ』
『牛馬民俗誌・野本寛一作集Ⅳ』（以上 岩田書院）
『食の民俗事典』（柊風舎）編著
『自然と共に生きる作法・水窪からの発信』（静岡新聞社）
『自然災害と民俗』（森話社）
『日本の心を伝える年中行事事典』（岩崎書店）編著
『季節の民俗誌』（玉川大学出版部）ほか

民俗誌・海山《うみやま》の間《あいだ》

野本寛一著作集Ⅴ（全5巻・完結）

2017年（平成29年）7月　第1刷　250部発行

定価［本体19,800円＋税］

著　者　野本 寛一

発行所　有限会社岩田書院　代表：岩田　博

〒157-0062 東京都世田谷区南烏山4-25-6-103　電話03-3326-3757 FAX03-3326-6788

http://www.iwata-shoin.co.jp

組版・印刷・製本：新日本印刷

ISBN978-4-86602-000-6 C3339 ¥19800E